MÉMOIRES

DU DUC

DE SAINT-SIMON

PUBLIÉS PAR

MM. CHÉRUEL ET Ad. REGNIER FILS

ET COLLATIONNÉS DE NOUVEAU POUR CETTE ÉDITION

SUR LE MANUSCRIT AUTOGRAPHE

AVEC UNE NOTICE DE M. SAINTE-BEUVE

TOME SECOND

PARIS

LIBRAIRIE HACHETTE ET Cⁱᵉ

BOULEVARD SAINT-GERMAIN, 79

1873

Tous droits réservés

MÉMOIRES
DU DUC
DE SAINT-SIMON

II

PARIS. — IMPRIMERIE ARNOUS DE RIVIÈRE ET Cie,
RUE RACINE, 26.

MÉMOIRES
DE SAINT-SIMON.

CHAPITRE PREMIER.

1698. — Éclat et accommodement de l'archevêque de Reims et des jésuites. — Deux lourdes sottises de Sainctot, introducteur des ambassadeurs. — Mensonge d'une tapisserie du Roi, etc., réformé. — Dispute de rang entre Mmes d'Elbœuf et de Lislebonne. — Mort du P. de Chevigny. — Mort de la duchesse de Berwick. — Mariage du marquis de Lévy et de Mlle de Chevreuse. — Mariage du comte d'Estrées et d'une fille du duc de Noailles, faite dame du palais avec la marquise de Lévy. — Mariage de Mortagne et de Mme de Quintin. — Bissy, évêque de Toul, depuis cardinal, refuse l'archevêché de Bordeaux. — Vaïni chevalier de l'ordre. — Chevaliers du Saint-Esprit romains en 1675. — L'ordre renvoyé en 1688 par le duc de Bracciano. — Électeur de Saxe pleinement roi de Pologne. — Mort de Monsieur d'Hanovre. — Obrecht va à Ratisbonne pour les affaires de Madame avec l'électeur palatin.

L'année commença par l'accommodement que le premier président fit, par ordre du Roi, des jésuites avec l'archevêque de Reims. Ce prélat, à l'occasion d'une ordonnance qu'il avoit faite sur la fin de l'année dernière dans son diocèse, s'y étoit exprimé sur la doctrine et sur la morale d'une manière qui déplut aux jésuites. Ils essayèrent de faire en sorte que l'archevêque s'expliquât d'une manière publique qui les mît hors d'intérêt. C'est ce qu'il ne voulut point faire, tellement que ces pères, peu accoutumés à trouver de la résistance nulle part, et à dominer les prélats les plus considérables, tout au moins à en être ménagés avec beaucoup de circonspection, éclatèrent contre celui-ci par un écrit qui ne le ménageoit pas, mais qui, à tout hasard, les laissoit libres, parce qu'il parut sans nom d'auteur. L'archevêque en porta ses plaintes au Roi avec tant de menaces, que l'écrit fut supprimé autant qu'il le put être, et l'imprimeur sévèrement châtié. Cela ne contenta pas l'archevêque ; ses menaces continuèrent. Les jésuites, déjà mortifiés de ce qui venoit d'arriver, se servirent de la porte de derrière qu'ils s'étoient ménagée, et protestèrent qu'ils ignoroient l'auteur de l'écrit. Avec une humiliation pour eux si nouvelle, ils espérèrent tout de leur crédit auprès du Roi, et que l'archevêque à son tour se trouveroit heureux de leur désaveu ; mais il se trouva qu'ils avoient affaire à un homme qui ne les aimoit, ni ne les craignoit, ni ne les ménageoit, qui dans le fond avoit raison, que son siége, ses richesses, son neveu, et sa doctrine rendoient considérable, qui étoit personnellement fort bien et dans la familiarité du Roi, qui étoit soutenu par Messieurs de Paris, de Meaux, et même par Monsieur de Chartres, les prélats alors les plus en faveur, et avec qui il s'étoit comme enrôlé contre Monsieur de Cambray. Les jésuites ne purent donc rien obtenir, sinon que le Roi parleroit à Monsieur de Reims, pour qu'il ne les poussât point à bout par des écrits et une interdiction dans son diocèse, mais qu'il vouloit qu'il fût content, et qu'il chargeroit le premier président de cette affaire.

Elle fut bientôt finie : l'archevêque n'osa pousser les choses à bout, et voulut faire sa cour, et les jésuites, au désespoir de s'être embourbés avec trop de confiance, ne cherchoient qu'à sortir de ce mauvais pas. Cela finit donc, de l'avis du premier président, par une visite à l'archevêque du provincial et des trois supérieurs des trois maisons de Paris, qui, sans lui parler plus de son ordonnance, ne lui demandèrent autre chose que de vouloir être persuadé de la sincérité de leurs respects, et de la protestation qu'ils lui faisoient qu'aucun des leurs n'étoit capable d'avoir fait l'écrit dont il avoit lieu de se plaindre, qu'il avoit paru sans qu'ils en eussent eu la moindre connoissance, et qu'ils l'improuvoient de tout leur cœur, en le suppliant de les honorer du retour de sa bienveillance.

L'archevêque les reçut et leur répondit assez cavalièrement. Ils ne s'en aimèrent pas mieux, mais de part et d'autre ils n'osèrent plus s'escarmoucher.

Sainctot, introducteur des ambassadeurs, fit faire une sottise à la duchesse du Lude qui pensa devenir embarrassante. Ferreiro, chevalier de l'Annonciade et ambassadeur de Savoie, allant à une audience de cérémonie chez Mme la duchesse de Bourgogne, Sainctot dit à la duchesse du Lude qu'elle devoit aller le recevoir dans l'antichambre avec toutes les dames du palais. Celles-ci, jalouses de n'être point sous la charge de la dame d'honneur, ne l'y voulurent point accompagner; la duchesse du Lude allégua qu'elle ne se souvenoit point d'avoir vu ces autres dames d'honneur de la Reine, ni de Madame la Dauphine, aller recevoir les ambassadeurs. Sainctot lui maintint que cela se devoit, et l'entraîna à le faire. Le Roi le trouva mauvais, et lava la tête le jour même à Sainctot; mais l'embarras fut qu'aucun autre ambassadeur ne voulut prendre cette même audience sans recevoir le même honneur. On eut toutes les peines du monde à leur faire entendre raison sur une nouveauté faite par une ignorance qui ne pouvoit tourner en usage et en règle, et ce ne fut qu'après une longue négociation et des courriers dépêchés à leurs maîtres et revenus plus d'une fois qu'ils se contentèrent chacun d'un écrit signé de Torcy, portant attestation que cela ne s'étoit jamais pratiqué pour aucun ambassadeur, que ce qui s'étoit passé à l'égard de Ferreiro étoit une ignorance, et que cette faute ne se commettroit plus. Avec cet écrit, ils prirent leur audience, la duchesse du Lude ne bougeant de sa place, auprès et en arrière de Mme la duchesse de Bourgogne.

A quelque temps de là, le même Sainctot en fit bien un autre. Heemskerke, ambassadeur d'Hollande, avoit amené sa femme et sa fille. Sa femme eut son audience publique de Mme la duchesse de Bourgogne, assise au milieu du cercle, à la droite de la duchesse du Lude, chacune sur leur tabouret comme c'est l'usage. En arrivant, reçue en dedans de la porte par la dame d'honneur, elle la mena par la main à Mme la duchesse de Bourgogne, à qui elle baisa le bas de la robe, et dont tout de suite elle fut baisée, comme cela est de droit pour toutes les femmes titrées. En même temps elle présenta sa fille, qui l'avoit suivie avec Sainctot, dont c'est la charge. La fille baisa le bas de la robe, et tout aussitôt se présente pour être baisée. Mme la duchesse de Bourgogne étonnée hésite, la duchesse du Lude fait signe de la tête que non ; Sainctot n'en fait pas à deux fois, et hardiment pousse la fille de la main, et dit à Mme la duchesse de Bourgogne : « Baisez, Madame, cela est dû. » A cela, et le tout fut fait en un tourne-main, Mme la duchesse de Bourgogne, jeune, toute neuve, embarrassée de faire un affront, eut plus tôt fait de déférer à Sainctot, et sur sa périlleuse parole la baisa. Tout le cercle en murmura tout haut, et femmes assises, et dames debout, et courtisans. Le Roi, qui survient toujours à ces sortes d'audiences, pour faire l'honneur à l'ambassadrice de la saluer, et ne la recevoir point chez lui, n'en sut rien dans cette foule. Au partir de là, l'ambassadrice alla chez Madame. Même cérémonie, et même entreprise pour la fille. Madame, qui en avoit reçu tant et plus en sa vie, voyant la fille approcher son minois, se recula très-brusquement. Sainctot lui dit que Mme la duchesse de Bourgogne lui venoit de faire l'honneur de la baiser. « Tant pis ! répondit Madame fort haut, c'est une sottise que vous lui avez fait faire, que je ne suivrai pas. » Cela fit grand bruit ; le Roi ne tarda pas à le savoir. Sur-le-champ, il envoya chercher Sainctot, et lui dit qu'il ne savoit qui le tenoit de ne le pas chasser et lui ôter sa charge ; et de là lui lava la tête d'une manière plus fâcheuse qu'il ne lui étoit ordinaire quand il réprimandoit. De ceci, les ambassadeurs ne s'en émurent point : leur caractère, qui se communique à leurs femmes, parce que mari et femme ne sont qu'un, ne va pas jusqu'à leurs enfants, et ils ne prétendirent rien là-dessus. Ce Sainctot étoit un homme qui faisoit ce qu'il vouloit et favorisoit qui il lui plaisoit, au hasard d'être grondé si le cas y échéyoit, ce qui n'arrivoit guère, par l'ignorance et le peu de cas qu'il s'introduisit de faire des cérémonies.

Cela me fait souvenir d'une friponnerie insigne qu'il fit étant maître des cérémonies, charge qu'il vendit pour acheter celle d'introducteur des ambassadeurs, et que je découvris par le plus grand hasard du monde. Je ne ferai point ici une disgression de la célèbre affaire des Corses à Rome et du duc de Crequy, ambassadeur de France, et du traité de Pise, qui la termina en 1664, qui sont choses connues de tout le monde. Par ce traité, entre autres articles, il fut réglé que la satisfaction convenue et mise par écrit seroit faite au Roi, et lue par le cardinal Chigi, neveu du Pape et envoyé exprès légat *a latere*, en présence des grands du royaume. L'audience s'allant donner dans peu de jours, le Roi envoya le grand maître des cérémonies avertir de sa part tous les ducs de s'y trouver. Les ducs demandèrent d'y être couverts. La Reine mère, qui de tout temps favorisoit les princes étrangers, par amitié pour la comtesse d'Harcourt, et la duchesse d'Espernon, sa sœur, qui en avoit[1] le rang, et qui de tout temps avoient été ses favorites, crut faire beaucoup pour eux que faire décider que personne en cette audience ne seroit couvert que le légat seul. Cela ne faisoit rien à Monsieur ni aux princes du sang, qui ne s'y trouvèrent pas, parce que le légat eut un fauteuil, dans lequel il fit sa lecture et son compliment, et que Monsieur même n'auroit pu avoir un tabouret. Les comtes de Soissons et d'Harcourt, nommés pour mener le légat à l'audience, demandèrent à en être excusés puisqu'ils ne se couvriroient point; ils furent refusés : ils le menèrent, demeurèrent tête nue à toute l'audience, et le remenèrent. Ces faits n'ont jamais été contestés par les princes ni par personne..

Étant allé un matin faire ma cour au Roi à Meudon, où il étoit libre aux courtisans d'aller, le hasard fit qu'après

---

1. Saint-Simon a bien mis ici *avoit*, au singulier, et à la ligne suivante, *avoient*, au pluriel.

le lever du Roi, j'allai m'asseoir dans une pièce par où le Roi alloit passer pour aller à la messe, qu'on appeloit la chambre de Madame. Justement la tapisserie qui fut faite de cette audience, avec les visages au naturel, étoit tendue dans cette chambre. Je remarquai que les deux comtes de Soissons et d'Harcourt y étoient représentés couverts. Je me récriai sur cette faute. Chamlay, assis auprès de moi, répondit que Messieurs de Savoie et de Lorraine étoient couverts aux audiences. J'en convins, mais je lui appris la différence de celle-ci. Je sentis ou la ruse des princes de s'être dédommagés pour l'avenir par une tapisserie subsistante, ou la sottise de ceux qui l'avoient faite. J'en parlai aux ducs de Chaulnes, encore alors en pleine santé, de Chevreuse, de Coislin, qui avoient été à cette audience, et à d'autres encore. M. de Luxembourg, qui vivoit et qui s'y étoit trouvé, et qui avec MM. de Chaulnes et de Coislin s'étoit le plus remué lors de cette audience, entra dans cette méprise. Ils parlèrent à Sainctot, qui étoit lors maître des cérémonies. Il convint tout d'abord qu'il étoit vrai que les deux comtes étoient demeurés découverts, et à toute l'audience, et que le légat seul y fut couvert. Ces Messieurs lui proposèrent de faire une note sur son registre du mensonge de la tapisserie. Il renifla, et fit ce qu'il put pour leur persuader que cela n'étoit pas nécessaire, et on va voir pourquoi; mais comme il vit qu'ils s'échauffoient, et qu'ils parloient de le demander au Roi, il n'osa plus résister. Ils allèrent donc avec lui chez Desgranges, maître des cérémonies. Il montra le registre, mais il se trouva qu'il ne portoit pas un mot qu'il y eût quelqu'un de couvert ou non, d'où il résultoit que les deux comtes l'avoient été, puisque, l'étant toujours, la différence de ne l'être pas cette fois-là valoit bien la peine d'être exprimée. Ces Messieurs ne purent s'empêcher de montrer à Sainctot qu'ils sentoient vivement son infidélité; lui, aux excuses de la négligence et bien honteux, il écrivit à la marge tout ce que ces Messieurs lui dictèrent sur la tapisserie, et le signa; mais cela fit que ces Messieurs ne s'en contentèrent pas, et qu'ils se firent donner chacun un certificat par Sainctot, et de la vérité du fait, et du mensonge de la tapisserie, et du silence du registre, et de ce qui y avoit été mis en marge. Il les fournit dès le lendemain avec force compliments, et se tint heureux qu'on n'en fît pas plus de bruit. Et voilà comment les rangs sont entre les mains de gens de peu, qui s'en croient les maîtres, et qui se croient en droit de faire plaisir à qui il leur plaît, aux dépens de vérité et de justice. C'est une contagion qui a passé depuis aux grands maîtres et aux maîtres des cérémonies, et même à ceux du Saint-Esprit. Blainville, beau-frère de M. de Chevreuse, qui n'étoit pas duc en 1664, mais qui étoit à la cour, et fils du duc de Luynes, qui agit lors avec les autres, étoit grand maître des cérémonies, qu'il avoit eu de M. de Rhodes : ainsi il ne fut question que du registre de Sainctot.

La révérence en mante, que les dames de Lorraine vinrent faire au Roi sur la mort de la reine-duchesse, mère de Monsieur de Lorraine, fit schisme entre elles. Mme de Lislebonne, par sa bâtardise cousine germaine du père de Monsieur de Lorraine, prétendit, comme la plus proche, marcher la première, et par conséquent Mlle de Lislebonne et Mme d'Espinoy, ses filles, immédiatement après elle. Mme d'Elbœuf, veuve de l'aîné de la maison de Lorraine en France, s'en moqua et l'emporta, de sorte que Mme de Lislebonne ni ses filles n'y voulurent pas aller. Mme de Valentinois n'y fut point non plus; je ne sais ce qu'on lui mit dans la tête.

Le P. de Chevigny, de l'Oratoire, mourut en ce temps-ci. C'étoit un gentilhomme de bon lieu, qui avoit servi longtemps avec réputation, et connu du Roi. M. de Turenne l'aimoit fort, et tous les généraux de ces temps-là l'estimoient. Cela l'avoit fort mis dans le grand monde. Dieu le toucha, et il se fit prêtre, se mit dans l'Oratoire, et le servit d'aussi bonne foi et d'aussi bon cœur qu'il avoit servi le Roi et le monde. Il conserva d'illustres amis dans sa retraite, dont il ne sortoit presque jamais. Il se trouva fort mêlé et lié avec tous les fameux jansénistes, et en butte à leurs persécuteurs. C'étoit un homme droit, franc, vrai, et d'une vertu simple, unie, militaire, mais grande, fidèle à Dieu, à ses amis et au parti qu'il croyoit le meilleur. Cela embarrassa les Pères de l'Oratoire. Il étoit ami intime de M. et de Mme de Liancourt : sans quitter l'Oratoire, il se retira avec eux ; et après leur mort, M. de la Rochefoucauld, tout ignorant et tout courtisan qu'il étoit, mais qui avoit un extrême respect pour la mémoire de M. et de Mme de Liancourt, le pria tant de demeurer à Liancourt qu'il s'y fixa. Quand il y venoit compagnie avec M. de la Rochefoucauld, on ne le voyoit point que M. de la Rochefoucauld, M. le maréchal de Lorges et quelques amis très-particuliers, et quand le Roi y passoit, il se tapissoit dans un grenier. A un de ces voyages du Roi, je ne sais qui en parla. Le Roi le voulut voir. Le P. de Chevigny en fut surpris, car le jansénisme l'avoit fort barbouillé auprès de lui. Il fallut pourtant obéir, et M. de la Rochefoucauld l'amena. Le Roi lui fit toutes sortes d'honnêtetés, et causa longtemps avec lui de ses anciennes guerres, puis de sa retraite. Le P. de Chevigny fut fort respectueux et mesuré, et point embarrassé. Ce fut à qui le verroit. Jamais il ne fut si aise qu'après que tout ce monde fut parti. Ce château, du temps de M. et de Mme de Liancourt, étoit le rendez-vous et l'asile des principaux jansénistes ; il le fut bien encore après. M. de la Rochefoucauld, qui les y avoit tous vus, les aima toujours. Ce qui en restoit y alloit voir le P. de Chevigny. Il y mourut saintement comme il y avoit vécu, sans cesse appliqué à la prière, à l'étude et à toutes sortes de bonnes œuvres, et toujours gaiement et avec liberté. M. de la Rochefoucauld, M. de Duras, M. le maréchal de Lorges en furent fort affligés, et grand nombre d'autres personnes.

Le duc de Berwick perdit en même temps une très-aimable femme, qu'il avoit épousée par amour, et qui avoit très-bien réussi à la cour et à Saint-Germain. Elle étoit fille de Milord Lucan, tué à Neerwinden, lieutenant général et capitaine des gardes du roi Jacques. Elle étoit à la première fleur de son âge, belle, touchante, faite à peindre, une nymphe. Elle mourut de consomption à Montpellier, où son mari l'avoit menée pour la guérir par ce changement d'air. Elle lui laissa un fils.

Deux mariages amusèrent la cour au commencement de cette année : celui de Mlle de Chevreuse avec le marquis de Lévy, qui en eut la lieutenance générale de Bourbonnois de son père, où ils avoient leurs biens. C'étoit un jeune homme bien fait, tout militaire et fort débauché, qui n'avoit jamais eu la plus légère teinture d'éducation, et qui, avec cela, avoit de l'esprit, de la valeur, de l'honneur et beaucoup d'envie de faire. Son père étoit un homme de beaucoup d'esprit, sans aucunes mœurs, retiré chez lui, et fort obscur à Paris quand il y venoit; la mère, une joueuse sans fin et partout, avare à l'excès, et faite et mise comme une porteuse d'eau. Tout cela cadroit mal avec les mœurs et le génie de M. et Mme de Chevreuse. La légèreté de la dot et une naissance susceptible de tout les déterminèrent, avec une place de dame du palais qui attendoit Mlle de Chevreuse. Quand il fallut dresser le contrat de mariage, dont toutes les conditions étoient convenues, on fut arrêté sur le nom de baptême du marquis de Lévy. M. et Mme de Charlus se le demandèrent l'un à l'autre. Il se trouva qu'il n'en avoit point; de là on douta s'il avoit été baptisé. Tous trois l'ignoroient. Ils s'avisèrent que sa nourrice vivoit encore, et qu'elle étoit à Paris; ce fut elle qu'ils consultèrent. Elle leur apprit que, portant leur enfant avec eux en Bourbonnois, pour le faire tenir au vieux marquis de Lévy, son grand-père, M. Colbert, évêque d'Auxerre, chez qui ils couchèrent, en peine du voyage d'un enfant si tendre sans baptême, et n'ayant pu leur persuader de le laisser ondoyer, avoit, le matin avant qu'ils fussent éveillés, envoyé chercher la nourrice et l'enfant, et l'avoit ondoyé dans sa chapelle, et les laissa partir après sans leur en avoir parlé; qu'arrivés en Bourbonnois, le baptême se remit plusieurs fois par divers contre-temps, et que lorsqu'elle quitta la maison il n'avoit pas été fait, dont elle ne s'étoit pas mise en peine parce qu'elle [le] savoit ondoyé. Ce trait est si étrange que je le mets ici pour la curiosité, et parce qu'il sert plus que tout à caractériser des gens qui en sont capables. Il fallut donc en même jour faire au marquis de Lévy les cérémonies du baptême, lui faire faire sa première confession et sa première communion, et le soir à minuit, le marier à Paris à l'hôtel de Luynes.

Deux jours après, le comte d'Estrées épousa Mlle d'Ayen. Une vieille bourgeoise, qui s'appeloit Mlle de Taisy, riche et sans enfants, qui voyoit bonne compagnie et fort au-dessus d'elle, amie du cardinal d'Estrées et fort ménagée par Mme de Noailles, donna une grande partie de la médiocre dot, et le cardinal d'Estrées, qui voyoit la faveur des Noailles, et qui en espéroit tout, acheva de sa bourse d'aplanir l'affaire. Il les maria et dit la messe à minuit dans la chapelle de Versailles, Mme la duchesse de Bourgogne et grand monde aux tribunes, et force conviés en bas, et la noce se fit chez M. de Noailles. Le lendemain, la nouvelle marquise de Lévy et la nouvelle comtesse d'Estrées furent déclarées dames du palais.

Il s'en fit un troisième à Paris assez ridicule, de Mortagne avec Mme de Quintin. Elle et Montgommery, inspecteur de cavalerie, dont j'ai parlé, étoient enfants des deux frères. Elle avoit épousé le comte de Quintin, qui étoit un Goyon, de même maison que MM. de Matignon, qui étoit fils du marquis de la Moussaye et d'une fille du maréchal de Bouillon, laquelle étoit sœur de la duchesse de la Trémoille, de Mmes de Roucy et de Duras, et des duc de Bouillon et maréchal de Turenne, tous huguenots. M. de la Moussaye avoit acheté la belle terre de Quintin en Bretagne du duc de la Trémoille, son beau-frère, dont son fils porta le nom, qui étoit frère aîné de M. de la Moussaye, lieutenant général et attaché à Monsieur le Prince, dans le parti duquel il mourut gouverneur de Stenay, sans avoir été marié. Mme de Quintin avoit été fort jolie, parfaitement bien faite, fort du monde, veuve de bonne heure sans enfants, riche de ses reprises et de trente mille livres de rente que M. le maréchal de Lorges lui faisoit sa vie durant, pour partie de l'acquisition de Quintin, qu'il avoit faite de son mari. En cet état et avec beaucoup d'esprit, elle vit la meilleure compagnie de la cour, et comme elle avoit l'esprit galant et impérieux, elle devint une manière de fée, qui dominoit sur les soupirants sans se laisser toucher le bout du doigt qu'à bonnes enseignes, et de là sur tout ce qui venoit chez elle, toutefois avec jugement, et se fit une cour où on étoit en respect comme à la véritable, et aussi touché d'un regard et d'un mot qu'elle adressoit. Elle avoit un bon souper tous les soirs; les grandes dames la voyoient comme les grands seigneurs. Elle s'étoit mise sur le pied de ne sortir jamais de chez elle, et de se lever de sa chaise pour fort peu de gens; Monsieur y alloit : elle étoit la reine de Saint-Cloud, où elle n'alloit qu'en bateau, et encore par grâce, et n'y faisoit que ce qu'il lui plaisoit; elle y avoit apprivoisé jusqu'à Madame, qui l'alloit voir aussi. Mᵐᵉ de Bouillon, autre reine de Paris, elle l'avoit subjuguée, l'avoit souvent chez elle, et le duc et le cardinal de Bouillon.

Le comte d'Auvergne fut longues années son esclave; M. de la Feuillade y venoit deux fois la semaine souper de Versailles, et retournoit au coucher du Roi; et c'étoit une farce de la voir partager ses grâces entre lui et le comte d'Auvergne, qui rampoit devant elle, malgré sa roguerie, et mouroit à petit feu des airs et des préférences de l'autre. Le comte de Fiesque, qui, avec beaucoup d'esprit, étoit une manière de cynique fort plaisant quelquefois, impatienté de cette fée, lui fit une chanson et mettre un matin sur sa porte en grosses lettres, comme les affiches d'indulgences aux églises : *Impertinence plénière*. Peu à peu la compagnie se mêla, le jeu prit un peu plus, l'avarice diminua la bonne chère. La Feuillade avoit enfin expulsé le comte d'Auvergne, puis étoit mort. Le tribunal existoit encore, et la décision souveraine sur tout ce qui se passoit, mais il ne florissoit plus tant. Mortagne, qui depuis vingt ans en étoit amoureux, et qui s'étoit fait la justice de n'oser le montrer que par une assiduité pleine de respect, et surtout de silence, parmi une si brillante cour, espéra alors que le moment étoit venu de couronner sa patience : il osa soupirer tout haut et déclarer sa persévérance. Il étoit riche et capitaine de gendarmerie; de l'honneur, de la valeur, de la politesse, avec un esprit doux et médiocre. La fée fut touchée d'un amour si respectueux, si fidèle, si constant. Elle étoit vieille et devenue infirme; elle couronna son amour et l'épousa. Mortagne n'étoit rien, son nom étoit Collin. Il étoit des Pays-Bas voisins de celui de Liége. Son père ou son grand-père étoit homme d'affaires de la maison de Mortagne, qui étoit ruinée; il s'y étoit enrichi, en avoit acheté les terres, et celui-ci en portoit le nom. Il n'étoit rien moins que beau ni jeune, bien fait, mais un peu gras, engoncé et fort rouge. Pas un de ses valets ne l'avoit vu sans perruque, ni s'habiller ou se déshabiller, d'où on jugeoit qu'il avoit sur lui quelque chose qu'il ne vouloit pas montrer. Ce mariage surprit tout le monde, qui trouva Mortagne encore plus fou qu'elle de l'avoir fait; cela leur diminua à tous deux l'estime et la considération du monde : la maison de Mme de Mortagne tomba fort; ils s'en consolèrent par l'abondance et par filer ensemble le parfait amour.

La mort de l'archevêque de Bordeaux, de la maison d'Anglure, frère de Bourlemont, qui avoit été auditeur de rote, fit donner cet archevêché à Bissy, évêque de Toul, qui, grand courtisan de Saint-Sulpice, avoit tellement capté l'évêque de Chartres, qu'il l'avoit fort prôné à Mme de Maintenon et au Roi. Bissy, qu'on verra dans la suite faire une si grande fortune, ne crut pas le siége de Bordeaux propre à l'en approcher; il en vouloit un plus voisin de la cour, d'où il pût intriguer à son aise, et non pas se confiner à Bordeaux, et se fit un honneur auprès de ses dupes de ne vouloir pas quitter sa première épouse pauvre et d'un gouvernement fort étendu, pour être archevêque d'un beau siége et dans une grande ville. Toul, en attendant mieux, convenoit plus à ses vues, et il y demeura. Bordeaux fut donc donné à Bezons, évêque d'Aire, qui le remplit fort dignement; son frère aîné étoit intendant de la province, et venoit d'être fait conseiller d'État; c'étoit un des intendants du royaume des plus accrédités.

Le cardinal de Bouillon donna en même temps la dernière marque de son crédit. Sa princerie étoit sa folie dominante; il en avoit usurpé à Rome tous les avantages qu'il avoit pu : il y prétendoit l'*Altesse Éminentissime*, qu'il se faisoit donner partout par ses valets; personne autre à Rome ne voulut tâter de cette nouveauté. Il ne se rebuta point : il trouva un gentilhomme romain fort à simple tonsure, qui, avec de l'argent, s'étoit fait faire prince par le Pape (et ces princes des papes sont à Rome même fort peu de chose); de sa personne, il étoit encore moins, mais bien fait, voyant les dames et avec de l'ambition; il s'étoit attaché au cardinal de Bouillon en ses précédents voyages, en celui-ci il s'y attacha de plus en plus. Le cardinal lui fit grande montre de son crédit, et lui laissa entrevoir l'ordre par sa protection : c'en fut assez pour en obtenir de lui[1] l'*Altesse Éminentissime*, et tout aussitôt voilà toutes les dépêches du cardinal de Bouillon remplies de la convenance d'envoyer l'ordre à quelque baron romain, qui fît honneur à la France par son attachement, et qui servît bien ses ministres par ses avis et par son crédit, comme de temps en temps on en avoit toujours honoré quelqu'un. Il vanta ensuite la naissance, l'esprit, la considération et le crédit de Vaïni à Rome, et les services qu'on en pourroit tirer, et fit tant enfin que le Roi lui envoya l'ordre, c'est-à-dire le nomma à la Chandeleur, avec la permission, dès qu'il auroit fait ses preuves, de le porter, en attendant qu'il reçût le collier.

Si Vaïni en fut transporté d'aise, le cardinal de Bouillon le fut encore plus; mais tout Rome en fut étrange-

1. Tel est le texte du manuscrit, mais *de lui* y est en interligne.

ment scandalisé. Cette cour l'avoit supporté dans le duc Lanti, par son alliance pontificale et parce qu'il étoit beau-frère du duc de Bracciano, le premier laïque de Rome sans dispute d'aucun, parce qu'il étoit plus vieux que le connétable Colonne, et qu'entre ces deux, incontestablement les premiers et avec de grandes distinctions très-établies au-dessus de tous autres, ils ne se précèdent l'un l'autre que par l'âge. Le duc de Bracciano avoit longtemps porté le collier de l'ordre du Saint-Esprit, et c'étoient des Ursins, des Colonnes, des Sforzes, qui l'avoient eu, bien différents en tout de Vaïni.

Je dis que le duc de Bracciano l'avoit porté longtemps. M. de Nevers, par commission du Roi, le lui avoit donné à Rome, en septembre 1675, et le même jour au duc Sforze, veuf d'une Colonne, et lors gendre de Mme de Thianges, sœur de Mme de Montespan (et sa femme est la duchesse Sforze qu'après sa mort nous avons tant vue à la cour), et au prince de Sonnino, qui étoit Colonne, fils du connétable. Tout cela n'étoit point des Vaïni. Lors de l'éclat entre Innocent XI et le Roi pour les franchises du quartier des ambassadeurs à Rome, et que M. de Lavardin l'étoit en 1688, que ce pape ne voulut jamais voir et qu'il excommunia[1], le duc de Bracciano renvoya au Roi le collier de son ordre, quoique marié à une Françoise, depuis la célèbre princesse des Ursins, et prit la Toison d'or du roi d'Espagne; c'est le premier, depuis l'institution de l'ordre du Saint-Esprit, qui l'ait renvoyé.

Parlant des pays étrangers, il est temps de dire que l'électeur de Saxe, de plus en plus établi en Pologne, s'étoit réconcilié presque tous les grands qui s'étoient opposés à lui, et le primat même, qui enfin l'avoit reconnu. Il étoit à Varsovie, et toutes les puissances de l'Europe l'avoient félicité comme roi de Pologne; le nonce Davia l'avoit fort utilement servi à Rome; mais tous ces exemples ne purent encore rien sur le Roi, qui ne pouvoit voir le prince de Conti sans un grand déplaisir de n'avoir pu s'en défaire

1. Saint-Simon a écrit : *et qui l'excommuuia.*

honnêtement par une couronne. Madame, qui pleuroit tous ses parents selon le degré de parenté, comme les autres en portent le deuil, fut très-affligée de la mort du nouvel et premier électeur d'Hanovre. Il avoit épousé Sophie, fille d'une fille du malheureux roi d'Angleterre Charles Ier et de l'électeur palatin qui se fit roi de Bohême, et qui perdit ses États et mourut proscrit. Quoique Madame n'eût jamais guère vu cette tante, elle lui écrivoit fidèlement des volumes deux et trois fois la semaine depuis qu'elle étoit en France. Le Roi l'alla voir sur cette mort.

Ses affaires ne finissoient point avec l'électeur palatin, qui avoit à payer, et qui différoit toujours sur toutes sortes de prétextes. Le Roi voulut envoyer pour cela à Ratisbonne Crécy, qui entendoit bien les affaires d'Allemagne; mais celle-ci étoit une affaire de droit et un procès, dont Crécy aima mieux se débarrasser sur un autre, et il proposa Obrecht, qui y fut envoyé. C'étoit le préteur royal de Strasbourg, un génie fort au-dessus de son état, et l'homme d'Allemagne qui en possédoit le mieux les lois et les coutumes. M. de Louvois le sut gagner, et lui, sut mettre les troupes du Roi dans Strasbourg en pleine paix, sans coup férir, qui nous est demeuré depuis.

CHAPITRE II.

Le Czar et ses voyages. — Saint-Albans envoyé, et Portland ambassadeur d'Angleterre à Paris. — Princes de Parme et de Toscane incognito en France; le dernier distingué. — Distraction du cardinal d'Estrées. — Mlles de Soissons enlevées, et à Bruxelles; le comte de Soissons errant. — Abbé de Caudelet fait et défait évêque de Poitiers. — Mort du président Talon et sa dépouille. — Mort de Mme de Sillery. — Mort de Villars, chevalier de l'ordre; pourquoi dit Orondat. — Castries chevalier d'honneur de Mme la duchesse de Chartres. — Mort de Brienne.

Le Czar[1] avoit déjà commencé ses voyages. Il a tant et si justement fait de bruit dans le monde, que je serai succinct

1. Pierre le Grand.

sur un prince si grand et si connu, et qui le sera sans doute de la postérité la plus reculée, pour avoir rendu redoutable à toute l'Europe, et mêlé nécessairement à l'avenir dans les affaires de toute cette partie du monde, une cour qui n'en avoit jamais été une, et une nation méprisée et entièrement ignorée pour sa barbarie. Ce prince étoit en Hollande à apprendre lui-même et à pratiquer la construction des vaisseaux. Bien qu'incognito, suivant sa pointe, et ne voulant point s'incommoder de sa grandeur ni de personne, il se faisoit pourtant tout rendre, mais à sa mode et à sa façon.

Il trouva sourdement mauvais que l'Angleterre ne s'étoit pas assez pressée de lui envoyer une ambassade dans ce proche voisinage, d'autant que, sans se commettre, il avoit fort envie de lier avec elle pour le commerce. Enfin l'ambassade arriva : il différa de lui donner audience, puis donna le jour et l'heure, mais à bord d'un gros vaisseau hollandois qu'il devoit aller examiner. Il y avoit deux ambassadeurs, qui trouvèrent le lieu sauvage, mais il fallut bien y passer. Ce fut bien pis quand ils furent arrivés à bord : le Czar leur fit dire qu'il étoit à la hune, et que c'étoit là où il les verroit. Les ambassadeurs, qui n'avoient pas le pied assez marin pour hasarder les échelles de corde, s'excusèrent d'y monter; le Czar insista, et les ambassadeurs fort troublés d'une proposition si étrange et si opiniâtre; à la fin, à quelques réponses brusques aux derniers messages, ils sentirent bien qu'il falloit sauter ce fâcheux bâton, et ils montèrent. Dans ce terrain si serré et si fort au milieu des airs, le Czar les reçut avec la même majesté que s'il eût été sur son trône : il écouta la harangue, répondit obligeamment pour le roi et la nation, puis se moqua de la peur qui étoit peinte sur le visage des ambassadeurs, et leur fit sentir en riant que c'étoit la punition d'être arrivés auprès de lui trop tard.

Le roi Guillaume, de son côté, avoit déjà compris les grandes qualités de ce prince, et fit de sa part tout ce qu'il put pour être bien avec lui. Tant fut procédé entre eux qu'enfin le Czar, curieux de tout voir et de tout apprendre, passa en Angleterre, toujours incognito, mais à sa façon. Il y fut reçu en monarque qu'on veut gagner, et après avoir bien satisfait ses vues, repassa en Hollande. Il avoit dessein d'aller à Venise, à Rome et dans toute l'Italie, surtout de voir le Roi et la France. Il fit sonder le Roi là-dessus, et le Czar fut mortifié de ce que le Roi déclina honnêtement sa visite, de laquelle il ne voulut point s'embarrasser. Peu après en avoir perdu l'espérance, il se résolut de voyager en Allemagne, et d'aller jusqu'à Vienne. L'Empereur le reçut à la Favorite, accompagné seulement de deux de ses grands officiers, et le Czar du seul général le Fort, qui lui servoit d'interprète et à la suite duquel il paroissoit être comme de l'ambassadeur de Moscovie. Il monta par l'escalier secret[1], et trouva l'Empereur à la porte de son antichambre la plus éloignée de sa chambre. Après les premiers compliments, l'Empereur se couvrit; le Czar voulut demeurer découvert à cause de l'incognito, ce qui fit découvrir l'Empereur. Au bout de trois semaines, le Czar fut averti d'une grande conspiration en Moscovie, et partit précipitamment pour s'y rendre. En passant en Pologne, il en vit le roi, et ce fut là que furent jetés les premiers fondements de leur amitié et de leur alliance.

En arrivant chez lui, il trouva la conspiration fort étendue, et sa propre sœur à la tête. Il l'avoit toujours fort aimée et bien traitée, mais il ne l'avoit point mariée. La nation en gros étoit outrée de ce qu'il lui avoit fait couper sa barbe, rogné ses habits longs, ôté force coutumes barbares, et de ce qu'il mettoit des étrangers dans les premières places et dans sa confiance; et pour cela il s'étoit formé une grande conspiration, qui étoit sur le point d'éclater par une révolution. Il pardonna à sa sœur, qu'il mit en prison, et fit pendre aux grilles de ses fenêtres les principaux coupables, tant qu'il en put tenir par jour.

J'ai écrit de suite ce qui le regarde pour cette année,

---

1. Saint-Simon a écrit, sans doute par erreur : « par l'escalier *et* secret. »

pour ne pas sautiller sans cesse d'une matière à l'autre : c'est ce que je vais faire, par même raison, sur celle qui va suivre.

Le roi d'Angleterre étoit au comble de satisfaction de se voir enfin reconnu par le Roi, et paisible sur ce trône; mais un usurpateur n'est jamais tranquille et content. Il étoit blessé du séjour du roi légitime et de sa famille à Saint-Germain. C'étoit trop à portée du Roi et trop près d'Angleterre pour le laisser sans inquiétude. Il avoit fait tous ses efforts, tant à Ryswick que dans les conférences de Portland et du maréchal de Boufflers, pour obtenir leur sortie du royaume, tout au moins leur éloignement de la cour : il avoit trouvé le Roi inflexible; il voulut essayer tout, et voir si, n'en faisant plus une condition, puisqu'il avoit passé carrière, et comblant le Roi de prévenances et de respects, il ne pourroit pas obtenir ce fruit de ses souplesses. Dans cette vue, il envoya le duc de Saint-Albans, chevalier de la Jarretière, complimenter le Roi sur le mariage de Mgr le duc de Bourgogne. Il ne pouvoit choisir un homme plus marqué pour une simple commission; on fut surpris même qu'il l'eût acceptée. Il étoit bâtard de Charles II, frère aîné du roi Jacques II, et c'étoit bien encore là une raison pour Saint-Albans de s'en excuser. Il voulut même prétendre quelques distinctions, mais on tint poliment ferme à ne le traiter que comme un simple envoyé d'Angleterre. Les ducs de ce pays-là n'ont aucun rang ici, non plus que ceux d'ici en Angleterre. Le Roi avoit fait la duchesse de Portsmouth et le duc de Richemont, son fils, duc et duchesse à brevet, et accordé un tabouret de grâce en passant à la duchesse de Cleveland, maîtresse de Charles II, son ami; la duchesse de la Force, retirée en Angleterre pour la religion, et avant elle la duchesse Mazarin, fugitive de son mari et fixée en Angleterre, y avoient obtenu le rang des duchesses; mais ce sont des grâces particulières qui ne tirent point à conséquence pour le général.

Ce duc de Saint-Albans fut le précurseur du comte de

Portland, à l'arrivée duquel il prit congé. J'ai déjà assez parlé de ce favori pour n'avoir pas besoin d'y rien ajouter. Les mêmes raisons qui l'avoient fait choisir pour conférer avec le maréchal de Boufflers le firent préférer à tout autre pour cette ambassade. On n'en pouvoit nommer un plus distingué. Sa suite fut nombreuse et superbe, et sa dépense extrêmement magnifique en table, en chevaux, en livrées, en équipages, en meubles, en habits, en vaisselle et en tout, et avec une recherche et une délicatesse exquise. Tout arriva presque au même temps, parce que le comte vint de Calais dans son carrosse, à journées, et reçut partout toutes sortes d'honneurs militaires et civils. Il étoit en chemin lorsque le feu prit à White-Hall, le plus vaste et le plus vilain palais de l'Europe, qui fut presque entièrement brûlé, et qui n'a pas été rétabli depuis, de sorte que les rois se sont logés, et assez mal, au palais de Saint-James. Portland eut sa première audience particulière du Roi le 4 février, et fut quatre mois en France. Il arriva avant que Tallart fût parti, ni aucun autre de la part du Roi, pour Londres. Portland parut avec un éclat personnel, une politesse, un air de monde et de cour, une galanterie et des grâces qui surprirent. Avec cela, beaucoup de dignité, même de hauteur, mais avec discernement, et un jugement prompt, sans rien d'hasardé [1]. Les François, qui courent à la nouveauté, au bon accueil, à la bonne chère, à la magnificence, en furent charmés. Il se les attira, mais avec choix, et en homme instruit de notre cour et qui ne vouloit que bonne compagnie et distinguée. Bientôt il devint à la mode de le voir, de lui donner des fêtes et de recevoir de lui des festins. Ce qui est étonnant, c'est que le Roi, qui au fond n'étoit que plus outré contre le roi Guillaume, y donna lieu lui-même, en faisant pour cet ambassadeur ce qui n'a jamais été fait pour aucun autre; aussi fit toute la cour pour lui à l'envi: peut-être le Roi voulut-il compenser par

---

1. Nous avons déjà vu et nous verrons encore cette orthographe.

là le chagrin qu'il eut en arrivant de voir, dès le premier jour, sa véritable mission échouée.

Dès la première fois qu'il vit Torcy, avant d'aller à Versailles, il lui parla du renvoi, à tout le moins de l'éloignement, du roi Jacques et de sa famille. Torcy sagement n'en fit point à deux fois, et lui barra tout aussitôt la veine. Il lui répondit que ce point, tant de fois proposé dans ses conférences avec le maréchal de Boufflers, et sous tant de diverses formes débattu à Ryswick, avoit été constamment et nettement rejeté partout; que c'étoit une chose réglée et entièrement finie; qu'il savoit que le Roi, non-seulement ne se laisseroit jamais entamer là-dessus le moins du monde, mais qu'il seroit extrêmement blessé d'en ouïr parler davantage; qu'il pouvoit l'assurer de la disposition du Roi à correspondre en tout, avec toutes sortes de soins, à la liaison qui se formoit entre lui et le roi d'Angleterre, et personnellement à le traiter, lui, avec toutes sortes de distinctions; qu'un mot dit par lui sur Saint-Germain seroit capable de gâter de si utiles dispositions, et de rendre son ambassade triste et languissante; et que, s'il étoit capable de lui donner un conseil, c'étoit celui de ne rien gâter, et de ne pas dire un seul mot au Roi, ni davantage à aucun de ses ministres, sur un point convenu et sur lequel le Roi avoit pris son parti. Portland le crut, et s'en trouva bien, mais on verra bientôt que ce ne fut pas sans dépit; et le Roi approuva extrêmement que Torcy lui eût dès l'abord fermé la bouche sur cet article. On prit un grand soin de faire en sorte qu'aucun Anglois de Saint-Germain ne se trouvât, à Versailles ni à Paris, à aucune portée de ceux de l'ambassadeur, et cela fut très-exactement exécuté.

Portland fit un trait au milieu de son séjour qui donna fort à penser, mais qu'il soutint avec audace, sans faire semblant de s'apercevoir qu'on l'eût même remarqué. Vaudemont passoit des Pays-Bas à Milan, sans approcher de la cour. Soit affaires, soit galanterie pour l'ami intime de son maître, qu'il voulut ménager, il partit de Paris et

s'en alla à Notre-Dame-de-Liesse, auprès de Laon, voir
Vaudemont, qui y passoit. Le marquis de Bedmar passa
bientôt après d'Espagne aux Pays-Bas, pour y remplir la
place qu'y avoit Vaudemont de gouverneur des armes. Il
n'avoit pas les mêmes exclusions personnelles que Vaudemont avoit méritées : il vint à Paris et à la cour, où Monsieur, à cause de la feue Reine, sa fille, le présenta au Roi,
de qui il fut fort bien reçu. Portland suivit Monseigneur à
la chasse. Deux fois il alla de Paris à Meudon pour courre le
loup, et toutes les deux fois Monseigneur le retint à souper
avec lui. Le Roi lui donna un soir le bougeoir à son coucher, qui est une faveur qui ne se fait qu'aux gens les plus
considérables et que le Roi veut distinguer. Rarement les ambassadeurs se familiarisent à faire leur cour à ces heures,
et s'il y en vient, il n'arrive presque jamais qu'ils reçoivent
cet agrément. Celui-ci prit son audience de congé le 20 mai,
comblé de tous les honneurs, de toutes les fêtes, de tous
les empressements possibles. Le maréchal de Villeroy eut
ordre du Roi de le mener voir Marly, et de lui en faire les
honneurs. Il voulut voir tout ce qu'il y a de curieux, et
surtout Fontainebleau, dont il fut plus content que d'aucune autre maison royale. Quoiqu'il eût pris congé, il alla
faire sa cour au Roi, qui prenoit médecine. Le Roi le fit
entrer après l'avoir prise, ce qui étoit une distinction
fort grande, et pour la combler, il le fit entrer dans le
balustre de son lit, où jamais étranger, de quelque rang et
de quelque caractère qu'il fût, n'étoit entré, à l'exception
de l'audience de cérémonie des ambassadeurs. Au sortir
de là, Portland alla trouver Monseigneur à la chasse, qui le
ramena pour la troisième fois souper avec lui à Meudon.
Le grand prieur s'y mit au-dessus de lui avec quelque
affectation, dont l'autre, quoique ayant pris congé, s'offensa
fort, et le lendemain matin alla fièrement dire au Roi que
si il[1] avoit donné le rang de princes du sang à MM. de
Vendôme, il ne leur disputeroit pas, mais que s'ils ne
l'avoient pas, il croyoit que le grand prieur devoit avoir

1. Saint-Simon a écrit *si il* à cette ligne, et *s'ils* à la suivante.

pour lui les honnêtetés qu'il n'avoit pas eues ; le Roi lui répondit qu'il n'avoit point donné ce rang à MM. de Vendôme, et qu'il manderoit à Monseigneur, qui étoit encore à Meudon, de faire que cela n'arrivât plus. Monsieur lui voulut faire voir Saint-Cloud lui-même ; Madame exprès n'y alla pas ; et Monsieur lui donna un grand repas, où Monseigneur se trouva et grande compagnie. Ce fut encore là un honneur fort distingué.

Mais parmi tant de fleurs, il ne laissa pas d'essuyer quelques épines, et de sentir la présence du légitime roi d'Angleterre en France. Il étoit allé une autre fois à Meudon pour suivre Monseigneur à la chasse. On alloit partir, et Portland se bottoit, lorsque Monseigneur fut averti que le roi d'Angleterre se trouveroit au rendez-vous. A l'instant il le manda à Portland, et qu'il le prioit de remettre à une autre fois. Il fallut se débotter et revenir tout de suite à Paris.

Il étoit grand chasseur. Soit envie de voir faire la meute du Roi, soit surprise de ne recevoir aucune autre civilité du duc de la Rochefoucauld, que la simple révérence lorsqu'ils se rencontroient, il dit et répéta souvent qu'il mouroit d'envie de chasser avec les chiens du Roi. Il le dit tant et devant tant de gens, qu'il jugea impossible que cela ne fût revenu à M. de la Rochefoucauld, et cependant sans aucune suite. Lassé de cette obscurité, il la voulut percer, et au sortir d'un lever du Roi aborda franchement le grand veneur, et lui dit son desir. L'autre ne s'en embarrassa point : il lui répondit assez sèchement qu'à la vérité il avoit l'honneur d'être grand veneur, mais qu'il ne disposoit point des chasses, que c'étoit le roi d'Angleterre dont il prenoit les ordres, qu'il y venoit très-souvent, mais qu'il ne savoit jamais qu'au moment de partir quand il ne venoit pas au rendez-vous, et tout de suite la révérence, et laissa là Portland dans un grand dépit, et toutefois sans se pouvoir plaindre. M. de la Rochefoucauld fut le seul grand seigneur distingué de la cour qui n'approcha jamais Portland. Ce qu'il lui répondit étoit pure générosité pour le roi d'Angleterre. Ce prince, à la vérité, disposoit quand il vouloit de la meute du Roi, mais il y avoit bien des temps qu'il ne chassoit point, et jamais à toutes les chasses : il ne tenoit donc qu'à M. de la Rochefoucauld d'en donner à Portland tant qu'il auroit voulu, à coup sûr; mais piqué de la prostitution publique à la vue de la cour de Saint-Germain, il ne put se refuser cette mortification au triomphant ambassadeur de l'usurpateur, qui avoit attaché à son char jusqu'à M. de Lauzun, malgré ses engagements et son attachement au roi et à la reine d'Angleterre, et sans y pouvoir gagner que de la honte, pour suivre la mode et croire faire sa cour au Roi.

Enfin Portland, comblé en toutes les manières possibles, se résolut au départ. La faveur naissante du duc d'Albemarle l'inquiétoit et le hâta. Monsieur le Prince le pria de passer à Chantilly, et il lui donna une fête magnifique, avec ce goût exquis qui, en ce genre, est l'apanage particulier aux Condés. De là Portland continua son chemin par la Flandre; non-seulement il eut la permission du Roi d'y voir toutes les places qu'il voudroit, mais il le fit accompagner par des ingénieurs avec ordre de les lui bien montrer. Il fut reçu partout avec les plus grands honneurs, et eut toujours un capitaine et cinquante hommes de garde. Le bout d'un si brillant voyage fut de trouver à sa cour un jeune et nouveau compétiteur, qui prit bientôt le dessus, et qui ne lui laissa que les restes de l'ancienne confiance et le regret d'une absence qui l'avoit laissé établir. Sur son départ de Paris, il avoit affecté de répandre que tant que le roi Jacques seroit à Saint-Germain, la reine d'Angleterre ne seroit point payée du douaire qui lui avoit été accordé à la paix, et il tint parole.

Avant de quitter les étrangers, je ferai une courte mention du voyage que vinrent faire en France, les premiers mois de cette année, le frère du duc de Parme, qui y fut incognito, et quelque temps après le prince Gaston, second fils du grand-duc, par la singularité qu'ils furent tous deux les deux derniers ducs de Parme et de Toscane. Ce dernier garda aussi l'incognito, mais ce nonobstant le Roi voulut le distinguer, et qu'il baisât Mme la duchesse de Bourgogne. Il étoit fils de Madame la grande-duchesse, cousine germaine du Roi, et la vit fort tant qu'il fut à Paris. Le Roi prit même quelque soin de sa conduite : il chargea Albergotti, à cause du pays, de se tenir presque toujours auprès de lui, et de prendre garde à lui faire voir bonne compagnie. Il demeura peu en ce pays-ci, d'où il passa en Allemagne chez la princesse de Saxe-Lauenbourg, son épouse, avec laquelle il se brouilla depuis à ne se jamais revoir. Le frère du duc de Parme demeura presque toute l'année.

Je me souviens qu'à Fontainebleau, où on se donne plus qu'ailleurs de grands repas les uns aux autres, le cardinal d'Estrées, logé à la chancellerie, lui en voulut donner un, où il pria beaucoup de gens distingués de la cour. Il me pria aussi, et j'y trouvai de plus ce qu'il avoit lors de sa plus proche famille, pour lui aider à faire les honneurs au prince de Parme; mais il arriva que nous fîmes le festin sans lui : le cardinal, qui allant et venant avoit prié depuis plusieurs jours les gens qu'il voulut à mesure qu'il les avoit rencontrés, n'avoit oublié que le prince de Parme. Le matin du repas, le souvenir lui en vint : il demanda quel de ses gens l'avoit été inviter de sa part; il se trouva qu'il n'en avoit chargé aucun. Il y envoya vitement, mais il arriva que le prince de Parme étoit engagé, et pour plusieurs jours. On plaisanta beaucoup le cardinal, pendant le repas, de cette rare distraction. Il en avoit souvent de pareilles.

Le Roi, à la prière de Monsieur de Savoie, envoya enlever Mlle de Carignan par un lieutenant de ses gardes du corps, à l'hôtel de Soissons, qui la mena aux Filles de Sainte-Marie dans un carrosse de l'ambassadeur de Savoie. En même temps, l'électeur de Bavière en fit autant à Bruxelles, où il fit conduire dans un couvent Mlle de Soissons de chez sa mère. Leur conduite étoit depuis longtemps tellement indécente, et leur débauche si prostituée, que Monsieur de Savoie ne put plus supporter ce qu'il en apprenoit. Quel-

que temps après, il envoya une dame de Savoie ici, où
Mlle de Soissons se devoit rendre, pour les conduire toutes
deux dans ses États, où il comptoit de les resserrer fort
dans un couvent; mais à la fin elles obtinrent, l'une de
retourner chez sa mère à Bruxelles, l'autre de l'y aller
trouver d'ici. Pendant ce temps-là, le comte de Soissons,
leur frère aîné, qui étoit sorti d'ici depuis quelques années,
quoique comblé des grâces et des bontés du Roi, continuoit
à courir l'Europe pour chercher du service et du pain. On
n'en avoit voulu ni en Angleterre, ni en Allemagne, ni à
Venise. Il s'en alla chercher fortune en Espagne, qu'il n'y
trouva non plus qu'ailleurs. Il eut peine à obtenir permission de passer à Turin, où Monsieur de Savoie ne le vouloit point voir. Sa femme y étoit dans un couvent, fort
pauvre et fort retirée.

L'évêque de Poitiers étoit mort au commencement de
cette année. Il avoit été longtemps prêtre de l'Oratoire,
sous le nom de P. Saillans, et il étoit de ces Baglioni qui
ont tant figuré dans les guerres d'Italie. Ses sermons
l'avoient fait évêque de Tréguier, où il avoit appris le bas-
breton, pour pouvoir entendre et prêcher les peuples de ce
diocèse. De là il passa à Poitiers. C'étoit un excellent
évêque, qui venoit peu à Paris. Il ressembloit parfaitement à tous les portraits de saint François de Sales. J'en
fus très-fâché; il étoit ami intime de mon père et de ma
mère. Son évêché fut donné, à Pâques, à l'abbé de Caudelet. C'étoit un bon gentilhomme de Bretagne, frère d'un
capitaine aux gardes, fort estropié et qui avoit bien servi.
Ils étoient parents de la maréchale de Crequy, et souvent
chez elle. L'envie de lui voir un si bel évêché et la rage
de n'en avoir point fit[1] aller au P. de la Chaise les plus
noires calomnies contre l'abbé de Caudelet, qui avoit toujours passé pour un fort honnête homme et de très-bonnes
mœurs, et qui l'étoit en effet, et entre autres impostures,
qu'il avoit passé au jeu tout le vendredi saint, veille du
jour de sa nomination à Poitiers. La vérité étoit qu'ayant

---

1. Il y a bien *fit*, et non *firent*, au manuscrit.

assisté à tous les offices de la journée, il alla sur le soir voir la maréchale de Crequy, qui étoit seule et fatiguée des dévotions; elle aimoit à jouer, elle proposa à l'abbé de l'amuser une heure au piquet; il le fit par complaisance, fit collation avec elle, et puis se retira : cela fut bien vérifié ensuite. Le P. de la Chaise, épouvanté de ce qu'il recevoit sur son compte, le dit au Roi, qui lui ôta sur-le-champ Poitiers. L'éclat fut grand : le pauvre abbé, accablé de l'affront, se cacha longtemps, puis fut trouvé dans la Chartreuse de Rouen, où, sans prendre l'habit, il vécut longtemps comme les chartreux. Au bout de quelques années, il s'en alla en Bretagne, où il a passé le reste de sa vie dans la même solitude et dans la même piété, sans s'en être dérangé un moment, ni jamais fait[1] la moindre démarche pour avoir quoi que ce soit.

Son frère cependant éclaircit la scélératesse, et prouva si nettement la fausseté de tous les allégués, que le P. de la Chaise, qui étoit bon et droit, fit tout ce qu'il put pour obtenir un gros évêché à l'abbé de Caudelet; mais le Roi tint ferme, jusque-là qu'ils en eurent des prises, lui et son confesseur, à qui il reprocha qu'il étoit trop bon, et l'autre au Roi qu'il étoit trop dur et qu'il ne revenoit jamais. Il ne se rebuta point, et tant qu'il a vécu il a souvent fait de nouveaux efforts, mais tous aussi inutiles.

On sut aussi qui étoit le faux délateur, et qui avoit fait et envoyé ces calomnies atroces : c'étoit l'abbé de la Châtre, frère du gendre du marquis de Lavardin. Il étoit aumônier du Roi depuis longtemps, et il enrageoit de n'être point évêque, et contre tous ceux qui le devenoient. C'étoit un homme qui ne manquoit pas d'esprit, mais pointu, désagréable, pointilleux, fort ignorant parce qu'il n'avoit jamais voulu rien faire, et si perdu de mœurs que je lui vis dire la messe à la chapelle un mercredi des Cendres, après avoir passé la nuit masqué au bal, faisant et disant les dernières ordures, à ce que vit et entendit M. de la Vrillière, devant qui il se démasqua, et qui me le

---

1. Ni avoir jamais fait.

conta le lendemain matin, une demi-heure avant que je le rencontrasse habillé allant à l'autel. D'autres aventures l'avoient déjà perdu auprès du Roi pour être évêque. Il étoit fort connu et fort méprisé. Il ne porta pas loin le châtiment de son dernier crime et la vengeance du pauvre abbé de Caudelet, qui fut plaint de tout le monde.

Le président Talon alla aussi en l'autre monde voir s'il est permis de souffler le froid et le chaud, comme M. de Luxembourg le lui avoit fait faire. Lamoignon eut sa charge de président à mortier, et Portail eut la sienne d'avocat général, où il brilla plus que lui, et s'y fit beaucoup de réputation d'éloquence et d'équité. Ce n'est pas qu'il ne fût fils de notre rapporteur, plus que très-favorable à M. de Luxembourg, mais il faut dire la vérité.

Mme de Sillery mourut à Liancourt, où elle étoit retirée depuis un grand nombre d'années. Elle étoit sœur du père de M. de la Rochefoucauld, qui avoit tant figuré avec Mme de Longueville dans le parti de Monsieur le Prince, et qui eut tant d'esprit et d'amis. Sa sœur [en] avoit aussi beaucoup, mais rien vaillant, ce qui fit son mariage. Elle se trouva mal mariée, et ne parut point à la cour. M. de Sillery avoit aussi beaucoup d'esprit, mais nulle conduite, et se ruina en fils de ministre, sans guerre ni cour. Il ne laissoit pas d'être fort dans le monde et desiré par la bonne compagnie. Il alloit à pied partout, faute d'équipage, et ne bougeoit de l'hôtel de la Rochefoucauld ou de Liancourt, avec sa femme, qui s'y retira, dans le désordre de ses affaires, longtemps avant la mort de son mari. Elle étoit fort considérée de ses neveux, et assistée de tout. Puysieux, qu'on vient de voir ambassadeur en Suisse, le chevalier de Sillery, écuyer de M. le prince de Conti, et l'évêque de Soissons étoient ses enfants. Sillery, leur père, étoit petit-fils du chancelier de Sillery, et fils de Puysieux, secrétaire d'État, chassé avec le chancelier dès 1640 et mort en disgrâce, et de cette fameuse Mme de Puysieux, si bien avec la Reine mère, si comptée et si impérieuse avec le monde, et qui mangea à belles dents, pour s'amuser, pour cinquante mille écus de points de Gênes à ses manchettes et à ses collets, qui étoit lors la grande mode. Elle étoit Estampes, et commença la ruine de son fils.

Le vieux Villars mourut en même temps à Paris, en deux jours, à plus de quatre-vingts ans. J'aurois assez parlé de lui lorsqu'il fut chevalier d'honneur de Mme la duchesse de Chartres à son mariage, si je ne me souvenois à cette heure de l'origine de son nom d'Orondat, qu'on lui donnoit toujours, et qui ne lui déplaisoit pas. La voici. La comtesse de Fiesque, si intime de Mademoiselle, avoit amené de Normandie avec elle Mlle d'Outrelaise, et la logeoit chez elle. C'étoit une fille de beaucoup d'esprit, qui se fit beaucoup d'amis, qui l'appelèrent *la Divine*, nom qu'elle communiqua depuis à Mme de Frontenac, avec qui elle alla demeurer depuis à l'Arsenal, et avec qui elle passa inséparablement sa vie, autre personne d'esprit et d'empire, et de toutes les bonnes compagnies de son temps. On ne les appeloit que *les Divines*. Pour en revenir donc à l'Orondat, Mme de Choisy, autre personne du grand monde, alla voir la comtesse de Fiesque, et y trouva grande compagnie. L'envie de pisser la prit; elle dit qu'elle alloit monter en haut chez *la Divine*, qui étoit Mlle d'Outrelaise. Elle monte brusquement, y trouve Mlle de Bellefonds, tante paternelle du maréchal, jeune et extrêmement jolie, et voit un homme qui se sauve, et qu'elle ne put connoître. La figure de cet homme parfaitement bien fait la frappa tant que, de retour à la compagnie et contant son aventure, elle dit que ce ne pouvoit être qu'Orondat. La plupart de la compagnie savoit que Villars étoit en haut, où il étoit allé voir Mlle de Bellefonds, dont il étoit fort amoureux, qui n'avoit rien, et qu'il épousa fort peu après. Ils rirent fort de l'aventure et de l'Orondat. Maintenant qu'on s'est heureusement défait de la lecture des romans, il faut dire qu'Orondat est un personnage de *Cyrus*[1], célèbre pour sa taille et sa bonne mine, qui charmoit toutes les héroïnes de ce roman, alors fort à la mode. Mme la

---

1. Roman de Mlle de Scudéry.

duchesse d'Orléans souhaita fort que M. de Castries, mari de sa dame d'atour, eût la place qu'avoit Villars auprès d'elle; Monsieur, qui a toujours fort aimé Mme de Montespan, y consentit, et M. du Maine acheva l'affaire auprès du Roi.

Quelque temps après mourut M. de Brienne, l'homme de la plus grande espérance de son temps en son genre, le plus savant, et qui possédoit à fond toutes les langues savantes et celles de l'Europe. Il eut de très-bonne heure la survivance de son père, qui avoit eu la charge de secrétaire d'État du département des affaires étrangères lorsque Chavigny fut chassé. Loménie, qui vouloit rendre son fils capable de la bien exercer, et[1] qui n'avoit que seize ou dix-sept ans, l'envoya voyager en Italie, en Allemagne, en Pologne, et par tout le Nord, jusqu'en Laponie. Il brilla fort, et profita encore plus dans tous ces pays, où il conversa avec les ministres et ce qu'il y trouva de gens plus considérables, et en rapporta une excellente relation latine. Revenu à la cour, il y réussit admirablement, et dans son ministère, jusqu'en 1664, qu'il perdit sa femme, fille de ce même Chavigny, et sœur de Monsieur de Troyes, de la retraite duquel j'ai parlé, de la maréchale de Clérembault, etc. Il l'avoit épousée quatre ans après la mort de Chavigny. Il fut tellement affligé de cette perte, que rien ne put le retenir. Il se jeta dans les Pères de l'Oratoire, et s'y fit prêtre. Dans les suites il s'en repentit; il écrivit des lettres, des élégies, des sonnets beaux et pleins d'esprit, et tenta tout ce qu'il put pour rentrer à la cour et en charge. Cela ne lui réussit pas : la tête se troubla, il sortit de sa retraite et se remit à voyager; il lui échappa beaucoup de messéances à son état passé et à celui qu'il avoit embrassé depuis. On le fit revenir en France, où, bientôt après, on l'enferma dans l'abbaye de Château-Landon. Sa folie ne l'empêcha pas d'y écrire beaucoup de poésies latines et françoises, parfaitement belles et fort touchantes, sur ses malheurs. Il laissa un fils, qui est aussi mort enfermé, et deux filles.

1. *Et* est en interligne au manuscrit.

Sa sœur et sa fille aînée épousèrent MM. de Gamaches, père et fils; et l'autre fille, M. de Poigny Angennes : ainsi ont fini les Loménie. M. de Lyonne eut la charge de M. de Brienne. Sa famille a encore moins duré, et n'a pas fini plus heureusement : tel est d'ordinaire le sort des ministres.

CHAPITRE III.

Mort du duc de Bracciano. — Duchesse de Bracciano; ses premières aventures; prend le nom de princesse des Ursins. —Étrange et hardie tentative du cardinal de Bouillon de faire l'abbé d'Auvergne cardinal. — Mariage de Souvré avec Mlle de Rebénac; du vieux Seissac avec une sœur du duc de Chevreuse. — Mariage du comte d'Ayen avec Mlle d'Aubigné. — Le Roi paye les dettes de M. de la Rochefoucauld. — Mort de l'abbé de Marsillac. — Le Roi prend le deuil d'un enfant de M. le prince de Conti, et pourquoi. — Mort de Fervaques; sa dépouille et son testament. — Duc de Lesdiguières accommodé, par ordre du Roi, par le maréchal-duc de Duras seul, son beau-père, avec Lambert. — Monsieur de Lorraine en Lorraine, d'où le duc d'Elbœuf revient mal avec lui. — Camp de Compiègne résolu et déclaré.

En même temps mourut à Rome le duc de Bracciano, à soixante-dix-huit ans, dont tout le mérite consista en sa naissance et en ses grands biens. C'étoit, comme je l'ai dit, le premier laïque de Rome, grand d'Espagne, prince du Soglio du Pape, et chef de la maison des Ursins. La sœur de son père étoit la fameuse duchesse de Montmorency, qui, après la mort tragique de son mari en 1632, se retira à Moulins, où elle se fit Fille de Sainte-Marie.

M. de Bracciano, veuf d'une Ludovisio sans enfants, épousa, en février 1675, Anne-M. de la Trémoille, fille de M. de Noirmonstiers, qui figura assez dans les troubles de la minorité de Louis XIV pour se faire faire duc à brevet. Elle avoit épousé Blaise de Talleyrand, qui se faisoit appeler le prince de Chalais, et qui fut de ce fameux duel contre MM. de la Frette, où le frère aîné du duc de Beauvillier fut tué, et qui fit sortir les autres du royaume.

Mme de Chalais alla joindre son mari en Espagne, d'où ils passèrent en Italie. Elle alla toujours devant à Rome, où la mort empêcha son mari de l'aller trouver. Elle étoit jeune, belle, de beaucoup d'esprit, avec beaucoup de monde, de grâces et de langage. Elle eut recours à Rome aux cardinaux de Bouillon et d'Estrées, qui en prirent soin en faveur du nom et de la nation, et bientôt après pour des raisons plus touchantes. Le desir de la retenir à Rome, où ils étoient pour du temps, leur fit naître celui de l'y établir. Elle n'avoit point d'enfants, et presque point de bien. Ils écrivirent à la cour qu'un homme de la considération dont étoit à Rome le duc de Bracciano étoit bon à acquérir au Roi, et que le moyen de le lui attacher étoit de lui faire épouser Mme de Chalais. La pensée fut approuvée et suivie. M. de Bracciano, tonnelé par les deux cardinaux, se persuada qu'il étoit amoureux de Mme de Chalais : il n'avoit point d'enfants, le mariage se fit, et la même année il fut fait chevalier de l'ordre. Mme de Bracciano étala tout son esprit et tous ses charmes à Rome, et fit bientôt du palais des Ursins une espèce de cour, où se rassembloit tout ce qu'il y avoit de plus grand et de meilleure compagnie en hommes et en femmes : c'étoit la mode d'y aller, et être sur un pied de distinction d'y être reçu. Le mari cependant étoit compté pour peu de chose. Le ménage ne fut pas toujours concordant; mais sans brouillerie ouverte, ils furent quelquefois bien aises de se séparer. C'est ce qui donna lieu à la duchesse de Braccciano de faire deux voyages en France, au dernier desquels elle passa quatre ou cinq ans. C'est celui où je la connus, et où je puis dire que je fis avec elle une amitié particulière, à l'occasion de celle qui étoit entre elle et ma mère dès son précédent voyage. Elle deviendra bientôt un personnage si grandement singulier, que je me suis volontiers étendu sur elle.

Le cardinal de Bouillon, qui étoit lors à Rome en grande splendeur, lui rendit le service d'empêcher, par l'autorité du Pape, que les créanciers, très-nombreux, ne fussent reçus à mettre le scellé. M. de Bracciano n'avoit point d'enfants; sa femme, depuis son retour, l'avoit tout à fait regagné; il l'avoit faite, comme il est permis à Rome, sa légataire universelle, et ses meubles, son argenterie, ses bijoux et ses pierreries étoient infinis. Il n'y eut donc que ses terres qui purent servir à payer les dettes. Don Livio Odescalchi, neveu d'Innocent XI, extraordinairement riche, acheta pour près de deux millions le duché de Bracciano, mais avec la condition expresse que Mme de Bracciano en quitteroit le nom, et c'est ce qui lui fit prendre celui de princesse des Ursins, sous lequel elle est devenue fameuse.

Le cardinal de Bouillon, après ce service rendu pour le scellé, se brouilla avec elle, mais aux couteaux tirés, et ne se sont jamais revus. Mme de Bracciano, car elle en portoit encore le nom, prétendit tendre son palais de violet, par un privilége particulier aux aînés de la maison Ursine. Le cardinal de Bouillon, lors sous-doyen du sacré collége, prit l'affirmative pour la faire tendre en noir, et avec tant d'aigreur et de hauteur que c'en a été pour le reste de leur vie. Il en eut avec cela le dégoût tout entier : le Pape le condamna et donna gain de cause à Mme de Bracciano, qui ne tarda pas à le rendre au cardinal de Bouillon.

Il venoit de faire, par le Pape, son neveu, l'abbé d'Auvergne, grand prévôt du chapitre de Strasbourg, et lui-même s'en fit faire chanoine. Il commençoit, sans s'en apercevoir encore, à n'être plus si bien à la cour. L'affaire de Monsieur de Cambray s'examinoit fort sérieusement à Rome; il y avoit ses agents, et ses antagonistes les leurs, avec le jeune abbé Bossuet, neveu de Monsieur de Meaux, qui prit cette occasion de le former et de le faire connoître. Le cardinal de Bouillon étoit de la congrégation où cette affaire se jugeoit; il se contint dans les commencements, et se contenta de toutes les voies sourdes par lesquelles il put servir un ami auquel il avoit de si puissants intérêts, comme je les ai expliqués en leur temps; mais peu à peu le pied lui glissa, et ses manéges, que Messieurs de Paris, de Meaux et de Chartres avoient tant de raisons de ne pas cacher au Roi, lui furent clairement démontrés. Le parti fut pris de n'en pas faire semblant, pour en découvrir davantage, et le mettre après, à coup sûr, hors de combat pour la défense de son ami, et en user cependant avec lui, du côté de la cour, avec toutes les apparences de la distinction et de la confiance ordinaire.

Il étoit dans cette position lorsqu'il imagina un trait qui commença et qui avança bien sa perte. L'Empereur n'avoit point de serviteur plus zélé ni plus attaché entre les princes de l'Empire que le duc de Saxe-Zeitz, évêque de Javarin, et travailloit à Rome depuis assez longtemps à le faire cardinal seul, et hors le temps de la promotion des couronnes. Par la même raison, le Roi s'y opposoit de toutes ses forces, et en avoit fait mettre un article exprès dans les instructions du cardinal de Bouillon. Vint l'abjuration de l'électeur de Saxe entre les mains de l'évêque de Javarin, pour se rendre éligible en Pologne. L'évêque passa pour l'avoir converti. L'Empereur fit sonner le plus haut qu'il put à Rome le service d'avoir ramené à sa communion un électeur de l'Empire, chef et protecteur né de tous les protestants d'Allemagne, et renouvela d'ardeur et d'instances à cette occasion pour la promotion de l'évêque. Cette conjoncture parut d'autant plus favorable au cardinal de Bouillon, qu'il voyoit le Pape fort incliné à accorder à l'Empereur sa demande, et que le Pape traitoit le cardinal de Bouillon avec beaucoup de ménagement : il crut donc qu'il n'y avoit pas un moment à perdre pour en profiter.

Il écrivit au Roi tout ce qu'il put de plus exagéré sur les engagements du Pape à l'Empereur, et sur la promotion de l'évêque de Javarin comme instante; que, dans cette extrémité, tout ce qu'il avoit pu faire pour parer l'affront de voir donner un cardinal seul et *motu proprio* aux instances de l'Empereur, malgré toutes celles du Roi, avoit été de trouver moyen que la France en eût un en même temps ; qu'il avoit eu toutes les peines imaginables à y réussir, mais à condition que ce François seroit choisi par le Pape, et que, pour éviter qu'il n'en prît quelqu'un qui ne fût pas agréable au Roi, il avoit fait effort de tout son crédit auprès du Pape pour lui en faire accepter un le plus attaché au Roi qui pût être[1] et en âge de le servir longtemps ; que c'étoit l'abbé d'Auvergne, excepté lequel, le Pape lui avoit déclaré qu'il n'en feroit aucun autre. Il joignit à cela tout ce qu'il crut capable de faire avaler au Roi, comme un service aussi adroit que signalé, un mensonge qui pouvoit passer pour unique en son genre. En même temps, il dit au Pape tout ce qu'il put pour lui persuader que, dans la presse et le desir où il étoit de contenter l'Empereur, il croyoit avoir obtenu de la bonté et de l'amitié dont le Roi vouloit bien l'honorer le plus grand point qu'il eût pu se proposer pour tirer Sa Sainteté de la situation forcée où elle se trouvoit, qui étoit de faire condescendre le Roi à la promotion de l'évêque de Javarin, en faisant en même temps un François, chose où jusque-là on n'avoit pu parvenir à amener le Roi ; mais qu'en même temps Sa Majesté n'y vouloit consentir que pour son neveu l'abbé d'Auvergne ; que c'étoit tout ce qu'il avoit pu tirer du Roi, et qu'il croyoit par là avoir rendu un grand service au Roi et au Pape, en le mettant en état de satisfaire l'Empereur sans se brouiller avec le Roi en faisant à la fois l'évêque de Javarin et l'abbé d'Auvergne.

Il arriva, pour le malheur du cardinal de Bouillon, qu'un hameçon si adroitement préparé n'eut pas l'effet qu'il s'étoit promis de sa hardiesse. Le Pape, qui, par les offices pressants qu'il recevoit d'ailleurs que du cardinal de Bouillon de la part du Roi contre Monsieur de Cambray, et qui étoit en même temps bien informé de la conduite de ce cardinal, toute en faveur du même prélat,

---

1. Le manuscrit porte *et* devant comme après *qui pût être*, la première fois en interligne.

quoique l'homme du Roi à Rome, ne pouvoit ajuster deux choses si contradictoires. Il soupçonna de la profondeur dans l'arrangement du discours et de la proposition du cardinal de Bouillon, et surtout dans l'empressement qui lui échappa de brusquer la promotion de l'évêque et de l'abbé, et cela lui fit prendre le parti d'attendre d'ailleurs des nouvelles de France. D'autre part, le Roi fut surpris au dernier point de la dépêche du cardinal de Bouillon, et comme il n'avoit eu que trop d'occasions en sa vie de le connoître, il ne douta point qu'il n'eût suggéré au Pape un expédient si flatteur à la vanité des Bouillons, mais si destructif de l'intérêt et des ordres du Roi contre la promotion de l'évêque de Javarin. Il entra en colère, et en même temps en crainte que cette promotion se précipitât, et il fit dépêcher un courrier au cardinal de Bouillon, par lequel, sans entrer en aucun raisonnement, il réitéra ses ordres contre la promotion de l'évêque de Javarin, et ajouta en même temps que si, contre toute attente et malgré toute représentation, le Pape se déterminoit à passer outre, il s'opposoit à ce qu'aucun François, et particulièrement l'abbé d'Auvergne, fût fait cardinal, à qui il défendoit de l'accepter, même s'il étoit fait, sous peine de désobéissance. Outre cette dépêche au cardinal de Bouillon, le courrier étoit chargé d'une autre portant mêmes ordres au principal agent des évêques opposés à Monsieur de Cambray, avec commandement de plus de l'aller tout sur-le-champ montrer au Pape, ce qui fut exécuté. Le Pape alors se sut bon gré des soupçons qui l'avoient fait différer, et le cardinal de Bouillon pensa mourir de honte, de dépit et de rage. Le Pape, qui en effet étoit pressé de faire l'évêque de Javarin, ne l'étoit pas au point où le cardinal de Bouillon l'avoit mandé pour faire agréer l'expédient qu'il avançoit, et qui, plus françois en son âme qu'impérial, voyoit l'extrême répugnance du Roi pour cet évêque, temporisa si bien qu'il mourut sans le faire cardinal, et manifesta de plus en plus par cette conduite l'audacieux mensonge du cardinal de Bouillon, que ce pape avoit fait mander aussi au Roi.

Trois mariages se suivirent de près à la fin de février et au commencement de mars. Souvré, frère de Barbezieux et maître de la garde-robe du Roi, épousa la fille unique du feu marquis de Rebénac, frère du marquis de Feuquières, à condition d'en porter les armes et de prendre le nom de Pas dans les actes, qui est celui de MM. de Feuquières. Il en eut beaucoup de biens, et la lieutenance générale du gouvernement de Béarn et basse Navarre. Rebénac étoit fort honnête homme, et fort employé et distingué dans les négociations.

Le vieux Seissac[1] épousa la dernière sœur du second lit du duc de Chevreuse, jeune et jolie, qui, avec peu de bien, le voulut malgré la disproportion d'âge, dans l'espérance d'être bientôt veuve et de jouir des grands avantages de son contrat de mariage. C'étoit un homme de grande qualité et de beaucoup d'esprit, que démentoient toutes les qualités de l'âme. Il avoit eu la charge de maître de la garde-robe du Roi de M. de Quitry, lorsque le Roi fit pour lui la nouvelle charge de grand-maître de la garde-robe. Seissac étoit fort riche, fort gascon, gros joueur et beaucoup du grand monde, mais peu estimé, et on se défioit fort de son adresse au jeu.

Le Roi, dans ces temps-là, jouoit aussi fort gros jeu, et c'étoit le brelan qui étoit à la mode. Un soir que Seissac étoit de la partie du Roi, M. de Louvois vint lui parler à l'oreille. Un moment après le Roi donna son jeu à M. de Lorges, à qui il dit de le tenir et de continuer pour lui jusqu'à ce qu'il fût revenu, et s'en alla dans son cabinet avec M. de Louvois. Dans cet intervalle, Seissac fit une tenue à M. de Lorges, qu'il jugea contre toutes les règles du jeu, puis un va-tout qu'il gagna ne portant quasi rien. Le coup étoit fort gros. Le soir, M. de Lorges se crut obligé d'avertir le Roi de ce qui s'étoit passé. Le Roi fit arrêter

---

1. *Cessac* est la forme la plus ordinaire de ce nom.

sans bruit le garçon bleu qui tenoit le panier des cartes et le cartier : les cartes se trouvèrent pipées, et le cartier, pour avoir grâce, avoua que c'étoit Seissac qui les lui avoit fait faire, et l'avoit mis de part avec lui.

Le lendemain, Seissac eut ordre de se défaire de sa charge et de s'en aller chez lui. Au bout de quelques années, il obtint la permission d'aller en Angleterre. Il y joua plusieurs années, et gagna extrèmement. A son retour, il eut liberté de se tenir où il voudroit, hors de se présenter devant le Roi. Il s'établit à Paris, où il tint grand jeu chez lui. Après, Monsieur, à qui tout étoit bon pour le jeu, demanda permission au Roi pour que Seissac pût jouer avec lui à Paris et à Saint-Cloud. Monseigneur, à la prière de Monsieur, obtint la même permission pour Meudon; et de l'un à l'autre ces deux princes se le firent accorder pour jouer à Versailles, et de là à Marly, où, sur le pied de joueur, il étoit à la fin de presque tous les voyages. C'étoit un homme très-singulier, qui comptoit le mépris et les avanies pour rien, et qui avoit encore la fantaisie de ne porter le deuil de personne. Il disoit que cela l'attristoit et n'étoit bon à rien, et le soutint ainsi, et de ses plus proches, toute sa vie. Ils le lui rendirent; car lorsqu'il mourut, M. de Chevreuse ni pas un parent ne portèrent le deuil de lui. Son nom, maintenant éteint, étoit Castelnau, non pas des Castelnau du maréchal de France, mais il portoit celui de Clermont Lodève, d'une héritière de cette maison anciennement éteinte, qui en avoit apporté les biens dans la sienne.

Le troisième mariage fut plus brillant et mieux assorti pour les âges. Ce fut celui du comte d'Ayen avec Mlle d'Aubigné. Le Roi avoit eu grande envie de la faire épouser au prince de Marsillac, petit-fils de M. de la Rochefoucauld. Lui et Mme de Maintenon ne s'aimoient point, et ne s'étoient jamais aimés. Il avoit été toujours fort bien avec Mme de Montespan, et surtout avec Mme de Thianges, dont il aimoit encore les enfants. Le Roi s'en apercevoit; il ne laissoit pas de desirer que cela fût autrement entre eux.

Comme ils n'avoient jamais été brouillés, et qu'ils n'avoient aucun rapport ensemble, l'embarras étoit la façon de les mettre sur un autre pied, d'autant qu'il n'y avoit rien à l'extérieur, et qu'ils en savoient trop tous d'eux pour s'attaquer et n'avoir pas tous les ménagements possibles. M. de la Rochefoucauld, à qui le Roi en parla, n'y consentit que par respect et complaisance; Mme de Maintenon, qui avoit ses raisons pour un autre choix, répondit au Roi froidement. Tant de glace des deux côtés rebutèrent le Roi, qui n'en parla plus que foiblement à Mme de Maintenon, pour lui demander à qui elle pouvoit donner la préférence sur un homme de la naissance, des biens et des charges qu'auroit le prince de Marsillac. Elle lui proposa le comte d'Ayen. A son tour le Roi ne répondit pas comme Mme de Maintenon l'eût desiré. Il n'aimoit point Mme de Noailles : elle avoit trop d'esprit pour lui, et trop entrante et trop intrigante; c'étoit la mettre dans leur sanctuaire intime, et le Roi avoit peine à s'y résoudre. Mme de Maintenon, qui se vouloit entièrement attacher Monsieur de Paris, et à l'appui de l'affaire de Monsieur de Cambray se frayer un chemin d'avoir part aux affaires de l'Église, et aux bénéfices surtout, qu'elle n'avoit jamais pu entamer au P. de la Chaise, tourna si bien le Roi, qui aimoit M. de Noailles, et à le rassurer sur ce qu'elle écarteroit Mme de Noailles de leurs particuliers, que le mariage fut agréé, et tout aussitôt conclu.

Mme de Maintenon assura six cent mille livres sur son bien après elle; elle en avoit beaucoup plus, et point d'autre héritière. Le Roi donna trois cent mille livres comptant, cinq cent mille livres sur l'hôtel de ville, pour cent mille livres de pierreries, avec les survivances du gouvernement de Roussillon, Perpignan, etc., de M. de Noailles, de trente-huit mille livres de rente au soleil, et de celui de Berry, de M. d'Aubigné, de trente mille livres de rente, et sur le tout une place de dame du palais. La déclaration s'en fit le mardi 11 mars. Le lendemain, Mme de Maintenon se mit sur son lit au sortir de table, et les portes furent ouvertes aux compliments de toute la cour. Mme la duchesse de Bourgogne, toute habillée, y passa la journée, tenant Mlle d'Aubigné auprès d'elle, et faisant les honneurs comme une particulière chez une autre. On peut juger si personne s'en dispensa, à commencer par Monseigneur. On y accourut de Paris, et Monsieur, qui y étoit, vint exprès. Le mardi dernier mars, ils furent fiancés le soir à la chapelle, Mme la duchesse de Bourgogne et toute la cour aux tribunes, et la noce en bas. Tout ce qui en étoit avoit vu le Roi chez Mme de Maintenon avant son souper. Le lendemain, tard dans la matinée, Mme de Maintenon vint avec toute la noce à la paroisse, où Monsieur de Paris dit la messe et les maria, d'où ils allèrent tous dîner chez M. de Noailles, dans l'appartement de M. le comte de Toulouse, qu'il lui avoit prêté. L'après-dînée, Mme de Maintenon sur son lit, et la comtesse d'Ayen sur un autre dans une autre pièce joignante, reçurent encore toute la cour. On s'y portoit, tant la foule y étoit grande, mais la foule du plus distingué. Le soir, on soupa chez Mme de Maintenon, avec elle et Mme la duchesse de Bourgogne, et les hommes dans une autre chambre. Après souper, on coucha les mariés dans le même appartement. Le Roi donna la chemise au comte d'Ayen, et Mme la duchesse de Bourgogne à la mariée. Le Roi les vit au lit avec toute la noce; il tira lui-même leur rideau, et leur dit pour bonsoir qu'il leur donnoit à chacun huit mille livres de pension. Le Roi en même temps paya les dettes de M. de la Rochefoucauld, qui se montoient fort haut : ainsi il ne perdit pas tout au mariage de Mlle d'Aubigné, auquel j'ai oublié de remarquer que M. et Mme d'Aubigné se trouvèrent et furent à tout.

La joie de M. de la Rochefoucauld fut un peu troublée par la perte qu'il fit de son frère, l'abbé de Marsillac : je dis un peu, parce que l'amitié n'étoit pas bien vive, quoique bienséante. L'esprit, le bon sens, le goût de la bonne compagnie, et la considération dégagée de celle de la naissance, de la faveur et des places, étoient devenus dans cette famille un apanage de cadets. Celui-ci et le feu chevalier de la Rochefoucauld son frère, qui étoient tendrement unis, avoient pleinement joui de ces avantages et de la douceur de beaucoup d'amis particuliers, dont ils furent fort regrettés. Ils étoient fort goutteux, et on ne les voyoit jamais à la cour. Ceux qui ont vu M. de la Rochefoucauld le père prétendoient que l'abbé de Marsillac en faisoit fort souvenir dans ses manières et dans la conversation. Ce même apanage se maintint dans la seconde génération : M. de Liancourt le recueillit tout entier, et il ne passa plus outre. Les abbayes de l'abbé de Marsillac furent sur-le-champ données à l'abbé de la Rochefoucauld, qui en avoit déjà beaucoup. Il étoit oncle paternel de M. de la Rochefoucauld, et toutefois de son même âge. Il aimoit tant la chasse, que le nom d'abbé Tayaut lui en étoit demeuré. M. de la Rochefoucauld, à qui dans leurs temps de misère il avoit donné tout le sien, l'aimoit avec une extrême tendresse et une grande considération ; il le logeoit, et l'avoit toujours partout avec lui à la cour. C'étoit le meilleur homme, mais le plus court et le plus simple, qui fût sur terre, et de la meilleure santé. Ni lui ni l'abbé de Marsillac n'étoient point dans les ordres.

M. le prince de Conti perdit son fils, le prince de la Roche-sur-Yon, qui n'avoit que quatre ans. Le Roi en prit le deuil en noir. Il ne portoit point le deuil des enfants au-dessous de sept ans, et on ne l'avoit pas porté de ceux de lui et de la Reine, mais il avoit voulu faire cet honneur-là à M. du Maine pour un des siens, et n'osa pas après cela ne le pas prendre de ceux des princes du sang. Il alla voir M. le prince et Mme la princesse de Conti ; les princes du sang s'y trouvèrent, et le reconduisirent jusque chez Mme de Maintenon.

Fervaques mourut en ce même temps, en revenant de Bourbon. C'étoit un vieux garçon, honnête homme, toujours galant, qui n'avoit jamais été marié, et qui avoit acheté, il y a longtemps, du grand prévôt, le gouvernement du Maine et du Perche, qui vaut quatorze mille livres de rente. Il étoit riche, quoique frère cadet de Bullion. Leur mère étoit sœur aînée de la maréchale de la Mothe, qui vint demander au Roi le gouvernement pour Bullion, qui en offroit deux cent mille [livres] pour celui qu'il lui plairoit gratifier. Sur-le-champ il l'accorda, donna à la maréchale douze mille livres d'augmentation de pension, et fit mander à Rosen, qui étoit à Paris, qu'il lui donnoit les deux cent mille livres de Bullion. La paix lui avoit fait perdre une assez bonne confiscation que le Roi lui avoit donnée.

Il se trouva un testament de Fervaques, par lequel, entre autres legs, il donnoit à la duchesse de Ventadour la jouissance, sa vie durant, d'une terre de quatorze mille livres de rente, et malgré ces legs, il revenoit fort gros à Bullion. Il avoit été conseiller au parlement de Metz, après avoir éprouvé à un siége qu'il n'étoit pas propre à la guerre, sans avoir pourtant rien fait de malhonnête. On s'aperçut à un repas, à la tranchée, qu'il ne mangeoit point; on l'en pressa; il répondit plaisamment qu'il ne mangeoit jamais qu'il ne fût sûr de la digestion : il avoua franchement sa peur, sans la témoigner autrement que par ses paroles. Il quitta à la fin de la campagne, et n'en fut pas moins estimé.

Son père étoit fils de Bullion, surintendant des finances et président à mortier. Il fut président à mortier en survivance, et se laissa persuader d'en donner la démission pour une place de conseiller d'honneur et la charge de greffier de l'ordre. Son fils, dont je parlois tout à l'heure, ne prit une charge de conseiller au parlement de Metz qu'en passant : il acheta la charge de prévôt de Paris, à l'ombre de laquelle il reprit l'épée, et parut ainsi dans le monde et à Versailles. Sa femme, qui étoit une Rouillé, sœur de la marquise de Noailles puis duchesse de Richelieu, enrageoit de voir sa sœur femme de qualité. Elle et son mari, sous prétexte de rendre des devoirs à la maréchale de la Mothe et à la duchesse de Ventadour, sa fille, de chez qui ils ne bougeoient, se fourroient tant qu'ils pouvoient partout. Mme de Bullion étoit altière, glorieuse, impétueuse, et ne supportoit qu'avec peine d'être à la cour, parce qu'elle y vouloit aller, sans parvenir à être de la cour : de bien meilleures qu'elle ne songeoient pas à manger ni à entrer dans les carrosses. Enfin, après de longues douleurs, elle offrit si gros à Mme de Ventadour, dame d'honneur de Madame, pour entrer dans son carrosse, que, tentée de la somme, elle le dit franchement à Monsieur et à Madame, qui, par considération pour elle, y consentirent. Mme de Bullion entra donc ainsi dans le carrosse de Madame, et soupa une fois avec elle et Monsieur à Saint-Cloud, dont elle pensa mourir de joie; mais elle en demeura là, et le Roi n'en voulut jamais ouïr parler pour manger, ni pour les carrosses de Madame la Dauphine. Un gouvernement de province, quelque petit qu'il fût, étoit donc bien peu de convenance à Bullion; et si son frère l'avoit eu, au moins avoit-il servi, été capitaine d'une des compagnies de gendarmerie de la Reine, et n'avoit jamais été de robe. Bullion et sa femme devoient donc tout à la maréchale de la Mothe et à Mme de Ventadour, chez lesquelles ils passoient leur vie. Malgré cela, Mme de Bullion, aussi avare que riche et glorieuse, et c'est beaucoup dire, et qui traitoit son mari comme un petit garçon, lui fit attaquer le testament de son frère, et faire un procès directement à Mme de Ventadour sur l'usufruit que Fervaques lui avoit laissé. Cette infamie, et faite le lendemain du gouvernement du Maine et du Perche, souleva contre elle la cour et la ville à n'oser plus se montrer nulle part. Elle soutint la gageure, se brouilla avec ses protectrices, et perdit son procès avec toutes les sauces et avec une acclamation générale. Question fut après de se raccommoder, et de sortir par là de la sorte d'excommunication générale où elle étoit tombée avec tout le monde. Cela dura quelques mois. A force de soumissions qui lui coûtèrent bien cher, Mme de Ventadour fut assez bonne pour lui pardonner, et peu à peu il n'y parut plus.

Le duc de Lesdiguières, qui étoit fort jeune et fort doux,

et qui ne tarda pas à montrer qu'il étoit aussi fort brave, eut quelques paroles en sortant de la comédie avec Lambert, colonel d'infanterie, jeune homme très-suffisant, qui voulut porter ses plaintes aux maréchaux de France, et qui ne savoit apparemment pas que les ducs ne les reconnoissent point. Le Roi le sut, et ordonna à M. de Duras, beau-père de M. de Lesdiguières, d'accommoder seul cette affaire, qui n'alla pas plus loin.

Monsieur de Lorraine arriva à Strasbourg, allant en Lorraine. Le marquis d'Huxelles, commandant d'Alsace, l'y reçut moins comme un duc de Lorraine qu'en neveu du Roi qu'il alloit être. M. d'Elbœuf se hâta de l'aller voir. Il tint en revenant des propos peu mesurés, qui revinrent et déplurent fort à Monsieur de Lorraine. Il en fut embarrassé, et essaya de s'en justifier auprès du Roi, à qui cela ne faisoit pas grand'chose. Quelque temps après, il voulut retourner en Lorraine, pour montrer qu'il étoit bien en ce pays-là, malgré ce qui s'en étoit débité. Il n'osa pourtant s'y hasarder sans en parler au Roi, qui ne le lui conseilla pas. C'étoit un homme audacieux, et qui ne vouloit pas avoir le démenti d'un voyage qu'il avoit annoncé, mais il l'eut tout du long. Monsieur de Lorraine, qui en fut averti, en fit parler au Roi, qui au conseil fit succéder la défense, et M. d'Elbœuf demeura tout court. Bouzols, beau-frère de Torcy, fut complimenter de la part du Roi Monsieur de Lorraine à son arrivée.

Le Roi, désormais en pleine paix, voulut étonner l'Europe par une montre de sa puissance, qu'elle croyoit avoir épuisée par une guerre aussi générale et aussi longue, et en même temps se donner, et plus encore à Mme de Maintenon, un superbe spectacle sous le nom de Mgr le duc de Bourgogne. Ce fut donc sous le prétexte de lui faire voir une image de la guerre, et de lui en donner les premières leçons, autant qu'un temps de paix le pouvoit permettre, qu'il déclara un camp à Compiègne, qui seroit commandé par le maréchal de Boufflers sous ce jeune prince. Les troupes qui en grand nombre le devoient composer furent nommées, et les officiers généraux choisis pour y servir. Le Roi fixa aussi en même temps celui qu'il comptoit d'aller [1] à Compiègne, et fit entendre qu'il seroit bien aise d'y avoir une fort grosse cour. Je remets au temps de ce voyage à en parler plus particulièrement.

CHAPITRE IV.

P. la Combe à la Bastille. — Orage contre les ducs de Chevreuse et de Beauvillier et les attachés à Monsieur de Cambray. — Sainte magnanimité du duc de Beauvillier. — Grande et prodigieuse action de l'archevêque de Paris. — Quatre domestiques principaux des enfants de France chassés et remplacés, et le frère de Monsieur de Cambray cassé. — Monsieur de Meaux consulte Monsieur de la Trappe sur Monsieur de Cambray, la publie [2] à son insu, et le brouille pour toujours avec cet archevêque et avec ses amis. — Duchesse de Béthune principale amie de Mme Guyon. — Complaisance des ducs de Chevreuse et de Beauvillier pour moi sur Monsieur de la Trappe. — Plaisante et fort singulière aventure entre le duc de Charost et moi sur Monsieur de Cambray et Monsieur de la Trappe. — Caretti, empirique, devient grand seigneur.

Cependant l'affaire de Monsieur de Cambray étoit à la cour dans une grande effervescence ; les écrits de part et d'autre se multiplioient. Le P. la Combe fut mis à la Bastille, duquel on publia qu'on découvrit d'étranges choses. Mme de Maintenon avoit levé le masque, et conféroit continuellement avec Messieurs de Paris, de Meaux et de Chartres. Ce dernier ne pouvoit pardonner à Monsieur de Cambray le projet bien avéré de lui avoir voulu enlever Mme de Maintenon jusque dans son retranchement de Saint-Cyr, et les Noailles, si nouvellement unis à elle par leur mariage, avoient auprès d'elle les grâces de la nouveauté, auxquelles elle ne résistoit jamais. Son dessein de porter Monsieur de Paris dans la confiance de la distribution des bénéfices, pour énerver le P. de la Chaise, qu'elle n'aimoit ni sa Société, et de s'introduire dans ce nouveau

---

1. Le temps où il comptoit aller.
2. Publie sa lettre.

crédit à l'appui de celui de l'archevêque, lui faisoit embrasser tout ce qui pouvoit l'y porter, et par conséquent une cause dont il étoit une des parties principales, et la rendoit ennemie de tout ce qui la pouvoit contre-balancer auprès du Roi. Les ducs de Chevreuse et de Beauvillier et leurs femmes tenoient directement à lui, par une faveur ancienne qui avoit fait naître la confiance, et qui étoit fondée sur l'estime et sur une continuelle expérience de leur vertu. Cette habitude, qui jusqu'alors les avoit rendus les plus florissants et les plus considérés de la cour, avoit contenu l'envie.

Il étoit question d'un effort pour déprendre le Roi d'eux. Mme de Maintenon, entraînée par Monsieur de Chartres, et piquée de la conduite indépendante d'elle des deux ducs sur les *Maximes des saints*, que l'un avoit corrigées chez l'imprimeur, l'autre directement présentées au Roi en particulier, consentoit à leur perte, et le duc de Noailles, qui songeoit à s'assurer la dépouille de M. de Beauvillier, poussoit incessamment à la roue. Il ne vouloit pas moins que la charge de gouverneur des enfants de France, celle de chef du conseil des finances, et celle de ministre d'État. Il sentoit que si le Roi pouvoit se laisser persuader, sous prétexte du danger de la doctrine et de la confiance, d'ôter ses petits-fils à Beauvillier, il n'étoit plus possible qu'il pût demeurer à la cour, et que, par nécessité, les deux autres places seroient en même temps vacantes, et que toutes trois ne pouvoient guère que le regarder, dans l'heureuse et nouvelle position où il se trouvoit. Les difficultés qui se rencontroient et qui se multiplioient à Rome sur la condamnation de Monsieur de Cambray, et la conduite qu'y tenoit le cardinal de Bouillon, malgré des ordres si contraires, aigrissoit la cabale au dernier point, et devint enfin le moyen qu'elle mit en œuvre pour culbuter les ducs de Chevreuse et de Beauvillier.

Mme de Maintenon la proposa au Roi comme un moyen auquel il étoit obligé en conscience, pour le succès de la bonne cause, et ôter à la mauvaise les appuis qu'elle faisoit valoir à Rome, où on ne pouvoit croire que s'il étoit aussi convaincu qu'il vouloit qu'on le crût des opinions de Messieurs de Paris, Meaux et Chartres, contre celle de Monsieur de Cambray, il ne laisseroit pas le plus grand protecteur et le plus déclaré de la dernière dans les places [de] son conseil, beaucoup moins dans celle de gouverneur de ses petits-fils, avec un nombre de subalternes qu'il y avoit mis, et qui étoient tous dans cette même doctrine; que cette apparence si plausible, soutenue des démarches du cardinal de Bouillon, donnoit un poids à Rome qui embarrassoit le Pape; qu'il en répondroit devant Dieu, s'il laissoit plus longtemps un si grand obstacle, et qu'il étoit temps de le renverser, et de montrer au Pape par cet exemple qu'il n'avoit aucune sorte de ménagement à garder.

Tout jeune que j'étois, je fus assez instruit pour tout craindre. Mme de Maintenon étoit pleine jusqu'à répandre : il lui échappoit des imprudences dans les particuliers; elle en lâchoit à Mme la duchesse de Bourgogne, et quelquefois devant des dames du palais. Elle savoit que la comtesse de Roucy n'avoit jamais pardonné à M. de Beauvillier d'avoir été pour M. d'Ambres contre elle dans un procès où il y alloit de tout pour sa mère et pour elle, et qu'elle gagna. L'orage grondoit; les courtisans s'en aperçurent : les envieux osèrent pour la première fois lever la tête. Mme de Roucy, âpre à la vengeance, et plus encore à faire bassement sa cour à Mme de Maintenon, ne perdoit point de moments particuliers, et en remportoit toujours quelque chose, et elle en triomphoit assez pour avoir l'imprudence de me le confier, quoiqu'elle n'ignorât pas ma liaison intime, tant la haine a d'aveuglement. Je recueillois tout avec soin; je le conférois en moi-même avec d'autres connoissances; j'en raisonnois avec Louville, à qui Pompone, ami intime des deux ducs, se déploroit ouvertement et apprenoit tout ce qu'il découvroit. Louville, à ma prière, avoit plus d'une fois parlé à M. de Beauvillier; M. de Pompone, de son côté, ne s'y étoit pas oublié; et tout avoit été inutile. Il ignoroit ce dernier et extrême danger; personne n'avoit osé lui en montrer le détail; il ne le voyoit qu'en gros. Je me résolus donc à le lui faire toucher, et à ne lui rien cacher de tout ce que j'avois découvert et que je viens d'écrire.

J'allai donc le trouver, j'exécutai mon dessein dans toute son étendue, et j'ajoutai, comme il étoit vrai, que le Roi étoit fort ébranlé. Il m'écouta sans m'interrompre, avec beaucoup d'attention. Après m'avoir remercié avec tendresse, il m'avoua que lui, son beau-frère et leurs femmes s'apercevoient depuis longtemps de l'entier changement de Mme de Maintenon, de celui de la cour, et même de l'entraînement du Roi. J'en pris occasion de le presser d'avoir moins d'attachement, au moins en apparence, pour ce qui l'exposoit si fort, de montrer plus de complaisance, et de parler au Roi. Il fut inébranlable : il me répondit sans la moindre émotion qu'à tout ce qu'il lui revenoit de plusieurs côtés, il ne doutoit point qu'il ne fût dans le péril que je venois de lui représenter, mais qu'il n'avoit jamais souhaité aucune place, que Dieu l'avoit mis en celles où il étoit, que quand il les lui voudroit ôter, il étoit tout prêt de les lui remettre, qu'il n'y avoit d'attachement que pour le bien qu'il y pourroit faire, que n'en pouvant plus procurer, il seroit plus que content de n'avoir plus de compte à en rendre à Dieu, et de n'avoir plus qu'à le prier dans la retraite, où il n'auroit à penser qu'à son salut, que ses sentiments n'étoient point opiniâtreté, qu'il les croyoit bons, et que les pensant tels, il n'avoit qu'à attendre la volonté de Dieu, en paix et avec soumission, et se garder surtout de faire la moindre chose qui pût lui donner du scrupule en mourant. Il m'embrassa avec tendresse, et je m'en allai si pénétré de ces sentiments si chrétiens, si élevés et si rares, que je n'en ai jamais oublié les paroles, tant elles me frappèrent, et que si je les racontois à cent fois différentes, je crois que je les redirois toutes, et dans le même arrangement que je les entendis.

Cependant l'orage arriva au point de maturité, et en même temps un autre prodige. Les Noailles se servoient bien de Monsieur de Paris pour persuader au Roi par conscience un éclat qui retentît jusqu'à Rome, et d'ôter d'auprès des princes tout mauvais levain; mais ni le mari ni la femme n'osèrent jamais lui confier leur but : il étoit trop homme de bien, ils le connoissoient, ils auroient craint de lui égarer la bouche, et Dieu permit qu'il en devînt l'arbitre. Le Roi, poussé par les trois évêques sur le gros de l'affaire, et pressé en détail par Mme de Maintenon, qui, serrant la mesure, lui avoit proposé le duc de Noailles pour toutes places du duc de Beauvillier, ne tenoit plus à ce dernier que par un filet d'ancienne estime et d'habitude, qui cependant le retenoit assez pour le peiner. Dans ce tiraillement, il ne put se décider lui-même, et voulut consulter un des trois prélats. Qu'il ne choisît pas l'évêque de Chartres, sa défiance sur son attachement personnel à Mme de Maintenon, qui le feroit penser tout comme elle, put aisément l'en détourner; mais Monsieur de Meaux n'avoit pas le même inconvénient à craindre : il étoit accoutumé à lui ouvrir son cœur sur ses pensées de conscience et de son domestique intérieur les plus secrètes. Monsieur de Meaux avoit conservé les entrées et la confiance que lui avoit données sa place de précepteur de Monseigneur; il avoit été le seul témoin des différents combats, et à différentes reprises, qui avoient séparé le Roi de Mme de Montespan; Monsieur de Meaux seul en avoit eu le secret, et y avoit porté tous les coups. Malgré tant d'avances, tant d'habitude, tant d'estime, on ne sait ce qui put l'exclure de la préférence de cette importante consultation, et ce qui la fit donner à celui des trois qui portoit son exclusion naturelle par être frère de celui à qui, si M. de Beauvillier étoit perdu, toute sa dépouille étoit dès lors destinée. Néanmoins, quoique de connoissance plus nouvelle même que Monsieur de Chartres, puisqu'il n'avoit jamais approché du Roi que depuis qu'il étoit archevêque de Paris, ce fut lui que le Roi préféra. Il

se trouva dans ces temps où l'impression de tout ce qui
avoit été dit au Roi pour le faire archevêque de Paris, et
tout ce qu'il en avoit remarqué depuis, l'avoient puissamment frappé d'une estime qui lui ouvroit le cœur pour
tout ce qui regardoit la conscience, qu'il ne répandoit
alors plus volontiers que dans son sein. Aucune réflexion
sur ce qu'il étoit à M. de Noailles ne le retint : il lui fit sa
consultation si entière, qu'elle alla jusqu'à lui dire qu'en
cas qu'il se défît de M. de Beauvillier, c'étoit au duc de
Noailles à qui il s'étoit déterminé de donner toutes ses
places.

Si Monsieur de Paris y eût consenti, dans l'instant
même la perte de l'un et l'élévation de l'autre étoit déclarée. Mais si la vertu et le détachement de M. de Beauvillier m'avoient pénétré d'admiration et de surprise, celles
de l'archevêque de Paris furent, s'il se peut, encore plus
admirables, puisqu'il y a peut-être moins à faire pour
s'abandonner humblement à la chute, et ne s'en vouloir
garantir par rien, de peur de s'opposer à la volonté de
Dieu, qu'il n'y a à prendre sur soi pour conserver dans les
plus grandes places le protecteur de son adversaire, et
d'une cause qu'on a si solennellement entrepris de faire
condamner, et devenir sciemment l'obstacle de la plus
grande fortune d'un frère avec qui on est parfaitement
uni et des établissements de sa maison les plus éclatants
et les plus solides. C'est là pourtant ce que sans balancer
fit l'archevêque de Paris. Il s'écria sur la pensée du Roi
comme passant le but, lui représenta avec force la vertu,
la candeur, la droiture de M. de Beauvillier, la sécurité
où le Roi devoit être à son égard pour ses petits-fils, le
tort extrême que cette chute feroit à sa réputation, attirer
dans Rome[1] un dangereux blâme à la bonne cause, par
celui qu'y encourroient ceux qui seroient si naturellement soupçonnés de l'avoir opérée ; il conclut à ôter

---

1. Tel est bien le texte du manuscrit. A la ligne suivante, Saint-Simon
écrit *encoureroient*

d'auprès des princes quelques subalternes dont on n'étoit pas si sûr, et dont la disgrâce feroit voir à Rome la partialité et les soins du Roi, sans faire un éclat aussi préjudiciable et aussi scandaleux que seroit celui d'ôter M. de Beauvillier.

Ce fut ce qui le sauva, et le Roi en fut fort aise. Le fond d'estime et la force de l'habitude n'avoient pu être arrachés par tous les soins que Mme de Maintenon avoit pris d'en venir à bout, et par elle-même, et par tout ce qu'elle avoit pu y employer d'ailleurs. Il en fut de même à divers degrés du duc de Chevreuse, que la chute de M. de Beauvillier eût entraîné, et que sa conservation raffermit; et le Roi, rassuré sur le point de la conscience par un homme en qui, sur ce point, il avoit mis sa confiance, et qui de plus s'y trouvoit aussi puissamment intéressé, respira et devint inaccessible aux coups qu'à l'appui de cette affaire on voulut leur porter désormais. Mais l'orage tomba sur les autres, sans que M. de Beauvillier, trop suspect à leur égard, les pût sauver.

Ce fut pourtant avec lui-même que le Roi décida leur disgrâce. Il fut longtemps seul avec lui, le matin du lundi 2 juin, avant le conseil, et l'après-dînée on sut que l'abbé de Beaumont, sous-précepteur, l'abbé de Langeron, lecteur, du Puis et l'Échelle, gentilshommes de la manche de Mgr le duc de Bourgogne, étoient chassés sans aucune conservation pécuniaire, et Fénelon, exempt des gardes du corps, cassé, sans autre faute que le malheur d'être frère de Monsieur de Cambray. On apprit tout de suite que M. de Beauvillier avoit ordre de présenter au Roi un mémoire des sujets qu'il croiroit propres à remplir les quatre places auprès des princes.

Rien ne marqua plus la rage de la cabale que Fénelon cassé, qui, par son emploi, n'approchoit point des princes, et dont la doctrine assurément étoit nulle. Aussi Mme de Maintenon fut-elle outrée de s'être vue toucher au but, pour n'avoir plus d'espérance contre des gens qui, échap-

---

1. « N'avoit pu être arrachés », dans le manuscrit.

pés de ce naufrage, ne pouvoient plus être attaqués, ni donner sur eux aucune prise. Aussi ne leur pardonnat-elle jamais ; mais, en habile femme, elle sut prendre son parti, ployer sous le goût du Roi, et vivre peu à peu, à l'extérieur au moins, honnêtement avec d'anciens amis, puisqu'elle n'avoit pu les perdre. M. de Noailles fut encore plus outré qu'elle, et fut longtemps en grand froid avec son frère. Mᵐᵉ de Noailles n'en étoit pas moins affligée, mais elle en savoit trop pour ne pas sentir les conséquences de cette brouillerie domestique. Elle mit donc tous ses soins, d'abord pour empêcher le plus qu'elle pût [1] qu'on ne s'en aperçût, ensuite pour les raccommoder, à quoi il fallut bien que son mari en vînt. Le maréchal de Villeroy, M. de la Rochefoucauld, un gros d'envieux qui, chacun à sa façon, avoit poussé à la roue, et qui, ravis de la chute des deux beaux-frères, auroient encore été plus piqués d'en voir profiter M. de Noailles, furent désolés d'un si grand coup manqué, et par leur jalousie et par leur espérance sur la dépouille. Mᵐᵉ la duchesse de Bourgogne, qui, à force de n'être occupée qu'à plaire au Roi et à Mᵐᵉ de Maintenon, prenoit en jeune personne toutes les impressions que lui donnoit cette tante si factice, et qui ne cachoit pas toujours celles qu'elle avoit prises, parut [2] depuis cette époque un grand éloignement pour MM. et Mᵐᵉˢ de Chevreuse et de Beauvillier, à travers tous les ménagements que le goût du Roi lui imposoit, et plus encore l'amitié tendre et toute l'intime confiance de Mᵍʳ le duc de Bourgogne pour eux.

Ce qui acheva d'ôter toute espérance à la cabale qui les avoit voulu perdre fut de voir deux jours après les quatre places vacantes chez les princes remplies de quatre hommes proposés par M. de Beauvillier, les abbés le Fèvre et Vittement, Puységur et Montviel. Vittement dut ce choix à son mérite, et à la beauté de la harangue qu'il avoit faite au Roi sur la paix, à la tête de l'Université, dont il étoit

---

1. Le subjonctif (*pust*) est bien le texte du manuscrit.
2. Fit paraître.

alors recteur, et qui fut universellement admirée. Louville conseilla au duc de Beauvillier les deux gentilshommes de la manche; il avoit été avec eux dans le régiment d'infanterie du Roi, capitaine. Puységur en étoit lieutenant-colonel, et par là fort connu du Roi. Il l'étoit extrêmement de tout le monde, parce qu'il avoit été l'âme de toutes les campagnes de M. de Luxembourg toute la dernière guerre. Outre ses fonctions de maréchal des logis de l'armée, qu'il faisoit avec grande étendue et grande supériorité, il soulageoit M. de Luxembourg pour tous les autres ordres de l'armée; il avoit la principale part à ses projets de campagnes et à leur exécution, et la confiance en lui étoit telle que M. de Luxembourg ne se cachoit pas de ne rien penser et de ne rien faire pour la guerre sans lui. Montviel, ancien capitaine au même régiment, étoit fort attaché à Puységur, et tous deux fort amis de Louville, et très-propres à cet emploi auprès d'un prince dont l'âge demandoit désormais plus d'application pour les choses du monde, et surtout de la guerre, que pour celles de l'étude.

En même temps que ces amis de Monsieur de Cambray furent chassés, Mme Guyon fut transférée de Vincennes, où étoit le P. la Combe, à la Bastille; et sur ce qu'on lui mit auprès d'elle deux femmes pour la servir, peut-être pour l'espionner, on crut qu'elle étoit là pour sa vie. Cet éclat ne laissa pas de porter fortement sur les ducs de Chevreuse et de Beauvillier et sur leurs épouses. A Versailles, où ils vivoient fort peu avec le monde, cela ne parut guère; mais le jeudi suivant, octave de la Fête-Dieu, c'est-à-dire le quatrième jour après l'éclat, le Roi alla à Marly; ils essuyèrent une désertion presque générale : M. de Beauvillier, qui étoit en année, servoit jusqu'au dîner inclus, et le marquis de Gesvres achevoit toujours les journées.

Tout étoit local. A Versailles, le service étoit précis et réglé, et ces grandes entrées attendoient dans les cabinets quand ils avoient à attendre. A Marly, où le Roi n'en avoit que deux, et encore à peine, nulle grande entrée n'y met-

toit le pied ; il falloit attendre dans la chambre du Roi ou
dans les salons, mêlés[1] avec tout le courtisan, et cette attente prenoit une grande partie de la matinée, lorsqu'il
n'y avoit pas conseil, qui y étoit bien moins fréquent qu'à
Versailles. Pour les dames, les plus retirées partout ailleurs ne le pouvoient guère être à Marly : elles s'assembloient pour le dîner, presque jusqu'au souper elles demeuroient dans le salon, et par-ci par-là, les distinguées
dans la première pièce de l'appartement de Mᵐᵉ de Maintenon, où elle ni le Roi ne se tenoient pas, mais où elles le
voyoient passer plus à leur aise, et mieux remarquées.

Mᵐᵉˢ de Chevreuse et de Beauvillier, accoutumées à voir
l'élite des dames se ramasser autour d'elles partout, se
trouvèrent, tout ce voyage-là et quelques autres ensuite,
fort esseulées. Personne ne les approcha celui-ci, et si
le hasard ou quelque soin en amenoit auprès d'elles,
c'étoit sur des épines, et elles ne cherchoient qu'à se
dissiper, ce qui arrivoit bientôt après. Cela parut bien
nouveau et assez amer aux deux sœurs; mais semblables à leurs maris en vertu et en bienséances, elles ne
coururent après personne, se tinrent tranquilles, virent
sans dédain ce flux de la cour, mais sans paroître embarrassées, reçurent bien le peu et le rare qui leur vint,
mais sans empressement, et à leur façon ordinaire, et
surtout sans rien chercher, et ne laissèrent pas de bien
remarquer et distinguer les différentes allures et tous les
degrés de crainte, de politique ou d'éloignement. Leurs
maris, aussi courtisés et encore plus environnés qu'elles,
éprouvèrent encore plus d'abandon, et ne s'en émurent
pas davantage. Tout cela eut un temps, et peu à peu on
se rapprocha d'eux et d'elles, parce qu'on vit le Roi les
traiter avec la même distinction, et que la même politique
qui avoit éloigné d'eux le gros du monde l'en rapprocha
dans les suites, et que l'envie, lasse de bouder inutilement, fit enfin comme les autres.

---

1. Saint-Simon a bien écrit *mêlés*, au pluriel.

Pendant ces dégoûts, la Reynie interrogea plusieurs fois Mme Guyon et le P. la Combe. Il se répandit que ce barnabite disoit beaucoup, mais que Mme Guyon se défendoit avec beaucoup d'esprit et de réserve. Les écrits continuoient. Le Roi loua publiquement l'histoire de toute cette affaire, que Monsieur de Meaux lui avoit présentée, et dit qu'il n'y avoit pas avancé un mot qui ne fût vrai. Monsieur de Meaux étoit ce voyage-là fort brillant à Marly, et le Roi avoit chargé le nonce d'envoyer ce livre au Pape. Rome fut agitée de tout cet éclat : l'affaire, qui dormoit un peu à la congrégation du Saint-Office, où elle avoit été renvoyée, reprit couleur, et couleur qui commença à devenir fort louche pour Monsieur de Cambray.

Dans ces entrefaites, il arriva une chose qui ne laissa pas de m'importuner. Monsieur de Meaux étoit anciennement ami de Monsieur de la Trappe; il l'étoit allé voir quelquefois, et ils s'écrivoient de temps en temps; ils s'aimoient, et ils s'estimoient encore davantage. Monsieur de Meaux, dans les premières crises de la dispute, lui envoya ses premiers écrits, ceux que Monsieur de Cambray publia d'abord, et en même temps les *Maximes des saints;* il le pria d'examiner ces différents ouvrages, et sans en faire un lui-même, dont il n'avoit ni le temps ni la santé, de lui mander franchement et en amitié ce qu'il en pensoit. Monsieur de la Trappe lut attentivement tout ce que Monsieur de Meaux lui avoit envoyé. Tout savant et grand théologien qu'il fût, le livre des *Maximes des saints* l'étonna et le scandalisa beaucoup. Plus il l'étudia, et plus ces mêmes sentiments le pénétrèrent. Il fallut enfin répondre, après avoir bien examiné. Il crut répondre en particulier et à son ami; il compta qu'il n'écrivoit qu'à lui, et que sa lettre ne seroit vue de personne; il ne la mesura donc point comme on fait un jugement, et il manda tout net à Monsieur de Meaux, après une dissertation fort courte, que si Monsieur de Cambray avoit raison, il falloit brûler l'Évangile et se plaindre de

Jésus-Christ, qui n'étoit venu au monde que pour nous tromper. La force terrible de cette expression étoit si effrayante, que Monsieur de Meaux la crut digne d'être montrée à Mᵐᵉ de Maintenon, et Mᵐᵉ de Maintenon, qui ne cherchoit qu'à accabler Monsieur de Cambray de toutes les autorités possibles, voulut absolument qu'on imprimât cette réponse de Monsieur de la Trappe à Monsieur de Meaux.

On peut imaginer quel triomphe d'une part, et quels cris perçants de l'autre. Monsieur de Cambray et ses amis n'eurent pas assez de voix ni de plumes pour se plaindre, et pour tomber sur Monsieur de la Trappe, qui de son désert osoit anathématiser un évêque, et juger de son autorité, et de la manière la plus violente et la plus cruelle, une question qui étoit déférée au Pape et qui étoit actuellement sous son examen. Ils en firent même faire des reproches amers à Monsieur de la Trappe, et de là éclatèrent contre lui.

Monsieur de la Trappe fut très-affligé de l'impression de sa lettre, et de se voir sur la scène au moment qu'il s'en étoit le moins défié. Il prit le parti d'écrire une seconde lettre à Monsieur de Meaux, et en même temps de la publier. Il lui faisoit des reproches, mais comme un ami, d'avoir communiqué sa réponse sur sa dispute avec Monsieur de Cambray, qu'il lui avoit écrite avec ouverture de cœur, dans sa confiance accoutumée de leur commerce de lettres que celle-ci seroit brûlée aussitôt qu'elle auroit été lue; qu'il étoit affligé avec amertume de la peine qu'il apprenoit de toutes parts qu'elle causoit à des personnes dont il avoit toujours particulièrement honoré les vertus, les places et les personnes; qu'il l'étoit encore davantage du bruit qu'il lui revenoit que faisoit sa réponse, lui qui depuis tant d'années ne cherchoit qu'à être oublié, qui dans aucun temps n'étoit entré dans aucune affaire de l'Église, et qui, en les évitant toutes, ne s'étoit vu forcé qu'avec un très-grand déplaisir à se défendre sur des questions monastiques de son état, qui l'avoient conduit plus loin qu'il n'auroit voulu, mais qu'il n'avoit pu abandonner en conscience; qu'il étoit vrai que ce qu'il lui avoit mandé sur Monsieur de Cambray, il l'avoit pensé, et qu'il le penseroit toujours, mais que sans penser autrement ni chercher le moins du monde à se déguiser, surtout sur des points de doctrine où il se seroit tu s'il avoit pu craindre de se voir imprimé, parce que son partage étoit la retraite et le silence, ou s'il avoit été forcé à s'expliquer, il l'auroit fait au moins dans des termes mesurés, convenables à être publiés, et propres à répondre à sa vénération pour l'épiscopat, et en particulier au respect qu'il avoit pour la personne, la vertu et le savoir de Monsieur de Cambray, et que l'entière différence de sentiment où il étoit de lui ne devoit pas altérer pour sa dignité dans l'Église, ni pour sa personne. C'étoit là dire, ce semble, tout ce qu'il étoit possible de plus satisfaisant, et c'étoit à Monsieur de Meaux, et plus encore à M{::}^{me}$ de Maintenon, qu'il s'en falloit prendre, qui avoient commis une si grande infidélité pour exciter tout ce fracas. Mais Monsieur de Cambray et ses amis, à bout de colère contre leur persécutrice, et d'écrits faits et à faire au fond contre Monsieur de Meaux, ne se contentèrent de rien, et ne le pardonnèrent de leur vie à Monsieur de la Trappe.

Il arrive quelquefois aux plus gens de bien de diviniser certaines passions, et telle est la foiblesse de l'homme. J'étois passionnément attaché à Monsieur de la Trappe; je l'étois intimement à M. de Beauvillier, et fort à M. de Chevreuse; ils ne se cachoient de rien devant moi, et quelquefois il leur échappoit des amertumes sur Monsieur de la Trappe, que j'aurois voulu ne pas entendre. Je me souviens qu'ayant dîné en particulier chez M. de Beauvillier, il nous proposa, à M. de Chevreuse, au duc de Béthune et à moi, une promenade en carrosse autour du canal de Fontainebleau. La duchesse de Béthune étoit la grande âme du petit troupeau, l'amie de tous les temps de Mme Guyon, et celle devant qui Monsieur de Cambray étoit en respect et en admiration, et tous ses amis en vénération profonde. Le petit troupeau avoit donc réuni dans une liaison intime la fille de M. Foucquet et les filles de M. Colbert; et le duc de Béthune, qui n'alloit pas en ce genre à la cheville du pied de sa femme, étoit, à cause d'elle, fort recueilli des deux ducs et des deux duchesses. A peine fûmes-nous vers le canal, que le bonhomme Béthune mit la conversation sur Monsieur de la Trappe, à propos de Monsieur de Cambray, dont on parloit; les deux autres suivirent, et tous trois se lâchèrent tant et si bien, qu'après avoir un peu répondu, puis gardé le silence pour ne les pas exciter encore davantage, je sentis que je ne pouvois plus supporter leurs propos. Je leur dis donc naïvement que je sentois bien que ce n'étoit pas à moi, à mon âge, à exiger qu'ils se tussent, mais qu'à tout âge on pouvoit sortir d'un carrosse, que je les assurois que je ne les en aimerois et ne les en verrois pas moins, en ajoutant que c'étoit pour moi la dernière épreuve où mon attachement pût être mis, mais que je leur demandois l'amitié d'avoir aussi égard à ma foiblesse, s'ils vouloient l'appeler ainsi, et de me mettre pied à terre, après quoi ils diroient tout ce qu'ils voudroient en pleine liberté. MM. de Chevreuse et de Beauvillier sourirent : « Eh bien ! dirent-ils, nous avons raison, mais nous n'en parlerons plus; » et firent taire le duc de Béthune, qui vouloit toujours bavarder. J'insistai, et sans fâcherie, à sortir, pour les laisser à leur aise. Jamais ils ne le voulurent souffrir, et ils eurent cette amitié pour moi que jamais depuis je ne leur en ai ouï dire un mot. Pour le bonhomme Béthune, il n'étoit pas si maître de lui, mais comme aussi je ne m'en contraignois pas comme pour les deux autres, je lui répondois de façon que c'en étoit pour longtemps.

Encore ce mot, pour sa singularité : le duc de Charost, son fils, ne bougeoit de chez moi et étoit intimement de mes amis; il étoit aussi un des premiers tenants du petit troupeau, et comme tel protégé des ducs de Chevreuse et de Beauvillier, qui nous avoient liés ensemble, mais qui ne lui parloient jamais de quoi que ce soit, que des affaires de leur communion. Par même raison, Charost étoit infatué à l'excès de Monsieur de Cambray et fort aliéné de Monsieur de la Trappe. Nous badinions et plaisantions fort ordinairement ensemble, et de temps en temps il se licencioit avec moi sur Monsieur de la Trappe. Je l'avertis plusieurs fois de laisser ce chapitre, que tout autre je l'abandonnois à tout ce qu'il voudroit dire, et en badinerois avec lui, mais que celui-là étoit plus fort que moi, et que je le conjurois d'épargner ma patience et les sorties que je ne pourrois retenir. Malgré ces avis très-souvent réitérés, il se mit sur ce chapitre à Marly dans la chambre de Mme de Saint-Simon, où nous avions dîné et où il n'étoit resté que Mmes du Châtelet et de Nogaret avec nous. Je parai d'abord, je le fis souvenir après de ce que je lui avois tant de fois répété; il poussa toujours sa pointe, et de propos en propos, de plaisanterie fort aigre, et où il ne se retenoit plus, il me lâcha, avec un air de mépris pour Monsieur de la Trappe, que c'étoit mon patriarche, devant qui tout autre n'étoit rien. Ce mot enfin combla la mesure : « Il est vrai, répondis-je d'un air animé, que ce l'est, mais vous et moi avons chacun le nôtre, et la différence qu'il y a entre les deux, c'est que le mien n'a jamais été repris de justice. » Il y avoit déjà longtemps que Monsieur de Cambray avoit été condamné à Rome. A ce mot, voilà Charost qui chancelle (nous étions debout), qui veut répondre, et qui balbutie; la gorge s'enfle, les yeux lui sortent de la tête, et la langue de la bouche; Mme de Nogaret s'écrie, Mme du Châtelet saute à sa cravate, qu'elle lui défait et le col de sa chemise, Mme de Saint-Simon court à un pot d'eau, lui en jette et tâche de l'asseoir et de lui en faire avaler. Moi, immobile, je considérois le changement si subit qu'opère un excès de colère et un comble d'infatuation, sans toutefois pouvoir être mécontent de ma réponse. Il fut plus de trois ou quatre *Pater* à se remettre, puis sa première parole fut que ce n'étoit rien, qu'il étoit bien, et de remercier les dames. Alors je lui fis excuse, et le fis souvenir que je le lui avois bien dit. Il voulut répondre, les dames interrompirent ; on parla de toute autre chose, et Charost se raccoutra, et s'en alla peu après. Nous n'en fûmes pas un instant moins bien ni moins librement ensemble, et dès la même journée ; mais ce que j'y gagnai, c'est qu'il ne se commit jamais plus à quoi que ce soit sur Monsieur de la Trappe. Quand il fut sorti, les dames me grondèrent, et se mirent toutes trois sur moi : je ne fis qu'en rire ; pour elles, elles ne pouvoient revenir de l'étonnement et de l'effroi de ce qu'elles avoient vu, et nous convînmes, pour la chose et pour l'amour de Charost, de n'en parler à personne ; et en effet, qui que ce soit ne l'a su.

Un événement singulier, que le grand-duc manda à Monsieur, surprit extrêmement tout ce qui à Paris et à la cour avoit connu Caretti[1]. C'étoit un Italien, qui s'y étoit arrêté longtemps, et qui gagnoit de l'argent en faisant l'empirique. Ses remèdes eurent quelques succès. Les médecins, jaloux à leur ordinaire, lui firent toutes sortes de querelles, puis de tours, pour le faire échouer, et s'avantagèrent tant qu'ils purent des mauvais succès qui lui arrivoient. Les meilleurs remèdes et les plus habiles échouent à bien des maladies, à plus forte raison ces sortes de gens qui donnent le même remède, tout au plus déguisé, à toutes sortes de maux, et qui, à tout hasard, entreprennent les plus désespérés, et des gens à l'agonie à qui les médecins ne peuvent plus rien faire, dans l'espérance que, si ces malades viennent à réchapper, on criera au miracle du remède, et qu'on courra[2] après eux, et que, s'ils n'y réussissent pas, ils auront une excuse bien légitime par l'extrémité que ces malades ont attendue avant de les appeler. Caretti vécut ainsi assez longtemps, et n'avoit d'autre subsistance que son industrie. Il avoit de l'esprit, du langage, de la conduite ; il réussit assez pour se mettre en quelque réputation. Ca-

---

1. Le manuscrit porte tantôt *Carretti*, tantôt *Caret*.
2. Saint-Simon écrit *courrera*.

derousse, alors fort du monde, et depuis longtemps désespéré de la poitrine, se mit entre ses mains, et guérit parfaitement. Cela le mit sur un grand pied, qui fut soutenu par d'autres fort belles cures.

La plus singulière fut celle de M. de la Feuillade, abandonné solennellement des médecins, qui le signèrent, et que Caretti ne voulut pas entreprendre sans cette formalité. Il se mouroit d'avoir depuis quelque temps quitté une canule, qu'il portoit depuis une grande blessure qu'il avoit eue autrefois à travers du corps. Caretti le guérit parfaitement et en peu de temps. Il étoit fort cher pour ces sortes d'entreprises, et faisoit consigner gros.

Enrichi et en honneur, en dépit des médecins, et avec des amis considérables, il se mit à faire l'homme de qualité, et à se dire de la maison Caretti et héritier de la maison Savoli; que d'autres héritiers plus puissants que son père lui avoient enlevé cette riche succession et son propre bien, et l'avoient réduit à la misère et au métier qu'il faisoit pour vivre. On se moqua de lui, et ses protecteurs même; personne n'en voulut rien croire : il le maintint toujours, et se trouvant enfin assez à son aise, il dit qu'il s'en alloit tâcher de faire voir qu'il avoit raison, et il obtint de Monsieur une recommandation de sa personne et de ses intérêts pour le grand-duc. Il fit après quelques voyages à Bruxelles et quelques cures aux Pays-Bas, et repassa ici allant effectivement en Italie. Au bout de quatre ou cinq ans, il gagna son procès à Florence, et le grand-duc manda à Monsieur que sa naissance et son droit avoient été reconnus, qu'il lui avoit été adjugé cent mille livres de rente dans l'État ecclésiastique, et qu'il croyoit que le Pape l'en alloit faire mettre en possession. En effet, cet empirique vécut encore longtemps grand seigneur.

CHAPITRE V.

Curiosités sur la maison de Rohan; ses grandes alliances. — Juveigneurs ou cadets de Rohan décidés n'avoir rien que de commun en tout et partout avec tous autres juveigneurs nobles et libres de Bretagne. — Vicomtes de Rohan décidés alterner avec les comtes de Laval Montfort jusqu'à ce que ces derniers eussent la propriété du lieu de Vitré. — Le Parlement, par égards, non par rang, aux obsèques de l'archevêque de Lyon, fils du maréchal de Gyé. — Mlle de la Garnache; son aventure; duchesse de Loudun à vie seulement. — H. de Rohan fait duc et pair; son mariage et celui de son unique héritière; enfants de celle-ci. — Benj. de Rohan, sieur de Soubise, duc à brevet ou non vérifié. —M. de Sully obtient un tabouret de grâce aux deux sœurs du duc de Rohan, son gendre, non mariées. — Dispute de préséance au premier mariage de Monsieur Gaston, entre les duchesses d'Halluyn et de Rohan, décidée en faveur de la première. — Louis, puis Hercule, de Rohan, faits l'un après l'autre ducs et pairs de Montbazon; famille de ce dernier.

La beauté de Mme de Soubise avoit achevé ce que les intrigues de la Fronde et la faveur de la fameuse duchesse de Chevreuse et de sa belle-sœur [1], la belle Mme de Montbazon, avoient commencé. Je l'expliquerai le plus courtement qu'il me sera possible.

Jamais aucun de la maison de Rohan n'avoit imaginé d'être princes: jamais de souveraineté chez eux, jamais en Bretagne ni en France, depuis qu'ils y furent venus sous Louis XI; aucune autre distinction que celles des établissements que méritoient leurs grandes possessions de terres, leurs hautes alliances, et une naissance qui, sans avoir d'autre origine que celle de la noblesse, ni avoir jamais été distinguée de ce corps, étoit pourtant fort au-dessus de la noblesse ordinaire, et se pouvoit dire de la plus haute qualité. Ils avoient par leur baronnie le second rang en Bretagne, et puis ils l'alternèrent avec les barons de Vitré, mais cela n'influoit point sur leurs cadets, quoique sortis de plus d'une sœur des ducs de Bretagne. Ils ne

---

1. Lisez *belle-mère*.

purent obtenir aucune préférence sur les autres puînés nobles de Bretagne ; et Alain VI, vicomte de Rohan, fut obligé vers 1300 par J. II, duc de Bretagne, de reconnoître que, selon la coutume de cette province, tous les juveigneurs [1] de Rohan devoient être hommes liges [2] du duc de Bretagne, et qu'il avoit droit de retirer de leurs terres tous les émoluments et profits de fief qu'il pouvoit retirer de celles de ses autres sujets libres. C'est ce duc de Bretagne qui fut écrasé par la chute d'une muraille à Lyon, à l'entrée du pape Clément V, où il accompagnoit Philippe le Bel, qui l'avoit fait duc et pair en 1297, et il mourut à Lyon le 18 novembre 1305, quatre jours après la chute de ce mur. Cela n'a point varié depuis. Ainsi, pour les cadets, nulle préférence sur ceux des autres maisons nobles de Bretagne. Voici maintenant pour les aînés.

Alain IX, vicomte de Rohan, est sans doute celui qui par ses grands biens, ses hautes alliances et celles de ses enfants, a fait le plus d'honneur à sa maison, dont il étoit le chef. Sa mère étoit fille du connétable de Clisson ; sa première femme, dont il ne vint point de postérité masculine, étoit fille de J. V, duc de Bretagne, et de J., fille de Charles le Mauvais, roi de Navarre. La seconde femme du même Alain, qui étoit Lorraine Vaudemont, continua la postérité, à laquelle je reviendrai. Du premier lit il maria sa seconde fille à J. d'Orléans, comte d'Angoulême, second fils du duc d'Orléans, frère de Charles VI, assassiné par ordre du duc de Bourgogne ; et cette Rohan fut mère de Ch. d'Orléans, comte d'Angoulême, père du roi François Ier. Certainement voilà de la grandeur, et qui fut soutenue par les emplois et la figure que cet Alain IX, vicomte de Rohan, fit toute sa vie. Néanmoins, Pierre duc de Bretagne, fils de J. VI duc de Bretagne, frère de la femme défunte alors de ce même vicomte de Rohan, ordonna le 25 mai 1451, en pleins états, à Vannes, que

---

1. Fils cadets de maisons nobles, du latin *juniores*.
2. On appelait *homme lige* un vassal lié (*ligatus*) à son seigneur par des obligations plus étroites que les autres vassaux.

ledit Alain IX, vicomte de Rohan, auroit séance le premier jour, à la première place au côté gauche, après les seigneurs de son sang, que le second jour cette place seroit occupée par Guy comte de Laval, et ainsi à l'alternative jusqu'à ce que ce dernier ou ses successeurs fussent propriétaires du lieu de Vitré.

Cela fut exécuté de la sorte, et c'est à dire que la possession levoit l'alternative, et que le vicomte de Rohan n'en pouvoit pas prétendre avec le baron de Vitré, qui le devoit toujours précéder. Il faut remarquer que ce comte de Laval dont il s'agit ici étoit de la maison de Montfort en Bretagne, depuis longtemps éteinte, et fondue par une héritière dans celle de la Trémoille, qui en a eu Vitré et Laval, que ces Montforts avoient eu de même par une héritière de la branche aînée de Laval Montmorency.

Voilà donc l'aîné de la maison de Rohan et vicomte de Rohan, et au plus haut point de toute sorte de splendeur, en alternative décidée et subie avec le comte de Laval, lequel, devenant propriétaire du lieu de Vitré, le devoit toujours précéder, et les juveigneurs ou cadets de la maison de Rohan semblables en tout et partout aux juveigneurs de toutes les autres maisons nobles de Bretagne, et cela par les deux décisions que je viens de rapporter, qui ont toujours depuis été exécutées.

Jean II, fils d'Alain IX que je viens d'expliquer et d'Ant. de Lorraine Vaudemont, sa seconde femme, épousa en 1461 Marie, fille de Fr. Ier, duc de Bretagne, et d'Isabelle Stuart, fille de Jacques Ier, roi d'Écosse. Cette vicomtesse de Rohan n'eut point de frère, mais une sœur, qui fut première femme sans enfants de Fr. II, dernier duc de Bretagne, qui, d'une Grailly Foix, dont la mère étoit Éléonore de Navarre, eut Anne, duchesse héritière de Bretagne, deux fois reine de France, et par qui la Bretagne a été réunie à la couronne, c'est-à-dire depuis sa mort. Ce vicomte de Rohan n'eut point de mâles qui aient eu postérité, et deux filles, qui se marièrent dans leur maison, l'aînée au fils du maréchal de Gyé, la cadette au seigneur de Guémené.

Ainsi nuls mâles sortis des filles de Bretagne, et jusqu'ici rien qui sente les princes. Retournons sur nos pas.

Jean Ier vicomte de Rohan, grand-père d'Alain IX vicomte de Rohan, duquel j'ai parlé d'abord, étoit fils d'une Rostrenan, et figura fort dans le parti de Ch. de Blois, c'est-à-dire de Châtillon, contre celui de Montfort, c'est-à-dire des cadets de la maison de Bretagne, compétiteurs pour ce duché, que le dernier emporta. Ce vicomte de Rohan épousa l'héritière de Léon, dont il eut Alain VIII, père d'Alain IX, vicomtes de Rohan, puis en secondes noces, en 1377, Jeanne la jeune, dernière fille de Philippe III, comte d'Évreux, fils d'un fils puîné du roi Philippe III le Hardi et devenu roi de Navarre par son mariage avec l'héritière de Navarre, fille du roi Louis X le Hutin. Ainsi cette vicomtesse de Rohan étoit sœur de Charles le Mauvais, roi de Navarre, de Blanche; seconde femme du roi Philippe de Valois, de M., première femme de Pierre IV roi d'Aragon, et d'Agnès, femme de Gaston-Phœbus comte de Foix, si célèbre dans Froissart. Aussi faut-il remarquer que Philippe III, roi de Navarre, étoit mort en 1343, J. de France, sa femme, en 1349.

Charles le Mauvais ne mourut qu'en 1385, mais en quel état et depuis combien d'années? Philippe de Valois étoit mort en 1350; Blanche de Navarre, sa seconde femme, ne mourut qu'en 1398, et n'eut qu'une fille, qui ne fut point mariée. La reine d'Aragon mourut en 1346, et la comtesse de Foix ne laissa point d'enfants. Il se voit donc par ces dates que le père, la mère, les sœurs, hors une veuve sans enfants et retirée, les beaux-frères, hors le comte de Foix, tout étoit mort avant le mariage de cette vicomtesse de Rohan; et si on y regarde, il ne se trouvera point de postérité, si ce n'est de Charles le Mauvais, qui survécut ce mariage, qui toutefois fut extrêmement grand. Il n'en vint qu'un fils, dont le fils fut père de

Louis de Rohan, seigneur de Guémené, qui épousa la fille aînée du dernier vicomte de Rohan, et le maréchal de Gyé, dont le second fils épousa l'autre fille du dernier vicomte de Rohan, comme je l'ai dit.

Quoique la branche de Guémené soit l'aînée, par l'extinction de celle des vicomtes directs et par le mariage de la fille aînée du dernier vicomte, parlons d'abord de celle de Gyé, quoique cadette, parce qu'il s'y trouvera plutôt matière que dans l'autre, et parce qu'elle [est] éteinte.

Le maréchal de Gyé a trop figuré pour avoir rien à en dire; mais parmi tous ses emplois et ses alliances, et de son fils aîné à deux filles d'Armagnac, qui leur apportèrent le comté de Guise, il y eut si peu de princerie en son fait, que le Parlement, ayant eu ordre d'assister aux obsèques de l'archevêque de Lyon son fils, mort à Paris en 1536, pendant une assemblée que François Ier y avoit convoquée, le Parlement répondit que la cour, en considération des mérites du feu maréchal de Gyé et de son fils, lui rendroit volontiers l'honneur qu'elle avoit coutume de rendre aux princes et aux grands du royaume. Or, si ce prélat avait été de rang à recevoir cet honneur, le Parlement le lui auroit rendu tout de suite sans répondre; et on voit qu'il ne répondit que pour montrer que c'étoit, non par rang, mais en considération des mérites du père et du fils, qu'il iroit à ses obsèques.

Outre cet archevêque, qui fit fort parler de lui dans le clergé, le maréchal de Gyé eut deux autres fils : la branche de l'aîné finit à son petit-fils, sur tous lesquels il n'y a rien à remarquer. Les sœurs de ce dernier épousèrent, l'aînée un Beauvillier, dont le duc de Beauvillier est descendu; la cadette, le marquis de Rothelin, frère et oncle des ducs de Longueville; et de ce mariage vint Léonor duc de Longueville, d'où sont sortis tous les autres depuis, et que sa mère et sa femme firent tant valoir : c'est de ce marquis de Rothelin que les Rothelins d'aujourd'hui sont bâtards.

Le second fils du maréchal de Gyé, gendre cadet du dernier vicomte de Rohan, n'eut qu'un fils, qui fit un grand mariage : il épousa Isabelle, fille de Jean, sire d'Albret et de Cath. de Grailly, dite de Foix, reine de Navarre. C'est ce qu'il faut expliquer.

Elle étoit fille de Gaston prince de Viane et de Magd. de France, sœur puînée de Louis XI; et le prince de Viane étoit Grailly, dit de Foix, dont l'héritière étoit tombée dans sa maison avec les comtés de Foix, de Bigorre et de Béarn, qu'ils possédoient, [et] étoit fils de Gaston IV, comte de Foix, etc., que Charles VII fit comte-pair de France en 1458, et d'Éléonore, fille de Jean II, roi d'Aragon, et de sa seconde femme Blanche, reine héritière de Navarre. Éléonore en hérita, survécut Gaston son fils, et mourut quarante-deux jours après son couronnement à Pampelune.

Gaston son fils, prince de Viane, n'avoit laissé qu'un fils et une fille : le fils fut couronné à Pampelune, et mourut, trois mois après, à Pau, en 1482, empoisonné tout jeune et sans alliance. Cath., sa sœur unique, lui succéda, et fut aussi couronnée à Pampelune, avec J. d'Albret son mari, en 1494. Ils se brouillèrent, et furent chassés de leur royaume en 1512, par Ferdinand le Catholique, roi d'Aragon, qui s'en empara, et depuis la Navarre est demeurée à l'Espagne. Ils en moururent tous deux de douleur, lui en 1516, elle en 1517, et ne laissèrent d'enfants qui parurent que Henri d'Albret roi de Navarre, une comtesse d'Astarac Grailly Foix, morte sans enfants, et Isabelle, mariée en 1534 à René Ier de Rohan, fils du second fils du maréchal de Gyé, tellement que, par l'événement, René Ier de Rohan épousa la sœur du père de Jeanne d'Albret, mère de notre roi Henri IV.

Avec ce détail, je pense au moins qu'on ne m'accusera pas d'avoir dissimulé rien des grandeurs de la maison de Rohan.

De ce mariage de René Ier de Rohan et d'Isabelle d'Albret, des fils qui ne parurent point, et une fille qui ne parut que trop; mais par cela même fatal en bonheur suivi de branche en branche et de génération en génération à la maison de Rohan, eut[1] la première distinction qui ait été accordée à cette maison.

M. de Nemours, dont l'esprit, la gentillesse et la galanterie ont été si célébrées[2], fit un enfant à cette fille de Rohan qu'on appeloit Mlle de la Garnache, sous promesse de mariage; en même temps il étoit bien avec Mme de Guise. Toutes ces aventures-là me mèneroient trop loin : c'étoit Anne d'Este, dont la mère étoit seconde fille de Louis XII. M. de Guise fut tué par Poltrot; Mme de Guise, après avoir gardé les bienséances, voulut épouser M. de Nemours. Lui ne demandoit pas mieux, et cependant amusoit Mlle de la Garnache. Enfin, l'amusement fut si long qu'elle s'en impatienta et qu'elle en découvrit la cause. La voilà aux hauts cris, et Mme de Guise sur le haut ton que lui faisoit prendre la splendeur de sa mère, et la puissance de la maison de Guise, dont elle disposoit, et qui, pour ses grandes vues, trouvoit son compte dans ce second mariage. Il n'en falloit pas tant pour émouvoir la reine de Navarre, Jeanne d'Albret, et tout ce qui tenoit à son parti et aux princes de Bourbon contre les Guises.

La reine de Navarre protesta, avec tout cet appui, qu'elle ne souffriroit pas que M. de Nemours fît cet affront à une fille qui avoit l'honneur d'être sa nièce, et le pauvre M. de Nemours étoit bien embarrassé. Personne des intéressés ne faisoit là un beau personnage : Mme de Guise vouloit enlever M. de Nemours à sa parole de haute lutte; M. de Nemours convenoit de l'avoir donnée; il n'osoit y manquer, et pourtant ne la vouloit point tenir; la bonne la Garnache demeuroit abusée, et en attendant ce qui arriveroit de son mariage, faisoit de sa turpitude la principale pièce de son sac, et toute la force des cris de ceux qui la protégeoient.

1. Ce mariage eut.
2. Saint-Simon a bien écrit *célébrées* au féminin.

La fin de tout cela fut qu'elle en fut pour sa honte, et ses protecteurs pour leurs cris, et que M. de Nemours épousa Mme de Guise en 1566. Mlle de la Garnache disparut, et alla élever son poupon dans l'obscurité, où il vécut et mourut. Après plusieurs années, comme la suite infatigable et le talent de savoir se retourner est encore un apanage spécial de la maison de Rohan, Mlle de la Garnache se remontra à demi, essaya de faire pitié à Mme de Nemours et d'obtenir quelque dédommagement par elle. Elle la toucha enfin, et Mme de Nemours obtint personnellement pour elle, et sans aucune suite après elle, l'érection de la seigneurie de Loudun en duché sans pairie, en 1576.

Mlle de la Garnache alors reparut tout à fait, sous le nom de duchesse de Loudun, et jouit du rang de duchesse, qui fut éteint avec ce duché par sa mort. Telle est la première époque d'un rang dans la maison, et non à la maison de Rohan, qui, avec toutes ces alliances si grandes et si immédiates, n'en avoit jamais eu, et n'y avoit jamais prétendu.

René II de Rohan, frère de la duchesse de Loudun, et fils comme elle d'Isabelle de Navarre, ne figura point, non plus que ses autres frères ; mais ils n'eurent point de postérité, et il en eut. Ses deux fils et ses deux filles firent tous parler d'eux, et comme leur père, qui s'étoit fait huguenot, et encore plus comme leur mère, qui fut une héroïne de ce parti, ils l'embrassèrent. Elle étoit veuve de Ch. de Quellenec, baron du Pont, qui périt à la Saint-Barthélemy, et fille et héritière de J. l'Archevêque, seigneur de Soubise, et d'une Bouchard Aubeterre. Elle et ses deux filles se sont rendues fameuses dans la Rochelle, où elles soutinrent les dernières extrémités, jusqu'à manger les cuirs de leurs carrosses, pendant le siége que Louis XIII y mit.

Sa fille aînée, plus opiniâtre s'il se pouvoit qu'elle, mourut de regret de sa prise, fort peu après, au château du Parc en Poitou, où elles avoient été reléguées en sortant de la Rochelle ; la mère y mourut deux ans après, en 1631, et l'autre fille les survécut jusqu'en 1646, toutes les deux point mariées. Elles avoient une autre sœur entre elles deux, qui fut la première femme d'un prince palatin des Deux-Ponts, en 1604, et qui mourut en 1607.

Leurs deux frères furent Henri et Benjamin de Rohan, seigneur de Soubise. Henri fut le dernier chef des huguenots en France. Le duc de Sully, surintendant des finances, et si bien avec Henri IV, et huguenot aussi, le favorisa fort auprès d'Henri IV dans la haine du maréchal de Bouillon. Henri IV le fit duc et pair en 1603, et moins de deux ans après, M. de Sully lui donna sa fille en mariage. C'est ce grand homme qui se signala tant à la tête d'un parti abattu, et qui, réconcilié avec la cour, s'illustra encore davantage par les négociations dont il fut chargé en Suisse, et par ses belles actions à la tête de l'armée du Roi en Valteline, où il mourut de ses blessures en 1638, avec la réputation d'un grand capitaine et d'un grand homme de cabinet. Il ne laissa qu'une fille, unique héritière, qui porta tous ses grands biens en mariage, en 1645, malgré sa mère, à H. Chabot, en 1645 [1], à condition de porter lui et leur postérité le nom et les armes de Rohan ; et fut fait [2] duc et pair comme on sait, par lettres nouvelles et avec rang du jour de sa réception au Parlement. La mère, qui étoit huguenote, ne vouloit point ce mariage, et la fille, qui étoit catholique, soutenue de Monsieur Gaston et de Monsieur le Prince, se moqua d'elle.

De ce mariage vint le duc de Rohan, la seconde femme de M. de Soubise, la seconde femme du prince d'Espinoy, et Mme de Coetquen, que nous avons tous vus.

M. de Soubise, frère de ce grand duc de Rohan, ne fit parler de lui que par l'audace et l'opiniâtreté de ses continuelles défections, quoique à la paix que le Roi donna en 1626 aux huguenots il l'eût fait duc à brevet. On n'en ouït plus parler en France depuis la prise de la Rochelle, et il mourut en Angleterre, sans considération, où il s'étoit retiré sans avoir été marié, vers 1641.

1. Cette répétition de date est du fait de Saint-Simon.
2. Et Chabot fut fait.

Voilà donc une duchesse à vie, un duc et pair et un duc à brevet dans la maison de Rohan. Mais cette génération commence à montrer autre chose. M. de Sully, en faisant le mariage de sa fille, représenta si bien à Henri IV l'honneur que cette branche de Rohan avoit de lui appartenir de fort près, et d'être même l'héritière de la Navarre, s'il n'avoit point d'enfants, par Isabelle de Navarre, sa grand'tante et leur grand'mère, qu'il obtint un tabouret de grâce aux deux sœurs de son gendre, l'autre étant déjà mariée, mais en leur déclarant bien que ce n'étoit que par cette unique considération de la proche parenté de Navarre, que cette distinction ne regardoit point la maison de Rohan, et ne passeroit pas même au delà de ces deux filles. C'est la première époque de rang, ou plutôt d'honneurs sans dignité, dans la maison de Rohan, et non à cette maison.

Aux fiançailles et mariage de Monsieur Gaston avec Mlle de Montpensier, princes ni grands n'eurent point de rang, marchèrent entre eux en confusion, et se placèrent comme ils purent. Les dames ne furent pas d'avis de faire de même, et voulurent marcher en rang. C'étoit à Nantes, et le cardinal de Richelieu faisoit la cérémonie. La duchesse de Rohan, qui suivoit la duchesse d'Halluyn, qu'on a aussi quelquefois appelée la maréchale de Schomberg, voulut la précéder; l'autre s'en défendit; la contestation s'échauffa; des paroles, elles en vinrent aux poussades et aux égratignures : le scandale ne fut pas long, et sur-le-champ la dispute fut jugée, et décidée en faveur de Mme la duchesse d'Halluyn, comme l'ancienne de Mme de Rohan, qui subit le jugement.

Voici la première époque de prétention, et la prétention fut malheureuse : encore n'est-il rien moins que clair qu'elle roulât sur la maison de Rohan, qui jusqu'alors et bien longtemps depuis n'en avoit aucune, mais bien sur l'ancienneté entre duchesses, car on voit que Mme de Rohan ne disputa à pas une autre. Mme d'Halluyn étoit fille de M. de Piennes, tué du vivant de son père, par ordre du duc de Mayenne, dans la Fère, dont il étoit gouverneur en 1592 ; et son père avoit été fait duc et pair au commencement de 1588. Il avoit marié M. de Piennes, son fils, à une fille du maréchal de Retz, qui n'en eut qu'un fils, mort tout jeune, en 1598, et Mme d'Halluyn dont il s'agit ici. Elle épousa le fils aîné du duc d'Espernon, et en faveur de ce mariage, le duché-pairie d'Halluyn fut de nouveau érigé pour eux, mais avec l'ancien rang du grand-père de la mariée. Ils se brouillèrent, se démarièrent, et n'eurent point d'enfants.

En 1620, Mme d'Halluyn épousa M. de Schomberg, avec des lettres en continuation de pairie ; tellement, que Mme de Rohan, dont l'érection étoit antérieure aux deux continuations de pairie qu'avoit obtenues Mme d'Halluyn à tous ses deux mariages, pouvoit bien n'avoir pas grand tort d'être fâchée de la voir remonter à la première érection de son grand-père, antérieure à celle de Rohan. On ne voit pas d'ailleurs que cette duchesse de Rohan, qui étoit la fille de M. de Sully, et mère de l'héritière qui épousa le Chabot, ait jamais rien prétendu ni disputé, excepté cette ridicule aventure, que j'ai voulu expliquer afin de ne rien omettre. Passons maintenant à la branche de Guémené.

Louis de Rohan, seigneur de Guémené, frère aîné du maréchal de Gyé, dont je viens d'épuiser la branche, ne fournit rien à remarquer, non plus que ses trois générations suivantes. La quatrième fût Louis VI de Rohan, qui en 1549 fit ériger la seigneurie de Montbazon en comté, et celle de Guémené en principauté, en 1547 et 1549.

Il y a nombre de ces principautés d'érection en France, dont pas une n'a jamais donné et ne donne encore aucune espèce de distinction à la terre, que le nom, ni à celui qui en a obtenu l'érection non plus, ni à ses successeurs. Aussi ce Louis de Rohan a-t-il vécu et est-il mort sans aucun rang ni honneurs, non plus que ses pères, et sans la moindre prétention. Mais désormais il faut prendre garde à tout ce qui sortira de lui. Il épousa la fille aînée du dernier Rohan de la branche de Gyé, qui étoit frère de Mmes de Beauvillier et de Rothelin Longueville, comme je l'ai dit ci-dessus, et qui fut ambassadeur à Rome en 1548, lequel en secondes noces épousa la sœur de son gendre, dont il n'eut point d'enfants.

De ce Louis VI de Rohan et de Léonor Rohan Gyé, quatre fils et cinq filles, qui, comme les précédentes de leur maison, et même plusieurs veuves de seigneurs de Rohan, épousèrent des seigneurs, et même des gentilshommes particuliers.

Les quatre fils furent : Louis, en faveur de qui Henri III érigea le duché de Montbazon en duché-pairie, en 1588 ; il mourut un an après sans enfants ; Pierre prince de Guémené, qui, d'une Lenoncourt, ne laissa qu'une fille, Anne de Rohan, qui épousa le fils de son frère qui va suivre, et d'elle son cousin germain ; Hercule duc et pair de Montbazon, par une érection nouvelle par Henri IV, en 1595, avec rang de cette nouvelle érection ; et Alex. marquis de Marigny, et qui mourut sans enfants, ayant pris le nom de comte de Rochefort, duquel il se faut souvenir.

Hercule susdit, duc de Montbazon, fut grand veneur, gouverneur de Paris et de l'Ile-de-France, chevalier du Saint-Esprit en son rang de duc, en 1597 ; homme de tête et d'esprit, qui figura fort, et sa femme et leurs enfants encore davantage. Lassé de leurs intrigues, qui suivant l'étoile de la maison de Rohan, étoient utiles à cette maison, mais qui lui faisoient peu d'honneur, il les laissa faire, et se retira en Touraine, où il demeura longues années, et y mourut à quatre-vingt-six ans, en 1654, sans s'être démis de son duché. Il avoit épousé en 1628, en secondes noces, M., fille de Claude d'Avaugour et de Cath. Foucquet de la Varenne. Le trisaïeul de père en fils de ce Claude d'Avaugour étoit le bâtard du dernier duc de Bretagne, et le grand-père paternel du comte de Vertus d'aujourd'hui.

Du premier lit, M. de Montbazon, Louis prince de Guémené, depuis duc de Montbazon, et la connétable de Luynes, mère du duc de Luynes, qui épousa en secondes noces, en 1622, le duc de Chevreuse, dernier fils du duc de Guise, tué à Blois, laquelle devint si fameuse sous ce dernier nom.

Du second lit, M. de Soubise, que nous avons tous vu, père du prince et du cardinal de Rohan, et Anne de Rohan, qui a été la seconde femme du duc de Luynes, fils de sa sœur, dont elle a eu le comte d'Albert, le chevalier de Luynes, et plusieurs filles, toutes mariées.

Le prince de Guémené étoit un homme de beaucoup d'esprit, et encore plus Anne de Rohan, sa femme, fille de Pierre prince de Guémené, frère aîné de son père. Lui, elle et Mme de Chevreuse, toute leur vie, ne furent qu'un, et avec eux en quatrième, leur belle-mère, seconde femme de leur père, qui avoit autant d'esprit et d'intrigue qu'eux, et, ce qui peut passer pour un miracle, toutes trois parfaitement belles et fort galantes, sans que leur beauté ni leur galanterie ait jamais formé le moindre nuage de galanterie ni de brouillerie entre elles.

Le prince de Guémené, non-seulement voyoit trop clair pour ignorer ce qui se passoit dans sa maison, mais il y trouvoit son compte, et dès là, non-seulement il le trouvoit fort bon, mais il étoit des confidences sans en faire semblant au dehors : leçon utile à la grandeur d'une maison, quand il y a des beautés qui savent faire usage de leurs charmes, heureusement fatale à la maison de Rohan, pour le répéter encore, et que M. de Soubise a si exactement et si utilement suivie.

CHAPITRE VI.

M. de Luynes fait asseoir, pour une fois seulement, Mlle de Montbazon, la veille de leurs noces, depuis duchesse de Chevreuse ; obtient dispense d'âge et la première place après les ducs pour le prince de Guémené, son beau-frère, en la promotion de 1619. — Marquis de Marigny, frère du duc de Montbazon, le cinquante-cinquième parmi les gentilshommes en la promotion de 1619. — Art et degrés qui procurent le tabouret à la princesse de Guémené. — Autres tabourets de grâce en même temps. — Tous ôtés, puis rendus. — M. de Soubise et ses deux femmes : la première debout ; la seconde assise, belle, le fait prince, etc. — Mmes de Guémené assises (1678 et 1679), puis Mme de Montauban (1682). — MM. de Soubise et comte d'Auvergne s'excluent de l'ordre à la promotion de 1688 ; colère du Roi ; fausseté insigne sur les registres de l'ordre. — Distinctions de ceux qui ont rang de prince étranger étant en licence. — Abbé de Bouillon, devenu cardinal par le hasard des coadjutoreries de Langres, puis de Reims, tombées sur l'abbé le Tellier, est le premier qui ait eu ces distinctions en Sorbonne. — Abbé de Soubise, depuis cardinal de Rohan, obtient par ordre du Roi les mêmes distinctions en Sorbonne. — Fiançailles du prince de Montbazon et de la fille du duc de Bouillon dans le cabinet du Roi.

Le connétable de Luynes, qui ne l'étoit pas encore, mais que je nomme ainsi pour le distinguer de son fils, voulut entrer agréablement dans la maison du duc de Montbazon, en épousant sa fille, en septembre 1617, et faire en même temps éclater sa faveur par une distinction extraordinaire. Il obtint que Mlle de Montbazon seroit assise dès la veille de son mariage avec lui, grâce qui se terminoit là, sans influer sur le reste de la famille. C'étoit en un mot un tabouret de grâce, et pour une seule fois, pour faire briller la faveur du favori, et témoigner à M. de Montbazon combien ce mariage étoit agréable au Roi.

A la promotion de 1619, M. de Luynes obtint une dispense d'âge pour le frère de sa femme, qui n'avoit que vingt et un ans, et qu'on appeloit alors le comte de Rochefort, qui prit après le nom de prince de Guémené, jusqu'à la mort de son père. M. de Luynes obtint encore pour lui qu'il marcheroit le premier des gentilshommes de cette promotion, c'est-à-dire immédiatement après lui-même, qui en étoit le dernier duc. Mais cela n'empêcha pas que, jusqu'à ce qu'il le fût devenu lui-même par la mort de son père, trente-cinq ans après, il n'ait toujours été précédé par tous les gentilshommes plus anciens chevaliers de l'ordre que lui, sans difficulté aucune, ni réclamation de sa part.

Le marquis de Marigny, frère de son père, qui pour combler la famille de la femme du favori fut aussi de cette même promotion, y marcha le cinquante-cinquième parmi les gentilshommes, et n'en eut que quatre de toute la promotion après lui. Ainsi, avec toute la faveur de M. de Luynes, qui se déploya toujours toute entière sur la maison de sa femme, avec un emploi aussi important qu'étoit pour lors le gouvernement de Paris et de l'Ile-de-France, avec une charge aussi favorable que celle de grand veneur auprès d'un jeune roi passionné pour la chasse au point qu'étoit Louis XIII, et dont le fils avoit la survivance du père, avec l'exemple des tabourets de grâce des deux sœurs du célèbre duc de Rohan, et l'avancement d'un jour de celui de Mme de Luynes, on voit que MM. de Rohan n'avoient pas encore imaginé devoir avoir des honneurs et des distinctions au-dessus des gens de qualité non titrés, beaucoup moins à être princes.

Mais voici le commencement. Mme de Chevreuse avoit été de tout temps dans la plus intime confidence de la Reine. Elle en fut chassée plus d'une fois par Louis XIII; et de l'aventure du Val-de-Grâce, où la Reine fut fouillée et visitée jusque dans son sein par le chancelier Seguier, qui pourtant en acquit ses bonnes grâces pour le reste de sa vie par la manière dont il s'y conduisit, Mme de Chevreuse et Beringhen se sauvèrent hors du royaume, et plusieurs autres furent chassés et perdus, que la Reine fit revenir et récompensa tout aussitôt qu'elle fut régente.

Mme de Chevreuse étoit encore alors en Flandres, et quoique elle se trouvât trompée, à son retour, dans l'opinion qu'elle avoit conçue d'être absolument maîtresse de l'esprit de la Reine et du gouvernement, elle ne laissa pas de conserver toute sa faveur, malgré le cardinal Mazarin. Les histoires et les Mémoires de ces temps-là sont pleins de tout ce que fit la Fronde, qui domina la cour et l'État, et à qui Monsieur le Prince dut sa prison, puis sa délivrance, et le cardinal Mazarin son apparente ruine par deux fois.

Ces mêmes histoires dépeignent l'hôtel de Chevreuse et l'hôtel de Guémené comme le centre de tous les conseils de la Fronde, où M. de Beaufort et le coadjuteur, depuis cardinal de Retz, étoient en adoration, et disposoient du parlement de Paris et de tout le parti. Mme de Chevreuse, qui, dans des intérêts souvent si opposés à ceux du cardinal Mazarin, conservoit toujours sa place dans le cœur de la Reine, et son ascendant sur son esprit timide, défiant, incertain et variable, avoit introduit dans son amitié la princesse de Guémené sa belle-sœur, et la duchesse de Montbazon leur belle-mère; mais surtout Mme de Guémené avoit plu infiniment à la Reine, par le liant, les grâces et l'artifice caché de son esprit. Cela fut cultivé d'une part et protégé de l'autre avec tant de soin par Mme de Chevreuse, que Mme de Guémené fut de tous les particuliers, et la Reine l'approchoit d'autant plus d'elle, qu'elle en apprenoit tout ce que l'autre vouloit bien, à la vérité, lui dire d'une cabale où elle étoit de tout, et dont elle ne disoit à la Reine que ce qui étoit utile à leurs desseins.

Dans ces conversations, ou seule avec la Reine, ou en tiers avec elle et Mme de Chevreuse, la Reine la faisoit asseoir. C'étoit une commodité pour causer plus longtemps, qu'elle accordoit bien seule ainsi à d'autres, et même au commandeur de Jars, qui sans façon se mettoit dans un fauteuil. La Reine alloit souvent au Val-de-Grâce; Mme de Guémené l'y alloit voir; d'autres dames y étoient quelquefois reçues, et y trouvoient Mme de Guémené assise, qui se levoit, puis se rassoyoit sans façons [1], tellement que le Val-de-Grâce devenant peu à peu plus étendu, elle accoutuma imperceptiblement et poliment ces demi-particuliers à son tabouret. A la fin, la belle-mère et les belles-sœurs crurent qu'il étoit temps d'aller plus loin. Mme de Guémené n'alla plus au Palais-Royal que de loin à loin, et à mesure que la Reine se plaignoit de son absence, puis elle la laissa

1. Quatre lignes plus haut, le manuscrit porte *sans façon*, au singulier.

demander pourquoi elle ne la voyoit point, et cessa enfin tout à fait d'y aller. La Reine en parloit souvent à Mme de Montbazon et à Mme de Chevreuse. Les excuses s'épuisèrent, et Mme de Chevreuse prit son temps de dire franchement à la Reine à quoi il tenoit. La Reine, surprise, voulut se défendre d'accorder ce qui n'avoit eu lieu que comme bonté et familiarité ignorée et sans conséquence; Mme de Chevreuse répondit que tout le monde savoit qu'elle étoit assise et l'y voyoit au Val-de-Grâce, qui ne pouvoit plus s'appeler un particulier, au nombre de gens où ce particulier s'étoit étendu, qu'elle ne voyoit point de différence entre le Val-de-Grâce et le Palais-Royal, ni pourquoi sa belle-sœur, assise devant toute la cour de la Reine en un lieu, elle seroit debout en un autre, et moitié figue moitié raisin, avec la Fronde en croupe, qu'elle arracha [1] le tabouret en plein partout pour la princesse de Guémené. Ce tabouret ne passa pas plus avant pour lors dans la maison de Rohan, et n'y produisit point d'autres distinctions.

En même temps, la Reine fit la même grâce à la marquise de Senecey, sa dame d'honneur, chassée pour elle, et à qui, en arrivant à la régence, elle avoit rendu sa charge, qui lui avoit été ôtée, et récompensé de la survivance à la comtesse de Fleix, sa fille, toutes deux veuves, qui eut aussi le tabouret.

Elles en jouirent quelques années, jusqu'à ce que plusieurs personnes de qualité, excitées par Monsieur Gaston et Monsieur le Prince, s'assemblèrent en grand nombre, invitèrent les ducs de se joindre à eux, et sous le nom de la noblesse, demandèrent la suppression de ces tabourets, et des honneurs accordés à MM. de Bouillon par l'échange de Sedan, que le Parlement n'avoit pas voulu enregistrer avec ces articles et quelques autres qui ne le sont pas encore aujourd'hui.

Ces assemblées, dont les princes vouloient effrayer la cour pour d'autres vues, durèrent assez de semaines pour

---

1. Tel est bien le texte du manuscrit. Saint-Simon a écrit *la frode*, sans *n*.

l'inquiéter par des demandes plus embarrassantes, qui l'engagèrent à s'accommoder avec Monsieur et Monsieur le Prince. Les tabourets furent supprimés, et quelques autres légères demandes accordées, avec quoi les assemblées finirent absolument.

Assez longtemps après, la cour prit tout à fait le dessus pour toujours, et blessée alors des suppressions extorquées, elle rendit les tabourets.

M. de Soubise né, comme il le disoit lui-même, mais bien bas, à ses amis particuliers, en riant et s'applaudissant de sa bonne fortune et de sa sage politique, né gentilhomme avec quatre mille livres de rente, et devenu prince à la fin avec quatre cent mille livres de rente, avoit épousé une riche veuve, qui n'étoit rien d'elle ni de son premier mari, dont elle n'avoit point d'enfants, qui lui donna tout son bien par le contrat de mariage. Elle ne fut point assise, et M. de Soubise ni pas un des siens n'imagina de le prétendre. Cette femme mourut en 1660. Avec ce bien demeuré à M. de Soubise, on songea dans la famille à le remarier et à en tirer parti.

Mme de Chevreuse, toujours la mieux avec la Reine, et d'autant plus que les troubles étoient bien disparus, et que le cardinal Mazarin étoit mort en 1661, qui eût été obstacle aux vues élevées de Mme de Chevreuse, imagina d'unir son crédit à celui de Mme de Rohan, qui, sans faveur comme elle, étoit fort considérée, pour faire le mariage de sa fille aînée en lui faisant donner le tabouret. C'étoit en 1663. M. de Louvois étoit encore trop petit garçon, et son père trop fin et trop politique pour oser branler devant M. de Turenne, comme il s'y éleva longtemps depuis; et ce grand capitaine étoit dans l'apogée de sa faveur et de sa considération personnelle, avec un crédit que rien ne balançoit. Il étoit lors fort huguenot; Mme de Rohan encore davantage. Cet intérêt, et la figure qu'ils faisoient dans leur religion, les avoit intimement unis : il ne bougeoit de chez elle; et quand ses filles alloient au bal ou en quelque autre partie où la bienséance de ce temps-là vouloit que des hommes de nom les accompagnassent, Mme de Rohan, à cause de M. de Turenne, ne les confioit jamais qu'à MM. de Duras ou de Lorges, ses neveux, qui étoient chez elle comme les enfants de la maison ; et j'ai vu cette intimité de mon beau-père avec ces trois dames exister la même depuis un si grand nombre d'années.

M. de Turenne entra donc dans cette affaire comme dans la sienne propre ; Mme de Rohan la poursuivit comme une grâce qu'elle demandoit instamment ; Mme de Chevreuse y mit tout son crédit et toutes ses anciennes liaisons avec la Reine ; et ils l'emportèrent. Ils obtinrent presque en même temps de faire Mme de Soubise dame du palais, et une fois à la cour, sa beauté fit le reste : le Roi ne fut pas longtemps sans en être épris. Tout s'use : l'humeur de Mme de Montespan le fatiguoit ; au plus fort même de sa faveur il avoit eu des passades ailleurs, et lui avoit même donné des rivales. Celle-ci sut bien se conduire : Bontemps porta les paroles ; le secret extrême fut exigé, et la frayeur de M. de Soubise fort exagérée. La maréchale de Rochefort, accoutumée au métier, fut choisie pour confidente. Elle donnoit les rendez-vous chez elle, où Bontemps les venoit avertir ; et toutes deux, bien seules et bien affublées, se rendoient par des derrières chez le Roi.

La maréchale de Rochefort m'a conté qu'elle avoit pensé mourir une fois d'embarras : il y eut du mécompte ; Bontemps arriva mal à propos ; il fallut, sous divers prétextes, se défaire de la compagnie, qu'on avoit laissée entrer parce qu'on ne comptoit sur rien ce jour-là, et toutefois garder Mme de Soubise pour la conduire après où elle étoit attendue, et ne pas faire perdre du temps à un amant dont toutes les heures étoient compassées. Au bout d'un temps assez considérable, le pénétrant courtisan s'aperçut, mais ne se le dit qu'à l'oreille, et d'oreille en oreille personne n'en douta plus.

M. de Soubise, instruit à l'école de son père et d'un frère aîné infiniment plus âgé que lui, ne prit pas le parti le plus honnête, mais le plus utile : il se tint toute sa vie rarement à la cour, se renferma dans le gouvernement de ses affaires domestiques, ne fit jamais semblant de se douter de rien, et sa femme évita avec grand soin tout ce qui pouvoit trop marquer ; mais assidue à la cour, imposant à tout ce qui la composoit, dominant les ministres, et ayant tant qu'elle vouloit des audiences du Roi dans son cabinet, quand il s'agissoit de grâces ou de choses qui devoient avoir des suites, afin qu'il ne parût pas qu'elle les eût obtenues dans des moments plus secrets. Elle se mettoit toute habillée, aux heures publiques de cour, à la porte du cabinet. Dès que le Roi l'y voyoit, il alloit toujours à elle, avec un air plus qu'ouvert, mais en quelque sorte respectueux. Si ce qu'elle vouloit dire étoit court, l'audience se passoit ainsi à l'oreille devant tout le monde ; s'il y en avoit pour plus longtemps, elle demandoit d'entrer. Le Roi la menoit dans le fond du premier cabinet, joignant la pièce où étoit tout le monde ; les battants de la porte du cabinet demeuroient ouverts jusqu'à ce qu'elle sortît de ce même côté, et de celui des autres cabinets ; et cela s'est toujours passé de la sorte.

Mais le plaisant, c'est que ces portes ne demeuroient ouvertes que pour elle, et se fermoient toujours quand le Roi donnoit audience à d'autres dames. Depuis qu'il n'y eut plus rien entre eux, l'amitié et la même considération subsistèrent, et les mêmes précautions de bienséance. Elle écrivoit très-souvent au Roi, et de Versailles à Versailles ; le Roi lui répondoit toujours de sa main, et c'étoit Bontemps ou Bloin qui les rendoient au Roi et faisoient passer ses réponses. C'est de la sorte qu'elle fit M. de Soubise prince par degrés et par occasions, et que peu à peu elle en obtint tout le rang.

Ce fut pourtant Monsieur dont ils se servirent pour faire asseoir la Bautru, veuve [de] M. de Rannes, que le prince de Montauban, frère du prince de Guémené, épousa en 1681. Elle jouoit fort chez Monsieur. M. de Montauban n'avoit point de rang, quoique sa belle-sœur fût assise, leur père vivant et point démis, par le crédit de Mme de Soubise, sur le même exemple de la belle-sœur de Mme de Chevreuse. Le Roi disoit toujours que Monsieur lui avoit escroqué ce tabouret, et du tabouret, les deux frères devinrent princes, comme M. de Soubise. M. de Guémené se maria la première fois en 1678, puis en 1679 ; M. de Montauban, son frère, en 1682, et n'a point laissé d'enfants.

Il est néanmoins vrai que Mme de Soubise, qui jamais ne fut refusée de rien, ne put pourtant venir à bout d'une seule chose. A la promotion de 1688, le duc de Montbazon, fou depuis longtemps, étoit enfermé à Liége. Il étoit fils du frère aîné de M. de Soubise, ce prince de Guémené, chevalier de l'ordre en 1619, dont j'ai parlé ci-dessus. Il ne s'étoit point démis de son duché ; il étoit interdit, et par conséquent hors d'état de s'en démettre, comme de faire tout autre acte. M. de Bouillon étoit exilé.

Cette promotion fut la première où le Roi fit passer les ducs à brevet, les maréchaux de France et les grands officiers de sa maison avant les gentilshommes de cette même promotion, mais les gentilshommes dès lors chevaliers de l'ordre continuant à les précéder. Le comte d'Auvergne et M. de Soubise furent mis sur la liste du Roi. Ils demandèrent de précéder les ducs à brevet et les maréchaux de France de cette même promotion, et Mme de Soubise, que le prince de Guémené, qui n'en étoit pas, en fût mis, et y tînt le rang de duc de Montbazon. Elle en savoit trop pour l'espérer, mais elle compta d'obtenir l'autre demande en compensation du refus de celle-ci. Pour cette fois elle se trompa : non-seulement le Roi tint ferme, mais il se fâcha jusqu'à ordonner à Châteauneuf, greffier de l'ordre, en plein chapitre, de mettre sur son registre que MM. de Soubise et comte d'Auvergne s'excusoient d'être de la promotion pour ne vouloir pas prendre l'ordre dans le rang où leurs pères et leurs prédécesseurs s'étoient tenus honorés de le recevoir.

Cela fit grand bruit, et la mortification fut cuisante. Mais Mme de Soubise y sut pourvoir : elle amadoua et intimida si bien Châteauneuf, qui étoit de ses amis et un fort pauvre homme, qu'elle lui fit écrire sur ses registres que ces Messieurs n'avoient pas pris l'ordre pour n'avoir pas voulu céder à des cadets de la maison de Lorraine.

Ils n'avoient jamais osé parler d'eux ni des ducs; il ne s'étoit agi que de passer après le dernier duc et devant le premier des ducs à brevet et des maréchaux de France, qui n'avoient jamais été mis les premiers des gentilshommes d'une promotion, et qui encore alors et depuis n'avoient aucun rang dans l'ordre que de leur ancienneté de promotion, et dans celle où ils étoient reçus, celui où avec les gentilshommes ils se trouvoient écrits dans la liste du Roi, qui dans celle-ci les avoit écrits les premiers.

Ainsi l'adresse, pour ne rien dire de plus, substitua à une vérité fâcheuse à leurs idées une fausseté à devenir preuve d'une prétention de préséance qu'ils n'avoient jamais imaginée : cela ne fut su que bien des années après, et le rare est qu'il n'en a été autre chose. Pour MM. de Bouillon, aucun d'eux jusque-là n'avoit été à portée de l'ordre dans aucune promotion jusqu'à celle-ci.

Le père du maréchal de Bouillon étoit, comme tous les siens, sans prétention, et il mourut de ses blessures en 1557, qu'il avoit reçues auprès de Saint-Quentin, longtemps avant l'institution de l'ordre. Le maréchal de Bouillon vécut et mourut huguenot en 1623. Le duc de Bouillon ne se fit catholique qu'en 1637, et mourut en 1652, sans promotion entre-deux, et M. de Turenne, son frère, ne se convertit qu'en 1668, et fut tué en 1675, aussi sans promotion entre-deux. Ce n'étoit que depuis la possession des biens de l'héritière de Sedan que le maréchal de Bouillon, et ses enfants encore plus que lui, avoient commencé à hasarder quelques prétentions, et le frère puîné du père de cette héritière, et qui, par transaction toujours exécutée, précéda toute sa vie en tous actes, lieux et occasions le maréchal de Bouillon, fut le vingt-quatrième parmi les gentilshommes dans la première promotion, et son fils le cinquante et unième dans celle de 1619, la même où le marquis de Marigny, dont j'ai parlé, fut le cinquante-cinquième.

Voilà une longue parenthèse avant de venir au fait qui l'a engagée, mais dont la curiosité pourra dédommager. Il faut pourtant en essuyer une autre, dont on ne peut passer le récit pour bien entendre le fait dont il s'agit cette année.

Je ne sais où s'est pris l'origine du traitement si distingué que reçoivent en Sorbonne les princes et ceux qui en ont le rang pendant leur licence. Ce ne peut être de la maison de Lorraine. Sa puissance a bien pu dominer cette célèbre école au point de lui faire commettre l'attentat de dégrader Henri III, et de le déclarer, sans droit ni autorité quelconque, déchu de la couronne après l'exécution de Blois de la fin de 1588, et après sa mort, Henri IV exclu de la couronne. Cette même puissance auroit donc bien pu imaginer ces honneurs et se les faire rendre; mais elle-même ne les prétendoit pas alors, au moins le principal, et qui emporte les autres distinctions qui ne sont que locales. Elles consistent en celles-ci.

Le prince, ou celui qui en a le rang, qui soutient une thèse, a des gants dans ses mains et son bonnet sur la tête pendant toute l'action, et il est traité de *Sérénissime Prince* tant par ceux qui argumentent contre lui que par celui qui préside à la thèse; il l'est aussi d'*Altesse Sérénissime*, et le proviseur de Sorbonne la lui donne dans ses lettres de doctorat. Quelque grands et puissants qu'aient été ceux de la maison de Lorraine en France, depuis qu'ils s'y vinrent établir sous François Ier jusqu'à la destruction de la Ligue sous Henri IV, aucun d'eux n'a été traité d'*Altesse* que le duc de Lorraine souverain, et l'aîné ou le chef de leur maison.

De ceux qui ont pour ainsi dire régné en France parmi les troubles qu'ils y formèrent, nul n'a été plus respecté ni plus grandement traité que le duc de Mayenne, qui, pendant sa gestion de lieutenant général de l'État et de couronne de France, n'omit aucune de celles qui sont réservées à la personne et à l'autorité de nos rois. Il fit, en son propre nom, des déclarations et des édits qui furent enregistrés au Parlement; il fit des maréchaux de France, qui en exercèrent les offices, et dont quelques-uns les conservèrent en faisant leur traité avec Henri IV; il punit de mort et d'exil, et donna grâce de la vie; il disposa en roi des charges, des emplois, des bénéfices de toutes les sortes, et grand nombre de ses pourvus gardèrent leurs places à la paix.

On ne peut donc pas croire qu'au temps de l'exercice de l'autorité et de la puissance royale, qu'il exerça en plein dans son parti, qui étoit presque toute la France, et Paris surtout, personne de ce parti lui eût osé ni voulu même refuser aucun des honneurs et des distinctions, même nouvelles, qu'il eût voulu s'arroger. Les histoires et les Mémoires de ces malheureux temps rapportent une infinité d'actes de M. de Mayenne, et de lettres de toutes sortes de personnes à lui écrites. Dans pas une de ces pièces il ne se trouve d'*Altesse;* c'est *vous* partout, et jusqu'à son propre secrétaire ne lui écrit jamais autrement. Il est donc vrai qu'il n'imaginoit pas de prétendre ce traitement, comme alors ni le duc de Lorraine, ni aucun autre souverain qui se faisoient donner l'*Altesse*, n'imaginoient pas le *Sérénissime*.

Ce superlatif ne leur est venu dans la tête et dans l'usage que longtemps depuis, lorsque leurs cadets se sont fait traiter d'*Altesse* pour se distinguer d'eux, et cette distinction a été de courte durée. Les mêmes qui s'étoient fait donner l'*Altesse*, comme les souverains, ont pris aussi le *Sérénissime* presque aussitôt qu'ils l'ont vu inventer, et de là est venue de nos jours l'*Altesse Royale*, qui n'étoit que pour les enfants de nos rois, descendue aux leurs, et à cause de cela Monsieur et Madame la quitter, et Monsieur de Savoie, M. le grand-duc de Toscane, et longtemps après Monsieur de Lorraine, la prendre, sous prétexte d'avoir épousé des petites-filles de France qui en étoient traitées, tandis que les ducs de Lorraine et de Savoie, gendres de nos rois et leurs beaux-frères, s'étoient contentés de la simple *Altesse*.

Depuis M. de Mayenne, aucun de sa maison n'a été sur les bancs de Sorbonne, jusqu'à un fils de Monsieur le Grand, et longtemps après, un autre, tous deux de nos jours, et qui trouvèrent ces distinctions établies en Sorbonne pour beaucoup moins qu'eux, et qui les ont eues.

Le cardinal de Guise, archevêque de Reims, mort à la suite de Louis XIII, pendant le siége de Saint-Jean-d'Angely, n'a jamais été que sous-diacre, et n'avoit jamais songé à entrer en licence, beaucoup moins M. de Guise de Naples, archevêque de Reims aussi dans son enfance, et qui ne l'a jamais été que commendataire. D'autres maisons souveraines, aucun n'a été prélat en France, ni été en Sorbonne; et toutes ces choses sont des faits certains.

Il faut donc dire que le cardinal de Bouillon est celui en faveur duquel ils ont été inventés; il étoit né en août 1643, et fut cardinal en août 1669; il avoit donc vingt-six ans quand il le fut, et c'est dans cet intervalle qu'il obtint ces honneurs en Sorbonne. La façon dont il fut cardinal montrera toute seule comment ces distinctions lui furent déférées en Sorbonne.

M. de Turenne fut fait maréchal général des camps et armées de France, le 7 avril 1660, la cour étant à Montpellier. Son neveu avoit alors dix-sept ans. Cette époque marque donc bien en quelle situation étoit M. de Turenne. Elle ne déchut pas depuis, et personne n'ignore le degré de faveur, de crédit, d'autorité, où a toujours été ce grand homme, depuis qu'après tant d'écarts il se fut sincèrement attaché au Roi et au gouvernement la dernière fois. Il seroit aussi difficile de ne savoir pas l'attachement extrême qu'il eut pour la grandeur et les distinctions de sa maison, qui toute sa vie le conduisit et fut sa passion dominante, et tous les avantages qu'il sut lui procurer par toutes sortes d'occasions et de moyens.

Il regarda son neveu comme y pouvant beaucoup contribuer en le poussant dans l'Église, et M. de Péréfixe, archevêque de Paris, dans la confiance et le crédit où il étoit à la cour, comme un instrument très-propre à l'avancer. Il étoit son ami, et ce prélat s'en faisoit un grand honneur. Il lui recommanda fort son neveu, qui eut l'esprit de lui faire une cour assidue, et de le gagner aussi personnellement. Il arriva que M. de Louvois, déjà considérable par soi aussi bien que par son père, et qui n'avoit ni sa modestie ni sa retenue, imagina de capter si bien l'évêque de Langres, qu'il fît l'abbé le Tellier, son frère, son coadjuteur. Ce prélat étoit ce fameux abbé de la Rivière, qui avoit si longtemps gouverné Monsieur Gaston, qui par là avoit tant figuré pendant les troubles de la minorité du Roi, qui étoit devenu ministre, qui avoit tant fait compter tous les partis avec lui, qui avoit eu la nomination au cardinalat, et qui, tout homme de rien qu'il étoit, et enfin perdu, eut, en dédommagement de ce qu'il avoit été et prétendu, cet évêché-duché-pairie et force bénéfices. Il savoit par expérience active et passive ce que peuvent les ministres. Il fut ravi de s'acquérir M. de Louvois et son père, et alla avec les deux frères dire sa résolution à M. le Tellier. Celui-ci fut épouvanté d'un siége de cette dignité; mais l'affaire étoit faite, il ne put s'empêcher de se joindre à eux pour la faire agréer au Roi.

Le bruit qu'elle fit réveilla le cardidal Antoine Barberin, archevêque-duc de Reims. Sa puissance et sa chute à Rome, la protection que le cardinal Mazarin lui avoit accordée, et à sa famille fugitive en France, ne lui avoit pas donné moins d'expérience et d'instruction qu'à la Rivière, touchant les ministres. Il accourut dès le lendemain chez le Tellier, où il envoya chercher ses fils, leur fit de grands reproches de s'être adressés à Monsieur de Langres plutôt qu'à lui, et de ce pas alla demander au Roi la coadjutorerie de Reims pour l'abbé le Tellier, et l'obtint sur-le-champ.

Une si prodigieuse fortune pour un homme de l'état et de l'âge de l'abbé le Tellier, qui n'avoit pas encore vingt-sept ans entièrement accomplis, fit un grand bruit dans le monde, et surprit jusqu'à sa famille et jusqu'à lui-même. M. de Turenne, qui n'aimoit pas M. de Louvois, ni guère mieux M. le Tellier, en fut piqué au dernier point. C'étoit de plus un morceau unique, qu'il convoitoit pour son neveu, qui déjà plein d'ambition fut enragé de se le voir ôter, et par l'abbé le Tellier. Ils imaginèrent la coadjutorerie de Paris, et avec les avances d'amitié intime qu'ils avoient avec M. de Péréfixe, ils le lui persuadèrent si bien et si tôt, qu'il ne le desira pas moins passionnément qu'eux : il la demanda au Roi, et fut bien étonné d'y trouver de la résistance.

Il ne se rebuta point; M. de Turenne vint au secours, qui s'y mit tout entier comme pour un coup de partie. Le Roi, dans l'embarras du refus à M. de Péréfixe, qu'il aimoit et qu'il considéroit fort, et encore plus à M. de Turenne, dans la posture où il étoit, et qui étoit pourtant résolu de ne hasarder pas de faire un second coadjuteur de Retz, en sortit par proposer à M. de Turenne sa nomination au cardinalat au lieu de la coadjutorerie, et se trouva heureux et obligé à M. de Turenne de ce qu'il voulut bien l'accepter. La promotion des couronnes étoit instante, ainsi ils n'attendirent pas, et se dépiquèrent ainsi de la coadjutorerie de l'abbé le Tellier.

M. de Péréfixe étoit proviseur de Sorbonne, et en étoit d'autant plus le maître, qu'il s'étoit plus que prêté à toutes les volontés de la cour contre M. Arnauld et ses amis, et qu'il avoit fait main basse sur la Sorbonne et répandu grand nombre de lettres de cachet. D'autre part, le jeune abbé s'étoit dévoué aux jésuites, auxquels il a été toute sa vie abandonné, et dont il a tiré de grands services. Avec ces secours, M. de Turenne put prétendre pour lui toutes les nouveautés qu'il voulut; elles s'exécutèrent plus tôt que personne ne s'en fut avisé, et une fois faites et sans dispute ni plaintes, la cour n'en dit rien aussi, et ne voulut pas courre après, et donner ce dégoût amer à M. de Turenne.

N'est-ce point là voler un peu sur les grands chemins ? Si on examine bien tout ce rang de prince étranger, même dans ceux qui le sont par naissance, on le trouvera tout composé de pareils brigandages.

Sur cet exemple, l'abbé de Soubise prétendit les mêmes distinctions ; il y trouva de la résistance ; Mᵐᵉ de Soubise n'eut pas peine à la vaincre. Le Roi a toujours regardé celui-ci avec d'autres yeux que les autres enfants de Mᵐᵉ de Soubise, lui et un plus jeune, qu'on appeloit le prince Maximilien ; car depuis elle, tout fut et se nomma prince dans cette maison. Mais ce prince Maximilien fut tué de fort bonne heure, et n'eut pas le temps, comme l'abbé, de profiter de l'affection particulière du Roi. Il commanda au proviseur et à la Sorbonne, et l'abbé de Soubise fut traité comme l'avoit été le cardinal de Bouillon.

La suite naturelle étoit que tout finît de même. Il avoit été prieur de Sorbonne pour briller et capter cette école, irritée des ordres du Roi à son égard. Il en fallut venir à ses lettres de doctorat, et c'est le point qui a causé toute cette digression pour l'entendre. Monsieur de Reims n'y voulut point mettre d'*Altesse Sérénissime*. Il étoit proviseur de Sorbonne, et alléguoit que M. de Péréfixe, qui les avoit données avec ce traitement à M. de Bouillon, depuis cardinal, n'étoit pas duc et pair. Mᵐᵉ de Soubise en vint à bout aussi aisément que du reste : le Roi l'ordonna à l'archevêque de Reims, et lui dit pour toute raison qu'il ne donnoit pas ces lettres comme archevêque de Reims, mais comme proviseur de Sorbonne, et qu'il le vouloit ainsi : on peut juger qu'il fut bientôt obéi.

Presque aussitôt après, le prince de Montbazon, second fils du prince de Guémené, car l'aîné étoit enfermé dans une abbaye, épousa une fille du duc de Bouillon. Mᵐᵉ de Soubise obtint que les fiançailles se feroient dans le cabinet du Roi.

Avant de quitter cette maison, il faut dire que le prince de Guémené, mort duc de Montbazon, en février 1667, et frère de M. de Soubise, avoit trente et un ans plus que lui, et Mme de Chevreuse morte en 1679, leur sœur, suivoit le siècle. La princesse de Guémené, morte duchesse de Montbazon en 1657, mère de M. de Soubise, étoit cette belle Mme de Montbazon dont on a fait ce conte, qui a trouvé croyance, que l'abbé de Rancé, depuis ce célèbre abbé de la Trappe, en étoit fort amoureux et bien traité; qu'il la quitta à Paris se portant fort bien, pour aller faire un tour à la campagne; que bientôt après, y ayant appris qu'elle étoit tombée malade, il étoit accouru, et qu'étant entré brusquement dans son appartement, le premier objet qui y étoit tombé sous ses yeux, avoit été sa tête, que les chirurgiens, en l'ouvrant, avoient séparée; qu'il n'avoit appris sa mort que par là, et que la surprise et l'horreur de ce spectacle, joint à la douleur d'un homme passionné et heureux, l'avoit converti; jeté dans la retraite, et de là dans l'ordre de Saint-Bernard et dans sa réforme. Il n'y a rien de vrai en cela, mais seulement des choses qui ont donné cours à cette fiction. Je l'ai demandé franchement à Monsieur de la Trappe, non pas grossièrement l'amour, et beaucoup moins le bonheur, mais le fait; et voici ce que j'en ai appris.

Il étoit intimement de ses amis, ne bougeoit de l'hôtel de Montbazon, et ami de tous les personnages de la Fronde, de M. de Châteauneuf, de Mme de Chevreuse, de M. de Montrésor, et de ce qui s'appeloit alors les Importants, mais plus particulièrement de M. de Beaufort, avec qui il faisoit très-souvent des parties de chasse, et dans la dernière intimité avec le cardinal de Retz, et qui a duré jusqu'à sa mort.

Mme de Montbazon mourut de la rougeole en fort peu de jours. M. de Rancé étoit auprès d'elle, ne la quitta point, lui vit recevoir les sacrements, et fut présent à sa mort. La vérité est que, déjà touché et tiraillé entre Dieu et le monde, méditant déjà depuis quelque temps une retraite, les réflexions que cette mort si prompte firent faire à son cœur et à son esprit achevèrent de le déterminer, et peu après il s'en alla en sa maison de Veret en Touraine, qui fut le commencement de sa séparation du monde.

La princesse de Guémené, si initiée auprès de la Reine mère par Mme de Chevreuse, sœur de son mari et de M. de Soubise, et qui attrapa le tabouret par les bricoles des particuliers et du Val-de-Grâce, mourut duchesse de Montbazon, en 1685, à quatre-vingt-un ans. Elle étoit mère du duc de Montbazon, mort fou en 1699, enfermé depuis longues années à Liége, et du chevalier de Rohan, décapité pour crime de lèse-majesté, 17 novembre 1674, quelque temps après avoir vendu à M. de Soyecourt sa charge de grand-veneur, qu'il avoit eue en survivance de son père, et que M. de la Rochefoucauld eut à la mort de Soyecourt.

CHAPITRE VII.

Mariage du fils du duc de la Force et de Mlle de Bosmelet; de la Vallière et d'une fille du duc de Noailles; de la Carte et d'une fille du duc de la Ferté. — Mariage de Sassenage avec une fille du duc de Chevreuse, veuve de Morstein. — Cent vingt mille livres à Monsieur le Grand, et soixante mille livres au chevalier de Lorraine. — Charnacé arrêté pour fausse monnoie, etc.; il déplace plaisamment une maison de paysan qui l'offusquoit. — Carrosse de la duchesse de Verneuil exclu des entrées des ambassadeurs. — Querelle de M. le prince de Conti et du grand prieur, qui est mis à la Bastille, et n'en sort qu'en allant demander pardon en propres termes à M. le prince de Conti. — L'électeur de Saxe reconnu roi de Pologne par le Roi. — Naissance de mon fils aîné. — Éclat entre le duc de Bouillon et le duc d'Albret, son fils. — Curé de Seurre, ami de Mme Guyon, brûlé à Dijon; réponse de Monsieur de Cambray à Monsieur de Meaux. — Mort de la duchesse de Richelieu; de la princesse d'Espinoy, douairière; ses enfants; ses progrès. — Entreprise de Mlle de Melun, qui frise de près l'affront. — Mort du duc d'Estrées, et sa dépouille. — Mort du duc de Chaulnes. — Mort de la duchesse de Choiseul.

Plusieurs mariages suivirent de près celui de M. de Montbazon. M. de la Force maria son fils aîné à Mlle de Bosmelet, fille unique, extrêmement riche, d'un président à mortier du parlement de Rouen, et d'une fille de Chavigny, secrétaire d'État, sœur de la maréchale de Clérembault, de l'ancien évêque de Troyes, etc.

La Vallière épousa une fille du duc de Noailles. Mme la princesse de Conti, cousine germaine de la Vallière et qui l'aimoit fort, parla libéralement dans le contrat, et fit la noce en sa belle maison dans l'avenue de Versailles. Ce fut une espèce de fête, où Monseigneur se trouva.

Il s'en fit un autre assez bizarre. La Carte, gentilhomme de Poitou, fort mince et fort pauvre, s'attacha à Monsieur, qui prit pour lui un goût que sa figure des plus communes ne méritoit pas de celui de ce prince, qui s'en entêta extraordinairement, et qui de charge en charge chez lui, le fit rapidement monter à celle de premier gentilhomme de sa chambre, et lui fit beaucoup de grâces pécuniaires. A la fin il le voulut marier. La duchesse de la Ferté avoit encore une fille, qui avoit un peu rôti le balai, et qui commençoit à monter en graine. Elle étoit fort bien avec Monsieur, qui lui proposa ce mariage : elle se fit prier, et elle voulut que la Carte prît les livrées et les armes de sa fille et le nom de marquis de la Ferté. Cela l'honoroit trop pour n'y pas consentir avec joie ; mais le duc de la Ferté, de tout temps brouillé avec sa femme, et non sans cause, séparé d'elle et qui ne la voyoit point, se fit tenir à quatre, et les Saint-Nectaires encore plus, qui s'opposèrent en forme à la prostitution de leur nom et de leurs armes. Après bien du vacarme et des propos fâcheux, Monsieur apaisa tout avec de l'argent : tous consentirent, et la duchesse de la Ferté donna une fête à Monsieur en faisant la noce.

Sassenage, autre premier gentilhomme de la chambre de Monsieur, épousa la veuve de Morstein, fille du duc de Chevreuse. C'étoit une âme d'élite du petit troupeau de

Mme Guyon et de Monsieur de Cambray, qui avec toute la profondeur de cette dévotion voulut se remarier. Ce gendre n'étoit pas plus fait pour cette famille que M. de Lévy, et beaucoup moins pour une femme si mystique; il a pourtant très-bien vécu avec eux tous.

Le Roi, qui venoit de payer les dettes de M. de la Rochefoucauld, et qui aimoit fort aussi Monsieur le Grand, ne voulut apparemment pas faire de jalousie entre ces deux émules, en cas que son présent fût éventé : il en fit un de quarante mille écus à Monsieur le Grand, et un autre de vingt mille écus au chevalier de Lorraine.

Il fit arrêter Charnacé en province, où, déjà fort mécontent de sa conduite en Anjou, où il étoit retiré chez lui, il l'avoit relégué 'ailleurs, et de là conduire à Montauban, fort accusé de beaucoup de méchantes choses, surtout de fausse monnoie. C'étoit un garçon d'esprit, qui avoit été page du Roi et officier dans ses gardes du corps, fort du monde, et puis retiré chez lui, où il avoit souvent fait bien des fredaines; mais il avoit toujours trouvé bonté et protection dans le Roi. Il en fit une entre autres, pleine d'esprit, et dont on ne put que rire.

Il avoit une très-longue et parfaitement belle avenue devant sa maison en Anjou, dans laquelle étoit placée une maison de paysan et son petit jardin, qui s'y étoit apparemment trouvée lorsqu'elle fut plantée, et que jamais Charnacé ni son père n'avoient pu réduire ce paysan à la leur vendre, quelque avantage qu'ils lui en eussent offert, et c'est une opiniâtreté dont quantité de petits propriétaires se piquent, pour faire enrager des gens à la convenance et quelquefois à la nécessité desquels ils sont. Charnacé, ne sachant plus qu'y faire, avoit laissé cela là depuis très-longtemps sans en plus parler. Enfin, fatigué de cette chaumine, qui lui bouchoit tout l'agrément de son avenue, il imagina un tour de passe-passe. Le paysan qui y demeuroit, et à qui elle appartenoit, étoit tailleur de son métier quand il trouvoit à l'exercer, et il étoit chez lui tout seul, sans femme ni enfants. Charnacé l'envoie chercher, lui dit qu'il est mandé à la cour pour un emploi de conséquence, qu'il est pressé de s'y rendre, mais qu'il lui faut une livrée. Ils font marché comptant; mais Charnacé stipule qu'il ne veut point se fier à ses délais, et que, moyennant quelque chose de plus, il ne veut point qu'il sorte de chez lui que sa livrée ne soit faite, et qu'il le couchera, le nourrira et le payera avant de le renvoyer. Le tailleur s'y accorde, et se met à travailler. Pendant qu'il y est occupé, Charnacé fait prendre avec la dernière exactitude le plan et les dimensions de sa maison et de son jardin, des pièces de l'intérieur, jusque de la position des ustensiles et du petit meuble, fait démonter la maison et emporter tout ce qui y étoit, remonte la maison telle qu'elle étoit au juste dedans et dehors, à quatre portées de mousquet, à côté de son avenue, replace tous les meubles et ustensiles dans la même position en laquelle on les avoit trouvés, et rétablit le petit jardin de même, en même temps fait aplanir et nettoyer l'endroit de l'avenue où elle étoit, en sorte qu'il n'y parût pas.

Tout cela fut exécuté encore plus tôt que la livrée faite, et cependant le tailleur doucement gardé à vue de peur de quelque indiscrétion. Enfin, la besogne achevée de part et d'autre, Charnacé amuse son homme jusqu'à la nuit bien noire, le paye et le renvoie content. Le voilà qui enfile l'avenue; bientôt il la trouve longue; après il va aux arbres, et n'en trouve plus. Il s'aperçoit qu'il a passé le bout, et revient à tâtons chercher les arbres; il les suit à l'estime, puis croise, et ne trouve point sa maison. Il ne comprend point cette aventure. La nuit se passe dans cet exercice; le jour arrive, et devient bientôt assez clair pour aviser sa maison : il ne voit rien; il se frotte les yeux; il cherche d'autres objets, pour découvrir si c'est la faute de sa vue. Enfin il croit que le diable s'en mêle, et qu'il a emporté sa maison. A force d'aller, de venir, et de porter sa vue de tous côtés, il aperçoit, à une assez grande distance de l'avenue, une maison qui ressemble à la sienne comme deux gouttes d'eau. Il ne peut croire que ce la soit[1]; mais la curiosité le fait aller où elle est, et où il n'a jamais vu de maison. Plus il approche, plus il reconnoît que c'est la sienne. Pour s'assurer mieux de ce qui lui tourne la tête, il présente sa clef, elle ouvre; il entre, il retrouve tout ce qu'il y avoit laissé, et précisément dans la même place. Il est prêt à en pâmer, et il demeure convaincu que c'est un tour de sorcier. La journée ne fut pas bien avancée, que la risée du château et du village l'instruisit de la vérité du sortilége, et le mit en furie. Il veut plaider, il veut demander justice à l'intendant, et partout on s'en moque. Le Roi le sut, qui en rit aussi, et Charnacé eut son avenue libre. S'il n'avoit jamais fait pis, il auroit conservé sa réputation et sa liberté.

Comme presque tout ce [que] j'ai écrit depuis que j'ai parlé de la brillante ambassade de Milord Portland s'est passé pendant qu'il étoit ici, je ne ferai point difficulté d'ajouter en cet endroit un oubli que j'ai fait sur son entrée, dont je n'ai rien dit, parce qu'à la magnificence près, elle se passa comme toutes les autres; mais il y eut une difficulté. Depuis que Mme de Verneuil fut, à sa grande surprise à elle-même, devenue princesse du sang, elle avoit envoyé son carrosse aux entrées des ambassadeurs, qui n'y avoient pas pris garde. Portland, attentif à tout, en fut averti, et déclara qu'il ne souffriroit pas que ce carrosse passât devant le sien, que si d'autres ambassadeurs l'avoient souffert, c'étoit leur affaire, mais qu'il ne feroit point d'entrée bien résolûment, plutôt qu'endurer une nouveauté sans exemple avec des ambassadeurs d'Angleterre, ou qu'il en écriroit si on vouloit, et en attendroit les ordres là-dessus, qui étoit tout ce qu'il pouvoit faire. Il se fit des allées et des venues, qui n'ébranlèrent point la fermeté de Portland, sur quoi on aima mieux que le carrosse de Mme de Verneuil ne se présentât point, que d'insister davantage ou de se commettre à la réponse d'un pays où les bâtards des rois sont ce qu'ils ont été partout, et ce qu'ils devroient toujours être, c'est-à-dire des

1. Que ce soit elle.

néants sans état et sans nom, si ce n'est par les charges et les dignités qui les en tire, et qui les met[1] au rang exact de celles dont ils sont revêtus. Heemskerke, réveillé pour son entrée par cette aventure, forma la même difficulté que Portland, et eut le même succès.

Il arriva à Meudon une scène fort étrange. On jouoit après souper, et Monseigneur s'alla coucher; assez de courtisans demeurèrent à jouer ou à voir jouer; M. le prince de Conti et le grand prieur étoient des acteurs. Il y eut un coup qui fit une dispute. On a déjà vu en plus d'un endroit que ce prince et MM. de Vendôme ne s'aimoient pas, et d'une manière même assez déclarée. La faveur de M. de Vendôme, qui ne l'étoit pas moins, sa préférence sur les princes du sang pour le commandement des armées, ses rangs et ses distinctions, crûs à pas de géant, touchant presque le niveau des princes du sang, avoient tellement augmenté l'audace du grand prieur, qu'il lui échappa dans la dispute une aigreur et des propos qui eussent été trop forts dans un égal, et qui lui attirèrent une cruelle repartie, où le prince de Conti tançoit à bout portant et sa fidélité au jeu, et son courage à la guerre, l'un et l'autre à la vérité fort peu nets. Là-dessus le grand prieur s'emporte, jette les cartes, et lui demande satisfaction, l'épée à la main, de cette insulte. Le prince de Conti, d'un sourire de mépris, l'avertit qu'il lui manquoit de respect, mais qu'en même temps il étoit facile à rencontrer, parce qu'il alloit partout et tout seul. L'arrivée de Monseigneur tout nu en robe de chambre, que quelqu'un alla avertir, imposa à tous deux. Il ordonna au marquis de Gesvres, qui s'y trouva, d'aller rendre compte au Roi de ce qu'il venoit d'arriver, et chacun s'en alla se coucher. Le marquis de Gesvres, au réveil du Roi, s'acquitta de sa commission, sur quoi le Roi manda à Monseigneur d'envoyer, par l'exempt des gardes servant auprès de lui, le grand prieur à la Bastille. Celui-ci étoit déjà venu de Meudon pour parler au Roi de son affaire, et fit demander audience par la Vienne.

1. Tel est bien le texte de Saint-Simon.

Le Roi lui manda qu'il lui défendoit de se présenter devant lui, et lui ordonna de s'en aller sur-le-champ à la Bastille, où il trouveroit ordre de le recevoir. Il fallut obéir. Un moment après arriva M. le prince de Conti, qui entretint le Roi en particulier dans son cabinet.

Le lendemain 30 juillet, M. de Vendôme arriva d'Anet, eut audience du Roi, et de là alla chez M. le prince de Conti. Ce fut un grand émoi à la cour. Les princes du sang prirent l'affaire fort haut, et les bâtards si embarrassés [1], que le 2 août, M. du Maine et M. le comte de Toulouse allèrent voir M. le prince de Conti. Enfin l'affaire s'accommoda à Marly : le 6 août, le matin, Monseigneur pria le Roi de vouloir bien pardonner au grand prieur et le faire sortir de la Bastille, et l'assura que M. le prince de Conti lui pardonnoit aussi. Là-dessus le Roi envoya chercher M. de Vendôme ; il lui dit qu'il alloit faire expédier l'ordre pour faire sortir son frère de la Bastille, qu'il pourroit le lendemain l'amener à Marly, où d'abord il vouloit qu'il allât demander pardon à M. le prince de Conti, après à Monseigneur, qu'il le verroit ensuite, et que de là il s'en retourneroit à Paris ; il ajouta qu'au retour à Versailles, le grand prieur pourroit y venir. La chose fut exécutée de point en point de la sorte le lendemain jeudi, 7 août, les deux pardons demandés et en propres termes, et M. de Vendôme présent avec son frère. Ce ne fut pas sans que nature pâtît cruellement en tous les deux, mais il fallut avaler le calice, et calmer les princes du sang, qui étoient extrêmement animés.

Pendant les jours de cette querelle, un envoyé de l'électeur de Saxe qui venoit d'arriver à Paris eut audience du Roi, et son maître fut publiquement reconnu ici roi de Pologne.

Presque en même temps, c'est-à-dire le 29 mai, dans la matinée, Mme de Saint-Simon accoucha fort heureusement, et Dieu nous fit la grâce de nous donner un fils. Il porta,

---

1. Furent si embarrassés.

comme j'avois fait, le nom de vidame de Chartres. Je ne sais pourquoi on a la fantaisie des noms singuliers, mais ils séduisent en toutes nations, et ceux mêmes qui en sentent le foible les imitent. Il est vrai que les titres de comtes et de marquis sont tombés dans la poussière, par la quantité de gens de rien et même sans terres qui les usurpent, et par là tombés dans le néant; si bien même que les gens de qualité qui sont marquis ou comtes, qu'ils me permettent de le dire, ont le ridicule d'être blessés qu'on leur donne ces titres en parlant à eux. Il reste pourtant vrai que ces titres émanent d'une érection de terre et d'une grâce du Roi, et quoique cela n'ait plus de distinction, ces titres, dans leur origine et bien longtemps depuis, ont eu des fonctions, et que leurs distinctions ont duré bien au delà de ces fonctions. Les vidames, au contraire, ne sont que les premiers officiers de la maison de certains évêques, par un fief inféodé d'eux, et à titre de leurs premiers vassaux conduisoient tous leurs autres vassaux à la guerre, du temps qu'elle se faisoit ainsi entre les seigneurs les uns contre les autres, ou dans les armées que nos rois assembloient contre leurs ennemis, avant qu'ils eussent établi leur milice sur le pied que peu à peu elle a été mise, et que peu à peu ils ont anéanti le service, avec le besoin des vassaux, et toute la puissance et l'autorité des seigneurs. Il n'y eut donc jamais de comparaison entre le titre de vidame, qui ne marque que le vassal et l'officier d'un évêque, et les titres qui par fief émanent des rois. Mais comme on n'a guère connu de vidame que ceux de Laon, d'Amiens, du Mans et de Chartres, et qu'entre ceux-là un Montoire, dont la maison avoit pris le nom de Vendôme par en avoir épousé l'héritière, dont les Montoires relevoient; parce que, dis-je, ce Vendôme s'illustra par sa gentillesse, ses galanteries, ses grands biens, sa magnificence et la splendeur du tournoi qu'il donna, et par les intrigues et les grandes affaires où il n'eut que trop de part, puisqu'elles le firent périr dans la Bastille; ce nom de vidame de Chartres a paru beau, et ce fief ayant toujours appartenu aux mêmes qui avoient la terre de la Ferté Arnauld, qui de ce Vendôme tomba par sa sœur aux Ferrières, et de ceux-ci encore par une sœur aux la Fin, Louis XIII l'ayant fait acheter à mon père, parce qu'il n'y a que vingt lieues de là à Versailles, il acheta en même temps ce fief dans Chartres qui en est le vidamé, et m'en fit porter le nom, que j'ai fait après porter à mon fils.

Un peu devant le voyage de Compiègne, M. de Bouillon et le duc d'Albret, son fils aîné, se brouillèrent avec éclat. Il y avoit quelque temps que, de l'agrément du père, le fils avoit fait un voyage à Turenne, pour en rapporter le présent qui se faisoit aux fils aînés du seigneur de Turenne, la première fois qu'il y alloit. Le duc d'Albret y avoit mené des gens d'affaires, qui y trouvèrent un testament du maréchal de Bouillon, portant, à ce qu'ils prétendirent, une substitution dûment faite et insinuée partout où il appartenoit, qui assuroit tout d'aîné en aîné, qui, par conséquent, lioit les mains à M. de Bouillon sur tout avantage à ses cadets, et le mettoit de plus hors d'état de payer ses créanciers personnels, que sur les revenus pendant sa vie. Au retour de M. d'Albret, ce feu couva sous la cendre. On tourna M. de Bouillon ; on n'osoit tout dire : à la fin, on vint au fait, et M. d'Albret porta le testament au lieutenant civil. A quelques semaines de là, M. de Bouillon étant allé à Évreux, son fils y envoya lui signifier un exploit par un huissier à la chaîne, qui sont ceux qui peuvent exploiter indifféremment partout, et que chacun qui veut emploie quand on veut faire une signification délicate et forte, parce que ceux-là sont toujours fort respectés, et instrumentent avec une grosse chaîne d'or au col, d'où pend une médaille du Roi. Ils sont en même temps huissiers du conseil, et y servent avec cette chaîne. Cette démarche causa un grand vacarme : M. de Bouillon jeta les hauts cris, fit ses plaintes au Roi, et lui en dit, dans sa colère, tout ce qu'il put de pis, et il exigea de sa plus proche famille et de ses amis de ne point voir le duc d'Albret. Le Roi s'expliqua assez partialement en faveur de M. de Bouillon pour mettre toute la cour de son côté, et ce procédé du fils y mit presque tout le monde, indépendamment de l'esprit courtisan. M. d'Albret, assez gauche et assez empêtré de son naturel, n'osa presque plus se montrer, quoique fort soutenu de M. de la Trémoille, son beau-père, et cette affaire le renferma fort dans l'obscurité et dans la mauvaise compagnie, quoique il eût beaucoup d'esprit, et même fort orné, mais avec cela peu agréable.

Un arrêt du parlement de Dijon fit en même [temps] un grand bruit. Il fit brûler le curé de Seurre, convaincu de beaucoup d'abominations ensuite des erreurs de Molinos, et fort des amis de Mme Guyon. Cela vint fort mal à propos en cadence avec la réponse de Monsieur de Cambray aux *États d'oraison* de Monsieur de Meaux, qui n'eut rien moins que le succès et l'applaudissement qu'avoit eu ce livre, et qu'il conserva toujours. Monsieur de Paris avoit, quelque temps auparavant, fait une visite aux ducs de Chevreuse et de Beauvillier. Ils avoient su la belle action qu'il avoit faite à l'égard du dernier, et qui portoit sur tous les deux. Ils se séparèrent donc fort contents de part et d'autre, et ils firent depuis, dans toutes les suites de cette affaire, une grande différence de lui aux deux autres prélats.

La duchesse de Richelieu mourut d'une longue, cruelle et bien étrange maladie. On lui trouva tous les os de la tête cariés jusqu'au col, et tout le reste parfaitement sain. Elle étoit Acigné, de très-bonne maison de Bretagne, et fort proche parente de ma mère, qui étoit issue de germaine de sa mère, et fort de ses amies. C'est la seule dont M. de Richelieu ait eu des enfants.

La princesse d'Espinoy la mère mourut, la veille ou le même jour, plus tristement encore. Elle étoit du voyage de Compiègne, et vouloit être de celui de Marly qui le précédoit immédiatement. Allant à Versailles pour se présenter le soir même pour Marly, elle vint à six chevaux chez

Mme de Saint-Simon, dont la porte étoit encore fermée de sa couche, mais qui lui fut ouverte par l'amitié intime d'elle et de ses sœurs avec MM. de Duras et de Lorges, dont j'ai parlé. Quoique elle mît beaucoup de rouge, elle la parut tant[1] partout où on n'en met point, et les veines si grosses, que Mme de Saint-Simon ne put s'empêcher de lui dire qu'elle feroit mieux de se faire saigner que d'aller à Versailles. Mme d'Espinoy répondit qu'elle en avoit été fort tentée par le grand besoin qu'elle s'en sentoit, mais qu'elle n'en avoit pas eu le temps à tout ce qu'elle avoit eu à faire avant Compiègne, qu'il falloit qu'elle allât à Marly, et que là elle se feroit saigner. Du logis elle alla débarquer tout droit chez M. de Barbezieux, à Versailles : elle entra chez lui en bonne santé, l'instant d'après elle se trouva mal; on ne fit que la jeter sur le lit de Barbezieux, elle étoit morte. On lui trouva la tête noyée de sang. Ce fut une vraie perte pour sa famille et pour ses amis, et elle en avoit beaucoup. C'étoit une femme d'esprit et de grand sens, bonne et aussi vraie et sûre que sa sœur de Soubise étoit fausse, noble, généreuse, bonne et utile amie, accorte, qui aimoit passionnément ses enfants, et qui, excepté ses amis, ne faisoit guère de choses sans vues. Le prince d'Espinoy, qui l'avoit épousée en secondes noces, avoit obtenu un tabouret de grâce par son premier mariage avec une fille du vieux Charost, dont une seule fille, première femme du petit-fils de ce bonhomme.

Mme d'Espinoy étoit demeurée veuve avec deux fils et deux filles. M. d'Espinoy avoit été chevalier de l'ordre de la promotion de 1661, et y avoit marché le vingt-neuvième, c'est-à-dire le dix-huitième des gentilshommes, entre le comte de Tonnerre et le maréchal d'Albret, et n'imaginoit pas être prince, quoique de grande, ancienne et illustre maison. Il étoit mort en 1679, et n'avoit jamais fait aucune figure. Mme d'Espinoy, fort laide, étoit sœur du duc de Rohan Chabot et de deux beautés, Mme de Sou-

---

1. Elle parut si rouge.

bise, de qui j'ai parlé il n'y a pas longtemps, et assez pour n'en plus rien dire, et Mme de Coetquen, célèbre par le secret du siége de Gand, que M. de Turenne, amoureux d'elle, ne lui put cacher, et qui transpira par elle, en sorte que le Roi, qui ne l'avoit dit qu'à M. de Louvois et à lui, leur en parla à tous deux, et que M. de Turenne eut la bonne foi d'avouer sa faute. Entre une déesse et une nymphe, cette troisième sœur n'étoit qu'une mortelle, qui vivoit avec Mme de Soubise dans l'accortise et la subordination de sa beauté et de sa faveur, et dans l'amertume de lui avoir vu faire pièce à pièce MM. de Rohan princes, tandis qu'elle ne savoit pas même si elle obtiendroit la continuation du tabouret de grâce pour son fils. Tous les biens de ses enfants étoient en Flandres ; cela l'avoit engagée à y faire de longs séjours. M. Pelletier de Sousy y étoit intendant ; lui et son frère, le contrôleur général, étoient créatures de M. de Louvois ; par conséquent, il étoit le maître en Flandres. Le besoin que Mme d'Espinoy en eut, et les services qu'il lui rendit, les lièrent d'une amitié si intime qu'elle dura toute leur vie, et passa réciproquement à leurs enfants, quoique ils eussent fait tout ce qu'il falloit pour l'éteindre ; car M. Pelletier ayant perdu sa femme, Mme d'Espinoy l'épousa, et quoique ce mariage n'ait jamais été déclaré, il ne fut pourtant ignoré de personne.

C'est cette première liaison avec Pelletier qui forma la sienne avec M. de Louvois, qui devint son intime ami. Il la trouva propre au monde et à la cour ; il lui conseilla de s'y mettre ; elle le crut : elle s'y introduisit par le gros jeu et par Monsieur, et soutenue par Louvois, elle fut bientôt de tout. Ce fut par lui qu'elle obtint le tabouret de grâce pour son fils, qui n'étoit pas encore dans le monde ; l'autre fils mourut en y entrant. Le desir de rendre ce tabouret plus solide lui fit briguer le mariage de Mlle de Commercy, dès lors dans toute la confiance déclarée de Monseigneur, ainsi que Mme et Mlle de Lislebonne, sa mère et sa sœur aînée. Cette raison, et dans une fille de la maison de Lorraine, fort belle et fort bien faite, la fit passer sur plusieurs années plus que n'avoit son fils, et sur la médiocrité du bien, qui étoit nul, et qui alors ne paroissoit pas pouvoir augmenter. Le mariage se fit, et la belle-mère et la belle-fille vécurent toujours dans la plus étroite amitié. Avec ce surcroît de princes vrais et faux dont son fils étoit environné de si près, bien leur fâchoit de ne l'être pas aussi. Elle étoit intrigante, et le fut assez pour introduire ses filles à la cour, et en même temps faire en sorte qu'elles ne se trouvassent presque jamais dans les temps où on s'asseoyoit, quoique il n'y en eût guère d'autres de faire sa cour à Versailles, où pourtant j'ai été au souper du Roi derrière toutes les deux, mais cela étoit extrêmement rare; et bientôt après qu'elles eurent gagné Marly, où le salon et le manger avec le Roi mettoit à l'aise sur les tabourets, elles ne s'y trouvèrent plus, mais avec un entregent, une politesse à tout le monde qu'on voyoit toute tendue à obtenir tolérance et silence. L'aînée paroissoit peu, la cadette étoit de tout : elle se fourra chez Mme la princesse de Conti, encore plus chez Madame la Duchesse, et tant qu'elle pouvoit, par elle et par le jeu, dans les parties de Monseigneur. Sa mère, qui savoit se conduire, la tenoit souple et mesurée, et fort en arrière avec tout le monde. Quand elle l'eut perdue, elle hasarda. A une musique où le Roi étoit, à Versailles, Mlle de Melun, qui s'accoutumoit à n'être plus si polie, se trouva la première après la dernière duchesse. Bientôt après il en arriva une autre, qui alla pour se placer, et à qui tout fit place, en se baissant comme cela se faisoit toujours. Mlle de Melun ne branla pas, et ne fit que se lever et se rasseoir. C'étoit la première fois que femme ou fille non titrée, même maréchale de France, n'eût pas donné sa place en ces lieux-là aux duchesses et aux princesses étrangères ou en ayant rang. Le Roi, qui le vit, rougit, le montra à Monsieur, et comme il se tournoit de l'autre côté, où étoit Mlle de Melun, en levant la voix, Monsieur l'interrompit, et le prenant par le genou, se leva et lui demanda tout effrayé ce qu'il alloit faire. « La faire ôter de là, » dit le Roi en colère. Monsieur redoubla d'instances pour éviter l'affront, et se donna pour caution que cela n'arriveroit jamais. Le Roi eut peine à se contenir le reste de la musique. Tout ce qui y étoit voyoit bien de quoi il étoit question, et la fille, entre deux duchesses, se pâmoit de honte et de frayeur jusqu'à perdre toute contenance. Au sortir de là, Monsieur lui lava bien la tête, et la rendit sage pour l'avenir. C'étoit l'hiver devant la mort de Monsieur; mais j'ai voulu l'ajouter ici tout de suite.

J'anticiperai aussi Compiègne, pour parler de deux morts arrivées pendant que le Roi y étoit, de M. de Chaulnes et du duc d'Estrées. Ce dernier périt, avant cinquante ans, de l'opération de la taille. Il avoit refusé l'ambassade de Rome, que son père exerçoit quand il mourut, et qui y avoit tellement gâté ses affaires que son fils ne voulut pas continuer la même ruine, dont le Roi fut un peu fâché. Il laissa un fils fort mal à son aise, de sa première femme, fille du fameux Lyonne, ministre et secrétaire d'État, et n'eut point d'enfants de sa seconde femme, qui étoit Bautru, sœur de l'abbé de Vaubrun. Le cardinal d'Estrées obtint du Roi le gouvernement de l'Ile-de-France, etc., pour son petit-neveu, et de Monsieur, qui s'en fit honneur, la capitainerie de Villers-Cotterets, que MM. d'Estrées avoient toujours eue, par la bienséance de leur petit gouvernement de Soissons.

M. de Chaulnes mourut enfin de douleur de l'échange forcé de son gouvernement de Bretagne, où il étoit adoré, et qui lui donna jusqu'au bout, et corps et particuliers, les marques les plus continuelles de sa vénération, de son attachement et de ses regrets. On eut grand'peine à obtenir de lui la démission du gouvernement de Guyenne, dont on lui avoit d'abord expédié les provisions pour l'échange. Cette démission étoit nécessaire pour expédier les mêmes provisions au duc de Chevreuse, et en même temps la survivance au duc de Chaulnes, mais avec le commandement et les appointements privativement au duc de Chevreuse. C'est ainsi que depuis que le Roi s'étoit fait une règle de ne plus accorder de survivances, [il] les donnoit en effet, mais sous une autre forme, et comme à l'envers, mais fort rarement. Ce ne fut qu'environ deux mois avant la mort de M. de Chaulnes qu'il y consentit enfin, mais sans un vrai retour, ni de lui, ni de la duchesse de Chaulnes, pour M. ni Mme de Chevreuse, et sans avoir jamais voulu ouïr parler de Guyenne, ni de quoi que ce fût qui eût rapport à ce gouvernement.

J'ai assez parlé de ce seigneur pour n'avoir rien à y ajouter, si ce n'est que ce fut une grande perte pour ses amis, et il en avoit beaucoup. Il fut regretté de tout le monde, et en Bretagne ce fut un deuil général. Il ne laissa point d'enfants, mais force dettes : tous deux étoient fort magnifiques, et ne s'étoient jamais souciés de laisser grand'chose au duc de Chevreuse, leur héritier substitué, ou plutôt son second fils par son mariage. Les profits immenses du droit d'amirauté de Bretagne, attachés au gouvernement de cette province, et qui pendant les guerres avoient été fort haut, avoient fait croire qu'il laisseroit beaucoup de richesses : il se trouva qu'il avoit tout dépensé, et qu'il avoit disposé par un testament en legs pieux et de domestiques, et en quarante mille livres à son ami intime le chancelier, de tout ce qui lui restoit à donner. M. de Chevreuse en eut cent dix mille livres de rente du gouvernement, et son second fils beaucoup de meubles précieux et d'argenterie, avec Chaulnes et Picquigny en payant les dettes.

La duchesse de Choiseul, sœur de la Vallière, mourut aussi en même temps, pulmonique, belle et faite au tour, avec un esprit charmant, et à la plus belle fleur de son âge, mais d'une conduite si déplorable, qu'elle en étoit tombée jusque dans le mépris de ses amants. J'en ai suffisamment parlé ailleurs. Son mari, amoureux et crédule jusqu'à en avoir perdu le bâton de maréchal de France, comme je l'ai raconté, brouillé et séparé après coup, ne voulut pas même la voir à sa mort.

CHAPITRE VIII.

Camp de Compiègne superbe; magnificence inouïe du maréchal de Boufflers. — Dames s'entassent pour Compiègne. — Ducs couplés à Compiègne. — Ambassadeurs prétendent le *pour*. — Distinction du *pour*; logements à la suite du Roi. — Voyage et camp de Compiègne. — Plaisante malice du duc de Lauzun au comte de Tessé. — Spectacle singulier. — Retour de Compiègne.

Il n'étoit question que de Compiègne, où soixante mille hommes venoient former un camp. Il en fut en ce genre comme du mariage de Mgr le duc de Bourgogne au sien. Le Roi témoigna qu'il comptoit que les troupes seroient belles, et que chacun s'y piqueroit d'émulation; c'en fut assez pour exciter une telle émulation qu'on eut après tout lieu de s'en repentir. Non-seulement il n'y eut rien de si parfaitement beau que toutes les troupes, et toutes à tel point qu'on ne sut à quels corps en donner le prix, mais leurs commandants ajoutèrent à la beauté majestueuse et guerrière des hommes, des armes, des chevaux, les parures et la magnificence de la cour; et les officiers s'épuisèrent encore par des uniformes qui auroient pu orner des fêtes.

Les colonels, et jusqu'à beaucoup de simples capitaines, eurent des tables abondantes et délicates; six lieutenants généraux et quatorze maréchaux de camp employés s'y distinguèrent par une grande dépense; mais le maréchal de Boufflers étonna par sa dépense et par l'ordre surprenant d'une abondance et d'une recherche de goût, de magnificence et de politesse, qui dans l'ordinaire de la durée de tout le camp, et à toutes les heures de la nuit et du jour, put apprendre au Roi même ce que c'étoit que donner une fête vraiment magnifique et superbe, et à Monsieur le Prince, dont l'art et le goût y surpassoit tout le monde, ce que c'étoit que l'élégance, le nouveau et l'exquis : jamais spectacle si éclatant, si éblouissant, il le faut dire, si effrayant, et en même temps rien de si tranquille que lui et toute sa maison dans ce traitement universel, de si sourd que tous les préparatifs, de si coulant de source que le prodige de l'exécution, de si simple, de si modeste, de si dégagé de tout soin que ce général, qui néanmoins avoit tout ordonné et ordonnoit sans cesse, tandis qu'il ne paroissoit occupé que des soins du commandement de cette armée. Les tables sans nombre, et toujours neuves, et à tous les moments servies à mesure qu'il se présentoit ou officiers, ou courtisans, ou spectateurs ; jusqu'aux bayeurs les plus inconnus, tout étoit retenu, invité et comme forcé par l'attention, la civilité et la promptitude du nombre infini de ses officiers ; et pareillement toutes sortes de liqueurs chaudes et froides, et tout ce qui peut être le plus vastement et le plus splendidement compris dans le genre des rafraîchissements : les vins françois, étrangers, ceux de liqueur les plus rares, y étoient comme abandonnés à profusion ; et les mesures étoient si bien prises que l'abondance de gibier et de venaison arrivoit[1] de tous côtés, et que les mers de Normandie, de Hollande, d'Angleterre, de Bretagne, et jusqu'à la Méditerranée, fournissoient tout ce qu'elles avoient de plus monstreux et de plus exquis, à jours et point nommés, avec un ordre inimitable, et un nombre de courriers et de petites voitures de poste prodigieux. Enfin jusqu'à l'eau, qui fut soupçonnée de se troubler ou de s'épuiser par le grand nombre de bouches, arrivoit de Sainte-Reine, de la Seine et des sources les plus estimées ; et il n'est possible d'imaginer rien en aucun genre qui ne fût là sous la main, et pour le dernier survenant de paille comme pour l'homme le plus principal et le plus attendu : des maisons de bois meublées comme les maisons de Paris les plus superbes, et tout en neuf et fait exprès, avec un goût et une galanterie singulière, et des tentes immenses, magnifiques, et dont le nombre pouvoit seul former un camp ; les cuisines, les divers lieux, et les divers officiers pour cette suite sans interruption

---

1. Au manuscrit, *arrivoient*, au pluriel.

de tables et pour tous leurs différents services, les sommelleries, les offices, tout cela formoit un spectacle dont l'ordre, le silence, l'exactitude, la diligence et la parfaite propreté ravissoit[1] de surprise et d'admiration.

Ce voyage fut le premier où les dames traitèrent d'ancienne délicatesse ce qu'on n'eût osé leur proposer : il y en eut tant qui s'empressèrent à être du voyage, que le Roi lâcha la main, et permit à celles qui voudroient de venir à Compiègne; mais ce n'étoit pas où elles tendoient : elles vouloient toutes être nommées, et la nécessité, non la liberté du voyage, et c'est ce qui leur fit sauter le bâton de s'entasser dans les carrosses des princesses. Jusqu'alors, tous les voyages que le Roi avoit faits, il avoit nommé des dames pour suivre la Reine ou Madame la Dauphine dans les carrosses de ces premières princesses. Ce qu'on appela les princesses, qui étoient les bâtardes du Roi, avoient leurs amies et leur compagnie pour elles, qu'elles faisoient agréer au Roi, et qui alloient dans leurs carrosses à chacune, mais qui le trouvoient bon et qui marchoient sur ce pied-là : en ce voyage-ci, tout fut bon, pourvu qu'on allât. Il n'y en eut aucune dans le carrosse du Roi que la duchesse du Lude avec les princesses. Monsieur et Madame demeurèrent à Saint-Cloud et à Paris.

La cour en hommes fut extrêmement nombreuse, et tellement que pour la première fois à Compiègne, les ducs furent couplés. J'échus avec le duc de Rohan dans une belle et grande maison du sieur Chambaudon, où nous fûmes, nous et nos gens, fort à notre aise. J'allai avec M. de la Trémoille et le duc d'Albret, qui me reprochèrent un peu que j'en avois fait une honnêteté à M. de Bouillon, qui en fut fort touché; mais je crus la devoir à ce qu'il étoit, et plus encore à l'amitié intime qui étoit entre lui et M. le maréchal de Lorges, et qui en outre étoient cousins germains.

Les ambassadeurs furent conviés d'aller à Compiègne.

---

1. *Ravissoit* est bien au singulier dans le manuscrit.

Le vieux Ferreiro, qui l'étoit de Savoie, leur mit dans la tête de prétendre le *pour*[1] : il assura qu'il l'avoit eu autrefois à sa première ambassade en France ; celui de Portugal allégua que Monsieur, le menant à Montargis, le lui avoit fait donner par ses maréchaux des logis, ce qui, disoit-il, ne s'étoit fait que sur l'exemple de ceux du Roi, et le nonce maintint que le nonce Cavallerini l'avoit eu avant d'être cardinal. Pompone, Torcy, les introducteurs des ambassadeurs, Cavoye protestèrent tous que cela ne pouvoit être, que jamais ambassadeur ne l'avoit prétendu, et il n'y en avoit pas un mot sur les registres ; mais on a vu quelle foi les registres peuvent porter. Le fait étoit que les ambassadeurs sentirent l'envie que le Roi avoit de leur étaler la magnificence de ce camp, et qu'ils crurent en pouvoir profiter pour obtenir une chose nouvelle. Le Roi tint ferme ; les allées et venues se poussèrent jusque dans les commencements du voyage, et ils finirent par n'y point aller. Le Roi en fut si piqué, que lui, si modéré et si silencieux, je lui entendis dire à son souper, à Compiègne, que s'il faisoit bien il les réduiroit à ne venir à la cour que par audiences, comme il se pratiquoit partout ailleurs.

Le *pour* est une distinction dont j'ignore l'origine, mais qui en effet n'est qu'une sottise ; elle consiste à écrire en craie sur les logis : *pour* Monsieur un tel, ou simplement écrire : Monsieur un tel. Les maréchaux des logis, qui marquent ainsi tous les logements dans les voyages, mettent ce *pour* aux princes du sang, aux cardinaux et aux princes étrangers. M. de la Trémoille l'a aussi obtenu, et la duchesse de Bracciano, depuis princesse des Ursins. Ce qui me fait appeler cette distinction une sottise, c'est qu'elle n'emporte ni primauté ni préférence de logement : les cardinaux, les princes étrangers et les ducs sont logés également entre eux, sans distinction quelconque, qui est toute renfermée dans ce mot *pour*, et n'opère d'ailleurs quoi que ce soit. Ainsi ducs, princes étrangers, cardinaux sont logés sans

---

1. Saint-Simon va nous dire, quelques lignes plus loin, ce que c'était que le *pour*.

autre différence entre eux après les charges du service nécessaire, après eux les maréchaux de France, ensuite les charges considérables, et puis le reste des courtisans. Cela est de même dans les places; mais quand le Roi est à l'armée, son quartier est partagé, et la cour est d'un côté et le militaire de l'autre, sans avoir rien de commun; et s'il se trouve à la suite du Roi des maréchaux de France sans commandement dans l'armée, ils ne laissent pas d'être logés du côté militaire et d'y avoir les premiers logements.

Le jeudi 28 août, la cour partit pour Compiègne; le Roi passa à Saint-Cloud, coucha à Chantilly, y demeura un jour, et arriva le samedi à Compiègne. Le quartier général étoit au village de Condun, où le maréchal de Boufflers avoit des maisons outre ses tentes. Le Roi y mena Mgr le duc de Bourgogne et Mme la duchesse de Bourgogne, etc., qui y firent une collation magnifique, et qui y virent les ordonnances, dont j'ai parlé ci-dessus, avec tant de surprise, qu'au retour à Compiègne, le Roi dit à Livry, qui par son ordre avoit préparé des tables au camp pour Mgr le duc de Bourgogne, qu'il ne falloit point que ce prince en tînt; que quoi qu'il pût faire, ce ne seroit rien en comparaison de ce qu'il venoit de voir, et que quand son petit-fils iroit à l'avenir au camp, il dîneroit chez le maréchal de Boufflers. Le Roi s'amusa fort à voir et à faire voir les troupes aux dames, leur arrivée, leur campement, leurs distributions, en un mot tous les détails d'un camp, des détachements, des marches, des fourrages, des exercices, de petits combats, des convois. Mme la duchesse de Bourgogne, les princesses, Monseigneur, firent souvent collation chez le maréchal, où la maréchale de Boufflers leur faisoit les honneurs. Monseigneur y dîna quelquefois, et le Roi y mena dîner le roi d'Angleterre, qui vint passer trois ou quatre jours au camp. Il y avoit longues années que le Roi n'avoit fait cet honneur à personne, et la singularité de traiter deux rois ensemble fut grande. Monseigneur et les trois princes ses enfants y dînèrent aussi, et dix ou douze hommes des principaux de la cour et de l'armée. Le Roi pressa fort le maréchal de se mettre à table ; il ne voulut jamais : il servit le Roi et le roi d'Angleterre, et le duc de Gramont, son beau-père, servit Monseigneur. Ils avoient vu, en y allant, les troupes à pied, à la tête de leurs camps ; et en revenant, ils virent faire l'exercice à toute l'infanterie, les deux lignes face à face l'une de l'autre. La veille, le Roi avoit mené le roi d'Angleterre à la revue de l'armée ; Mme la duchesse de Bourgogne la vit dans son carrosse ; elle y avoit Madame la Duchesse, Mme la princesse de Conti et toutes les dames titrées ; deux autres de ses carrosses la suivirent, remplis de toutes les autres dames.

Il arriva sur cette revue une plaisante aventure au comte de Tessé : il étoit colonel général des dragons ; M. de Lauzun lui demanda deux jours auparavant, avec cet air de bonté, de douceur et de simplicité qu'il prenoit presque toujours, s'il avoit songé à ce qu'il lui falloit pour saluer le Roi à la tête des dragons, et là-dessus entrèrent en récit du cheval, de l'habit et de l'équipage. Après les louanges : « Mais le chapeau, lui dit bonnement Lauzun, je ne vous en entends point parler ! — Mais non, répondit l'autre, je compte d'avoir un bonnet. — Un bonnet ! reprit Lauzun, mais y pensez-vous ? un bonnet ? cela est bon pour tous les autres, mais le colonel général avoir un bonnet ! Monsieur le comte, vous n'y pensez pas. — Comment donc ? lui dit Tessé, qu'aurois-je donc ? » Lauzun le fit danser, et se fit prier longtemps, et lui faisant accroire qu'il savoit mieux qu'il ne disoit ; enfin, vaincu par ses prières, il lui dit qu'il ne lui vouloit pas laisser commettre une si lourde faute, que cette charge ayant été créée pour lui, il en savoit bien toutes les distinctions, dont une des principales étoit, lorsque le Roi voyoit les dragons, d'avoir un chapeau gris. Tessé surpris avoue son ignorance, et dans l'effroi de la sottise où il seroit tombé sans cet avis si à propos, se répand en actions de grâces, et s'en va vite chez lui dépêcher un de ses gens à Paris pour lui rapporter un chapeau gris. Le duc de Lauzun avoit bien pris garde à tirer adroitement Tessé à part pour lui donner cette instruction, et qu'elle ne fût entendue de personne ; il se doutoit bien que Tessé, dans la honte de son ignorance, ne s'en vanteroit à personne, et lui aussi se garda bien d'en parler.

Le matin de la revue, j'allai au lever du Roi, et contre sa coutume, j'y vis M. de Lauzun y demeurer, qui, avec ses grandes entrées, s'en alloit toujours quand les courtisans entroient. J'y vis aussi Tessé avec un chapeau gris, une plume noire et une grosse cocarde, qui piaffoit et se pavanoit de son chapeau. Cela, qui me parut extraordinaire, et la couleur du chapeau, que le Roi avoit en aversion et dont personne ne portoit plus depuis bien des années, me frappa et me le fit regarder, car il étoit presque vis-à-vis de moi, et M. de Lauzun assez près de lui, un peu en arrière. Le Roi, après s'être chaussé, et parlé [1] à quelques-uns, avise enfin ce chapeau. Dans la surprise où il en fut, il demanda à Tessé où il [l'] avoit pris. L'autre, s'applaudissant, répondit qu'il lui étoit arrivé de Paris. « Et pourquoi faire? dit le Roi. — Sire, répondit l'autre, c'est que Votre Majesté nous fait l'honneur de nous voir aujourd'hui. — Eh bien! reprit le Roi, de plus en plus surpris, que fait cela pour un chapeau gris ? — Sire, dit Tessé, que cette réponse commençoit à embarrasser, c'est que le privilége du colonel général est d'avoir ce jour-là un chapeau gris. — Un chapeau gris! reprit le Roi, où diable avez-vous pris cela ? — M. de Lauzun, Sire, pour qui vous avez créé la charge, qui me l'a dit; » et à l'instant, le bon duc à pouffer de rire et s'éclipser. « Lauzun s'est moqué de vous, répondit le Roi un peu vivement : croyez-moi, envoyez tout à l'heure ce chapeau-là au général des Prémontrés. » Jamais je ne vis homme plus confondu que Tessé : il demeura les yeux baissés, et regardant ce chapeau avec une tristesse et une honte qui rendit la scène parfaite. Aucun des spectateurs ne se contraignit de rire, ni des plus familiers avec le Roi d'en dire son

---

1. Et avoir parlé.

mot. Enfin Tessé reprit assez ses sens pour s'en aller, mais toute la cour lui en dit sa pensée, et lui demanda s'il ne connoissoit point encore M. de Lauzun, qui en rioit sous cape quand on lui en parloit. Avec tout cela, Tessé n'osa s'en fâcher, et la chose, quoique un peu forte, demeura en plaisanterie, dont Tessé fut longtemps tourmenté et bien honteux.

Presque tous les jours, les enfants de France dînoient chez le maréchal de Boufflers, quelquefois Mme la duchesse de Bourgogne, les princesses et les dames, mais très-souvent des collations. La beauté et la profusion de la vaisselle pour fournir à tout, et toute marquée aux armes du maréchal, fut immense et incroyable; ce qui ne le fut pas moins, l'exactitude[1] des heures et des moments de tout service partout : rien d'attendu, rien de languissant, pas plus pour les bayeurs du peuple, et jusqu'à des laquais, que pour les premiers seigneurs, à toutes heures et à tous venants. A quatre lieues autour de Compiègne, les villages et les fermes étoient remplis de monde, et François et étrangers, à ne pouvoir plus contenir personne, et cependant tout se passa sans désordre. Ce qu'il y avoit de gentilshommes et de valets de chambre chez le maréchal étoit un monde, tous plus polis et plus attentifs les uns que les autres à leurs fonctions de retenir tout ce qui paroissoit, et les faire servir depuis cinq heures du matin jusqu'à dix et onze heures du soir, sans cesse et à mesure, et à faire les honneurs, et une livrée prodigieuse avec grand nombre de pages. J'y reviens malgré moi, parce que quiconque l'a vu ne le peut oublier ni cesser d'en être dans l'admiration et l'étonnement, et de l'abondance, et de la somptuosité, et de l'ordre, qui ne se démentit jamais d'un seul moment ni d'un seul point.

Le Roi voulut montrer des images de tout ce qui se fait à la guerre; on fit donc le siége de Compiègne dans les

---

1. Ce fut l'exactitude.

formes, mais fort abrégées : lignes, tranchées, batteries, sapes, etc. Crenan défendoit la place. Un ancien rempart tournoit du côté de la campagne autour du château ; il étoit de plein pied à l'appartement du Roi, et par conséquent élevé, et dominoit toute la campagne. Il y avoit au pied une vieille muraille et un moulin à vent, un peu au delà de l'appartement du Roi, sur le rempart, qui n'avoit ni banquette ni mur d'appui. Le samedi 13 septembre fut destiné à l'assaut ; le Roi, suivi de toutes les dames, et par le plus beau temps du monde, alla sur ce rempart ; force courtisans, et tout ce qu'il y avoit d'étrangers considérables. De là, on découvroit toute la plaine et la disposition de toutes les troupes. J'étois dans le demi-cercle, fort près du Roi, à trois pas au plus, et personne devant moi. C'étoit le plus beau coup d'œil qu'on pût imaginer que toute cette armée, et ce nombre prodigieux de curieux de toutes conditions, à cheval et à pied, à distance des troupes pour ne les point embarrasser, et ce jeu des attaquants et des défendants à découvert, parce que, n'y ayant rien de sérieux que la montre et qu'il n'y avoit de précaution à prendre pour les uns et les autres que la justesse des mouvements[1]. Mais un spectacle d'une autre sorte, et que je peindrois dans quarante ans comme aujourd'hui, tant il me frappa, fut celui que, du haut de ce rempart, le Roi donna à toute son armée et à cette innombrable foule d'assistants de tous états, tant dans la plaine que dessus le rempart même.

Mme de Maintenon y étoit en face de la plaine et des troupes, dans sa chaise à porteurs, entre ses trois glaces, et ses porteurs retirés. Sur le bâton de devant, à gauche, étoit assise Mme la duchesse de Bourgogne ; du même côté, en arrière et en demi-cercle, debout, Madame la Duchesse, Mme la princesse de Conti et toutes les dames, et derrière elles des hommes ; à la glace droite de la chaise, le Roi debout, et un peu en arrière un demi-

---

1. Cette phrase incorrecte est conforme au texte du manuscrit.

cercle de ce qu'il y avoit en hommes de plus distingué. Le Roi étoit presque toujours découvert, et à tous moments se baissoit dans la glace pour parler à Mme de Maintenon, pour lui expliquer tout ce qu'elle voyoit et les raisons de chaque chose. A chaque fois, elle avoit l'honnêteté d'ouvrir sa glace de quatre ou cinq doigts, jamais de la moitié; car j'y pris garde, et j'avoue que je fus plus attentif à ce spectacle qu'à celui des troupes. Quelquefois elle ouvroit pour quelque question au Roi, mais presque toujours c'étoit lui qui, sans attendre qu'elle lui parlât, se baissoit tout à fait pour l'instruire, et quelquefois qu'elle n'y prenoit pas garde, il frappoit contre la glace pour la faire ouvrir. Jamais il ne parla qu'à elle; hors pour donner des ordres en peu de mots et rarement, et quelques réponses à Mme la duchesse de Bourgogne, qui tâchoit de se faire parler, et à qui Mme de Maintenon montroit et parloit par signes de temps en temps, sans ouvrir la glace de devant, à travers laquelle la jeune princesse lui crioit quelque mot. J'examinois fort les contenances : toutes marquoient une surprise honteuse, timide, dérobée; et tout ce qui étoit derrière la chaise et les demi-cercles avoient plus les yeux sur elle que sur l'armée, et tout dans un respect de crainte et d'embarras. Le Roi mit souvent son chapeau sur le haut de la chaise, pour parler dedans, et cet exercice si continuel lui devoit fort lasser les reins. Monseigneur étoit à cheval dans la plaine, avec les princes ses cadets, et Mgr le duc de Bourgogne, comme à tous les autres mouvements de l'armée, avec le maréchal de Boufflers, en fonction de général. C'étoit sur les cinq heures de l'après-dînée, par le plus beau temps du monde et le plus à souhait.

Il y avoit, vis-à-vis la chaise à porteurs, un sentier taillé en marches roides, qu'on ne voyoit point d'en haut, et une ouverture au bout, qu'on avoit faite dans cette vieille muraille pour pouvoir aller prendre les ordres du Roi d'en bas, s'il en étoit besoin. Le cas arriva : Crenan envoya Canillac, colonel de Rouergue, qui étoit un des régiments qui défendoient, pour prendre l'ordre du Roi sur je ne sais quoi. Canillac se met à monter, et dépasse jusqu'un peu plus que les épaules. Je le vois d'ici aussi distinctement qu'alors. A mesure que la tête dépassoit, il avisoit cette chaise, le Roi et toute cette assistance, qu'il n'avoit point vue ni imaginée, parce que son poste étoit en bas, au pied du rempart, d'où on ne pouvoit découvrir ce qui étoit dessus. Ce spectacle le frappa d'un tel étonnement qu'il demeura court à regarder, la bouche ouverte, les yeux fixes, et le visage sur lequel le plus grand étonnement étoit peint. Il n'y eut personne qui ne le remarquât, et le Roi le vit si bien qu'il lui dit avec émotion : « Eh bien! Canillac, montez donc. » Canillac demeuroit; le Roi reprit : « Montez donc ; qu'est[-ce] qu'il y a ? » Il acheva donc de monter, et vint au Roi à pas lents, tremblants, et passant les yeux à droite et à gauche, avec un air éperdu. Je l'ai déjà dit, j'étois à trois pas du Roi; Canillac passa devant moi, et balbutia fort bas quelque chose. « Comment dites-vous? dit le Roi; mais parlez donc. » Jamais il ne put se remettre; il tira de soi ce qu'il put. Le Roi, qui n'y comprit pas grand'chose, vit bien qu'il n'en tireroit rien de mieux, répondit aussi ce qu'il put, et ajouta d'un air chagrin : « Allez, Monsieur. » Canillac ne se le fit pas dire deux fois, et regagna son escalier, et disparut. A peine étoit-il dedans, que le Roi, regardant autour de lui : « Je ne sais pas ce qu'a Canillac, dit-il, mais il a perdu la tramontane, et n'a plus su ce qu'il me vouloit dire. » Personne ne répondit.

Vers le moment de la capitulation, Mme de Maintenon apparemment demanda permission de s'en aller; le Roi le cria : « Les porteurs de Madame! » Ils vinrent et l'emportèrent. Moins d'un quart d'heure après, le Roi se retira, suivi de Mme la duchesse de Bourgogne et de presque tout ce qui étoit là. Plusieurs se parlèrent des yeux et du coude en se retirant, et puis à l'oreille bien bas : on ne pouvoit revenir de ce qu'on venoit de voir.

Ce fut le même effet parmi tout ce qui étoit dans la plaine : jusqu'aux soldats demandoient ce que c'étoit que cette chaise à porteurs, et le Roi à tous moments baissé dedans; il fallut doucement faire taire les officiers et les questions des troupes. On peut juger de ce qu'en dirent les étrangers, et de l'effet que fit sur eux un tel spectacle. Il fit du bruit par toute l'Europe, et y fut aussi répandu que le camp même de Compiègne avec toute sa pompe et sa prodigieuse splendeur. Du reste, Mme de Maintenon se produisit fort peu au camp, et toujours dans son carrosse avec trois ou quatre familières, et alla voir une fois ou deux le maréchal de Boufflers et les merveilles du prodige de sa magnificence.

Le dernier grand acte de cette scène fut l'image d'une bataille entre la première et la seconde ligne entières, l'une contre l'autre. M. Rosen, le premier des lieutenants généraux du camp, la commanda ce jour-là contre le maréchal de Boufflers, auprès duquel étoit Mgr le duc de Bourgogne comme le général. Le Roi, Mme la duchesse de Bourgogne, les princes, les dames, toute la cour et un monde de curieux assistèrent à ce spectacle, le Roi et tous les hommes à cheval, les dames en carrosse. L'exécution en fut parfaite en toutes ses parties et dura longtemps. Mais quand ce fut à la seconde ligne à ployer et à faire retraite, Rosen ne s'y pouvoit résoudre, et c'est ce qui allongea fort l'action. M. de Boufflers lui manda plusieurs fois, de la part de Mgr le duc de Bourgogne, qu'il étoit temps. Rosen entroit en colère, et n'obéissoit point. Le Roi en rit fort, qui avoit tout réglé, et qui voyoit aller et venir les aides de camp et la longueur de tout ce manége, et dit : « Rosen n'aime point à faire le personnage de battu. » A la fin il lui manda lui-même de finir et de se retirer. Rosen obéit, mais fort mal volontiers, et brusqua un peu le porteur d'ordre. Ce fut la conversation du retour et de tout le soir.

Enfin, après des attaques de retranchements, et toutes sortes d'images de ce qui se fait à la guerre, et des revues infinies, le Roi partit de Compiègne le lundi 22 septembre, et s'en alla avec sa même carrossée à Chantilly, y demeura le mardi, et arriva le mercredi à Versailles, avec autant de joie de toutes les dames qu'elles avoient eu d'empressement à être du voyage. Elles ne mangèrent point avec le Roi à Compiègne, et y virent Mme la duchesse de Bourgogne aussi peu qu'à Versailles. Il falloit aller au camp tous les jours, et la fatigue leur parut plus grande que le plaisir, et encore plus que la distinction qu'elles s'en étoient proposée. Le Roi, extrêmement content de la beauté des troupes, qui toutes avoient habillé[1], et avec tous les ornements que leurs chefs avoient pu imaginer, fit donner en partant six cents francs de gratification à chaque capitaine de cavalerie et de dragons, et trois cents francs à chaque capitaine d'infanterie; il en fit donner autant aux majors de tous les régiments, et distribua quelques grâces dans sa maison. Il fit au maréchal de Boufflers un présent de cent mille francs. Tout cela ensemble coûta beaucoup; mais pour chacun ce fut une goutte d'eau. Il n'y eut point de régiment qui n'en fût ruiné pour bien des années, corps et officiers; et pour le maréchal de Boufflers, je laisse à penser ce que ce fut que cent mille francs à la magnificence, incroyable à qui l'a vue, dont il épouvanta toute l'Europe, par les relations des étrangers qui en furent témoins, et qui tous les jours n'en pouvoient croire leurs yeux.

CHAPITRE IX.

La belle-fille de Pontchartrain et son intime liaison avec Mme de Saint-Simon. — Amitié intime entre Pontchartrain et moi. — Amitié intime entre l'évêque de Chartres et moi. — Le Charmel; ma liaison avec lui. — Méprise de Monsieur de la Trappe au choix d'un abbé, et son insigne vertu. — Changement d'abbé à la Trappe.

L'intervalle est si court entre le retour du Roi, le 24 septembre, de Compiègne, et son départ, le 2 octobre,

---

1. S'étaient habillées à neuf.

pour Fontainebleau, que je placerai ici une chose qui fut entamée avant le premier de ces deux voyages, et qui ne fut consommée qu'au retour du second. Elle semblera peu intéressante parmi tout ce qui l'a précédée et la suivra, mais j'y pris trop de part pour l'omettre, et je ne la puis bien expliquer sans rappeler ma situation avec quelques personnes. La première me fait trop d'honneur pour n'être pas embarrassé à la rapporter, mais outre que la vérité doit l'emporter sur toute autre considération, c'est qu'elle a influé depuis sur tant de choses importantes qu'il n'est pas possible de l'omettre.

On a vu en son temps le mariage du fils unique de M. de Pontchartrain avec une sœur du comte de Roucy, cousine germaine de Mme de Saint-Simon. Ils ne l'avoient desirée que pour l'alliance, et par la façon dont ils en usèrent pour tous ses proches, toutefois en trayant, ils firent tout ce qu'il falloit pour en profiter. Il n'y en eut point qu'ils recherchassent autant que Mme de Saint-Simon, et qu'ils desirassent tant lier avec leur belle-fille. Elle se trouva très-heureusement née, avec beaucoup de vertu, de douceur et d'esprit, toute Roucy qu'elle étoit, beaucoup de sens et de crainte de se méprendre et de mal faire, ce qui lui donnoit une timidité bienséante à son âge. Avec cela, pour peu qu'elle fût en quelque liberté, toutes les grâces, tout le sel, et tout ce qui peut rendre une femme aimable et charmante, et avec le temps une conduite, une connoissance des gens et des choses, un discernement fort au-dessus d'une personne nourrie dans une abbaye à Soissons, et tombée dans une maison où, dans les commencements, elle fut gardée à vue, ce qu'elle eut le bon esprit d'aimer, et de s'attacher de cœur à tout ce à quoi elle le devoit être. La sympathie de vertus, de goûts, d'esprits, forma bientôt entre elle et Mme de Saint-Simon une amitié, qui devint enfin la plus intime, et la confiance la plus sans réserve qui pût être entre deux sœurs. M. et Mme de Pontchartrain en étoient ravis. Je ne sais si cette raison détermina M. de Pontchartrain; mais sur la fin de l'hiver de cette année, l'étant allé voir dans son cabinet, comme depuis ce mariage j'y allois quelquefois, mais pas fort souvent à ces heures-là de solitude, après un entretien fort court et fort ordinaire, il me dit qu'il avoit une grâce à me demander, mais qui lui tenoit au cœur de façon à n'en vouloir pas être refusé. Je répondis comme je devois à un ministre alors dans le premier crédit et dans les premières places de son état. Il redoubla, avec cette vivacité et cette grâce pleine d'esprit et de feu qu'il mettoit à tout quand il vouloit, que tout ce que je lui répondois étoit des compliments, que ce n'étoit point cela qu'il lui falloit, c'étoit[1] parler franchement, et nettement lui accorder ce qu'il desiroit passionnément et qu'il me demandoit instamment; et tout de suite ajouta : « l'honneur de votre amitié, et que j'y puisse compter comme je vous prie de compter sur la mienne, car vous êtes homme vrai, et si vous me l'accordez, je sais que j'en puis être assuré. » Ma surprise fut extrême, à mon âge, et je me rabattis sur l'honneur et la disproportion d'âge et d'emplois. Il m'interrompit, et me serrant de plus en plus près, il me dit que je voyois avec quelle franchise il me parloit, que c'étoit tout de bon et de tout son cœur qu'il desiroit et me demandoit mon amitié, et qu'il me demandoit réponse précise. Je supprime les choses honnêtes dont cela fut accompagné. Je sentis en effet qu'il me parloit fort sérieusement, et que c'étoit un engagement que nous allions prendre ensemble : je pris mon parti, et après un mot de reconnoissance, d'honneur, de desir, je lui dis que, pour lui répondre nettement, il falloit lui avouer que j'avois une amitié qui passeroit toujours devant toute autre, que c'étoit celle qui me lioit intimement à M. de Beauvillier, dont je savois qu'il n'étoit pas ami; mais que s'il vouloit encore de mon amitié à cette condition, je serois ravi de la lui donner, et comblé d'avoir la sienne. Dans l'instant il m'embrassa, me dit que c'étoit là parler de bonne foi, qu'il m'en estimoit davantage, qu'il n'en desiroit que plus

1. Que ce qu'il lui fallait, c'était.

ardemment mon amitié; et nous nous la promîmes l'un à l'autre. Nous nous sommes réciproquement tenu parole plénièrement. Elle a réciproquement duré jusqu'à sa mort, dans la plus grande intimité et dans la confiance la plus entière. Au sortir de chez lui, ému encore d'une chose qui m'avoit autant surpris, j'allai le dire à M. de Beauvillier, qui m'embrassa tendrement, et qui m'assura qu'il n'étoit pas surpris du desir de M. de Pontchartrain, et beaucoup moins de ma conduite sur lui-même. Le rare est que Pontchartrain n'en dit rien à son fils ni à sa belle-fille, ni moi non plus, et personne à la cour ne se douta d'une chose si singulière qu'à la longue, c'est-à-dire de l'amitié intime entre deux hommes si inégaux en tout.

J'avois encore un autre ami fort singulier à mon âge : c'étoit l'évêque de Chartres. Il étoit mon diocésain à la Ferté; cela avoit fait qu'il étoit venu chez moi, d'abord avec un vieil ami de mon père, qui s'appeloit l'abbé Bailly. Peu à peu l'amitié se mit entre nous, et la confiance. Dans la situation où il étoit avec Mme de Maintenon, jamais je ne l'employai à rien, qu'une seule fois, et bien légère, qui se trouvera en son temps. Je le voyois souvent chez lui et chez moi à Paris, et j'étois avec lui à portée de tout.

Un autre encore avec qui je liai amitié fut du Charmel, que j'avois vu plusieurs fois à la Trappe. C'étoit un gentilhomme tout simple de Champagne, qui s'étoit introduit à la cour par le jeu, qui y gagna beaucoup et longtemps, sans jamais avoir été soupçonné le plus légèrement du monde. Il prêtoit volontiers, mais avec choix, et il se fit beaucoup d'amis considérables. M. de Crequy le prit tout à fait sous sa protection. Il lui fit acheter du maréchal d'Humières une des deux compagnies des cent gentilshommes de la maison du Roi au bec de corbin. Cela n'avoit plus que le nom. M. de Créquy, fort bien avec le Roi alors, et avec un air d'autorité à la cour, étoit premier gentilhomme de la chambre : il lui fit avoir des entrées sous ce prétexte de sa charge. Le Roi le traitoit bien et lui parloit souvent; il étoit de tous ses voyages, et au milieu de la meilleure compagnie de la cour. Tout lui rioit : l'âge, la santé, le bien, la fortune, la cour, les amis, même les dames, et des plus importantes, qui l'avoient trouvé à leur gré. Dieu le toucha par la lecture d'Abbadie : *de la Vérité de la religion chrétienne;* il ne balança ni ne disputa, et se retira dans une maison joignant l'Institution de l'Oratoire. Le Roi eut peine à le laisser aller : « Quoi? lui dit-il, Charmel, vous ne me verrez jamais? — Non, Sire, répondit-il, je n'y pourrois résister, je retournerois en arrière ; il faut faire le sacrifice entier, et s'enfuir. » Il passoit sa vie dans toutes sortes de bonnes œuvres, dans une pénitence dure jusqu'à l'indiscrétion, et alloit le carnaval tous les ans à la Trappe; il y demeuroit jusqu'à Pâques, où, excepté le travail des mains, il menoit en tout la même vie que les religieux.

C'étoit un homme de grande dureté pour soi, d'un esprit au-dessous du médiocre, qui s'entêtoit aisément et qui ne revenoit pas de même, de beaucoup de zèle qui n'étoit pas toujours réglé, mais d'une grande fidélité à sa pénitence, à ses œuvres, et qui se jetoit la tête la première dans tout ce qu'il croyoit de meilleur; avant sa retraite, fort honnête homme et fort sûr, très-capable d'amitié, doux et bon homme. On le connoîtra encore mieux en ajoutant qu'il avoit une sœur mariée en Lorraine à un Beauvau, avec qui il étoit fort uni, et que son neveu, fils de ce mariage, épousa une nièce de Couvonges, que nous allons voir venir conclure le mariage de Monsieur de Lorraine avec la dernière fille de Monsieur, cette nièce qui, sous le nom de Mme de Craon, que portoit son mari, fut dame d'honneur de Mme la duchesse de Lorraine, et fit, par le crédit qu'elle prit auprès de Monsieur de Lorraine, une si riche maison, et son mari grand d'Espagne, puis prince de l'Empire, qui a eu depuis l'administration de la Toscane et la Toison de l'Empereur, et que j'ai fort connu par rapport à son oncle, et qui est demeuré depuis toujours de mes amis.

Tout cela dit, venons à ce qui m'a engagé à l'écrire. On a vu en son temps que Monsieur de la Trappe avoit obtenu du Roi un abbé régulier de sa maison et de son choix, auquel il s'étoit démis, pour ne plus penser qu'à son propre salut après avoir si longtemps contribué à celui de tant d'autres. On a vu aussi que cet abbé mourut fort promptement après, et que le Roi agréa celui qui lui fut proposé par Monsieur de la Trappe pour en remplir la place. Mais pour saints, pour éclairés et pour sages que soient les hommes, ils ne sont pas infaillibles. Un carme déchaussé s'étoit jeté à la Trappe depuis peu d'années; il avoit de l'esprit, de la science, de l'éloquence; il avoit prêché avec réputation; il savoit fort le monde, et il paroissoit exceller en régularité dans tous les pénibles exercices de la vie de la Trappe. Il s'appeloit D. François Gervaise, et il avoit un frère trésorier de Saint-Martin de Tours, qui étoit homme de mérite, et qui se consacra depuis aux missions, et fut tué en Afrique évêque *in partibus*. Ce carme étoit connu de Monsieur de Meaux, dans le diocèse duquel il avoit prêché; Monsieur de la Trappe, son ami, le consulta : Monsieur de Meaux l'assura qu'il ne pouvoit faire un meilleur choix.

C'étoit un homme de quarante ans et d'une santé à faire espérer une longue vie et un long exemple; ses talents, sa piété, sa modestie, son amour de la pénitence séduisirent Monsieur de la Trappe, et le témoignage de Monsieur de Meaux acheva de le déterminer. Ce fut donc lui qui, à la prière de Monsieur de la Trappe, fut nommé par le Roi pour succéder à celui qu'il venoit de perdre. Ce nouvel abbé ne tarda pas à se faire mieux connoître après qu'il eut eu ses bulles : il se crut un personnage, chercha à se faire un nom, à paroître, et à n'être pas inférieur au grand homme à qui il devoit sa place et à qui il succédoit. Au lieu de le consulter, il en devint jaloux, chercha à lui ôter la confiance des religieux, et n'en pouvant venir à bout, à l'en tenir séparé. Il fit l'abbé avec lui plus qu'avec nul autre; il le tint dans la dépendance, et peu à peu se mit à le traiter avec une hauteur et une dureté extraordinaire, et à maltraiter ouvertement ceux de la maison qu'il lui crut les plus attachés. Il changea autant qu'il le put tout ce que Monsieur de la Trappe avoit établi, et sans réflexion que les choses ne subsistent que par le même esprit qui les a établies, surtout celles de ce genre si particulier et si sublime, il alloit à la sape avec application, et il suffisoit qu'une chose eût été introduite par Monsieur de la Trappe pour y en substituer une toute opposée; prélat plus que religieux, ne se prêtant qu'à ce qui pouvoit paroître; et devant les amis de Monsieur de la Trappe, quand ils étoient gens à être ménagés, dans les adorations pour lui, dont aussitôt après il savoit se dédommager par les procédés avec lui les plus étranges.

Outre ce qu'il en coûtoit au cœur et à l'esprit de Monsieur de la Trappe, cette conduite n'alloit pas à moins qu'à un prompt renversement de toute régularité, et à la chute d'un si saint et si merveilleux édifice. Monsieur de la Trappe le voyoit et le sentoit mieux que personne, et par sa lumière et par son expérience, lui qui l'avoit construit et soutenu de fond en comble. Il en répandoit une abondance de larmes devant son crucifix. Il savoit que d'un mot il renverseroit cet insensé, il étoit peiné pour sa maison de ne le pas faire, et déchiré de la voir périr; mais il étoit lui-même si indignement traité tous les jours et à tous les moments de sa vie, que la crainte extrême de trouver, même involontairement, quelque satisfaction personnelle à se défaire de cet ennemi et de ce persécuteur le retenoit tellement là-dessus, qu'à moi-même il me dissimuloit ses peines, et me persuadoit tant qu'il pouvoit que cet abbé faisoit très-bien en tout et qu'il en étoit parfaitement content. Il ne mentoit pas assurément : il se plaisoit trop dans cette nouvelle épreuve, qui se peut dire la plus forte de toutes celles par lesquelles il a été épuré, et il ne craignoit rien tant que de sortir de cette fournaise. Il excusoit donc tout ce qu'il ne pouvoit nier, et avaloit à longs traits l'amertume de ce calice. Si M. Maisne et un ou deux anciens religieux le pressoient sur la ruine de sa maison, à qui il ne pouvoit dissimuler ce qu'ils voyoient et sentoient eux-mêmes, il répondoit que c'étoit l'œuvre de Dieu, non des hommes, et qu'il avoit ses desseins, et qu'il falloit le laisser faire.

M. Maisne étoit un séculier qui avoit beaucoup de lettres, infiniment d'esprit, de douceur, de candeur, et de l'esprit le plus gai et le plus aimable, qui depuis plus de trente ans vivoit là comme un religieux, et qui avoit écrit, sous Monsieur de la Trappe, la plupart de ses lettres et de ses ouvrages, qu'il lui dictoit. Je savois donc par lui et par ces autres religieux tous les détails de ce qui se passoit dans cet intérieur. J'en savois encore par M. de Saint-Louis : c'étoit un gentilhomme qui avoit passé une grande partie de sa vie à la guerre, jusqu'à être brigadier de cavalerie avec un beau et bon régiment. Il étoit fort connu et fort estimé du Roi, sous qui il avoit servi plusieurs campagnes avec beaucoup de distinction. Les généraux en faisoient tous beaucoup de cas, et M. de Turenne l'aimoit plus qu'aucun autre. La trêve de vingt ans lui fit peur, en 1684 ; il n'étoit pas loin de la Trappe ; il y avoit vu Monsieur de la Trappe au commencement qu'il s'y retira : il vint s'y retirer auprès de lui dans la maison qu'il avoit bâtie au dehors pour les abbés commendataires, afin qu'ils ne troublassent point la régularité du dedans ; et il y a vécu dans une éminente piété. C'étoit de ces preux militaires, plein[1] d'honneur et de courage et de droiture, qui la mettent à tout sans s'en écarter jamais, avec une fidélité jamais démentie, et à qui le cœur et le bon sens servent d'esprit et de lumière avec plus de succès que l'esprit et la lumière n'en donnent à beaucoup de gens.

Le temps s'écouloit de la sorte sans qu'il fût possible de persuader Monsieur de la Trappe contre l'amour de ses propres souffrances, ni d'espérer rien que de pis en pis.

---

1. Saint-Simon a bien écrit *plein*, au singulier.

de celui qui étoit en sa place. Enfin il arriva ce qu'on n'auroit jamais pu imaginer : D. Gervaise tomba dans la punition de ces philosophes superbes dont parle l'Écriture [1]; par une autre merveille, ses précautions furent mal prises, et par une autre plus grande encore, le pur hasard, ou pour mieux dire la Providence, le fit prendre sur le fait. On alla avertir Monsieur de la Trappe, et pour qu'il ne pût pas en douter, celui dont il s'agissoit [2] lui fut mené. Monsieur de la Trappe, épouvanté tout ce qu'on peut l'être, fut tout aussitôt occupé de ce que pourroit être devenu D. Gervaise. Il le fit chercher partout, et il fut longtemps dans la crainte qu'il ne se fût allé jeter dans les étangs dont la Trappe est environnée. A la fin on le trouva caché sur les voûtes de l'église, prosterné et baigné de larmes. Il se laissa amener devant Monsieur de la Trappe, à qui il avoua ce qu'il ne pouvoit lui cacher. Monsieur de la Trappe, qui vit sa douleur et sa honte, ne songea qu'à le consoler, avec une charité infinie, en lui laissant pourtant sentir combien il avoit besoin de pénitence et de séparation. Gervaise entendit à demi-mot, et dans l'état où il se trouvoit, il offrit sa démission. Elle fut acceptée. On manda un notaire à Mortagne, qui vint le lendemain, et l'affaire fut consommée. M. du Charmel, qui étoit fort bien avec Monsieur de Paris, reçut par un exprès cette démission, avec une lettre de D. Gervaise à ce prélat, qu'il prioit de présenter sa démission au Roi.

Il étoit arrivé deux choses depuis fort peu qui causèrent un étrange contre-temps : l'une, que la conduite de D. Gervaise à l'égard de Monsieur de la Trappe et de sa maison, qui commençoit à percer, lui avoit attiré une lettre forte du P. de la Chaise de la part du Roi; l'autre, qu'il avoit étourdiment accepté le prieuré de l'Estrée auprès de Dreux, pour y mettre des religieux de la Trappe sans la participation du Roi, ce qui d'ailleurs ne pouvoit qu'être nuisible par beaucoup de raisons; mais la vanité veut tou-

---

1. Voyez le premier chapitre de l'*Épître de saint Paul aux Romains*.
2 C'est-à-dire, le complice de D. Gervaise.

jours s'étendre et faire parler de soi. Le Roi l'avoit trouvé très-mauvais, et lui avoit fait mander par le P. de la Chaise de retirer ses religieux, qui y avoit ajouté la mercuriale que ce trait méritoit. A la première, il répondit par une lettre, qu'il tira de l'amour de Monsieur de la Trappe pour la continuation de ses souffrances, telle que D. Gervaise la voulut dicter; à la seconde, par une soumission prompte et par beaucoup de pardons. Ce fut donc en cadence de ces deux lettres, et fort promptement après, qu'arriva la démission, que le Roi remit au P. de la Chaise. Lui, qui étoit bon homme, ne douta point qu'elle ne fût le fruit des deux lettres que coup sur coup il lui avoit écrites, tellement que, séduit par la lettre, dictée par D. Gervaise, qu'il avoit reçue de Monsieur de la Trappe, il persuada aisément au Roi de ne recevoir point la démission; et il le manda à D. Gervaise.

Pendant tout cela, nous allâmes à Compiègne. Je crus à propos de suivre la démission de près : j'allai au P. de la Chaise, qui me conta ce que je viens d'écrire. Je lui dis que pensant bien faire il avoit très-mal fait, et j'entrai avec lui fort au long en matière. Le P. de la Chaise demeura fort surpris, et encore plus indigné de la conduite de D. Gervaise à l'égard de Monsieur de la Trappe, et tout de suite il me proposa d'écrire à Monsieur de la Trappe pour savoir au vrai son sentiment à l'égard de la démission. Il m'envoya la lettre pour la faire remettre sûrement, dans un lieu où D. Gervaise les ouvroit toutes. Je l'envoyai donc à mon concierge de la Ferté, pour la porter lui-même à M. de Saint-Louis, qui la remit en main propre; et ce fut ainsi qu'il en fallut user tant que cette affaire dura. La lettre du P. de la Chaise étoit telle, que Monsieur de la Trappe ne put éluder : il lui manda qu'il croyoit que D. Gervaise devoit quitter, et que pour obéir à l'autre partie de sa lettre, qui étoit de proposer un sujet au cas qu'il fût d'avis de changer d'abbé, il lui en nomma un. C'étoit un ancien et excellent religieux, qu'on appeloit D. Malachie, et fort éprouvé dans les emplois de la maison. Je portai cette réponse au P. de la Chaise à notre retour à Versailles ; il la reçut très-bien : il m'apprit qu'il lui étoit venu une requête signée de tous les religieux de la Trappe, qui demandoient D. Gervaise, et il m'assura en même temps qu'il n'y auroit nul égard, parce qu'il savoit bien qu'il n'y avoit point de religieux qui osât refuser sa signature à ces sortes de pièces. Là-dessus nous voilà allés à Fontainebleau.

D. Gervaise avoit mis un prieur à la Trappe de meilleures mœurs que lui, mais d'ailleurs de sa même humeur, et tout à lui. Ce prieur étoit à l'Estrée à retirer les religieux de la Trappe lors de l'aventure de la démission ; il comprit que celle de l'abbé seroit la sienne, et il se trouvoit bien d'être prieur sous lui : il lui remit donc le courage. C'est ce qui produisit la requête et toute l'adresse qui suivit. Un soir, à Fontainebleau, que nous attendions le coucher du Roi, Monsieur de Troyes m'apprit avec grande surprise que D. Gervaise y étoit, qu'il avoit vu le matin même le P. de la Chaise, et dit la messe à la chapelle, et que ce voyage lui paroissoit fort extraordinaire et fort suspect. En effet, il avoit su tirer de Monsieur de la Trappe un certificat tel qu'il l'avoit voulu, et accompagné d'un religieux qui lui servoit de secrétaire, étoit venu le présenter au P. de la Chaise, et plaider lui-même contre sa démission, repartit aussitôt après, et changea le P. de la Chaise du blanc au noir. Je ne trouvai plus le même homme : plus de franchise, plus de liberté à parler, en garde sur tout. Je ne pouvois en deviner la cause. Enfin, j'appris par une lettre de du Charmel, et lui par la vanterie de D. Gervaise, qu'il avoit persuadé, que l'esprit de Monsieur de la Trappe étoit tout à fait affoibli ; qu'on en abusoit d'autant plus hardiment, qu'ayant la main droite toute ulcérée, il ne pouvoit écrire ni signer ; qu'il avoit auprès de lui un séculier, son secrétaire, extrêmement janséniste, qui, de concert avec le Charmel, vouloient[1] faire de la Trappe un petit Port-Royal ; et que pour y par-

1. Il y a ainsi *vouloient*, au pluriel, dans le manuscrit.

venir il falloit le chasser, parce qu'il étoit entièrement opposé à ce parti ; et que de là venoient toutes les intrigues de sa démission. Quelque grossier que fût un tel panneau, qui ne pouvoit couvrir une démission signée et envoyée par lui-même, le P. de la Chaise y donna en plein, et devint tellement contraire qu'il fut impossible de le ramener, ni même de se servir utilement de Monsieur de Paris, qu'il avoit rendu suspect au Roi dans cette affaire. Mais la Providence y sut encore pourvoir : il s'étoit passé depuis dix-huit mois quelque chose d'intime et d'entièrement secret entre Monsieur de la Trappe et moi, et cette chose étoit telle, que j'étois certain de faire tomber tout l'artifice et la calomnie de D. Gervaise en la disant à Monsieur de Chartres.

Je passai le reste du voyage de Fontainebleau dans l'angoisse de laisser périr la Trappe et consumer Monsieur de la Trappe dans cette fournaise ardente où D. Gervaise le tenoit, ou de manquer au secret. Je ne pouvois m'en consulter à qui que ce fût, et je souffris infiniment avant que de pouvoir me déterminer. Enfin, la pensée me vint que ce secret n'étoit peut-être que pour le salut de la Trappe, et je pris mon parti. J'étois sûr de celui de Monsieur de Chartres, et le Roi étoit en ce genre l'homme de son royaume le plus fidèle. Mme de Maintenon et Monsieur de Cambray ne laissoient pas Monsieur de Chartres longtemps de suite à Chartres ; il vint à Saint-Cyr au retour de la cour à Versailles. A Saint-Cyr, personne ne le voyoit ; je lui envoyai demander à l'entretenir, il me donna le lendemain. Je lui racontai toute l'histoire de la Trappe, mais sans parler du motif véritable qui avoit fait donner la démission, qu'en cette extrémité même nous n'avions pas voulu dire au P. de la Chaise ; ensuite je lui dis le secret. Il m'embrassa à plusieurs reprises ; il écrivit sur-le-champ à Mme de Maintenon, et dès qu'il eut sa réponse, une heure après, il s'en alla chez elle trouver le Roi, à qui il parla ; c'étoit un jeudi. Le fruit de cette conversation fut que le lendemain, qui étoit le jour d'audience du P. de la Chaise, où je savois qu'il s'étoit proposé de se faire ordonner de renvoyer la démission, il eut là-dessus une dispute si forte avec le Roi, qu'on entendit leur voix de la pièce voisine. Le résultat fut que le P. de la Chaise eut ordre d'écrire à Monsieur de la Trappe, comme il avoit déjà fait avant la course de D. Gervaise à Fontainebleau, que le Roi vouloit savoir son véritable sentiment par lui-même, si la démission devoit avoir lieu ou être renvoyée, et au premier cas, de proposer un sujet pour être abbé ; et pour être certain de l'état et de l'avis de Monsieur de la Trappe, le valet de chambre du P. de la Chaise en fut le porteur.

Un donné[1] de la Trappe, d'un esprit fort supérieur à son état, qu'on appeloit Frère Chanvier, conduisit ce valet de chambre. Ils arrivèrent exprès fort tard, pour trouver tout fermé. Ils couchèrent chez M. de Saint-Louis, et le lendemain, à quatre heures du matin, le valet de chambre fut introduit avec sa lettre. Il demeura quelque temps auprès de Monsieur de la Trappe à l'entretenir, pour s'assurer par lui-même de l'état de son esprit ; il le trouva dans tout son entier, et il n'est pas étrange que ce domestique en sortît charmé. Une heure après, il fut rappelé, et comme Monsieur de la Trappe étoit instruit des soupçons qui avoient surpris le P. de la Chaise, et que ce domestique étoit un homme de sa confiance, il lui lut lui-même sa réponse, et la fit après cacheter en sa présence tout de suite, et la lui donna, tellement que ce valet de chambre partit sans que personne à la Trappe se fût douté qu'il y fût venu. La réponse étoit la même que la précédente : Monsieur de la Trappe étoit d'avis que la démission subsistât, et que le même D. Malachie fût nommé abbé en sa place. Il n'en fallut pas davantage, et D. Gervaise demeura exclu. Mais il avoit si bien su rendre suspect ce D. Malachie, que le P. de la Chaise, quoique revenu de très-bonne foi de son erreur, ne voulut jamais, sous pré-

1. On appelait *donnés* des séculiers qui se consacraient au service d'un monastère.

texte qu'il étoit Savoyard, et qu'il ne convenoit pas à l'honneur de la France qu'un étranger fût abbé de la Trappe. Monsieur de la Trappe eut donc ordre de proposer trois sujets. Au lieu de trois il en mit quatre, et toujours ce D. Malachie le premier. On choisit le premier qui se trouva le premier[1] après lui sur la liste. C'étoit un D. Jacq. la Court, qui avoit été longtemps maître des novices, et eu d'autres emplois dans la maison. On tint cette nomination secrète, jusqu'à ce que ce même donné de la Trappe dont j'ai parlé eût fait expédier les bulles. Il fut à Rome avec une lettre de crédit la plus indéfinie pour tous les lieux où il avoit à passer, que lui donna M. de Pontchartrain en son nom. Il aimoit fort la Trappe, et particulièrement ce Frère, à qui il trouvoit beaucoup de sens et d'esprit. Le cardinal de Bouillon, qui se piquoit d'amitié pour Monsieur de la Trappe, logea ce Frère, le mena au Pape, qui l'entretint plusieurs fois, et qui le renvoya avec les bulles entièrement gratis, et la lettre du monde la plus pleine d'estime et d'amitié pour Monsieur de la Trappe, en considération duquel il s'expliqua qu'il accordoit le gratis encore plus qu'en celle du Roi. Au retour, le grand-duc voulut voir ce Frère, et le renvoya avec des lettres et des présents pour Monsieur de la Trappe, de sa fonderie[2], qui étoient des remèdes précieux.

Dirai-je un prodige qui ne peut que confondre ? Tandis qu'on attendoit les bulles, D. Gervaise demeura abbé en plein, et incertain de son sort. Ce même donné, avant de partir pour Rome, trouva par hasard un homme chargé d'un paquet et d'une boîte à une adresse singulière, et venant de la Trappe. Il crut que, rencontrant ce donné de l'abbaye, il sauroit mieux trouver celui à qui cela s'adressoit, et le Frère Chanvier s'en chargea fort volontiers, et l'apporta chez M. du Charmel. La boîte étoit pleine de misères en petits présents; la lettre, nous l'ouvrîmes, et

---

1. Tel est bien le texte du manuscrit.
2. De son laboratoire.

je puis dire que c'est la seule que j'aie jamais ouverte.
Comme cet imprudent avoit dit au Frère Chanvier que
l'une et l'autre étoient de D. Gervaise, nous avions espéré
de trouver là toutes ses intrigues, qui duroient encore
pour se maintenir, et nous fûmes fort attrapés à la boîte.
La lettre nous consola : elle étoit toute en chiffre, et de
près de quatre grandes pages toutes remplies. Nous ne
doutâmes pas alors de trouver là tout ce que nous cherchions. Je portai la lettre à M. de Pontchartrain, qui la fit
déchiffrer. Le lendemain, quand je retournai chez lui, il se
mit à rire : « Vous avez cru, dit-il, trouver la pie au nid ;
tenez, vous en allez voir des plus belles ; » puis ajouta d'un
air sérieux : « En vérité, au lieu de rire, il faudroit pleurer
de voir de quoi les hommes sont capables, et dans de si
saintes professions. »

Cette lettre entière, qui étoit de D. Gervaise à une religieuse avec qui il avoit été en commerce, et qu'il aimoit
toujours, et dont aussi il étoit toujours passionnément
aimé, étoit un tissu de tout ce qu'il se peut imaginer
d'ordures, et les plus grossières par leur nom, avec de
basses mignardises de moine raffolé et débordé à faire
trembler les plus abandonnés. Leurs plaisirs, leurs regrets,
leurs desirs, leurs espérances, tout y étoit au naturel et au
plus effréné. Je ne crois pas qu'il se dise tant d'abominations en plusieurs jours dans les plus mauvais lieux. Cela,
et l'aventure qui causa la démission, auroit suffi, ensemble
et séparément, pour faire jeter ce malheureux Gervaise
dans un cachot pour le reste de ses jours, à qui l'auroit
voulu abandonner à la justice intérieure de son ordre.
Nous nous en promîmes tous le secret, les quatre qui le
savions et ceux à qui il fallut le dire ; mais M. de Pontchartrain crut comme nous qu'il falloit déposer le chiffre
et le déchiffrement à Monsieur de Paris, pour s'en pouvoir
servir si l'aveuglement de cet abandonné et ses intrigues
ôtoient toute autre ressource. Je portai donc l'un et l'autre
chez M. du Charmel, à qui j'eus la malice de la faire dicter
pour en garder un double pour nous. Ce fut une assez

plaisante chose à voir que son effroi, ses signes de croix, ses imprécations contre l'auteur à chaque infamie qu'il lisoit, et il y en avoit autant que de mots. Il se chargea de déposer les deux pièces à Monsieur de Paris, et je gardai l'autre copie. Heureusement nous n'en eûmes pas besoin. Cela nous mit à la piste de plusieurs choses, par lesquelles nous découvrîmes quelle étoit la religieuse, et d'une maison que Mme de Saint-Simon connoissoit extrêmement, et elle beaucoup aussi. Cet amour étoit ancien et heureux; il fut découvert et prouvé, et D. Gervaise sur le point d'être juridiquement mis *in pace* par les carmes déchaussés, comme il sortoit de prêcher dans le diocèse de Meaux; et en même temps la religieuse tomba malade à la mort, et ne voulut jamais ouïr parler des sacrements qu'elle n'eût vu D. Gervaise : elle ne les reçut ni ne le vit, et ne mourut point. Dans ce péril, il se vit perdu sans ressource, et n'en trouva que de se jeter à la Trappe. A ce prix, ses moines, délivrés de lui, étouffèrent l'affaire, et en venant à la Trappe y prendre l'habit, il passa chez la religieuse, entra dans la maison, et la transporta de joie. Depuis qu'il fut abbé, il continua son commerce de lettres, ne pouvant mieux, et ce fut une de celles-là que nous attrapâmes : il en fut fort en peine, n'ayant point de nouvelles de son paquet; il fit du bruit, il menaça. Pour le faire taire, on lui en apprit le sort tout entier. Cela le contint si bien qu'il n'osa plus en parler, ni guère plus continuer ses intrigues; mais de honte ni d'embarras il en montra peu, mais beaucoup de chagrin.

Les bulles arrivées, j'allai à la Trappe, et je ne demandai point à le voir. Cela le fâcha; il en fit ses plaintes à Monsieur de la Trappe, qui par bonté pour un homme qui en méritoit si peu, exigea que je le visse. Je pris un temps qui ne pouvoit être que court. En vérité j'étois plus honteux et plus embarrassé que lui, qui pourtant savoit que j'étois pleinement instruit de ses deux abominations, et qui n'ignoroit pas la part que j'avois eue au maintien de sa démission. Il ne laissoit pas d'être empêtré; et toujours hypocrite fort affecté, il soutint presque toujours seul la conversation, me voulut persuader de sa joie d'être déchargé du fardeau d'abbé, et m'assura qu'il s'alloit occuper dans sa solitude à travailler sur l'Écriture sainte. Avec ces beaux propos, ce n'étoit pas plus son compte que celui de la Trappe d'y demeurer; il en sortit bientôt après. Il porta la combustion cinq ou six ans durant dans toutes les maisons où on le mit successivement, et enfin les supérieurs trouvèrent plus court de le laisser dans un bénéfice de son frère vivre comme il lui plairoit. Il ne cessa de vouloir retourner à la Trappe, essayer d'y troubler et d'y redevenir abbé, ce qui m'engagea à la fin à obtenir une lettre de cachet qui lui défendit d'en approcher plus près de trente lieues, et de Paris plus de vingt.

Si ce scandale dans un homme de cette profession est extrême, le saint et prodigieux usage que Monsieur de la Trappe fit de tout ce qu'il en souffrit est encore plus surprenant, et qu'à la Trappe la surface même n'en fut pas agitée, et pendant un si long temps. Tout, hors quatre ou cinq personnes, y fut dans l'entière ignorance, et y est demeuré depuis, et la paix n'y fut non plus altérée que le silence et toute la régularité. Ce contraste si effrayant et si complet m'a paru quelque chose de si rare, que j'ai succombé à l'écrire. Après tant de solitude, rentrons maintenant dans le monde.

CHAPITRE X.

Dot de Mademoiselle pour épouser le duc de Lorraine. — Voyage de Fontainebleau. — Douleur et deuil du Roi d'un enfant de Monsieur du Maine, qui cause un dégoût aux princesses. — Tentatives de préséance de Monsieur de Lorraine sur M. le duc de Chartres. — Mariage de Mademoiselle. — Division de préséance entre les Lorraines. — Départ de la duchesse de Lorraine et son voyage. — Tracasseries de rangs à Bar. — Couronne bizarrement fermée et *Altesse Royale* usurpées par ce duc de Lorraine. — Venise obtient du Roi le traitement entier de tête couronnée pour ses ambassadeurs. — Grande opération au maréchal de Villeroy. — Mort de Boisselot. — Mort de la comtesse d'Auvergne. — Mort de l'abbé d'Effiat. — Mort de la duchesse Lanti. — Mort de la chancelière le Tellier. — Mort de l'abbé Arnauld. — Le Roi refuse de porter le deuil d'un fils du prince royal de Danemark. — Baron de Breteuil est fait introducteur des ambassadeurs ; sa rare ignorance, et du marquis de Gesvres. — Abbé Fleury ; ses commencements ; ses premiers progrès ; comment fait évêque de Fréjus. — Prince de Conti gagne définitivement son procès contre Mme de Nemours. — Mme de Blansac rappelée. — Éclat et séparation de Barbezieux et de sa femme.

Aussitôt après la paix et la restitution convenue de Monsieur de Lorraine dans ses États, son mariage fut résolu avec Mademoiselle. Sa dot fut réglée à neuf cent mille livres du Roi comptant, en six mois; et quatre cent mille livres, moitié de Monsieur, moitié de Madame, payables après leur mort; et trois cent mille livres de pierreries; moyennant quoi, pleine renonciation à tout, de quelque côté que ce fût, en faveur de M. le duc de Chartres et de ses enfants mâles. Couvonges vint tout régler pour Monsieur de Lorraine, puis fit la demande au Roi, ensuite à Monsieur et à Madame, et dans la suite présenta à Mademoiselle, de la part de son maître, pour quatre cent mille livres de pierreries. Je ne sais si elle avoit su qu'elle auroit épousé le fils aîné de l'Empereur sans l'Impératrice, qui avoit un grand crédit sur son esprit, qui haïssoit extrêmement la France, et qui déclara qu'elle ne souffriroit point que son fils, déjà couronné et de plus destiné à l'empire, devînt beau-frère d'une double bâtarde. Elle ne fut pas si difficile sur le second degré, car ce même prince, en épousant la princesse d'Hanovre, devint cousin germain de Madame la Duchesse. Quoi qu'il en soit, Mademoiselle, accoutumée aux Lorrains par Monsieur et même par Madame, car il faut du singulier partout, fut fort aise de ce mariage, et très-peu sensible à sa disproportion de ses sœurs du premier lit. Ce n'est pas que, mettant l'Espagne à part, je prétende que Monsieur de Savoie soit de meilleure maison que Monsieur de Lorraine; mais un État à part, indépendant, sans sujétion, séparé par les Alpes, et toujours en état d'être puissamment soutenu par des voisins contigus, avec le traitement par toute l'Europe de tête couronnée, est bien différent d'un pays isolé, enclavé, et toutes les fois que la France le veut, envahi sans autre peine que d'y porter des troupes, un pays ouvert, sans places, sans liberté d'en avoir, sujet à tous les passages des troupes françoises, un pays croisé par des grands chemins marqués, dont la souveraineté est cédée, un pays enfin qui ne peut subsister que sous le bon plaisir de la France, et même des officiers de guerre ou de plume qu'elle commet dans ses provinces qui l'environnent. Mademoiselle n'alla point jusque-là : elle fut ravie de se voir délivrée de la dure férule de Madame, mariée à un prince dont toute sa vie elle avoit ouï vanter la maison, et établie à soixante-dix lieues de Paris, au milieu de la domination françoise. Les derniers jours avant son départ, elle pleura de la séparation de tout ce qu'elle connoissoit; mais on sut après qu'elle s'étoit parfaitement consolée dès la première couchée, et que du reste du voyage il ne fut plus question de tristesse.

La cour partit pour Fontainebleau, et six jours après le roi et la reine d'Angleterre y arrivèrent, et on ne songea plus qu'au mariage de Mademoiselle. Quatre jours avant le départ pour Fontainebleau, M. du Maine avoit perdu son fils unique. Le Roi l'étoit allé voir à Clagny, où il se retira d'abord, et y pleura fort avec lui. Monseigneur et Monsieur, l'un et l'autre fort peu touchés, y trouvèrent le Roi, et attendirent longtemps pour voir M. du Maine que le Roi sortît d'avec lui. Quoique fort au-dessous de sept ans, le Roi voulut qu'on en prît le deuil; Monsieur désira qu'on le quittât pour le mariage, et le Roi y consentit. Madame la Duchesse et Mme la princesse de Conti crurent apparemment au-dessous d'elles de rendre ce respect à Monsieur, et prétendirent hautement ne le point faire. Monsieur se fâcha; le Roi leur dit de le quitter : elles poussèrent l'affaire jusqu'à dire qu'elles n'avoient point apporté d'autres habits. Le Roi se fâcha aussi, et leur ordonna d'en envoyer chercher sur-le-champ. Il fallut obéir et se montrer vaincues ; ce ne fut pas sans un grand dépit.

M. d'Elbœuf avoit tant fait qu'il s'étoit raccommodé avec Monsieur de Lorraine. Il étoit, après lui et Messieurs ses frères, l'aîné de la maison de Lorraine, et comme tel il fut chargé de la procuration pour épouser Mademoiselle. Cette cérémonie enfanta un étrange prodige, qui fut d'abord su de peu de personnes, mais qui perça à la fin. Il entra dans la tête des Lorrains de rendre équivoque la supériorité de rang de M. le duc de Chartres sur M. le duc de Lorraine, et ces obliquités leur ont si souvent réussi, et frayé le chemin aux plus étranges entreprises, qu'il leur est tourné en maxime de les hasarder toujours. L'occasion étoit faite exprès pour leur donner beau jeu : il ne s'agissoit que d'exclure M. et Mme de Chartres de la cérémonie. Mademoiselle, fille ou mariée, conservoit son même rang de petite-fille de France, et sans aucune difficulté précédoit, après son mariage comme devant, les filles de Gaston de même rang qu'elle, et les princesses du sang, toutes d'un rang inférieur au sien. Le chevalier de Lorraine, accoutumé à dominer Monsieur, osa le lui proposer, et Monsieur, le plus glorieux prince du monde, et qui savoit le mieux et avec le plus de jalousie tout ce qui concernoit les rangs et les cérémonies, partialité à part pour les Lorrains, Monsieur y consentit. Il en parla à Monsieur son fils, qui lui témoigna sa surprise, et qui fort respectueusement lui déclara qu'il ne s'abstiendroit point de la cérémonie et qu'il y garderoit son rang au-dessus de Madame sa sœur. Monsieur, qui eut peur du Roi si l'affaire se tournoit en aigreur, fila doux, et tâcha d'obtenir de l'amitié et de la complaisance ce qu'il n'osoit imposer par voie d'autorité. Tout fut inutile, encore que Madame favorisât la proposition de Monsieur, parce qu'elle étoit en faveur d'un prince qu'elle regardoit comme Allemand, et ils se tournèrent sourdement à la ruse. Pendant toutes ces menées domestiques, M. de Couvonges se désoloit de la fermeté qu'il rencontroit sur beaucoup de points qui tenoient M. de Lorraine fort en brassière dans son État, principalement celui de l'exacte démolition des fondements même des fortifications de Nancy. Dans le désespoir de rien obtenir par lui-même, il s'adressa à Mademoiselle, qui lui promit qu'elle y feroit de son mieux. Elle tint parole, mais elle ne fut pas plus écoutée que l'avoit été Couvonges. Elle en conçut un tel dépit contre le Roi, qu'avec la même légèreté qui lui avoit fait embrasser cette affaire, elle s'emporta avec Couvonges jusqu'à le prier de se hâter de la tirer d'une cour où on ne se soucioit que des bâtards, sans réflexion aucune que toutes vérités, quoique exactes, ne sont pas bonnes à dire. D'autre part, il se trouva des gens bons et officieux qui lui dirent toutes sortes de sottises de Monsieur de Lorraine, et lui en firent une peur épouvantable, qui lui coûta plus de larmes que les regrets de son départ, mais qui, grâce à sa légèreté, se séchèrent; comme je l'ai déjà dit, dès la première journée.

Enfin, le dimanche 12 octobre, sur les six heures du soir, les fiançailles se firent dans le cabinet du Roi, en présence de toute la cour et du roi et de la reine d'Angleterre, par le cardinal de Coislin, premier aumônier, le cardinal de Bouillon, grand aumônier, étant à Rome. Madame la grande-duchesse porta la queue de Mademoiselle; M. d'Elbœuf, en pourpoint et en manteau, lui donnoit la main, et signa le dernier de tous le contrat de mariage. Le Roi et Mme la duchesse de Bourgogne séparément avoient été voir Mademoiselle avant les fiançailles, et il y eut beaucoup de larmes répandues. Les rois et toute la cour entendirent le soir une musique; le souper ne fut qu'à l'ordinaire de tous les jours. Mademoiselle ne parut plus de tout le reste du jour après la cérémonie, et le passa à pleurer chez elle, au grand scandale des Lorrains. Le lendemain, sur le midi, toute la cour s'assembla chez la reine d'Angleterre, dans l'appartement de la Reine mère, comme cela se faisoit tous les jours, tant qu'elle étoit à Fontainebleau, tous les voyages. Les princesses n'y osoient manquer, Monseigneur et toute la famille royale pareillement, et Mme de Maintenon elle-même, et toute habillée en grand habit. On y attendoit le Roi, qui y venoit tous les jours prendre la reine d'Angleterre pour la messe, et qui lui donnoit la main tout le chemin allant et revenant, et faisant toujours passer le roi d'Angleterre devant lui. Ce ne fut donc ce jour-là que le train de vie ordinaire, si ce n'est que Mademoiselle y fut amenée par le duc d'Elbœuf, vêtu comme la veille. Un moment après qu'elle y fut arrivée, on alla à la chapelle en bas, où M. le duc de Chartres alla et demeura; mais ce fut inutilement pour son rang. Mademoiselle n'y pouvoit être dans le sien. Elle étoit entre le prie-Dieu du Roi et l'autel, sur un fort gros carreau, à la droite duquel il y en avoit un fort petit pour M. d'Elbœuf, représentant Monsieur de Lorraine. Le cardinal de Coislin dit la messe et les maria, aussitôt après laquelle on se mit en marche, dans laquelle les princes alloient, comme tous les jours, devant le Roi, et les princesses derrière. A la porte de la chapelle, le Roi, le roi et la reine d'Angleterre et les princesses du sang embrassèrent Madame de Lorraine, et l'y laissèrent. M. d'Elbœuf la remena chez elle se déshabiller, et tout fut fini en ce moment. Mme la duchesse de Chartres demeura à la tribune, quoique toute habillée. C'étoit elle dont le rang eût été marqué, en revenant le long de la chapelle, au-dessus de Madame de Lorraine, ce qui fut évité par là. Toute la cour en parla fort haut; mais à ce qu'étoit Mme de Chartres, et à la façon dont elle avoit été mariée, que pouvoit-elle faire contre la volonté de Monsieur et de Madame? C'étoit à M. le duc de Chartres à soutenir cet assaut et à la faire venir en bas. La fin répondit mal au commencement, que j'ai raconté, et le Roi, toujours embarrassé avec Monsieur et Madame sur sa fille, n'osa user de son autorité. Mais ce qui fut évité en public ne le fut pas en particulier. J'appelle ainsi un lieu public, mais où la cour n'étoit pas.

Madame de Lorraine dîna chez Monsieur avec Madame, et
M. et Mme la duchesse de Chartres, qui tous deux prirent
toujours partout le pas et la place à table sur elle; et Monsieur, apparemment embarrassé du grand murmure qui
s'étoit fait de Mme de Chartres à la tribune, et qui avoit
duré toute la cérémonie, s'expliqua tout haut à son dîner,
qu'il ne savoit pas ce qu'on avoit voulu imaginer, que
Monsieur de Lorraine n'avoit jamais prétendu disputer
rien à M. de Chartres, et que lui-même ne l'auroit pas
souffert. Après dîner, Monsieur monta dans un carrosse
du Roi avec sa fille, Mme de Lislebonne et les siennes,
et Mme de Maré, gouvernante de Mademoiselle; Madame
dans son carrosse avec ses dames, et M. le duc de Chartres
dans le sien avec des dames de la cour de Monsieur; et
s'en allèrent à Paris. Mme la duchesse de Chartres, sous
prétexte d'incommodité, demeura à Fontainebleau.

Cette cérémonie fit un schisme parmi les Lorraines.
Mme de Lislebonne prétendit les précéder toutes, comme
fille du duc Charles IV de Lorraine; Mme d'Elbœuf la douairière, et cela soit dit une fois pour toutes, parce que la
femme du duc d'Elbœuf ne paroissoit jamais, Mme d'Elbœuf, dis-je, se moqua d'elle, et comme veuve de l'aîné de
la maison en France, et du frère aîné de M. de Lislebonne,
se rit de sa belle-sœur, et l'emporta, malgré les pousseries
et les colères dont Mme de Lislebonne, quoique fort inutilement, ne se contraignit pas. Il y avoit eu sur cela force
pourparlers, où la duchesse du Lude s'étoit assez mal à propos mêlée, qui n'aboutirent qu'à aigrir et renouveler les
propos de la bâtardise de Mme de Lislebonne, qui se vouloit toujours porter pour légitime, et qui en fut mortellement offensée. Je ne sais ce qui arriva à Mme d'Armagnac
sur tout cela, mais elle demeura à la tribune avec ses filles
et sa belle-fille.

La Ville, mais sans le gouverneur, alla saluer Madame
de Lorraine au Palais-Royal. Elle en partit le jeudi 16 octobre, dans un carrosse du Roi, dans lequel montèrent
avec elle Mme de Lislebonne, chargée de la conduire, ses

deux filles, Mmes de Maré, de Couvonges et de Ratzenhausen, une Allemande favorite de Madame et mère d'une de ses filles d'honneur. Desgranges, maître des cérémonies, l'accompagna jusqu'à la frontière, et elle fut servie par les officiers du Roi. A Vitry, où elle coucha, Monsieur de Lorraine vint, inconnu, voir souper Mme la duchesse de Lorraine ; puis alla chez Mme de Lislebonne, qui le présenta à Madame son épouse. Ils furent quelque temps tous trois ensemble, puis il s'en retourna.

En arrivant à Bar, ils furent remariés par des abbés déguisés en évêques, au refus du diocésain, qui voulut un fauteuil chez Monsieur de Lorraine. Monsieur le Grand, le prince Camille un de ses fils, le chevalier de Lorraine et M. de Marsan y étoient déjà. L'évêque d'Osnabruck, frère de Monsieur de Lorraine, s'y trouva aussi, et mangea seul avec eux. Ce fut une autre difficulté : comme souverain par son évêché, Monsieur de Lorraine vouloit bien lui donner un fauteuil, mais comme à son cadet il ne lui donnoit pas la main. Comme frère, nos Lorrains lui auroient déféré bien des choses, mais cette distinction du fauteuil les blessa extrêmement. Cela fit bien de la tracasserie, et finit enfin par les mettre à l'unisson : Monsieur d'Osnabruck se contenta d'un siége à dos, et les quatre autres en eurent de pareils, moyennant quoi, ils mangèrent avec Monsieur et Madame de Lorraine. Ce siége à dos fut étrange devant une petite-fille de France : les princes du sang n'en ont pas d'autre devant elles ; mais il passa ; et de là vint que les ducs en prétendirent lorsqu'ils passèrent depuis par cette petite cour, ce qui fut rare, et que Monsieur de Lorraine en laissa prendre et en prit devant Madame sa femme, d'autant plus volontiers, et manger sa noblesse avec elle, que cette confusion ôtoit l'égalité marquée avec lui, sans laquelle aucun duc n'eût pu le voir. Je dis égalité, parce qu'il étoit raisonnable que ceux de sa maison lui déférassent la main et ce qu'il vouloit, ce qui ne pouvoit pas régler les autres. Aucun duc de Guise, jusqu'au gendre de Gaston inclus, n'a jamais fait difficulté de toute égalité avec les ducs, et en même temps n'a jamais donné la main chez lui à aucun de la maison de Lorraine. C'est un fait singulier, que je tiens et de ducs et de gens de qualité qui l'ont vu. Ces tracasseries firent que Monsieur le Grand et les trois autres, qui avoient compté accompagner Monsieur et Madame de Lorraine jusqu'à Nancy, prirent congé d'eux à leur départ de Bar, et s'en revinrent. Mme de Lislebonne et ses filles allèrent avec eux, et y passèrent l'hiver. Le Roi ne laissa pas de trouver ce dossier fort mauvais devant sa nièce; et M. d'Elbœuf, qui alla à Nancy quelque temps après que Monsieur et Madame de Lorraine y furent établis, en sut bien faire sa cour, et dire au Roi qu'il se garderoit bien, devant Madame de Lorraine, de prendre un autre siége qu'un ployant, qui est ce que les petites-filles de France donnent ici aux ducs et aux princes étrangers. Monsieur le Grand en fut fort piqué.

Le jour du mariage, Couvonges présenta, de la part de Monsieur de Lorraine, son portrait enrichi de diamants à Torcy, qui avoit dressé le contrat de mariage. On fut surpris de la couronne qui surmontoit ce portrait : elle étoit ducale, mais fermée par quatre bars[1], ce qui, aux fleurs de lis près, ne ressembloit pas mal à celle que le Roi avoit fait prendre à Monseigneur. Ce fut une invention toute nouvelle, que ses pères n'avoient pas imaginée, et qu'il mit partout sur ses armes. Il se fit donner en même temps l'*Altesse Royale* par ses sujets, que nul autre ne lui voulut accorder, qui fut une autre nouvelle entreprise; et Meuse, qu'il envoya remercier le Roi de sa part, après son mariage, n'osa jamais lui en donner ici. Je ne sais s'il voulut chercher à s'égaler à Monsieur de Savoie, et sa chimère de Jérusalem à celle de Chypre, mais Monsieur de Savoie en avoit au moins quelque réalité par le traitement d'ambassadeur de tête couronnée déféré aux siens à Rome, à Vienne, en France, en Espagne, et partout, où jamais on n'avoit ouï parler de simples ambassadeurs de Lorraine. Cette clôture de couronne, pour être ingénieuse et de

1. Terme de blason. Le bar ou barbeau figure dans les armes de Bar.

forme agréable pour un orfévre, étoit mal imaginée. Monsieur de Lorraine, comme duc de Lorraine, étoit un très-médiocre souverain, mais souverain pourtant sans dépendance; comme duc de Bar, il l'étoit aussi, mais mouvant et dépendant de la couronne, et toutes ses justices à lui, à plus fortes raisons celle de tous les Barrois, soumises au parlement de Paris; et ce fut des armes de Bar qu'il fit la fermeture de sa couronne. Ce ridicule sauta aux yeux. Ses pères ont eu l'honneur d'être gendres de rois et d'empereurs : un, du roi de Danemark ; un autre, de notre Henri II ; et le père de Monsieur de Lorraine étoit gendre et beau-frère d'empereurs, et mari d'une reine douairière de Pologne. C'étoit, de plus, un des premiers capitaines de son siècle, un des plus capables du conseil de l'Empereur son beau-frère, et qui avoit le plus sa confiance et d'autorité et de crédit à sa cour, et dans tout l'empire duquel, ainsi que de l'Empereur, il étoit feld-maréchal ou généralissime, avec une réputation bien acquise en tout genre et singulièrement grande. Jamais il ne s'étoit avisé, non plus que ses pères, ni de couronne autre que la ducale, ni de l'*Altesse Royale*. Moi et un million d'autres hommes avons vu sur les portes de Nancy les armes des ducs de Lorraine, en pierre, avec la couronne purement ducale et le manteau ducal, apparemment comme ducs de Bar, car en Allemagne, dont la Lorraine tient fort sans en être, les manteaux de duc ne sont pas usités autour des armes. Ce duc-ci le quitta aux siennes. Je ne sais ce que sont devenues ces armes sur les portes de Nancy, où je n'ai pas été depuis ce mariage. Ces entreprises furent trouvées ridicules; on s'en moqua; mais elles subsistèrent et tournèrent en droit. C'est ainsi que s'est formé et accru en France le rang des princes étrangers, par entreprises, par conjonctures, pièce à pièce, ainsi que je l'ai déjà fait remarquer. Cette couronne étoit surmontée d'une couronne d'épines, d'où sortoit une croix de Jérusalem. C'étoit, pour ne rien oublier, enter le faux sur le trop foible.

Ce foible, qui étoient[1] les bars, fut tôt ressenti par ce duc. Sa justice principale à Bar s'avisa, dans l'ivresse de ces grandeurs nouvellement imaginées, de nommer le Roi dans quelques sentences *le Roi Très-Chrétien*. L'avocat général Daguesseau représenta au Parlement la nécessité de réprimer cette audace (ce furent ses propres termes), et d'apprendre aux Barrois que leur plus grand honneur consistoit en leur mouvance de la couronne. Sur quoi, arrêt du Parlement qui enjoint à ce tribunal de Bar diverses choses, entre autres de ne jamais nommer le Roi que *le Roi* seulement, et ce à peine de suspension, interdiction, et même privation d'offices, à quoi il fallut obéir. Monsieur de Lorraine en fit excuse, et cassa celui qui l'avoit fait.

Avant de quitter les étrangers, il faut dire que la jalousie de Venise contre Savoie sur le traitement de leurs ambassadeurs, par la prétention réciproque de la couronne de Chypre, ne cessa de faire instance d'avoir les mêmes avantages sur le traitement entier de tête couronnée qu'on venoit d'accorder à l'ambassadeur de Savoie depuis le mariage de Mme la duchesse de Bourgogne, et ils l'obtinrent en ce temps-ci.

Le maréchal de Villeroy, si galant encore à son âge, si paré, d'un si grand air, si adroit aux exercices, et qui se piquoit tant d'être bien à cheval et d'y fatiguer plus que personne, courut si bien le cerf à Fontainebleau, sans nécessité, qu'il manifesta au monde deux grosses descentes, une de chaque côté, dont personne ne s'étoit jamais douté, tant il les avoit soigneusement cachées. Un accident terrible le surprit à la chasse; on eut peine à le rapporter à bras. Il voulut dérober à la cour le spectacle de cette sorte de honte pour un homme si bien fait encore, et si fort homme à bonnes fortunes : il se fit emporter dès le lendemain sur un brancard à Villeroy, puis gagner la Seine, et à Paris en bateau. Maréchal, fameux chirurgien, lui fit

---

1. Ce pluriel est conforme au texte du manuscrit.

la double opération avec un succès qui surprit les connoisseurs en cet art, et le rappela à la vie, qu'il fut sur le point de perdre plus d'une fois. Le Roi parut s'y intéresser beaucoup. Il y gagna la guérison radicale de ses deux descentes.

Pendant qu'on étoit à Fontainebleau, on apprit la mort de Boisselot, dans une terre où il s'étoit retiré lieutenant général. Il avoit été capitaine aux gardes, et s'étoit acquis une grande réputation en Irlande par l'admirable et longue défense de Limerick, assiégé par le prince d'Orange en personne, par laquelle il retarda longtemps la conquête de toute cette île.

La femme du comte d'Auvergne mourut aussi chez elle à Berg-op-Zoom. Elle étoit fille unique et héritière d'un prince de Hohenzollern et de l'héritière de Berg-op-Zoom. C'étoit une femme de bonne mine, qui imposoit, d'un esprit doux et poli, au-dessous du médiocre, mais d'une vertu, d'un mérite et d'une conduite rare, dont elle ne se démentit jamais, et dont elle eut bon besoin toute sa vie.

L'abbé d'Effiat mourut en même temps, dans un beau logement à l'Arsenal, que lui avoit donné le maréchal de la Meilleraye, grand maître de l'artillerie, son beau-frère. Il étoit fils du maréchal d'Effiat et d'une Fourcy, frère de Cinq-Mars grand écuyer de France, décapité à Lyon avec M. de Thou, 12 septembre 1642, sans avoir été marié, et du père du marquis d'Effiat premier écuyer de Monsieur et chevalier de l'ordre, qui, à quelques legs près, eut tout ce riche héritage. L'abbé d'Effiat avoit soixante-dix ans, et toute sa vie avoit été fort galant et fort du grand monde. Tout vieux et tout aveugle qu'il étoit devenu, il en étoit encore tant qu'il pouvoit, et avoit la manie, quoique depuis plus de vingt ans aveugle, de ne le vouloir pas paroître. Il étoit averti, et retenoit fort bien les gens et les meubles qui étoient dans une chambre, les plats qu'on devoit servir chez lui et leur arrangement, et se gouvernoit en conséquence comme s'il eût vu clair. On avoit pitié de cette foiblesse, et on ne faisoit pas semblant de s'en apercevoir. Il avoit de l'esprit, la conversation agréable, savoit mille choses, et étoit un fort bon homme.

La duchesse Lanti mourut aussi à Paris, d'un cancer qu'elle y avoit apporté de Rome dans l'espérance d'y trouver sa guérison. On a vu ailleurs qui étoit son mari, et qu'elle étoit sœur de la duchesse de Bracciano, qui fit son mariage. Elle n'avoit rien, et Lanti se trouva fort honoré d'épouser une la Trémoille, sœur d'une femme qui à tous égards tenoit le premier rang dans Rome, et qui lui procura l'ordre du Saint-Esprit. Elle laissa des enfants, et le Roi fit donner à sa fille, qu'elle avoit amenée, de quoi s'en retourner à Rome.

La chancelière le Tellier mourut enfin, à plus de quatre-vingt-dix [ans], ayant conservé sa tête et sa santé jusqu'à la fin, et grande autorité dans sa famille, à qui elle laissa trois millions de bien.

M. de Pompone perdit l'abbé Arnauld, son frère : c'étoit un homme fort retiré et grand homme de bien, qui n'avoit jamais fait parler de lui dans les affaires du fameux Arnauld son oncle. Il vivoit dans un bénéfice qu'il avoit.

Le prince royal de Danemark perdit son fils. Cette cour fit tout ce qu'elle put pour engager la nôtre d'en porter le deuil, mais le Roi ne voulut point avoir cette complaisance : il ne portoit le deuil que des têtes couronnées ou des princes qui étoient ses parents, et il n'avoit point de parenté avec la maison d'Oldenbourg, qui est celle des rois de Danemark.

Bonneuil, introducteur des ambassadeurs, étoit mort il y avoit cinq ou six mois. C'étoit un fort honnête homme, différent de Sainctot, à qui son père, seul introducteur, avoit vendu la moitié de sa charge. Le père et le fils entendoient fort bien leur métier. Breteuil, qui, pour être né à Montpellier pendant l'intendance de son père, se faisoit appeler le baron de Breteuil, eut cette charge d'introducteur au retour de Fontainebleau. C'étoit un homme qui ne manquoit pas d'esprit, mais qui avoit la rage de la cour, des ministres, des gens en place ou à la mode, et surtout de gagner de l'argent dans les partis en promettant sa protection. On le souffroit et on s'en moquoit. Il avoit été lecteur du Roi, et il étoit frère de Breteuil, conseiller d'État et intendant des finances. Il se fourroit fort chez M. de Pontchartrain, où Caumartin, son ami et son parent, l'avoit introduit. Il faisoit volontiers le capable, quoique respectueux, et on se plaisoit à le tourmenter. Un jour, à dîner chez M. de Pontchartrain, où il y avoit toujours grand monde, il se mit à parler et à décider fort hasardeusement. Mme de Pontchartrain le disputa, et pour fin lui dit qu'avec tout son savoir elle parioit qu'il ne savoit pas qui avoit fait le *Pater*. Voilà Breteuil à rire et à plaisanter, Mme de Pontchartrain à pousser sa pointe, et toujours à le défier et à le ramener au fait. Il se défendit toujours comme il put, et gagna ainsi la sortie de table. Caumartin, qui vit son embarras, le suit en rentrant dans la chambre, et avec bonté lui souffle « Moïse ». Le baron, qui ne savoit plus où il en étoit, se trouva bien fort, et au café remet le *Pater* sur le tapis, et triomphe. Mme de Pontchartrain alors n'eut plus de peine à le pousser à bout, et Breteuil, après beaucoup de reproches du doute qu'elle affectoit, et de la honte qu'il avoit d'être obligé à dire une chose si triviale, prononça magistralement que personne n'ignoroit que c'étoit Moïse qui avoit fait le *Pater*. L'éclat de rire fut universel. Le pauvre baron, confondu, ne trouvoit plus la porte pour sortir. Chacun lui dit son mot sur sa rare suffisance. Il en fut brouillé longtemps avec Caumartin, et ce *Pater* lui fut longtemps reproché.

Son ami le marquis de Gesvres, qui quelquefois faisoit le lecteur, et retenoit quelque mot qu'il plaçoit comme il pouvoit, causant un jour dans les cabinets du Roi, et admirant en connoisseur les excellents tableaux qui y étoient, entre autres plusieurs crucifiements de Notre-Seigneur, de plusieurs grands maîtres, trouva que le même en avoit fait beaucoup, et tous ceux qui étoient là. On se moqua de lui, et on lui nomma les peintres différents, qui se reconnoissoient à leur manière. « Point du tout, s'écria le marquis, ce peintre s'appeloit INRI ; voyez-vous pas son nom sur tous ces tableaux ? » On peut imaginer ce qui suivit une si lourde bêtise, et ce que put devenir un si profond ignorant.

On a vu en son temps la disgrâce, puis la mort de d'Aquin, premier médecin du Roi. Il avoit un frère évêque de Fréjus, qui étoit un homme fort extraordinaire. Il demanda à se défaire de son évêché en faveur de son neveu. Tout fut bon au Roi, pourvu qu'il se démît, et l'abbé d'Aquin d'ailleurs avoit plu au Roi dans l'exercice de son agence du clergé. L'oncle ne fut pas longtemps d'accord avec lui-même, et il vexa tellement et si mal à propos son neveu, qu'il abdiqua Fréjus pour n'avoir point à lutter contre son oncle. Le Roi approuva fort ce procédé, et trouva celui du vieil évêque extrêmement mauvais. Séez vint à vaquer tout à propos, et fut donné au neveu, et en même temps l'oncle eut ordre de désemparer de Fréjus et de laisser les lieux libres. Voilà donc Fréjus tout à fait vacant.

L'abbé Fleury languissoit après un évêché depuis longues années ; le Roi s'étoit butté à ne lui en point donner : il n'estimoit pas sa conduite, et disoit qu'il étoit trop dissipé, trop dans les bonnes compagnies, et que trop de gens lui parloient pour lui ; il l'avoit souvent refusé. Le P. de la Chaise y avoit échoué, et le Roi s'étoit expliqué qu'il ne vouloit plus que personne lui en parlât davantage. Il y avoit quatre ou cinq ans qu'après une longue espérance le pauvre abbé étoit tombé dans cette espèce d'excommunication, et il la comptoit d'autant plus sans ressource qu'il avoit essayé la faveur naissante de Monsieur de Paris, qui n'avoit pas mieux réussi que les autres, en sorte que le pauvre garçon ne savoit que devenir. Il étoit sans bien et presque sans bénéfices ; il étoit trop petit compagnon pour quitter sa charge par dépit ; et la garder aussi sans espérance, c'étoit le dernier mépris. Son père étoit receveur des décimes du diocèse de

Lodève; il s'étoit fourré parmi les valets du cardinal Bonzi, dont il avoit obtenu la protection du temps de sa faveur à la cour et qu'il pouvoit tout en Languedoc. L'abbé Fleury étoit fort beau et fort bien fait dans sa première jeunesse, et en a conservé les restes toute sa vie. Il plut fort au bon cardinal; il voulut en prendre soin : il le fit chanoine de l'église de Montpellier, où il fut ordonné prêtre en 1674, après avoir fait à Paris des études telles quelles, dans un grenier de ces petits colléges à bon marché. Le cardinal Bonzi, qui étoit grand aumônier de la Reine, se fit une affaire de lui en faire avoir une charge d'aumônier, ce qui parut assez étrange. Sa figure adoucit les esprits : il se trouva discret, doux, liant; il se fit des amies et des amis, et se fourra dans le monde sous la protection du cardinal Bonzi. La Reine mourut, et le cardinal obtint pour lui une charge d'aumônier du Roi. On en cria beaucoup, mais on s'accoutume à tout : Fleury, respectueux et d'un esprit et d'une humeur qui avoit su plaire, d'une figure qui plaisoit peut-être encore plus, d'une modestie, d'une circonspection, d'une profession qui rassuroit[1], gagna toujours du terrain, et il eut la fortune et l'entregent d'être d'abord souffert, puis admis, dans les meilleures compagnies de la cour, et de se faire des protecteurs ou des amis illustres des personnages principaux, en hommes et en femmes, dans le ministère et dans les premières places ou dans le premier crédit. Il étoit reçu chez M. de Seignelay; il ne bougeoit de chez M. de Croissy, puis de chez M. de Pompone et M. de Torcy, où, à la vérité, il étoit comme ailleurs sans conséquence, et suppléoit souvent aux sonnettes avant qu'on en eût l'invention. Le maréchal et la maréchale de Villeroy l'avoient très-souvent, les Noailles extrêmement, et il eut le bon esprit de se lier étroitement avec ce qu'il y avoit de meilleur et de plus distingué parmi les aumôniers du Roi, comme les abbés de Beuvron et de Saint-Luc, et

---

1. Le manuscrit porte bien ici *rassuroit*, et trois lignes plus haut, *avoit*, au singulier.

avec d'autres de son métier qui lui faisoient honneur. Le maréchal de Bellefonds, le vieux Villars, M`<sup>me</sup>` de Saint-Geran, M. et M`<sup>me</sup>` de Castries, il ne sortoit point de chez eux, et passoit ainsi une vie très-agréable et très-honorable pour lui; mais le Roi n'avoit pas tort de n'y trouver rien d'ecclésiastique, et quoique il se conduisît fort sagement, il étoit difficile que tout en fût ignoré. Il en étoit donc là, et sans moyen quelconque d'avancer ni de reculer, fort plaint du gros du monde, mais sans secours pour sortir de ce bourbier, lorsque Fréjus vaqua.

Monsieur de Paris, qui l'en vit touché jusqu'aux larmes, en prit si généreusement pitié, que malgré les défenses du Roi, il se hasarda de faire encore une tentative. Elle fut mal reçue, et de façon à fermer la bouche à tout autre; mais le prélat fit effort de crédit et de bien dire pour représenter au Roi que c'étoit déshonorer et désespérer un homme, et sans une cause éclatante à quoi on s'en pût prendre, et insista si fortement et si longtemps, que le Roi, d'impatience, lui mit la main sur l'épaule, et le serrant et le remuant : « Ho bien! Monsieur, lui dit-il, vous le voulez donc, que je fasse l'abbé Fleury évêque de Fréjus, et malgré toutes les raisons que je vous ai dites et redites, vous insistez sur ce que c'est un diocèse au bout du royaume et en pays perdu; il faut donc vous céder pour n'en être plus importuné, mais je le fais à regret, et souvenez-vous bien, et je vous le prédis, que vous vous en repentirez. » Ce fut de la sorte qu'il eut Fréjus, arraché par Monsieur de Paris à la sueur de son front et de toute la force de ses bras. L'abbé Fleury fut comblé de joie et de reconnoissance pour un service si peu attendu, et qui le tiroit de l'état du monde le plus cruel et le plus violent, auquel il ne voyoit point d'issue; mais le Roi fut prophète, et bien plus qu'il ne pensoit, mais d'une toute autre sorte. Le nouvel évêque se pressa le moins qu'il put de se confiner à Fréjus. Il fallut pourtant bien y aller. Ce qu'il y fit pendant quinze ou seize ans n'est pas de mon sujet ; ce qu'il a fait depuis, cardinal et plutôt roi absolu que premier ministre, c'est ce que tous les historiens ne laisseront pas ignorer à la postérité.

M. le prince de Conti, plus heureux et peut-être plus actif au Parlement qu'en Pologne, gagna enfin définitivement son grand procès contre Mme de Nemours, pour les biens de Longueville, dans le milieu de décembre, et de vingt-trois juges eut vingt voix. Outre treize ou quatorze cent mille francs qui lui furent adjugés, ses prétentions sur Neuchâtel devinrent bien plus considérables.

Le Roi, dans cette fin d'année, résolut d'entreprendre trois grands ouvrages, qui auroient dû même être faits depuis longtemps : la chapelle de Versailles, l'église des Invalides, et l'autel de Notre-Dame de Paris. Ce dernier étoit un vœu de Louis XIII, fait lorsqu'il n'avoit plus le temps de l'accomplir, et dont il avoit chargé son successeur, qui avoit été plus de cinquante ans sans y songer.

Il permit aussi à Mme de Blansac de reparoître à la cour, et de voir Mme la duchesse de Chartres, qui en eut une grande joie. Celle de la maréchale de Rochefort fut tôt après troublée par l'apoplexie de son fils, dont il eut attaques sur attaques. C'étoit fort peu de chose, à la valeur près, et un jeune homme excessivement débauché.

M. de Barbezieux finit l'année par un éclat dont il se seroit pu passer. Il avoit, comme on l'a vu, épousé Mlle d'Alègre. Il la traitoit comme un enfant, et ne se contraignoit pas de ses galanteries et de sa vie accoutumée. M. d'Elbœuf, comme on l'a vu encore, en fit l'amoureux à grand bruit, pour insulter Barbezieux. La jeune femme, piquée de la conduite de son mari à son égard, crut de mauvais conseils, et rendit son mari jaloux. Il s'abandonna à cette passion : tout lui grossit ; il crut voir ce qu'il ne voyoit point, et il lui arriva ce qui n'est jamais arrivé à personne, de se déclarer publiquement cocu, d'en vouloir donner les preuves, de ne le pouvoir, et de n'en être cru de qui que ce soit. On n'a jamais vu homme si enragé que celui-là de ne pouvoir passer pour cocu. Tout ce qui se trouva ne fut qu'imprudences, étourderies et folie d'une jeune innocente sottement conseillée, qui veut ramener par où on les égare[1] ; et ce fut tout. Mais Barbezieux, furieux, ne fut plus capable de raison : il pria d'Alègre, par un courrier qu'il lui dépêcha en Auvergne, de revenir sur-le-champ, et la lettre fut si bien tournée, que d'Alègre, qui n'étoit pas un habile homme, ne douta pas que ce ne fût pour quelque grand avancement que son gendre lui procuroit. Il fut donc étrangement surpris en arrivant, quand il apprit de quoi il s'agissoit. Les séparer, il le falloit bien dans la crise où l'affaire étoit tombée. Mme de Barbezieux étoit prisonnière chez son mari et malade. Le mari prétendoit qu'elle la faisoit, et vouloit la mettre dans un couvent; le père et la mère la vouloient garder chez eux. Enfin, après un grand vacarme, et pour fort peu de chose, le Roi, fort importuné du beau-père et du gendre, décida que Mme de Barbezieux iroit chez son père et sa mère jusqu'à entière guérison, après laquelle ils la mèneroient dans un couvent en Auvergne. Pour le bien, Barbezieux le remit tout entier, et s'en rapporta à d'Alègre de ce qu'il conviendroit pour l'éducation et l'entretien de ses deux filles. On plaignit fort d'Alègre, et sa fille encore plus, et on tomba rudement sur Barbezieux. Ce qu'il fit encore de plus mal, ce furent les niches de toutes les sortes qu'il s'appliqua depuis à faire à d'Alègre, et d'y employer[2] l'autorité et le crédit de sa charge.

1. Cette phrase incorrecte est conforme au texte du manuscrit.
2. Et ce fut d'y employer.

CHAPITRE XI.

1699. — M. le duc de Berry chevalier de l'ordre. — Mort du duc de Brissac. — Difficultés à succéder à la dignité de duc et pair de Brissac. — Entreprises lorraines. — Étrange hardiesse de la princesse d'Harcourt, le jour de la première audience de Milord Jersey chez Mme la duchesse de Bourgogne. — Noir artifice des Lorrains, que je mis au net avec le Roi le soir même. — Plainte du duc de Rohan au Roi, qui ordonne à la princesse d'Harcourt de demander pardon à la duchesse de Rohan, et qui l'exécute en public chez Mme de Pontchartrain. — Places des princesses du sang au cercle et lieux arrangés.

M. le duc de Berry fut nommé chevalier de l'ordre le premier jour de cette année, et fut reçu à la Chandeleur.

Le duc de Brissac mourut à Brissac le premier ou le second jour de cette année. Il étoit frère unique de la maréchale de Villeroy, et mon beau-frère, sans enfants de ma sœur, avec qui il avoit très-mal vécu, comme je l'ai dit au commencement de ces *Mémoires*. Il n'en eut point non plus de la sœur de Vertamont, premier président du grand conseil, qu'il épousa pour son grand bien, qu'il mangea si parfaitement que, n'y ayant pas même de douaire ni de reprises pour elle, elle continua à vivre, comme elle faisoit depuis longtemps, chez son frère, qui lui donnoit jusqu'à des souliers et des chemises. Elle étoit bossue, avec un visage assez agréable, et beaucoup d'esprit et fort orné, qui l'étoit encore plus, et beaucoup de douceur et de vertu. M. de Brissac savoit beaucoup, et avoit infiniment d'esprit et des plus agréables, avec une figure de plat apothicaire, grosset, basset, et fort enluminé. C'étoit de ces hommes nés pour faire mépriser l'esprit, et pour être le fléau de leurs maisons. Une vie obscure, honteuse, de la dernière et de la plus vilaine débauche, à quoi il se ruina radicalement, à n'avoir pas de pain longtemps avant de mourir, sans table, sans équipage, sans rien jamais qui ait paru, sans cour, sans guerre, et sans

avoir jamais vu homme ni femme qu'on pût nommer.
Cossé étoit fils du frère cadet de son père, mort chevalier de l'ordre. Il avoit épousé depuis plusieurs années
une fille de Bechameil, qui étoit surintendant de Monsieur, sœur de la femme de Desmarets, neveu de M. Colbert, chassé et longtemps exilé à sa mort, et de Nointel,
que Monsieur fit faire intendant en Bretagne, puis conseiller d'État.

J'appris cette mort à Versailles, où j'étois presque toujours. Je compris aussitôt que Cossé trouveroit des difficultés à être duc de Brissac, par le fond de la chose
même et par la sottise de bien des ducs. Je sentis en
même temps combien il importoit à la durée des duchés
qu'il le fût, et je me hâtai dès le lendemain matin d'en
parler à M. de la Trémoille, à M. de la Rochefoucauld et à
quelques autres, que je persuadai si bien qu'ils me promirent d'appuyer Cossé tant qu'ils pourroient, et de
prendre même fait et cause pour lui si cela devenoit
nécessaire. Je ne m'étois pas trompé à ne pas perdre de
temps. Le soir même, comme on attendoit le coucher du
Roi, le duc de Rohan parut dans le salon, devenu depuis
la chambre du Roi; il vint à moi, et me dit que plusieurs
ducs l'avoient vu à Paris, sur la prétention de Cossé, dont
on ne doutoit pas, qu'ils étoient fort résolus à s'y opposer,
et l'avoient prié de m'en parler de leur part. Le duc de
Gramont s'étoit aussi chargé de m'en parler, et à plusieurs autres. Il s'étendit sur l'avantage de gagner un
rang d'ancienneté, et de diminuer le nombre des ducs. Je
lui répondis que j'étois surpris que lui, qui étoit plus
instruit que ceux dont il me parloit, eût pu se laisser
prendre à leurs raisons; qu'il étoit à la vérité fort à
desirer que les rangs d'ancienneté parmi les ducs ne
fussent pas troublés par des chimères et des prétentions
qui n'avoient que du crédit, comme celle de M. de
Luxembourg et plusieurs autres, et qu'il plût au Roi de
ne plus prodiguer si facilement cette dignité, mais que de
chercher à l'éteindre sur un issu de mâle en mâle d'un

duc, c'étoit l'éteindre un jour sur nous-mêmes, puisqu'il n'y avoit aucun de nous à qui cela ne pût arriver dans sa maison en plusieurs façons; que je croyois, au contraire, qu'il étoit d'un intérêt très-principal de conserver le plus longuement qu'il étoit possible les duchés dans les maisons où elles[1] étoient, et pour l'honneur de la dignité et pour l'intérêt des maisons, quand c'étoit une succession de mâle en mâle, et non pas des extensions chimériques, par des femelles ou par des parentés masculines, qui ne sortoient point de celui en faveur duquel le duché étoit érigé ; que le cas de Cossé étoit simple, que son père étoit fils puîné et frère puîné des ducs de Brissac, et lui cousin germain de celui qui venoit de mourir, par conséquent en tout droit et raison de l'être, et nous en tout intérêt de l'y aider; qu'à l'égard du rang, je ne pouvois m'empêcher de lui dire que c'étoit une raison misérable, et qu'autant qu'il étoit insupportable de céder à des chimères, ou à des entreprises, ou à des nouveautés, autant étoit-il agréable de suivre une règle honorable entre nous de précéder ses cadets, et de n'avoir aucune peine à avoir des anciens et à leur céder partout. M. de Rohan n'étoit pas à un mot, ni aisé à persuader : après avoir écouté ses répliques, et qu'il eût vu que je ne me rendois point, il me dit d'un ton plus haut que lui et ces Messieurs auroient beaucoup de déplaisir si je ne voulois pas être des leurs, mais que leur résolution étoit prise d'intervenir contre Cossé, et de demander que le duché-pairie de Brissac fût déclaré éteint. A ce mot je le pris par le bras, et lui répondis que si lui et ces Messieurs tenoient bon, nous verrions donc un schisme, parce que j'avois parole de MM. de la Trémoille, de Chevreuse, de la Rochefoucauld, de Beauvillier et de plusieurs autres, de prendre, si le cas y échéoit, fait et cause pour Cossé ; et qu'on verroit alors qui auroit plus de raison et meilleure grâce, de ceux qui soutiendroient la conservation de la

---

1. Cinq lignes plus loin, Saint-Simon écrit *le duché*, au masculin.

dignité au descendant si proche et de mâle en mâle de celui pour qui elle avoit été érigée, ou de ceux [qui] en voudroient porter l'éteignoir sur lui, et en donner l'exemple pour leur postérité à eux-mêmes. M. de Rohan fut bien étonné à ce propos ; j'en profitai, et lui proposai d'en parler à ceux que je lui venois de nommer, qui étoient à Versailles et qu'il trouveroit si aisément sous sa main. Le Roi vint se déshabiller, et finit notre conversation ; elle fut efficace.

Je la rendis le lendemain à ceux que j'avois gagnés, qui me promirent de nouveau de prendre fait et cause. Ils s'en expliquèrent à d'autres fortement, tellement que les ducs de Rohan, de Gramont, et les autres qui avoient pris la résolution de s'opposer à Cossé, n'osèrent pousser leur pointe, ni même en parler davantage. Je pouvois, quoique fort jeune, avoir quelque poids dans cette affaire, après ce qui s'étoit passé en celle de M. de Luxembourg. Le duc de Brissac est plus ancien que moi, et je n'avois aucune habitude avec Cossé, qui étoit un bavard fort borné et fort peu compté, qui avaloit du vin avec force mauvaise compagnie, et n'en voyoit pas fort ordinairement de bonne. Son cousin avoit trop étrangement vécu avec ma sœur et avec mon père pour que je pusse m'intéresser à sa maison par rapport à elle, et j'étois depuis plusieurs années en procès avec M. de Brissac et ses créanciers pour la restitution de la dot de ma sœur. C'étoient là des raisons de meilleur aloi que celles que le duc de Rohan m'avoit alléguées, et qui ne pouvoient être contrebalancées par la maréchale de Villeroy, dont je fus depuis ami intime, mais avec qui alors je n'étois guère encore qu'en connoissance, et en aucune avec son mari ; mais l'intérêt général me détermina, et me toucha assez pour hasarder ma dette. Cossé, qui sut l'obligation qu'il m'avoit, accourut me remercier et m'offrir de me mettre hors d'intérêt sur ce procès, que j'avois déjà gagné une fois et qu'on avoit renouvelé par des chicanes ; il m'en pressa même, mais je ne le voulus pas, parce que tous les créanciers de son cousin lui auroient pu faire la même loi sur cet exemple, comme beaucoup même firent sans cela : il n'auroit pu y suffire, ni atteindre à la propriété de Brissac, essentielle pour en recueillir la dignité. Je sentois bien ce que je hasardois avec une succession ruinée, ventilée, en proie aux frais et aux chicanes, et à Cossé lui-même, à qui il resteroit peu ou point de bien, après s'être épuisé pour une acquisition si essentielle, où chaque intéressé le rançonneroit ; mais la même considération générale de la conservation des duchés dans les maisons me fit aussi courir volontairement le hasard de ce qui pourroit arriver de ce procès.

Cossé avoit bien des difficultés à surmonter : il falloit être propriétaire du duché de Brissac par succession, non par acquisition, et pour cela avoir la renonciation de la maréchale de Villeroy et de ses enfants, qu'ils donnèrent aussitôt, et, ce qui fut le plus long et le plus difficile, s'accommoder avec un monde de créanciers du feu duc de Brissac, et à leur perte, parce que les biens ne suffisoient pas. Outre ces embarras domestiques, la chose en soi en portoit avec elle : il n'étoit point le vrai héritier, et il ne le devenoit que par la renonciation de la maréchale de Villeroy et de ses enfants ; il étoit donc par cette raison très-équivoque que le duché ne fût pas éteint, parce que la règle des grands fiefs est que le mort saisit le vif sans intervalle ; et ce vif n'étoit point lui, mais la maréchale de Villeroy, et ses enfants après elle, incapable comme femelle de recueillir ni transmettre une dignité purement masculine, ce qui en opéroit l'extinction ; par conséquent la renonciation de cette femelle pouvoit très-bien n'avoir pas plus d'effet en faveur de Cossé que la succession qu'elle abandonnoit en avoit sur elle, c'est-à-dire la tradition de la terre sans la dignité, puisqu'elle ne pouvoit pas donner ou abandonner autre chose que ce qu'en acceptant la succession elle recevroit, qui étoit la terre, non la dignité, dont son sexe la rendoit incapable et conséquemment l'éteignoit en sa personne, la succession passant nécessairement par elle, soit qu'elle l'acceptât ou qu'elle y renonçât. A ces raisons on pouvoit encore ajouter que ces successions de dignité en collatéral étoient de droit étroit, et qu'il ne pouvoit dépendre d'une volonté de particulière de faire un homme duc ou de l'empêcher de l'être, ce qui arrivoit pourtant en ce cas par l'acceptation ou par la renonciation de la maréchale de Villeroy. On ne peut nier la force de ces arguments; mais la réponse se trouvoit écrite dans les lettres d'érection de Brissac, qui étoient pour le maréchal de Brissac et pour tous ses hoirs sortis de son corps, et de degré en degré, en légitime mariage et successeurs mâles. Ainsi, son second fils, père de Cossé, et sa postérité masculine étoit appelée au défaut de la postérité masculine aînée. Le cas arrivoit, et il étoit clair que l'intention du Roi concesseur étoit que tout mâle sorti par mâle du maréchal de Brissac recueillît à son rang d'aînesse la dignité de duc et pair. Il est vrai que par *successeur* la nécessité étoit imposée d'avoir la terre; mais puisqu'on ne pouvoit nier la volonté du Roi concesseur être telle qu'elle vient d'être expliquée, la conséquence suit évidemment en faveur de la renonciation. Mais ce n'étoit pas là tout : l'érection appeloit bien les collatéraux, mais l'enregistrement du Parlement les avoit exclus, et c'étoit au Parlement à qui l'on avoit affaire, non pas contentieusement avec des parties, mais pour recevoir Cossé en qualité de duc de Brissac et de pair de France, après que les affaires liquidées avec les créanciers l'auroient mis en état de s'y présenter.

Je n'avois eu garde de laisser sentir au duc de Rohan aucune de ces difficultés. Celle des créanciers, qui étoit publique, l'avoit occupé, lui et les ducs qui s'étoient voulu opposer, et ils n'avoient envisagé qu'en gros, et à travers un brouillard, celle de la nécessité de la renonciation de la maréchale de Villeroy. Je fus le conseil de Cossé, non sur les discussions des créanciers, mais sur ce qui regardoit intrinsèquement la succession à la dignité. Il venoit presque tous les jours chez moi, ou y envoyoit, tant que l'affaire dura, qui ne fut pas sans épines fréquentes et fortes, et qui passa la révolution de cette année.

A la suite de ce récit de pairie, j'en ferai un autre, à peu près de la même matière, sur ce qui arriva le 6 janvier chez Mme la duchesse de Bourgogne, à l'audience de M. le comte de Jersey, ambassadeur d'Angleterre. Je serois trop long et sortirois du dessein de ces *Mémoires*, si j'entreprenois d'expliquer l'origine, les entreprises et les progrès du rang et des prétentions de la maison de Lorraine en France, et à son exemple de celui des princes étrangers. Pour me rabattre au fait dont il s'agit, il suffira de savoir qu'aux cérémonies de la cour, entrées, mariages des rois, baptêmes, obsèques, il y a eu souvent des disputes entre les duchesses et les princesses étrangères pour la préséance, que les rois ont cru de leur intérêt de laisser subsister sans les décider, pour entretenir une division qu'ils se sont crue utile, à quoi ce n'est pas ici le lieu de répondre.

Dans l'ordinaire de la vie, comme cercles, audiences, comédies, en un mot tous les lieux journaliers et de cour, et de commerce du monde, jamais il n'y en avoit, et entre elles, elles se plaçoient indifféremment comme elles se rencontroient. La Reine avoit des dames du palais, duchesses et princesses : Mmes de Chevreuse, de Beauvillier, de Noailles, et plusieurs autres duchesses; la princesse de Baden, sœur du comte de Soissons, tante paternelle de l'autre et du prince Eugène devenu depuis si fameux, fille de Mme de Carignan, princesse du sang vivante, et à Paris et à la cour, mère du prince Louis de Baden qui s'est illustré à la tête des armées de l'Empereur et de l'Empire, et dont la fille a épousé M. le duc d'Orléans, petit-fils de Monsieur, longues années depuis; Mme d'Armagnac, la même dont il va être ici question, Mlle d'Elbœuf, et d'autres encore. Jamais de dispute, et jamais entre elles elles n'ont pris garde à rien, et cela avoit toujours duré ainsi jusque vers la fin de la vie de Madame la Dauphine-Bavière, que la princesse d'Harcourt commença la première à devenir hargneuse, et Mme d'Armagnac aussi. La première avoit peu à peu gagné toute la protection de Mme de Maintenon, avec qui Brancas, son père, avoit été longtemps plus que bien, et il falloit à Mme de Maintenon une raison aussi forte pour pouvoir prendre en faveur une personne qui en étoit aussi peu digne. Comme toutes celles de peu qui ne savent rien que ce que le hasard leur a appris, et qui ont longtemps langui dans l'obscurité avant que d'être parvenues, Mme de Maintenon étoit éblouie de la principauté, même fausse, et ne croyoit pas que rien le pût disputer à la véritable.

La maison de Lorraine n'ignoroit pas cette disposition. Monsieur le Grand balançoit qui que ce fût dans l'esprit du Roi; et le chevalier de Lorraine, qui avoit infiniment d'esprit, et tout celui des Guises, avoit Monsieur en croupe, à qui le Roi, qui ignoroit beaucoup de choses, se rapportoit fort ordinairement sur tout ce qui fait partie du cérémonial. Ce fut donc par l'avis du chevalier de Lorraine que sa belle-sœur et la princesse d'Harcourt commencèrent à entreprendre. Il compta avec raison avoir affaire aux personnes du monde les moins unies, les moins concertées, les moins attentives, qui ne s'apercevroient de rien qu'après coup, qui ne sauroient par ces défauts comment se défendre, sur quoi le passé lui répondoit de l'avenir; car c'est de la sorte que de conjonctures, d'entreprises, et pièce à pièce, que[1] leur rang s'est formé et maintenu, et qu'il prétendoit l'étendre et l'agrandir. Il comptoit encore, ou que de guerre lasse on les laisseroit faire, ou qu'à force de disputes, avec les appuis que je viens d'expliquer et la prédilection constante de la Reine mère pour les princes, dont il étoit resté quelque chose au Roi, ils tireroient tou-

---

1. Saint-Simon a ainsi répété la conjonction.

jours avantages de ces disputes, en partie et peut-être en tout, par l'importunité. Ils avoient la princesse de Conti auprès de Monseigneur à leur disposition, par Mᵐᵉ de Lislebonne et ses filles, et par les mêmes immédiatement qui eurent enfin toute sa confiance. Avec tout cela, ils ne firent, pour ainsi dire, que ballotter dans ces commencements. L'état de Madame la Dauphine, toujours mourante, retranchoit beaucoup d'occasions, et il y en eut encore beaucoup moins depuis sa mort, jusqu'à ce que Mᵐᵉ la duchesse de Bourgogne commençat à tenir une cour. Ils ne vouloient pas se hasarder sous les yeux du Roi, qu'ils n'eussent essayé ailleurs, et qu'ils ne l'eussent accoutumé à leurs entreprises; mais elles se produisirent hautement dès le lendemain de son mariage, au premier cercle qu'elle tint. Les princesses ne se mirent plus au-dessous des duchesses; après, elles prétendirent la droite, et l'eurent souvent par leur concert et leur diligence. Ils[1] avoient affaire à une dame d'honneur qui craignoit tout, qui vouloit être l'amie de tout le monde, qui n'ignoroit pas la prédilection de Mᵐᵉ de Maintenon, qui trembloit devant elle, et qui, basse et de fort peu d'esprit, se trouvoit toujours embarrassée, et n'y savoit d'issue qu'en souffrant tout et laissant tout entreprendre; et l'âge de Mᵐᵉ la duchesse de Bourgogne ne lui permettoit ni de savoir ce qui devoit être, ni d'imposer.

Tel étoit l'état des choses à cet égard, quand les Lorrains, lassés de leurs foibles avantages de diligence et de ruse, où ils se trouvoient quelquefois prévenus, résolurent d'en usurper de plus réels, et se crurent en état de les emporter. Soit hasard ou de dessein prémédité, le leur éclata à la première audience que Milord Jersey eut de Mᵐᵉ la duchesse de Bourgogne, le mardi 6 janvier de cette année. De part et d'autre, les dames arrivèrent avant qu'on pût entrer. Les duchesses, qui s'étoient trouvées les plus diligentes, se trouvèrent les premières à la porte, et entrèrent les premières; la princesse d'Harcourt et d'autres Lorraines suivirent. La duchesse de Rohan se mit la première à droite.

1. Les Lorrains

Un moment après, avant qu'on fût assis, et comme les dernières arrivoient encore, titrées et non titrées (et il y avoit grand nombre de dames), la princesse d'Harcourt se glisse derrière la duchesse de Rohan et lui dit de passer à gauche ; la duchesse de Rohan répond qu'elle se trouvoit bien là, avec grande surprise de la proposition ; sur quoi la princesse d'Harcourt n'en fait pas à deux fois, et grande et puissante comme elle étoit, avec ses deux bras lui fait faire la pirouette, et se met en sa place. Mme de Rohan ne sait ce qui lui arrive, si c'est un songe ou vérité, et voyant qu'il s'agissoit de faire tout de bon le coup de poing, fait la révérence à Mme la duchesse de Bourgogne et passe de l'autre côté, ne sachant pas trop encore ce qu'elle faisoit ni ce qui lui arrivoit, dont toutes les dames furent étrangement étonnées et scandalisées. La duchesse du Lude n'osa dire mot, et Mme la duchesse de Bourgogne, à son âge, encore moins, mais sentit l'insolence et le manque de respect. Mme d'Armagnac, et ses fille et belle-fille, qui vouloient aussi la droite à l'audience de l'ambassadeur, qui se donnoit dans la pièce qui précédoit celle du lit, où on étoit, contente de l'expédition qu'elle venoit de voir, se tint vers la porte de ces deux pièces, qui étoit le côté gauche de celle du lit, y fit asseoir ses fille et belle-fille, quoique après les duchesses, dit qu'il y avoit trop de monde, et s'en alla dans la pièce de l'audience garder la droite, et se mit dans le cercle qui étoit arrangé tout prêt, vers le bas bout de la droite. La toilette finie, on passa dans la pièce de l'audience. Mme de Saint-Simon étoit grosse de six semaines ou deux mois. Elle étoit venue tard et des dernières du côté gauche, tellement que lorsqu'on se leva, elle n'eut qu'un pas à faire pour gagner la pièce de l'audience. Ce brouhaha d'y passer étoit toujours assez long ; elle se trouvoit mal et ne pouvoit se tenir debout. Elle alla donc s'asseoir, en attendant qu'on vînt, sur le premier tabouret qu'elle y trouva du cercle même tout arrangé ; et comme le côté droit de ce cercle étoit le plus près de la porte des deux pièces, elle se trouva à deux siéges au-dessus de Mme d'Armagnac, mais celle-ci tournée en cercle et en dedans, et Mme de Saint-Simon en dehors, tournée le visage à la muraille, de manière qu'elles étoient toutes deux comme adossées. Mme d'Armagnac, qui vit qu'elle se trouvoit un peu mal, lui offrit de l'eau de la reine d'Hongrie. Comme on se mit à passer un peu après, elle lui dit qu'étant la première arrivée, elle ne croyoit pas qu'elle voulût se mettre au-dessus d'elle. Mme de Saint-Simon, qui ne s'étoit mise là qu'en attendant, ne répondit point, et dans le moment même s'alla mettre de l'autre côté, où elle s'assit même avant qu'on fût rangé, et fit mettre une duchesse devant elle pour la cacher jusqu'à ce qu'on fût placé.

J'appris ce qui s'étoit passé à la toilette, et je sus par des dames du palais que Mme la duchesse de Bourgogne étoit fort bien disposée, et qu'elle comptoit d'en parler au Roi et à Mme de Maintenon. Je crus qu'il étoit important de ne pas souffrir un affront, et à propos d'en tirer parti. Nous conférâmes quelques-uns ensemble. Le maréchal de Boufflers alla parler à M. de Noailles, et moi à M. de la Rochefoucauld, au retour du Roi, qui étoit allé tirer. L'avis fut que M. de Rohan devoit le lendemain matin demander justice au Roi, sans être accompagné, parce que le Roi craignoit et haïssoit tout ce qui sentoit un corps. J'allai aussi voir M. de la Trémoille, qui alloit souper chez le duc de Rohan, à la ville, qui n'avoit point de logement; et M. de la Trémoille me promit de le disposer à ce que nous desirions.

Comme j'étois au souper du Roi, Mme de Saint-Simon m'envoya dire de venir sur-le-champ lui parler dans la grande cour, où elle m'attendoit dans son carrosse; j'y allai. Elle me dit qu'elle venoit d'être avertie par Mme de Noailles, sortant de chez la duchesse du Lude, qui l'avoit trouvée sortant de chez M. de Duras, qui étoit l'appartement joignant, que les trois frères lorrains avoient été au tirer du Roi; qu'ils s'y étoient toujours tenus tous trois tous seuls, séparés de tout ce qui y étoit, et peu de gens avoient la liberté d'y suivre le Roi, et aucun de l'appro-

cher, excepté le capitaine des gardes en quartier, qui étoit
le duc de Noailles; qu'ils avoient paru disputer entre eux,
et M. de Marsan le plus agité; qu'enfin, après un long débat,
Monsieur le Grand les avoit quittés, s'étoit avancé au Roi,
lui avoit parlé assez longtemps; que M. de Noailles avoit
entendu que c'étoit une plainte qu'il faisoit de ce qu'à
l'audience du matin Mme de Saint-Simon avoit pris la place
de Mme d'Armagnac, et s'étoit mise au-dessus d'elle, à quoi
le Roi n'avoit pas distinctement répondu, et fort en un
mot; après quoi Monsieur le Grand étoit allé rejoindre ses
frères, et étoit toujours demeuré en particulier avec eux.
Mme de Saint-Simon, bien étonnée de l'étrange usage qu'ils
faisoient de la chose du monde la plus simple et la plus
innocente, et du mensonge qu'ils y ajoutoient, conta ce qui
lui étoit arrivé à Mme de Noailles, qui fut d'avis que j'en
fisse parler au Roi le soir même. Ces Messieurs, fort embarrassés de soutenir ce que la princesse d'Harcourt avoit fait
à la duchesse de Rohan, en quelque disgrâce qu'eussent
toujours vécu le duc de Rohan et elle, et qui craignoient
des plaintes au Roi, saisirent ce qui étoit arrivé à Mme de
Saint-Simon pour se plaindre les premiers, et tâcher de
compenser l'un par l'autre. Voilà un échantillon de l'artifice de ces Messieurs, et d'un mensonge public et dont
toute l'audience étoit témoin. Cet artifice, tout mal inventé
qu'il fût, me mit en colère. J'allai trouver M. de la Rochefoucauld, qui voulut absolument que je parlasse au Roi à
son coucher. « Je le connois bien, me dit-il, parlez-lui
hardiment, mais respectueusement; ne touchez que votre
affaire; n'entamez point celle des ducs, et laissez faire
M. de Rohan demain : c'est la sienne. Croyez-moi, ajouta-
t-il, des gens comme vous doivent parler eux-mêmes :
votre liberté et votre modestie plairont au Roi; il l'aimera
cent fois mieux. » J'insistai; lui aussi. Je voulus voir si le
conseil partoit du cœur ou de l'esprit, et je lui proposai de
monter vite chez M. le maréchal de Lorges, et que je l'enga-
gerois à parler. « Non, encore un coup, non, reprit le duc,
cela ne vaut rien, parlez vous-même. Si au petit coucher

j'en puis trouver le moyen, je parlerai à mon tour. » Cela me détermina.

Je remonte chez le Roi, et voulus m'avancer au duc de Noailles, qui sortoit de prendre l'ordre. Il ne jugea pas devoir paroître avec moi, et me dit en passant de parler au coucher. Boufflers, à qui Noailles avoit conté l'affaire, m'en dit autant, et qu'il ne s'avanceroit point pour prendre l'ordre que je n'eusse parlé. Je m'approchai de la cheminée du salon, et quand le Roi vint, je me contentai de le voir aller se déshabiller. Comme il eut donné le bonsoir, et qu'à son ordinaire il se fut retiré le dos au coin de la cheminée pour donner l'ordre, tandis que tout ce qui n'avoit pas les entrées sortoit, je m'avançai à lui, et lui aussitôt se baissa pour m'écouter en me regardant fixement. Je lui dis que je venois d'apprendre tout à l'heure la plainte que Monsieur le Grand lui avoit faite de Mme de Saint-Simon, que rien au monde ne me touchoit tant que l'honneur de son estime et de son approbation, et que je le suppliois de me permettre de lui conter le fait; et tout de suite j'enfile ma narration telle que je l'ai faite ci-dessus, et sans en oublier une seule circonstance. Je m'en tins là, suivant le conseil de M. de la Rochefoucauld : je n'ajoutai aucune plainte ni des Lorrains ni de Monsieur le Grand, et je me contentai de lui avoir donné, par le simple et véritable exposé du fait, un parfait démenti. Le Roi ne m'interrompit jamais d'un seul mot depuis que j'eus ouvert la bouche. Quand j'eus fini, il me répondit : « Cela est bien, Monsieur, » d'un air très-gracieux et content; « il n'y a rien à cela, » en souriant avec un signe de tête comme je me retirois. Après quelques pas faits, je me rapprochai du Roi avec vivacité, je l'assurai de nouveau que tout ce que je lui avois avancé étoit vrai de point en point, et je reçus la même réponse.

L'heure de parler au Roi étoit tellement indue, les spectateurs avoient trouvé le discours si long et si actif de ma part, et si bien reçu à l'air du Roi, que leur curiosité étoit extrême de savoir ce qui m'avoit pu engager à une démarche si peu usitée, quoique la plupart se doutassent bien en gros qu'il s'agissoit de l'affaire du matin. Beaucoup de courtisans attendoient dans les antichambres. Le maréchal de Boufflers prit l'ordre, et me trouva avec le duc d'Humières. Je leur rendis ma conversation; je fis ensuite quelques tours par rapport à Mme la duchesse de Bourgogne, et je m'en allai après chez le duc de Rohan, comme je l'avois promis. Ma conversation avec le Roi avoit déjà couru partout, à cause de l'heure indue où je l'avois eue. Ils ne m'attendoient plus, et avoient envoyé chez moi le fils du duc de Rohan, pour tâcher d'en apprendre quelque chose. Ils me pressèrent là-dessus. La présence du duc d'Albret me retint, et celle encore de la comtesse d'Egmont. Enfin, après bien des assurances et des instances, il fallut les satisfaire, et je m'y portai pour donner courage au duc de Rohan. Ce qu'il fallut essuyer de disparates de sa part ne se peut imaginer, avec une déraison surnageante à désoler. A la fin pourtant il promit de parler au Roi le lendemain, comme nous le voulions; et je les quittai là-dessus, à trois heures après minuit.

Le lendemain, de bonne heure, je retournai voir le maréchal de Boufflers, pour qu'il instruisît M. de Noailles, et je fus rendre compte de ma soirée à M. le maréchal de Lorges, qui n'en savoit pas un mot et à qui jusque-là je n'avois pas eu le temps d'en parler. Il alla aussi dire au Roi ce dont je venois de le prier; et cependant je me montrai fort chez le Roi, où je vis le maréchal de Villeroy très-animé, tout ami intime qu'il fût des trois frères et beau-frère de l'aîné. J'envoyai cependant messages sur messages au duc de Rohan, pour l'avertir des moments et le presser de venir. Enfin il arriva comme le Roi alloit sortir de la messe. Il se mit à la porte du cabinet, et quelques ducs avec lui. Comme le Roi approcha, il s'avança. Le Roi le fit entrer, et le mena à la fenêtre de son cabinet; et la porte se ferma aussitôt, en sorte qu'il demeura seul avec le Roi. Les maréchaux de Villeroy, Noailles, Boufflers, et quelques autres ducs, se tinrent à la porte. Je crus en avoir assez fait, et je regardois de la cheminée du salon, toute cette pièce entre eux et moi, mais dans la même. Cela dura près d'un petit quart d'heure. Le duc de Rohan sortit fort animé, le duc de Noailles ne fit qu'entrer et sortir pour prendre l'ordre, et tous vinrent à moi à la cheminée, puis nous sortîmes dans la chambre du Roi, où nous nous mîmes en tas à la cheminée. Là le duc de Rohan nous rendit sa conversation, où rien ne fut oublié. Il demanda justice sur sa femme de la princesse d'Harcourt, s'étendit sur les entreprises des Lorrains et l'impossibilité d'éviter des querelles continuelles ; il fit valoir le respect violé à Mme la duchesse de Bourgogne par la princesse d'Harcourt, et gardé par la duchesse de Rohan, expliqua bien le fait de Mme de Saint-Simon et de Mme d'Armagnac, et le noir et audacieux artifice des Lorrains pour se tirer d'affaire par ce faux change ; en un mot, parla avec beaucoup de force, d'esprit et de dignité. Le Roi lui répondit qu'il l'avoit laissé dire pour en être encore mieux informé par lui ; qu'il l'étoit dès la veille par Mme la duchesse de Bourgogne, par la duchesse du Lude, qui lui avoient dit les mêmes choses ; qu'il l'avoit été le soir par moi, et ce matin encore par M. le maréchal de Lorges, et qu'il nous en avoit parfaitement crus l'un et l'autre ; qu'il louoit fort le respect et la modération de Mme de Rohan, et trouvoit la princesse d'Harcourt fort impertinente. Il s'expliqua en termes durs sur les Lorrains, et par deux fois l'assura qu'il y mettroit ordre, et qu'il seroit content. Je sus ensuite par mes amies du palais que Mme de Saint-Simon avoit été servie à souhait par Mme la duchesse de Bourgogne, et qu'il y avoit eu une dispute assez forte entre le Roi et Mme de Maintenon, qui obtint à toute peine que la princesse d'Harcourt, qui alloit toujours à Marly, n'en fût pas exclue le lendemain. Mme d'Armagnac et ses fille et belle-fille, qui s'étoient présentées, pas une n'y fut.

Toute cette journée se passa encore en mesures. Le lendemain le Roi alla à Marly. Mme la duchesse de Bourgogne n'y couchoit pas encore, mais elle y alloit tous les jours. Nous demeurâmes tard à Versailles, pour la bien instruire par ce qui l'environnoit. Elle fit merveilles le lendemain. La princesse d'Harcourt essuya du Roi une rude sortie, et Mme de Maintenon lui lava fort la tête, en sorte que tout le voyage ce fut autre nature, la douceur et la politesse même, mais avec la douleur et l'embarras peints sur toute sa personne. Ce ne fut pas tout : elle eut ordre de demander pardon en propres termes à la duchesse de Rohan, et ce fut encore à Mme de Maintenon à qui elle dut que ce ne fût pas chez la duchesse, et qui fit régler que, n'ayant point de logement, la chose se passeroit en plénière compagnie chez Mme de Pontchartrain. En même temps, la duchesse du Lude eut ordre du Roi de déclarer à la maison de Lorraine que le mariage de Monsieur de Lorraine ne leur donnoit rien de plus, et ne leur faisoit pas d'un fétu; ce fut l'expression. Elle s'en acquitta, et deux jours après le retour de Marly, la duchesse de Rohan se rendit à heure prise chez Madame la chancelière, où il y avoit beaucoup de dames et de gens de la cour à dîner. La princesse d'Harcourt y vint, qui lui fit des excuses, l'assura qu'elle l'avoit toujours particulièrement honorée, et qu'en un mot elle lui demandoit pardon de ce qui s'étoit passé. Mme de Rohan reçut tout cela fort gravement, et répondit fort froidement. La princesse d'Harcourt redoubla de compliments, lui dit qu'elle savoit bien que ce devroit être chez elle qu'elle auroit dû lui témoigner son déplaisir, qu'elle comptoit bien aussi d'y aller s'acquitter de ce devoir, et lui demander l'honneur de son amitié, à quoi si elle pouvoit réussir elle s'estimeroit la plus heureuse du monde. C'étoit là tomber d'une grande audace à bien de la bassesse : dire poliment ce que le Roi avoit prescrit auroit suffi; mais elle étoit si battue de l'oiseau qu'elle crut n'en pouvoir trop dire pour en faire sa cour; et voilà comme sont les personnes qui en sont enivrées! elles se croient tout permis, et quand cela bâte mal, elles se croient perdues, et se roulent dans les dernières soumissions pour plaire et pour se raccrocher. Telle fut la fin de cette étrange histoire, qui nous donna enfin repos.

Pendant le voyage de Marly, j'appris que Monsieur le Grand, outré de ce que leur entreprise leur étoit retombée à sus en plein, se plaignoit de ce que, parlant au Roi et au monde, je lui avois donné un démenti. Dès le même jour que le Roi retourna à Versailles, j'y allai; j'affectai de me montrer partout, et de me donner licence parfaite en propos sur le grand écuyer et sur sa famille. Je m'attendis à quelque sortie brusque de sa part ou de la leur, en me rencontrant; ma réponse aussi étoit toute prête, et ma résolution prise de leur parler si haut que ce fût à eux à courir; mais tout brutal et tout furieux qu'il étoit, et toute piquée qu'étoit sa famille, aucun d'eux ne s'y commit; je fus même surpris que, l'ayant tôt après rencontré, il me salua le premier, mais de cette époque nous sûmes de part et d'autre à quoi nous en tenir.

Sept ou huit jours après, la comtesse de Jersey eut sa première audience de Mme la duchesse de Bourgogne. Les duchesses y eurent la droite, et les Lorraines la gauche, et mêlées entre elles. Elles s'étoient avisées depuis quelque temps de se déplacer par aînesse, comme font les princesses du sang; le Roi le leur avoit fait défendre, elles y étoient encore revenues, et le Roi l'avoit trouvé très-mauvais. Il vint à cette audience pour saluer l'ambassadrice, comme cela se fait toujours à pareilles audiences. Après l'avoir saluée, il demeura au milieu du cercle, auprès d'elle, regarda et considéra le cercle de tous les côtés, puis dit tout haut que ce cercle étoit fort bien arrangé comme cela. Ce fut une nouvelle mortification aux Lorrains.

En ce même cercle, Madame la Princesse étoit à la tête des duchesses, en retour comme elles, et coude à coude de la première. Madame la Duchesse étoit de même, à gauche, à la tête des Lorraines. Les princesses du sang avoient essayé de se mettre en face du cercle et lieux arrangés, à distance de Mme la duchesse de Bourgogne, mais sur la même ligne qu'elle ; le Roi l'avoit trouvé fort mauvais et défendu ; il n'y a que les fils et filles de France qui se placent de la sorte, même le Roi et la Reine y étant, et les petits-fils et les petites-filles de France dans les deux coins, à demi tournés, ni en face du tout, ni entièrement de côté ; et le Roi voulut que cela fût de même pour Mme la duchesse de Bourgogne ; et cela avoit toujours été ainsi avec Madame la Dauphine-Bavière.

CHAPITRE XII.

Mort de la duchesse de Chaulnes. — Mort de Chamarande père. — *Problème* brûlé par arrêt du Parlement. — Voyage de Mme de Nemours, du prince de Conti et des autres prétendants à Neuchâtel. — Paix de Carlowitz. — Prince électoral de Bavière héritier et nommé tel de la monarchie d'Espagne et sa mort. — Neuvième électorat reconnu. — Mort du célèbre chevalier Temple. — Trésor inutilement cherché pour le Roi chez l'archevêque de Reims. — Mort du chevalier de Coislin. — Mort de la Feuillée. — M. de Monaco ambassadeur à Rome ; ses prétentions sans succès. — *Monseigneur* des secrétaires d'État et aux secrétaires d'État. — Fauteuil de l'abbé de Cîteaux aux états de Bourgogne. — Mme de Saint-Geran rappelée. — Mariage du comte d'Auvergne avec Mlle de Wassenaer. — Ambassade de Maroc. — Torcy ministre ; bizarrerie de serments. — Reineville, lieutenant des gardes du corps, disparu ; Permillac se tue.

La duchesse de Chaulnes mourut dans tous les premiers jours de cette année, n'ayant pu survivre son mari plus de quelques mois. Ils avoient passé leur vie dans la plus intime union. C'étoit, pour la figure extérieure, un soldat aux gardes, et même un peu suisse, habillé en femme : elle en avoit le ton et la voix, et des mots du bas peuple ; beaucoup de dignité, beaucoup d'amis, une politesse choisie, un sens et un desir d'obliger qui tenoient lieu d'esprit, sans jamais rien de déplacé, une grande vertu, une libéralité naturelle et noble, avec beaucoup de magnificence, et tout le maintien, les façons, l'état et la réalité d'une fort grande dame, en quelque lieu qu'elle se trouvât, comme M. de Chaulnes l'avoit de même d'un fort grand seigneur.

Elle étoit, comme lui, adorée en Bretagne, et fut pour le moins aussi sensible que lui à l'échange forcé de ce gouvernement. On a vu ailleurs qui elle étoit, et de qui veuve, en premières noces, et sans enfants de ses deux maris. Elle ne fit que languir et s'affliger depuis la mort de M. de Chaulnes, et ne voulut presque voir personne dans le peu qu'elle vécut depuis.

Le bonhomme Chamarande la suivit de fort près, universellement estimé, considéré et regretté ; j'en ai suffisamment parlé ailleurs pour n'avoir rien à y ajouter ici. Il avoit une assez bonne abbaye, chose avec raison devenue dès lors si rare aux laïques.

Villacerf essuya un grand dégoût, par le désordre qui se trouva dans les fonds des bâtiments. Un nommé Mesnin, son principal commis, en qui il se fioit de tout, abusa longtemps de sa confiance. Les plaintes des ouvriers et des fournisseurs, longtemps retenues par l'amitié et par la crainte, éclatèrent enfin : il fallut répondre et voir clair. Villacerf, dont la probité étoit hors de tout soupçon, et qui s'en pouvoit rendre le témoignage à lui-même, parla fort haut ; mais quand ce fut à l'examen, Mesnin s'enfuit, et il se trouva force friponneries. Villacerf en conçut un si grand déplaisir, qu'il se défit des bâtiments. Le Roi, qui l'aimoit, mais qui jugeoit que sa tête n'étoit plus la même, lui donna douze mille livres de pension, outre ce qu'il en avoit déjà, et accepta sa démission ; et à peu de jours de là, donna les bâtiments à Mansart, son premier architecte, qui étoit neveu du fameux architecte Mansart, mais d'une autre famille : il s'appeloit Hardouin, et pour s'illustrer dans son métier, où il n'étoit pas habile, il prit le nom de son oncle, et fut meilleur et plus habile et heureux courtisan que le vieux Mansart n'avoit été architecte.

Il parut un livre intitulé *Problème*, sans nom d'auteur, qui fit un grand vacarme : l'auteur consultoit, par toutes les plus malignes raisons pour et contre, savoir lequel on devoit croire, sur des questions théologiques, de M. de Noailles évêque-comte de Châlons, ou du même M. de

Noailles archevêque de Paris. Il prétendoit que ce prélat étoit devenu contraire à lui-même, et avoit dit blanc et noir sur les mêmes questions, favorablement aux jansénistes étant à Châlons, et défavorablement étant à Paris. Ce fut le premier coup qui lui fut porté ; il ne douta pas qu'il ne lui vînt des jésuites : sa doctrine étoit fort différente de la leur, et jamais il n'avoit été bien avec eux. Il étoit devenu archevêque de Paris sans eux ; toutes ses liaisons de prélats et d'ecclésiastiques étoient contraires aux leurs. L'affaire de Monsieur [de] Cambray étoit une nouvelle matière de division entre eux, d'autant plus sensible aux jésuites qu'ils n'osoient toucher cette corde-là, qui les avoit pensé perdre. C'en étoit plus qu'il n'en falloit pour persuader Monsieur de Paris que ce livre si injurieux étoit sorti de leur boutique. Ils eurent beau protester d'injure en public et en particulier, et aller lui témoigner leur désaveu et leur peine qu'il prît cette opinion d'eux, ils furent froidement écoutés, et comme des gens qui ne persuadoient pas, mais qu'on vouloit bien faire semblant de croire. Le livre fut condamné et exécuté au feu, par arrêt du Parlement, et les jésuites, contre qui tout se souleva, en burent toute la honte, et ne le pardonnèrent jamais à Monsieur de Paris.

Au bout d'assez longtemps, le pur hasard lui fit trouver le véritable auteur du *Problème*, et avec de telles preuves que l'auteur même demeura convaincu jusqu'à ne pouvoir le désavouer. Il n'étoit pas loin, puisqu'il logeoit dans l'archevêché. C'étoit un docteur de beaucoup d'esprit, d'une grande érudition, et qui avoit toujours vécu en très homme de bien ; il s'appeloit Boileau, différent de l'ami de Bontemps qui a souvent prêché devant le Roi, et différent encore du célèbre poëte et de l'auteur des *Flagellants*. Monsieur de Paris, qui cherchoit à s'attacher des gens de bien les plus éclairés pour l'aider dans la grande place qu'on le força de remplir, avoit pris ce M. Boileau chez lui, le traitoit avec tous les égards et toute la confiance qu'il auroit pu témoigner à son propre frère, et le tenoit à ses dépens. Boileau étoit un homme sauvage, qui se barricadoit dans sa chambre, et qui n'ouvroit qu'à ceux qui avoient le signal de lui de frapper un certain nombre de coups, et encore à certaines heures. Il ne sortoit de ce repaire que pour aller à l'église ou chez Monsieur l'archevêque, travailloit obscurément, vivoit en pénitent fort solitaire, avoit une plume belle, forte, éloquente, et beaucoup de suite et de justesse. Qui eût cru que le *Problème* fût sorti de celle-là ? Monsieur de Paris en fut touché extrêmement. On peut juger que ce docteur délogea à l'heure même, et qu'il n'eût pas été difficile à Monsieur de Paris de le faire enfermer pour le reste de ses jours. Il prit un parti bien contraire, et bien digne d'un grand évêque : il vaqua à peu de jours de là un canonicat de Saint-Honoré, qui sont fort bons ; il le lui donna. Boileau, qui n'avoit pas de quoi vivre, l'accepta, et acheva de se déshonorer. Il n'étoit pas content de ce que Monsieur de Paris ne levoit pas bouclier pour les jansénistes, et qu'il ne mît pas tout son crédit à faire tout ce qu'ils auroient voulu : c'est ce qui lui fit faire ce livre, dont les jésuites surent bien triompher.

M. le prince de Conti, ayant gagné son procès contre Mme de Nemours, songea à en tirer la meilleure pièce, qui étoit Neuchâtel. Pour abréger matière, il engagea le Roi à envoyer M. de Torcy de sa part à Mme de Nemours, lui faire diverses propositions, qui toutes aboutissoient à ne point plaider devant Messieurs de Neuchâtel, à l'en laisser jouir sa vie durant, et à faire avec sûreté qu'après elle cette principauté revînt à M. le prince de Conti. Mme de Nemours, qui avoit beaucoup d'esprit et de fermeté, et qui se sentoit la plus forte à Neuchâtel, vint dès le lendemain parler au Roi, refusa toutes les propositions, et moyennant qu'elle promit au Roi de n'employer aucune voie de fait, elle lui fit trouver bon qu'elle allât à Neuchâtel soutenir son droit. M. le prince de Conti l'y suivit, Matignon y alla aussi, et enfin les ducs de Lesdiguières et de Villeroy, qui tous y prétendoient droit après Mme de Nemours. Ces trois derniers descendoient des deux sœurs de M. de Longueville, grand-père de Mme de Nemours : les deux ducs de l'aînée, mariée au fils aîné du maréchal de Retz, et M. de Villeroy n'y prétendoit que du même droit et après M. de Lesdiguières ; la cadette mariée au fils du maréchal de Matignon. Le vieux Mailly et d'autres gens se firent ensuite un honneur d'y prétendre, par des généalogies tirées aux cheveux. Il y a eu sur cette grande affaire des factums curieux de tous ces prétendants. Le public désintéressé jugea en faveur de M. de Lesdiguières. On les peut voir avec satisfaction. Je ne m'embarquerai pas dans le détail de cette célèbre et inutile dispute, où un tiers sans droit mangea l'huître et donna les écailles aux prétendants.

Je ne m'engagerai pas non plus dans la discussion des affaires des Impériaux et des Turcs ; je me contenterai de dire que l'Empereur, qui avoit grand besoin de la paix, l'eut avec eux au commencement de cette année, par le traité de Carlowitz, où la Pologne et la république de Venise furent compris[es], assez avantageuse pour l'état présent des affaires, mais où Venise se plaignit amèrement de l'Empereur, et après quelques mois, ne pouvant mieux, la signa.

Il y avoit cinq ou six mois que le roi d'Espagne, hors de toute espérance d'avoir des enfants, et dans une infirmité de toute sa vie qui s'augmentoit à vue d'œil, avoit voulu fixer la succession de sa vaste monarchie, indigné qu'il étoit de tous les projets de la partager après lui qui lui revenoient sans cesse. La reine sa femme avoit beaucoup de crédit sur son esprit, et elle-même étoit entièrement gouvernée par une Allemande qu'elle avoit amenée avec elle, qu'on appeloit la comtesse de Berlips, et qui amassoit pour elle et pour les siens des trésors à toutes mains. Cette reine étoit sœur de l'Impératrice, mais en même temps elle l'étoit comme elle de l'électeur palatin, par conséquent parente et de même maison de l'électeur de Bavière. Malgré la haine des deux branches électorales depuis l'affaire de Bohême, on crut que l'amour de la maison l'avoit emporté sur celui des proches, et que la Reine, menée par la Berlips, avoit eu grand'part à la disposition du roi d'Espagne.

Il fit un testament, par lequel il appela à la succession entière de toutes ses couronnes et États le prince électoral de Bavière, qui avoit sept ans. Sa mère, qui étoit morte, étoit fille unique du premier lit de l'empereur Léopold, et de Marguerite-Thérèse, sœur du roi d'Espagne, tous deux seuls du second lit de Philippe IV et de la fille de l'empereur Ferdinand III ; je dis seuls, parce que tous les autres sont morts sans alliance. La reine épouse de notre roi étoit par cette raison seule du premier lit du même Philippe IV, et d'une fille de notre roi Henri IV et sœur aînée de père du roi d'Espagne et de l'Impératrice, mère de l'électrice de Bavière, dont le fils, en faveur duquel ce testament se fit, étoit en effet le véritable héritier de la monarchie d'Espagne, si on a égard aux renonciations du mariage du Roi et de la paix des Pyrénées. Dès que ce testament fut fait, le cardinal Portocarrero le dit en grand secret au marquis d'Harcourt, qui dépêcha d'Igulville au Roi avec cette nouvelle. Le Roi, ni lors, ni depuis qu'elle fut devenue publique, n'en parut pas avoir le plus léger mécontentement. L'Empereur n'en dit rien aussi : il espéroit bien cette vaste succession, et réunir dans sa branche tous les États de sa maison ; mais son conseil avoit ses ressources accoutumées. Il n'y avoit pas longtemps qu'il s'en étoit servi pour se défaire de la reine d'Espagne, fille de Monsieur, qui n'avoit point d'enfants, et qui prenoit à son gré trop de crédit sur le roi son mari. Le prince électoral de Bavière mourut fort brusquement, les premiers jours de février, et personne ne douta que ce ne fût par l'influence du conseil de Vienne. Ce coup remit l'Empereur dans ses premières espérances, et plongea l'Europe dans la douleur et dans le trouble des mesures à prendre sur l'ouverture de cette prodigieuse succession, que chacun regardoit avec raison comme ne pouvant pas être éloignée.

Presque en même temps le neuvième électorat, érigé en faveur du duc d'Hanovre, qui avoit causé tant de mouvements dans l'Empire et qui étoit entré dans la guerre et dans la paix, fut reconnu par une partie de l'Allemagne et de l'Europe.

L'Angleterre, presque en même temps, perdit, dans un simple particulier, un de ses principaux ornements, je veux dire le chevalier Temple, qui a également figuré avec la première réputation dans les lettres et dans les sciences, et dans celle de la politique et du gouvernement, et qui s'est fait un grand nom dans les plus grandes ambassades et les premières médiations de paix générale. C'étoit, avec beaucoup d'esprit, d'insinuation, de fermeté et d'adresse, un homme simple d'ailleurs, qui ne cherchoit point à paroître, et qui aimoit à se réjouir et à vivre libre en vrai Anglois, sans aucun souci d'élévation, de biens ni de fortune. Il avoit partout beaucoup d'amis, et des amis illustres, qui s'honoroient de son commerce. Dans un voyage qu'il fit en France pour son plaisir, le duc de Chevreuse, qui le connoissoit par ses ouvrages, le vit fort. Ils se rencontrèrent un matin dans la galerie de Versailles, et les voilà à raisonner machines et mécaniques. M. de Chevreuse, qui ne connoissoit point d'heures quand il raisonnoit, le tint si longtemps que deux heures sonnèrent. A ce coup d'horloge, M. Temple interrompit M. de Chevreuse, et le prenant par le bras : « Je vous assure, Monsieur, lui dit-il, que de toutes les sortes de machines, je n'en connois aucune qui soit si belle, à l'heure qu'il est, qu'un tournebroche, et je m'en vais tout courant en éprouver l'effet, » lui tourna le dos, et le laissa fort étonné qu'il pût songer à dîner.

Des ministres aussi désintéressés que celui-là sont bien rares. Les nôtres n'en avoient pas le bruit. Il vint des avis au Roi, et fort réitérés, qu'il y avoit huit millions enterrés dans la cour de la maison du feu chancelier le Tellier. Le Roi, qui n'en voulut rien croire, fut pourtant bien aise que cela revînt à l'archevêque de Reims, à qui étoit la maison et qui y logeoit, et se rendit aisément à la prière qu'il lui fit de faire fouiller partout, en présence de Chamillart, intendant des finances. On bouleversa tous les endroits que la donneuse d'avis indiqua; on ne trouva rien : on eut la honte de l'avoir crue, et elle eut la prison pour salaire de ses avis.

Les honnêtes gens de la cour regrettèrent un cynique, qui vécut et mourut tel au milieu de la cour et du monde, et qui n'en voyoit que ce qui lui en plaisoit : ce fut le chevalier de Coislin, frère du duc et du cardinal de ce nom, et frère de mère comme eux de la maréchale de Rochefort. C'étoit un très-honnête homme de tous points, et brave, pauvre, mais à qui son frère le cardinal n'avoit jamais laissé manquer de rien, et un homme fort extraordinaire, fort atrabilaire et fort incommode. Il ne sortoit presque jamais de Versailles, sans jamais voir le Roi, et avec tant d'affectation, que je l'ai vu, moi et bien d'autres, se trouver par hasard sur le passage du Roi, gagner au pied d'un autre côté. Il avoit quitté le service, maltraité par M. de Louvois, ainsi que son frère, à cause de M. de Turenne, à qui il s'étoit attaché et qui l'aimoit. Il ne l'avoit de sa vie pardonné au ministre ni au maître, qui souffroit cette folie par considération pour ses frères. Il logeoit au château dans l'appartement du cardinal, et mangeoit chez lui, où il y avoit toujours fort bonne compagnie. Si quelqu'un lui déplaisoit, il se faisoit porter un morceau dans sa chambre, et si, étant à table, il survenoit quelqu'un qu'il n'aimât point, il jetoit sa serviette, et s'en alloit bouder ou achever de dîner tout seul. On n'étoit pas toujours à l'abri de ses sorties, et la maison de son frère fut bien plus librement fréquentée après sa mort, quoique presque tout ce qui y alloit fût fait à ses manières, qui mettoient souvent ses frères au désespoir, surtout le cardinal, qu'il tyrannisoit.

Un trait de lui le peindra tout d'un coup. Il étoit embarqué avec ses frères, et je ne sais plus quel quatrième, à un voyage du Roi, car il le suivoit toujours sans le voir, pour être avec ses frères et ses amis. Le duc de Coislin étoit d'une politesse outrée, et tellement quelquefois qu'on en étoit désolé. Il complimentoit donc sans fin les gens chez qui il se trouvoit logé dans le voyage, et le chevalier de Coislin ne sortoit point d'impatience contre lui. Il se trouva une bourgeoise d'esprit, de bon maintien et jolie, chez qui on les marqua[1]. Grandes civilités le soir, et le matin encore davantage. Monsieur d'Orléans, qui n'étoit pas lors cardinal, pressoit son frère de partir ; le chevalier tempêtoit ; le duc de Coislin complimentoit toujours. Le chevalier de Coislin, qui connoissoit son frère et qui comptoit que ce ne seroit pas sitôt fait, voulut se dépiquer et se vengea bien. Quand ils eurent fait trois ou quatre lieues, le voilà à parler de la belle hôtesse et de tous les compliments, puis se prenant à rire, il dit à la carrossée que malgré toutes les civilités sans fin de son frère, il avoit lieu de croire qu'elle n'auroit pas été longtemps fort contente de lui. Voilà le duc de Coislin en inquiétude, qui ne peut imaginer pourquoi, et qui questionne son frère : « Le voulez-vous savoir ? lui dit brusquement le chevalier de Coislin ; c'est que, poussé à bout de vos compliments, je suis monté dans la chambre où vous avez couché, j'y ai poussé une grosse selle tout au beau milieu sur le plancher, et la belle hôtesse ne doute pas à l'heure qu'il est que ce présent ne lui ait été laissé par vous avec toutes vos belles politesses. » Voilà les deux autres à rire de bon cœur, et le duc de Coislin en furie, qui veut prendre le cheval d'un de ses gens, et retourner à la couchée déceler le vilain, et se distiller en honte et en excuses. Il pleuvoit fort, et ils eurent toutes les peines du monde à l'en empêcher, et bien plus encore à les raccommoder. Ils le contèrent le soir à leurs amis, et ce fut une des bonnes aventures du voyage. A qui les a connus, il n'y a peut-être rien de si plaisant.

1. Chez qui on marqua leur logement.

Le bonhomme la Feuillée, lieutenant général, grand-croix de Saint-Louis, et gouverneur de Dôle, etc., qu'on a vu ci-devant le mentor de Monseigneur en Flandres, mourut bientôt après, dans une grande estime de probité, de valeur et de capacité à la guerre.

M. de Monaco partit dans ces temps-ci pour Rome : il avoit accepté l'ambassade étant à Monaco, d'où il étoit venu recevoir ses ordres et ses instructions. On a vu ci-devant qu'il avoit obtenu le rang de prince étranger, au mariage de son fils, en 1688, avec une fille de Monsieur le Grand, chose à quoi ses pères n'avoient jamais pensé, et qu'il fut, le dernier jour de la même année, chevalier de l'ordre en son rang d'ancienneté parmi les ducs. Il prétendit que M. de Torcy, avec qui il alloit avoir un commerce de lettres nécessaire et continuel, lui écrivît *Monseigneur*, comme les secrétaires d'État l'écrivent aux Lorrains et aux Bouillons, et il l'obtint tout de suite. Quand le Roi en parla à Torcy, il fut bien étonné et se récria fort : il s'appuya principalement sur ce que MM. de Rohan, dont le rang de prince étranger est antérieur à celui de M. de Monaco, n'avoient point ce traitement des secrétaires d'État, et frappa si bien le Roi par cette distinction, qu'il a constamment refusée à Mme de Soubise, qu'il l'emporta. A son tour, M. de Monaco fut bien surpris lorsque le Roi lui dit que M. de Torcy lui avoit allégué des raisons si fortes qu'il n'avoit pu s'empêcher de s'y rendre. M. de Monaco insista sur le dégoût et de la chose et du changement, mais le Roi tint ferme, et le pria de n'y plus songer. M. de Monaco, outré, partit brouillé avec Torcy, et l'effet de cette brouillerie se répandit sur toute son ambassade, au détriment des affaires, qui en souffrirent beaucoup.

Arrivé à Rome, il se mit à prétendre l'*Altesse*, ce qu'aucun de ses pères n'avoit imaginé. On a vu, à propos du cordon bleu donné à Vaïni, que le cardinal de Bouillon y eut la même prétention, et ne put jamais la faire réussir. Il traversa celle de M. de Monaco, et n'y eut pas grand'peine. Personne ne voulut tâter de cette nouveauté, et lui, qui n'en voulut pas démordre, passa le reste de sa vie dans une grande solitude à Rome, ce qui gâta encore beaucoup les affaires dont il étoit chargé, et brouillé de plus avec le cardinal de Bouillon; et voilà le fruit des chimères et de leurs concessions.

Pour venir au fond de la prétention sur les secrétaires d'État, il n'est pas douteux qu'ils écrivoient *Monseigneur* à tous les ducs. J'ai encore, par le plus grand hasard du monde, trois lettres à mon père, lors à Blaye, de M. Colbert. Par la matière, quoique peu importante, et mieux encore par les dates, on voit qu'il écrivit la première n'étant encore que contrôleur général, mais en chef, après la disgrâce de M. Foucquet, et que lorsqu'il écrivit les deux autres, il étoit contrôleur général, secrétaire d'État ayant le département de la marine, et ministre d'État. Je ne sais comment elles se sont conservées, mais toutes trois, et dedans et dessus, traitent mon père de *Monseigneur*. M. de Louvois est celui qui changea ce style, et qui persuada au Roi qu'il y étoit intéressé, parce que ses secrétaires d'État parloient en son nom et donnoient ses ordres. Il parloit sans contradicteur à un roi jaloux de son autorité, qui n'aimoit de grandeur que la sienne, et qui ne se donnoit pas le temps, ni moins encore la peine de la réflexion sur ce sophisme. M. de Louvois étoit craint, chacun avoit besoin de lui, les ducs n'ont jamais eu coutume de se soutenir : il écrivit *Monsieur* à un, puis à un autre, après à un troisième; on le souffrit; après, cela fit exemple, et le *Monseigneur* fut perdu. M. Colbert ensuite l'imita : il n'y avoit pas plus de raison de s'offenser de l'un que de l'autre; on avoit aussi souvent besoin de lui que de M. de Louvois, et cela s'établit. La même raison combattit pour les deux autres secrétaires d'État, qui, bien que moins accrédités, étoient secrétaires d'État comme les deux premiers, et soutenus d'eux en ce style; et la chose fut finie. M. de Turenne, alors en grande splendeur, et brouillé avec M. de Louvois, mit tout son crédit à se faire conserver le *Monseigneur*, que les secrétaires d'État lui avoient donné, et à son frère, depuis leur rang de prince étranger, obtenu par l'échange de Sedan et par la faveur du cardinal Mazarin, qui se jeta entre leurs bras. Cette continuation du même style à un homme aussi principal dans l'État devint une grande distinction pour sa maison, qu'il eut grand soin d'y faire comprendre. Cette planche fit à plus forte raison le plein pied de la maison de Lorraine. Celle de Rohan n'étoit alors qu'au passage, et n'osa, par conséquent, ni se parangonner[1] aux deux autres, ni se mettre à dos des ministres aussi accrédités, et depuis n'a pu les réduire à changer leur style avec elle. La facilité avec laquelle M. de Louvois fit ce grand pas lui ouvrit une plus vaste carrière : bientôt après il exigea tant qu'il put d'être traité de *Monseigneur* par ceux qui lui écrivoient. Le subalterne subit aisément ce joug nouveau ; quand il y eut accoutumé le commun, il haussa peu à peu, et à la fin il le prétendit de tout ce qui n'étoit point titré. Une entreprise si nouvelle et si étrange causa une grande rumeur ; il l'avoit prévu, et y avoit préparé le Roi par la même adresse qui lui avoit réussi à l'égard des ducs. Il se contenta d'abord de mortifier ceux qui résistèrent, et bientôt après il fit ordonner par le Roi que personne non titré ne lui écriroit plus que *Monseigneur*. Quantité de gens distingués en quittèrent le service, et ont été poursuivis dans tout ce qu'ils ont pu avoir d'affaires jusqu'à leur mort. La même chose qui étoit arrivée sur le *Monseigneur* aux ducs des autres secrétaires d'État leur réussit de même à tous quatre pour se le faire donner comme M. de Louvois ; et le rare est que ni lui ni les trois autres ne l'ont jamais prétendu ni eu de pas un homme de robe. Ils poussèrent après jusqu'à l'inégalité de la souscription avec tout ce qui n'est point titré, et même avec les évêques et archevêques, excepté les pairs ecclésiastiques, et tout leur a fait joug.

---

1. Se comparer.

Une autre dispute fit en ce même temps quelque bruit. Monsieur d'Autun, président né des états de Bourgogne, disputoit depuis quelque temps à l'abbé de Cîteaux d'avoir un fauteuil dans cette assemblée. Cet honneur, selon lui, n'étoit dû dans le clergé qu'aux évêques, et non pas à un moine, quoique chef d'un grand ordre. Monsieur de Cîteaux, à qui cela s'adressoit, alléguoit la dignité de son abbaye, dont l'autorité s'étendoit dans tout le monde catholique, et son ancienne possession, que Monsieur d'Autun traitoit de vieil abus. Il y eut sur cela force factums de part et d'autre. L'abbé de Cîteaux se trouvoit lors une fort bonne tête, et fort apparenté dans la robe; il s'appeloit M. Larcher, et qui n'oublia pas de faire souvenir le chancelier Boucherat qu'il comptoit deux grands-oncles paternels parmi ses prédécesseurs, chose, bien qu'élective, qui le flattoit d'autant plus que sa famille, toute nouvelle, n'avoit rien de mieux à se vanter. Le Roi à la fin voulut juger l'affaire au conseil de dépêches. Monsieur le Prince, gouverneur de Bourgogne, et Ferrand, intendant de la province, furent consultés; leur avis fut favorable à Monsieur de Cîteaux, qui gagna son procès.

Le retour de Mme de Blansac à la cour, que M. de la Rochefoucauld avoit obtenu tout à la fin de l'année dernière, fut d'un bon augure à une autre exilée. Mme de Saint-Geran, en femme d'esprit, comme on l'a vu ici en son temps, n'avoit point voulu profiter de la liberté qui lui avoit été laissée dans son éloignement de la cour. Elle s'étoit retirée à Rouen, dans le convent[1] de Bellefonds, ainsi nommé des biens que la famille du maréchal de Bellefonds y a faits, et du nombre de ses sœurs et de ses parentes qui y ont été supérieures et religieuses. Mme de Saint-Geran avoit passé sa jeunesse chez le maréchal de Bellefonds et chez la vieille Villars sa tante; ce fut la retraite qu'elle choisit, et d'où elle ne sortit pas une seule

---

1. Telle est bien l'orthographe de Saint-Simon : on écrivait alors *convent* et *couvent*.

fois. Elle avoit beaucoup d'amis à la cour, qui firent si bien valoir sa conduite, qu'elle fut rappelée, accueillie comme en triomphe, et incontinent après logée au château, et de tout mieux qu'auparavant, mais de sa part avec plus de précaution et de sagesse.

Le comte d'Auvergne, qui n'étoit ni d'âge ni de figure à être amoureux, l'avoit été toute sa vie, et l'étoit éperdument de Mlle de Wassenaer lorsque sa femme mourut. Il vint aussitôt après demander permission au Roi de l'épouser et de l'amener en France. La grâce étoit singulière, pour ne rien dire de la bienséance, si fort blessée dans cette précipitation. Mlle de Wassenaer étoit Hollandoise, d'une maison ancienne, chose rare en ce pays-là, et fort distinguée parmi le peu de noblesse qui y est demeurée, par conséquent calviniste. Il étoit donc contre tous les édits et déclarations du Roi, depuis la révocation de l'édit de Nantes et l'expulsion des huguenots, d'en épouser une, et contre toutes les règles que le Roi s'étoit prescrites, et qu'il avoit exactement tenues, d'en souffrir la demeure en France. Le Roi avoit passé sa vie à être amoureux, Mme de Maintenon aussi : le comte d'Auvergne les toucha par la similitude, et leur dévotion par l'espérance de gagner une âme à Dieu, en procurant la conversion de cette fille, ce qui ne se pouvoit que par ce mariage. Il obtint donc tout ce qu'il demanda, et s'en retourna au plus vite l'épouser et la ramener en France. Elle parut à Paris et à la cour mériter l'amour d'un plus jeune cavalier, et sa vertu, sa douceur et sa conduite charmèrent, encore plus que sa figure, et le public et la famille même du comte d'Auvergne, jusqu'à ses enfants, avec qui elle accommoda leurs affaires, et mit la paix entre eux. On verra bientôt qu'elle ne tarda pas à se convertir, mais de la meilleure foi du monde, et après s'être donné tout le temps et tout le soin d'être bien instruite et pleinement convaincue.

Une ambassade du roi de Maroc, que Saint-Olon, envoyé du Roi en ce pays-là, en ramena, amusa tout

Paris à aller voir ces Africains. C'étoit un homme de bonne mine et de beaucoup d'esprit, à ce qu'on dit, que cet ambassadeur. Le Roi fut flatté de cette démarche d'un barbare, et le reçut comme il est usité pour ces ambassadeurs non européens, turcs ou moscovites, jusqu'au czar Pierre 1er. Torcy et Pontchartrain, qui furent ses commissaires, crurent en être venus à bout, lorsqu'il dédit et Saint-Olon et l'interprète, et qu'il ne voulut plus de commerce avec eux, prétendant qu'ils l'avoient engagé sans qu'il leur eût rien dit qui les y pût conduire. Cela fit un assez étrange contraste, le jour même d'une conférence à Versailles, où il étoit venu avec eux de Paris, et ne voulut jamais les remmener. Il déclara qu'il ne feroit point la paix, et on fut longtemps à le ramener et à finir avec lui un traité.

Torcy entroit dans tout sous Pompone, son beau-père, qui lui facilitoit souvent de porter lui-même les dépêches au conseil. A force d'y entrer de la sorte pour des moments, le Roi, content de sa conduite, lui dit enfin de s'asseoir et de demeurer. Cet instant le constitua ministre d'État. Il est impossible que le secrétaire d'État des affaires étrangères ne le soit, à moins d'être doublé par un père ou un beau-père. Toute sa fonction consiste aux dépêches étrangères et aux audiences qu'il donne aux ambassadeurs et autres ministres étrangers. Il faut donc qu'il rapporte les affaires et les dépêches au conseil, et dans ce conseil il n'entre que des ministres. Torcy avoit entre trente-quatre et trente-cinq [ans] alors; il avoit voyagé, et fort utilement, dans toutes les cours de l'Europe; il étoit sage, instruit, extrêmement mesuré : tout applaudit à cette grâce. Il est plaisant que les plus petites charges aient toutes un serment, et que les ministres d'État n'en prêtent point, qui sur tous autres y devroient être obligés. C'est une de ces singularités dont on ne voit point de raison, puisque ceux qui ont le plus de charges sur leur tête, dont ils ont prêté serment de chacune, en prêtent encore un nouveau s'ils obtiennent une nouvelle charge. En petit, les intendants des provinces, qui en sont despotiquement les maîtres, n'en prêtent point non plus, tandis que les plus petits lieutenants de Roi de province, inconnus dans leur province, où souvent ils n'ont jamais mis le pied, souvent encore aussi peu connus partout ailleurs, et qui en toute leur vie n'ont pas la plus légère fonction, prêtent tous serment, et entre les mains du Roi.

On vit en ce temps-ci, à six semaines ou deux mois de distance, deux cruels effets du jeu. Reineville, lieutenant des gardes du corps, officier général distingué à la guerre, fort bien traité du Roi et fort estimé des capitaines des gardes, disparut tout d'un coup, sans avoir pu être trouvé nulle part, quelque soin qu'on prît à le chercher. C'étoit un homme d'esprit, qui avoit un maintien de sagesse qui imposoit. Il aimoit le jeu; il avoit perdu ce qu'il ne pouvoit payer; il étoit homme d'honneur : il ne put soutenir son infortune. Douze ou quinze ans après, il fut reconnu par hasard dans les troupes de Bavière, où il étoit allé se jeter pour avoir du pain et vivre inconnu. Permillac fit bien pis, car il se tua un matin dans son lit, d'un coup de pistolet dans la tête, pour avoir perdu tout ce qu'il n'avoit pas ni ne pouvoit avoir, ayant été gros et fidèle joueur toute sa vie. C'étoit un homme de beaucoup d'esprit, et jusque-là de sens, que ses talents et sa distinction avoient avancé à la guerre; bien gentilhomme d'ailleurs, et fort au gré de tous les généraux, ayant toujours eu la confiance du général de l'armée, où il faisoit supérieurement le détail de la cavalerie, et toujours avec la meilleure compagnie de l'armée. Il servoit toujours sur le Rhin. Il avoit pris de l'amitié pour moi, et moi pour lui. Tout le monde le plaignit, et je le regrettai fort.

CHAPITRE XIII.

Condamnation à Rome du livre de l'archevêque de Cambray.— Conduite du cardinal de Bouillon. — Belle réponse du duc de Beauvillier au Roi. — Soumission illustre de l'archevêque de Cambray. — Acceptation du jugement du Pape par les assemblées d'évêques par métropoles en jugeant; enregistrement au Parlement. — Procédé de l'archevêque de Cambray et de l'évêque de Saint-Omer en l'assemblée provinciale. — Mort du comte de Mailly, de Thury, de Frontenac, de Racine; sa funeste distraction. — Mort du duc de la Force. — Valincour mis à l'histoire du Roi en la place de Racine. — Mort de l'évêque de Luçon, Barillon. — Mariage du duc de Choiseul avec Mme Brûlart. — Mariage du roi des Romains; pourquoi la part différée. — Style de s'écrire entre l'Empereur et le Roi. — Traitement d'ambassadeurs de tête couronnée à l'ambassadeur du grand-duc à Vienne, nulle part ailleurs. — Naissance du prince de Piémont. — Le Roi paye les dettes de Madame la Duchesse et de Monseigneur, et lui double ses mois. — Augmentation de quarante-deux mille livres d'appointements à M. de la Rochefoucauld. — Pension secrète de vingt mille livres à l'évêque de Chartres. — M. de Vendôme change l'administration de ses affaires et va publiquement suer la vérole. — Mort de Savary, assassiné. — Mort de l'abbé de la Châtre. — Le Roi fait revenir tous les prétendants de Neuchâtel. — Deux vols au Roi fort étranges. — Vaïni à la cour. — Feriol ambassadeur à Constantinople. — Situation du comte de Portland. — Courte disgrâce de la comtesse de Gramont.

L'affaire de Monsieur de Cambray touchoit à son terme, et faisoit plus de bruit que jamais. Ce prélat faisoit tous les jours quelque nouvel ouvrage pour éclaircir et soutenir ses *Maximes des saints,* et y mettoit tout l'esprit imaginable. Ses trois antagonistes y répondoient chacun à part. L'amertume à la fin surnagea de part et d'autre, et à l'exception de Monsieur de Paris, qui se contint toujours dans une grande modération, Monsieur de Cambray et Messieurs de Meaux et de Chartres se traitèrent fort mal. Le Roi pressoit le jugement à Rome, où, fort mécontent de la conduite du cardinal de Bouillon à cet égard, il crut hâter l'affaire en donnant à Mme de Lévy le logement de Monsieur de Cambray à Versailles, et défendant à ce prélat de plus prendre la qualité de précepteur des enfants de

France, dont il lui avoit déjà ôté les appointements, et le fit dire au Pape et à la congrégation établie pour juger. En effet, le cardinal de Bouillon, lié, comme on l'a vu ci-dessus, avec Monsieur de Cambray, ses principaux amis, et les jésuites, quoique chargé des affaires du Roi à Rome, et recevant ordres sur ordres de presser le jugement et la condamnation de Monsieur de Cambray, mettoit tout son crédit à le différer et à éviter qu'il fût condamné. Il en reçut des reproches du Roi fort durs, qui ne lui firent pas changer de conduite au fond, mais qui lui firent chercher des excuses et des couleurs; mais quand il vit enfin qu'il n'y avoit plus à reculer, il ne rougit point d'être solliciteur et juge en même temps, et de solliciter contre les ordres du Roi, directement contraires, en faveur de Monsieur de Cambray, pour qui l'ambassadeur d'Espagne sollicitoit aussi au nom du roi son maître. Ce ne fut pas tout : le jour du jugement il ne se contenta pas d'opiner pour Monsieur de Cambray de toute sa force, mais il essaya d'intimider les consulteurs : il interrompit les cardinaux de la congrégation, il s'emporta, il cria, il en vint aux invectives, de manière que le Pape, instruit de cet étrange procédé et scandalisé à l'excès, ne put s'empêcher de dire de lui : *È un porco ferito*, c'est un sanglier blessé. Il s'enferma chez lui à jeter feu et flammes, et ne put même se contenir quand il fut obligé de reparoître. Le Pape prononça la condamnation, qui fut dressée en forme de constitution, et où la cour de Rome, sûre de l'impatience du Roi de la recevoir, inséra des termes de son style que la France n'admet point. Le nonce, qui la reçut par un courrier, la porta aussitôt au Roi, qui en témoigna publiquement sa joie. Le nonce parla au Roi entre son lever et la messe; c'étoit un dimanche 22 mars. Le Roi, revenant de la messe, trouva M. de Beauvillier dans son cabinet pour le conseil, qui alloit se tenir. Dès qu'il l'aperçut, il fut à lui, et lui dit : « Eh bien! M. de Beauvillier, qu'en direz-vous présentement? voilà Monsieur de Cambray condamné dans toutes les formes? — Sire, répondit le duc d'un ton respectueux, mais néanmoins élevé, j'ai été ami particulier de Monsieur de Cambray, et je le serai toujours, mais s'il ne se soumet pas au Pape, je n'aurai jamais de commerce avec lui. » Le Roi demeura muet, et les spectateurs en admiration d'une générosité si ferme d'une part et d'une déclaration si nette de l'autre, mais dont la soumission ne portoit que sur l'Église.

Rome, à même de faire pis, montra par la condamnation même qu'elle étoit plus donnée au Roi qu'appesantie sur Monsieur de Cambray. Vingt-trois propositions du livre des *Maximes des saints* y furent qualifiées téméraires, dangereuses, erronées, mais *in globo*, et le Pape excommunie ceux qui le liront ou le garderont chez eux. Monsieur, qui étoit venu de Paris dîner avec le Roi, en sut la nouvelle en arrivant. Le Roi lui en parla pendant le dîner avec une satisfaction qui s'épanchoit, et encore à M. de la Rochefoucauld en allant au sermon, qui répondit fort honnêtement sur Monsieur de Cambray, comme ne doutant pas qu'il ne se soumît : c'étoit un personnage bon à faire à l'égard des gens dans cette situation dont il n'avoit jamais été ami.

Monsieur de Cambray apprit presque en même temps son sort, dans un moment qui eût accablé un homme qui auroit eu en soi moins de ressources : il alloit monter en chaire; il ne se troubla point; il laissa le sermon qu'il avoit préparé, et sans différer un moment de prêcher, il prit son thème sur la soumission due à l'Église : il traita cette matière d'une manière forte et touchante, annonça la condamnation de son livre, rétracta son opinion, qu'il y avoit exposée, et conclut son sermon par un acquiescement et une soumission parfaite au jugement que le Pape venoit de prononcer. Deux jours après, il publia un mandement fort court, par lequel il se rétracta, condamna son livre, en défendit la lecture, acquiesça et se soumit de nouveau à sa condamnation, et par les termes les plus concis, les plus nets, les plus forts, s'ôta tous les moyens d'en pouvoir revenir. Une soumission si prompte, si claire, si publique, fut généralement admirée. Il ne laissa pas de se trouver des censeurs qui auroient voulu qu'il eût comme copié la constitution, et qui se firent moquer d'eux. Monsieur de Meaux, qui étoit à la cour, reçut les compliments de tout le monde, qui courut chez lui en foule. Monsieur de Chartres étoit à Chartres, où il demeura, et Monsieur de Paris montra une grande modération. Mme de Maintenon parut au comble de sa joie.

La difficulté fut après sur l'enregistrement au Parlement, à cause de la forme de cette bulle et des termes qui s'y trouvoient contraires aux libertés de l'Église gallicane, libertés qui ne sont ni des nouveautés ni des concessions ou des priviléges, mais un usage constant d'attachement à l'ancienne discipline de l'Église, qui n'a point fléchi aux usurpations de la cour de Rome, et qui ne l'a point laissée empiéter comme elle a fait sur les Églises des autres nations. On prit donc un expédient pour mettre tout à couvert sans trop de retardement : ce fut une lettre du Roi à tous les métropolitains de son royaume, par laquelle il leur mandoit d'assembler chacun ses suffragants, pour prononcer sur la condamnation que le Pape venoit de faire du livre des *Maximes des saints* de Monsieur de Cambray, de la constitution duquel il leur envoya en même temps un exemplaire. L'obéissance fut d'autant plus prompte que cette sorte d'assemblée par provinces ecclésiastiques sentoit fort les conciles provinciaux, quoique limitées à une matière, et que l'interruption de ces sortes de conciles, dont les évêques avoient abusé en y mêlant pour leur autorité force affaires temporelles, étoit un de leurs plus grands regrets. Par ce tour, nos évêques furent censés examiner le livre et la censure, et n'adhérer au jugement du Pape que comme juges eux-mêmes de la doctrine, et jugeant avec lui. Ils en firent des procès-verbaux, qu'ils envoyèrent à la cour, et de cette manière il n'y eut plus de difficulté, et le Parlement enregistra la condamnation de Monsieur de Cambray, en conséquence de l'adhésion des évêques de France en forme de jugement.

Monsieur de Cambray subit ce dernier dégoût avec la même grandeur d'âme qu'il avoit reçu et adhéré à sa condamnation. Il assembla ses suffragants comme les autres métropolitains, et y trouva de quoi illustrer sa patience comme il avoit illustré sa soumission. Valbelle, évêque de Saint-Omer, Provençal ardent à la fortune, n'eut pas honte, comptant plaire, d'ajouter douleur à la douleur : il proposa dans l'assemblée qu'il n'y suffisoit pas de condamner le livre des *Maximes des saints,* si on n'y condamnoit pas en même temps tous les ouvrages que Monsieur de Cambray avoit faits pour le soutenir. L'archevêque répondit modestement qu'il adhéroit de tout son cœur à la condamnation de son livre des *Maximes des saints,* et qu'il n'avoit pas attendu, comme on le savoit, cette assemblée pour donner des marques publiques de son entière soumission au jugement qui avoit été rendu, mais qu'il croyoit aussi qu'il ne devoit pas l'étendre à ce qui n'étoit point jugé ; que le Pape étoit demeuré dans le silence sur tous les écrits faits pour soutenir le livre condamné ; qu'il croyoit devoir se conformer entièrement au jugement du Pape, en condamnant comme lui le livre qu'il avoit condamné, et demeurant comme lui dans le silence sur tous les autres écrits à l'égard desquels il y étoit demeuré. Il n'y avoit rien de si sage, de si modéré, ni de plus conforme à la raison, à la justice et à la vérité que cette réponse. Elle ne satisfit point Monsieur de Saint-Omer, qui vouloit se distinguer et faire parler de lui : il prit feu, et insista par de longs et violents raisonnements, que Monsieur de Cambray écouta paisiblement sans rien dire. Quand le Provençal fut épuisé, Monsieur de Cambray dit qu'il n'avoit rien à ajouter à la première réponse qu'il avoit faite à la proposition de Monsieur de Saint-Omer ; ainsi, que c'étoit aux deux autres prélats à décider, à l'avis desquels il déclaroit par avance qu'il s'en rapporteroit sans répliquer. Messieurs d'Arras et de Tournay se hâtèrent d'opiner pour l'avis de Monsieur de Cambray, et imposèrent avec indignation à Monsieur de Saint-Omer, qui ne cessa de murmurer et de menacer entre ses dents. Il se trouva fort loin de son compte : le gros du monde s'éleva contre lui ; la cour même le blâma, et quand il y reparut, il n'y trouva que de la froideur parmi ceux même qu'il regardoit comme ses amis, et qui ne l'étoient ni de Monsieur de Cambray ni des siens.

Il mourut en ce même temps un des hommes de la cour qui avoit le nez le plus tourné à une grande fortune ; ce fut le comte de Mailly. Il étoit fils du vieux Mailly et de *la Bécasse*, qu'on appeloit ainsi à cause de son long nez, qui étoit devenue seule héritière de la riche branche de Montcavrel de la maison de Monchi, dont les Hocquincourts faisoient une autre branche. Le père et la mère, quoique gens de grande qualité et de beaucoup d'esprit tous deux, n'ont guère été connus que par le nombre de procès qu'ils ont su gagner, la belle maison vis-à-vis le pont Royal qu'ils ont bâtie, et les grands biens qu'ils ont amassés et acquis, étant nés l'un et l'autre fort pauvres. Le marquis de Nesle, leur aîné, étoit mort maréchal de camp, de ses blessures au siége de Philisbourg, en 1688, et n'avoit laissé qu'un fils et une fille de la dernière de l'illustre maison de Colligny, belle comme le jour, qu'il avoit épousée malgré père et mère, et le comte de Mailly dont il s'agit ici, leur quatrième fils. On a vu comme Mme de Maintenon en fit le mariage avec Mlle de Sainte-Hermine, fille d'un de ses cousins germains, lorsque j'ai parlé du mariage de Mme la duchesse de Chartres, dont elle fut dame d'atour, et ensuite de Mme la duchesse de Bourgogne. Mailly étoit un homme bien fait, d'un visage agréable mais audacieux, comme étoit son esprit et sa conduite. Il avoit été élevé auprès de Monseigneur, et c'étoit celui pour qui ce prince avoit témoigné et depuis conservé la plus constante affection et la plus marquée. C'étoit même à qui l'auroit de son côté, de M. le prince de Conti et de M. de Vendôme. Beaucoup d'esprit, de grâces, un grand air du monde, de la valeur, une ambition démesurée, qui l'auroit mené bien loin, et à laquelle il auroit tout sacrifié. Il avoit trouvé le moyen à son âge de plaire au Roi; et Mme de Maintenon le regardoit comme son véritable neveu. Rien moins avec tout cela que bas avec personne; les ministres et les généraux d'armée le comptoient; mais pour ne pas s'y méprendre, il falloit s'attendre qu'il tourneroit toujours à la faveur et à tout ce qui pouvoit le conduire. Il avoit été de fort bonne heure menin de Monseigneur, et mestre de camp général des dragons, qu'il vendit au duc de Guiche dès qu'il fut maréchal de camp. Il avoit neuf mille livres de pension personnelle, et sa femme douze mille, outre leurs emplois. Il étoit frère de l'archevêque d'Arles et de l'évêque de Lavaur. Nous avions dîné chez M. le maréchal de Lorges, à un grand repas qu'il donnoit à Milord Jersey, parce que l'intérêt de Milord Feversham, son frère, lui faisoit cultiver les ambassadeurs d'Angleterre.

Mailly étoit extrêmement de mes amis; après dîner, nous retournâmes ensemble à Versailles. Mon carrosse rompit entre Sèvres et Chaville, à ne pouvoir être raccommodé de longtemps; nous prîmes le parti d'achever le voyage à pied, mais il lui prit une subite fantaisie de retourner à Paris, quoi que je pusse faire pour l'en détourner. Il prit par les bois de Meudon, pour n'être point vu et pour arriver dans le quartier des Incurables, où logeoit une créature qu'il entretenoit; moi, je gagnai Versailles par Montreuil, pour n'être pas aussi rencontré. Je ne sais si cette traite à pied lui aigrit l'humeur de la goutte qu'il avoit quelquefois, mais dans la nuit, il fut pris auprès de sa demoiselle si vivement et si subitement par la gorge, qu'elle crut qu'il alloit étouffer. Il ne dura que deux fois vingt-quatre heures, sans avoir pu être transporté; sa femme y étoit accourue. Mme de Maintenon, dès qu'elle la sut veuve, alla elle-même à Paris la chercher, et la ramena dans son carrosse extrêmement affligée. Elle eut pour ses enfants les neuf mille livres de pension qu'avoit son mari, et sur l'exemple de Mme de Béthune, dame d'atour de la Reine, elle servit au bout de ses six semaines.

Il fut peu regretté à la cour, et même dans le monde, mais la perte fut grande pour sa maison.

Thury, frère cadet de M. de Beuvron, mourut aussi. On le voyoit assez souvent à la cour; c'étoit un homme fort appliqué à ses affaires; ni lui ni son frère n'avoient guère servi. Il étoit resté un vieux conte d'eux, du temps qu'ils étoient à l'armée : ils se promenoient à la tête du camp; il tomba une pluie assez douce après une longue sécheresse : « Mon frère, s'écria l'un, que de foins ! — Mon frère, que d'avoine ! » répondit l'autre. On le leur a souvent reproché.

On eut nouvelle de la mort du comte de Frontenac à Québec, où il étoit, pour la seconde fois, gouverneur général, depuis près de dix ans. Il avoit tellement gagné la confiance des sauvages, la première fois qu'il eut cet emploi, qu'on fut obligé de le prier d'y retourner. Il y fit toujours parfaitement bien, et ce fut une perte. Le frère de Caillières commandoit sous lui, et lui succéda. M. de Frontenac s'appeloit Buade; son grand'père avoit été gouverneur de Saint-Germain, premier maître d'hôtel du Roi, et chevalier de l'ordre en 1619. Celui-ci étoit fils d'une Phélypeaux, nièce et fille de deux secrétaires d'État, et il étoit frère de Mme de Saint-Luc, dont le mari étoit chevalier de l'ordre et lieutenant général de Guyenne, fils du maréchal de Saint-Luc et père du dernier Saint-Luc, mari d'une Pompadour, sœur de Mme d'Hautefort. C'étoit un homme de beaucoup d'esprit, fort du monde, et parfaitement ruiné. Sa femme, qui n'étoit rien, et dont le père s'appeloit la Grange Trianon, avoit été belle et galante, extrêmement du grand monde et du plus recherché. Elle et son amie Mlle d'Outrelaise, qui ont passé leur vie logées ensemble à l'Arsenal, étoient des personnes dont il falloit avoir l'approbation; on les appeloit *les Divines*. J'en ai dit quelque chose à propos du nom d'Orondat du vieux Villars. Un si aimable homme et une femme si merveilleuse ne duroient pas aisément ensemble; ainsi, le mari n'eut pas de peine à se résoudre d'aller vivre et mourir à

Québec, plutôt que mourir de faim ici, en mortel auprès d'une *Divine*.

Presque en même temps, on perdit le célèbre Racine, si connu par ses belles pièces de théâtre. Personne n'avoit plus de fonds d'esprit, ni plus agréablement tourné; rien du poëte dans son commerce, et tout de l'honnête homme, de l'homme modeste, et sur la fin, de l'homme de bien. Il avoit les amis les plus illustres à la cour, aussi bien que parmi les gens de lettres : c'est à eux à qui je laisse d'en parler, mieux que je ne pourrois faire. Il fit pour l'amusement du Roi et de Mme de Maintenon, et pour exercer les demoiselles de Saint-Cyr, deux chefs-d'œuvre en pièces de théâtre, *Esther* et *Athalie*, d'autant plus difficiles qu'il n'y a point d'amour, et que ce sont des tragédies saintes, où la vérité de l'histoire est d'autant plus conservée que le respect dû à l'Écriture sainte n'y pourroit souffrir d'altération. La comtesse d'Ayen et Mme de Caylus sur toutes excellèrent à la jouer, devant le Roi et le triage le plus étroit et le plus privilégié, chez Mme de Maintenon. A Saint-Cyr, toute la cour y fut plusieurs fois admise, mais avec choix. Racine fut chargé de l'histoire du Roi, conjointement avec Despréaux, son ami. Cet emploi, ces pièces dont je viens de parler, ses amis, lui acquirent des privances. Il arrivoit même quelquefois que le Roi n'avoit point de ministres chez Mme de Maintenon, comme les vendredis, surtout quand le mauvais temps de l'hiver y rendoit les séances fort longues : ils envoyoient chercher Racine pour les amuser. Malheureusement pour lui, il étoit sujet à des distractions fort grandes.

Il arriva qu'un soir qu'il étoit entre le Roi et Mme de Maintenon, chez elle, la conversation tomba sur les théâtres de Paris. Après avoir épuisé l'opéra, on tomba sur la comédie. Le Roi s'informa des pièces et des acteurs, et demanda à Racine pourquoi, à ce qu'il entendoit dire, la comédie étoit si fort tombée de ce qu'il l'avoit vue autrefois. Racine lui en donna plusieurs raisons, et conclut par celle qui, à son avis, y avoit le plus de part, qui étoit que, faute d'auteurs et de bonnes pièces nouvelles, les comédiens en donnaient d'anciennes, et entre autres ces pièces de Scarron, qui ne valoient rien et qui rebutoient tout le monde. A ce mot, la pauvre veuve rougit, non pas de la réputation du cul-de-jatte attaquée, mais d'entendre prononcer son nom, et devant le successeur. Le Roi s'embarrassa, le silence qui se fit tout d'un coup réveilla le malheureux Racine, qui sentit le puits dans lequel sa funeste distraction le venoit de précipiter. Il demeura le plus confondu des trois, sans plus oser lever les yeux ni ouvrir la bouche. Ce silence ne laissa pas de durer plus que quelques moments, tant la surprise fut dure et profonde. La fin fut que le Roi renvoya Racine, disant qu'il alloit travailler. Il sortit éperdu, et gagna comme il put la chambre de Cavoye : c'étoit son ami; il lui conta sa sottise. Elle fut telle, qu'il n'y avoit point à la pouvoir raccommoder. Oncques depuis, le Roi ni Mme de Maintenon ne parlèrent à Racine, ni même le regardèrent. Il en conçut un si profond chagrin, qu'il en tomba en langueur et ne vécut pas deux ans depuis. Il les mit bien à profit pour son salut. Il se fit enterrer à Port-Royal des Champs, avec les illustres habitants duquel il avoit eu des liaisons dès sa jeunesse, que sa vie poétique avoit même peu interrompues, quoique elle fût bien éloignée de leur approbation. Le chevalier de Coislin s'y étoit fait porter aussi, auprès de son célèbre oncle, M. de Pontchâteau. On ne sauroit croire combien le Roi fut piqué de ces deux sépultures.

Le duc de la Force, qui mourut dans ce même temps, ne fit pas tant de vide et de regrets, nonobstant sa naissance et sa dignité. C'étoit un très-bon et honnête homme, et rien de plus, qui à force d'exils, de prisons, d'enlèvement de ses enfants, et de tous les tourments dont on s'étoit pu aviser, s'étoit fait catholique. Le Roi eut soin de le bien faire assister, pour qu'il mourût tel. Sa femme, enfin, avoit eu permission de se retirer en Angleterre, et d'y jouir de son bien. Elle y fut en estime et en considération, et y eut le rang de duchesse.

Peu après la mort de Racine, Valincour fut choisi pour travailler à l'histoire du Roi, en sa place, avec Despréaux. Je ne sais quelle connoissance il avoit eue auprès de Mme de Montespan : ce fut par elle qu'il fut mis auprès de M. le comte de Toulouse, dès sa première jeunesse reconnue, et bientôt après fut secrétaire général de la marine. C'étoit un homme d'infiniment d'esprit et qui savoit extraordinairement, d'ailleurs un répertoire d'anecdotes de cour, où il avoit passé sa vie dans l'intrinsèque et parmi la compagnie la plus illustre et la plus choisie, solidement vertueux et modeste, toujours dans sa place, et jamais gâté par les confiances les plus importantes et les plus flatteuses; d'ailleurs très-difficile à se montrer, hors avec ses amis particuliers, et peu à peu très-longtemps devenu grand homme de bien. C'étoit un homme doux, gai, salé sans vouloir l'être, et qui répandoit naturellement les grâces dans la conversation, très-sûr et extrêmement aimable, qui avoit su conserver la confiance du Roi, être considéré de Mme de Maintenon, et ne lui être point suspect en demeurant publiquement attaché à Mme de Montespan jusqu'à sa mort, et à tous les siens après elle. M. le comte de Toulouse avoit aussi toute confiance en lui, quoique parfaitement brouillé avec M. d'O et sans nul commerce ensemble. On ne l'en estimoit pas moins, quoique lui-même estimât fort peu ce gouverneur de la personne et de la maison de son maître.

Un saint et savant évêque finit aussi ses jours, Barillon, évêque de Luçon, frère de Barillon longtemps ambassadeur en Angleterre, et de Morangis, tous deux conseillers d'État. C'étoit un homme qui ne sortoit presque jamais de son diocèse, où il menoit une vie tout à fait apostolique. Il étoit fort estimé et dans la première considération dans le monde et parmi ses confrères, ami intime de Monsieur de la Trappe, et ami aussi de mon père, ainsi que ses frères. Il vint trop tard à Paris se faire tailler, et en mourut de la manière la plus sainte, la plus édifiante, et qui répondit le mieux à toute sa vie.

Le duc de Choiseul, las de sa misère, épousa une sœur de l'ancien évêque de Troyes et de la maréchale de Clérembault, fille de Chavigny, secrétaire d'État. Elle étoit veuve de Brûlart, premier président du parlement de Dijon, et fort riche, dont elle n'avoit qu'une fille. Quoique vieille, elle voulut tâter de la cour et du tabouret; elle en trouva un à acheter, et le prit.

Malgré la paix, l'Empereur gardoit peu de bienséances : il fut plus de trois mois sans donner part au Roi du mariage du roi des Romains[1], son fils, avec la seconde fille de la duchesse d'Hanovre, qui avoit été ici longtemps, et que j'ai rapporté ci-dessus en être sortie de dépit de son aventure avec Mme de Bouillon. Elles étoient à Modène, où l'aînée avoit épousé le duc de Modène, qui avoit quitté le chapeau, qu'il avoit porté longtemps, pour succéder à son frère, mort sans enfants, et se marier. Le prince de Salm, grand maître de la maison du roi des Romains, dont il avoit été gouverneur, et en grand crédit auprès de lui et dans la cour de l'Empereur, fit ce mariage. Il étoit veuf de la sœur de Madame la Princesse et de la duchesse d'Hanovre, et compta avec raison faire un grand coup pour lui que de faire sa nièce reine des Romains. L'Empereur les fit venir de Modène, et fit célébrer ce mariage dans le mois de janvier. Ce fut par un simple courrier qu'il en donna enfin part, chargé d'une lettre en italien de sa main pour le Roi. Il n'avoit aucun ministre ici. La morgue impériale est telle qu'elle refuse encore la *Majesté* au Roi, dans les lettres qu'on appelle de chancellerie, c'est-à-dire qui commencent par les titres *Très-haut*, etc., et sont contre-signées; la morgue françoise n'en veut point recevoir sans *Majesté*, de sorte que ces sortes de lettres sont bannies entre eux, et qu'ils s'écrivent toujours l'un à l'autre de leur main, avec la *Majesté* réciproque, et une égalité en tout parfaite. Le Roi y avoit Villars, avec caractère d'envoyé. La préséance de la France sur l'Espagne ne permettoit pas d'avoir un ambassadeur à Vienne, que cette cour eût fait précéder

---

1. On donnait ce titre au prince désigné pour succéder à l'empire.

tant qu'elle auroit pu par celui d'Espagne, pour la dignité de la maison d'Autriche.

Villars avoit reçu une incivilité très-forte, dans l'appartement de l'Empereur, du prince de Lichtenstein, sur ce qu'il ne voyoit point l'archiduc, que les ministres du Roi ne visitoient point, à cause de quelque embarras de cérémonial. Villars prétendit une réparation authentique, se retira de la cour, et dépêcha un courrier. Le nonce de Vienne et les autres ministres étrangers s'en mêlèrent inutilement : Villars eut ordre de s'en revenir sans prendre congé, si la réparation ne lui étoit point faite. On la différa tant, que Villars résolut de partir : sur le point qu'il alloit monter en voiture, on le pria de rester, et on l'assura de la satisfaction ; et en effet, deux jours après, elle fut achevée d'être concertée, et sur-le-champ exécutée par les excuses que le prince de Lichtenstein lui alla faire chez lui. Ce fut apparemment ce petit démêlé qui retarda tant la part du mariage du roi des Romains, car l'un et l'autre se fit tout de suite, et fort peu après l'embarras du cérémonial chez l'archiduc, à la satisfaction du Roi, qui ordonna à Villars d'aller chez lui. L'Empereur donna une grande distinction au grand-duc ; ce fut le traitement d'ambassadeurs de tête couronnée aux siens, qui ne l'avoient dans aucune cour. Monsieur de Savoie fut outré de cette égalité avec lui ; je ne sais si ce fut pour le mortifier, ou pour l'argent de Florence. La naissance d'un prince de Piémont l'en consola bientôt après ; dans le moment, un lieutenant des gardes partit pour en porter la nouvelle à Monsieur. Dès qu'il fut arrivé, l'ambassadeur de Savoie le vint dire au Roi, et entra dans son cabinet, où il étoit enfermé en attendant le marquis de Rovere, que Monsieur de Savoie envoya[1] exprès au Roi, qui reçut très-bien l'ambassadeur, et l'envoya à Saint-Cyr trouver Mme la duchesse de Bourgogne, qui y étoit. Elle fut si sensible à cette nouvelle, qu'elle en pleura de joie.

Le Roi, qui venoit de payer les dettes de Madame la

1. *Envoye*, au manuscrit.

Duchesse, qui étoient fortes, du jeu et aux marchands, paya aussi celles de Monseigneur, qui alloient à cinquante mille livres, se chargea de payer ses bâtiments de Meudon, et au lieu de quinze cents pistoles qu'il avoit par mois, le mit à cinquante mille écus. Pontchartrain, en habile homme, fit sa cour de cette affaire-là à ce prince, à qui il en porta la nouvelle, sans qu'il eût rien demandé ni parlé au contrôleur général, lequel s'acquit par là Monseigneur pour toujours. Il avoit toujours eu grand soin d'aller au-devant de tout ce qui pouvoit lui plaire, et il combla par ce présent un fils accoutumé à trembler devant son père, et que le père n'avoit pas envie d'en désaccoutumer. M. de la Rochefoucauld, toujours nécessiteux et piteux au milieu des richesses, et en proie à ses valets, obtint, sa vie durant seulement, quarante-deux mille livres de rente d'augmentation d'appointements sur sa charge de grand veneur, quoique on ait vu, il n'y a pas longtemps, ici, que le Roi lui avoit payé ses dettes. Il donna aussi, mais avec un grand secret, et qui a toujours duré, vingt mille livres de pension à Monsieur de Chartres. Ses voyages et ses ouvrages lui dépensoient beaucoup ; il craignit de n'y pouvoir suffire et de laisser des dettes qui ne se pourroient payer : il demanda une abbaye. Il tenoit par la confiance du mariage du Roi, dont le Roi avoit trouvé bon que Mme de Maintenon lui fît la confidence, et il étoit sur le pied de leur en parler et de leur en écrire à l'un et à l'autre. Le Roi ne voulut point lui donner d'abbaye ; il en avoit déjà une : il trouva que cela feroit un contraste désagréable avec Monsieur de Cambray, qui avoit rendu la sienne lorsqu'il fut archevêque ; et pour éviter le qu'en-dira-t-on, au lieu d'abbaye, il lui fit cette pension, qui lui étoit payée par mois.

M. de Vendôme songea aussi enfin à ses affaires et à sa santé. Il étoit extrêmement riche, et n'avoit jamais un écu pour quoi qu'il voulût faire. Le grand prieur, son frère, s'étoit emparé de sa confiance, avec un abbé de Chaulieu, homme de fort peu, mais de beaucoup d'esprit, de quelques lettres, et de force audace, qui l'avoit introduit dans le monde sous l'ombre de MM. de Vendôme, des parties desquels il s'ennoblissoit. On avoit souvent et inutilement parlé à M. de Vendôme sur le misérable état où sa confiance le réduisoit; le Roi lui en avoit dit son avis, et l'avoit pressé de penser à sa santé, que ses débauches avoient mise en fort mauvais état. A la fin il en profita : il pria Chemerault, qui lui étoit fort attaché, de dire au grand prieur de sa part qu'il le prioit de ne se plus mêler de ses affaires, et à l'abbé de Chaulieu de cesser d'en prendre soin. Ce fut un compliment amer au grand prieur, qui faisoit siens les revenus de son frère, et en donnoit quelque chose à l'abbé de Chaulieu. Jamais il ne le pardonna sincèrement à son frère, et ce fut l'époque, quoique sourde, de la cessation de leur identité, car leur union se pouvoit appeler telle. L'abbé de Chaulieu eut une pension de six mille livres de M. de Vendôme, et eut la misère de la recevoir. Crosat, un des plus riches hommes de Paris, à toutes sortes de métiers, se mit à la tête des affaires de M. de Vendôme; après quoi il prit publiquement congé du Roi, de Monseigneur, des princesses et de tout le monde, pour s'en aller se mettre entre les mains des chirurgiens, qui l'avoient déjà manqué une fois. C'est le premier et unique exemple d'une impudence pareille. Ce fut aussi l'époque qui lui fit perdre terre. Le Roi lui dit qu'il étoit ravi qu'il eût enfin pourvu à ses affaires, et qu'il eût pris le parti de pourvoir aussi à sa santé, et qu'il souhaitoit que ce fût avec un tel succès qu'on le pût embrasser au retour en sûreté. Il est vrai qu'une race de bâtards pouvoit en ce genre-là prétendre quelque privilége, mais d'aller en triomphe où jamais on ne fut qu'en cachant sa honte sous les replis les plus mystérieux, épouvanta et indigna tout à la fois, et montra tout ce que pouvoit une naissance illégitime sur un roi si dévot, si sérieux, et en tout genre si esclave de toutes les bienséances. Au lieu d'Anet, il fut à Clichy, chez Crosat, pour être plus à portée de tous les secours de Paris. Il fut près de trois mois entre les mains des plus habiles, qui y échouèrent. Il revint à la cour avec la moitié de son nez ordinaire, ses dents tombées, et une physionomie entièrement changée, et qui tiroit sur le niais. Le Roi en fut si frappé qu'il recommanda aux courtisans de n'en pas faire semblant, de peur d'affliger M. de Vendôme : c'étoit assurément y prendre un grand intérêt. Comme il étoit parti pour cette expédition médicale en triomphe, il en revint aussi triomphant par la réception du Roi, dont l'exemple gagna toute la cour. Cela et le grand remède, qui lui avoit affoibli la tête, la lui tourna tout à fait, et depuis cette époque ce ne fut plus le même homme. Le miroir cependant ne le contentoit pas : il ne parut que quelques jours, et s'en alla à Anet voir si le nez et les dents lui reviendroient avec les cheveux.

Deux aventures étranges effrayèrent et firent faire bien des réflexions. Savary fut trouvé assassiné dans sa maison, à Paris. Il n'avoit qu'un valet et une servante, qui furent trouvés en même temps assassinés, tous trois tout habillés et en différents endroits de la maison, sans la moindre chose volée. L'apparence fut que ce crime fut commis de jour, et que ce fut une vengeance, par des écrits qui se sont trouvés chez lui. C'étoit un bourgeois de Paris, dont le frère venoit de mourir évêque de Séez, à qui d'Aquin succéda. Il étoit à son aise, bien nippé, sans emploi, et vivoit en épicurien. Il avoit beaucoup d'amis, et quelques-uns de la plus haute volée. Il recevoit chez lui des parties de toutes espèces de plaisirs, mais choisies et resserrées, et la politique n'en étoit pas bannie quand on en vouloit traiter. On n'a jamais su la cause de cet assassinat, mais on en trouva assez pour n'oser approfondir, et l'affaire en demeura là. On ne douta guère qu'un très-vilain petit homme ne l'eût fait faire, mais d'un sang si supérieurement respecté, que toute formalité tomba dans la frayeur de le trouver au bout, et qu'après le premier bruit tout le monde cessa d'oser parler de cette tragique histoire.

L'autre aventure n'imposa aucun silence. On a vu ci-devant celle de l'abbé de Caudelet sur l'évêché de Poitiers, et que l'abbé de la Châtre demeura convaincu d'être l'auteur de la calomnie, et de l'avoir fait réussir. Allant de Saint-Léger à Pontchartrain, avec Garsault, qui avoit le haras du Roi à Saint-Léger, la calèche légère et découverte dans laquelle ils étoient tous deux fut emportée par les chevaux. La frayeur les fit jeter dehors ; l'abbé se brisa contre des pierres, et les roues lui passèrent sur le corps : il vécut encore vingt-quatre heures, et mourut sans avoir eu un instant de connoissance ; Garsault, extrêmement blessé, recouvra la sienne pour en faire un bon usage pendant deux mois qu'il fut en proie aux chirurgiens, au bout desquels il mourut aussi.

L'affaire de M. le prince de Conti alloit mal à Neuchâtel, où il étoit logé dans la ville sans aucune considération. Les ducs de Lesdiguières et de Villeroy y logeoient de même. Mme de Nemours étoit dans le château avec toute la splendeur de souveraine reconnue, et toute l'autorité dont elle faisoit sentir l'éclat et le poids à un Bourbon avec toute la volupté du dépit et de la vengeance. Le canton de Berne avoit voulu lui prêter main-forte comme allié de Neuchâtel, et Puysieux, ambassadeur en Suisse, n'avoit pu en arrêter de fortes démonstrations. Le Roi sentit toute l'indécence du séjour du prince de Conti en un lieu si éloigné des moindres égards pour lui ; il lui fit donc mander de revenir, et il donna le même ordre aux ducs de Lesdiguières et de Villeroy, à Matignon, et à Mme de Nemours elle-même, qui se fit un peu tirer l'oreille pour obéir. Elle en fit des plaintes amères à Messieurs de Neuchâtel et aux Suisses, qui ne s'en unirent que plus fortement à elle, et s'en aliénèrent de plus en plus des intérêts de M. le prince de Conti. Il arriva à Paris, et les autres prétendants, longtemps devant elle. Elle fit, allant et revenant, tout ce grand voyage dans sa chaise à porteurs, avec force carrosses et grands équipages, et un chariot derrière elle rempli de seize porteurs, pour en relayer. Il y avoit en cette voiture plus d'air de singularité et de grandeur que de raison d'âge ou d'incommodité. Elle alloit de même de Paris à Versailles, et ses officiers lui donnoient à dîner à Sèvres. Le Roi, qui craignoit la force de sa part, la reçut honnêtement, et l'assura toujours qu'il ne prendroit point de parti entre ses sujets, et dans la vérité il ne fit rien, dans tout le cours de cette affaire, en faveur de M. le prince de Conti, que ce qu'il ne put éviter par pure bienséance. L'acquisition de Neuchâtel ne l'éloignoit pas de France pour toujours comme la couronne de Pologne; aussi en eut-il bien plus d'envie, et le Roi infiniment moins.

On lui fit à la grande écurie, à Versailles, un vol bien hardi, la nuit du 3 au 4 juin, le Roi étant à Versailles. Toutes les housses et les caparaçons furent emportés; il y en eut pour plus de cinquante mille écus. Les mesures furent si bien prises que qui que ce soit ne s'en aperçut dans une maison si habitée, et que dans une nuit si courte tout fut emporté sans que jamais on ait pu en avoir de nouvelles. Monsieur le Grand entra en furie, et tous ses subalternes aussi. On dépêcha sur tous les chemins, on fouilla Paris et Versailles, et le tout inutilement.

Cela me fait souvenir d'un autre vol, qui eut quelque chose de bien plus étrange, et qui arriva fort peu avant la date du commencement de ces *Mémoires*. Le grand appartement, c'est-à-dire depuis la galerie jusqu'à la tribune, étoit meublé de velours cramoisi, avec des crépines et des franges d'or; un beau matin elles se trouvèrent toutes coupées. Cela parut un prodige dans un lieu si passant tout le jour, si fermé la nuit, et si gardé à toutes heures. Bontemps, au désespoir, fit et fit faire toutes les perquisitions qu'il put, et toutes sans aucun succès. Cinq ou six jours après, j'étois au souper du Roi; il n'y avoit que d'Aquin, premier médecin du Roi, entre le Roi et moi, et personne entre moi et la table. Vers l'entremets, j'aperçus je ne sais quoi de fort gros et comme noir en l'air sur la table, que je n'eus le temps de discerner ni de montrer par la rapidité dont ce gros tomba sur le bout de la table, devant l'endroit du couvert de Monsieur et de Madame, qui étoient à Paris, et qui se mettoient toujours au bout de la table à la gauche du Roi, le dos aux fenêtres qui donnent sur la grande cour. Le bruit que cela fit en tombant, et la pesanteur de la chose pensa l'enfoncer, et fit bondir les plats, mais sans en renverser aucun, et de hasard cela tomba sur la nappe et point dans des plats. Le Roi, au coup que cela fit, tourna la tête à demi, et sans s'émouvoir en aucune sorte : « Je pense, dit-il, que ce sont mes franges. » C'en étoit en effet un paquet plus large qu'un chapeau de prêtre avec ses bords tous plats, et haut en manière de pyramide mal faite d'environ deux pieds. Cela étoit parti de loin derrière moi, vers la porte mitoyenne des deux antichambres, et un frangeon détaché en l'air étoit tombé sur le haut de la perruque du Roi, que Livry, qui étoit à sa gauche, aperçut et ôta. Il s'approcha du bout de la table, et vit en effet que c'étoient les franges tortillées en paquet, et tout le monde les vit comme lui. Cela fit un moment de murmure. Livry voulant ôter ce paquet, y trouva un billet attaché; il le prit et laissa le paquet. Le Roi tendit la main, et dit : « Voyons. » Livry, avec raison, ne voulut pas, et se retirant en arrière, le lut tout bas et, par derrière le Roi, le donna à d'Aquin, avec qui je le lus entre ses mains. Il y avoit dedans, d'une écriture contrefaite et longue, comme de femme, ces propres mots : « Reprends tes franges, Bontemps, la peine en passe le plaisir; mes baisemains au Roi. » Il étoit roulé et point fermé. Le Roi le voulut encore prendre des mains de d'Aquin, qui se recula, le sentit, le frotta, tourna et retourna, puis le montra au Roi sans le lui laisser toucher. Le Roi lui dit de le lire tout haut, quoique lui-même le lût en même temps. « Voilà, dit le Roi, qui est bien insolent; » mais d'un ton tout uni et comme historique. Il dit après qu'on ôtât ce paquet. Livry le trouva si pesant qu'à peine le put-il lever de dessus la table, et le donna à un garçon bleu qui vint se présenter. De ce moment le Roi n'en parla plus, et personne n'osa plus en rien dire, au moins tout haut, et le reste du souper se passa tout comme chose non avenue.

Outre l'excès de l'impudence et de l'insolence, c'est un excès de péril qui ne se peut comprendre. Comment lancer de si loin un paquet de cette pesanteur et de ce volume sans être environné de complices, et au milieu d'une foule telle qu'elle étoit toujours au souper du Roi, où à peine pouvoit-on passer dans ces derrières? Comment, malgré ce cercle de complices, le grand mouvement des bras pour une vibration aussi forte put-[il[1]] échapper à tant d'yeux? Le duc de Gesvres étoit en année. Ni lui ni personne ne s'avisa de faire fermer les portes, que du temps après que le Roi fut sorti de table. On peut juger si les coupables étoient demeurés là, ayant eu plus de trois quarts d'heure toutes les issues libres pour se retirer. Les portes fermées, il ne se trouva qu'un seul homme, que personne ne connut et qu'on arrêta. Il se dit gentilhomme de Saintonge, et connu du duc d'Uzès, gouverneur de la province; il étoit à Versailles, on l'envoya prier de venir : il alloit se coucher; il vint aussitôt, reconnut ce gentilhomme, en répondit, et sur ce témoignage on le laissa avec des excuses. Jamais depuis on n'a pu rien découvrir de ce vol, ni de la singulière hardiesse de sa restitution.

Vaïni, qui avec la permission du Roi s'étoit paré du cordon bleu à Rome, vint le recevoir de sa main le jour de la Pentecôte; il fut fort bien reçu : après le lui avoir donné, le Roi ne voulut pas avoir l'air du repentir. Les courtisans, qui aiment la nouveauté, et les amis surtout du cardinal de Bouillon, qui le leur avoit fort recommandé, lui firent beaucoup d'accueil : il fut toujours en bonne compagnie. Il passa trois mois à la cour ou à Paris. Le Roi lui fit présent lui-même d'une belle croix de diamants, et l'avertit de prendre garde qu'on ne la lui coupât. Il s'en retourna en Italie, charmé de tout

---

1. Saint-Simon écrit *put-elle*.

ce qu'il avoit vu et de la bonne réception qu'il avoit reçue. En ce même temps, Feriol s'en alla relever Châteauneuf, notre ambassadeur à Constantinople, en la même qualité.

On sut que Portland n'avoit pas eu tort à Paris d'être en peine de la faveur naissante de Keppel, Hollandois comme lui, mais jeune, hardi et bien fait, que le roi d'Angleterre avoit fait comte d'Albemarle : la jalousie éclata à son retour, et la froideur se mit entre lui et son maître. Il remit toutes ses charges et ses emplois, passa en Hollande, et dit au roi d'Angleterre que ce seroit en ce pays-là où il se réservoit à lui faire sa cour. Peu après le roi d'Angleterre y passa aussi comme il faisoit toutes les années. Il s'y rapprocha de son ancien favori, le remena[1] avec lui en Angleterre, où il continua d'être chargé, comme devant des principales affaires; mais il ne reprit point ses charges ni sa faveur première, et Albemarle demeura affermi dans la sienne.

Le Roi, qui passoit toujours à Versailles l'octave du Saint-Sacrement, à cause des deux processions et des saluts, alloit aussi toujours à Marly après le salut de l'octave. Il découvrit cette année que la comtesse de Gramont avoit été passer quelques jours de cette octave à Port-Royal des Champs, où elle avoit été élevée, et pour lequel elle avoit conservé beaucoup d'attachement. C'étoit un crime qui pour tout[2] autre auroit été irrémissible, mais le Roi avoit personnellement pour elle une vraie considération, et une amitié qui déplaisoit fort à Mme de Maintenon, mais qu'elle n'avoit jamais pu rompre, et qu'elle souffroit parce qu'elle ne pouvoit faire autrement. Elle ne laissoit pas de lui montrer souvent sa jalousie par des traits d'humeur, quoique mesurés, et la comtesse, qui étoit fort haute et en avoit tout l'air et le maintien, avec une grande mine, des restes de beauté, et plus d'esprit et de grâces qu'aucune femme de la cour, ne se don-

---
1. Il y a bien, au manuscrit, *remena*, et non *renmena*.
2. *Tout*, au masculin, est bien l'orthographe de Saint-Simon.

noit pas la peine de les ramasser, et montroit de son côté à Mme de Maintenon, par son peu d'empressement pour elle, qu'elle ne lui rendoit le peu qu'elle faisoit que par respect pour le goût du Roi. Ce voyage donc, que Mme de Maintenon tâcha de mettre à profit, ne mit la comtesse qu'en pénitence, non en disgrâce : elle, qui étoit toujours de tous les voyages de Marly, et partout où le Roi alloit, n'en fut point celui-ci. Ce fut une nouvelle. Elle en rit tout bas avec ses amis; mais d'ailleurs elle garda le silence, et s'en alla à Paris. Deux jours après, elle écrivit au Roi par son mari, qui avoit liberté d'aller à Marly, mais elle n'écrivit ni ne fit rien dire à Mme de Maintenon. Le Roi dit au comte de Gramont qu'il cherchoit à justifier sa femme, qu'elle n'avoit pu ignorer ce qu'il pensoit d'une maison toute janséniste, qui est une secte qu'il avoit en horreur. Fort peu après le retour à Versailles, la comtesse de Gramont y arriva, et vit le Roi en particulier chez Mme de Maintenon; il la gronda; elle promit qu'elle n'iroit plus à Port-Royal, sans toutefois l'abjurer le moins du monde : ils se raccommodèrent, et au grand déplaisir de Mme de Maintenon, il n'y parut plus.

CHAPITRE XIV.

Pensées et desseins des amis de Monsieur de Cambray. — Duc de Beauvillier prend à la grande direction la place du chancelier absent. — Naissance de mon second fils. — Voyage très-singulier d'un maréchal de Salon, en Provence, à la cour. — Le Roi partial pour M. de Bouillon contre M. d'Albret. — Mort de Saint-Vallier, du duc de Montbazon, de Mirepoix. — Mort de la duchesse Mazarin, de Mme de Nevet, de la reine de Portugal. — Séance distinguée de M. du Maine en la chambre des comptes. — Filles d'honneur de la princesse de Conti douairière mangent avec Mme la duchesse de Bourgogne. — Dédicace de la statue du Roi à la place de Vendôme. — Cause du retardement de l'audience de Zinzendorf. — Le Roi ne traite le roi de Danemark que de *Sérénité*, et en reçoit la *Majesté*. — Mort de la duchesse douairière de Modène. — Fortune et mort du chancelier Boucherat. — Candidats pour les sceaux : Harlay, premier président ; Courtin, doyen du conseil ; Daguesseau, Pomereu, la Reynie, Caumartin, Voysin, Pelletier Sousy. — Fortune de Pontchartrain, fait chancelier.

Les amis de Monsieur de Cambray s'étoient flattés que le Pape, charmé d'une soumission si prompte et si entière, et qui avoit témoigné plus de déférence pour le Roi que tout autre sentiment dans le jugement qu'il avoit rendu, le récompenseroit de la pourpre ; et en effet il y eut des manéges qui tendoient là. Ils prétendent encore que le Pape en avoit envie, mais qu'il n'osa jamais, voyant que, depuis cette soumission, sa disgrâce n'étoit en rien adoucie. Le duc de Béthune, qui venoit toutes les semaines à Versailles, y dînoit assez souvent chez moi, et ne pouvoit avec nous s'empêcher de parler de Monsieur de Cambray : il savoit qu'il y étoit en sûreté, et outre cela mon intimité avec M. de Beauvillier. Cette espérance du cardinalat perdue, il se lâcha un jour chez moi jusqu'à nous dire qu'il avoit toujours cru le Pape infaillible, qu'il en avoit souvent disputé avec la comtesse de Gramont, mais qu'il avouoit qu'il ne le croyoit plus depuis la condamnation de Monsieur de Cambray ; il ajouta qu'on savoit bien que ç'avoit été une affaire de cabale ici et de politique à Rome, mais que les temps changeoient, et qu'il espéroit bien que ce jugement changeroit aussi, et seroit rétracté, et qu'il y avoit de bons moyens pour cela. Nous nous mîmes à rire, et à lui dire que c'étoit toujours beaucoup que ce jugement l'eût fait revenir de l'erreur de l'infaillibilité des papes, et que l'intérêt qu'il prenoit en l'affaire de Monsieur de Cambray eût été plus puissant à lui dessiller les yeux que la créance de tous les siècles, et tant et tant de puissantes raisons qui détruisoient ce nouvel et dangereux effet de l'orgueil et de l'ambition romaine, et de l'intérêt de ceux qui le soutenoient jusqu'[à] en vouloir faire un pernicieux dogme.

Parlant des amis de Monsieur de Cambray, cela me fait souvenir de réparer ici, quoique en matière fort différente, un oubli que j'ai fait d'une chose qui se passa au dernier voyage de Fontainebleau. La petite direction se tient toujours chez le chef du conseil des finances, qui y préside, et la grande direction dans la salle du conseil des parties; le chancelier y préside, et lorsqu'étant absent, et qu'il y a eu un garde des sceaux, il y a présidé de sa place, et a toujours laissé vide celle du chancelier. Il faut comprendre quand il n'est pas exilé, au moins à ce que je pense, parce qu'alors il fait partout ses fonctions, et prend, même au Parlement, la place que le chancelier y tient. En ce voyage de Fontainebleau, où le chancelier malade n'alla point, M. de Beauvillier prit sa place à la grande direction : il y avoit présidé d'autres fois en l'absence du chancelier, sans prendre sa place, et l'avoit laissée vide. Le Roi le sut, et dit qu'étant duc et pair et présidant à la grande direction par l'absence du chancelier, il devoit prendre sa place et ne la plus laisser vide. Cela fut ainsi exécuté depuis, et fort souvent encore après à Versailles, par les infirmités de Monsieur le chancelier.

Le 12 août, Mme de Saint-Simon accoucha fort heureusement, et Dieu nous fit la grâce de nous donner un second fils, qui porta le nom de marquis de Ruffec, belle terre en Angoumois que ma mère avoit achetée de la sienne.

Un événement singulier fit beaucoup raisonner tout le monde. Il arriva en ce temps-ci tout droit à Versailles un maréchal de la petite ville de Salon, en Provence, qui s'adressa à Brissac, major des gardes du corps, pour être conduit au Roi, à qui il vouloit parler en particulier. Il ne se rebuta point des rebuffades qu'il en reçut, et fit tant que le Roi en fut informé, et lui fit dire qu'il ne parloit pas ainsi à tout le monde. Le maréchal insista, dit que, s'il voyoit le Roi, il lui diroit des choses si secrètes et tellement connues à lui seul, qu'il verroit bien qu'il avoit mission pour lui parler et pour lui dire des choses importantes, qu'en attendant, au moins, il demandoit à être renvoyé à un de ses ministres d'État. Là-dessus le Roi lui fit dire d'aller trouver Barbezieux, à qui il avoit donné ordre de l'entendre. Ce qui surprit beaucoup, c'est que ce maréchal, qui ne faisoit qu'arriver, et qui n'étoit jamais sorti de son lieu ni de son métier, ne voulut point de Barbezieux, et répondit tout de suite qu'il avoit demandé à être renvoyé à un ministre d'État, que Barbezieux ne l'étoit point, et qu'il ne parleroit point qu'à un ministre. Sur cela le Roi nomma Pompone, et le maréchal, sans faire ni difficulté ni réponse, l'alla trouver. Ce qu'on [a] su de son histoire est fort court; le voici : cet homme, revenant tard de dehors, se trouva investi d'une grande lumière auprès d'un arbre assez près de Salon; une personne vêtue de blanc, et par-dessus à la royale, belle, blonde, et fort éclatante, l'appela par son nom, lui dit de la bien écouter, lui parla plus d'une demi-heure, lui dit qu'elle étoit la Reine qui avoit été l'épouse du Roi, lui ordonna de l'aller trouver et de lui dire les choses qu'elle lui avoit communiquées, que Dieu l'aideroit dans tout son voyage, et qu'à une chose secrète qu'il diroit au Roi, et que le Roi seul au monde savoit, et qui ne pouvoit être sue que de lui, il reconnoîtroit la vérité de tout ce qu'il avoit à lui apprendre; que si d'abord il ne pouvoit parler au Roi, qu'il demandât à parler à un de ses ministres d'État, et que surtout il ne communiquât rien à autres, quels qu'ils fussent, et qu'il réservât certaines choses au Roi tout seul; qu'il partît promptement, et qu'il exécutât ce qui lui étoit ordonné hardiment et diligemment, et qu'il s'assurât qu'il seroit puni de mort s'il négligeoit de s'acquitter de sa commission. Le maréchal promit tout, et aussitôt la Reine disparut, et il se trouva dans l'obscurité auprès de son arbre. Il s'y coucha au pied, ne sachant s'il rêvoit ou s'il étoit éveillé, et s'en alla après chez lui, persuadé que c'étoit une illusion et une folie, dont il ne se vanta à personne. A deux jours de là, passant au même endroit, la même vision lui arriva encore, et les mêmes propos lui furent tenus; il y eut de plus des reproches de son doute et des menaces réitérées, et pour fin, ordre d'aller dire à l'intendant de la province ce qu'il avoit vu, et l'ordre qu'il avoit reçu d'aller à Versailles, et que sûrement il lui fourniroit de quoi faire le voyage. A cette fois, le maréchal demeura convaincu; mais flottant entre la crainte des menaces et les difficultés de l'exécution, il ne sut à quoi se résoudre, gardant toujours le silence de ce qui lui étoit arrivé.

Il demeura huit jours en cette perplexité, et enfin comme résolu à ne point faire le voyage, lorsque, repassant encore par le même endroit, il vit et entendit encore la même chose, et des menaces si effrayantes qu'il ne songea plus qu'à partir. A deux jours de là, il fut trouver à Aix l'intendant de la province, qui sans balancer l'exhorta à poursuivre son voyage, et lui donna de quoi le faire dans une voiture publique. On n'en a jamais su davantage. Il entretint trois fois M. de Pompone, et fut chaque fois plus de deux heures avec lui. M. de Pompone en rendit compte au Roi en particulier, qui voulut que Pompone en parlât plus amplement à un conseil d'État où Monseigneur n'étoit point, et où il n'y avoit que les ministres, qui lors, outre lui, étoient le duc de Beauvillier, Pontchartrain et Torcy, et nuls autres. Ce conseil fut long, peut-être aussi y parla-t-on d'autre chose après. Ce qui arriva ensuite fut que le Roi voulut entretenir le maréchal : il ne s'en cacha point; il le vit dans ses cabinets, et le fit monter par le petit degré qui en descend sur la cour de Marbre, par où il passe pour aller à la chasse ou se promener. Quelques jours après, il le vit encore de même, et à chaque fois fut près d'une heure seul avec lui, et prit garde que personne ne fût à portée d'eux. Le lendemain de la première fois qu'il l'eut entretenu, comme il descendoit par ce même petit escalier pour aller à la chasse, M. de Duras, qui avoit le bâton, et qui étoit sur le pied d'une considération et d'une liberté de dire au Roi tout ce qu'il lui plaisoit, se mit à parler de ce maréchal avec mépris, et à dire le mauvais proverbe, que cet homme-là étoit un fou ou que le Roi n'étoit pas noble. A ce mot, le Roi s'arrêta, et se tournant au maréchal de Duras, ce qu'il ne faisoit presque jamais en marchant : « Si cela¹, lui dit-il, je ne suis pas noble, car je l'ai entretenu longtemps, il m'a parlé de fort bon sens, et je vous assure qu'il est fort loin d'être fou. » Ces derniers mots furent prononcés avec une gravité appuyée qui surprit fort l'assistance, et qui en grand silence ouvrit fort les yeux et les oreilles. Après le second entretien, le Roi convint que cet homme lui avoit dit une chose qui lui étoit arrivée il y avoit plus de vingt ans, et que lui seul savoit, parce qu'il ne l'avoit jamais dite à personne, et il ajouta que c'étoit un fantôme qu'il avoit vu dans la forêt de Saint-Germain, et dont il étoit sûr de n'avoir jamais parlé. Il s'expliqua encore plusieurs fois très-favorablement sur ce maréchal, qui étoit défrayé de tout par ses ordres, qui fut renvoyé aux dépens du Roi, qui lui fit donner assez d'argent outre sa dépense, et qui fit écrire à l'intendant de Provence de le protéger particulièrement, et d'avoir soin que, sans le tirer de son état et de son métier, il ne manquât de rien le reste de sa vie. Ce qu'il y a eu de plus marqué, c'est qu'aucun des ministres d'alors n'a jamais voulu parler là-dessus. Leurs amis les plus intimes les ont poussés et tournés là-dessus, et à plusieurs reprises, sans avoir pu en arracher un mot ; et tous d'un même langage leur ont donné le change, se sont mis à rire et à plaisanter, sans jamais sortir de ce cercle, ni enfoncer cette surface d'une ligne. Cela m'est arrivé avec M. de Beauvillier et M. de Ponchartrain, et je sais par leurs plus intimes et leurs plus familiers qu'ils n'en ont rien tiré davantage, et pareillement de ceux de Pompone et de Torcy.

Ce maréchal, qui étoit un homme d'environ cinquante ans, qui avoit famille, et bien famé dans son pays, montra beaucoup de bon sens dans sa simplicité, de désintéressement et de modestie. Il trouvoit toujours qu'on lui donnoit trop, ne parut² aucune curiosité, et dès qu'il eut achevé de voir le Roi et M. de Pompone, ne voulut rien

1. Tel est bien le texte du manuscrit.
2. Ne fit paraître.

voir ni se montrer, parut empressé de s'en retourner, et dit que, content d'avoir accompli sa mission, il n'avoit plus rien à faire que s'en aller chez lui. Ceux qui en avoient soin firent tout ce qu'ils purent pour en tirer quelque chose; il ne répondoit rien, ou disoit : « Il m'est défendu de parler, » et coupoit court sans se laisser émouvoir par rien. Revenu chez lui, il ne parut différent en rien de ce qu'il étoit auparavant, ne parloit ni de Paris ni de la cour, répondoit en deux mots à ceux qui l'interrogeoient, et montroit qu'il n'aimoit pas à l'être, et sur ce qu'il avoit été faire pas un mot de plus que ce que je viens de rapporter; surtout nulle vanterie; ne se laissoit point entamer sur les audiences qu'il avoit eues, et se contentoit de se louer du Roi, qu'il avoit vu, mais en deux mots, et sans laisser entendre s'il l'avoit vu en voyeux[1] ou d'une autre manière, et ne voulant jamais s'en expliquer. Sur M. de Pompone, quand on lui en parloit, il répondoit qu'il avoit vu un ministre, sans expliquer comment ni combien, qu'il ne le connoissoit pas, et puis se taisoit sans qu'on pût lui en faire dire davantage. Il reprit son métier, et a vécu depuis à son ordinaire. C'est ce que les prélats[2] de la province en ont rapporté, et ce que m'en a dit l'archevêque d'Arles, qui passoit du temps tous les ans à Salon, qui est la maison de campagne des archevêques d'Arles, aussi bien que le lieu de la naissance et de la sépulture du fameux Nostradamus. Il n'en faut pas tant pour beaucoup faire raisonner le monde; on raisonna donc beaucoup, sans avoir rien pu trouver, ni qu'aucune suite de ce singulier voyage ait pu ouvrir les yeux sur rien. Des fureteurs ont voulu se persuader, et persuader aux autres, que ce ne fut qu'un tissu de hardie friponnerie, dont la simplicité de ce bonhomme fut la première dupe.

Il y avoit à Marseille une Mme Arnoul, dont la vie est un roman, et qui, laide comme le péché, et vieille, et

---

1. En curieux. Nous retrouverons plusieurs fois ce mot.
2. Ce mot n'est qu'une conjecture : Saint-Simon écrit en abrégé : p^{ts}.

pauvre, et veuve, a fait les plus grandes passions, a gouverné les plus considérables des lieux où elle s'est trouvée, se fit épouser par ce M. Arnoul, intendant de marine à Marseille, avec les circonstances les plus singulières, et à force d'esprit et de manége, se fit aimer et redouter partout où elle vécut, au point que la plupart la croyoient sorcière. Elle avoit été amie intime de Mme de Maintenon étant Mme Scarron; un commerce secret et intime avoit toujours subsisté entre elles jusqu'alors. Ces deux choses sont vraies; la troisième, que je me garderai bien d'assurer, est que la vision et la commission de venir parler au Roi fut un tour de passe-passe de cette femme, et que ce dont le maréchal de Salon étoit chargé par cette triple apparition qu'il avoit eue n'étoit que pour obliger le Roi à déclarer Mme de Maintenon reine. Ce maréchal ne la nomma jamais, et ne la vit point. De tout cela jamais on n'en a su davantage.

L'affaire de M. de Bouillon avec son fils faisoit grand bruit. Elle étoit portée, pour des incidents, au conseil des parties. Le Roi fit en cette occasion ce qu'il n'avoit jamais fait auparavant ni ne fit depuis : il prit parti pour M. de Bouillon, fit mander de sa part par Pontchartrain à Maboul, maître des requêtes, de rapporter sans délai, et dit lui-même au duc d'Albret qu'il ne vouloit que justice entre lui et son père, mais qu'il vouloit couper court aux procédures et aux procédés, et protéger son père, qui étoit un de ses plus anciens domestiques et qui l'avoit toujours bien servi. On peut imaginer si, après ces déclarations, M. de Bouillon fut lui-même bien servi par ses juges, et quel tour prit son affaire dans le monde, où le duc d'Albret n'osa presque se montrer de fort longtemps.

Le gros Saint-Vallier, qui avoit été longtemps capitaine de la porte, et qui, après avoir vendu au frère du P. de la Chaise, s'étoit retiré en son pays de Dauphiné, mourut à Grenoble. Sa femme, belle, spirituelle et galante, y régnoit sur les cœurs et sur les esprits. Elle avoit été fort du monde, et en étoit devenue le centre dans cette province, d'où on ne la revit presque plus à Paris, où elle avoit conservé des amis, et à la cour.

Le duc de Montbazon mourut aussi, dans les faubourgs de Liége, où il étoit enfermé depuis bien des années dans une abbaye. Le prince de Guémené, son fils, devint par sa mort duc de Montbazon, et se fit recevoir au Parlement. Il fut le premier qui, devenant duc, n'en prit pas le nom et conserva le sien; ce fut un raffinement de princerie : on en rit et on le laissa faire.

Le marquis de Mirepoix mourut en ce même temps. Il étoit dans les mousquetaires noirs, médiocre emploi pour un homme de sa naissance, mais il étoit fort mal à son aise, et ne laissa point d'enfants de la fille aînée de la duchesse de la Ferté. Il étoit de mes amis. C'étoit un homme d'honneur et de valeur. J'avois été presque élevé avec son frère, beaucoup plus jeune que lui. La maréchale de Duras, sœur du duc de Ventadour, l'avoit pris chez elle comme son fils, et l'avoit élevé avec son fils aîné, et nous nous voyions tous les jours. Je les perdis depuis de vue : le duc de Duras entra dans le monde, et me laissa fort derrière; il avoit bien des années plus que moi; l'autre s'amouracha de la fille d'un cabaret en Alsace, et s'enterra si bien avec elle qu'on ne l'a pas vu depuis; le fils de ce mariage est le marquis de Mirepoix d'aujourd'hui.

La duchesse Mazarin finit aussi son étrange carrière, en Angleterre, où elle étoit depuis plus de vingt-cinq ans. Sa vie a fait tant de bruit dans le monde que je ne m'arrêterai pas à en parler. Malheureusement pour elle, sa fin y répondit pleinement, et ne laissa de regrets qu'à Saint-Évremond, dont la vie, la cause de la fuite, et les ouvrages sont si connus. Mme de Bouillon, et ce que Mme Mazarin avoit ici de plus proches, partit pour l'aller trouver, la trouvèrent morte en arrivant à Douvres, et revinrent tout court. M. Mazarin, depuis si longtemps séparé d'elle et sans aucun commerce, fit rapporter son corps, et le promena près d'un an avec lui de terre en terre. Il le déposa un temps à Notre-Dame de Liesse, où les bonnes gens la prioient comme une sainte et y faisoient toucher leurs chapelets. A la fin, il l'envoya enterrer avec son fameux oncle, en l'église du collége des Quatre-Nations à Paris.

MM. de Matignon perdirent en même temps une sœur très-aimable, veuve sans enfants de M. de Nevet, en Bretagne, où elle étoit allée pour des affaires; elle logeoit avec eux à Paris. Ils étoient tous fort des amis de mon père et de ma mère.

La reine de Portugal, sœur de l'impératrice, de la reine d'Espagne et de l'électeur palatin, mourut aussi, et laissa plusieurs enfants. Elle étoit seconde femme du roi don Pedro, qui avoit, de concert avec la reine sa belle-sœur, détrôné son frère, comme fou et imbécile, qu'il tint enfermé aux Terceires en 1669, puis à Cintra à sept lieues de Lisbonne, jusqu'à sa mort en 1683. Il épousa en même temps cette même reine, sœur de la duchesse douairière de Savoie, grand'mère de Mme la duchesse de Bourgogne, qui prétendit que ce premier mari ne l'avoit jamais été. Elles étoient filles du duc de Nemours tué en duel à Paris, pendant les guerres civiles, par le duc de Beaufort, frère de sa femme; et ce duc de Nemours étoit frère aîné du duc de Nemours mari de la Longueville, qu'on a vu perdre ce grand procès contre M. le prince de Conti, et faire ensuite le voyage de Neuchâtel. De ce mariage, don Pedro, qui ne prit que le titre de régent du vivant du roi son frère, n'eut qu'une seule fille, qui mourut prête à être mariée; sa mère mourut trois mois après son premier mari.

Le Roi donna encore des distinctions à ses bâtards, dont il ne perdoit point d'occasions. M. du Maine, grand maître de l'artillerie, comme ordonnateur en cette partie, avoit à être reçu à la chambre des comptes, et sa place devoit être au-dessus du doyen, comme l'avoient eue[1] les

---

1. Il y a *eu*, sans accord, au manuscrit.

autres grands maîtres de l'artillerie. Le Roi voulut qu'il la prît entre le premier et le second président, et cela fut exécuté ainsi. Il accorda aussi à Mme la princesse de Conti que ses deux filles d'honneur mangeassent avec Mme la duchesse de Bourgogne. Jamais dame d'honneur de princesse du sang n'avoit entré dans les carrosses, ni mangé. Le Roi donna cette distinction à celles de ses bâtardes, et la refusa toujours à celles des autres princesses du sang. Pour les filles d'honneur de Mme la princesse de Conti (et Madame la Duchesse n'en avoit plus depuis longtemps), elles obtinrent d'abord d'aller à Marly, puis de manger à table quand Madame n'y étoit pas, avant le mariage de Mme la duchesse de Bourgogne, à la fin de manger avec elles.

En accordant de nouveaux honneurs, privativement à tous autres, à ce qui sortoit de sa personne, elle-même sembloit aussi en mériter de nouveaux; mais tout étoit épuisé en ce genre : on ne fit donc que recommencer ce qui s'étoit fait à sa statue de la place des Victoires, en découvrant, le 13 août après midi, celle qu'on avoit placée dans la place de Vendôme. Le duc de Gesvres, gouverneur de Paris, à cheval à la tête du corps de ville, y firent[1] les tours, les révérences, et les autres cérémonies tirées et imitées de la consécration de celles des empereurs romains. Il n'y eut à la vérité ni encens ni victimes : il fallut bien donner quelque chose au titre de roi très-chrétien. Il y eut un beau feu le soir sur la rivière, que Monsieur et Madame allèrent voir du Louvre. Monseigneur, en pompe la seule fois de sa vie, avoit été spectateur de la dédicace de la statue de la place des Victoires de chez le maréchal de la Feuillade, qui en avoit été l'inventeur. Son fils, mal avec le Roi, se lassa en ce temps-ci de la dépense dont il étoit chargé par le testament de son père, de faire allumer tous les soirs les fallots des quatre coins de cette place; le Roi voulut bien l'en décharger.

Il refusa presque en même temps audience au comte

---

1. Saint-Simon a bien écrit *firent*, au pluriel.

de Zinzendorf, envoyé de l'Empereur, nouvellement arrivé, parce qu'il prétendit n'en point prendre des fils de France puînés, à cause que les envoyés du Roi à Vienne ne voient pas l'archiduc, et le Roi veut qu'il prenne toutes ces audiences en sortant de la sienne. Villars, comme on a vu, eut ordre de voir l'archiduc, chez lequel on ajusta le cérémonial qui en empêchoit, après qu'il eût reçu chez lui la satisfaction du prince de Lichtenstein; ainsi la difficulté de Zinzendorf tomba d'elle-même.

Une autre difficulté suivit celle-là de près : le roi de Danemark mourut; le prince royal, devenu roi, en donna part au Roi, et n'en voulut pas recevoir la réponse sans le traitement de *Majesté*, que jamais ceux de Danemark n'ont eue des nôtres, et se sont toujours contentés de la *Sérénité;* le Roi, à son tour, refusa de prendre le deuil, qu'il a toujours porté des têtes couronnées, même sans parenté, comme il n'y en a point avec le roi de Danemark. Cela dura quelques mois de la sorte; à la fin, le roi de Danemark céda, et reçut la lettre du Roi en réponse dans le style accoutumé, et le Roi prit le deuil comme s'il n'eût pas été passé depuis longtemps.

La vieille duchesse de Modène, de la maison Barberine, mourut aussi, mère du duc de Modène et seconde femme de son père, qui de son premier mariage avec la Martinozzi, sœur de la mère du prince de Conti, et toutes deux filles de la sœur aînée du cardinal Mazarin, avoit eu la reine d'Angleterre qui est à Saint-Germain.

M. Boucherat, chancelier et garde des sceaux de France, mourut à Paris le mercredi 2 septembre, l'après-dînée; et sur les huit heures du soir, MM. d'Harlay et de Fourcy, ses gendres, rapportèrent les sceaux au Roi, qui partit le lendemain jeudi et alla coucher à Fontainebleau, où il emporta les sceaux. Le père et le grand-père de M. Boucherat étoient auditeurs des comptes à Paris, et son bisaïeul avocat au Parlement; il ne faut pas aller plus loin. Il avoit un frère conseiller au Parlement, fort épais, qui lui ressembloit beaucoup, qu'il fit conseiller d'honneur. Lui fut d'abord correcteur à la chambre des comptes, puis conseiller aux requêtes du Palais, et en 1643 maître des requêtes. Il fut en cette charge connu de M. de Turenne, qui prit confiance en lui et le chargea de ses affaires, qui dans l'éclat et le crédit où il étoit, n'étoient pas difficiles à gérer. Cet attachement fit sa fortune : M. de Turenne lui procura des intendances, des commissions extraordinaires en plusieurs grandes provinces, où il le soutint fort, une place de conseiller d'État en 1662, et une de conseiller d'honneur au Parlement en 1671. Il n'est pas de l'étendue de ces *Mémoires* d'expliquer comment il fut fait chancelier à Fontainebleau, le jour de la Toussaint 1685, par la mort de M. le Tellier. A celle de M. de Louvois, il eut le râpé[1] de chancelier de l'ordre, dont M. de Barbezieux eut la charge. Il avoit alors soixante-neuf ans, et il touchoit au décanat du conseil. Qui eût voulu faire exprès un chancelier de cire l'eût pris sur M. Boucherat : jamais figure n'a été si faite exprès ; la vérité est qu'il n'y falloit pas trop chercher autre chose, et il est difficile de comprendre comment M. de Turenne s'en coiffa, et comment ce magistrat soutint les emplois, quoique fort ordinaires, par lesquels il passa. Il ne fut point ministre, et MM. de Louvois et Colbert, qui étoient lors les principaux, contribuèrent fort à son élévation pour n'avoir aucun ombrage à craindre. De sa première femme, Fr. Marchand, il eut Mmes de Fourcy et de Morangis ; de la seconde, qui étoit une Loménie, veuve d'un Nesmond avec trois filles, il n'en eut que Mme d'Harlay. Ses trois gendres furent conseillers d'État ; et le dernier ambassadeur plénipotentiaire à la paix de Ryswick, comme il a été dit en son temps. Le chancelier avoit quatre-vingt-quatre ans quand il mourut ; il y avoit longtemps qu'il étoit infirme, et que M. et

---

1. Saint-Simon nous expliquera plus loin ce qu'on entendait par *râpé* de l'ordre.

Mme d'Harlay, qui logeoient avec lui, ses secrétaires, et surtout Boucher, qui étoit le premier et qui ne s'y est pas oublié, faisoient tout et lui faisoient tout faire.

M. de Pontchartrain, le premier président, MM. Courtin, Daguesseau, Pomereu, la Reynie, conseillers d'État, et les deux premiers au conseil royal de finances, furent ceux dont on parla le plus. Quelques-uns parlèrent aussi de MM. de Caumartin et Voysin.

Le premier président, comme on l'a déjà vu, avoit eu deux fois parole du Roi d'être chancelier : la première étant procureur général, lorsqu'il donna l'invention du chausse-pied de la légitimation du chevalier de Longueville sans nommer la mère, pour faire passer celle des enfants de Mme de Montespan ; la dernière étant premier président, lorsqu'il inventa pour eux ce rang au-dessus des pairs, si approchant, quoique inférieur, de celui des princes du sang ; mais l'affaire de M. de Luxembourg sur la préséance, qui le brouilla sans ménagement avec les ducs, et qui outra M. de la Rochefoucauld contre lui, les rendit inutiles. M. de la Rochefoucauld, qui n'ignoroit ni ces paroles ni leur cause, se fit une application continuelle de le perdre là-dessus dans l'esprit du Roi, et lui donna tant de coups d'estramaçon, dont il ne se cachoit pas, qu'il vint à bout de ce qu'il desiroit. Aucun de nous ne se cacha de lui nuire en tout ce qu'il put, et tous se piquèrent de faire éclater leur joie quand ils le virent frustré de cette grande espérance. Le dépit qu'il en conçut fut public et si extrême qu'il en devint encore plus absolument intraitable, et qu'il s'écrioit souvent, dans une amertume qu'il ne pouvoit contenir, qu'on le laisseroit mourir dans la poussière du Palais. Sa foiblesse fut telle qu'il ne put s'empêcher, six semaines après, de s'en plaindre au Roi à Fontainebleau, où il fit le bon valet avec sa souplesse et sa fausseté accoutumée. Le Roi le paya de propos, et de la commission de travailler à la diminution du blé dans la ville et banlieue de Paris, où il étoit devenu cher, et d'ordonner au prévôt des marchands et au lieutenant de police de n'y rien faire que de concert avec lui. Il fit semblant d'être content des discours et de cette coriandre [1], et n'en vécut pas moins enragé. Sa santé et sa tête à la fin en furent attaquées, jusqu'à le forcer à quitter sa place, d'où il tomba dans le mépris après avoir aiguisé force haines.

M. Courtin, doyen du conseil, illustre par sa probité, par sa capacité, par la douceur et l'agrément de son commerce, et par ses belles et importantes ambassades, s'étoit expliqué avec le Roi, lorsqu'il refusa celle de Ryswick, et depuis, la place du conseil royal des finances, que son âge, sa santé et l'état de ses yeux, qu'il étoit prêt à perdre, ne lui permettoient plus de penser qu'à finir.

M. Daguesseau avoit beaucoup d'esprit, mais encore plus réglé et plus sage. Il avoit excellé dans les premières intendances, et il écrivoit d'affaires qu'on n'avoit [2] jamais pu faire d'extraits de ses lettres. Sa capacité étoit profonde et vaste; son amour du bien ardent, mais prudent; sa modestie en tout retraçoit les premiers et les plus anciens magistrats; sa douceur extrême; ses opinions justes et concises quand il s'étoit une fois décidé, à quoi la crainte de l'injustice et la défiance de soi-même le rendoit souvent trop incertain et trop lent; assez capable d'amitié et tout à fait incapable de haine; grand et aisé travailleur; exact à tout, et ne perdant jamais un instant; d'une piété solide, unie et de toute sa vie; éclairé en tout, et si appliqué à ses devoirs qu'il n'avoit jamais connu qu'eux, et ne s'étoit en aucun temps mêlé avec le monde. Tant de vertus et de talents lui avoient acquis l'amour et la vénération publique, et une grande estime du Roi; mais il avoit eu une fille dans celles de l'Enfance, de Mme de Mondonville, que les jésuites avoient si étrangement su détruire; lui et sa femme, aussi vertueuse que lui et de plus d'esprit encore, mais dont l'extérieur n'étoit pas aimable

---

1. De cette coriandre, de cette dragée, au figuré.
2. De telle façon qu'on n'avait.

comme le sien, étoient soupçonnés de jansénisme : avec cette tare, c'étoit merveilles comme ses vertus et ses talents l'avoient porté sans autre secours où il étoit arrivé ; mais c'eût été un vrai miracle si elles l'eussent conduit plus loin.

Pomereu étoit un aigle, qui brilloit d'esprit et de capacité, qui avoit été le premier intendant de Bretagne, qui avoit eu de grandes et importantes commissions, et qui avoit recueilli partout une grande réputation ; mais il étoit fantasque, qui avoit même quelques temps courts dans l'année où sa tête n'étoit pas bien libre et où on ne le voyoit point. D'ailleurs, c'étoit un homme ferme, transcendant, qui avoit et qui méritoit des amis. Il l'étoit fort de mon père et il étoit demeuré le mien.

La Reynie, usé d'âge et de travail, est celui qui a mis la place de lieutenant de police dans la considération et l'importance où on l'a vue depuis, et où elle seroit desirable s'il avoit pu l'exercer toujours ; mais noyé dans les détails d'une inquisition naissante, et qui a été portée de plus en plus loin après lui, il n'étoit plus en âge ni en état de venir au grand et de travailler d'une manière supérieure. Du reste, esprit, capacité, sagesse, lumière, probité, tout fit regretter qu'il eût pour ainsi dire dépassé la première place de son état.

Caumartin, cousin germain et ami confident de Pontchartrain, tel que je l'ai représenté en parlant de l'affaire de son frère avec Monsieur de Noyon, avoit beaucoup d'amis, et du haut parage ; mais l'insolence de son extérieur, qui pourtant n'en avoit que l'écorce, lui aliénoit le gros du monde. Un amas de blé dont il fut fort accusé dans un temps de cherté, et diverses autres choses, dont il se justifia très-bien, avoient laissé un nuage dans l'esprit du Roi dont il ne put jamais revenir pour aucune place. C'étoit fort la mode à Fontainebleau, tous les voyages, d'aller chez lui à Saint-Ange, qui en est à quatre lieues, qu'il avoit fort bien ajusté. Le Roi, tout maître qu'il fut[1] toujours de soi-même, ne pouvoit s'empêcher de

1. Le manuscrit porte bien *fut*, à l'indicatif.

marquer par quelque mot que cela ne lui étoit point agréable.

Voysin et sa femme, dans la faveur de Mme de Maintenon depuis qu'elle avoit logé chez eux, aux voyages du Roi en Flandres, dont il étoit l'intendant, n'étoit pas encore mûr à beaucoup près.

Pelletier de Sousy, conseiller d'État, et tiercelet de ministre par un travail réglé avec le Roi une fois par semaine, par Marly, où ce même travail lui procuroit de coucher, et par la distinction de paroître comme eux[1] la canne à la main sans manteau, avoit reçu une entorse de la probité de son frère, quand il quitta la place de contrôleur général et que le Roi, pour l'obliger, lui proposa de la donner à Sousy, qui[2] le fixa pour toujours où il étoit. Son fils avoit eu sa place d'intendant des finances. Le Roi le trouvoit bien établi, avec raison, et ne songea pas un moment à lui.

D'autres à portée des sceaux, il n'y en avoit point. Le premier président, seul véritable antagoniste, étant exclu, le choix du Roi fut bientôt fait. L'habitude y contribua, et Mme de Maintenon acheva d'y déterminer son goût, qui lui fut toujours favorable dans les [temps] même de nuages et de brouillards.

M. de Pontchartrain étoit petit-fils du premier Phélypeaux, qui fut secrétaire d'État à la place de Forget, sieur de Fresne, trois semaines avant la mort funeste d'Henri IV, par le crédit de la Reine sa femme, dont il étoit secrétaire des commandements. Il mourut en 1621, pendant le siége de Montauban. Son fils eut sa charge, mais comme il n'avoit que huit ans, d'Herbault, frère aîné de son père, l'exerça par commission, et se la fit donner après en titre, dépouillant son neveu. La Vrillière, son fils, l'eut après lui, et de père en fils elle leur est demeurée. Le neveu dépouillé fut conseiller au Parlement, puis président en la chambre des comptes à Paris, et mourut dans cette charge

1. Comme les ministres.
2. Ce qui.

en 1685. Il fut un des juges de M. Foucquet, que l'on tira tous des diverses cours supérieures du royaume. Sa probité fut inflexible aux caresses et aux menaces de MM. Colbert, le Tellier et de Louvois, réunis pour la perte du surintendant : il ne put trouver matière à sa condamnation, et par cette grande action se perdit sans ressource. Il étoit pauvre ; tout son desir et celui de son fils, dont il s'agit ici, étoit de faire tomber sa charge sur sa tête en s'en démettant : la vengeance des ministres fut inflexible à son tour ; il n'en put jamais avoir l'agrément ; tellement que ce fils demeura dix-huit ans conseiller aux requêtes du Palais, sans espérance d'aucune autre fortune. Je le lui ai ouï dire souvent, et combien il étoit affligé d'être exclu d'avoir la charge de son père. Il logeoit chez lui avec sa femme, fille de Maupeou, président aux enquêtes, n'avoient qu'un carrosse pour eux deux, et lui un cabinet pour travailler, où on entroit du haut du degré, sans rien entre-deux, et couchoient au second étage. Sa mère, qui étoit morte en 1653, étoit fille du célèbre Talon, avocat général au Parlement, puis conseiller d'État, qui a laissé des *Mémoires* si curieux et si rares des troubles de la minorité, en forme presque de journal.

Mon père étoit ami des Talons et des Phélypeaux, et lui et ma mère ont vu cent fois MM. de Pontchartrain, père et fils, vivant comme je le remarque. Le fils avoit un frère et deux sœurs : le frère fut conseiller au grand conseil, puis maître des requêtes, bon homme et fort homme d'honneur, mais qui seroit demeuré toute sa vie maître des requêtes, sans la fortune de son aîné, qui le fit conseiller d'État et intendant de Paris ; les sœurs épousèrent, l'aînée M. Bignon, avocat général au Parlement après son célèbre père, puis conseiller d'État, celui qui, par amitié et sans parenté, voulut bien être mon tuteur lorsqu'à la mort de ma sœur je fus son légataire universel ; l'autre sœur épousa M. Habert de Montmort, conseiller au Parlement, fils de celui qui fut un des premiers

membres de l'Académie françoise, lorsque le cardinal de
Richelieu la forma. Celle-ci mourut sans enfants,
dès 1661 ; l'autre mourut en 1690, et ne vit point la fortune de son frère, qui l'aimoit si tendrement qu'il a toujours traité ses enfants comme les siens, et en a fait deux
conseillers d'État et un autre conseiller d'État d'Église, et
vécu intimement et avec déférence, dans sa fortune, avec
M. Bignon, son beau-frère, jusqu'à sa mort. Tel étoit
l'état de cette famille, si mal aisée et si reculée, que lorsque le père mourut, en 1685, ils n'en furent guère plus à
leur aise.

Quoique simple conseiller aux requêtes du Palais, et ne
vivant point en amitié avec la Vrillière ni Châteauneuf son
fils, de qui seuls ils pouvoient tirer quelque lustre, parce
qu'ils ne leur pouvoient[1] pardonner la charge de secrétaire d'État, Pontchartrain, né galant, et avec un feu et
une grâce dans l'esprit que je n'ai point vus dans aucun
autre, si ce n'est en Monsieur de la Trappe, se distinguoit
dans les ruelles et les sociétés à sa portée, et plus encore
par sa capacité, sa grande facilité et son assiduité au
Palais. Je lui ai ouï dire bien des fois que son château en
Espagne étoit d'arriver, avec l'âge, à une place de conseiller d'honneur au Parlement, et d'avoir une maison
dans le cloître Notre-Dame. Il vécut ainsi jusqu'en 1677,
que la place de premier président du Parlement de
Rennes vaqua, et que les affaires de la province la rendirent assez longtemps vacante par la difficulté de la remplir. M. Colbert, qui par sa place avoit grand desir que
celle-ci fût bien remplie, à cause des états, où le premier
président de Bretagne est toujours second commissaire
du Roi, et pour avoir un homme de qui il pût tirer conseil sur ce qui se passoit dans le commerce de cette
province si maritime, en raisonnoit souvent dans son
cabinet avec ses plus familiers. De ce nombre étoit Hotman, qu'il avoit fait intendant des finances et intendant
de Paris, en la capacité duquel il avoit beaucoup de con-

1. Ce pluriel est conforme au texte du manuscrit.

fiance. Hotman avoit épousé une Colbert, cousine germaine de Villacerf et de Saint-Pouange, mais qui, n'étant pas comme eux fille d'une sœur de M. le Tellier, étoit demeurée avec son mari fort attachée à M. Colbert, dont elle étoit comme eux issue de germaine. Hotman étoit un homme qui ne craignoit point de dire son avis, et qui, malgré l'aversion qu'il connoissoit en M. Colbert pour Pontchartrain et pour toute sa famille, lui en proposa le fils comme celui qu'il jugeoit le plus propre à être premier président de Rennes; et il en dit tant de bien sur ce qu'il en savoit, qu'il persuada M. Colbert. Ce fut donc ainsi que l'ennemi de Pontchartrain débourba son fils, par une sorte de nécessité. La surprise qu'ils en eurent fut grande, et augmenta quand ils apprirent que c'étoit à Hotman à qui ils devoient cette fortune, avec qui ils n'avoient aucune liaison. Ils avoient si peu pensé à cet emploi, que la difficulté pécuniaire de le remplir les mit sur le point du refus. Leurs amis les pouillèrent[1] et les encouragèrent; et voilà Pontchartrain en Bretagne. Hotman, qui mourut sans enfants, en 1683, eut le loisir de s'applaudir du choix qu'il avoit proposé : Pontchartrain y mit le Parlement et la justice sur un pied tout différent qu'il n'avoit été, fit toutes les fonctions d'intendant dans une province qui n'en souffroit point encore, mit tout en bon ordre, et se fit aimer partout. Il y eut de grands démêlés d'affaires avec le duc de Chaulnes, qui étoit adoré en Bretagne, et qui n'étoit pas accoutumé qu'autre que lui et les états, dont il étoit le maître, se mêlassent de rien dans le pays.

On a vu en son lieu que M. Pelletier, contrôleur général des finances, le tira de là en 1687, pour le faire intendant des finances, qu'il fit toutes sous lui tant qu'il les garda, et comment il les lui fit donner en 1689, quand il voulut quitter ce pénible emploi. Pontchartrain eut toutes les

---

1. Telle est bien l'orthographe de Saint-Simon; nous le verrons ailleurs employer le verbe *poulier* (venant non plus de *pouilles*, mais de *poulie*), dans un sens figuré qui pourrait également s'appliquer ici.

peines du monde à l'accepter, et au lieu de la reconnoissance qu'il devoit à Pelletier de lui avoir fait faire un si grand pas, il lui en voulut mal, le lui déclara, et ne put jamais le lui pardonner : bien estimable de craindre des fonctions si friandes pour tant [d']autres, et qui portent avec elles les richesses, l'autorité et la faveur; fort blâmable, je ne puis m'empêcher de l'avouer, de n'avoir pas senti plus que le dégoût des finances de quel accul de fortune il l'avoit tiré, et en quelle place, et en quelle passe son amitié et sa probité le mettoit, et aux dépens de son propre frère. Un an après, la mort de Seignelay combla ses vœux, quand il se vit revêtu de sa charge de secrétaire d'État, avec le département de la marine et celui de la maison du Roi. Il fit alors instance pour être déchargé des finances. Il ne faisoit que d'y entrer en chef; la guerre aussi ne faisoit que commencer. En homme d'esprit, il avoit bien pris avec M. de Louvois, qui n'en vouloit point d'autre aux finances; et Mme de Maintenon, à qui sa femme et lui avoient également plu, étoit encore plus éloignée d'un changement. Le contrôleur général étoit de tous les ministres celui qu'elle courtisoit le plus : elle y avoit un intérêt principal pour mille affaires qu'elle protégeoit, et pour faire auprès du Roi tout ce qui alloit à éloigner ou approcher à son gré les gens et les choses, parce que c'étoit lui d'ordinaire qui y avoit la principale influence. Personne n'étoit si propre à cette sorte de manége que Pontchartrain. C'étoit un très-petit homme, maigre, bien pris dans sa petite taille, avec une physionomie d'où sortoient sans cesse les étincelles de feu et d'esprit, et qui tenoit encore beaucoup plus qu'elle ne promettoit : jamais tant de promptitude à comprendre, tant de légèreté et d'agrément dans la conversation, tant de justesse et de promptitude dans les reparties, tant de facilité et de solidité dans le travail, tant d'expédition, tant de subite connoissance des hommes ni plus de tour à les prendre. Avec ces qualités, une simplicité éclairée et une sage gaieté surnageoient à tout, et le rendoient charmant et en riens et en affaires. Sa propreté étoit singulière et s'étendoit à tout, et à travers toute sa galanterie, qui subsista dans l'esprit jusqu'à la fin, beaucoup de piété, de bonté, et j'ajouterai d'équité, avant et depuis les finances, et dans cette gestion même autant qu'elle en pouvoit comporter. Il en avouoit lui-même la difficulté, et c'est ce qui les lui rendoit si pénibles, et il s'en expliquoit même souvent avec amertume aux parties qui la lui remontroient. Aussi voulut-il souvent les quitter, et ce ne fut que par ruses que sa femme les lui fit garder, en lui demandant, tantôt deux, tantôt quatre, tantôt huit jours de délai.

C'étoit une femme d'un grand sens, sage, solide, d'une conduite éclairée, égale, suivie, unie, qui n'eut rien de bourgeois que sa figure, libérale, galante en ses présents, et en l'art d'imaginer et d'exécuter des fêtes, noble et magnifique au dernier point, et avec cela, ménagère et d'un ordre admirable. Personne, et cela est surprenant, ne connoissoit mieux la cour ni les gens qu'elle, et n'avoit, comme son mari, plus de tour et de grâces dans l'esprit. Elle lui fut d'un grand usage pour le conseil et la conduite, et il eut le bon esprit de le connoître et d'en profiter; leur union fut toujours intime. Sa piété fut toujours un grand fond[1] de vertu, qui augmenta sans cesse, qui l'appliqua aux lectures et à la prière, qui lui fit, quand elle put, embrasser toutes sortes de bonnes œuvres, et qui la rendit la mère des pauvres; avec cela, gaie et de fort bonne compagnie, où tous deux mettoient beaucoup dans la conversation, et fort loin de bavarderie, et tous deux fort capables d'amitié, et lui de servir et de nuire. Ce qu'ils ont donné aux pauvres est incroyable : Mme de Pontchartrain avoit toujours les yeux et les mains ouvertes à leurs besoins, toujours en quête de pauvres honteux, de gentilshommes et de demoiselles dans le besoin, de filles dans le danger, pour les tirer de péril et de peine, en mariant ou en plaçant

---

1. Saint-Simon a écrit *fond*, sans *s*.

les unes, donnant des pensions aux autres, et tout cela dans le dernier secret. Outre de grandes sommes réglées aux pauvres de leurs paroisses en tous lieux, ils étoient ingénieux à assister; et ce tour, et cette galanterie qu'elle avoit dans l'esprit, elle l'employoit toute à secourir des personnes qui cachoient leurs besoins, qu'elle faisoit semblant d'ignorer elle-même. C'étoit une grosse femme, très-laide, et d'une laideur ignoble et grossière, qui ne laissoit pas d'avoir de l'humeur, qu'elle domptoit autant qu'il lui étoit possible. Jamais il n'y eut de meilleurs parents, ni de meilleurs amis que ce couple, ni des gens plus polis, on pourroit ajouter quelquefois plus respectueux, et qui se souvenoient le mieux de ce qu'ils étoient et de ce qu'étoient les autres, quoique à travers ce levain que mêlent en tout la faveur, l'autorité et les places.

Ils furent longtemps parfaitement bien avec Mme de Maintenon; mais peu à peu il y eut des froideurs entre elle et Pontchartrain, qu'elle ne manioit pas avec la facilité qu'elle vouloit. Sa femme, qu'elle goûta toujours et dans tous les temps, tâchoit de rendre Pontchartrain plus complaisant, et pour l'amour d'elle, Mme de Maintenon en souffrit des roideurs qu'elle n'eût jamais passées à un autre; mais la pelote grossit tant qu'elle fut ravie de s'en défaire honnêtement par les sceaux : il fut ministre d'État fort peu après avoir été fait secrétaire d'État. Il avoit lu assez pour être instruit de beaucoup de choses, à travers son application et son assiduité à ses fonctions, et son goût pour le monde et la bonne compagnie. Il étoit élevé dans le Parlement et dans ses maximes, duquel il n'étoit rien moins qu'esclave; mais il en avoit pris le bon sur les maximes de France à l'égard de Rome. Ces matières, qui se présentoient souvent au conseil sous divers aspects, ne lui échappoient sous aucun. L'extrême facilité de son appréhension et l'agilité ferme et forte de son élocution blessoient souvent le duc de Beauvillier là-dessus, dont l'esprit et la conscience ne pouvoient être d'accord sur ces matières, et qui en gros étoit toujours pour les maximes de France, mais dans le détail s'en échappoit toujours en faveur de Rome. Cela les avoit aigris l'un contre l'autre, et quelquefois jusqu'à l'indécence de la part de Pontchartrain, qui ayant plus de fond que le duc, ne le ménageoit pas en ces occasions, et les rendit ennemis autant que des gens de bien le peuvent être. Le nombre immense de créations d'offices et d'affaires extraordinaires auxquelles la nécessité de la guerre engagea ne laissa pas de tomber en partie sur Pontchartrain, et c'étoit ce qui le pressoit sans cesse de quitter les finances. Il le fut[1] d'établir la capitation et le dixième, inventés l'un et l'autre par le puissant Basville, le maître du Languedoc sous le nom d'intendant, et qui les proposoit sans cesse pour en faire sa cour. Pontchartrain eut horreur de deux impôts que leur facilité à imposer et à augmenter rendroient[2] continuels et d'une pesanteur extrême : il rejeta le dernier sans souffrir qu'on le mît en délibération, et ne put éviter l'autre.

Le jour même que Boucherat mourut, l'après-dînée, qui, comme je l'ai remarqué, étoit un mercredi, veille du départ du Roi pour Fontainebleau, personne, dès le matin, ne crut qu'il passât la journée. Le Roi, au sortir du conseil, dit à Pontchartrain, qui en sortit le dernier : « Seriez-vous bien aise d'être chancelier de France? — Sire, répondit-il, si je vous ai demandé instamment plus d'une fois de me décharger des finances pour demeurer simple ministre et secrétaire d'État, vous pouvez imaginer si je les quitterois de bon cœur pour la première place où je puisse arriver. — Oh bien! dit le Roi, n'en parlez à personne sans exception, mais si le chancelier meurt, comme il est peut-être mort à cette heure, je vous fais chancelier, et votre fils sera secrétaire d'État en titre et exercera tout à fait. Vous continuerez, pour ce voyage, à loger dans votre appartement ordinaire, parce que j'ai donné les logements de la chancellerie, où j'ai bien vu que le chancelier ne viendroit pas, et que cela m'embarrasseroit à reloger

---

1. Il fut pressé.
2. *Rendroient*, au pluriel, est le texte du manuscrit.

ceux que j'y ai mis. » Pontchartrain embrassa les genoux du Roi, saisit l'occasion de demander et d'obtenir de conserver son logement de Versailles au château, et se retira dans la plus grande joie qu'il ait jamais sentie, moins d'être chancelier, quoique il en fût comblé, à ce que je lui ai ouï dire, que d'être délivré du fardeau des finances, qui lui devenoit, malgré la paix, plus insupportable tous les jours. Cela alla du mercredi au samedi, que Pontchartrain devoit arriver à Fontainebleau. Ce soir-là, le Roi entrant chez Mme de Maintenon, il dit au maréchal de Villeroy, capitaine des gardes en quartier, de faire avertir chez Pontchartrain qu'il vînt lui parler dès qu'il seroit arrivé. Il y fut d'abord, et il en sortit chancelier de France. On étoit à la comédie; un officier des gardes y vint dire au maréchal de Villeroy que le Roi avoit fait apporter les sceaux chez Mme de Maintenon, et qu'on avoit vu M. de Pontchartrain les emporter de là chez lui. On s'y attendoit plus qu'à aucun autre : toute l'attention se tourna à qui seroit contrôleur général; on n'attendit pas longtemps.

CHAPITRE XV.

Fortune de Chamillart, fait contrôleur général des finances. — Mariage de Dreux avec la fille aînée de Chamillart. — Belle action de Chamillart. — Logement de Monseigneur à Fontainebleau. — Princesse de Montbéliard à Fontainebleau. — Tabouret de la chancelière. — Femmes des gardes des sceaux. — Cour du chancelier. — Trois cent mille [livres] au maréchal de Villeroy, maître à Lyon, et pension de cent mille au duc d'Enghien. — Mort de l'abbé de Charost. — Mort de Villacerf; sa familiarité avec le Roi. — Mort de la comtesse de Fiesque. — Famille, fortune et mort de M. de Pompone. — Changements d'ambassadeurs; retour de Fontainebleau.

Le soir même, au sortir du souper, le Roi dit dans son cabinet à Monseigneur et à Monsieur qu'il avoit écrit un billet de sa main à Chamillart, par un des gens de Mme de Maintenon, par lequel il lui mandoit qu'il lui donnoit la place de contrôleur général. Cela se répandit au coucher, et de là par toute la cour. Le courrier ne l'avoit pas trouvé à Paris, et le fut chercher à Montfermeil, qui en est à quatre lieues, vers Chelles et Livry. Il arriva le lendemain dimanche après midi.

C'étoit un grand homme, qui marchoit en dandinant, et dont la physionomie ouverte ne disoit mot que de la douceur et de la bonté, et tenoit parfaitement parole. Son père, maître des requêtes, mourut en 1675 intendant à Caen, où il avoit été près de dix ans. L'année suivante, le fils fut conseiller au Parlement. Il étoit sage, appliqué, peu éclairé, et il aima toujours la bonne compagnie. Il étoit de bon commerce et fort honnête homme. Il aimoit le jeu, mais un jeu de commerce, et jouoit bien tous les jeux. Cela l'initia un peu hors de sa robe; mais sa fortune fut d'exceller au billard. Le Roi, qui s'amusoit fort de ce jeu, dont le goût lui dura fort longtemps, y faisoit presque tous les soirs d'hiver des parties avec M. de Vendôme et Monsieur le Grand, et tantôt le maréchal de Villeroy, tantôt le duc de Gramont. Ils surent que Chamillart y jouoit fort bien; ils voulurent en essayer à Paris. Ils en furent si contents qu'ils en parlèrent au Roi, et le vantèrent tant qu'il dit à Monsieur le Grand de l'amener la première fois qu'il iroit à Paris. Il vint donc, et le Roi trouva qu'on ne lui en avoit rien dit de trop. M. de Vendôme et Monsieur le Grand l'avoient pris en amitié et en protection encore plus que les deux autres, et firent en sorte qu'il fut[1] admis une fois pour toutes dans la partie du Roi, où il étoit le plus fort de tous. Il s'y comporta si modestement et si bien, qu'il plut au Roi et au courtisan, dont il se trouva protégé à l'envi, au lieu d'en être moqué, comme il arrive à un nouveau venu inconnu et de la ville. Le Roi le goûta de plus en plus, et il en parla tant à Mme de Maintenon qu'elle le voulut voir. Il s'en tira si bien avec elle, que, peut-être pour flatter le goût du Roi, elle lui dit de la venir voir quelquefois, et à la fin elle le goûta autant pour le moins

---

1. Saint-Simon a écrit *fut*, à l'indicatif.

que le Roi. Malgré ces voyages continuels à Versailles, où il ne coûchoit point, il fut assidu les matins au Palais, et continua d'y rapporter. Cela lui acquit l'affection de ses confrères, qui lui surent gré de faire son métier comme l'un d'eux et de vivre avec eux à l'ordinaire, sans donner dans l'impertinence, qui suit souvent les distinctions en beaucoup de gens, et cela lui fit un mérite à la cour et auprès du Roi. Peu à peu il se fit des amis, et le Roi voulut qu'il fût maître des requêtes, pour être plus libre et plus en état d'être avancé. Alors il lui donna un logement au château, chose fort extraordinaire pour un homme comme lui, et même unique. C'étoit en 1686 ; trois ans après il fut nommé intendant de Rouen. Il pria le Roi, avec qui déjà il étoit très-librement, de vouloir bien ne le pas éloigner de lui ; mais le Roi lui dit que c'étoit pour cela même qu'il l'envoyoit à Rouen, qui est si proche, et il lui permit de venir de temps en temps passer six semaines à Versailles. Il le mena à Marly, et le mit de son jeu au brelan et à d'autres ; il prit des croupiers parce que le jeu étoit gros ; il y fut heureux.

Au bout de trois ans d'intendance, où il ne se méconnut pas plus qu'il avoit fait au Parlement, il vaqua une charge d'intendant des finances, que le Roi lui donna de son mouvement, en 1689, où, comme on voit, il demeura dix ans, et toujours sur le même pied avec le Roi, quoique le billard ne fût plus à la mode. Il cultiva si bien Mme de Maintenon, depuis qu'il fut devenu sédentaire à Paris et à la cour, qu'elle le choisit pour administrer les revenus et toutes les affaires temporelles de Saint-Cyr, ce qui lui donna un rapport continuel avec elle. Il se fit beaucoup d'amis à la cour : M. de Chevreuse, dont les terres venoient presque jusqu'à Versailles, par le duché de Chevreuse et par celui de Montfort, avoit fait et refait divers échanges avec la maison de Saint-Cyr, dans lesquels le Roi et Mme de Maintenon étoient entrés, et avoit beaucoup de terres limitrophes et même enclavées avec les leurs. Cela donna lieu à Chamillart de travailler souvent avec lui, et occasion d'acquérir véritablement son amitié et celle du duc de Beauvillier, qui a duré autant que leur vie. Avec tant de véhicules, celui de Saint-Cyr surtout et la protection de Mme de Maintenon, qui se faisoit un si grand intérêt d'avoir un contrôleur général tout à fait à elle, ce choix ne fut pas un instant balancé, et le Roi s'en applaudit publiquement.

Il vécut dans cet emploi avec une douceur, une patience, une affabilité qui y étoit inconnue, et qui lui gagna tout ce qui avoit affaire à lui. Il ne se rebutoit point des propositions les plus ineptes ni des demandes les plus absurdes et les plus réitérées ; son tempérament y contribuoit, par un flegme qui ne se démentoit jamais, mais qui n'avoit rien de rebutant : sa manière de refuser persuadoit du déplaisir qu'il en ressentoit, et celle d'accorder ajoutoit à la grâce. Il étoit en effet extrêmement porté à obliger et à servir, et fâché et éloigné de faire la moindre peine. Il se fit aimer passionnément des intendants des finances, dont ses manières émoussèrent le dépit de voir leur cadet devenu leur maître, et adorer de ses commis et des financiers. Toute la cour l'aima de même, par la facilité de son accès, par sa politesse et par une infinité de services, et le Roi lui marqua continuellement une affection qui se peut dire d'ami, et qui augmenta tous les jours. Sa femme et lui étoient enfants des deux sœurs. Elle étoit vertueuse et fort polie ; mais elle ne savoit que jouer, sans l'aimer, mais faute de savoir faire autre chose ni que dire, après avoir demandé à chacun comme il se portoit : la cour ne put la former, et à dire vrai, c'étoit la meilleure et la plus sotte femme du monde, et la plus inutile à son mari.

Hors son fils, alors enfant, Chamillart fut malheureux en famille, malheur grand pour chacun, mais extrême pour un ministre, qui n'a le temps de rien, et qui a un besoin principal, pour se soutenir et pour faire, d'avoir autour de soi un groupe qui rassemble et concilie le monde, qui soit instruit à tout moment des intrigues de ce qui se passe, et de l'histoire du jour, qui sache raisonner et combiner, et qui soit capable de le mettre en deux mots au fait de tout tous les jours. Il avoit deux frères, plus sots encore que sa femme, et le second y joignoit la suprême impertinence à la sublime bêtise ; et tous deux, malgré la faveur, se faisoient moquer d'eux sans cesse et ouvertement. L'un étoit évêque de Dol, qu'il fit évêque de Senlis, à qui il ne manquoit qu'un béguin et des manches pendantes : bon homme et bon prêtre d'ailleurs, qu'il falloit envoyer à Mende ou à quelque évêché comme cela, riche et au bout du royaume. L'autre, qui étoit dans la marine, il le passa à terre, et le maria à la fille de Guyet, bien faite, sage et raisonnable, mais dont le père, qui fut intendant des finances, étoit un sot et un impertinent pommé, et sa femme un esprit aigre, qui se croyoit une merveille. Ce gendre, dont la cervelle de plus étoit mal timbrée, vécut fort mal avec eux. Rebours, cousin germain de Chamillart et de sa femme, travailla sous lui d'abord, puis devint intendant des finances. C'étoit, je pense, le véritable original du marquis de Mascarille, et fort impertinent au fond. L'abbé de la Proustière, aussi leur cousin germain, suppléoit, pour le ménage, les affaires et l'arrangement domestique, à l'incapacité de Mme Chamillart : c'étoit le meilleur homme et le plus en sa place, et le plus respectueux du monde, mais grand bavard, et savoit fort rarement ce qu'il disoit ni même ce qu'il vouloit dire. Avec de tels entours, il falloit toute l'amitié du Roi et de Mme de Maintenon pour soutenir Chamillart, dont les talents ne suppléoient pas aux appuis domestiques.

Il éprouva encore un autre malheur fort singulier. Dreux et lui étoient conseillers en la même chambre et intimes amis ; Dreux fort riche, et Chamillart fort peu accommodé. Leurs femmes accouchèrent en même temps d'un fils et d'une fille. Dreux, par amitié, demanda à Chamillart d'en faire le mariage. Chamillart, en âge d'avoir d'autres enfants, le représenta à son ami, et qu'en attendant que ces enfants, qui venoient de naître, fussent en état de se marier, il trouveroit avec ses biens des partis bien plus convenables que sa fille. Dreux, homme droit, franc, et qui aimoit Chamillart, persévéra si bien qu'ils s'en donnèrent réciproquement parole. Avec les années la chance avoit tourné. Dreux étoit demeuré conseiller au Parlement, et Chamillart devenu tout ce que nous venons de voir, mais toujours amis intimes. Sept ou huit mois avant que Chamillart devînt contrôleur général, il alla trouver Dreux, et avec amitié lui dit que leurs enfants étoient en âge de se marier et de les acquitter de leur parole. Dreux, très-touché d'une proposition qui, par la fortune, étoit si disproportionnée de la sienne, et qui faisoit celle de son fils, fit tout ce qu'un homme d'honneur peut faire pour le détourner d'une affaire qui n'étoit plus dans les termes ordinaires, et qui dans les suites feroit l'embarras de sa famille, lui rendit sa parole, refusa, et dit que c'étoit lui-même qui lui en manquoit, parce qu'il lui en vouloit manquer. Ce combat d'amitié et de probité dura plusieurs jours de part et d'autre. A la fin Chamillart, bien résolu à partager sa fortune avec son ami, l'emporta, et le mariage se fit. Il obtint pour son gendre l'agrément du régiment d'infanterie de Bourgogne, et tôt après sa fortune, de la charge de grand maître des cérémonies, que Blainville lui vendit; et le Roi prit prétexte de cette charge pour faire entrer Mme Dreux dans les carrosses et manger avec Mme la duchesse de Bourgogne. C'est le premier exemple de deux noms de bourgeois se décorer d'eux-mêmes, et sans prétexte de terres, du nom de marquis et de comte; car tout aussitôt M. Dreux devint M. le marquis de Dreux, et Chamillart le frère M. le comte de Chamillart, tant la faveur enchérit toujours sur les plus folles nouveautés que la bassesse du monde crée et adopte. Ce nouveau marquis se montra un fort brave homme, mais bête, obscur, brutal, et avec le temps, audacieux, insolent, et quelque chose de pis encore, et sans se défaire des bassesses de son état et de son éducation. Sa femme ne fut heureuse ni par lui ni avec lui, et méritoit infiniment de l'être : une grande douceur, beaucoup de vertu et de sagesse, bien de l'esprit, et avec le temps, de connoissance du monde et des gens, du manége, mais sans rien de mauvais, et si fort en tout temps en sa place, qu'elle se fit aimer de tout le monde, même des ennemis de son père, et fit tant de pitié, qu'elle fut toujours et dans tous les temps accueillie partout, et traitée avec une distinction personnelle très-marquée.

Je ne puis quitter Chamillart sans en rapporter une action qui, pour n'être pas ici en sa place et avoir dû être racontée plus haut, mérite de n'être pas oubliée. Ce fut du temps qu'il étoit conseiller au Parlement, et qu'il jouoit au billard avec le Roi trois fois la semaine sans coucher à Versailles. Cela lui rompoit fort les jours et les heures, sans le détourner, comme je l'ai dit, de son assiduité au Palais. Il y rapporta dans ces temps-là un procès; celui qui le perdit lui vint crier miséricorde : Chamillart le laissa s'exhaler, avec ce don de tranquillité et de patience qu'il avoit. Dans le discours du complaignant, il insista fort sur une pièce qui faisoit le gain de son procès, et avec laquelle il ne comprenoit pas encore qu'il l'eût perdu. Il rebattit tant cette pièce, que Chamillart se souvint qu'il ne l'avoit pas vue, et lui dit qu'il ne l'avoit pas produite; l'autre à crier plus fort, et qu'elle l'étoit. Chamillart insistant, et l'autre aussi, il prit les sacs, qui se trouvèrent là, parce que l'arrêt ne faisoit qu'être signé; ils les visitèrent, et la pièce s'y trouva produite. Voilà l'homme à se désoler, et cependant Chamillart à lire la pièce et à le prier de lui donner un peu de patience. Quand il l'eut bien lue et relue : « Vous avez raison, lui dit Chamillart, elle m'étoit inconnue, et je ne comprends pas comment elle m'a pu échapper : elle décide en votre faveur. Vous demandiez vingt mille livres, vous en êtes débouté par ma faute, c'est à moi à vous les payer : revenez après-demain. » Cet homme fut si surpris qu'il fallut lui répéter ce qu'il venoit d'entendre. Il revint le surlendemain; Chamillart cependant avoit battu monnaie de tout ce qu'il avoit, et emprunté le reste : il lui compta les vingt mille livres, lui demanda le secret, et le congédia; mais il comprit de cette aventure que les examens et les rapports de procès ne pouvoient compatir avec ce billard de trois fois la semaine. Il n'en fut pas moins assidu au Palais, ni attentif à bien juger, mais il ne voulut plus être rapporteur d'aucune affaire, et remit au greffe celles dont il se trouvoit chargé, et pria le président d'y commettre. Cela s'appelle une belle, prompte et grande action dans un juge, et plus encore dans un juge aussi étroitement dans ses affaires qu'il y étoit alors.

Monseigneur logeoit, à Fontainebleau, dans un appartement enclavé qui ne lui plaisoit point; il eut envie de ceux de MM. du Maine et de Toulouse, contigus, en bas dans la cour en ovale; mais le Roi ne les voulut point déloger : il fit espérer pour l'année suivante un autre logement à Monseigneur, qui fut obligé de demeurer, en attendant, dans le sien. Celui de la Reine mère lui auroit mieux convenu qu'aucun, mais il étoit occupé tout le milieu de chaque voyage, et celui-ci encore, par le Roi et la reine d'Angleterre, et demeuroit vide le reste du temps.

Il vint à Fontainebleau, du fond de la Silésie, une fille de la maison de Wurtemberg, d'une arrière-branche de Montbéliard OEls [1], et c'est cette principauté d'OEls qui est en Silésie. Elle avoit perdu son père il y avoit six mois, et sans savoir que M. de Chaulnes, avec l'héritière de Picquigny sa mère, avoit tout donné au second fils de M. de Chevreuse s'il mouroit sans enfants, elle venoit recueillir la succession d'Ailly, dont elle avoit eu une mère. Elle étoit dans un deuil à faire peur, et ne marchoit que dans un carrosse drapé, comme en ont les veuves, et sans armes, et ses chevaux caparaçonnés et croisés de blanc jusqu'à terre, ses gens des manteaux longs et des crêpes traînants. On lui demanda de qui un si grand deuil : « Hélas! dit-elle en sanglotant ou faisant semblant, c'est de Monseigneur mon papa. » Cela parut si plaisant que chacun lui fit la même question pour donner lieu à la ré-

---

1. Saint-Simon écrit *Eltz*.

ponse; et voilà comme sont les François : ce qui leur parut si ridicule, et qui l'étoit en effet à nos oreilles, ne l'étoit en soi qu'à demi. Personne de quelque distinction, même fort éloignée de celle des maisons souveraines d'Allemagne, en parlant de ses parents en allemand, ne dit jamais autrement que Monsieur mon père, Madame ma mère, Mademoiselle ma sœur, Monsieur mon frère, Monsieur mon oncle, Madame ma tante, Monsieur mon cousin, et supprimer le *Monsieur* ou le *Madame* seroit une grossièreté pareille à tutoyer parmi nous. De *Monseigneur*, il n'y en a point en allemand; de *papa*, voilà le ridicule, surtout entre cinquante et soixante ans qu'avoit cette bonne Allemande; mais cela, joint aux sanglots, à l'équipage d'enterrement, fit le ridicule complet. Elle vit le Roi le matin un moment, puis Mme la duchesse de Bourgogne, à qui le Roi avoit mandé de la baiser et de la faire asseoir la dernière de toutes les duchesses; et Sainctot, introducteur des ambassadeurs, la mena partout par ordre du Roi. Ce fut la duchesse du Lude qui la présenta. Elle demeura deux jours à Fontainebleau et une quinzaine à Paris, puis s'en retourna comme elle étoit venue.

Madame la chancelière prit son tabouret, à la toilette de Mme la duchesse de Bourgogne, le samedi 19 septembre, après laquelle elle suivit dans le cabinet, où il y eut audience d'un abbé Rizzini, en cercle. La duchesse du Lude, son amie, et encore plus des places et de la faveur, avoit arrangé cela tout doucement pour étendre ce tabouret. Le Roi, qui le sut, lui lava la tête, et avertit le chancelier que sa femme avoit fait une sottise qu'il ne trouveroit pas bon qu'elle recommençât; aussi s'en garda-t-elle bien depuis. Cela fit grand bruit à la cour. Pour entendre ce fait, il faut remonter bien haut, et savoir qu'aucun office de la couronne ne donne le tabouret à la femme de l'officier, non pas même celui de connétable.

Le chancelier Seguier avoit donné sa fille aînée, très-riche, à un parti très-pauvre, et qui d'ailleurs n'y auroit pas prétendu. C'étoit au père des duc et cardinal de Coislin, pour faire sa cour au cardinal de Richelieu, le meilleur parent qui fût au monde, et qui étoit cousin germain de M. de Coislin, qu'il fit chevalier de l'ordre et colonel général des Suisses, et dont il maria les sœurs, au comte d'Harcourt[1], étant veuve de Puylaurens, et l'autre au dernier duc d'Espernon, fils et successeur des charges de ce célèbre duc d'Espernon. Seguier étoit dans la plus intime faveur du cardinal; il étoit ambitieux, il trouva sa belle auprès de lui, il lui demanda le tabouret pour sa femme; le cardinal lui fit beaucoup de difficultés, et céda enfin à force de persévérance. Quand ce fut à attacher le grelot, avec toute sa puissance et tout son crédit, il demeura court et n'osa. Il connoissoit Louis XIII, dont le goût ni la politique n'étoit ni le désordre dans sa cour, ni la confusion des états. Le chancelier pressoit le cardinal : il s'étoit engagé à lui, et en effet il avoit grande envie de lui faire obtenir cette grâce. Dans son embarras, il alla chez mon père, ce qui lui arrivoit assez souvent en ces temps-là, comme je l'ai remarqué en parlant de mon père, et lui exposa son desir, et l'extrême plaisir qu'il lui feroit s'il vouloit bien tâcher à le faire réussir, en lui avouant franchement que lui-même n'osoit en rompre la glace. Mon père eut la bonté, il ne m'appartient pas de dire la simplicité, de s'en charger : le Roi trouva la proposition fort étrange, et pour abréger ce qui se passa dans des temps et des mœurs si éloignées des nôtres, il accorda, quoique à regret, que la chancelière auroit le tabouret à la toilette, sans le pouvoir prétendre, ni s'y présenter en aucun autre temps, parce qu'en ce temps-là, comme je l'ai remarqué sur Mme de Guémené, la toilette n'étoit point une heure de cour, mais particulière, à porte fermée, qui n'étoit ouverte qu'à cinq ou six dames des plus familières.

Quand après la toilette devint temps et lieu public de cour, la chancelière y conserva son tabouret; mais jamais elle ne s'y est présentée à aucune audience, cercle, di-

---

1. L'une au comte d'Harcourt.

ner, etc. La duchesse du Lude, qui étoit sa petite-fille, auroit bien voulu faire accroire que ce tabouret s'étendoit à toute la matinée, jusqu'au dîner exclusivement, pour y comprendre les audiences et gagner ainsi le terrain pied à pied; mais le Roi y mit si bon ordre, et la chose tellement au net, que cela demeura barré pour toujours. Pour le Roi, la chancelière ne le voyoit jamais qu'à la porte de son cabinet, où elle se tenoit debout toute habillée, pour lui faire sa cour lorsqu'il rentroit de la messe, et il s'arrêtoit toujours à elle pour lui dire un mot; et cela arrivoit deux fois l'année, et aux occasions s'il s'en présentoit. Chez les filles de France, elle n'étoit assise non plus qu'à la toilette; mais ce tabouret, tout informe qu'il fût, soutenu de l'exemple de la même chancelière Seguier, qui fut enfin assise tout à fait quand le cardinal Mazarin fit duc à brevet son mari, avec tant d'autres, dont il disoit qu'il en feroit tant qu'il seroit honteux de l'être et honteux de ne l'être pas, que les chancelières, sans avoir pu étendre ce tabouret ni oser prendre les distinctions des duchesses, comme la housse, etc., n'ont pas laissé pourtant d'obtenir insensiblement des princesses du sang le fauteuil, et je pense aussi la reconduite comme les duchesses, mais cédant à toutes partout, même à brevet, jusqu'à aujourd'hui, et sans tortillage ni difficulté[1]. Il n'avoit jamais été question des femmes des gardes des sceaux, et aucune n'a eu le tabouret ni prétendu; mais M. d'Argenson étant devenu garde des sceaux, et en même temps le seul vrai maître des finances pendant la régence de M. le duc d'Orléans, la facilité de ce prince, qui faisoit litière d'honneurs, et qui n'en haïssoit pas les mélanges et les désordres, fit asseoir la femme du garde des sceaux à la toilette de Madame sa fille et de Madame sa mère, les seules filles de France alors, et cet exemple a fait asseoir Mme Chauvelin à la toilette de la Reine, lorsque son mari eut les sceaux avec toute la faveur et toute la con-

---

1. Cette phrase irrégulière est conforme au texte du manuscrit.

fiance du cardinal Fleury, plus roi que premier ministre.

Avant de quitter la matière du chancelier, il faut dire que, lui et sa femme n'étant plus nommés que du nom unique de leur office, leur fils prit le nom de Pontchartrain et se comtifia, son père ayant extrêmement augmenté cette terre, qu'il avoit fait ériger en comté. Il ouvrit la porte de sa cour aux évêques, aux gens d'une qualité un peu distinguée, sans être titrés, et pour toute la robe, au seul premier président du parlement de Paris. On le souffrit, et on trouva même qu'il en avoit beaucoup rabattu de son prédécesseur, et il étoit vrai. Reste à savoir si Boucherat, qui le premier avoit imaginé d'égaler sa cour à celle du Roi, pouvoit avoir raison.

En ce voyage de Fontainebleau, le Roi donna trois cent mille livres au maréchal de Villeroy, à prendre en trois ans sur Lyon, des riches revenus duquel lui et le prévôt des marchands, qu'il nommoit, étoient les seuls dispensateurs, sans rendre compte. Peu après, le Roi donna cent mille [livres] de pension au duc d'Enghien, encore enfant; Monsieur le Duc, son père, n'en avoit que quatre-vingt-dix mille.

L'abbé de Charost mourut en ce temps-ci à Paris, chez son père, où il vivoit fort pieusement et fort retiré. Il étoit fils aîné du duc de Béthune et frère aîné du duc de Charost. Il étoit fort bossu, avoit renoncé à tout pour une pension médiocre, et s'étoit fait prêtre. Il n'avoit qu'une abbaye, et jamais il n'avoit été question de lui pour l'épiscopat: j'ai ouï dire qu'il en auroit été fort digne.

Le bonhomme Villacerf ne put survivre plus longtemps au malheur qui lui étoit arrivé de l'infidélité de son principal commis des bâtiments, dont j'ai parlé au commencement de l'année. Il ne porta pas santé depuis, ne remit pas le pied à la cour depuis s'être démis des bâtiments, et acheva enfin de mourir. C'étoit un bon et honnête homme, qui étoit déjà vieux, et qui ne put s'accoutumer à avoir été trompé et à n'être plus rien. Il avoit passé une longue vie toujours extrêmement bien avec le Roi, et si familier avec lui, qu'étant d'une de ses parties de paume autrefois, où il jouoit fort bien, il arriva une dispute sur sa balle : il étoit contre le Roi, qui dit qu'il n'y avoit qu'à demander à la Reine, qui les voyoit jouer de la galerie : « Par....! Sire, répondit Villacerf, cela n'est pas mauvais; s'il ne tient qu'à faire juger nos femmes, je vais envoyer quérir la mienne. » Le Roi et tout ce qui étoit là rirent beaucoup de la saillie. Il étoit cousin germain, et dans la plus intime et totale confiance, de M. de Louvois, qui, du su du Roi, l'avoit fait entrer en beaucoup de choses secrètes, et le Roi avoit toujours conservé pour lui beaucoup d'estime, d'amitié et de distinction. C'étoit un homme brusque, mais franc, vrai, droit, serviable, et très-bon ami; il en avoit beaucoup, et fut généralement plaint et regretté.

La comtesse de Fiesque, cousine germaine paternelle de la feue duchesse d'Arpajon, de feu Thury et du marquis de Beuvron, mourut pendant Fontainebleau, extrêmement âgée. Elle avoit passé sa vie dans le plus frivole du grand monde. Deux traits entre deux mille la caractériseront : elle n'avoit presque rien, parce qu'elle avoit tout fricassé ou laissé piller à ses gens d'affaires; tout au commencement de ces magnifiques glaces, alors fort rares et fort chères, elle en acheta un parfaitement beau miroir : « Hé! comtesse, lui dirent ses amis, où avez-vous pris cela? — J'avois, dit-elle, une méchante terre, et qui ne me rapportoit que du blé, je l'ai vendue, et j'en ai eu ce miroir; est-ce que je n'ai pas fait merveilles? du blé ou ce beau miroir! » Une autre fois, elle harangua son fils, qui n'avoit presque rien, pour l'engager à se marier, et à se remplumer par un riche mariage; et la voilà à moraliser sur l'orgueil, qui meurt de faim plutôt que faire une mésalliance. Son fils, qui n'avoit aucune envie de se marier, la laissa dire, puis voulant voir où cela iroit, fit semblant de se rendre à ses raisons : la voilà ravie; elle lui étale le parti, les richesses, l'aisance, une fille unique, les meilleures gens du monde, et qui seroient ravis, auprès de qui elle avoit des amis qui feroient immanquablement réussir l'affaire, une jolie figure, bien élevée, et d'un âge à souhait. Après une description si détaillée, le comte de Fiesque la pressa de nommer cette personne en qui tant de choses réparoient la naissance ; la comtesse lui dit que c'étoit la fille de Jacquier, qui étoit un homme connu de tout le monde, et qui s'étoit acquis l'estime et l'affection de M. de Turenne, les armées duquel il avoit toujours fournies de vivres, et s'étoit enrichi. Voilà le comte de Fiesque à rire de tout son cœur, et la comtesse à lui demander, en colère, de quoi il rioit, et si elle[1] trouvoit ce parti si ridicule. Le fait étoit que Jacquier n'eut jamais d'enfants. La comtesse, bien surprise, pense un moment, avoue qu'il a raison, et ajoute en même temps que c'est le plus grand dommage du monde, parce que rien ne lui eût tant convenu. Elle étoit pleine de semblables disparates, qu'elle soutenoit avec colère, puis en rioit la première ; on disoit d'elle qu'elle n'avoit jamais eu que dix-huit ans. Elle étoit veuve, dès 1640, de M. de Piennes Brouilly, tué à Arras, dont elle n'eut qu'une fille, mère de Guerchy. Les *Mémoires* de Mademoiselle, avec qui elle passa toute sa vie, souvent en vraies querelles pour des riens, et sans toutefois pouvoir se passer l'une de l'autre, la font très-bien connoître. Elle n'eut ni frère ni sœur, et son père étoit aîné de celui de Beuvron.

Une autre mort fit plus de bruit, et laissa un grand vide pour le conseil et pour les honnêtes gens ; ce fut celle de Pompone, fils du célèbre Arnauld d'Andilly et neveu du fameux M. Arnauld. Cette famille, illustre en science, en piété, et par beaucoup d'autres endroits, n'a pas besoin d'être expliquée ici : elle l'est par tant de beaux ouvrages que je m'en tiendrai ici à M. de Pompone. M. d'Andilly, par ses emplois, et par l'amitié dont la Reine mère l'honoroit, avant et même depuis sa retraite à Port-Royal des Champs, malgré les tempêtes du jansénisme, fit employer son fils dès sa première jeunesse en plusieurs affaires

---

1. *S'il* conviendrait mieux que *si elle*.

importantes en Italie, où il fit des traités et conclut des
ligues avec plusieurs princes. Son père, extrêmement aimé
et estimé, lui donna beaucoup de protecteurs, dont M. de
Turenne fut un des principaux. Pompone passa par l'intendance des armées, à Naples et en Catalogne, et partout
avec tant de sagesse, de modération et de succès, que sa
capacité, soutenue des amis de son père et de ceux que
lui-même s'étoit procurés, le fit choisir en 1665 pour
l'ambassade de Suède. Il demeura trois ans, et passa
après à celle de Hollande. Il réussit si bien en toutes deux
qu'il fut renvoyé en Suède, où, combattu par tout l'art de
la maison d'Autriche, il vint à bout de conclure cette
fameuse ligue du Nord, si utile à la France en 1671. Le
Roi en fut si content, qu'ayant perdu peu de mois après
M. de Lyonne, ministre et secrétaire d'État des affaires
étrangères, il ne crut pouvoir mieux remplacer un si grand
ministre que par Pompone. Toutefois il en garda le secret,
et ne le manda qu'à lui, par un billet de sa main, avec
ordre d'achever en Suède, le plus tôt qu'il pourroit, ce qui
demandoit nécessairement à l'être de la même main, et de
revenir incontinent après. Il arriva au bout de deux mois,
dans la même année 1671, et fut déclaré aussitôt. Son
père, retiré dès 1644, eut la joie de voir son fils arrivé par
son mérite dans une place si importante, et mourut trois
ans après, à quatre-vingt-cinq ans. Pompone parut encore
plus digne de cette charge par la manière dont il l'exerça
qu'avant d'en avoir été revêtu. C'étoit un homme qui excelloit surtout par un sens droit, juste, exquis, qui pesoit tout
et faisoit tout avec maturité, mais sans lenteur, d'une modestie, d'une modération, d'une simplicité de mœurs admirable, et de la plus solide et la plus éclairée piété; ses yeux
montroient de la douceur et de l'esprit; toute sa physionomie, de la sagesse et de la candeur; un art, une dex-
térité, un talent singulier à prendre ses avantages en
raitantt; une finesse, une souplesse sans ruse qui savoit
parvenir à ses fins sans irriter; une douceur et une
patience qui charmoit dans les affaires; et avec cela une

fermeté, et, quand il le falloit, une hauteur à soutenir l'intérêt de l'État et la grandeur de la couronne que rien ne pouvoit entamer. Avec ces qualités, il se fit aimer de tous les ministres étrangers, comme il l'avoit été dans les divers pays où il avoit négocié ; il en étoit également estimé, et il en avoit su gagner la confiance. Poli, obligeant, et jamais ministre qu'en traitant, il se fit adorer à la cour, où il mena une vie égale, unie, et toujours éloignée du luxe et de l'épargne, et ne connoissant de délassement de son grand travail qu'avec sa famille, ses amis et ses livres. La douceur et le sel de son commerce étoient charmants, et ses conversations, sans qu'il le voulût, infiniment instructives. Tout se faisoit chez lui et par lui, avec ordre, et rien ne demeuroit en arrière, sans jamais altérer sa tranquillité.

Ces qualités étoient en trop grand contraste avec celles de Colbert et de Louvois pour en pouvoir être souffertes avec patience. Tous deux en avoient sans doute de très-grandes, mais si elles paroissoient quelquefois plus brillantes, elles n'étoient pas si aimables, et s'ils avoient des amis, Pompone avoit aussi les siens particuliers, et quoique moins puissant, peut-être en plus grand nombre, et de plus qu'eux étoit généralement aimé. Chacun des deux autres tendoit toujours à embler[1] la besogne d'autrui, et c'est ce qui les avoit rendus ennemis l'un de l'autre ; tous deux vouloient, sous divers prétextes, manier les affaires étrangères, et tous deux s'en trouvoient également, sagement, mais doucement repoussés. Non-seulement ils n'y purent jamais surprendre la moindre prise, mais la grande connoissance qu'avoit Pompone des affaires générales de l'Europe, et en particulier celle que son application, ses voyages, ses négociations lui avoient acquise des maisons, des ministres, des cours étrangères, de leurs intérêts et de leurs ressorts, lui donnoient un tel avantage sur ces matières, que sans sortir de sa modéra-

1. A s'emparer de, à empiéter sur. Le même verbe est employé quelques lignes plus loin.

tion et de sa douceur, ils n'osoient le contredire au conseil, où devant le Roi il les avoit souvent mis sans repartie lorsqu'ils l'avoient hasardé. Hors de toute espérance d'embler rien sur un homme si instruit et si sage, et qui se contentoit de son ministère sans leur donner jamais prise par vouloir empiéter sur le leur, ils furent longtemps à chercher comme[1] pouvoir entamer un homme si difficile à prendre, et si insupportable à leur ambition vis-à-vis d'eux. Ce desir de s'en délivrer, pour mettre en sa place quelqu'un qui ne pût pas si bien se défendre, réunit pour un temps ces deux ennemis. Ils se concertèrent; le jansénisme fut leur ressource. C'étoit en effet le miracle du mérite de Pompone que, fils, frère, neveu, cousin germain et parent le plus proche, ou lié des nœuds les plus intimes avec tout ce qu'on avoit rendu le plus odieux au Roi, et en gros et personnellement, il pût conserver ce ministre dans un poste de la première confiance. Les deux autres, allant toujours l'un après l'autre à la sape, et s'aidant d'ailleurs de tout ce qui pouvoit concourir à leur dessein, s'aperçurent de leur progrès sur l'esprit du Roi. Ils le poussèrent, et vinrent enfin à bout de se faire faire un sacrifice, sous le prétexte de la religion. Ce ne fut pourtant pas sans une extrême répugnance. Le Roi, si parfaitement content de la gestion de Pompone, ne voyoit en lui que mesure et sagesse sur tout ce qui regardoit le jansénisme. Il avoit peine à se défier de lui, même sur ce point, et le danger et le scandale de se servir du neveu de M. Arnauld dans ses affaires les plus secrètes et les plus importantes ne lui paroissoit point en comparaison du danger et de la peine de s'en priver. A force d'attaques continuelles, il céda à la fin, et comme la dernière goutte d'eau est celle qui fait répandre le vase, un rien perdit M. de Pompone après tant d'assidues préparations; ce fut en 1679.

On traitoit le mariage de Madame la Dauphine, et on attendoit le courrier qui devoit en apporter la conclu-

---

1. *Comme*, pour *comment*.

sion. Dans ces moments critiques, Pompone supputa, et crut qu'il auroit le temps d'aller passer quelques jours à Pompone. Mme de Soubise étoit bien au fait de tout : c'étoit le temps florissant de sa beauté et de sa faveur. Elle étoit amie de Pompone, mais elle n'osoit s'expliquer : elle se contenta de le conjurer de remettre ce petit voyage, et de l'avertir qu'elle voyoit des nuages qui ne devoient pas lui permettre de s'absenter; elle le pressa autant qu'il lui fut possible. Les gens les plus parfaits ne sont pas sans défauts : il ne put comprendre tout ce que Mme de Soubise vouloit qu'il entendît, ni avoir la complaisance de sacrifier ce petit voyage à son conseil et à son amitié; Pompone est à six lieues de Paris. Pendant son absence, arriva le courrier de Bavière, et en même temps une lettre à M. de Louvois, qui avoit ses gens partout : c'étoit la conclusion, avec le détail de tous les articles, du traité et du mariage. Louvois va tout aussi[tôt] porter sa lettre au Roi, qui s'étonne de n'avoir point de nouvelles par ailleurs. Les dépêches de Pompone étoient en chiffre, et celui qui déchiffroit se trouva à l'Opéra, où il s'étoit allé divertir en l'absence de son maître. Tandis que le temps se passe à l'Opéra, puis à déchiffrer, et cependant à aller et à venir de Pompone, Colbert et Louvois ne perdirent pas de temps : ils mirent le Roi en impatience et en colère, et s'en surent si bien servir que Pompone, en arrivant à Paris, trouva un ordre du Roi de lui envoyer les dépêches et sa démission, et de s'en retourner à Pompone.

Ce grand coup frappé, Louvois, dont Colbert, qui avoit ses raisons, avoit exigé de ne pas dire un mot de toute cette menée à son père, se hâta de lui aller compter la menée et le succès : « Mais, lui répondit froidement l'habile le Tellier, avez-vous un homme tout prêt pour mettre en cette place? — Non, lui répondit son fils, on n'a songé qu'à se défaire de celui qui y étoit, et maintenant la place vide ne manquera pas, et il faut voir de qui la remplir. — Vous n'êtes qu'un sot, mon fils, avec tout votre esprit et vos vues, lui répliqua le Tellier; M. Colbert en sait plus que vous, et vous verrez qu'à l'heure qu'il est il sait le successeur, et il l'a proposé ; vous serez pis qu'avec l'homme que vous avez chassé, qui, avec toutes ses bonnes parties, n'étoit pas au moins plus à M. Colbert qu'à vous : je vous le répète, vous vous en repentirez. » En effet, Colbert s'étoit assuré de la place pour son frère Croissy, lors à Aix-la-Chapelle, comme je l'ai dit en rapportant sa mort; et ce fut un coup de foudre pour le Tellier et pour Louvois, qui les brouilla plus que jamais avec Colbert, et par une suite nécessaire, avec ce frère. Pompone sentit sa chute et son vide, mais il les supporta en homme de bien et de courage, avec tranquillité. Il eut peu après liberté de venir et de demeurer à Paris. Aucun de ses amis ne le délaissa ; tout le monde prit part à sa disgrâce. Les étrangers, en regrettant sa personne, qu'ils aimoient, et lui continuant toujours des marques de considération dans les occasions qui s'en pouvoient présenter, furent bien aises d'être soulagés de sa capacité.

Le Roi, après quelque temps, voulut voir Pompone par derrière dans ses cabinets. Il le traita en prince qui le regrettoit, et lui parla même de ses affaires. De temps en temps, mais rarement, cela se répétoit, et toujours sur le même pied de la part du Roi. A la fin, en une de ces audiences, le Roi lui témoigna la peine qu'il avoit ressentie en l'éloignant, et qu'il ressentoit encore, et Pompone y ayant répondu avec le respect et l'affection qu'il devoit, le Roi continua à lui parler avec beaucoup d'estime et d'amitié : il lui dit qu'il avoit toujours envie de le rapprocher de lui, qu'il ne le pouvoit encore, mais qu'il lui demandoit sa parole de ne point s'excuser, et de revenir dans son conseil dès qu'il le manderoit, et en attendant de lui garder le secret de ce qu'il lui disoit ; Pompone le lui promit, et le Roi l'embrassa. L'événement a fait voir ce que le Roi pensoit alors : c'étoit de se défaire de M. de Louvois en l'envoyant à la Bastille. La parenthèse en seroit déplacée ici ; je pourrai avoir lieu ailleurs de raconter un fait si curieux. Dans le moment que ce ministre fut mort, le Roi écrivit de sa main à Pompone de revenir sur-le-champ prendre sa place dans ses conseils. Un gentilhomme ordinaire du Roi fut chargé en secret de ce message par le Roi même. Il trouva cet illustre disgracié à Pompone, qui s'alloit mettre au lit. Le lendemain matin il vint à Versailles, et débarquer chez Bontemps, qui le mena par les derrières chez le Roi. On peut juger des grâces de cette audience : le Roi ne dédaigna pas de lui faire des excuses de l'avoir éloigné et de l'avoir rapproché si tard ; il ajouta qu'il craignoit qu'il n'eût peine à voir Croissy faire les fonctions qu'il avoit si dignement remplies. Pompone, toujours modeste, doux, homme de bien, répondit au Roi que puisqu'il le vouloit rattacher à son service, et qu'il s'étoit engagé à lui d'y rentrer, il ne songeroit qu'à le bien servir, et que pour bien commencer, et ôter, en tant qu'en lui étoit, toutes les occasions de jalousie, il s'en alloit de ce pas chez Croissy, lui apprendre les bontés du Roi et lui demander son amitié. Le Roi, touché au dernier point d'une action si peu attendue, l'embrassa et le congédia. La surprise de Croissy fut sans pareille quand il s'entendit annoncer M. de Pompone ; on peut juger qu'elle ne diminua pas quand il apprit ce qui l'amenoit. Celle de la cour, qui n'avoit pas songé à un retour après douze années de disgrâce, et qui n'en avoit pas eu le moindre vent, fut grande aussi, mais mêlée de beaucoup de joie. Il entra au premier conseil qui se tint, et M. de Beauvillier en même temps.

Pompone, dès le même jour, eut un logement au château assez grand, et vécut avec toutes sortes de mesures et de prévenances avec Croissy, qui y répondit de son côté, et qui avoit bien compris qu'il falloit le faire. Leur alliance, que le Roi voulut, je l'ai racontée en son temps. Pompone et son gendre vécurent ensemble en vrai père et en véritable fils ; il y trouva tout ce qu'il pouvoit desirer pour devenir un bon et sage ministre ; il y ajouta du sien toutes les lumières et toute l'instruction qu'il put, dont Torcy sut bien profiter. M. de Pompone lia une amitié étroite avec M. de Beauvillier; la confiance étoit intime entre eux et avec le duc de Chevreuse. Il fut aussi fort uni avec Pelletier, et honnêtement avec les autres ministres ou secrétaires d'État. Il mourut le 26 septembre de cette année, à Fontainebleau, à quatre-vingt-un ans, dans le desir depuis longtemps de la retraite, que l'état de sa famille ne lui avoit pas encore permis. Sa tête et sa santé étoient entières; il n'avoit jamais été malade : il mangea un soir du veau froid et force pêches; il en eut une indigestion qui l'emporta en quatre jours. Il reçut ses sacrements avec une grande piété, et fit une fin aussi édifiante que sa vie. Torcy, son gendre, eut les postes, et sa veuve douze mille livres de pension. C'étoit une femme avare et obscure, qu'on ne voyoit guère. Elle avoit une sœur charmante par son esprit, par ses grâces, par sa beauté, par sa vertu, femme de M. de Vins, qui étoit lieutenant général, et qui eut les mousquetaires noirs. Ils avoient un fils unique, beau, aimable, spirituel comme la mère, avec qui j'avois été élevé. M. de Pompone étoit ami particulier de mon père, et ils logeoient chez lui. Ce jeune homme fut tué à Steinkerque, à sa première campagne. Le père et surtout la mère ne s'en sont jamais consolés, et elle n'a presque plus voulu voir personne depuis, absorbée dans la douleur et dans la piété tout le reste de sa longue vie. Je regrettai extrêmement son fils. M. de Pompone ne fut pas heureux dans ceux qui se destinèrent au monde : le cadet, qui promettoit, fut tué de bonne heure, à la tête d'un régiment de dragons; l'aîné, épais, extraordinaire, avare, obscur, quitta le service, devint apoplectique, et fut toute sa vie compté pour rien, jusque dans sa famille; l'abbé de Pompone fut aumônier du Roi : il se retrouvera occasion d'en parler.

Le Roi revint de Fontainebleau, et nomma Briord ambassadeur à la Haye, en la place de Bonrepaus, qui demanda à revenir, et Phélypeaux, lieutenant général, qui étoit à Cologne, ambassadeur à Turin; Bonac, neveu de Bonrepaus, alla à Cologne.

CHAPITRE XVI.

Mgr et Mme la duchesse de Bourgogne mis ensemble. — Menins de Mgr le duc de Bourgogne : Gamaches, d'O, Cheverny, Saumery. — Mme de Saumery. — Emplois de Cheverny, et son aventure à Vienne. — Mort de Mme de Montchevreuil. — Mgr le duc de Bourgogne entre au conseil des dépêches. — Castel dos Rios ambassadeur d'Espagne en France. — Mort d'Arrouy dans la Bastille. — Voyage à Paris du duc et de Mme la duchesse de Lorraine, pour l'hommage lige de Bar. — Ducs de Lorraine, l'un connétable, l'autre grand chambellan. — Princes du sang précèdent les souverains non rois partout. — Monsieur de Lorraine étrangement incognito. — Madame et Monsieur de Lorraine à Paris, qui va saluer le Roi. — Adresse continuelle à l'égard de M. et de Mme la duchesse de Chartres. — Madame de Lorraine malade de la petite vérole. — Hommage lige au Roi par le duc de Lorraine pour le duché de Bar. — Monsieur de Lorraine à Meudon et à Marly, où il prend congé. — Monsieur de Lorraine prend congé de Monseigneur à l'Opéra, et de Mgr et de Mme la duchesse de Bourgogne sans les avoir vus auparavant, et part en poste payée par le Roi. — Madame de Lorraine à Versailles, puis à Marly prendre congé, et part.

En arrivant de Fontainebleau, le jour même, Mgr et Mme la duchesse de Bourgogne furent mis ensemble. Le Roi les voulut aller surprendre comme ils se mettroient au lit; il s'y prit un peu trop tard, il trouva les portes fermées, et il ne voulut pas les faire ouvrir. Peu de jours après, il nomma quatre hommes qui étoient souvent à la cour pour se tenir assidus auprès de Mgr le duc de Bourgogne, qui dans la vérité ne pouvoient guère être plus mal choisis : Cheverny, Saumery, Gamaches et d'O. Des deux derniers j'en ai parlé assez pour n'avoir rien à y ajouter. Le bon Gamaches étoit un bavard qui n'avoit jamais su ce qu'il disoit ni ce qu'il faisoit, et dont M. de Chartres et ses amis de plaisir s'étoient moqués tant que le Roi l'avoit tenu auprès de lui. Il ne savoit rien, pas même la cour ni le monde, où il avoit fort peu été, ni la guerre non plus, quoique il eût toujours servi, et avec beaucoup d'honneur et de valeur ; du reste un fort honnête homme. D'O étoit ce mentor de M. le comte de Toulouse, qui de son appartement de Versailles devint lieutenant général des armées navales. Son assiduité chez son premier maître étoit difficile à accorder avec cet emploi, mais il savoit accorder toutes choses, témoin sa dévotion importante et le galant métier de sa femme, pour faire fortune par l'un des deux, et peut-être par tous les deux ensemble.

Cheverny étoit Clermont Gallerande ; son père avoit été maître de la garde-robe, et chevalier de l'ordre en 1661, dont on a d'excellents *Mémoires*, en formes d'annales, sous le nom de Monglat, qu'il portoit. Sa femme, fille du fils du chancelier de Cheverny, étoit une femme extrêmement du grand monde, qui avoit été gouvernante des filles de Gaston, et sur le pied de laquelle il ne faisoit pas bon marcher. L'un et l'autre fort riches s'étoient parfaitement ruinés, et avoient marié leur fils à la sœur de Saumery. C'étoit un homme qui présentoit plus d'esprit, de morale, de sens et de sentiment qu'il n'en avoit en effet : beaucoup de lecture, peu ou point de service, une conversation agréable et fournie, beaucoup de politique, d'envie de plaire et de crainte de déplaire, un extérieur vilain et même dégoûtant, toute l'encolure d'un maître à écrire, et toujours mis comme s'il l'eût été, en tout un air souffreteux, et une soif de cour et des agréments de cour qui alloit à la bassesse ; avec tout cela, ce tuf se cachoit sous d'autres apparences, et j'en ai été la dupe fort longtemps ; d'ailleurs un honnête homme.

Saumery étoit petit-fils d'un valet d'Henri IV, qui l'avoit suivi du Béarn, et qui, comme beaucoup de ce peuple, s'appeloit Johanne. Il fut jardinier de Chambord, et sur la fin de sa vie concierge, non pas de ces concierges gouverneurs et capitaines comme il y en a toujours eu à Fontainebleau et à Compiègne, mais concierge effectif, comme nous en avons tous dans nos maisons. Il gagna du bien ; il mit son fils dans les troupes, qui étoit fort bien fait, et

trouva à le marier à une bourgeoise de Blois à sa portée.
M. Colbert, encore *in minoribus*, épousa l'autre sœur; sa
fortune avança ses beaux-frères. L'un s'enrichit, acheta
Menars, devint intendant de Paris, et est mort président à
mortier; il étoit frère de Mme Colbert. Saumery devint
gouverneur de Chambord, en eut la capitainerie des
chasses et celle de Blois; c'étoit un fort honnête homme,
et qui ne s'en faisoit point du tout accroire; il se tenoit à
Chambord, où il est mort fort vieux, et paroissoit rarement
à la cour, où on en faisoit cas pour sa valeur et sa probité.
Je l'ai vu : il étoit fort grand, avec ses cheveux blancs et
l'air tout à fait vénérable. Son fils aîné, qui est celui dont
il s'agit, servit quelque temps subalterne, et se retira de
bonne heure, avec un coup de mousquet dans le genou,
et se fit maître des eaux et forêts d'Orléanois, etc. Il étoit
dans cet obscur emploi et inconnu à tout le monde, lorsque
M. de Beauvillier l'en tira pour le faire un des sous-gou-
verneurs des enfants de France : jamais homme si intri-
gant, si valet, si bas, si orgueilleux, si ambitieux, si dévoué
à la fortune, et tout cela sans fonds aucun, sans voile, sans
pudeur; on en verra d'étranges traits. Jamais homme aussi
ne tira tant parti d'une blessure. Je disois de lui qu'il boi-
toit audacieusement, et il étoit vrai. Il parloit des personnages les plus distingués, dont à peine il avoit jamais vu
les antichambres, comme de ses égaux et de ses amis
particuliers. Il racontoit des traits qu'il avoit ouï dire, et
n'avoit pas honte de dire devant des gens qui avoient au
moins le sens commun : « Le pauvre Mons. Turenne me
disoit, » qui, à son âge et à son petit emploi, n'a peut-être
jamais su qu'il fût au monde, et le *Monsieur* tout du long,
il n'en honoroit personne. C'étoit « Mon. de Beauvillier,
Mond.[1] de Chevreuse, » et ainsi de ceux dont il ne disoit pas
le nom tout court, et il le disoit de presque tout le monde,
jusqu'aux princes du sang. Je lui ai ouï dire bien des fois
« la princesse de Conti, » en parlant de la fille du Roi,

---

1. Pour ces mots : *Mons.*, *Mon.*, *Mond.*, nous reproduisons exactement l'orthographe du manuscrit.

et « le prince de Conti, » en parlant de Monsieur son beau-frère. Pour des premiers seigneurs de la cour, il étoit rare quand il leur donnoit le *Mon.* ou le *Mons.*: c'étoit « le maréchal d'Humières, » et ainsi des autres; et des gens de la première qualité, très-ordinairement par leur nom, sans qualité devant. La fatuité et l'insolence étoient complètes; et si[1], à force de monter cent escaliers par jour, de dire des riens à l'oreille, de faire l'important et le gros dos, il imposoit à une partie de la cour, et par ses valetages et ses blâmes de complaisance, bien bas en confidence, il s'étoit acquis je ne sais combien de gens.

Sa femme, fille de Besmaux, gouverneur de la Bastille, étoit une grande créature aussi impertinente que lui, qui portoit les chausses, et devant qui il n'osoit pas souffler. Son effronterie ne rougissoit de rien, et après force galanteries, elle s'étoit accrochée à M. de Duras, qu'elle gouvernoit, et chez qui elle étoit absolument et publiquement la maîtresse, et vivoit à ses dépens. Elle en acquit le nom de Mme la connétable, parce que M. de Duras étoit doyen des maréchaux de France. On ne l'appeloit pas autrement; elle-même étoit la première à en rire. Enfants, complaisants, domestiques, tout étoit en respect et en dépendance devant elle, et Mme de Duras aussi, dans le peu et le rare qu'elle venoit de sa campagne : l'âge du maréchal faisoit qu'on s'en scandalisoit moins.

Voilà les gens que le Roi mit autour de Mgr le duc de Bourgogne, qui chassoit fort souvent; et de ces quatre il n'y avoit que Gamaches qui pût monter à cheval ou qui en voulût prendre la peine. Le rare fut qu'ils n'eurent ni nom d'emploi, ni brevet, ni appointements, mais de beaux propos en les y mettant, et l'agrément d'être, sans demander, de tous les voyages de Marly; et cela seul tournoit les têtes.

Cheverny étoit menin de Monseigneur : il avoit été envoyé à Vienne, et ambassadeur après en Danemark, où lui et sa femme avoient gagné le scorbut et laissé leur santé et leurs dents. La femme, avec plus d'esprit et de

---

1. Et néanmoins.

mesure, ne tenoit pas mal de son frère. A Vienne il arriva à Cheverny une aventure singulière : il devoit avoir, un soir d'hiver, sa première audience de l'Empereur ; il alla au palais ; un chambellan l'y reçut, le conduisit deux ou trois pièces, ouvrit la dernière, l'y fit entrer, se retira de la porte même et la ferma. Entré là, il se trouve dans une pièce plus longue que large, mal meublée, avec une table tout au bout, sur laquelle, pour toute lumière dans la chambre, il y avoit deux bougies jaunes, et un homme vêtu de noir, le dos appuyé contre la table. Cheverny, assez mal édifié du lieu, se croit dans une pièce destinée à attendre d'être introduit plus loin, et se met à regarder à droite, à gauche, et à se promener d'un bout à l'autre. Ce passe-temps dura près d'une demi-heure. A la fin, comme un des tours de sa promenade l'approchoit assez près de cette table, et de cet homme noir qui y étoit appuyé, et qu'à son air et à son habit il prit pour un valet de chambre qui étoit là de garde, cet homme, qui jusqu'alors l'avoit laissé en toute liberté sans remuer ni dire un mot, se prit à lui demander civilement ce qu'il faisoit là. Cheverny lui répondit qu'il devoit avoir audience de l'Empereur, qu'on l'avoit fait entrer, et qu'il attendoit là d'être introduit pour avoir l'honneur de lui faire la révérence. « C'est moi, lui répliqua cet homme, qui suis l'Empereur. » Cheverny à ce mot pensa tomber à la renverse, et fut plusieurs moments à se remettre, à ce que je lui ai ouï conter. Il se jeta aux pardons, à l'obscurité, et à tout ce qu'il put trouver d'excuses. Je pense après que son compliment fut mal arrangé. Un autre que l'Empereur en eût ri, mais Léopold, incapable de perdre sa gravité, demeura dans le même sens froid[1], qui acheva de démonter le pauvre Cheverny. Il contoit bien, et cette histoire étoit excellente à entendre de lui.

Mme de Montchevreuil, revenant de Fontainebleau le même jour que le Roi, 22 octobre, avec Mme de Maintenon, dans le carrosse et en compagnie de laquelle elle alloit tou-

---

1. Saint-Simon écrit quelquefois *sang froid*, mais plus souvent *sens froid*.

jours, se trouva si mal au Plessis qu'il y fallut arrêter longtemps. On eut toutes les peines du monde à l'amener à Versailles, où elle mourut le quatrième jour. Mme de Maintenon en fut fort affligée, beaucoup de gens tâchèrent de persuader qu'ils l'étoient, mais dans le fond chacun s'en trouva soulagé comme d'une délivrance. J'ai suffisamment parlé de M. et de Mme de Montchevreuil, à propos du mariage de M. du Maine, pour n'avoir rien à y ajouter. Quelques jours après, le Roi vit le bonhomme Montchevreuil dans son cabinet, par les derrières, par où, comme gouverneur autrefois de M. du Maine, il continuoit d'entrer. Le Roi le traita comme un ami intime auroit fait son ami; à la situation où il étoit avec lui, cela n'étoit pas surprenant.

Ce même jour de la mort de Mme de Montchevreuil, 25 octobre, le Roi dit le soir à Mgr le duc de Bourgogne qu'il le feroit entrer au premier conseil de dépêches; et ajouta que, pour les premiers, il vouloit qu'il ne fît qu'écouter, pour apprendre et se former, pour se mettre en état de bien opiner ensuite. Ce fut une grande joie pour ce prince; Monseigneur n'y étoit pas entré si jeune; Monsieur en étoit, mais il en étoit resté là.

Castel dos Rios, gentilhomme catalan fort pauvre, étoit arrivé à Paris au commencement du voyage de Fontainebleau, avec caractère d'ambassadeur d'Espagne : il avoit été nommé pour aller en la même qualité en Portugal, mais il arriva que celui qui devoit venir en France étant plus distingué et beaucoup plus accrédité à la cour d'Espagne, il fit changer la destination, et alla en Portugal comme à une ambassade de faveur, et fit envoyer l'autre à celle d'exil; c'est ainsi qu'elle étoit regardée. Il voulut venir à Fontainebleau trouver la cour, et en fut refusé : il s'en plaignit fort; on lui répondit qu'on avoit bien fait attendre M. d'Harcourt trois mois à Madrid avant de lui permettre de voir le roi d'Espagne, qu'ainsi il pouvoit bien avoir patience six semaines avant de voir le Roi. Au retour, il eut audience. Ce qu'il avoit à y traiter étoit en effet d'une importance à ne pas souffrir volontiers des délais; il pressa le Roi de deux choses de la part du roi son maître : l'une, d'employer son autorité pour faire révoquer à la Sorbonne la condamnation qu'elle avoit faite des livres d'une béate espagnole qui s'appelle Marie d'Agreda. Le temps étoit mal pris : ces livres étoient tout à fait dans les sentiments de Monsieur de Cambray, que le Roi venoit de faire condamner à Rome. L'autre chose étoit de faire établir en dogme, par tout son royaume, l'immaculée conception de la sainte Vierge, et par conséquent faire plus que l'Église, qui a été plus retenue là-dessus : aussi se moqua-t-on de l'ambassadeur et de son maître, avec les plus belles paroles du monde. Ce fut là toute la matière de son audience. Qui auroit cru que cette ambassade eût tourné quatorze mois après comme elle fit, et que cette espèce d'exil eût fait à l'ambassadeur la fortune la plus complète ?

Le pauvre d'Arrouy[1] mourut en ce temps-ci à la Bastille, où il étoit depuis dix ou douze ans; il avoit été longtemps trésorier des états de Bretagne. C'étoit le meilleur homme du monde et le plus obligeant; il ne savoit que prêter de l'argent, et point presser pour se faire payer : avec cette conduite il s'obéra si bien, que quand il fallut compter, il ne put jamais se tirer d'affaires. La confiance de la province et de tout le monde étoit si grande en lui, qu'on l'avoit laissé plusieurs années sans compter; ce fut sa ruine. Beaucoup de gens y perdirent gros; la Bretagne y demeura pour beaucoup, et il demeura entièrement ruiné. C'est, je crois, l'unique exemple d'un comptable de deniers publics avec qui ses maîtres et tout le public perdent sans que sa probité en ait reçu le plus léger soupçon. Les perdants mêmes le plaignirent, tout le monde s'affligea de son malheur : c'est ce qui fit que le Roi se contenta d'une prison perpétuelle; il la souffrit sans se plaindre, et la passa dans une grande piété, fort visité de

---

1. C'est le d'Harouis de Mme de Sévigné.

beaucoup d'amis et secouru de plusieurs. Cela n'empêcha pas son fils de devenir maître des requêtes et intendant de province, avec réputation d'esprit et de probité. Il se fit aimer et estimer, et il auroit été plus loin, si la piété, tant de lui que de sa femme, dont il n'avoit point d'enfants, ne les avoit engagés à tout quitter pour ne penser qu'à leur salut. J'ai fort vu cette Mme d'Arrouy à Pontchartrain, qui avoit beaucoup d'esprit, et un esprit très-aimable et orné, extrêmement dans les meilleures œuvres, et extrêmement janséniste : je me suis souvent fort diverti à disputer avec elle ; j'étois ravi quand je l'y trouvois.

On attendoit, au retour de Fontainebleau, Monsieur de Lorraine, pour rendre au Roi son hommage lige du duché de Bar et de ses autres terres mouvantes de la couronne. Madame la duchesse devoit venir avec lui, et Monsieur les défraya à Paris, et leur donna, au Palais-Royal, l'appartement de M. et de Mme la duchesse de Chartres. Nul embarras pour Madame de Lorraine, qui conservoit son rang de petite-fille de France. Il n'y en devoit pas avoir non plus pour Monsieur de Lorraine : ses pères, ducs de Lorraine comme lui, ont été bien des fois à la cour de France sans difficultés.

Charles Ier, duc de Lorraine, fut fait connétable de France, après la mort, ou plutôt le massacre, du connétable d'Armagnac, le 12 juin 1418, dans Paris, par le parti de Bourgogne. Il est vrai qu'il n'en jouit pas longtemps, pour avoir été institué par cette terrible Isabeau de Bavière, femme de Charles VI, qui, dans un intervalle de sa triste maladie, le destitua à Bourges, en avril 1423 [1], et donna l'épée de connétable à J. Stuart, comte de Boukan et de Douglas, qui fut tué le 17 août suivant, à la bataille de Verneuil au Perche contre les Anglois. Le comte de Richemont fut fait connétable en sa place ; il étoit fils, frère et oncle des ducs de Bretagne, et le fut lui-même après eux, en 1457, et voulut conserver l'épée de connétable,

1. Charles VI mourut en 1422 ; c'est Charles VII qui remplaça le duc de Lorraine par J. Stuart.

avec laquelle il avoit acquis tant de gloire, et mourut duc de Bretagne et connétable de France, en décembre 1458, dans son château de Nantes, portant lors le nom d'Artus III. René II, duc de Lorraine, fut fait grand chambellan, 7 août 1486, par Charles VIII, qui avoit alors seize ans, à la place du comte de Longueville, fils du célèbre bâtard d'Orléans, destitué et ses terres confisquées pour avoir pris le parti du duc d'Orléans, depuis roi Louis XII, contre Mme de Beaujeu, sœur du Roi, sa tutrice et gouvernante du royaume. Le duc de Lorraine ne demeura pas longtemps grand chambellan de France : il se ligua avec le même duc d'Orléans contre le Roi, et Ph. de Baden, marquis d'Hochberg et comte de Neuchâtel, fut pourvu en sa place de cet office de la couronne, en 1491.

Sans aller si loin, Louis XIII et le roi son fils ont vu Charles IV, duc de Lorraine, plus d'une fois en leur cour, et y faire des séjours, et la duchesse Nicole a passé à Paris ses dernières années. La planche étoit donc faite, et il n'y avoit qu'à la suivre. On y peut ajouter que le père du duc de Lorraine a été aussi à Paris et à la cour; mais il s'y arrêta peu, quoique assez pour continuer les exemples et régler celui-ci. Mais cela même étoit ce qui incommodoit les cadets de sa maison établis en France, qui, tirant leurs prétentions de leur naissance, avoient grand intérêt de relever leur aîné, et grande facilité par Monsieur, entièrement abandonné au chevalier de Lorraine, jusqu'au point où je l'ai remarqué au mariage de Madame de Lorraine. Des gens qui avoient osé vouloir élever leur aîné jusqu'en compétence de M. le duc de Chartres n'étoient pas pour s'accommoder de celle des princes du sang, et ceux-ci encore moins pour la souffrir. Jamais aucun duc de Lorraine ne leur avoit disputé, pas même le père de celui-ci, beau-frère de l'Empereur et à la tête de son armée, aux deux princes de Conti, volontaires dans la même armée, auxquels l'électeur de Bavière, qui y servoit, ne disputoit pas. Le second de ces princes étoit vivant et existant à la cour, et cet électeur étoit frère de Madame la Dauphine alors vivante et gendre de l'Empereur. On n'avoit pas oublié encore comment le fameux Charles-Emmanuel, duc de Savoie, gendre de Philippe II, roi d'Espagne, et qui fit tant de figure en Europe, avoit vécu avec les princes du sang, ni le célèbre mot d'Henri IV là-dessus. Charles-Emmanuel l'étoit venu trouver à Lyon pour arrêter ses armes, après avoir séjourné longtemps à sa cour à Paris, dans l'espérance de le tromper sur la restitution du marquisat de Saluces. Il se trouva qu'un matin, venant au lever d'Henri IV, le prince de Condé et lui, qui venoient par différents côtés, se rencontrèrent en même temps à la porte de la chambre où le Roi s'habilloit. Ils s'arrêtèrent l'un pour l'autre; Henri IV, qui les vit, éleva la voix et dit au prince de Condé : « Passez, passez, mon neveu, Monsieur de Savoie sait trop ce qu'il vous doit. » Le prince de Condé passa, et Monsieur de Savoie tout de suite et sans difficulté après lui.

Ces considérations firent proposer un biais, qui combloit les vues et les prétentions des Lorrains contre les princes du sang, et ce biais fut l'incognito parfait de Monsieur de Lorraine, qui aplanissoit et voiloit tout en même temps. Mais cet incognito étoit aussi parfaitement ridicule : incognito tandis que Mme la duchesse de Lorraine n'y pouvoit être; incognito, et être publiquement logé, traité et défrayé par Monsieur dans le Palais-Royal, aux yeux de toute la France; incognito, venant exprès pour un acte dans lequel il falloit qu'il fût publiquement connu et à découvert; incognito enfin, sans cause ni prétexte, puisque ses pères avoient été publiquement à la cour et à Paris, et son père même : aussi prirent-ils un habile détour pour le faire passer. Monsieur, en le proposant au Roi, ne manqua pas de bien faire les honneurs de son gendre, de l'assurer qu'il étoit bien éloigné de disputer rien aux princes du sang, que venu pour son hommage, et ayant son pays enclavé et comme sous la domination du Roi, il ne pouvoit songer qu'à lui plaire et à obéir sans réserve à tout ce qu'il lui plairoit de lui commander; mais que lui, Monsieur, croyoit lui devoir faire faire la réflexion qu'ayant donné le rang de princes du sang à ses enfants naturels, il ne voudroit peut-être pas exiger pour eux les mêmes déférences de Monsieur de Lorraine que pour les princes du sang; qu'il répugneroit à sa générosité, en étant le maître de l'y obliger, et que ne l'y obligeant pas, cela mettroit une différence entre eux qui ne leur seroit pas avantageuse. Ce propos humble et flatteur, qui dans le fond n'avoit que la superficie, éblouit le Roi, et le toucha si bien qu'il consentit à l'incognito, moyennant lequel nulles visites actives ni passives pour Monsieur de Lorraine, et nuls honneurs dus ou prétendus. Tout alloit à la petite-fille de France, son épouse, et se confondoit sous son nom; après quoi ils demeuroient sur leurs pieds, avec cet incognito, en liberté de l'expliquer avec tous les avantages qu'ils s'en étoient bien proposés. Ce grand point gagné, tout le reste leur fut facile.

Le vendredi 20 novembre, Monsieur et Madame allèrent à Bondy au-devant de Monsieur et de Madame de Lorraine, qui tous deux se mirent sur le devant de son carrosse. On remarqua avec scandale que M. le duc de Chartres étoit à la portière. On débita que le devant lui faisoit mal. Cela auroit pu s'éviter, mais ce n'étoit pas le compte de la maison de Lorraine, qui fit en sorte que Mme la duchesse de Chartres demeura à Versailles, avec laquelle il n'eût pas été si aisé de bricoler. Ils furent à l'Opéra dans la loge de Monsieur, qui retint à souper toutes les princesses de la maison de Lorraine, avec d'autres dames. Le lendemain samedi, Monsieur amena Monsieur de Lorraine à Versailles. Ils arrivèrent un moment avant midi dans le salon. Nyert, premier valet de chambre en quartier, avertit le Roi, qui étoit au conseil, et qui avoit la goutte. Il se fit aussitôt rouler par lui dans sa chaise. Il n'y avoit dans le salon qu'eux trois, et la porte du cabinet étoit demeurée ouverte, d'où les ministres les voyoient. Monsieur de Lorraine embrassa les genoux du Roi baissé fort bas, et fut reçu fort gracieusement, mais sans être embrassé. La conversation dura un bon quart d'heure, pendant laquelle Monsieur alla causer une fois ou deux à la porte du cabinet avec les ministres, pour laisser Monsieur de Lorraine seul avec le Roi. Monsieur lui demanda ensuite permission que le lord Carlingford, et un ou deux hommes principaux de Monsieur de Lorraine, pussent entrer et lui faire la révérence. Alors le duc de Gesvres, premier gentilhomme de la chambre en année, M. le maréchal de Lorges, capitaine des gardes en quartier, et quelques principaux courtisans, entrèrent avec les gens de Monsieur de Lorraine, mais aucun de sa maison, et je n'ai pu en découvrir la raison. Monsieur demanda ensuite au Roi s'il trouvoit bon qu'il fît voir son petit appartement à Monsieur de Lorraine, à qui il nomma les ministres en passant dans le cabinet du conseil. Du petit appartement ils entrèrent dans la grande galerie, où ils furent assez longtemps, et où Monsieur de Lorraine vit Mme la duchesse de Bourgogne, qui revenoit de la messe, mais sans l'approcher. De là Monsieur le mena dîner à Saint-Cloud, où Madame de Lorraine ne put se trouver, parce que la fièvre l'avoit prise. Seignelay, maître de la garde-robe, alla le lendemain matin savoir de ses nouvelles de la part du Roi, qui rapporta que ce n'étoit rien, et qu'elle viendroit à Versailles le mardi suivant. Mme la duchesse de Chartres l'avoit été voir de Versailles le jour de son arrivée, et MM. les ducs d'Anjou et de Berry l'allèrent voir le dimanche après dîner. Elle leur donna des fauteuils, où ils s'assirent, et elle prit un tabouret comme de raison. Mgr le duc de Bourgogne ni Monseigneur n'y furent point; on laissa aller les cadets comme par galanterie. Le père et le fils étoient ce jour-là à Meudon, ce que je remarque pour la courte distance de Paris, d'où leur visite eût été plus aisée s'ils l'avoient voulu faire. Le mardi, Madame de Lorraine devoit venir à Versailles dîner chez Mme la duchesse de Chartres, puis aller chez le Roi, etc., et Mme la duchesse de Bourgogne, après l'avoir vue, c'est-à-dire reçue, aller à l'Opéra à Paris. Mais la petite vérole, qui parut, rompit les voyages. M. le duc de Chartres le vint dire au Roi. Monsieur, Monsieur de Lorraine, ni personne ne la vit, que Madame, qui s'enferma presque seule avec elle, et Mme de Lenoncourt, dame d'atour de Madame de Lorraine, seule dame qu'elle eût amenée, qui gagna la petite vérole et qui en fut fort mal.

J'achèverai de suite, pour ne point interrompre la narration du voyage de Monsieur de Lorraine, quoique ce fût ici le lieu de le faire pour raconter ce qui m'arriva, ce que je ferai après. Le mercredi 25 novembre, jour marqué pour l'hommage, Monsieur amena Monsieur de Lorraine à Versailles, qui en mettant pied à terre s'en fut attendre chez Monsieur le Grand, et Monsieur monta tout droit chez le Roi. M. le duc de Chartres ne vint point avec eux. Monsieur avoit eu soin de l'éviter pour plaire au chevalier de Lorraine. Un peu après que Monsieur fut chez le Roi, Monsieur envoya dire à Monsieur de Lorraine d'y venir : c'étoit vers les trois heures après-midi. Il fut suivi de tous ceux de ses sujets qui l'avoient accompagné dans son voyage, et passa toujours entre une double haie de voyeux[1] et de curieux de bas étage. Il traversa les salles des gardes sans qu'ils fissent aucun mouvement, non plus que pour le dernier particulier. Le Roi l'attendoit dans le salon, qui étoit lors entre sa chambre et le cabinet du conseil, et qui depuis est devenu sa chambre. Il étoit dans son fauteuil, le chapeau sur la tête, M. le maréchal de Lorges derrière lui, au milieu de Monsieur le chancelier et du duc de Gesvres, en l'absence de M. de Bouillon, grand chambellan, qui étoit à Évreux ; Mgr le duc de Bourgogne debout et découvert, un peu en avant de Monsieur le chancelier, mais sans le couvrir ; M. le duc d'Anjou de même, de l'autre côté, sans couvrir le duc de Gesvres, qui avoit derrière lui Nyert, premier valet de chambre du Roi. M. le duc de Berry, Monsieur, M. le duc de Chartres, les princes du sang et les deux bâtards étoient tous en rang, faisant le demi-cercle, avec force courtisans derrière eux ; et après eux, aucun duc que les deux que je viens de

1. Voyez ci-dessus, p. 212 et note 1.

nommer, parce qu'ils étoient en fonction de leurs charges et nécessaire[1], ni aucun prince étranger. Les secrétaires d'État étoient derrière Monsieur le chancelier, et les princes du même côté. Monseigneur ne se soucia pas de voir la cérémonie.

Monsieur de Lorraine trouva fermée la porte de la chambre du Roi qui entre dans le salon, et l'huissier en dedans. Un de la suite de Monsieur de Lorraine gratta; l'huissier demanda : « Qui est-ce? » Le gratteur répondit : « C'est M. le duc de Lorraine, » et la porte demeura fermée. Quelques instants après, même cérémonie. La troisième fois, le gratteur répondit : « C'est M. le duc de Bar; » alors l'huissier ouvrit un seul battant de la porte; Monsieur de Lorraine entra, et de la porte, puis du milieu de la chambre, enfin assez près du Roi, il fit de très-profondes révérences. Le Roi ne branla point, et demeura couvert sans faire aucune sorte de mouvement. Le duc de Gesvres alors, suivi de Nyert, mais ayant son chapeau sous le bras, s'avança deux ou trois pas, et prit le chapeau, les gants et l'épée de Monsieur de Lorraine, qu'il lui remit, et le duc de Gesvres tout de suite à Nyert, qui demeura en place, mais fort en arrière de Monsieur de Lorraine, et le duc de Gesvres se remit en la place où il étoit auparavant. Monsieur de Lorraine se mit à deux genoux sur un carreau de velours rouge bordé d'un petit galon d'or qui étoit aux pieds du Roi, qui lui prit les mains jointes entre les deux siennes. Alors Monsieur le chancelier lut fort haut et fort distinctement la formule de l'hommage lige et du serment, auxquels Monsieur de Lorraine acquiesça, et dit et répéta ce qui étoit de forme, puis se leva, signa le serment avec la plume que Torcy lui présenta, un peu à côté du Roi, où Nyert lui présenta son épée, qu'il remit, puis lui rendit son chapeau, dans lequel étoient ses gants, et se retira. Pendant ce moment, le Roi s'étoit levé et découvert, et tous les princes du sang et les deux bâtards demeurèrent en leurs places. Monsieur de Lorraine retourné vers le Roi,

---

1. *Nécessaire* se rapporte à *fonction*.

Sa Majesté se couvrit, le fit couvrir ensuite, et en même temps les princes du sang et les deux bâtards se couvrirent aussi. Après être demeurés quelque peu de temps en conversation ainsi debout et rangés, le Roi se découvrit, et passa dans son cabinet, où après moins de demi-quart d'heure il fit appeler Monsieur de Lorraine. Monsieur demeura dans le salon, et Monsieur de Lorraine demeura seul avec le Roi une bonne demi-heure. Il trouva Monsieur, qui l'attendoit dans le salon, qui tout de suite le ramena à Paris, où le lendemain Torcy alla lui faire signer un écrit de tout le détail de la cérémonie, et de sa prestation de foi et hommage lige, et lui en délivra une copie signée de lui et de Pontchartrain.

Le jeudi, lendemain de l'hommage, Monsieur mena Monsieur de Lorraine à Meudon; ils y arrivèrent au sortir de table. Monseigneur les promena fort par sa maison; après quoi ils s'en retournèrent à Paris, sur les quatre heures. Le samedi suivant, Monsieur de Lorraine alla seul dîner à Versailles, chez Monsieur le Grand, puis voir la grande écurie, dont le comte de Brionne lui fit les honneurs, et revint de là à Paris. Le lundi d'après, Monsieur mena Monsieur de Lorraine à Marly, où le Roi venoit d'arriver au sortir de table, qui lui fit voir la maison et les jardins. Monsieur, qui étoit enrhumé, demeura dans le salon. Le Roi rentra des jardins dans son cabinet avec Monsieur de Lorraine, où il fut quelque temps seul avec lui, qui sur la fin prit congé. En sortant de son cabinet, le Roi parla quelque temps à Milord Carlingford, connu à Vienne sous le nom de général Taff, et qui a été gouverneur de Monsieur de Lorraine; puis reçut les révérences de ceux qui la lui avoient faite en arrivant, et retourna se promener, puis revint à Versailles; et Monsieur ramena Monsieur de Lorraine à Paris, à qui le Roi envoya une tenture de tapisserie de l'histoire d'Alexandre, de vingt-cinq mille écus. Monsieur avoit prié le Roi, qui lui vouloit faire un présent, de lui donner une tapisserie plutôt que toute autre chose.

Le mardi 1ᵉʳ décembre, Monseigneur, qui étoit à Meudon, y donna à dîner à Mˢʳ et à Mᵐᵉ la duchesse de Bourgogne et à leur suite; Mᵐᵉ la princesse de Conti y dîna aussi, et il les mena tous à l'Opéra. Monsieur y étoit dans sa loge en haut avec Monsieur de Lorraine. Il l'amena en celle de Monseigneur, où il ne fut qu'un moment pour prendre congé de lui et de Mˢʳ et de Mᵐᵉ la duchesse de Bourgogne, chez qui pourtant il n'avoit point été, ce qui parut assez bizarre, et s'en alla aussitôt après avec Monsieur. Il partit la nuit suivante en poste, avec sa suite, pour s'en retourner en Lorraine. On fit doubler les chevaux partout, et ce qu'[il] y eut encore de rare fut que le Roi en paya toute la dépense, et malgré lui, par complaisance pour Monsieur. Quelque abandonné qu'il fût au chevalier de Lorraine, Monsieur de Lorraine commençoit à lui peser beaucoup, pour la dépense et pour la liberté; il s'en aperçut ou on l'en fit apercevoir, et c'est ce qui hâta son départ. Il ne laissa pas de se trouver importuné de l'assiduité de tous ceux de sa maison auprès de lui, d'aucun desquels il ne parut faire cas, que de Monsieur le Grand et du chevalier de Lorraine; et il lui échappa plus d'une fois de dire qu'il ne savoit à qui en vouloient tous ces petits princes de l'obséder continuellement.

Le dimanche 20 décembre, comme le Roi sortoit du sermon, il rencontra Monsieur, qui alloit au-devant de lui et qui l'accompagna chez lui. Ils y trouvèrent Madame et Madame de Lorraine, et ils furent assez longtemps tous quatre, seuls dans le cabinet du Roi. Monsieur, Madame et Madame de Lorraine allèrent de là chez Mᵐᵉ la duchesse de Chartres, et Monsieur mena après Madame de Lorraine chez Monsieur le Grand, qui avoit la goutte, et ensuite à Paris. Le Roi n'a pas voulu qu'elle vît Monseigneur, ni Messeigneurs ses petits-fils, ni Mᵐᵉ la duchesse de Bourgogne, ni même qu'elle les rencontrât, à cause de la petite vérole, qu'ils n'avoient point eue. Le samedi, le Roi seul alla dîner à Marly, où Monsieur, Madame et Madame de Lorraine vinrent de Paris dîner avec lui. Il fut remarqué que M. ni Mme de Chartres n'y étoient point. On évita tant qu'on put que les belles-sœurs se trouvassent ensemble, Monsieur pour faire sa cour au chevalier de Lorraine, Madame parce qu'elle regardoit son gendre comme un prince allemand, et qui par conséquent pouvoit tout prétendre ; on se contenta qu'avant partir, Monsieur de Lorraine allât chez M. le duc de Chartres, et lui fît force protestations qu'il ne lui étoit jamais entré dans la pensée de lui disputer rien. C'étoit donc à dire que cela se pouvoit imaginer : c'était aux princes du sang à y faire le commentaire. En tout cas, la petite vérole de Madame de Lorraine ne vint pas mal à propos, et les Lorrains eurent grand sujet d'être contents de Monsieur et de Madame, et de s'applaudir de leur tour d'adresse d'avoir mis les bâtards en jeu, pour esquiver nettement les princes du sang et parer tout par l'incognito. Madame de Lorraine prit congé du Roi après dîner, qui retourna à Versailles, et Monsieur, Madame et Madame de Lorraine à Paris, qui en partit le lendemain lundi, pour retourner en Lorraine. Elle en marqua une impatience qui alla jusqu'à l'indécence. Apparemment qu'elle voulut profiter de sa petite vérole, et ne pas demeurer ici assez longtemps pour se trouver en état de remplir des devoirs qui l'auroient embarrassée.

CHAPITRE XVII.

Bassesse et noirceur étrange du duc de Gesvres à mon égard. — Duc de Gesvres méchant dans sa famille ; fait un trait cruel au maréchal de Villeroy. — Origine de la conduite des ambassadeurs, à leur première audience, par ceux des maisons de Lorraine, Savoie et Longueville, et à leur entrée par des maréchaux de France. — Origine du chapeau aux audiences de cérémonie des ambassadeurs, qui ne s'étend nulle part ailleurs. — Mort de Mme de Marsan. — Le nonce Delphini fait cardinal ; son mot sur l'Opéra. — Mariage de Coigny et de Mlle du Bordage. — Silence imposé par le Roi aux bénédictins et aux jésuites sur une nouvelle édition des premiers, de saint Augustin. — Exécution de Mme Ticquet, pour avoir fait assassiner son mari, conseiller au Parlement. — Mort du fils unique de Guiscard. — Mort de Barin.

Je viens maintenant à ce qui m'arriva de ce voyage. Il étoit certain que le grand chambellan, et en son absence le premier gentilhomme de la chambre du Roi en année, devoit prendre l'épée, le chapeau et les gants de Monsieur de Lorraine allant rendre son hommage. Les prendre en ce cas-là, c'est dépouiller le vassal des marques de dignité en présence de son seigneur, et non pas le servir; et ce qui le montre, c'est que le premier gentilhomme de la chambre ne les garde ni ne les rend : toute sa fonction n'est que de dépouiller le vassal, et c'est le premier valet de chambre qui les reçoit du premier gentilhomme de la chambre dans l'instant qu'il les a ôtés au vassal, et c'est ce même premier valet de chambre qui les rend au vassal après son hommage. Cela se passa ainsi en 1661, à l'hommage du duc de Lorraine Charles IV, grand-oncle de celui-ci, et il se trouve même que le connétable de Richemont, de la race royale, et qui mourut duc de Bretagne, prit l'épée, les gants et le chapeau du duc de Bretagne, son neveu, s'étant trouvé présent à son hommage. Cela ne peut s'entendre autrement, et fut en effet entendu de la sorte sans nuage ni détour. Néanmoins, à l'adresse avec laquelle la maison de Lorraine a su tirer des avantages de tout, et des choses les plus fortuites et les plus indifférentes en faire des distinctions, des prétentions, des prérogatives, je voulus éviter jusqu'aux riens les plus décidés, pour ne leur laisser aucune prise et profiter de la conjoncture du monde la plus naturelle.

Le duc de Gesvres, qui étoit en année, ne servoit plus les soirs quand le marquis de Gesvres, son fils et son survivancier, l'en pouvoit soulager. Il se portoit bien, il étoit à Versailles, il étoit donc tout simple de lui laisser la fonction. Le duc de Gesvres avoit fait toute sa vie profession d'être ami particulier de mon père, et le venoit voir fort souvent jusqu'à sa mort. Depuis il m'accabla d'amitiés, et toutes ses années me procuroit toutes les sortes d'entrées dont le premier gentilhomme de la chambre peut favoriser. Il me venoit voir, à quatre-vingts ans qu'il avoit, avec une politesse et les manières les plus propres à donner de la confiance. J'y avois toujours répondu avec tous les soins, les égards et le respect dû à son âge et à ses avances : et au peu d'accès qu'il donnoit auprès de lui, la tendresse qu'il me témoigna toujours étoit tout à fait singulière.

Je crus donc pouvoir en user avec lui en confiance, et lui faire remarquer l'avantage que les Bouillons pourroient vouloir prendre de l'absence affectée de M. de Bouillon, et qu'un duc et pair eût fait la fonction. J'ajoutai qu'aucun duc sans fonction absolument nécessaire, comme le premier gentilhomme de la chambre et le capitaine des gardes en quartier, qui étoit mon beau-père, ni pas un prince étranger ne devant se trouver à l'hommage, parce qu'aussitôt après M. de Lorraine se couvriroit et qu'eux demeureroient découverts, c'étoit une autre raison de laisser la fonction au marquis de Gesvres. J'assaisonnai cela de toutes les excuses et de tous les respects bienséants à mon âge. Il m'en parut satisfait, et goûter ce que je lui proposois. Il en raisonna avec moi, et il convint que le Roi ne trouvant pas mauvaise[1] l'absence de M. de Bouillon, qui n'avoit point de survivancier, c'étoit une raison de ne pas trouver mauvaise non plus la sienne, ayant un survivancier accoutumé à le remplacer tous les soirs. Il me témoigna qu'il sentoit bien toutes les raisons que je lui venois de dire, qu'il tâcheroit de laisser la fonction à son fils, mais qu'il falloit qu'il en parlât au Roi. Il ajouta : « Voyez-vous, avec l'homme à qui j'ai affaire (c'étoit le Roi), il faut que je me mette bas, bas, bas comme cela (montrant de la main), pour m'élever haut après. » En cela il n'avoit pas tort, et le connoissoit bien. Je me retirai louant sa prudence et flattant bien mon vieillard, content de tout, pourvu que son fils fît la fonction.

Je vis là-dessus Mme de Noailles et le duc de Béthune, ancien ami du duc de Gesvres, qui lui avoit parlé depuis

---

1. Saint-Simon a écrit ici *mauvais*, et deux lignes plus bas, *mauvaise*.

moi et qui n'en avoit pas été content. Je commençai à soupçonner l'humeur fantasque de ce vieillard, à laquelle le servile surnageoit toujours. Plusieurs mesures me manquèrent. Je crus que le pis qu'il pourroit m'arriver de lui parler encore seroit de ne pas réussir, et dans cette confiance je monte chez lui, et je le trouve s'habillant. Je fais sortir ses valets, je lui parle; il me répond froidement que le Roi lui a dit que c'étoit sa fonction, et qu'il la devoit faire; qu'il n'avoit pu répliquer parce qu'à l'instant sa chaise avoit roulé, le menant au degré pour aller se promener à Marly. Cela ne m'étonna point : je lui répondis que la fonction étant pour l'après-dînée, il auroit encore le temps au lever du Roi, où il s'en alloit, ou ailleurs, de parler, et finalement, après quelques disputes, toujours très-mesurées et respectueuses de ma part, froides mais polies de la sienne, et qui sembloit desirer ce que je souhaitois, je conclus par lui dire qu'il n'y avoit donc de parti à prendre que de s'en aller à Paris au sortir du lever, comme pour quelque affaire pressée, ou de faire le malade, et que puisque le Roi trouvoit bon que M. de Bouillon se tînt à Évreux sans l'être ni le faire, le Roi ne trouveroit pas plus mauvais qu'il le fît s'il ne croyoit pas qu'il le fût. Tout fut inutile; son parti étoit pris. Je descendis chez le duc de Béthune; je ne trouvai que son fils, à qui je contai ce que je venois de faire et de voir. Il me rassura sur ce que M. de Chevreuse en devoit parler au Roi à l'issue de son lever. En effet, il réussit, et le Roi dit publiquement tout haut au marquis de Gesvres, dans son cabinet, allant donner l'ordre, que ce seroit lui qui serviroit à l'hommage au lieu de son père. Tout le monde l'entendit, et le débita sur-le-champ. Le duc de Gesvres, qui l'avait ouï comme les autres, laissa sortir tout le monde, puis harangua si bien le Roi qu'il consentit qu'il fît la fonction. Voilà bien de la bassesse et de la friponnerie gratuite; mais ce n'est encore rien.

Deux jours après, je fus averti par la comtesse de Roucy qu'il y avoit grande rumeur contre moi au Palais-

Royal, que Madame avoit parlé fort aigrement de moi à la comtesse de Beuvron, et que la chose étoit à un point que j'y devois mettre ordre. J'allai trouver la comtesse de Beuvron, qui me conta que le duc de Gesvres, non content de faire la fonction de l'hommage, avoit fait sa cour au Roi à mes dépens, et lui avoit raconté d'une manière burlesque tous les pas que j'avois faits auprès de lui pour l'en empêcher, jusqu'à lui vouloir faire jouer une apoplexie, de quoi il s'étoit très-bien gardé, à son âge et de sa taille, de peur que l'apoplexie ne se vengeât, et de mourir comme Molière; qu'il avoit ajouté à cela, sur son compte, toutes les prostitutions qui se peuvent proférer, et qu'il n'avoit surtout rien oublié pour me sacrifier d'une manière complète; qu'au partir de là il étoit allé trouver Mme d'Armagnac, quoique sans liaison avec elle ni avec Monsieur le Grand, qu'il lui avoit fait la même histoire, et qu'il l'avoit ensuite répétée à tout ce qu'il avoit rencontré; que cela étoit revenu à Monsieur, à qui on avoit ajouté que j'avois tenu quantité de propos sur la petitesse de la souveraineté et du rang de Monsieur de Lorraine; que Monsieur étoit dans une colère horrible et en parloit à mille gens, que Madame, pour être plus retenue, n'en étoit pas moins dangereuse, et que je ferois bien d'apaiser des gens avec qui on ne peut avoir raison.

Une si énorme perfidie me fut un coup de foudre, et je n'imaginois personne assez gratuitement méchant pour vouloir perdre dans l'esprit du Roi le fils de son ancien ami, qu'il avoit toujours accablé d'amitiés et de caresses, qui y avoit toujours répondu par toutes sortes de soins et de respects, qui, dans ce dont il s'agissoit, ne lui avoit rien dit qui pût lui déplaire, et qu'il n'eût pas même montré de goûter, et qui par l'entière disproportion d'âge, de figure et d'établissements, ne pouvoit en mille ans être en son chemin, ni d'aucun des siens. Quand je fus revenu du premier étourdissement d'une si infâme scélératesse, je remerciai la comtesse de Beuvron, et je la priai de rendre compte à Madame de la véritable raison qui m'avoit fait agir, qui étoit l'absence de M. de Bouillon; que je ne pouvois trouver indécente dans un duc et pair une fonction qu'avoit faite un connétable, prince du sang, et mort depuis duc de Bretagne; et que, pour les propos qu'on m'attribuoit, je la suppliois de ne pas ajouter foi à ce que des gens, ou ennemis, ou curieux de faire leur cour, pouvoient lui avoir rapporté. J'ajoutai que j'irois lui dire moi-même les mêmes choses, si elle l'avoit agréable, et qu'elle trouvât bon que ce fût en particulier, dans son cabinet. Ensuite, j'allai chez Mme de Maré : elle étoit ma parente, amie de tout temps de mon père et de ma mère, et la mienne, de plus, dès ma première jeunesse. Elle avoit été gouvernante des enfants de Monsieur, avec et après la maréchale de Grancey, sa mère; elle l'étoit de ceux de M. le duc de Chartres, et de tout temps intimement bien avec Monsieur. Elle me faisoit chercher partout; elle me dit les mêmes choses que la comtesse de Beuvron m'avoit apprises, et plus de noirceurs encore du duc de Gesvres. Je lui contai toute l'histoire, à laquelle elle n'eut rien à répondre que de me quereller d'amitié de m'être fié à un fou et à un méchant homme, pour mon ami que je le crusse. Elle se chargea volontiers, pour Monsieur, des mêmes choses dont la comtesse de Beuvron s'étoit chargée pour Madame; mais je ne lui demandai rien pour Mme de Lorraine, qu'elle me dit être furieuse : ce n'étoit qu'un oiseau de passage, et rien du tout d'ailleurs. Monsieur et Madame, qui s'étoient déchaînés à leur aise, parurent satisfaits de ce qui leur fut dit de ma part, et n'en desirèrent rien davantage. Restoit le Roi, de bien loin le plus important sur les impressions qu'il pouvoit prendre. Le procès de M. de Luxembourg, l'excuse de la princesse d'Harcourt à la duchesse de Rohan, mon affaire avec Monsieur le Grand, tout cela, que j'avois si vivement mené, me faisoit craindre d'avoir trop souvent raison. M. de Beauvillier ne fut pas d'avis que je fisse sur celle-ci aucune démarche auprès du Roi, de peur de tourner en sérieux ce que le Roi pouvoit n'avoir pris qu'en bouffonnerie, mais d'être attentif à la manière plus froide ou ordinaire avec laquelle le Roi me traiteroit, et différer à prendre mes mesures là-dessus. Le conseil en effet fut très-bon : le Roi me traita à l'ordinaire, et je demeurai en repos.

Ce vieux Gesvres étoit le mari le plus cruel d'une femme de beaucoup d'esprit, de vertu et de biens, qui se sépara de lui, et le père le plus dénaturé d'enfants très-honnêtes gens qui fut jamais. L'abbé de Gesvres étoit depuis quelques années camérier d'honneur d'Innocent XI, et tellement à son gré qu'il l'alloit faire cardinal, lorsque l'éclat entre lui et le Roi fit rappeler tous les François sur le démêlé des franchises. L'abbé de Gesvres y perdit tout, mais revint de bonne grâce. Le Roi, qui en fut touché, lui donna en arrivant de plein saut l'archevêché de Bourges, qui venoit de vaquer par la mort du frère de Châteauneuf, secrétaire d'État. Le duc de Gesvres, en furie, alla trouver le Roi, lui dit rage de son fils, et fit tout ce qui lui fut possible pour empêcher cette grâce. Le marquis de Gesvres, il l'a traité, lui et sa femme, comme des nègres toute sa vie, au point que le Roi y est souvent entré par bonté. Ses équipages étoient superbes en chevaux, en harnois, en voitures, en livrées, qui se renouveloient sans cesse, et ses écuries pleines de [1] plus rares chevaux de monture, sans en avoir jamais monté un depuis plus de trente ans ; son domestique prodigieux ; ses habits magnifiques et ridicules pour son âge. Quand on lui parloit de ses grands revenus, du mauvais état de ses affaires malgré sa richesse, du désordre de sa maison et de l'inutilité et de la folie de ses dépenses, il se mettoit à rire et répondoit qu'il ne les faisoit que pour ruiner ses enfants. Il disoit vrai, et il y réussit complétement.

Mais ce n'étoit pas seulement sa famille qu'il persécutoit gratuitement. Il fit, cette même année, un tour au maréchal de Villeroy à le tuer. Tous deux étoient venus de secrétaires d'État, et tous deux avoient eu des pères qui avoient fait une grande et extraordinaire fortune. Un jour que le petit

---

1. Il y a bien *de*, et non *des*, au manuscrit.

couvert étoit servi, et que le Roi étoit encore chez Mme de Maintenon, où il alloit souvent les matins les jours qu'il n'avoit point de conseil, comme les jeudis et les vendredis (et qu'elle n'avoit point là de Saint-Cyr à aller dès le matin, comme à Versailles), les courtisans étoient autour de la table du Roi à l'attendre, et M. de Gesvres pour le servir. Le maréchal de Villeroy arriva, avec ce bruit et ces airs qu'il avoit pris de tous temps, et que sa faveur et ses emplois rendoient plus superbes. Je ne sais si cela impatienta ce vieux Gesvres plus qu'à l'ordinaire, mais dès qu'il le vit arriver, derrière un coin du fauteuil du Roi, où il se mettoit toujours : « Monsieur le maréchal, se prit-il à lui dire tout d'un coup, la table et le fauteuil entre-deux, il faut avouer que vous et moi sommes bien heureux. » Le maréchal, étonné d'un propos que rien n'amenoit, en convint avec un air modeste, et secouant sa tête et sa perruque, voulut le rompre en parlant à quelqu'un ; mais l'autre, qui n'avoit pas si bien commencé pour rien, continue, l'apostrophe pour se faire écouter, admire la fortune du Villeroy qui épouse une Crequy, et de son père qui épouse une Luxembourg, et de là, des charges, des gouvernements, des dignités, des biens sans nombre ; et les pères de ces gens-là des secrétaires d'État : « Arrêtons-nous là, Monsieur le maréchal, s'écria-t-il, n'allons pas plus loin : car qui étoient leurs pères, à ces deux secrétaires d'État ? de petits commis, et commis eux-mêmes ; et de qui venoient-ils ? le vôtre d'un vendeur de marée aux halles, et le mien d'un porteballe, et peut-être de pis. Messieurs, s'adressant à la compagnie tout de suite, est-ce que je n'ai pas raison de trouver notre fortune prodigieuse, à Monsieur le maréchal et à moi ? N'est-il pas vrai donc, Monsieur le maréchal, que nous sommes bien heureux ? » Puis à regarder, à se pavaner et à rire. Le maréchal eût voulu être mort, beaucoup mieux encore l'étrangler ; mais que faire à un homme qui, pour vous dire une cruauté, s'en dit à lui-même le premier ? Tout le monde se tut et baissa la vue : il y en a plus d'un qui ne fut pas fâché de regarder le maréchal du coin de l'œil, et de voir ses grandes manières si plaisamment humiliées. Le Roi vint, et finit le spectacle et l'embarras, mais il ne fit que suspendre : ce fut la matière de la conversation de plusieurs jours, et le divertissement de la malignité et de l'envie, si ordinaire à la cour.

Cette aventure, quelle qu'elle fût, ne pouvoit me servir de leçon de ne me pas fier à un si méchant homme. Il pouvoit avoir cru se parer de sa modestie par un discours qui, au fond, n'apprenoit rien que tout le monde ne sût, et la jalousie de la faveur et de l'éclat du maréchal de Villeroy pouvoit l'avoir excité à lui dire à brûle-pourpoint des vérités si fâcheuses à entendre. J'étois à mille lieues de tout ce que ce pernicieux vieillard pouvoit desirer ou envier, et je ne crois pas qu'un autre en ma place eût pu se défier d'une scélératesse aussi gratuite et aussi complète. Mais il faut achever ce qui regarde l'absence affectée de M. de Bouillon.

Ce n'étoit point le service de l'hommage qui en éloigna M. de Bouillon : je l'ai expliqué ; mais accoutumé à se couvrir aux audiences des ambassadeurs, depuis que les félonies héréditaires de ses pères, depuis que la faveur d'Henri IV leur eût valu Sedan, avoient acquis le rang de prince à son père au lieu de lui coûter la tête, il ne voulut pas se trouver à une cérémonie où les princes du sang, les bâtards et Monsieur de Lorraine se couvriroient, et où il demeureroit découvert, et c'est ce qui empêcha la maison de Lorraine de s'y trouver, et tous les autres qui ont cet avantage. Mais pour entendre cette différence aux mêmes personnes de se couvrir aux audiences des ambassadeurs, et de ne se couvrir jamais en aucune autre occasion, il faut remonter à l'origine de cette distinction.

Anciennement tout le monde étoit couvert devant nos rois à l'ordinaire de la vie, et dans les cérémonies par conséquent, et quand autour du Roi quelqu'un avaloit[1] son chaperon, les plus près du Roi lui faisoient place, parce

1. Abaissait.

que c'étoit une marque qu'il vouloit parler au Roi. Le changement des chaperons en bonnets, puis en toques, altéra peu à peu cet usage, et l'abolit à la fin, tellement que personne ne se couvrit plus devant le Roi à l'ordinaire de la vie, ni dans les cérémonies, hors celles où cela fut ou réservé ou marqué, comme au sacre, aux pompes funèbres, aux cérémonies de l'ordre ; et alors il ne s'agissoit point d'être prince, mais seulement d'avoir l'office qui faisoit qu'on étoit couvert, comme les pairs et les officiers de la couronne au sacre et au lit de justice, tout le monde aux convois des pompes funèbres, et tous les chevaliers au chapitre et au festin de l'ordre. Les ambassadeurs étoient reçus et accompagnés par des chambellans du Roi à leur entrée et à leur audience, et cela a duré jusqu'à la puissance des Guises et à leurs projets. Comme M. de Guise fut le premier qui fit ajouter à la formule de son serment de pair ces paroles, à la suite des autres si différentes : *et comme un bon conseiller de cour souveraine*, pour flatter le Parlement et la magistrature, ce qui a été ôté longtemps depuis ; comme il fut le premier homme, non-seulement de sa dignité et de son état, mais de quelque distinction, qui ait été marguillier d'honneur de sa paroisse, pour s'attirer la bourgeoisie, au delà de laquelle cette marguillerie n'avoit jamais passé ; aussi, dans ses mêmes desseins, voulut-il gagner les puissances étrangères et s'en attacher les ambassadeurs. Comme il pouvoit des choses assurément plus importantes, il mit en usage de conduire à l'audience de cérémonie ceux des premières têtes couronnées, c'est-à-dire du Pape, de l'Empereur et des rois d'Espagne et d'Angleterre, sous prétexte de sa charge de grand chambellan, et de les présenter au Roi. Eux se trouvèrent bien plus honorés d'être menés par lui que par des chambellans, et cette conduite leur donnoit occasion de civilités qui introduisoient visites, commerce et affaires. De M. de Guise l'usage, par ces mêmes raisons, s'en étendit peu à peu à ses enfants, à ses frères, puis à ses cousins, d'abord pour le suppléer, dans la suite comme une distinction qu'ils avoient acquise par l'usage, et comme un honneur dont les ambassadeurs ne voulurent plus se départir. De l'un à l'autre MM. de Nemours, si unis aux Guises leurs frères utérins, voulurent partager cet avantage : ils n'y trouvèrent point de difficulté de leur part; puis MM. de Longueville et les ambassadeurs, accoutumés à être menés par des princes de la maison de Lorraine, se le trouvèrent également bien par ceux de la maison de Savoie et par une autre maison bien inférieure, mais qui ne cédoit rien à ces deux-là en avantages. C'est ce qui a fait que, longues années après, MM. de Bouillon et de Rohan, ayant obtenu les mêmes distinctions que Messieurs de Lorraine avoient usurpées pendant la Ligue, et qu'ils ont bien su se conserver depuis, et qui ont été étendues à Messieurs de Savoie, etc., ils n'ont pu néanmoins atteindre à celle de mener les ambassadeurs à l'audience, qui ont fort bien su dire que le rang qui leur avoit été donné ne les rendoit pas princes, et qu'ils ne se départiroient point d'en avoir de véritables, et non de factices, pour conducteurs. Quand la chose fut bien établie, et que la maison de Lorraine se vit en état de tout entreprendre, arrivée qu'elle fut par les dignités et les offices de l'État, qu'elle sut si bien faire valoir contre les princes du sang, et que, pièce à pièce, et de conjonctures en conjonctures, et d'occasion en occasion, elle fut venue à bout de se former un rang par naissance, et des distinctions différentes de celles des rangs de l'État, elle imagina de faire accompagner les ambassadeurs à leur entrée par des maréchaux de France, pour marquer par là leur supériorité sur les officiers de la couronne. Il y avoit alors très-peu de ducs qui ne fussent pas princes du sang ou de maison souveraine, et on n'avoit point encore vu de maréchaux de France ducs : il n'y en a eu que bien depuis que[1] cette conduite aux entrées a été établie; longtemps encore depuis, les maréchaux de France qui étoient ducs n'y étoient pas employés; à la fin ils l'ont été aussi, comme à une fonction attachée à leur office de

1. Que longtemps après que.

maréchal, comme tels et non comme ducs; et insensiblement ç'a été un nouveau degré de distinction pour les princes à qui la conduite à l'audience est demeurée.

Mais pour cet avantage ils n'avoient pas celui de se couvrir : l'ambassadeur seul jouissoit de cet honneur, et le prince qui le menoit à l'audience y assistoit découvert. Quelque entreprenants que se soient montrés les Guises, jamais ils n'ont imaginé de se couvrir devant les rois qu'ils maîtrisoient, et dont ils étoient sur le point d'usurper la couronne : cet usage ne s'introduisit que sous Henri IV, et en voici l'occasion.

Après l'entière chute de la Ligue et la paix de Vervins, il vint un ambassadeur d'Espagne en France, qui étoit grand d'Espagne. Il alla trouver le Roi à Monceaux, où il étoit avec peu de monde, et il l'accompagna dans ses jardins que le Roi avoit fait faire, et qu'il se plut à lui montrer. Dans les commencements de la promenade, le Roi se couvrit; l'ambassadeur, accoutumé à se couvrir en même temps que le roi d'Espagne se couvroit, se couvrit aussi. Henri IV le trouva fort mauvais; il ne voulut pourtant rien marquer à l'ambassadeur, mais jetant les yeux autour de soi, il commanda à Monsieur le Prince, à M. de Mayenne et à M. d'Espernon de se couvrir, qui étoient les seuls grands qui de hasard se trouvèrent à cette promenade. De là M. de Mayenne obtint de se couvrir aux audiences des ambassadeurs; à plus forte raison Monsieur le Prince, et l'heureux duc d'Espernon aussi, par la fortune de s'être trouvé là en troisième avec eux. Avec M. de Mayenne, ceux de sa maison qui conduisoient les ambassadeurs à l'audience se couvrirent, et une fois couverts, s'y couvrirent toujours, menant ou non les ambassadeurs. Sur cet exemple, les enfants de M. d'Espernon se couvrirent de même, parce que cet honneur vint pour eux tous de la même origine à Monceaux. Les princes des maisons de Savoie et de Longueville, égalés en tout aux Lorrains, se couvrirent de même, et par conséquent les cardinaux, supérieurs à tous en rang, et les princes du sang, quand il y en eut en âge, autres que Monsieur le Prince. Telle est l'origine de ce qui s'appelle le *chapeau;* et ce chapeau, de si grand hasard pour M. d'Espernon, lui valut, et à ses fils et à son petit-fils, le rang et les honneurs des princes étrangers, quelque peu bien qu'il fût dans le goût et les bonnes grâces d'Henri IV. Mais ce roi et ses successeurs, à qui ce chapeau étoit échappé, comme je viens de l'expliquer, ont été continuellement jaloux de ne le pas laisser étendre au-delà des audiences de cérémonie des ambassadeurs, et jamais en aucune autre occasion ils n'ont permis aux princes étrangers de se couvrir, et c'est pour cela aussi qu'aucun d'eux ne se trouve aux audiences publiques des souverains que le Roi fait couvrir, ni en aucune autre où autre que lui puisse être couvert, ni les cardinaux non plus qu'eux. Ils ont essayé plus d'une fois d'obtenir cette extension d'honneur.

Les ducs aussi ne se trouvent jamais nulle part où d'autres se couvrent, excepté le premier gentilhomme de la chambre en année et le capitaine des gardes en quartier, par le service nécessaire de leurs charges. On a vu que quand ils sont mandés par le Roi à une audience, comme il arriva à celle du cardinal Chigi, légat *a latere*, que les princes étrangers ne s'y couvrent point; ainsi on n'en répétera rien. Mais voilà assez d'explication sur cette matière; il est temps de reprendre les événements qui ont fini cette année.

Mme de Marsan mourut avant le départ de Paris de Mme la duchesse de Lorraine. C'étoit une nièce paternelle de MM. de Matignon, et de plus sœur de Mme de Matignon, femme altière, impérieuse, de peu d'esprit, et parfaitement gâtée par la place, la splendeur, l'autorité et l'étrange hauteur de Seignelay, son premier mari, et par le rang et la naissance du second. Elle étoit en couche de son second fils; la nourrice fit je ne sais quoi qui lui déplut; la colère la transporta, la couche s'arrêta, il n'y eut jamais moyen de la sauver : elle mourut, et ne fut regrettée de personne, ni des siens, que par crédit, et après par rang, elle avoit toujours traités avec beaucoup d'humeur et de hauteur, ni de son mari, qu'elle tenoit de court, et qui demeuroit riche usufruitier d'une partie de ses biens.

Le nonce Delphini[1] fut fait cardinal dans une promotion de nonces et d'Italiens. Le courrier de M. de Monaco devança celui du Pape. Le Roi crut avoir ses raisons pour lui faire une faveur singulière : il lui écrivit un billet de sa main, pour le lui apprendre et s'en réjouir avec lui. Dès qu'il l'eut reçu, il s'en vint à Versailles remercier lui-même, et débarqua chez Torcy. Comme le cas étoit extraordinaire, Torcy le mena chez Mme de Maintenon, où le Roi étoit déjà, et le fit avertir : le Roi les fit entrer. Mme la duchesse de Bourgogne, qui s'y trouva, et Mme de Maintenon lui firent là leur compliment; le tout dura fort peu. Le courrier du Pape arriva enfin le soir, et lui apporta sa calotte. Il sut assez vivre pour la mettre dans sa poche, et de[2] demeurer ainsi, depuis le dimanche qu'à son retour d'avoir remercié le Roi il trouva le courrier arrivé, jusqu'au mercredi matin, jour de l'hommage, qu'il eut audience particulière du Roi dans son cabinet, auquel il présenta sa calotte pour la recevoir de sa main. Le Roi la lui rendit, à la différence de ses sujets, à qui il la met sur la tête. Ce nonce avoit beaucoup d'esprit, et en avoit bien aussi la physionomie. Je n'ai jamais vu deux si petits yeux, ni qui dissent tant. Il étoit galant, et peut-être quelque chose de plus : il aimoit à se divertir, et alloit fort souvent à l'Opéra. Le Roi, qui étoit alors plus austère qu'il n'a été depuis dans sa dévotion, en fut scandalisé, et lui fit insinuer avec adresse que ce n'étoit pas l'usage ici que les évêques ni les prêtres allassent aux spectacles : il fut sourd, et ne fit pas semblant de comprendre. Enfin le Roi le lui fit dire de sa part. Le bon Delphin, glissant sur la conscience et passant à côté de l'usage, se confondit en remerciements de la bonté avec laquelle le Roi avoit soin de sa fortune, et répondit qu'il n'avoit jamais compté d'en

1. Saint-Simon va bientôt l'appeler *Delphin*.
2. Ce *de* existe au manuscrit.

faire aucune en France, mais bien en Italie, où l'Opéra et les spectacles n'étoient obstacle à rien, et y retourna tout de plus belle. Le Roi, le voyant arrivé en effet au but malgré l'Opéra, voulut peut-être effacer la petite amertume de l'avis par l'agrément du billet, et ne pas renvoyer à Rome un cardinal mécontent.

Coigny, mestre de camp du Royal-Étranger, qui long-temps depuis a fait une si belle fortune, épousa en ce temps-ci M{super}lle{/super} du Bordage, du nom de Montbourcher, fille de qualité de Bretagne, très-jolie, et encore plus vertueuse et plus sainte toute sa vie. Toute sa famille étoit huguenote. On les rattrapa comme ils étoient à la frontière pour se retirer en Hollande. Son père se convertit comme il put, et fut tué devant Philisbourg. Le Roi mit le fils au collége, et la fille chez M{super}me{/super} de Miramion, où ils abjurèrent. Le fils eut un régiment, que le Roi lui donna pour rien de bonne heure. Il étoit bien fait, avec bien de l'esprit, aimant la bonne compagnie, encore plus la liberté, et le jeu par-dessus tout, où il a passé sa vie sans se marier, a peu servi et peu paru à la cour. Leur mère étoit Goyon Matignon, fille du marquis de la Moussaye et d'une sœur de MM. de Bouillon et de Turenne et de M{super}mes{/super} de la Trémoille, de Duras et de Roye. M{super}lle{/super} du Bordage étoit ainsi nièce maternelle de M. de Quintin, mari sans enfants de la Montgommery qui se remaria à Mortagne, de laquelle j'ai parlé à cette occasion.

L'année finit par les holà que le Roi mit entre les jésuites, qui en eurent apparemment besoin, puisqu'ils le firent parler, et les bénédictins. Ces derniers avoient donné depuis peu une belle édition de saint Augustin, dont la morale n'est pas celle des jésuites. Pour l'étouffer, ils employèrent leur égide ordinaire, qui les a toujours si bien servis : le livre, selon eux, étoit tout janséniste; ils l'attaquèrent; les bénédictins répondirent : ils s'échauffèrent fort de part et d'autre. Les jésuites, à bout de preuves et de raisons, mais non d'injures et d'assertions plus que hardies, ne purent venir à bout de ternir cette édition, ni de la faire supprimer. A ce défaut, qui leur fut amer, ils eurent au moins le crédit de faire cesser le combat, quand ils se virent les plus foibles, par une défense de la part du Roi aux uns et aux autres de plus écrire ni parler en aucune sorte sur cette édition. Ce fut Pontchartrain qui l'écrivit aux uns et aux autres. Les jésuites eurent bientôt après le déplaisir de voir cette édition solennellement approuvée à Rome.

Il faut réparer les oublis quand on s'en aperçoit; d'autres matières m'ont emporté. Les premiers jours d'avril, Ticquet, conseiller au Parlement, et même de la grand'chambre, fut assassiné chez lui, et s'il n'en est pas mort, ce ne fut pas la faute du soldat aux gardes et de son portier, qui s'étoient chargés de l'exécution, et qui le laissèrent, le croyant mort, sur du bruit qu'ils entendirent. Ce conseiller, qui en tout étoit un fort pauvre homme, s'étoit allé plaindre l'année précédente au Roi, à Fontainebleau, de la conduite de sa femme avec Montgeorges, capitaine aux gardes fort estimé, à qui le Roi défendit de la plus voir. Cela donna du soupçon contre lui et contre la femme, qui étoit belle, galante, hardie, et qui prit sur le haut ton ce qu'on en voulut dire. Une femme, fort de mes amies et des siennes, lui conseilla de prendre le large, et lui offrit de quoi le faire, prétendant qu'en pareil cas on se défend mieux de loin que de près. L'effrontée s'en offensa contre elle et contre plusieurs autres amis qui, avec les mêmes offres, lui donnèrent même conseil. En peu de jours la trace fut trouvée, le portier et le soldat reconnus par Ticquet, arrêtés et mis à la question, auparavant laquelle Mme Ticquet fut assez folle pour s'être laissé arrêter, et n'être pas déjà en pays de sauveté. Elle eut beau nier, elle eut aussi la question, et avoua tout. Montgeorges avoit des amis, qui le servirent si bien qu'il ne fut aucune mention juridique de lui. La femme condamnée à perdre la tête, et ses complices à être roués, Ticquet vint avec sa famille pour se jeter aux pieds du Roi et demander sa grâce. Le Roi lui fit dire de ne se pas présenter devant lui, et l'exécution fut faite à la Grève, le mercredi 17 juin après midi. Toutes les fenêtres de l'hôtel de ville, toutes celles de la place et des rues qui y conduisent, depuis la Conciergerie du Palais, où elle étoit, furent remplies de spectateurs, hommes et femmes, et de beaucoup de nom, et de plusieurs de distinction. Il y eut même des amis et des amies[1] de cette malheureuse qui n'eurent pas honte et horreur d'y aller. Dans les rues la foule étoit à ne pouvoir passer. En général on en avoit pitié et on souhaitoit sa grâce, et c'étoit avec cela à qui l'iroit voir mourir. Et voilà le monde, si peu raisonnable et si peu d'accord avec soi-même.

Tout à la fin de l'année, Guiscard perdit son fils unique, de la petite vérole, à Vienne ; il l'avoit envoyé voyager en ce temps de paix : ce qui rendit sa sœur une riche héritière.

Barin mourut aussi. Il étoit premier maître d'hôtel de Monsieur. C'étoit, je pense, un homme d'assez peu, mais de très-bonne mine, et fort grand et bien fait, quoique déjà vieux, ce qui lui avoit fort servi auprès des dames. Il avoit de l'esprit, du sens, de l'adresse, de l'intrigue, de la conduite, de l'honneur, et un grand attachement et une grande fidélité pour ses amis. Il avoit été fort avant dans les affaires de Mademoiselle, de M. de Lauzun et de Mme de Montespan, et j'en ai vu quantité de lettres fort curieuses à M. de Lauzun sur tout cela, vers la fin de sa prison[2]. Les ministres d'alors en faisoient cas, et il a toujours été dans le monde sur un bien meilleur pied que son état. Il n'étoit point marié, et mourut fort peu riche, rangé et tout à fait désintéressé, et longtemps avant sa mort assez retiré, et fort homme de bien.

1. Saint-Simon a écrit : *des amis et des amis*.
2. Vers la fin de la prison de Lauzun à Pignerol.

CHAPITRE XVIII.

1700. — Le Roi ne paye plus les dépenses que les courtisans font à leurs logements. — Exil de Mme de Nemours. — Porte sainte du grand jubilé ouverte par le cardinal de Bouillon. — Dispute de Torcy et des ambassadeurs pour leurs carrosses aux entrées. — Delphini, nonce et cardinal, s'en va sans présent et sans audience, pour n'avoir pas voulu visiter les bâtards. — Archevêque de Paris officie à la chapelle avec sa croix. — *Altesse* refusée à M. de Monaco avec éclat. — Cardinaux françois à Rome. — Gualterio nonce en France; grandes couronnes ont le choix de leurs nonces.— Mort de Mme Tambonneau la mère. — Mort, fortune et famille de Mme de Navailles. — Mort de l'Avocat. — Mort de Mme de Maulevrier. — Mort de Biron père. — Mort du chevalier de Villeroy. — Raccommodement de M. et de Mme d'Armagnac avec le maréchal et la maréchale de Villeroy. — Mort d'Hauterive. — Cossé duc de Brissac. — Mort du cardinal Casanata. — Quatre-vingt mille livres à M. d'Elbœuf. — Cent mille livres à Mme de Montespan, qui achète Oiron.

L'année 1700 commença par une réforme : le Roi déclara qu'il ne feroit plus la dépense des changements que les courtisans feroient dans leurs logements. Il en avoit coûté plus de soixante mille livres depuis Fontainebleau. On croit que Mme de Mailly en fut cause, qui depuis trois ou quatre ans avoit fait changer le sien tous les ans. Cela fut plus commode, parce qu'avec les gens des bâtiments on faisoit ce qu'on vouloit chez soi sans en demander la permission au Roi ; mais d'autre part tout fut aux dépens de chacun.

Mme de Nemours fut exilée en sa maison de Colomiers[1] en Brie, qui est magnifique. Torcy lui en porta l'ordre du Roi, auquel elle obéit avec une fermeté qui approcha fort de la hauteur. Elle avoit mis un gouverneur à Neuchâtel dont on n'étoit pas content, et qu'on disoit un brouillon, c'est-à-dire qu'il la servoit à sa mode, et point à celle de la cour. On voulut donc qu'elle le changeât, et par la même raison elle n'en voulut rien faire. On ouvrit ses lettres à ce gouverneur, et on y trouva

1. Coulommiers.

choses qui déplurent, et qui la firent chasser. Être souveraine d'une belle terre, et sujette d'un grand roi, sont deux choses difficiles à accorder quand on se sent et qu'on veut faire ce qu'on est.

Le cardinal de Bouillon, devenu sous-doyen du sacré collége, eut le plaisir d'ouvrir la porte sainte du grand jubilé du renouvellement du siècle, par l'infirmité du cardinal Cibo, doyen. Il en fit frapper des médailles et faire des estampes et des tableaux. On ne peut marquer un plus grand transport de joie, ni se croire plus honoré et plus grand de cette fonction, qu'il ne devoit pourtant à aucun choix ; et ce lui fut une consolation après l'affaire de Monsieur de Cambray, qui lui avoit causé tant d'amertume. C'est ainsi que les gens si glorieux se montrent souvent bien petits. Jamais homme ne se montra tant l'un et l'autre.

Nos secrétaires d'État, parvenus à pas de géant où ils en sont, ne se contentèrent pas des succès domestiques ; ils en voulurent essayer d'étrangers, qui ne leur réussirent pas si bien, parce que les étrangers ne dépendent point d'eux. Le secrétaire d'État qui a le département des affaires étrangères envoie son carrosse aux entrées des ambassadeurs ; il ne dispute pas de sa personne la préséance à un ambassadeur qui a la main[1] chez les princes du sang. Mais, tout modeste que fût Torcy, son carrosse s'étoit doucement coulé entre le dernier des princes du sang et ceux d'Erizzo et de Ferreiro, derniers ambassadeurs de Venise et de Savoie. Le successeur d'Erizzo y prit garde de plus près, et ne le voulut pas souffrir ; le successeur de Ferreiro l'imita, et dit que son maître ne lui pardonneroit jamais s'il faisoit la moindre chose du monde moins que l'ambassadeur de Venise : Torcy n'envoya point son carrosse. Cette tentative, ainsi manquée presque aussitôt qu'aperçue et tournée en prétention, fut rejetée dans la suite par tous les autres ambassadeurs, et finalement les choses revinrent dans l'ordre : Torcy ren-

1. Qui a la droite, la place d'honneur.

voya son carrosse aux autres entrées, et il ferma la marche le pénultième de tous, suivi seulement de celui de l'introducteur des ambassadeurs.

Il y eut une autre difficulté de différente espèce, et qui mortifia le Roi. On a vu ci-devant comme il fit singulièrement merveilles au nonce Delphin sur son chapeau. Il avoit amené peu à peu tous les ambassadeurs à visiter MM. du Maine et de Toulouse comme les princes du sang, et sans différence aucune. Le nonce Cavallerini, prédécesseur de celui-ci, et fait cardinal en France comme lui, se laissa aller à les visiter de même. Il en fut tancé, et si mal reçu à son retour à Rome, que Delphin n'osa l'imiter. Les cardinaux, accoutumés à l'usurpation générale dont ils jouissent partout, croyoient être fort descendus depuis les cardinaux de Richelieu et Mazarin, de traiter d'égal avec les princes du sang, et de leur donner la main chez eux, ce qui n'étoit pas du temps de ces deux premiers ministres. La donner aux bâtards du Roi, et en acte de cérémonie, leur parut monstrueux. On négocia un mois durant sans le pouvoir fléchir : ainsi, quoique on fût d'ailleurs fort content de lui pendant sa nonciature, il ne put avoir ni audience de congé, ni même audience secrète, ni lettres de recréance, et il fut privé du présent de dix-huit mille livres en vaisselle d'argent, qu'on a coutume de faire aux nonces cardinaux à leur départ, et il s'en alla sans dire adieu à personne.

Autre tracasserie : le cardinal de Bouillon, absent et grand aumônier, étoit en disgrâce de l'affaire de Monsieur de Cambray; l'archevêque de Paris, au contraire, étoit en faveur. La chapelle, qui se prétend exempte de la juridiction de l'ordinaire [1], ne vouloit pas souffrir la croix de l'archevêque, ni l'archevêque officier à la chapelle sans cette marque de sa juridiction. Monsieur de Paris venoit d'avoir l'ordre, et le Roi le fit officier à la Chandeleur avec sa croix, à la messe de l'ordre.

---

1. De l'évêque diocésain.

En voici une de plus de conséquence : on a vu ailleurs l'origine d'hier de la princerie de M. de Monaco, et de sa prétention de l'*Altesse*, et combien cette chimère l'isola à Rome, et y nuisit aux affaires du Roi, par les entraves qu'elle mit au commerce le plus nécessaire de l'ambassadeur. Lassé de la résistance, il imagina de refuser l'*Excellence* à qui il la devoit qui ne lui donneroit pas l'*Altesse*, et par là fit qu'aucun d'eux ne le vit plus, jusqu'au duc Lanti et au prince Vaïni, dont la France avoit fait la moderne et légère élévation. Ce qui est difficile à comprendre est comment le Roi le souffrit à son ambassadeur, et comment il préféra la fantaisie toute nouvelle, éclose d'un homme qui n'étoit ni favori ni ministre intérieur, au succès de ses affaires, qui en reçurent des entraves continuelles. Cette situation des deux hommes chargés des affaires à Rome, l'un comme cardinal, l'autre comme ambassadeur, hâta le départ de nos cardinaux. La santé du Pape avoit fort menacé, et leur avoit fait ordonner de se tenir prêts; elle étoit devenue moins mauvaise, et ils n'étoient plus pressés de partir, lorsque cet incident fit prendre le parti de les envoyer à Rome. Mais il n'en partit que deux, Estrées et Coislin. Le premier étoit parent proche de Monsieur de Savoie, dont la mère étoit fille du duc de Nemours, beau-frère aîné de notre exilée à Colomiers, et de la fille du duc de Vendôme, bâtard d'Henri IV et de la belle Gabrielle, sœur du maréchal d'Estrées, père du cardinal. Il s'étoit toujours tenu en grande liaison avec Madame Royale. Il s'arrêta à Turin en passant; mais il y avoit déjà quelque temps que Monsieur de Savoie, ennuyé de la hauteur des cardinaux, n'en vouloit plus voir aucun, tellement qu'il ne vit le cardinal d'Estrées que chez Madame sa mère et chez Madame sa femme. Le cardinal le Camus n'étoit point rentré en grâce depuis sa promotion à l'insu du Roi, et que sans sa permission il eut pris la calotte à Grenoble, et se fut contenté de le mander au Roi. Il n'eut jamais depuis la permission de sortir de son diocèse, que pour aller à Rome à la mort des papes. Encore ne l'eut-il pas d'aller au premier conclave, qui arriva depuis qu'il fut cardinal, et fut obligé de demeurer à Grenoble. Le cardinal Bonzi, tout à fait tombé de tête et de santé, ne fut pas en état d'y penser; et le cardinal de Furstemberg, sucé jusqu'aux moelles par sa nièce, et qui étoit revenu très-précipitamment du dernier conclave, dans la peur d'être enlevé une seconde fois par les Impériaux, eut permission de demeurer. On avoit affaire de lui à la cour, et de ne le pas séparer de cette nièce qui le gouvernoit, qui n'auroit pu le suivre à Rome avec bienséance. Mme de Soubise avoit ses raisons pour les laisser ensemble, et ne les laisser pas écarter.

Le nonce Delphini fut relevé ici par Gualterio, vice-légat d'Avignon, que le Roi préféra dans une liste de cinq sujets que le Pape lui proposa. C'est un usage, tourné en espèce de droit, que l'Empereur et le Roi ont ainsi le choix des nonces que Rome leur envoie; je pense que le Roi d'Espagne l'a aussi. Gualterio, homme de beaucoup d'esprit, s'étoit gouverné dans sa vice-légation de manière à se rendre agréable au Roi, dans la vue de cette nonciature, dont on ne sort point qu'avec le chapeau. Mailly, archevêque d'Arles, qui, tout éloigné qu'il étoit de la pourpre, y pensoit dès avant d'être évêque, comme je crois l'avoir dit, avoit profité de la position d'Arles pour lier des commerces sourds à Rome et amitié avec ce vice-légat. Les mêmes raisons lui firent desirer de la liaison entre lui et moi depuis qu'il fut déclaré nonce. Elle se fit, et se tourna depuis en véritable estime et amitié de part et d'autre, qui se retrouvera en plus d'un endroit dans la suite : c'est ce qui m'a fait étendre sur sa nomination.

La vieille Tambonneau, tante maternelle de M. de Noailles, mourut. J'en ai suffisamment parlé à l'occasion de la mort de la mère de M. de Noailles. J'ajouterai qu'en ses dernières années elle s'étoit retirée aux Enfants-Trouvés, et que là même elle fut suivie par ses amis, et visitée de la meilleure compagnie de la cour et de la ville, qui avoit accoutumé de la voir chez elle. Elle avoit plus de quatre-vingts ans ; elle n'avoit jamais fait grand cas de son mari ni de son fils l'ambassadeur en Suisse : elle ne l'appeloit jamais que Michaut ; il ne la voyoit guère que les matins, ni sa femme non plus, qui étoit une autre intrigante, qui ne valoit pas sa belle-mère et qui auroit voulu l'imiter : la bonne femme ne vouloit point mêler ce bagage-là avec la bonne compagnie dont sa maison étoit toujours remplie.

Mme de Navailles mourut le même jour, 14 février : son nom étoit Baudean, et son père s'appeloit le comte de Neuillant, étoit gouverneur de Niort et frère cadet de M. de Parabère, chevalier de l'ordre en 1633, et gouverneur de Poitou. Il laissa sa femme veuve assez longtemps, qui s'appeloit Tiraqueau, et qui étoit l'avarice même. Je ne puis dire par quelle raison, ou hasard, Mme de Maintenon, revenant, jeune et pauvre fille, d'Amérique, où elle avoit perdu père et mère, tomba en débarquant à la Rochelle chez Mme de Neuillant, qui demeuroit en Poitou. Elle ne put se résoudre à lui donner du pain sans en tirer quelque service ; elle la chargea donc de la clef de son grenier, pour donner le foin et l'avoine par compte et l'aller voir manger à ses chevaux. Ce fut elle qui la mena à Paris, et qui, pour s'en défaire, la maria à Scarron. Elle retourna chez elle en Poitou. Son fils unique fut tué, sans alliance, à la bataille de Lens. Mme de Navailles étoit sa fille aînée, et la cadette épousa le comte de Froulay, grand maréchal des logis de la maison du Roi en 1650, quatorze ans après ce mariage, chevalier de l'ordre en 1661, et mort à soixante-dix ans, en 1671, et elle en 1678. M. de Froulay, ambassadeur à Venise, l'évêque du Mans, le bailly de Froulay sont petits-fils de ce mariage, et cousins issus [1] germains cadets du comte de Tessé, fils du maréchal de Tessé, petits-fils des deux frères. Ces deux sœurs étoient filles d'honneur de la Reine régente, et l'aînée devoit et a été [2] en effet fort riche. M. de Navailles s'étoit entièrement

---

1. Saint-Simon a écrit *issus* en interligne.
2. Devait être et a été.

attaché au cardinal Mazarin, et commandoit sa compagnie de chevau-légers, car il avoit en petit une maison militaire comme le Roi. Navailles étoit homme de qualité de Gascogne, de ces gens de l'ancienne roche, pleins d'honneur, de valeur et de fidélité à toute épreuve, comme il le montra bien au cardinal Mazarin dans les temps les plus critiques de sa vie. C'étoit lui qui avoit le secret de ses retraites, de ses adresses, de ses chiffres, dans tous ses deux éloignements, et qui avec grand péril demeura dans son attachement à visage découvert, que rien ne put ébranler, et le canal le plus sûr du cardinal. Cette conduite, qui, quelque décrié que fût le cardinal, lui fit beaucoup d'honneur, lui valut aussi la confiance entière et toute la faveur du cardinal et de la Reine, auprès de qui il l'avoit toujours laissé dans ses retraites. Il aima mieux que son père, qui n'avoit jamais vu la cour, fût duc à brevet que lui. Il le fut après sa mort, et par degrés il devint capitaine des gens d'armes de la garde, gouverneur de Bapaume, puis du Havre-de-Grâce, et de la Rochelle et pays d'Aunis, capitaine général, général de l'armée d'Italie et en Catalogne, avec succès, ambassadeur plénipotentiaire vers les princes d'Italie, chevalier de l'ordre, 1661, enfin maréchal en 1675. Il servit beaucoup sous Monsieur le Prince, qui l'estimoit fort, et il mourut gouverneur de M. le duc de Chartres, 5 février 1685, n'y ayant pas été deux ans, et n'en ayant que soixante-cinq. C'étoit un grand homme, maigre, jaune, poli, qui ne laissoit pas d'avoir des dits et des naïvetés étranges, et qui étoit ignorant. Il fut un jour étrangement rabroué par Monsieur le Prince, qui étoit fort en peine, en Flandres, du cours exact d'un ruisseau que ses cartes ne marquoient point, à qui, pour y suppléer, il alla chercher une mappemonde. Une autre fois, étant allé voir M. Colbert à Sceaux, qui le promena partout, il ne loua jamais que la chicorée de son potager, et lorsqu'à l'occasion des huguenots on parloit de la difficulté de changer de religion, il assura que si Dieu lui avoit fait la grâce de le faire naître Turc, il le seroit demeuré.

C'étoit un homme fort propre à inspirer la vertu et la piété par son exemple, mais qui ne l'étoit à être gouverneur de M. de Chartres que par sa décoration, qui flattoit extrêmement Monsieur.

Mme de Navailles, depuis son mariage en 1651, étoit souvent en Guyenne. La maréchale de Guébriant, nommée dame d'honneur de la Reine à son mariage, étant morte en allant joindre la cour à Bordeaux, Mme de Navailles, qui étoit dans ses terres, fut mise en sa place, où personne ne convenoit plus qu'elle au cardinal Mazarin et à la Reine mère. C'étoit une femme d'esprit, et qui avoit conservé beaucoup de monde malgré ses longs séjours en province, et d'autant de vertu que son mari. La Reine eut des filles d'honneur, et les filles d'honneur avec leur gouvernante et sous-gouvernante sont dans l'entière dépendance de la dame d'honneur. Le Roi étoit jeune et galant : tant qu'il n'en voulut point à la chambre des filles, Mme de Navailles ne s'en mit pas en peine; mais elle avoit l'œil ouvert sur ce qui la regardoit : elle s'aperçut que le Roi commençoit à s'amuser, et bientôt après elle apprit qu'on avoit secrètement percé une porte dans leur chambre, qui donnoit sur un petit degré par lequel le Roi y montoit la nuit, et que le jour cette porte étoit cachée par le dossier d'un lit. Elle tint sur cela conseil avec son mari : ils mirent la vertu et l'honneur d'un côté, la colère du Roi, la disgrâce, le dépouillement, l'exil de l'autre; ils ne balancèrent pas. Mme de Navailles prit si bien son temps, pendant le jeu et le souper de la Reine, que la porte fut exactement murée, et qu'il n'y parut pas. La nuit, le Roi, pensant entrer par ce petit degré, fut bien étonné de ne trouver plus de porte. Il tâte, il cherche, il ne comprend pas comment il s'est mépris, et découvre enfin qu'elle est devenue muraille. La colère le saisit; il ne doute point que ce ne soit un trait de Mme de Navailles, et qu'elle ne l'a pas fait sans la participation de son mari. Du dernier, il ne put l'éclaircir que par la connoissance qu'il avoit d'eux; mais pour la porte, il s'en informa si bien qu'il sut positivement que c'étoit Mme de Navailles qui l'avoit fait murer. Aussitôt il leur envoie demander la démission de toutes leurs charges, et ordre de s'en aller chez eux en Guyenne (c'étoit en juin 1664), et en va faire ses plaintes à la Reine mère, dont il les savoit fort protégés. La Reine mère, qui avoit un grand crédit sur le Roi, l'employa tout entier pour parer ce coup : tout ce qu'elle put obtenir, ce fut de leur sauver le gouvernement de la Rochelle et du pays d'Aunis, et de les y faire envoyer; mais tout le reste sauta. M. de Saint-Aignan acheta le Havre, M. de Chaulnes les chevau-légers de la garde, et Mme de Montausier fut dame d'honneur, sans quitter sa place de gouvernante de Monseigneur le Dauphin. Les suites ont fait voir que le Roi se connoissoit bien en gens, et qu'il n'en pouvoit choisir une plus commode, malgré toute la morale et la vertu de l'hôtel de Rambouillet et l'austérité de M. de Montausier. L'exil ne fut pas long : la Reine mourut tout au commencement de 1666, et en mourant elle demanda au Roi son fils le retour et le pardon de M. et de Mme de Navailles, qui ne put la refuser. Le mari est devenu neuf ans depuis maréchal de France, et quoique simple duc à brevet, n'a jamais porté le titre de maréchal, ni sa femme de maréchale. Elle parut le reste de sa vie fort rarement et des moments à la cour; Mme de Maintenon ne pouvoit lui refuser des distinctions et des privances, mais rares et momentanées : le Roi se souvenoit toujours de sa porte, et elle du foin et de l'avoine de Mme de Neuillant; les années ni la dévotion n'en avoient pu amortir l'amertume.

Mme de Navailles est la dernière femme à qui j'ai vu conserver le bandeau qu'autrefois les veuves portoient toute leur vie. Il n'avoit rien de commun avec le deuil, qui ne se portoit que deux ans : aussi ne le porta-t-elle pas davantage, mais toujours ce petit bandeau, qui finissoit en pointe vers le milieu du front. Quant elle venoit à Versailles, c'étoit toujours avec une considération marquée de toute la cour, tant la vertu se fait respecter, et le Roi lui faisoit toujours quelque honnêteté, mais froide. Il n'y auroit qu'à la louer, s'il n'y avoit pas mille contes plus étranges et plus plaisants les uns que les autres de son avarice, trop nombreux à rapporter. M. de Navailles ne laissa que trois filles; il avoit marié la seconde à Rothelin, qui fut tué à ¹, et qui a laissé des enfants; Pompadour épousa par amour la troisième, dont il n'a eu que Mme de Courcillon; et l'aînée, depuis la mort du père, fut la troisième femme de M. d'Elbœuf, dont elle eut Madame de Mantoue. Tout cela, avant ce dernier mariage, logeoit à l'hôtel de Navailles, où faute de pavé on s'embourboit dans la cour, quoique Mme de Navailles fut fort comptée et visitée. Ses gens mouroient de faim, et ses filles aussi, dont l'aînée, qui se mêloit tant qu'elle pouvoit de la dépense, grapilloit dessus, pour se donner un morceau en cachette avec ses sœurs quand leur mère étoit couchée. M. et Mme de Navailles étoient extrêmement des amis de mon père.

Un bon homme, mais fort ridicule, mourut en même temps. Ce fut un M. l'Avocat, maître des requêtes, frère de Mme de Pompone et de Mme de Vins, qui avoit des bénéfices et beaucoup de bien, qui alloit partout, qui avoit eu toute sa vie la folie du beau monde, et de ne rien faire qu'être amoureux des plus belles et des plus hautes huppées, qui rioient de ses soupirs et lui faisoient des tours horribles. C'étoit avec cela un grand homme, maigre, jaune comme un coing, et qui l'avoit été toute sa vie, et qui, tout vieux qu'il étoit, vouloit encore être galant.

Une femme de vertu et d'un vrai mérite mourut en même temps, veuve de Maulevrier, chevalier de l'ordre, frère de MM. Colbert et de Croissy. Elle étoit sœur de Mme de Vaubrun, Bautru en son nom, et fille de Serrant, autrefois chancelier de Monsieur. Elle laissa un fils, gendre du comte de Tessé, dont j'aurai occasion de parler, un autre fils, et une fille mariée à Medavid, mort chevalier de l'ordre, et enfin maréchal de France, sans enfants.

1. Qui mourut des suites des blessures qu'il avait reçues au combat de Leuze, en 1691. — Le blanc existe au manuscrit.

Biron, qui si longtemps depuis a fait une fortune complète en biens et en honneurs, et qui l'a toute sa vie attendue dans la plus dure indigence, perdit un père obscur, qui après la mort de sa femme, qui étoit Cossé, tante paternelle de la maréchale de Villeroy, épousa une servante, avec laquelle il acheva de se confiner, et n'en eut point d'enfants.

Le chevalier de Villeroy se noya dans la capitane [1] de Malte, qui coula à fond en attaquant un bâtiment turc de quatorze pièces de canon. Spinola étoit le général, qui se sauva seul avec le chevalier de Saint-Germain et deux matelots; tout le reste fut noyé. Ce chevalier de Villeroy étoit beau et bien fait, et n'avoit nulle envie de faire ses caravanes; mais le maréchal de Villeroy, qui ne vouloit qu'un aîné, qui destinoit le second à l'Église pour en faire un archevêque de Lyon, et qui avoit fort gaillardement marié une fille en Portugal, et cloîtré les autres, força ce troisième fils à partir, et eut tout lieu de s'en repentir. J'avois été élevé avec lui et avec l'abbé son frère, qui ne le valoit pas à beaucoup près. Cela fit le raccommodement de la famille, brouillée depuis l'affaire que j'ai racontée en son temps, qui obligea la princesse d'Harcourt, par ordre du Roi, à demander publiquement pardon à la duchesse de Rohan Chabot, à Versailles, chez Madame la chancelière, dans laquelle Monsieur le Grand avoit voulu donner le change au Roi sur Mme de Saint-Simon, à qui j'expliquai le fait, dont Monsieur le Grand essuya, pour lui et pour Mme d'Armagnac, une petite réprimande, qui l'outra d'autant plus qu'il étoit fort accoutumé à tout le contraire. Mme d'Armagnac, faute de mieux, s'en prit à elle-même pour piquer son frère, et dégoisa sur sa propre naissance d'une manière fort fâcheuse. Ils ne s'étoient pas vus depuis. La réconciliation étoit d'autant plus difficile que le maréchal de Villeroy étoit personnellement ami intime de Monsieur le Grand et du chevalier de Lorraine, et fort

---

1. La galère capitane était celle qui portait le commandant de la flotte.

aussi de M. de Marsan, et qu'il y mettoit une dose de subordination, fort à leur goût et fort peu de celui de la maréchale. Cette triste occasion fit entremettre des amis communs, pour que, sans parler plus de ce qui s'étoit passé, le maréchal et la maréchale voulussent bien recevoir la visite de Monsieur le Grand et de Mme d'Armagnac. Ils se raccommodèrent en effet, et furent aussi bien depuis que jamais; mais pour les belles-sœurs, qui n'eurent en aucun temps que des bienséances réciproques, cela ne les réchauffa pas plus qu'à l'ordinaire.

Ils perdirent en ce même temps un fort honnête homme, brave et autrefois beau et bien fait, mais qui n'étoit pas fait pour être leur beau-frère : il s'appeloit M. d'Hauterive; son nom étoit Vignier, comme la mère de M. de Noyon Tonnerre, et ces Vigniers n'avoient aucune naissance. Celui-ci avoit servi avec réputation, et avoit été cornette des chevau-légers de la Reine mère. La sœur du maréchal de Villeroy, aînée de Mme d'Armagnac, veuve en premières noces du dernier de la maison de Tournon, en secondes du duc de Chaulnes, frère aîné de celui qui a été ambassadeur à Rome, etc., et gouverneur de Bretagne, puis de Guyenne, s'amouracha de ce M. d'Hauterive, et l'épousa publiquement, malgré toute sa famille, qui ne l'a jamais voulu voir depuis. Hauterive se conduisit avec tant d'égards et de respect avec le maréchal de Villeroy et M. et Mme d'Armagnac, qu'au bout de quelque temps ils voulurent bien le voir, et l'ont toujours bien traité toute sa vie. Toute sa vie aussi il fut galant, jusque dans sa vieillesse; il y a lieu de juger qu'il en mourut : il se trouva fort mal après avoir mis une paire de gants, et mourut brusquement, avec des symptômes qui persuadèrent qu'il en avoit été empoisonné. Il étoit mal avec sa femme depuis assez longtemps, qui vivoit fort obscure.

Cossé enfin termina ses affaires, et fut reçu duc et pair au Parlement, bien servi par la liaison qui étoit entre le maréchal de Villeroy et le premier président Harlay. Je ne répète rien de cette affaire, que j'ai expliquée à l'occasion de la mort du duc de Brissac, mon beau-frère, frère de la maréchale de Villeroy et cousin germain de celui-ci.

Rome perdit en Casanata un de ses plus illustres cardinaux, par sa piété, par sa doctrine, par le nombre et le choix des livres qu'il ramassa, et par le bien qu'il fit aux lettres. Il légua sa bibliothèque à la Minerve, à Rome, la rendit publique, et y joignit tout ce qui étoit nécessaire pour l'entretenir et la rendre utile. Il mourut bibliothécaire de l'Église, dans la vingt-troisième année de son cardinalat.

M. d'Elbœuf attrapa assez adroitement quatre-vingt mille livres du Roi : il lui proposa de séparer l'Artois de son gouvernement de Picardie, et de lui permettre de vendre, et qu'il en trouvoit cent mille écus; le Roi, qui ne voulut ni de cette nouveauté ni du premier venu pour gouverneur d'Artois, qui ne pouvoit être autre puisqu'il en vouloit bien donner cent mille écus, mais qui toute sa vie avoit eu du foible pour M. d'Elbœuf, crut y gagner que de lui donner cette gratification en le refusant de la vente, et sûrement M. d'Elbœuf n'y perdit pas.

Presque en même temps, le Roi envoya cent mille francs à Mme de Montespan pour lui aider à faire l'acquisition d'Oiron. Ce présent ne fut pas gratuit : Mme de Montespan étoit déjà dans la pénitence ; elle avoit renvoyé au Roi, depuis quelque temps, un parfaitement beau fil de perles qu'elle en avoit eu, et qu'il donna, encore augmenté, à Mme la duchesse de Bourgogne; il étoit alors de vingt et une perles admirables, et valoit cent cinquante mille livres. Mme de Montespan, entre autres réparations, s'appliquoit à former du bien à d'Antin. Elle auroit pu mieux choisir qu'Oiron, beau château et beau parc à la vérité en Poitou, et qui avoit fait la demeure et les délices des ducs de Roannois; mais cette terre relevoit de celle de Thouars avec une telle dépendance, que toutes les fois qu'il plaisoit au seigneur de Thouars, il mandoit à celui d'Oiron qu'il chasseroit un tel jour dans son voisinage, et qu'il eût à abattre une certaine quantité de toises des murs de son parc, pour ne point trouver d'obstacles en cas que la chasse s'adonnât à y entrer. On comprend que c'est un droit si dur qu'on ne s'avise pas de l'exercer ; mais on comprend aussi qu'il se trouve des occasions où on s'en sert dans toute son étendue, et alors que peut devenir le seigneur d'Oiron ?

CHAPITRE XIX.

Force bals à la cour. — Bal de Monsieur le prince ; quatre visages. — Malice cruelle de Monsieur le Prince à un bal à Marly. — Ordres des bals chez le Roi. — Bal de la chancellerie. — M. de Noirmonstiers ; ses mariages. — La Bourlie hors du royaume. — Dettes du jeu de Madame la Duchesse payées par le Roi. — Langlée. — Acquisition de l'hôtel de Guise ; abbé de Soubise passe adroitement chanoine de Strasbourg ; ses progrès. — Cardinal de Furstemberg ; sa famille. — Comtesse de Furstemberg. — Coadjutorerie de Strasbourg. — Conduite et disgrâce du cardinal de Bouillon ; sa désobéissance. — Mariage d'une fille du duc de Rohan avec le comte de la Marck ; sa naissance et sa fortune. — Mariage du prince d'Isenghien avec Mlle de Furstemberg. — Mariage du duc de Berwick avec Mlle Bockley.

Dès avant la Chandeleur jusqu'au carême, ce ne fut que bals et plaisirs à la cour. Le Roi en donna à Versailles et à Marly, mascarades ingénieuses, entrées, espèces de fêtes qui amusèrent fort le Roi, sous le prétexte de Mme la duchesse de Bourgogne. Il y eut des musiques et des comédies particulières chez Mme de Maintenon. Monseigneur donna aussi des bals, et les principales personnes se piquèrent d'en donner à Mme la duchesse de Bourgogne. Monsieur le Prince, dans son appartement, composé de peu de pièces et petites, trouva moyen de surprendre la cour par la fête du monde la plus galante, la mieux entendue et la mieux ordonnée : un bal paré, des masques, des entrées, des boutiques de tout pays, une collation dont la décoration fut charmante ; le tout sans refuser personne de la cour, et sans foule ni embarras.

Une femme, depuis fort de mes amies, et qui, quoique

bien jeune, commençoit à pointer par elle-même à la cour, qui y figura tôt après, et qui y seroit parvenue apparemment aux situations les plus flatteuses si la petite vérole ne l'eût emportée quelques années après, y essuya une triste aventure : le comte d'Évreux lui avoit plu; à peine commençoit-on à s'en apercevoir; un masque entra vers le milieu du bal avec quatre visages de quatre personnes de la cour : celui du comte d'Évreux en étoit un; et tous quatre en cire, parfaitement ressemblants. Ce masque étoit couvert d'une robe ample et longue, qui déroboit sa taille, et avoit dans cette enveloppe le moyen de tourner ces visages tout comme il vouloit, avec facilité et à tous moments. La singularité de la mascarade attira tous les yeux sur lui : il se fit force commentaires sur les quatre visages, et il ne fut pas longtemps sans être pris à danser. En ce premier menuet, il tourna et retourna ses visages, et en divertit fort la compagnie; quand il l'eut achevé, voilà mon démon qui s'en va faire la révérence à cette pauvre femme, en lui présentant le visage du comte d'Évreux. Ce n'est pas tout : il dansoit bien et étoit fort maître de sa danse, tellement qu'il eut la malice de si bien faire, que quelques tours et retours qu'il fît en ce menuet, ce même visage tourna toujours si à point et avec tant de justesse, qu'il fut toujours vis-à-vis de la dame avec qui il dansoit. Elle étoit cependant de toutes les couleurs; mais sans perdre contenance, elle ne songea qu'à couper court : dès le second tour, elle présente la main; le masque fait semblant de la prendre, et d'un autre temps léger s'éloigne et fait un autre tour. Elle croit au moins à celui-là être plus heureuse; point du tout : même fuite, et toujours ce visage sur elle. On peut juger quel spectacle cela donna : les personnes les plus éloignées en pied, d'autres encore plus reculées debout sur les bancs; pourtant point de huée : la dame étoit grande dame, grandement apparentée, et de gens en place et en crédit. Enfin elle en eut pour le triple au moins d'un menuet ordinaire. Ce masque demeura encore assez longtemps, puis trouva le moyen de disparoître sans qu'on s'en aperçût. Le mari, masqué, vint au bal dans ce temps-là ; un de ses amis en sortoit, je crois pour l'attendre : il lui dit qu'il y avoit un flot de masques, qu'il feroit bien de laisser sortir s'il ne vouloit étouffer, et le promena en attendant dans la galerie des Princes. A la fin il s'ennuya, et voulut entrer ; il vit le masque à quatre visages, mais quoiqu'il en fût choqué, il n'en fit pas semblant, et son ami lui avoit sauvé le menuet. Cela fit grand bruit, mais n'empêcha pas le cours des choses, qui dura quelque temps. Ce qui est fort rare, c'est que, ni devant ni depuis, il n'a été question de personne avec elle, quoique ce fût un des plus beaux visages de la cour, et qui, sérieuse à un cercle ou à une fête, défaisoit toutes les autres femmes, et même plus belles qu'elle.

Un des bals de Marly donna encore une ridicule scène. J'en nommerai les acteurs, parce [que] la conduite publique ne laisse rien à apprendre. M. et Mme de Luxembourg étoient à Marly. On manquoit assez de danseurs et de danseuses, et cela fit aller Mme de Luxembourg à Marly, mais avec grand'peine, parce qu'elle vivoit de façon qu'aucune femme ne vouloit la voir. On en étoit là encore quand le désordre étoit à un certain point ; maintenant on est malheureusement revenu de ces délicatesses. M. de Luxembourg étoit peut-être le seul en France qui ignorât la conduite de sa femme, qui vivoit aussi avec lui avec tant d'égards, de soins et d'apparente amitié, qu'il n'avoit pas la moindre défiance d'elle. Par même raison de faute de gens pour danser, le Roi fit danser ceux qui en avoient passé l'âge, entre autres M. de Luxembourg. Il falloit être masqué ; il étoit, comme on a vu, fort des amis de Monsieur le Duc et de M. le prince de Conti, et fort bien aussi avec Monsieur le Prince, qui étoit l'homme du monde qui avoit le plus de goût pour les fêtes, les mascarades et les galanteries : il s'adressa donc à lui pour le masquer. Monsieur le Prince, malin plus qu'aucun singe, et qui n'eut jamais d'amitié pour personne, y consentit pour s'en divertir et en donner une farce à toute la cour : il lui donna à souper, puis le masqua à sa fantaisie.

Ces bals de Marly, rangés ou en masque, étoient toujours, comme à Versailles, un carré long; le fauteuil du Roi, ou trois, quand le roi et la reine d'Angleterre y étoient, ce qui arrivoit souvent, et des deux côtés sur même ligne la famille royale, c'est-à-dire jusqu'au rang de petit-fils de France inclusivement. Quelquefois, par dérangement, au milieu du bal, Madame la Duchesse et Mme la princesse de Conti s'approchoient, sous prétexte de causer avec quelqu'un à côté ou derrière, et s'y mettoient aux dernières places. Les dames, les titrées les premières et sans mélange, puis les autres, occupoient les deux côtés longs à droite et à gauche; et vis-à-vis du Roi les danseurs, princes du sang et autres; et les princes du sang qui ne dansoient pas, avec les courtisans derrière les dames; et quoique en masque, tout le monde d'abord à visage découvert, le masque à la main. Quelque temps après le bal commencé, s'il y avoit des entrées ou des changements d'habits, ceux et celles qui en étoient en différentes troupes avec un prince ou une princesse sortoient, et alors on revenoit masqué, et on ne savoit en particulier qui étoient les masques. J'étois, moi surtout et plusieurs de nous, demeuré tout à fait brouillé avec M. de Luxembourg. Je venois d'arriver, et j'étois déjà assis, lorsque je vis par derrière force mousseline plissée, légère, longue et voltigeante, surmontée d'un bois de cerf au naturel sur une coiffure bizarre, si haut qu'il s'embarrassa dans un lustre. Nous voilà tous, bien étonnés d'une mascarade si étrange, à nous demander avec empressement : qui est-ce? et à dire qu'il falloit que ce masque-là fût bien sûr de son front pour l'oser parer ainsi, lorsque le masque se tourne et nous montre M. de Luxembourg. L'éclat de rire subit fut scandaleux. Le hasard fit qu'un moment après, il vint s'asseoir entre M. le comte de Toulouse et moi, qui aussitôt lui demanda où il avoit été prendre cette mascarade. Le bon seigneur n'y entendit jamais finesse, et la vérité est aussi qu'il étoit fort éloigné d'être fin en rien. Il prit bénignement les rires, qui ne se pouvoient contenir, comme excités par la bizarrerie de sa mascarade, et raconta fort simplement que c'étoit Monsieur le Prince à qui il s'étoit adressé, chez qui il avoit soupé, et qui l'avoit ajusté ainsi; puis se tournant à droite et à gauche, se faisoit admirer et se pavanoit d'être masqué par Monsieur le Prince. Un moment après les dames arrivèrent, et le Roi aussitôt après elles. Les rires recommencèrent de plus belle, et M. de Luxembourg à se présenter de plus belle aussi à la compagnie, avec une confiance qui ravissoit. Sa femme, toute connue qu'elle fût, et qui ne savoit rien de cette mascarade, en perdit contenance, et tout le monde à les regarder tous deux, et toujours à mourir de rire. Monsieur le Prince, en arrière du service, qui est des charges qui se placent derrière le Roi, regardoit par la chatière, et s'applaudissoit de sa malice noire. Cet amusement dura tout le bal, et le Roi, tout contenu qu'il étoit toujours, rioit aussi; et on ne se lassoit point d'admirer une invention si cruellement ridicule, ni d'en parler les jours suivants.

Il n'y avoit soir qu'il n'y eût bal. Madame la chancelière en donna un à la chancellerie, qui fut la fête la plus galante et la plus magnifique qu'il fût possible. Le chancelier y reçut à la portière Monseigneur, les trois princes ses fils et Mme la duchesse de Bourgogne, sur les dix heures du soir, puis s'alla coucher au château. Il y eut des pièces différentes pour le bal paré, pour les masques, pour une collation superbe, pour des boutiques de tout pays, Chinois, Japonois, etc., qui vendoient des choses infinies et très-recherchées pour la beauté et la singularité, mais qui n'en recevoient point d'argent : c'étoient des présents à Mme la duchesse de Bourgogne et aux dames; une musique à sa louange, une comédie, des entrées : rien de si bien ordonné, de si superbe, de si parfaitement entendu; et la chancelière s'en démêla avec une politesse, une galanterie et une liberté, comme si elle n'eût eu rien à faire. On s'y divertit extrêmement, et on en sortit après huit heures du matin. Mme de Saint-Simon, qui suivit toujours Mme la duchesse de Bourgogne (et c'étoit grande faveur), et moi, fûmes les dernières trois semaines sans jamais voir le jour. On tenoit rigueur à certains danseurs de ne sortir du bal qu'en même temps que Mme la duchesse de Bourgogne, et m'étant voulu sauver un matin à Marly, elle me consigna aux portes du salon; nous étions plusieurs de la sorte. Je fus ravi de voir arriver les Cendres, et j'en demeurai un jour ou deux étourdi, et Mme de Saint-Simon, à bout, ne put fournir le mardi gras. Le Roi joua aussi chez Mme de Maintenon, avec quelques dames choisies, au brelan et à petite prime, quelquefois au reversi, les jours qu'il n'y avoit point de ministres ou que leur travail étoit court; et cet amusement se prolongea un peu dans le carême.

M. de Noirmonstiers épousa ce carnaval-ci la fille d'un président en la chambre des comptes, qui s'appeloit Duret de Chevry. Il étoit veuf dès 1689 de la veuve de Bermont, conseiller au parlement de Paris, fille de la Grange Trianon, président aux requêtes du Palais, qu'il avoit épousée au commencement de 1688, et n'eut point d'enfants de l'une ni de l'autre. Il étoit de la maison de la Trémoille, et son trisaïeul étoit frère du premier duc de la Trémoille et du baron de Royan et d'Olonne, de manière que le duc de la Trémoille, gendre du duc de Crequy, et lui, étoient petits-fils des cousins germains. Il étoit frère de la célèbre princesse des Ursins, de Mme de Royan, mère de la duchesse de Châtillon, de la duchesse Lanti et de l'abbé de la Trémoille, auditeur de rote, mort cardinal. Il étoit beau, bien fait, agréable, avec beaucoup d'esprit et d'envie de se distinguer et de s'élever. Il n'avoit pas vingt ans, lorsqu'allant trouver la cour à Chambord, la petite vérole l'arrêta à Orléans, sortit bien, et comme il touchoit à la guérison, sortit une seconde fois, et l'aveugla. Il en fut si affligé qu'il demeura vingt ans et plus sans vouloir que personne le vît, enfermé à se faire lire. Avec beaucoup d'esprit et de mémoire, il n'étoit point distrait, et n'avoit que cet unique amusement, qui le rendit fort savant en toutes sortes d'histoires. Le comte de Fiesque, son ami de jeunesse, alla enfin loger avec lui, et le tourmenta tant, qu'il le força à souffrir quelque compagnie. De l'un à l'autre il eut bientôt du monde, et sa maison devint un réduit du meilleur et du plus choisi, par l'agrément de sa conversation, et peu à peu par la sûreté que l'on reconnut dans son commerce, et dans la suite par la bonté solide de ses conseils. C'étoit un esprit droit, qui avoit une grande justesse et une grande facilité à concevoir et à s'énoncer. Il eut, sans sortir de chez lui, les amis les plus considérables par leurs places et par leur état; il se mêla d'une infinité de choses et d'affaires; et sans jamais faire l'important, il le devint en effet, et sa maison un tribunal dont l'approbation étoit comptée, et où on étoit flatté d'être admis. Le prodige fut que, quoique pauvre, il se bâtit une maison charmante à Paris, vers le bout de la rue Grenelle, qu'il en régla la distribution et les proportions, et en gros et en détail les dégagements, les commodités, et jusqu'aux ornements, aux glaces, aux corniches, aux cheminées, et au tact choisit des étoffes pour les meubles, en lui en disant les couleurs. Il étoit fils du marquis de Noirmonstiers qui intrigua tant dans les troubles de la minorité et de la jeunesse du Roi, et qui en tira un brevet de duc avec le gouvernement du Mont-Olympe.

La Bourlie, frère de Guiscard, avoit quitté après avoir servi longtemps, et s'étoit retiré dans une terre vers les Cévennes, où il se mit à vivre avec beaucoup de licence. Vers ce temps-ci il fut volé chez lui; il en soupçonna un domestique, et sans autre façon lui fit de son autorité donner en sa présence une cruelle question. Cela ne put demeurer si secret que les plaintes n'en vinssent; il y alloit de la tête: la Bourlie sortit du royaume, où il fit d'étranges personnages jusqu'à sa mort, qui le fut encore plus, mais dont il n'est pas temps de parler.

Madame la Duchesse, dont le Roi avoit payé les dettes il n'y avoit pas longtemps, qui se montoient fort haut, à des marchands et en toutes sortes de choses, n'avoit pas osé parler de celles du jeu, qui alloient à de grosses sommes. Ces dettes s'augmentoient encore ; elle se trouvoit tout à fait dans l'impuissance de les payer, et par là même dans le plus grand embarras du monde. Ce qu'elle craignoit le plus étoit que Monsieur le Prince, et surtout Monsieur le Duc, ne le sût. Dans cette extrémité, elle prit le parti de s'adresser à son ancienne gouvernante, et de lui exposer son état au naturel dans une lettre, avec une confiance qui attirât sa toute-puissante protection. Elle n'y fut pas trompée : Mme de Maintenon eut pitié de sa situation, et obtint que le Roi payât ces dettes, ne lui fît point de réprimande et lui gardât le secret. Langlée, espèce d'homme fort singulier dans une cour, fut chargé de dresser tous les états de ces dettes avec elle, de toucher les payements du Roi, et de les faire ensuite à ceux à qui Madame la Duchesse devoit, qui en peu de semaines se trouva quitte, sans que personne de ceux qu'elle craignoit sût les dettes ni l'acquittement.

Sans aller plus loin, disons un mot de ce Langlée. C'étoit un homme de rien, de vers Mortagne au Perche, dont le père s'étoit enrichi, et la mère encore plus. L'un avoit acheté une charge de maréchal des logis de l'armée, pour se décorer, qu'il n'avoit jamais faite ; l'autre avoit été femme de chambre de la Reine mère, fort bien avec elle, intrigante, qui s'étoit fait de la considération et des amis, et qui avoit produit son fils de bonne heure parmi le grand monde, où il s'étoit mis dans le jeu. Il y fut doublement heureux, car il y gagna un bien immense, et ne fut jamais soupçonné de la moindre infidélité. Avec très-peu ou point d'esprit, mais une grande connoissance du monde, il sut prêter de bonne grâce, attendre de meilleure grâce encore, se faire beaucoup d'amis et de la réputation, à force de bons procédés. Il fut des plus grosses parties du Roi du temps de ses maîtresses. La conformité de goût l'attacha particulièrement à Monsieur, mais sans dépendance et sans perdre le Roi de vue, et il se trouva insensiblement de tout à la cour de ce qui n'étoit qu'agréments et futile, et qui n'en est pas une des moindres parties à qui sait bien en profiter. Il fut donc de tous les voyages, de toutes les parties, de toutes les fêtes de la cour, ensuite de tous les Marlis, et lié avec toutes les maîtresses, puis avec toutes les filles du Roi, et tellement familier avec elles qu'il leur disoit fort souvent leurs vérités. Il étoit fort bien avec tous les princes du sang, qui mangeoient très-souvent à Paris chez lui, où abondoit la plus grande et la meilleure compagnie. Il régentoit au Palais-Royal, chez Monsieur le Grand et chez ses frères, chez le maréchal de Villeroy, enfin chez tous les gens en première place. Il s'étoit rendu maître des modes, des fêtes, des goûts, à tel point que personne n'en donnoit que sous sa direction, à commencer par les princes et les princesses du sang, et qu'il ne se bâtissoit ou ne s'achetoit point de maison qu'il ne présidât à la manière de la tourner, de l'orner et de la meubler.

Il avoit été sur ce pied-là avec M. de Louvois, avec M. de Seignelay, avec le maréchal d'Humières; il y étoit avec Mme de Bouillon, avec la duchesse du Lude, en un mot avec tout ce qui étoit le plus distingué et qui recevoit le plus de monde. Point de mariage dont les habits et les présents n'eussent son choix, ou au moins son approbation. Le Roi le souffroit, cela n'alloit pas à plus; tout le reste lui étoit soumis, et il abusoit souvent de l'empire qu'il usurpoit. A Monsieur, aux filles du Roi, à quantité de femmes, il leur disoit des ordures horribles, et cela chez elles, à Saint-Cloud, dans le salon de Marly. Il entroit encore, et étoit entré toute sa vie dans quantité de secrets de galanterie. Son commerce étoit sûr, et il n'avoit rien de méchant, étoit obligeant même, et toujours porté à servir de sa bourse ou de ses amis, et n'étoit mal avec personne. Il étoit assez vêtu et coiffé comme Monsieur, il en avoit aussi fort la taille et le maintien ; mais il n'étoit pas, comme de raison, à beaucoup près si paré, et moins gros. Il étoit fort bien et fort familier avec Monseigneur. Il avoit tout un côté du visage en paralysie, et à force de persévérance à Vichy, où il s'étoit bâti une maison, il put n'y plus retourner, et n'eut plus du tout d'apolexie. Sa sœur avoit épousé Guiscard ; elle logeoit avec lui, et Guiscard où bon lui sembloit. Ils s'aimoient et s'estimoient peu l'un l'autre ; mais Langlée étoit fort riche, et tout aussi éloigné de se marier, par conséquent fort ménagé par sa sœur, qu'il aimoit, et par son beau-frère. Une espèce comme celle-là dans une cour y est assez bien ; pour deux c'en seroit beaucoup trop. Finalement les personnes les plus sérieuses et les plus importantes, et les moins en commerce avec lui (et celles-là étoient en petit nombre), le ménageoient, et il n'y avoit qui que ce fût qui se voulût attirer Langlée.

Tandis que tout étoit cet hiver en bals et en divertissements, la belle Mme de Soubise (car elle l'étoit encore, et l'étoit fort utilement toujours), travailloit à des choses plus sérieuses. Elle venoit d'acheter l'immense hôtel de Guise à fort grand marché, que le Roi lui aida fort à payer. Elle en avoit tiré une autre faveur, qui ne fut qu'une semence ; c'étoit sa protection pour faire passer les preuves de son fils pour être chanoine de Strasbourg. La mère de M. de Soubise étoit Avaugour, des bâtards de Bretagne : cela n'étoit déjà pas trop bon pour un chapitre allemand, où la bâtardise est abhorrée, de sorte qu'aucun prince du sang sorti par femme de Mme de Montespan, ni aucune princesse du sang venue d'elle n'entreroit dans pas un chapitre d'Allemagne ; mais ce n'étoit pas là le pis : c'est que la mère de cette Avaugour, par conséquent grand'mère de M. de Soubise, étoit Fouquet, non des Foucquets du surintendant (et le reconfort en eût été médiocre), mais propre fille de ce cuisinier, auparavant marmiton, après portemanteau d'Henri IV, qui à force d'esprit, d'adresse, de le bien servir dans ses plaisirs, le servit dans ses affaires, devint M. de la Varenne, et fut compté le reste de ce règne, où il s'enrichit infiniment, le même qui après la mort d'Henri IV se retira à la Flèche, qu'il partageoit avec les jésuites, qu'il avoit plus que personne fait rappeler et rétablir, et dont j'ai raconté la mort singulière à propos du mariage d'un de ses descendants avec une fille de Tessé. Cette la Varenne étoit donc la bisaïeule de l'abbé de Soubise. Comment la compter parmi les seize quartiers à prouver? comment la sauter? Cette difficulté n'étoit pas médiocre : on ne fit ni l'un ni l'autre.

Camilly, fin Normand, de beaucoup d'esprit et d'adresse, étoit grand vicaire de Strasbourg et de ces sous-chanoines sans preuves, et la Batie, qui n'avoit ni moins d'esprit, de souplesse et d'industrie, se trouvoit lieutenant de Roi de Strasbourg, et tous deux gens vendus à leurs vues, à la cour et à tout faire. Par le conseil de la comtesse de Furstemberg, de laquelle je parlerai après, Mme de Soubise se livra à eux, mais avec le Roi en croupe, qui leur fit parler à l'oreille en maître et en amant; car, bien que le commerce fini, il le demeura toute sa vie, ou en usa comme s'il l'eût encore été. Ces deux hommes firent si bien que les preuves tombèrent à des commissaires bons Allemands, grossiers, ignorants, et fort aisés à tromper : on les étourdit du grand nom de MM. de Rohan; on les éblouit de leurs dignités et de leurs établissements; on les accabla de leur rang de prince étranger, et on les mit aisément hors de tout doute sur les preuves, qu'on ne leur présenta que comme une cérémonie dont personne n'étoit dispensé, et dont l'abbé de Soubise avoit moins besoin d'être dispensé que personne.

Ces Avaugours prennent très-franchement le nom de Bretagne : MM. de Rohan ont épousé plusieurs filles ou sœurs des ducs de Bretagne; on ne le laissa pas ignorer aux commissaires, qui ne se doutèrent point de la totale différence de cette dernière Bretagne-ci; et quant à sa mère, on la leur donna effrontément pour être d'une ancienne maison de la Varenne en Poitou, depuis longtemps éteinte, avec qui ni les Avaugours ni les Rohans n'eurent jamais aucune alliance. Par ces adresses, ou plutôt hardiesses, l'abbé de Soubise passa haut à la main, fut admis et reçu dans le chapitre, et, sa brillante Sorbonne achevée, y alla faire ses stages, y déployer ses agréments et ses charmes, et capter le chapitre et tout ce qui est à Strasbourg. Ce grand pas toutefois n'étoit que le premier échelon et le fondement indispensable de la grandeur où la belle dame destinoit un fils en la fortune duquel le Roi ne se croyoit pas moins intéressé qu'elle, et qu'il desiroit par d'autres détours égaler à MM. du Maine et de Toulouse : il ne s'agissoit donc de rien moins que de lui assurer l'évêché de Strasbourg.

Quelle que fût la bonne volonté du Roi pour Mme de Soubise, il se trouvoit des obstacles à cette affaire, qui furent peut-être autant surmontés par la conjoncture que par la seule faveur : l'abbé d'Auvergne étoit depuis longtemps chanoine de Strasbourg; il y avoit fait de longs séjours; il avoit mis un de ses frères dans ce chapitre; depuis que le cardinal de Bouillon étoit à Rome, il lui en avoit obtenu la première dignité, qui est celle de grand prévôt, et le cardinal lui-même s'y étoit fait chanoine; l'abbé d'Auvergne étoit prêtre, coadjuteur de Cluni, et son oncle, pour l'avancer, n'avoit pas trouvé au-dessous de sa vanité de le faire grand vicaire de l'archevêque de Vienne, Montmorin, et de lui en faire faire les fonctions dans ce diocèse; enfin il étoit beaucoup plus avancé en années, en établissements, en ancienneté à Strasbourg que l'abbé de Soubise; mais il s'en falloit bien que sa réputation fût entière : ses mœurs étoient publiquement connues pour être celles des Grecs, et son esprit pour ne leur ressembler en aucune sorte; la bêtise déceloit sa mauvaise conduite, son ignorance parfaite, sa dissipation, son ambition, et ne présentoit pour la soutenir qu'une vanité basse, puante, continuelle, qui lui attiroit le mépris autant que ses mœurs, qui éloignoient[1] de lui tout le monde, et qui le jetoit dans des panneaux et des ridicules continuels. Son frère, aussi

1. *Éloignoient* se rapporte à *mœurs*, les autres verbes à *vanité*.

bête, plus obscur avec beaucoup moins de monde, et fort jeune, ne pouvoit suppléer à rien, et le cardinal, par sa conduite, approfondissoit de plus en plus sa disgrâce.

Au contraire, tout rioit à l'abbé de Soubise, dont l'extérieur montroit qu'il étoit le fils des plus tendres amours. Il se distingua sur les bancs de Sorbonne, et bien instruit et bien aidé par son habile mère, il se dévoua toute cette célèbre école par ses manières. On lui crut assez de fond pour hasarder de le faire prieur de Sorbonne, place passagère, qui oblige à quantité d'actes publics dont il est très-difficile de se tirer par le seul secours d'autrui. Il y brilla, et par le soin qu'il avoit eu de se gagner la Sorbonne, les éloges allèrent encore fort au-delà du mérite. Il y en eut beaucoup du Roi dans ses discours publics, qui ne lui déplurent pas, et il sortit de cet emploi avec une réputation extraordinaire, que son talent de se faire aimer lui acquit pour la plus grande partie. A ces applaudissements de capacité, Mme de Soubise y en voulut joindre d'autres encore plus importants, et pour cela elle le mit à Saint-Magloire, séminaire alors autant à la mode qu'il y a été peu depuis. Il étoit conduit par ce que les Pères de l'Oratoire avoient de meilleur dans leur congrégation, alors solidement brillante en savoir et en piété. La Tour, leur général, étoit dans la première considération, que ses sermons, sa direction, sa capacité, la sagesse de sa conduite, et l'art de gouverner, qu'il possédoit éminemment, lui avoient acquise, et qui, jointe à sa probité, rendoient[1] son témoignage d'un grand poids. Dès l'arrivée de Monsieur de Paris dans ce grand siége, Mme de Soubise lui avoit fait sa cour : elle avoit toujours fort ménagé les Noailles, ennemis nés des Bouillons, avec qui ils avoient des procès immortels et piquants pour la mouvance de leurs principales terres de la vicomté de Turenne, où ces derniers avoient prodigué leurs hauteurs. Monsieur de Paris avoit une attention particulière sur Saint-Magloire : c'étoit son séminaire fa-

---

1. *Jointe*, au singulier, *rendoient*, au pluriel, tel est bien le texte du manuscrit.

vori ; il aimoit et estimoit l'Oratoire, et avoit toute confiance au P. de la Tour. Il étoit dans l'apogée de son crédit, et sur les avancements ecclésiastiques, l'estime du Roi et la liaison intime de Mme de Maintenon en partageoient, du moins alors, la confiance entre lui et le P. de la Chaise. Ce dernier ni sa Société n'avoient pas été négligés : Mme de Soubise en savoit trop pour ne mettre pas de son côté un corps aussi puissant et, quand il lui plaît, aussi utile ; et le P. de la Chaise et les principaux bonnets, semant toujours pour recueillir, ne demandèrent pas mieux que de servir son fils, qu'ils voyoient en état d'aller rapidement à tout, et de devenir en état de le leur rendre avec usure.

Tout étoit donc pour l'abbé de Soubise, et toutes les avenues de la fortune saisies de toutes parts. Il sortit du séminaire comme il avoit fait de dessus les bancs. De là, une merveille de savoir ; d'ici, un miracle de piété et de pureté de mœurs. Oratoire, jésuites, Sorbonne, P. de la Tour, P. de la Chaise, Monsieur de Paris s'écrioient à l'envi. Ils ravissoient la mère, et ne plaisoient guère moins au Roi, à qui on avoit grand soin que rien n'échappât des acclamations sur l'abbé de Soubise, dont la douceur, la politesse, l'esprit, les grâces, le soin et le talent de se faire aimer, confirmoit de plus en plus une réputation si établie. Les choses, amenées à ce point, parurent en maturité à Mme de Soubise, et la situation du cardinal de Bouillon la hâtoit. Il s'agissoit de pouvoir disposer du cardinal de Furstemberg, qui avoit deux neveux dans le chapitre de Strasbourg, et de lui faire vouloir avec chaleur un coadjuteur, que les prélats n'admettent que bien difficilement, et de plus un coadjuteur étranger.

Furstemberg étoit un homme de médiocre taille, grosset, mais bien pris, avec le plus beau visage du monde, et qui à son âge l'étoit encore, qui parloit fort mal françois, qui, à le voir et à l'entendre à l'ordinaire, paroissoit un butor, et qui, approfondi et mis sur la politique et les affaires, à ce que j'ai ouï dire aux ministres et à bien d'autres de tous pays, passoit la mesure ordinaire de la capacité, de la finesse et de l'industrie. Il a tant fait de bruit en Europe qu'il est inutile de chercher à le faire connoître; il faut se rabattre à l'état où il s'étoit réduit : en pensions du Roi ou en bénéfices, il jouissoit de plus de sept cent mille livres de rente, et il mouroit exactement de faim, sans presque faire aucune dépense ni avoir personne à entretenir. Il faut entrer dans quelque détail de sa famille. Son père servit toute sa vie avec réputation, et commanda les armées impériales avec succès, après avoir commandé l'aile gauche à la bataille de Leipzick. Il mourut en 1635, et laissa nombre d'enfants d'Anne, fille de J.-Georges comte de Hohenzollern, que l'empereur Ferdinand II fit prince de l'Empire en 1623. Son fils aîné, mort en 1662, ne laissa qu'une fille, unique héritière de Berg-op-Zoom par sa mère, et cette fille de Hohenzollern porta Berg-op-Zoom en mariage au comte d'Auvergne, et étoit la mère de l'abbé d'Auvergne dont je viens de parler; en sorte que cette comtesse d'Auvergne étoit fille du frère aîné de la mère du cardinal de Furstemberg, qui se trouvoit ainsi cousin germain de cette comtesse d'Auvergne qui venoit de mourir, et oncle à la mode de Bretagne de l'abbé d'Auvergne, compétiteur de l'abbé de Soubise pour Strasbourg, lequel abbé de Soubise n'avoit ni parenté, ni alliance, ni liaison aucune, par lui ni par aucun de sa famille, avec le cardinal de Furstemberg.

Ce cardinal, qui étant évêque de Metz avoit succédé à son frère aîné, évêque de Strasbourg, eut un autre frère, que l'Empereur fit prince de l'Empire, auquel je reviendrai après, et entre autres sœurs Élis., mère du comte de Reichem, chanoine de Strasbourg, dans les ordres, à qui le Roi donna des abbayes, et qui étoit coadjuteur de l'abbaye de Stavelo du cardinal de Furstemberg son oncle; M.-Fr., mariée à un palatin de Neubourg, puis à un marquis de Baden, grand'mère de la feue reine de Sardaigne et de Madame la Duchesse; et A.-M., mariée en 1651 à Ferd.-Ch. comte de Lovestein, père et mère de Mme de Dangeau. Herman Egon, comte, puis fait prince de Furstemberg et de l'Empire, pour lui et ses descendants, en 1654, et ses frères seulement à vie, fut grand maître de la maison de Maximilien, électeur de Bavière, et son premier ministre, ainsi que de l'électeur de Cologne, frère de Maximilien. Il mourut en 1674, et laissa, entre autres enfants, le prince de Furstemberg, marié à Paris à la fille de Ligny, maître des requêtes, dont il n'eut que trois filles, la laissa et s'en alla en Allemagne, où le roi de Pologne le fit gouverneur général de son électorat de Saxe, où il est mort en 1711; le comte Ferdinand, mort à Paris, brigadier en 1696, à trente-cinq ans, sans alliance; Emmanuel-Fr. Egon, tué devant Belgrade en 1686, à vingt-cinq ans, sans enfants de Cath.-Ch. comtesse de Wallenwotlz.[1], veuve de Fr.-Ant. comte de la Marck, mère du comte de la Mark dont je parlerai bientôt, et qui longues années depuis s'est distingué par ses ambassades dans le Nord et en Espagne, et est devenu chevalier de l'ordre en 1724, et grand d'Espagne en 1739. Mme de Dangeau avoit un frère abbé de Murbach, que le cardinal de Furstemberg, frère de sa mère, lui avoit cédée[2], qu'on appeloit le P. de Murbach, qui étoit aussi chanoine de Strasbourg, et qui, après que nous eûmes perdu Tournay, en a été évêque, tellement que le cardinal de Furstemberg avoit les fils de ses deux sœurs et le petit-fils du frère de sa mère, qui étoit l'abbé d'Auvergne, chanoines de Strasbourg, et fort en état d'être coadjuteurs ou successeurs de l'évêché.

On prétendoit que le cardinal de Furstemberg, fort amoureux de cette comtesse de la Marck, la fit épouser à son neveu, qui avoit lors vingt-deux ou vingt-trois ans au plus, pour la voir plus commodément à ce titre. On prétend encore qu'il avoit été bien traité; et il est vrai que rien n'étoit si frappant que la ressemblance, trait pour trait, du comte de la Marck au cardinal de Furstemberg, qui, s'il n'étoit pas son fils, ne lui étoit rien du tout. Il étoit

---

1. Telle est l'orthographe de Saint-Simon. Ne faut-il pas lire *Wallenrod*?
2. Abbaye que le cardinal lui avait cédée.

destiné à l'Église, déjà chanoine de Strasbourg, lorsque la fortune de Mme de Soubise et de son fils lui fit prendre l'épée, par la mort de son frère aîné en 1697, et se défaire de son canonicat et de ses autres bénéfices.

L'attachement du cardinal pour la comtesse de Furstemberg avoit toujours duré : il ne pouvoit vivre sans elle ; elle logeoit et régnoit chez lui ; son fils, le comte de la Marck, y logeoit aussi ; et cette domination étoit si publique, que c'étoit à elle que s'adressoient tous ceux qui avoient affaire au cardinal. Elle avoit été fort belle, et en avoit encore à cinquante-deux ans de grands restes ; mais grande et grosse, hommasse comme un Cent-Suisse habillé en femme, hardie, audacieuse, parlant haut et toujours avec autorité, polie pourtant et sachant vivre. Je l'ai souvent vue au souper du Roi, et souvent le Roi chercher à lui dire quelque chose. C'étoit au dedans la femme du monde la plus impérieuse, qui gourmandoit le cardinal, qui n'osoit souffler devant elle, qui en étoit gouverné et mené à baguette, qui n'avoit pas chez lui la disposition de la moindre chose, et qui, avec cette dépendance, ne pouvoit s'en passer. Elle étoit prodigue en toutes sortes de dépenses : des habits sans fin, plus beaux les uns que les autres, des dentelles parfaites en confusion, et tant de garnitures et de linge qu'il ne se blanchissoit qu'en Hollande ; un jeu effréné, où elle perdoit[1] les nuits chez elle et ailleurs, et y faisoit souvent le tour du cadran ; des parures, des pierreries, des joyaux de toutes sortes. C'étoit une femme qui n'aimoit qu'elle, qui vouloit tout, qui ne se refusoit rien, non pas même, disoit-on, des galanteries, que le pauvre cardinal payoit comme tout le reste. Avec cette conduite, elle vint à bout de l'incommoder si bien qu'il fallut congédier la plupart de sa maison, et aller épargner six et sept mois de l'année à la Bourdaisière, près de Tours, qu'elle emprunta d'abord de Dangeau, et qu'elle acheta après à vie. Elle vivoit dans cette détresse,

---

1. Il y a *percoit* au manuscrit.

pour avoir de quoi se divertir à Paris le reste de l'année, lorsque Mme de Soubise songea tout de bon à la coadjutorerie pour son fils.

Elle avoit rapproché de loin la comtesse, et je n'ai pas vu que personne se soit inscrit en faux, ni même récrié contre ce qui se débita d'abord à l'oreille, et qui fit après grand fracas, qu'elle avoit donné beaucoup d'argent à la comtesse pour s'assurer d'elle, et par elle du cardinal. Ce qui est certain, c'est qu'outre les prodigieuses pensions que le cardinal tiroit du Roi, toujours fort bien payées, il toucha en ce temps-ci une gratification de quarante mille écus, qu'on fit passer pour promise depuis longtemps. Mme de Soubise, s'étant assurée de la sorte de la comtesse et du cardinal, scella son affaire, et les faisant remercier par le Roi à l'oreille, et tout de suite, fait envoyer ordre au cardinal de Bouillon de demander au Pape, au nom du Roi, une bulle pour faire assembler le chapitre de Strasbourg pour élire un coadjuteur avec future succession, et un bref d'éligibilité pour l'abbé de Soubise.

Cet ordre fut un coup de foudre pour le cardinal de Bouillon, qui ne s'attendoit à rien moins. Il ne put soutenir de se voir échapper cette magnifique proie, qu'il croyoit déjà tenir par tant d'endroits. Il lui fut encore plus insupportable d'en être le ministre. Le dépit le transporte, et l'aveugle assez pour s'imaginer qu'en la situation si différente où Mme de Soubise et lui sont auprès du Roi, il lui fera changer une résolution arrêtée et rompre l'engagement qu'il a pris. Il dépêche au Roi un courrier, lui mande qu'il n'y a pas bien pensé, lui met en avant des scrupules, comme s'il eût été un grand homme de bien, et par ce même courrier écrit aux chanoines de Strasbourg une lettre circulaire pleine de fiel, d'esprit et de compliments. Il leur mandoit que le cardinal de Furstemberg étoit aussi en état de résider que jamais (c'étoit à dire qu'il n'y avoit jamais résidé et qu'on s'en passeroit bien encore), que l'abbé de Soubise étoit si jeune qu'il y avoit de la témérité à s'y fier, et qu'un homme qu'on mettoit en état sitôt de n'avoir plus à craindre ni à espérer se gâtoit bien vite, et il leur faisoit entendre, comme il avoit fait au Roi, que le cardinal de Furstemberg, gouverné comme il l'étoit par sa nièce, n'étoit gagné au préjudice de ses neveux que par le gros argent qu'elle avoit touché de Mme de Soubise. Il est vrai qu'il envoya ces lettres à son frère le comte d'Auvergne, pour ne les faire rendre qu'avec la permission du Roi. Ce n'étoit pas qu'il pût l'espérer, mais pour le leurrer de cet hommage, et cependant en faire glisser assez pour que l'effet n'en fût pas perdu, et protester après qu'il ne savoit pas comment elles étoient échappées. Ces lettres firent un fracas épouvantable.

J'étois chez le Roi le mardi 30 mars, lorsqu'à la fin du souper je vis arriver Mme de Soubise, menant la comtesse de Furstemberg, et se poster toutes deux à la porte du cabinet du Roi. Ce n'étoit pas qu'elle n'eût bien le crédit d'entrer dedans si elle eût voulu, et d'y faire entrer la comtesse; mais comme l'éclat étoit public, et qu'on ne parloit d'autres choses que du marché pécuniaire et des lettres du cardinal de Bouillon, elles voulurent aussi un éclat de leur part. Je m'en doutai dès que je les vis, ainsi que bien d'autres, et je m'approchai aussitôt pour entendre la scène. Mme de Soubise avoit l'air tout bouffi, et la comtesse, de son naturel emportée, paroissoit furieuse. Comme le Roi passa, elles l'arrêtèrent : Mme de Soubise dit deux mots d'un ton assez bas, puis la comtesse, haussant le sien, demanda justice de l'audace du cardinal de Bouillon, dont l'orgueil et l'ambition, non contente de résister à ses ordres, la déshonoroit elle et le cardinal son confrère, qui avoit si utilement servi le Roi, par les calomnies les plus atroces, et qui n'épargnoit pas Mme de Soubise elle-même. Le Roi l'écouta, et lui répondit avec autant de grâces et de politesse pour elle, que d'aigreur qu'il ne ménagea pas sur le cardinal de Bouillon, l'assura qu'elle seroit contente, et passa.

Ces dames s'en allèrent, mais ce ne fut pas sans montrer une colère ardente et qui est en espérance de se venger. Mme de Soubise étoit d'autant plus piquée, que le cardinal de Bouillon apprenoit au Roi un manége et des simonies que sûrement il ignoroit, et qui l'auroient empêché de consentir à cette affaire, s'il s'en fût douté, bien loin de la protéger. Elle craignoit donc des retours de scrupules, et qu'ils ne se portassent à éclairer de trop près les marchés qu'elle avoit mis en mouvement à Strasbourg pour l'élection. Les mêmes Camilly et la Batie, qui l'avoient si lestement servie pour faire passer son fils chanoine avec cet orde[1] quartier[2] de la Varenne, fut[3] encore ceux qu'elle employa pour emporter la coadjutorerie. Ni l'un ni l'autre n'étoient scrupuleux : Camilly avoit déjà eu une bonne abbaye du premier service, il espéroit bien un évêché du second; il n'y fut pas trompé; et la Batie de placer[4] un nombre d'enfants utilement et honorablement, comme il arriva.

Pendant qu'ils préparoient les matières à Strasbourg, le cardinal de Bouillon se conduisoit à Rome par sauts et par bonds, mit tous les obstacles qu'il put aux bulles que le Roi demandoit, et lui écrivit une seconde lettre là-dessus, plus folle encore que la première. Elle mit le comble à la mesure. Pour réponse, il reçut ordre par un courrier de partir de Rome sur-le-champ, et de se rendre droit à Cluni ou à Tournus, à son choix, jusqu'à nouvel ordre. Le commandement de revenir parut si cruel au cardinal de Bouillon, qu'il ne put se résoudre à obéir : il étoit sous-doyen du sacré collége; Cibo, doyen, décrépit, ne sortoit plus de son lit; pour être doyen, il faut être à Rome lorsque le décanat vaque, et opter soi-même les évêchés unis d'Ostie et de Velletri au consistoire affectés au doyen, ou, comme quelques-uns ont faits, opter le décanat en retenant l'évêché qu'ils avoient déjà. Le cardinal de Bouillon manda donc au Roi, parmi force

---

1. *Orde*, sale, ignoble.
2. *Quartier* est employé comme terme de blason.
3. Le pluriel *furent* serait plus régulier.
4. Espérait de placer.

soumissions à ses ordres, l'état exagéré du cardinal Cibo ; qu'il ne pouvoit croire qu'il le voulût priver du décanat, ni ses sujets de l'honneur et de l'avantage d'un doyen françois ; que, dans cette persuasion, il alloit demander au Pape un bref pour lui assurer le décanat en son absence ; qu'il partiroit dans l'instant qu'il l'auroit obtenu, et qu'en attendant il alloit faire prendre les devants à tous ses gens, et se renfermer, comme le plus petit particulier, dans le noviciat des jésuites, sans aucun commerce avec personne que pour son bref. Il se conduisit en effet de la sorte, et demanda ce bref, qu'il se doutoit bien qu'il n'obtiendroit pas, mais dont il espéroit faire filer assez longtemps l'espérance et les prétendues longueurs pour atteindre à la mort du cardinal Cibo, ou à celle du Pape même, qui menaçoit ruine depuis longtemps. Laissons-le pour un temps dans ces ruses, qui lui devinrent funestes, pour ne pas trop interrompre la suite des événements.

Mᵐᵉ de Soubise fut si bien servie à Strasbourg, et l'autorité du Roi appuya si bien à l'oreille l'argent qui fut répandu, que l'abbé de Soubise fut élu tout d'une voix coadjuteur de Strasbourg. Le rare fut que ce fut en présence de l'abbé d'Auvergne, qui, comme grand prévôt du chapitre, dit la messe du Saint-Esprit avant l'élection. La colère du Roi fit peur aux Bouillons ; leur rang, et leur échange encore informe, et non enregistré au Parlement, ne tenoit qu'à un bouton : ils virent de près l'affaire sans ressource, et ils tâchèrent à se sauver de la ruine de leur frère par cette bassesse.

En même temps, et je ne sais si ce fut une des conditions du marché, Mᵐᵉ de Soubise, toujours mal avec le duc de Rohan, son frère, s'étoit raccommodée avec lui, et en avoit fait tous les pas, pour faire le mariage de sa fille aînée avec le comte de la Marck, fils de la comtesse de Furstemberg, qui n'avoit quoi que ce fût en France, où il s'étoit mis dans le service, colonel d'un des régiments que le Roi entretenoit fort chèrement au cardinal de Furstemberg, desquels il lui laissoit la disposition, et dont tout le médiocre bien étoit en Westphalie, sous la main de l'Empereur. Ces Allemands ne se mésallient pas impunément ; celui-ci sentoit ce qu'il en coûte par une triste expérience : il ne la vouloit pas aggraver. Sa mère le vouloit marier, et un étranger qui n'a rien en France, et peu sous une coupe étrangère et souvent ennemie, n'étoit pas un parti aisé à établir. Le duc de Rohan ne comptoit ses filles pour rien, et ses cadets pour peu de choses[1] : en donnant aussi peu qu'il voulut, il fut aisé à persuader ; et le mariage fut bâclé de la sorte.

Voici l'état du comte de la Marck. Il étoit de la maison des comtes de la Marck, dont une branche a longtemps possédé Clèves et Juliers par le mariage de l'héritière, et les cadets de cette branche figuré[1] ici avec le duché de Nevers, le comté d'Eu, etc., qui par deux filles héritières passèrent, Nevers à un Gonzague, frère du duc de Mantoue, Eu au duc de Guise. Une autre branche eut Bouillon, Sedan, etc., dont deux maréchaux de France, des capitaines des Cent-Suisses, un premier écuyer de la Reine, chevalier de l'ordre, parmi les gentilshommes ; et l'héritière de Sedan, par laquelle Henri IV fit la fortune du vicomte de Turenne, si connu depuis sous le nom de maréchal de Bouillon, qui n'en eut point d'enfants, et en garda les biens par la même protection d'Henri IV, qui s'en repentit bien après. La dernière branche, et la seule qui subsiste, fut celle de Lumain. Le grand-père du comte de la Marck dont il s'agit ici, étant veuf d'une Hohenzollern, avec un fils qui lui survécut, mais qui n'eut point d'enfants, s'étoit remarié fort bassement, et de ce second mariage vint le père du comte de la Marck, à qui il en coûta bon pour se faire réhabiliter à la succession de son frère du premier lit et à la dignité de comte. Cette branche de Lumain, dont le chef se rendit célèbre sous le nom de Sanglier d'Ardennes, que sa férocité lui valut, et qui tua Louis de Bourbon, évêque de Liége, et jeta son corps du

---

1. Saint-Simon a bien écrit *choses*, au pluriel.
2. Ont figuré.

haut du pont dans la Meuse, étoit déjà séparée lorsque Clèves et Juliers entrèrent dans une branche leur aînée, et plus encore de celle qui a eu Bouillon et Sedan. Ils n'étoient que barons de Lumain, lorsque le grand-père de notre comte de la Mark prit, avant sa mésalliance, le nom et le rang dans l'Empire de comte de la Marck, à la mort d'H.-Robert de la Marck, comte de Maulevrier, chevalier de l'ordre et premier écuyer de la Reine, qui mourut le dernier de sa branche, toutes les autres étant éteintes depuis longtemps : tellement que lors de ce mariage du comte de la Marck avec la fille du duc de Rohan, il n'y avoit plus que lui et son frère cadet, de la maison de la Marck.

Le cardinal de Furstemberg fit un autre mariage presque en même temps, d'une des trois filles que son neveu, le gouverneur général de l'électorat de Saxe, avoit, avec le prince d'Isenghien, et qu'il avoit laissées à Paris avec sa femme.

Le duc de Berwick, qui depuis la mort de sa femme avoit été se promener ou se confesser à Rome, devint amoureux de la fille de Mme Bockley, une des principales dames de la reine d'Angleterre à Saint-Germain. Il n'avoit qu'un fils de la première.

CHAPITRE XX.

Traité de partage de la monarchie d'Espagne. — Harcourt revient d'Espagne, et y laisse Blécourt. — Recherche et gain des gens d'affaires. — Desmarets ; ma liaison avec lui. — Loteries. — Mort de Châteauneuf ; ses charges de secrétaire d'État et de greffier de l'ordre données à son fils, en épousant Mlle de Mailly, et le râpé de l'ordre au chancelier. — Cauvisson lieutenant général de Languedoc par M. du Maine. — Noailles, archevêque de Paris, fait cardinal. — Abbé de Vaubrun exilé. — Ruses et opiniâtre désobéissance du cardinal de Bouillon, qui devient doyen, et que le Roi dépouille. — Argent à Mgr le duc de Bourgogne. — Cent mille livres à Mansart. — Détails de l'assemblée du clergé. — Jésuites condamnés par la Sorbonne sur la Chine ; P. de la Rue confesseur de Mme la duchesse de Bourgogne, au lieu du P. le Comte renvoyé ; rage du P. Tellier ; jésuites affranchis pour toujours des impositions du clergé. — Pelletier va visiter les places et ports de l'Océan. — M. de Vendôme retourne publiquement suer la vérole. — Mort de la duchesse d'Uzès. — Mariage du duc d'Albemarle avec Mlle de Lussan. — Mme Chamillart, pour la première femme de contrôleur général, admise dans les carrosses et à manger avec Mme la duchesse de Bourgogne. — L'évêque de Chartres gagne son procès contre son chapitre de la voix du Roi unique. — Monsieur de Reims cède la présidence de l'assemblée du clergé au cardinal de Noailles. — Dévoilement du cardinal de Noailles. — Comte d'Albert cassé ; étrange embarras de M. le prince de Conti avec M. de Luxembourg. — Mme de Villacerf admise dans les carrosses et à manger avec Mme la duchesse de Bourgogne. — Dons pécuniaires à M. le prince de Conti, à M. de Duras et à Sainte-Maure. — Fiançailles de la Vrillière et de Mlle de Mailly, et leur mariage. — P. Martineau confesseur de Mgr le duc de Bourgogne, à la place du feu P. Valois. — Mort de le Nôtre. — Mort de la Briffe, procureur général ; Daguesseau, avocat général, fait procureur général en sa place.

Le traité de partage de la monarchie d'Espagne commençoit à faire grand bruit en Europe. Le roi d'Espagne n'avoit point d'enfants, ni aucune espérance d'en avoir. Sa santé, qui avoit toujours été très-foible, étoit devenue très-mauvaise depuis deux ou trois ans, et il avoit été à l'extrémité, depuis un an, à plusieurs reprises. Le roi Guillaume, qui, depuis les succès de son usurpation, avoit fort augmenté son crédit par la confiance de tous les alliés de la grande alliance qu'il avoit ourdie contre la France, et dont il avoit été l'âme et le chef jusqu'à la paix de Ryswick, et qui se l'étoit depuis conservée sur le même pied, entreprit de pourvoir de façon à cette vaste succession que, lorsqu'elle s'ouvriroit, elle ne causât point de guerre. Il n'aimoit ni la France ni le Roi, et dans la vérité il étoit payé pour les bien haïr : il en craignoit l'agrandissement ; il venoit d'éprouver, par l'union de toute l'Europe contre elle dans une guerre de dix ans, quelle puissance c'étoit, après toutes celles dont ce règne n'avoit été qu'un tissu plein de conquêtes. Malgré les renonciations de la Reine, il n'osa espérer que le Roi vît passer toute cette immense succession sans en tirer rien : il avoit vu, par les conquêtes de la Franche-Comté et d'une partie de la Flandre, le peu de frein de ces renonciations. Il songea donc à un partage que l'appât de le recueillir en paix, et sous la garantie des puissances principales, pût faire accepter au Roi, et qui fût tel en même temps qu'il n'augmentât pas sa puissance, ne fût qu'un arrondissement léger vers des frontières bien assurées, et que ce qu'il auroit de plus fût si éloigné, que la difficulté de le conserver le tînt toujours en brassière, et ses successeurs après lui. En même temps, il voulut bien assurer les bords de la mer du côté de l'Angleterre, et mettre ses chers Hollandois à l'abri de la France, et partager l'Empereur si grandement qu'il eût lieu de s'en contenter, et de ne pas regretter une totalité qu'il n'avoit pas la puissance d'espérer contre la France. Il ne destinoit donc à celle-ci, pour ainsi parler, que des rognures. Ce fut pour cela qu'il s'en voulut assurer d'abord, comme la prévoyant la plus difficile à se contenter de ce qu'il lui vouloit offrir, et que sûr, s'il le pouvoit, de son acceptation, il n'eût à présenter à l'Empereur que la plus riche et la plus grande partie, avec un nom qui pouvoit passer pour le tout, et que la tentation d'une si ample monarchie sans coup férir le consolât du reste, et la lui fît promptement accepter.

Son plan arrêté fut donc de donner à l'archiduc, second fils de l'Empereur, l'Espagne et les Indes, avec les Pays-Bas et le titre de roi d'Espagne; le Guipuscoa à la France, parce que l'aridité et la difficulté de cette frontière est telle, qu'elle étoit demeurée en paix de tout ce règne, au milieu de toutes les guerres contre l'Espagne, Naples et Sicile, dont l'éloignement et le peu de revenu étoit plutôt un embarras et un sauve-l'honneur qu'un accroissement, et dont la conservation tiendroit à l'avenir la France en bride avec les puissances maritimes; la Lorraine, qui étoit un arrondissement très-sensible, mais qui ne portoit pas la France au-delà d'où elle étoit, et qui en temps de guerre ne la soulageoit que d'une occupation qui ne lui coûtoit rien à faire; et pour dédommagement, le Milanois à Monsieur de Lorraine, qui y gagnoit les trois quarts de revenu et d'étendue, et d'esclave de la France par l'enclavement de la Lorraine, de devenir un prince puissant et libre en Italie, et qui feroit compter avec lui.

Le roi d'Angleterre fit donc d'abord cette proposition au Roi, qui las de la guerre, et dans un âge et une situation qui lui faisoit goûter le repos, disputa peu et accepta. Monsieur de Lorraine n'étoit ni en intérêt ni en état de ne pas consentir au changement de pays que l'Angleterre avec la Hollande lui proposèrent d'une part, et le Roi de l'autre, qui lui envoya Caillières. Cela fait, il fut question de l'Empereur. Ce fut où tout le crédit et l'adresse du roi d'Angleterre échouèrent : l'Empereur vouloit la succession entière; il se tenoit ferme sur les renonciations du mariage du Roi; il ne pouvoit souffrir de voir la maison d'Autriche chassée d'Italie, et elle l'étoit entièrement par le projet du roi d'Angleterre, qui donnoit à la France les places maritimes de Toscane que l'Espagne tenoit, connues sous le nom *degli Presidii*. Pressé par Villars, envoyé du Roi, par l'Angleterre, par la Hollande, qui avoient signé le traité et qui lui faisoient entendre qu'ils se joindroient contre lui s'il s'opiniâtroit dans le refus d'un si beau partage, il se tint ferme à répondre qu'il étoit inouï, et contre tout droit naturel et des gens, de partager une succession avant qu'elle fût ouverte; et qu'il n'entendroit jamais à rien là-dessus pendant la vie du roi d'Espagne, chef de sa maison, et qui lui étoit si proche. Cette résistance, et plus encore l'esprit de cette résistance, divulgua bientôt le secret qui devoit durer jusqu'à la mort du roi d'Espagne, qui fut averti par l'Empereur et pressé de faire un testament en faveur de l'archiduc et de sa propre maison.

Le roi d'Espagne jeta les hauts cris, comme si on l'eût voulu dépouiller de son vivant, et son ambassadeur en fit un tel bruit en Angleterre, et en des termes si peu respectueux, jusqu'à nommer le roi d'Angleterre le roi Guillaume, que ce prince lui fit dire de sortir en quatre jours d'Angleterre, ce qu'il exécuta, et se retira en Flandres. Mais l'Empereur, quoique mécontent du roi d'Angleterre le vouloit ménager dans ce qui n'étoit pas le point principal, pour ne se brouiller pas absolument avec lui. Il s'offrit entre lui et le roi d'Espagne, et fit en sorte que ce mécontentement accessoire se raccommoda, et que l'ambassadeur d'Espagne retourna à Londres.

Harcourt eut à essuyer à Madrid toutes les plaintes et les clameurs; elles furent au point que, sur le compte qu'il rendit de tous les désagréments qu'il essuyoit et de l'inutilité où il se voyoit par cette découverte, il eut permission de revenir. Il laissa Blécourt, son parent, qu'il avoit mené avec lui, et qui étoit homme ferme et capable d'affaire, quoique il n'eût fait toute sa vie d'autre métier que celui de la guerre, et qui, en l'absence d'ambassadeur, servit très-bien et très-dignement, avec le caractère d'envoyé du Roi.

L'Empereur cependant ne pensoit qu'à fortifier son parti en Espagne. La reine sa belle-sœur y étoit toute-puissante; elle avoit fait chasser les plus grands seigneurs et les principaux ministres, qui ne ployoient pas sous elle. Par sa faveur, la Berlips étoit l'objet de l'envie universelle : elle prenoit à toutes mains et vendoit les plus grands emplois. Un de ses enfants avoit été fait par le roi d'Espagne archimandrite de Messine, qui est un bénéfice de quatre-vingt-dix mille livres de rente, par la mort d'un frère du duc de Lorraine; et le prince de Hesse-Darmstadt, vice-roi de Catalogne, et colonel des Allemands, dont elle avoit rempli Madrid. Quoique elle eût réduit Harcourt à la plus honteuse solitude, après avoir éprouvé tout le concontraire, elle ne laissa pas de lui détacher l'amirante, avec des propositions fortes pour elle et des espérances pour un des fils de Monseigneur. Harcourt, qui vouloit voir plus clair, et qui avec raison se défioit de la sœur de l'Impératrice, battit froid, et disant toujours qu'il ne pouvoit écrire en France tant qu'il ne verroit que du vague, ne laissoit pas de le faire, et de se flatter de la plus grande fortune s'il pouvoit réussir. Mais en France on étoit content du traité de partage; il étoit signé; la sœur de l'Impératrice y étoit trop suspecte, et l'amirante à Harcourt pour le moins autant, par la mauvaise réputation de sa foi, et par son attachement héréditaire à la maison d'Autriche, et très-particulier à la Reine. Harcourt eut donc ordre de ne plus rien écouter, qui en fut au désespoir, et qui de dépit s'éloigna de Madrid, et ne songea plus qu'à s'amuser avec son domestique et à tirer des lapins, en attendant son retour, dont bientôt après il reçut la permission.

Cette position si jalouse fit mettre toutes choses en œuvre pour recouvrer de l'argent, et se tenir en bonne posture et prêts[1] à tout événement. On commença par une recherche sourde des gens d'affaires, dont les profits avoient été immenses pendant la dernière guerre. Chamillart obtint à grand'peine permission du Roi de se servir de Desmarets pour cette opération. Il figurera assez dans la suite pour qu'il ne soit pas inutile de le faire connoître dès à présent. C'étoit un grand homme très-bien fait, d'un visage et d'une physionomie agréable, qui annonçoit la sagesse et la douceur, qui étoient les deux choses du monde qu'elle tenoit le moins. Son père étoit trésorier de France à Soissons, qui étoit riche dans son état, fils d'un manant, gros laboureur d'auprès de Noyon, qui s'étoit enrichi dans la ferme de l'abbaye d'Orcamp, qu'il avoit tenue bien des années, après avoir labouré dans son jeune temps. Son fils, le trésorier de France, avoit épousé une sœur de M. Colbert, longtemps avant la fortune de ce ministre, qui depuis prit Desmarets, son neveu, dans ses bureaux, et le fit après intendant des finances. C'étoit un homme d'un esprit net, lent et paresseux, mais que l'ambition et l'amour du gain aiguillonnoit, en sorte que M. de Seignelay, son cousin germain, l'avoit pris en aversion, parce que M. Colbert le lui donnoit toujours pour exemple. Il lui fit épouser la fille de Bechameil, secrétaire du

1. Il y a bien au manuscrit *prêts* (*presls*), au pluriel.

conseil, qui devint après surintendant des finances et affaires de Monsieur, quand il chassa Boisfranc, beau-père du marquis de Gesvres. Desmarets, élevé et conduit par son oncle, en avoit appris toutes les maximes et tout l'art du gouvernement des finances; il en avoit pénétré parfaitement toutes les différentes parties, et comme tout lui passoit par les mains, personne n'étoit instruit plus à fond que lui des manéges des financiers, du gain qu'ils avoient fait de son temps, et par ces connoissances de celui qu'ils pouvoient avoir fait depuis.

Tout à la fin de la vie de M. Colbert, on s'avisa de faire à la Monnoie une quantité de petites pièces d'argent de la valeur de trois sols et demi, pour la facilité du commerce journalier entre petites gens. Desmarets avoit acquis plusieurs terres, entre autres Maillebois et l'engagement du domaine de Châteauneuf en Timerais, dont cette terre relevoit, et quantité d'autres sortes de biens. Il avoit fort embelli le château bâti par d'O, surintendant des finances d'Henri III et d'Henri IV. Il en avoit transporté le village d'un endroit à un autre pour orner et accroître son parc, qu'il avoit rendu magnifique. Ces dépenses, si fort au-dessus de son patrimoine, de la dot de sa femme et du revenu de sa place, donnèrent fort à parler. Il fut accusé ensuite d'avoir énormément pris sur la fabrique de ces pièces de trois sols et demi. Le bruit en parvint à la fin à M. Colbert, qui voulut examiner, et qui tomba malade de la maladie prompte dont il mourut. Preuves, doutes ou humeur, je n'assurerai lequel des trois, mais ce qui est de vrai, c'est que de son lit il écrivit au Roi contre son neveu, qu'il pria d'ôter des finances, et à qui il donna les plus violents soupçons contre lui. Colbert mort, et Pelletier contrôleur général de la façon de M. de Louvois, à qui et à M. le Tellier il étoit intimement attaché de toute sa vie, le Roi lui donna ordre de chasser Desmarets, et de lui faire une honte publique. C'étoit bouillir du lait à une créature de Louvois. Il manda Desmarets, et prit son moment à une audience publique. Là, au milieu de tous les financiers, qui rampoient et trembloient huit jours auparavant devant lui, et de tout ce qui se présenta là pour parler au contrôleur général, il appela Desmarets, et tout haut, pour que tout ce qui étoit là n'en perdît pas une parole : « M. Desmarets, lui dit-il, je suis fâché de la commission dont je suis chargé pour vous ; le Roi m'a commandé de vous dire que vous êtes un fripon ; que M. Colbert l'en a averti ; qu'en cette considération, il veut bien vous faire grâce, mais qu'entre ci et vingt-quatre heures vous vous retiriez dans votre maison de Maillebois, sans en sortir ni en découcher, et que vous vous défassiez de votre intendance des finances, dont le Roi a disposé. » Desmarets, éperdu, voulut pourtant ouvrir la bouche, mais Pelletier tout de suite la lui ferma par un : « Allez-vous-en, M. Desmarets, je n'ai autre chose à vous dire ; » et lui tourna le dos. La lettre de M. Colbert mourant au Roi ferma la bouche à toute sa famille, tellement que Desmarets, dénué de toute sorte de protection, n'eut qu'à signer la démission de sa place et s'en aller à Maillebois.

Il y fut les quatre ou cinq premières années sans avoir la liberté d'en découcher, et il y essuya les mépris du voisinage, et les mauvais procédés d'une menue noblesse qui se venge avec plaisir sur l'impuissance de l'autorité dure qu'elle avoit exercée dans le temps de sa fortune. Mon père étoit ami de M. Colbert, de M. de Seignelay et de toute leur famille ; il connoissoit peu Desmarets, jeune homme à son égard. La Ferté, où mon père passoit souvent la fin des automnes, se trouvoit à quatre lieues de Maillebois. La situation de Desmarets lui fit pitié. Coupable ou non, car rien n'avoit été mis au net, il trouva que sa chute étoit bien assez profonde, sans se trouver encore mangé des mouches dans le lieu de son exil : il l'alla voir, lui fit amitié, et déclara qu'il ne verroit pas volontiers chez lui ceux qui chercheroient à lui faire de la peine. Un reste de seigneurie palpitoit encore en ce temps-là ; mon père, toute sa vie honnête et bienfaisant, étoit fort respecté dans le pays : cette déclaration changea en un moment la situation de Desmarets dans la province; il lui dut tout son repos et la considération qui succéda au mépris et à la mauvaise volonté qu'il avoit éprouvée. Mon père même alla trop loin dans les suites, car il s'engagea dans des procès de mouvance à la prière de Desmarets, qui lui coûtèrent à soutenir et qu'il perdit. Dès que Desmarets eut permission de sortir de sa maison sans découcher, il vint dîner à la Ferté sitôt que mon père y fût. Il n'oublia rien, ni Mme Desmarets, pour témoigner à mon père et à ma mère leur attachement et leur reconnoissance. Il eut enfin permission de faire à Paris des tours courts, puis allongés et réitérés, enfin liberté d'y demeurer en n'approchant pas de la cour. Il continua la même amitié avec moi, et moi avec lui, après la mort de mon père, et elle fut telle qu'on en verra bientôt une marque singulière. Desmarets étoit en cet état lorsque Chamillart obtint à grand'peine la permission de se servir de ses lumières, et de le faire travailler à la recherche des gens d'affaires, qui, par compte fait et arrêté avec eux, se trouvèrent avoir gagné depuis 1689 quatre-vingt-deux millions. On s'abstient de réflexion sur un si immense profit en moins de dix ans, et sur la misère qu'il entraîne nécessairement, sur qui a tant gagné et qui a tant perdu, sans parler d'une autre immensité d'une autre sorte de gain et de perte, qui sont les frais non compris dans ces quatre-vingt-deux millions.

Il fut proposé d'attirer la cupidité publique par des loteries ; il s'en fit de plusieurs façons en quantité. Pour leur donner plus de crédit et de vogue, Mme la duchesse de Bourgogne en fit une de vingt mille pistoles; elle et ses dames et plusieurs autres de la cour firent les billets. Hommes et femmes, depuis Monseigneur jusqu'à M. le comte de Toulouse, les cachetèrent, et les diverses façons qu'on leur donna fit[1] l'amusement du Roi et de toutes ces personnes. On y garda toutes les mesures les plus

---

1 Saint-Simon a bien écrit *fit*, au singulier.

soupçonneuses pour y conserver une parfaite fidélité. Elle fut tirée avec les mêmes précautions devant toutes les personnes royales et autres distinguées qui y furent admises. Le gros lot tomba à un garde du Roi de la compagnie de Lorges; il étoit de quatre mille louis.

Châteauneuf, secrétaire d'État, fort affligé du refus de sa survivance, et fort tombé de santé, s'en alla prendre les eaux de Bourbon, et pria le Roi de trouver bon que Barbezieux signât pour lui en son absence. Il étoit naturel que ce fût Pontchartrain, mais ces deux branches ne s'étoient jamais aimées, comme on l'a pu voir plus haut, et j'ai ouï plus d'une fois le chancelier reprocher à la Vrillière le vol de la charge de son père par son bisaïeul, et fort médiocrement en plaisanterie. Châteauneuf étoit un homme d'une prodigieuse grosseur ainsi que sa femme, fort peu de chose, bon homme et servant bien ses amis. Il avoit le talent de rapporter les affaires au conseil de dépêches mieux qu'aucun magistrat, du reste la cinquième roue d'un chariot, parce qu'il n'avoit aucun autre département que ses provinces, depuis qu'il n'y avoit plus de huguenots. Sa considération étoit donc fort légère, et sa femme, la meilleure femme du monde, n'étoit pas pour lui en donner. Peu de gens avoient affaire à lui, et l'herbe croissoit chez eux. En passant chez lui à Châteauneuf, en revenant de Bourbon, dont il avoit fait un des plus beaux lieux de France, il y mourut presque subitement.

Il en vint un courrier à son fils pour le lui apprendre, qui arriva à cinq heures du matin. Il ne perdit point le jugement : il envoya éveiller la princesse d'Harcourt et la prier instamment de venir chez lui sur l'heure. La surprise où elle en fut à heure si indue l'y fit courir. La Vrillière lui conta son malheur, lui ouvrit sa bourse à une condition : c'est qu'elle iroit sur-le-champ au lever de Mme de Maintenon lui proposer son mariage pour rien avec Mlle de Mailly, moyennant la charge de son père, et d'écrire au Roi avant d'aller à Saint-Cyr, pour lui faire rendre sa lettre au moment de son réveil. La princesse d'Harcourt, dont le métier étoit de faire des affaires depuis un écu jusqu'aux plus grosses sommes, se chargea volontiers de celle-là. Elle la fit sur-le-champ, et le vint dire à la Vrillière ; il la renvoya à la comtesse de Mailly, qui sans bien et chargée d'une troupe d'enfants, garçons et filles, y avoit déjà consenti quand Châteauneuf tenta vainement la survivance. En même temps la Vrillière s'en va chez le chancelier, l'avertit de ce qu'il venoit de faire avec la princesse d'Harcourt, et l'envoie chez le Roi pour lui demander la charge en cadence de Mme de Maintenon. Le chancelier fit demander à parler au Roi avant que personne fût entré. Le Roi venoit de lire la lettre de Mme de Maintenon, et accorda sur-le-champ la charge, à condition du mariage, et l'un et l'autre fut déclaré au lever du Roi.

La Vrillière étoit extrêmement petit, assez bien pris dans sa petite taille. Son père, pour le former, l'avoit toujours fait travailler sous lui, et il en étoit venu à y tout faire. Tous ces la Vrillière, depuis le bonhomme la Vrillière, grand-père de celui-ci, avoient toujours été extrêmement des amis de mon père. Blaye, par la Guyenne, étoit de leur département. Cette amitié s'étoit continuée avec moi ; je tirai d'eux plusieurs services importants pour mon gouvernement : je fus ravi que la charge fût demeurée à la Vrillière. Il eût été bien à plaindre sans cela : d'épée ni de robe, il n'avoit pris aucun de ces deux chemins ; à la cour sans charge, quelle figure y eût-il pu faire ? C'étoit un homme sans état et sans consistance. Sa future ne fut pas si aise que lui : elle n'avoit pas douze ans ; elle se mit à pleurer, et à crier qu'elle étoit bien malheureuse ; qu'on lui donnât un homme pauvre si l'on vouloit, pourvu qu'il fût gentilhomme, et non pas un petit bourgeois pour faire sa fortune : elle étoit en furie contre sa mère et contre Mme de Maintenon ; on ne pouvoit l'apaiser, ni la faire taire, ni faire qu'elle ne fît pas la grimace à la Vrillière et à toute sa famille, qui accoururent la voir, et sa mère. Ils le sentirent tous bien, mais le marché étoit fait, et trop bon pour eux pour le rompre. Ils espérèrent que c'étoit enfance qui passeroit, mais ils l'espérèrent vainement : jamais elle ne s'est accoutumée à être Mme de la Vrillière, et souvent elle le leur a montré.

Le Roi fit en ce même temps un autre beau présent. Cauvisson mourut en Languedoc, dont il étoit un des trois lieutenants généraux; il n'avoit qu'une fille unique, qu'il avoit mariée à son frère; son fils avoit été tué peu après son mariage avec la sœur de Biron, dont il n'avoit point eu d'enfants; et Mme de Nogaret, sa veuve, étoit dame du palais de Mme la duchesse de Bourgogne, et intimement amie de Mme de Saint-Simon et de moi. Cauvisson, frère et gendre, demandoit la charge. C'étoit une fort vilaine figure d'homme, mais avec beaucoup d'esprit, de lecture et de monde, aimé et mêlé avec tout le meilleur et le plus brillant de la cour dès qu'il y revenoit, car il étoit souvent en Languedoc, où son frère passoit sa vie. Il avoit été capitaine aux gardes, et avoit quitté : c'étoit le grief. M. du Maine, gouverneur de la province, demanda la charge pour lui. Cela dura quelques jours. Le Roi, qui voulut suivre sa maxime de refuser tout à ceux qui avoient quitté le service, et qui ne manquoit aucune occasion d'élever M. du Maine et de relever son crédit, remplit ces deux vues : il donna la charge à M. du Maine, pour en disposer en faveur de qui il voudroit; il la donna à Cauvisson, qui de la sorte la tint de lui et point du Roi.

Une autre grâce plus importante fut la nomination au cardinalat que le Roi donna à l'archevêque de Paris, qui n'en avoit fait aucune démarche; mais son frère et Mme de Maintenon firent tout pour lui. On ne le sut que par les lettres de Rome. Il n'attendit pas deux mois la pourpre depuis sa nomination. Le Pape avoit résolu de faire la promotion des couronnes dès qu'il y auroit trois chapeaux vacants. Le cardinal Maldachini mourut le troisième, et aussitôt, c'est-à-dire le 28 juin, il arriva un courrier de M. de Monaco, qui apporta la nouvelle que le Pape avoit fait le cardinal de Noailles pour la France, le cardinal de Lamberg, évêque de Passau, pour l'Empereur, et le cardinal Borgia pour l'Espagne. Le courrier du Pape ne fit pas diligence, tellement que ce ne fut que le 1ᵉʳ juillet qu'au retour de sa promenade de Marly, le Roi trouva le nouveau cardinal, qui l'attendoit à Versailles dans son appartement, qui lui présenta sa calotte. Le Roi la lui mit sur la tête avec force gracieusetés.

Cette promotion fut une cuisante douleur pour le cardinal de Bouillon, de voir un Noailles paré comme lui de la pourpre, et un de ceux qui étoit[1] en lice contre Monsieur de Cambray, et qui l'avoit vaincu. Il venoit d'éprouver un coup de fouet plus personnel, mais qui lui fut peut-être moins sensible.

L'abbé de Vaubrun avoit été exilé à Serrant, en Anjou, chez son grand-père maternel. Il étoit frère de la duchesse d'Estrées, et fils unique de Vaubrun, tué lieutenant général à cette belle et mémorable retraite que fit M. de Lorges devant les Impériaux, après la mort de M. de Turenne. Il avoit pris le petit collet pour se cacher. Il étoit tout à fait nain, en avoit la laideur et la grosse tête, et il s'en falloit pour le moins un pied que ses courtes jambes tortues ne fussent égales ; avec cela beaucoup d'esprit, et de la lecture, mais un esprit dangereux, tout tourné à la tracasserie et à l'intrigue ; il étoit accusé avec cela de l'avoir fort mauvais, d'être peu sûr dans le commerce, et de se livrer à tout pour être de quelque chose. Sa figure ne l'empêchoit pas d'attaquer les dames ni d'en espérer les faveurs, et de se fourrer comme que ce fût partout où il pouvoit trouver entrée. Ennuyé de l'obscurité où il languissoit, il obtint par MM. d'Estrées l'agrément de la charge de lecteur du Roi, que le baron de Breteuil lui vendit quand il acheta celle d'introducteur des ambassadeurs, après la mort de Bonneuil ; et ce vilain et dangereux escargot se produisit à la cour, et chercha à s'y accrocher : il fit une cour basse aux Bouillons, il fut admis chez eux. Le cardinal de Bouillon le reconnut bientôt pour ce qu'il

---

1. *Étoit*, et à la ligne suivante, *avoit*, sont bien au singulier dans le manuscrit.

étoit; il lui falloit de tels pions pour jeter en avant : il se trouva son espion, son agent, son correspondant dans toute sa conduite à Rome, et d'un coup de pied il fut chassé.

Malgré tant de revers, le cardinal de Bouillon persévéra dans sa résolution de ne pas perdre le décanat. Il amusa le Roi tant qu'il put d'une obéissance d'un ordinaire à l'autre, dès qu'il auroit son bref. N'en pouvant cacher le refus, il fit semblant de partir, et alla jusqu'à Caprarole, où il s'arrêta, fit le malade, et dépêcha un courrier au P. de la Chaise, pour le prier de rendre au Roi une lettre par laquelle il lui demandoit la permission de demeurer à Rome, sans voir personne, jusqu'à la mort du cardinal Cibo, lui remontroit la prétendue importance que le décanat n'échappât pas aux François, et ajoutoit qu'il attendroit ses ordres à Caprarole, qui est une magnifique maison du duc de Parme, à huit lieues de Rome, à faire des remèdes dont sa santé avoit, disoit-il, grand besoin. Il avoit pris le parti de s'adresser au P. de la Chaise, parce que M. de Torcy lui avoit enfin mandé que le Roi lui avoit défendu d'ouvrir aucune de ses lettres, ni de lui en rendre aucunes[1] de lui. Les jésuites lui étoient de tout temps entièrement dévoués; et il espéra de la voie[2] touchante et accréditée du confesseur; mais il trouva cette porte aussi fermée que celle de M. de Torcy, et le P. de la Chaise lui manda qu'il avoit reçu les mêmes défenses. Il avoit offert en même temps la démission de son canonicat de Strasbourg : comme on n'en avoit aucun besoin, elle fut refusée, et un nouvel ordre d'obéir et de partir sur-le-champ lui fut renvoyé par un nouveau courrier.

Tous ces divers prétextes, les courriers du cardinal de Bouillon chargés de faire peu de diligence, ceux du Roi retenus par le cardinal le plus qu'il pouvoit, tirèrent tant de long qu'il parvint à atteindre ce qu'il desiroit : le car-

---

1. Saint-Simon a écrit ainsi, dans la même phrase, *aucune*, au singulier, puis *aucunes*, au pluriel.
2. Le manuscrit porte bien *voie* (*voye*), et non *voix*.

dinal Cibo mourut à Rome le 21 juillet. Le cardinal de Bouillon, qui n'en étoit qu'à huit lieues, à Caprarole, averti de son extrémité, alla à Rome la veille de sa mort, et dépêcha un courrier par lequel il manda au Roi qu'il avoit reçu son dernier ordre de partir, mais que l'extrémité du cardinal Cibo l'avoit fait retourner à Rome pour opter le décanat et partir vingt-quatre heures après, persuadé que le Roi ne trouveroit pas mauvais un si court délai à lui obéir par l'importance de conserver le décanat à un François. Cela s'appeloit se moquer du Roi et de ses ordres, et être doyen malgré lui. Aussi le Roi en témoigna-t-il sa colère le jour même qu'il reçut cette nouvelle, en parlant à Monsieur et à M. de Bouillon, quoique avec bonté pour lui. Cependant la mauvaise santé du Pape empêcha qu'il ne pût tenir le consistoire, et par conséquent le cardinal de Bouillon d'opter l'évêché d'Ostie, tant qu'enfin le Roi, ne pouvant plus souffrir une si longue dérision de ses ordres, envoya ordre à M. de Monaco, son ambassadeur, de lui commander de sa part de donner la démission de sa charge de grand aumônier, d'en quitter le cordon bleu, et de faire ôter les armes de France de dessus son palais, et de défendre à tous les François de le voir et d'avoir aucun commerce avec lui.

M. de Monaco, qui haïssoit le cardinal de Bouillon, surtout pour avoir traversé sa prétention d'*Altesse*, exécuta cet ordre fort volontiers, après l'avoir concerté avec les cardinaux d'Estrées, Janson et Coislin. Le cardinal répondit qu'il recevoit avec respect les ordres du Roi, et ne s'expliqua pas davantage. Quoique il dût bien s'attendre qu'à la fin la bombe crèveroit, il en parut accablé ; mais comme il n'avoit pu se résoudre à obéir sur le départ et perdre le décanat, il ne le put encore sur la démission de sa charge : il se crut si grand d'être doyen du sacré collége, qu'il ne pensa pas au-dessus de lui de commencer avec éclat une lutte avec le Roi, qu'il n'avoit jusqu'alors soutenue qu'à la sourdine et sous le masque des adresses et des mensonges. Mais il faut encore interrompre ici cette matière, qui arriéreroit trop sur les autres.

Au mariage de Mgr le duc de Bourgogne, le Roi lui avoit offert de lui augmenter considérablement ses mois. Ce prince, qui s'en trouva assez, le remercia, et lui dit que si l'argent lui manquoit, il prendroit la liberté de lui en demander. En effet, s'étant trouvé court en ce temps-ci, il lui en demanda. Le Roi le loua fort, et d'en demander quand il en avoit besoin, et de lui en demander lui-même sans mettre de tiers entre eux; il lui dit d'en user toujours avec la même confiance, et qu'il jouât hardiment, sans craindre que l'argent lui manquât, et qu'il n'étoit de nulle importance d'en perdre à des personnes comme eux. Le Roi se plaisoit à la confiance, mais il n'aimoit pas moins à se voir craint, et lorsque des gens timides qui avoient à lui parler se déconcertoient devant lui et s'embarrassoient dans leurs discours, rien ne faisoit mieux leur cour et n'aidoit plus à leur affaire.

Il donna aussi cent mille francs à Mansart, qui fit son fils conseiller au Parlement.

L'archevêque de Reims présida à l'assemblée du clergé, qui se tient de cinq en cinq ans; l'archevêque d'Auch, Suze [1], lui fut adjoint; et tous deux firent si bien qu'il n'y eut point d'évêques présidents avec eux, quoique la dernière assemblée eût ordonné qu'il y auroit deux évêques avec deux archevêques : ils eurent onze provinces pour eux, qui l'emportèrent sur les cinq autres. Monsieur de Reims, dans sa harangue au Roi à l'ouverture, auroit pu se passer de nommer l'archevêque de Cambray, dont les amis et même les indifférents furent scandalisés; il proposa aussi à l'assemblée d'insérer dans son procès-verbal copie de ceux des assemblées provinciales tenues à l'occasion de sa condamnation, ce qui fut fait en conséquence de pareils exemples. Elle fit aussi une commission de six

1. De la Baume de Suze.

évêques, et de six du second ordre, à la tête desquels fut Monsieur de Meaux, pour examiner plusieurs livres, la plupart d'auteurs jésuites, sur la morale, qui fut accusée d'être fort relâchée. Monsieur d'Auch ouvrit cet avis, qui passa à la pluralité de dix provinces contre six. Il s'éleva une dispute dans ce bureau entre le premier et le second ordre, qui y prétendoit la voix délibérative; le premier ne lui voulut reconnoître que la consultative, parce qu'il s'agissoit, non d'affaires temporelles, mais de doctrine, et après quelques débats assez forts, cela passa ainsi en faveur du premier ordre; et la fin de cette affaire fut la condamnation de cent vingt propositions, extraites de ces livres par l'assemblée, ensuite du beau rapport que lui en fit Monsieur de Meaux.

Cette assemblée se tint à Saint-Germain, quoique le roi d'Angleterre occupât le château. Monsieur de Reims y tenoit une grande table, et avoit du vin de Champagne qu'on vanta fort. Le roi d'Angleterre, qui n'en buvoit guère d'autres, en entendit parler, et en envoya demander à l'archevêque, qui lui en envoya six bouteilles. Quelque temps après, le roi d'Angleterre, qui l'en avoit remercié, et qui avoit trouvé ce vin fort bon, l'envoya prier de lui en envoyer encore. L'archevêque, plus avare encore de son vin que de son argent, lui manda tout net que son vin n'étoit point fou et ne couroit point les rues, et ne lui en envoya point. Quelque accoutumé qu'on fût aux brusqueries de l'archevêque, celle-ci parut si étrange qu'il en fut beaucoup parlé; mais il n'en fut autre chose.

Les disputes de la Chine commençoient à faire du bruit sur les cérémonies de Confucius et des ancêtres, etc., que les jésuites permettoient à leurs néophytes et que les Missions étrangères défendoient aux leurs : les premiers les soutenoient purement civiles, les autres qu'elles étoient superstitieuses et idolâtriques. Ce procès entre eux a eu de si terribles suites qu'on en a écrit des mémoires fort étendus, et des questions et des faits, et on en a des histoires entières. Je me contenterai donc de dire ici que les

livres que les Pères Tellier et le Comte avoient publiés sur
cette matière furent déférés à la Sorbonne par les Missions
étrangères, et qu'après un long et mûr examen, ils furent
fortement condamnés, tellement que le Roi, alarmé que la
conscience de Mme la duchesse de Bourgogne fût entre les
mains du P. le Comte, qu'elle goûtoit fort et la cour aussi,
il[1] le lui ôta ; et pour un salve-l'honneur[2], les jésuites
l'envoyèrent à Rome, et publièrent que de là, après s'être
justifié, il retourneroit à la Chine. La vérité fut qu'il alla
à Rome, mais qu'il ne s'y justifia ni ne retourna aux missions. On fit essayer plusieurs jésuites à Mme la duchesse
de Bourgogne, qui auroit bien voulu ne se confesser à pas
un. Elle avoit eu à Turin, la seule cour catholique qu'ils
ne gouvernent pas, et qui se tient en garde contre eux et
les tient bas, un confesseur qui étoit barnabite, et un fort
saint homme et fort éclairé. Elle eût bien voulu pouvoir
choisir dans le même ordre, mais le Roi voulut un
jésuite, et après en avoir essayé plusieurs, elle s'en tint au
P. de la Rue, si connu par ses sermons et par d'autres
endroits.

Cette affaire mortifia cruellement les jésuites, d'autant
plus que cette même affaire leur bâtoit mal à Rome, et
remplit le P. Tellier d'une rage qui devint bien funeste
dans la suite. Les jésuites, ainsi pincés sur leur morale
d'Europe et d'Asie, s'en revanchèrent, en attendant
d'autres conjonctures, sur le temporel, et firent si bien
par le Roi auprès de l'assemblée, qu'ils furent pour toujours affranchis des taxes et des impositions du clergé. Ils
alléguèrent la pauvreté de leurs maisons professes et les
besoins de leurs collèges : ils ne parloient pas de leurs ressources. Le Roi témoigna desirer qu'il ne fût rien imposé
sur eux pour ce que le clergé lui paye, et l'assemblée, qui
les avoit malmenés d'ailleurs, ne voulut pas, en résistant
là-dessus, témoigner de passion contre eux. Les jésuites
firent une protestation contre la censure de la Sorbonne,

---

1. Ce pléonasme est du fait de Saint-Simon.
2. Plus haut, p. 321, Saint-Simon a écrit : *un sauve-l'honneur*.

laquelle publia une réponse fort vive à la protestation, de manière que les esprits de part et d'autres demeurèrent fort aigres.

Pelletier, conseiller d'État, qui avoit été longtemps intendant de Flandres, et qui y avoit été fort connu du Roi, parce qu'il y avoit eu nécessairement la confiance et la commission de beaucoup de dispositions pour les conquêtes de ce pays-là, avoit eu, à la mort de Louvois, l'intendance des fortifications de toutes les places, ce qui lui donnoit toutes les semaines un travail tête à tête avec le Roi. Cela ne laissoit pas d'être plaisant d'un homme de robe, de décider de l'importance des places, du choix de leurs ouvrages, du mérite même militaire et de la fortune du corps des ingénieurs, tandis que Vauban avoit acquis en ce genre la première réputation de l'Europe, et que le Roi n'ignoroit pas que ce ne fût à lui qu'il ne dût tous les succès de tous les siéges qu'il avoit faits en personne et de la plupart de ceux qu'il avoit fait faire, et qu'il eût pour lui l'estime et l'amitié qu'il méritoit. C'étoit aussi l'homme entre tous à choisir pour l'envoyer visiter toutes les places et les ports de l'Océan, qu'on vouloit mettre en état de ne rien craindre; mais c'étoit le règne de la robe pour tout, et ce fut Pelletier qui fut chargé de cette commission.

M. de Vendôme prit une autre fois congé publiquement du Roi et des princes et princesses, pour s'aller remettre entre les mains des chirurgiens. Il reconnut enfin qu'il avoit été manqué, que son traitement seroit long, et il s'en alla à Anet travailler au recouvrement de sa santé, qui ne lui réussit pas mieux que la première fois; mais il rapporta, celle-ci, un visage sur lequel son état demeura encore plus empreint que la première fois.

Mme d'Uzès, fille unique du prince de Monaco, mourut de ce mal : c'étoit une femme de mérite et fort vertueuse, peu heureuse et qui méritoit un meilleur sort. Son mari étoit un homme obscur, qui ne voyoit personne que des gueuses, et qui s'en tira mieux qu'elle, qui fut fort plainte et regrettée. Ses enfants périrent du même mal, et elle n'en laissa point.

Mme du Maine fit un mariage de la faim et de la soif; ce fut celui de Mlle de Lussan, fille de Lussan, chevalier de l'ordre, qui étoit à Monsieur le Prince, et de la dame d'honneur de Madame la Princesse, avec le duc d'Albemarle, bâtard du roi d'Angleterre et d'une comédienne. Il étoit chef d'escadre et n'avoit rien vaillant; Mlle de Lussan, quoique unique, n'avoit guère davantage. Mme du Maine, qui s'en étoit coiffée, fit accroire au bâtard qu'il en étoit amoureux, et que, par le crédit de M. du Maine, il auroit tout à souhait en l'épousant. C'étoit bien l'homme le plus stupide qui se pût trouver. Il se maria donc sur ces belles espérances, logé et nourri chez M. du Maine, où il fila le parfait amour. Elle fut assise comme duchesse du roi d'Angleterre, que le Roi traitoit bien en tout, car d'ailleurs les ducs et les duchesses d'Angleterre n'ont point de rang en France.

Le Roi, dont le goût croissoit chaque jour pour Chamillart, lui fit une grâce que Pontchartrain ni aucun autre contrôleur général n'avoit osé espérer : ce fut de faire entrer Mme Chamillart dans les carrosses de Mme la duchesse de Bourgogne et manger avec elle. Sa fille eut le même honneur, sous prétexte de la charge de grand maître des cérémonies qu'avoit eue son mari; et par là la porte de Marly leur fut ouverte et de tous les agréments de la cour. La vérité est que, dès que les femmes des secrétaires d'État y étoient parvenues, celles des contrôleurs généraux pouvoient bien valoir autant.

Le Roi fit presque en même temps ce qu'il n'a pas fait cinq ou six fois dans sa vie. Le chapitre de Chartres, tout à fait indépendant de son évêque, avoit toute l'autorité dans la cathédrale, où l'évêque ne pouvoit officier sans sa permission que très-peu de jours marqués dans l'année, ni jamais y dire la messe basse. Il avoit un grand territoire, où étoient un grand nombre de paroisses, qui lui faisoit un petit diocèse à part, où l'évêque ne pouvoit rien, et quantité d'autres droits fort étranges, directement contraires à toute hiérarchie. Godet des Marais, évêque de Chartres, et qui en faisoit très-assidûment et très-religieusement tous les devoirs, se trouvoit barré en mille choses. Dans la position intime où il se trouvoit avec le Roi et Mme de Maintenon, il essaya de faire entendre raison à son chapitre sur des droits si abusifs, sans l'avoir pu induire à entendre à aucune sorte de modération; il espéra de sa patience, et de temps en temps revint à la charge, et toujours sans aucun succès. Lassé enfin, il crut devoir user, pour le rétablissement d'un meilleur ordre, de la conjoncture où il étoit : il attaqua son chapitre en justice, où il sentoit bien qu'il ne réussiroit pas, mais le procès engagé, il le fit évoquer pour être jugé par le Roi lui-même.

Un bureau de conseillers d'État, avec un maître des requêtes rapporteur, travailla contradictoirement sur cette affaire, et lorsqu'elle fut instruite, ce bureau entra au conseil des dépêches, où le rapporteur la rapporta. L'usurpation étoit si ancienne, si confirmée par les papes, par les rois, par un usage non interrompu, que tous ceux qui étoient à ce conseil, convenant de la difformité de l'usurpation et du désordre, furent pourtant d'avis de maintenir le chapitre en tout. Le Roi leur laissa tout dire tant qu'ils voulurent, sans montrer ni impatience ni penchant. Tout le monde ayant achevé d'opiner : « Messieurs, leur dit-il, j'ai très-bien entendu l'affaire et vos opinions à tous, mais votre avis n'est pas le mien, et je trouve la religion, la raison, le bon ordre et la hiérarchie si blessés par les usurpations du chapitre, que je me servirai en cette occasion, contre ma constante coutume, de mon droit de décision, et je prononce en tout et partout en faveur de l'évêque de Chartres. » L'étonnement fut général; tous se regardèrent; Monsieur le chancelier, qui n'aimoit pas Monsieur de Chartres, fort sulpicien, fit quelques représentations. Le Roi l'écouta, puis lui dit qu'il persistoit, le chargea de dresser l'arrêt conformément aux conclusions de Monsieur de Chartres, et lui ordonna de plus de lui apporter l'arrêt le lendemain, qui fut une défiance qui dut peiner le chancelier.

Malgré une volonté si rare et si marquée, le chancelier, ou piqué, ou plein du droit du chapitre, ou craignant qu'en certaines affaires le Roi s'accoutumât à l'exercice de ce droit, osa adoucir l'arrêt en faveur du chapitre. Le Roi écouta encore ses raisons, puis raya lui-même l'arrêt, et se le fit apporter le lendemain tel en tout qu'il l'avoit ordonné. Ce fut un grand dépit au chancelier, qui ne le put cacher à l'évêque de Chartres lorsqu'il l'alla voir. Ce prélat, qui, avec les défauts d'un homme nourri et pétri de Saint-Sulpice, étoit un grand et saint évêque, se contenta d'avoir vaincu et remis les choses dans l'ordre naturel et dans la règle, sans user de son arrêt après l'avoir fait signifier, et ne songea qu'à regagner l'amitié de son chapitre, dont cette modération, et l'estime qu'il ne pouvoit lui refuser, facilita fort le retour. Ce prélat étoit fort loin d'être janséniste ni quiétiste, comme on a vu, mais d'autre part il n'aimoit point les jésuites, les tenoit de court et bas, et partageoit fort avec le P. de la Chaise la distribution des bénéfices, sans en prendre pour soi ni pour les siens. Malheureusement, comme je l'ai dit ailleurs, ses choix ne furent pas bons : il infesta l'épiscopat d'ignorants entêtés, ultramontains, barbes sales de Saint-Sulpice, et de tous gens de bas lieu et de [1] plus petit génie, ce qui n'a été que trop suivi depuis.

L'archevêque de Reims, ravi de présider à l'assemblée du clergé, lors fort bien composée, y brilla par sa doctrine, par sa capacité, par sa dépense. Il étoit fort bien avec le Roi, et fort soutenu de Barbezieux, son neveu, qui tiroit de sa place une grande autorité. Dans les commencements, le prélat contraignit son naturel brutal, comme sont tous ceux de sa famille, et plus que qui ce soit les bourgeois porphyrogénètes[2], c'est-à-dire nés dans toute la considéra-

1. Il y a bien *de*, et non *du*.
2. On donnait le nom de *porphyrogénètes*, ou nés dans la pourpre, aux fils des empereurs bysantins nés depuis l'avénement de leur père au trône.

tion et le crédit d'un long et puissant ministère ; mais peu à peu l'homme revient à son naturel : celui-ci, bien ancré, ce lui sembloit, dans l'assemblée, s'y contraignit moins, et de l'un à l'autre se permit tant de brutalités et d'incartades, qu'il la banda entièrement contre lui ; il y reçut tant de dégoûts et y essuya tant de refus de choses que le moindre de l'assemblée eût fait approuver s'il l'eût proposée[1], qu'il se détermina au remède du monde le plus honteux, et dont il fit le premier exemple. Monsieur de Paris étoit devenu cardinal depuis l'ouverture de l'assemblée, et depuis peu de jours le Roi lui avoit donné le bonnet, apporté par l'abbé de Barrière, camérier d'honneur du Pape. S'il l'eût été avant l'ouverture, la présidence lui pouvoit être offerte et acceptée : c'eût été un dégoût pour Monsieur de Reims, l'ancien des archevêques députés, mais moindre par la qualité de diocésain, jointe à celle de cardinal, dans le cardinal de Noailles ; mais de se le mettre, à la moitié et plus de l'assemblée, sur la tête, cela ne s'étoit jamais pratiqué. C'est pourtant ce que fit l'archevêque de Reims, qui lui-même y fit entrer le Roi, en lui avouant qu'il ne trouvoit plus qu'obstacles personnels à tout ce qu'il étoit à propos de faire, tellement que le cardinal de Noailles présida tout le reste de l'assemblée, et Monsieur de Reims n'y fit plus de rien que de sa présence en second. Avec son siège, sa pourpre, sa faveur, sa douceur, ses mœurs, sa piété et son savoir, il gouverna toute l'assemblée sans peine, et s'y acquit beaucoup de réputation.

C'étoit un homme fort modeste, et continuellement résidant à Châlons, où il n'y avoit pas occasion de faire montre de sa capacité en affaires ni en doctrine. Un air de béatitude que sa physionomie présentoit, avec un parler gras, lent et nasillard, la faisoit volontiers prendre pour niaise, et sa simplicité en tout pour bêtise. La surprise fut grande, quand par des discours sur-le-champ, et sur des matières de doctrine ou d'affaires qui naissoient dans les

1. Tel est bien le texte du manuscrit.

séances, ne pouvoient laisser aucun soupçon de la préparation la plus légère, on reconnut un grand fond d'érudition d'une part, de capacité de l'autre, d'ordre et de netteté en tous les deux, avec le même style de ses mandements et de ses écrits contre Monsieur de Cambray et sur d'autres matières de doctrine, et sans sortir de sa simplicité ni de sa modestie. On vit cet homme, qui à Paris comme à Châlons se contentoit de son bouilli avec deux petites et grossières entrées, servi splendidement et délicatement, et, l'occasion passée, retourner tout court à son petit ordinaire, en gardant toujours ses officiers, pour s'en servir quand il étoit nécessaire. Jamais grand seigneur ni cardinal qui, sans sortir d'aucune bienséance, fut[1] moins l'un et l'autre, et jamais ecclésiastique plus prêtre ni plus évêque qu'il le fut toujours.

Le Roi ordonna que les comtes d'Uzès et d'Albert, accusés de duel contre les comtes de Rantzau, Danois, et de Schwartzenberg, Autrichien, se remettroient à la Conciergerie : ils prirent le large. Barbezieux envoya courre après son beau-frère, qui sur sa parole se remit; le comte d'Albert ne revint que longtemps après dans la même prison. Il fut cassé pour sa désobéissance, et le Roi voulut que Monseigneur disposât de son régiment de dragons, qu'il avoit. A la fin ils sortirent l'un et l'autre; mais le comte d'Albert, avec tout le crédit de M. de Chevreuse, et la belle action qu'il avoit faite de s'être jeté dans Namur à travers les assiégeants, et d'y être entré à la nage son épée entre ses dents, il[2] ne put jamais être rétabli. Il étoit plus que bien avec Mme de Luxembourg; Rantzau aussi : cela fit la querelle, dont la raison fut sue de tout le monde et fit un étrange bruit. M. le prince de Conti me conta, en revenant de Meudon, qu'il n'avoit jamais été si embarrassé ni tant souffert[3] en sa vie : il étoit, comme on l'a vu, ami intime de feu M. de Luxembourg, et l'étoit demeuré de

---

1. Saint-Simon a bien mis *fut*, à l'indicatif.
2. Encore un pléonasme de Saint-Simon.
3. Et n'avait jamais tant souffert.

même de celui-ci. A Meudon on ne parloit que de ce combat et de sa cause. M. de Luxembourg étoit le seul qui l'ignorât ; il la demandoit à tout le monde, et, comme on peut croire, personne ne la lui voulut apprendre ; lui aussi ne comprit jamais ce secret, et alla à maintes reprises à M. le prince de Conti pour le savoir, avec des presses et des instances à le mettre au désespoir. Il en sortit pourtant sans le lui dire, et il m'assura qu'il n'avoit jamais été si aise de sortir de Meudon et de la fin du voyage, pour éviter M. de Luxembourg jusqu'à ce qu'il n'en fût plus question.

Le Roi, pressé par Mme la duchesse de Bourgogne, bonne et facile, permit l'entrée de ses carrosses et de manger avec elle à Mme de Villacerf, qui étoit Saint-Nectaire et femme de son premier maître d'hôtel, sur l'exemple de Mme de Chamarande, quoique Mme de Villacerf la mère, en pareille place et femme d'un homme bien plus accrédité et considéré, n'eût jamais osé y prétendre ; mais aussi, d'elle, elle n'étoit rien.

Il donna aussi à M. le prince de Conti dix-huit mille livres d'augmentation de pension, et à M. de Duras vingt mille d'augmentation d'appointements de son gouvernement de Franche-Comté. Monseigneur donna aussi deux mille louis à Sainte-Maure, qui lui fit représenter par Mme la princesse de Conti l'embarras où il étoit d'avoir beaucoup perdu au jeu.

Les fiançailles de la Vrillière avec Mlle de Mailly avoient été faites quinze jours après la déclaration de son mariage avec Mlle de Mailly, en présence du Roi et de toute la cour, dans le grand cabinet de Mme la duchesse de Bourgogne, où le contrat avoit été signé, par le droit de fille de la dame d'atour ; dès qu'elle eut douze ans accomplis, ils se marièrent ; la chancelière donna à dîner à la noce. Ils couchèrent dans l'appartement de la comtesse de Mailly, où Mme la duchesse de Bourgogne s'en amusa tout le jour. Le Roi avoit donné la charge de greffier de l'ordre à la Vrillière, qu'avoit son père, et le râpé au chancelier. Le premier en avoit grand besoin pour le parer un peu.

Le P. Valois, jésuite célèbre, mais meilleur homme que ceux-là ne le sont d'ordinaire, mourut d'une longue maladie de poitrine, qui ne l'empêcha point d'aller presque jusqu'à la fin. Il étoit confesseur des enfants de France. Le P. de la Chaise en fit la fonction quelque temps, et le P. Martineau remplit après cette place. Le P. Valois étoit un de ceux qui avoient tenu pour Monsieur de Cambray. C'étoit un homme doux, d'esprit et de mérite, qui fut et qui mérita d'être regretté.

Le Nôtre mourut presque en même temps, après avoir vécu quatre-vingt-huit ans dans une santé parfaite, sa tête et toute la justesse et le bon goût de sa capacité, illustre pour avoir le premier donné les divers dessins de ces beaux jardins qui décorent la France, et qui ont tellement effacé la réputation de ceux d'Italie, qui en effet ne sont plus rien en comparaison, que les plus fameux maîtres en ce genre viennent d'Italie apprendre et admirer ici. Le Nôtre avoit une probité, une exactitude et une droiture qui le faisoit estimer et aimer de tout le monde. Jamais il ne sortit de son état ni ne se méconnut, et fut toujours parfaitement désintéressé. Il travailloit pour les particuliers comme pour le Roi, et avec la même application, ne cherchoit qu'à aider la nature, et à réduire le vrai beau aux[1] moins de frais qu'il pouvoit; il avoit une naïveté et une vérité charmante. Le Pape pria le Roi de le lui prêter pour quelques mois; en entrant dans la chambre du Pape, au lieu de se mettre à genoux, il courut à lui : « Eh! bonjour, lui dit-il, mon Révérend Père, en lui sautant au col, et l'embrassant et le baisant des deux côtés; eh! que vous avez bon visage, et que je suis aise de vous voir et en si bonne santé! » Le Pape, qui étoit Clément X, Altieri, se mit à rire de tout son cœur; il fut ravi de cette bizarre entrée, et lui fit mille amitiés.

A son retour, le Roi le mena dans ses jardins de Versailles, où il lui montra ce qu'il y avoit fait depuis son ab-

---

1. *Aux*, au pluriel, est bien l'orthographe de Saint-Simon.

sence. A la colonnade, il ne disoit mot; le Roi le pressa d'en dire son avis : « Eh bien! Sire, que voulez-vous que je vous dise? d'un maçon vous avez fait un jardinier (c'étoit Mansart), il vous a donné un plat de son métier. » Le Roi se tut, et chacun sourit; et il étoit vrai que ce morceau d'architecture, qui n'étoit rien moins qu'une fontaine et qui la vouloit être, étoit fort déplacé dans un jardin. Un mois avant sa mort, le Roi, qui aimoit à le voir et à le faire causer, le mena dans ses jardins, et à cause de son grand âge, le fit mettre dans une chaise que des porteurs rouloient à côté de la sienne, et le Nôtre disoit là : « Ah! mon pauvre père, si tu vivois et que tu pusses voir un pauvre jardinier comme moi, ton fils, se promener en chaise à côté du plus grand roi du monde, rien ne manqueroit à ma joie. » Il étoit intendant des bâtiments, et logeoit aux Tuileries, dont il avoit soin du jardin, qui est de lui, et du palais. Tout ce qu'il a fait est encore fort au-dessus de tout ce qui a été fait depuis, quelque soin qu'on ait pris de l'imiter et de travailler d'après lui le plus qu'il a été possible. Il disoit des parterres qu'ils n'étoient que pour les nourrices, qui ne pouvant quitter leurs enfants, s'y promenoient des yeux et les admiroient du second étage. Il y excelloit néanmoins, comme dans toutes les parties des jardins, mais il n'en faisoit aucune estime, et il avoit raison, car c'est où on ne se promène jamais.

La Briffe, procureur général, mourut bientôt après d'une longue maladie, et du chagrin dans lequel il vécut dans cette charge, des dégoûts et des brocards dont le premier président Harlay l'accabla. J'ai assez parlé de ce magistrat, à propos du procès de préséance de M. de Luxembourg, pour n'avoir rien à y ajouter. Daguesseau, avocat général, eut sa charge. C'est lui aussi dont j'ai parlé à la même occasion, et qui longtemps depuis a fait une si grande et si triste fortune.

CHAPITRE XXI.

Arrêt du conseil, à faute de mieux, qui dépouille le cardinal de Bouillon. — Cardinal de Coislin fait grand aumônier; évêque de Metz premier aumônier en titre; conduite du cardinal de Bouillon. — Réflexion sur les cardinaux françois. — Mort du duc de Clocester. — Le Vassor. — Mesures sur l'Espagne. — Paix du Nord en partie. — Voyage de Fontainebleau. — Zinzendorf, envoyé de l'Empereur, mange avec Monseigneur. — Mme de Verue; ses malheurs; sa fuite de Turin en France. — Jugement en faveur de la Bretagne, de sa propre amirauté contre l'amirauté de France. — Acquisition de Sceaux par M. du Maine. — Mort de Mlle de Condé. — D'Antin quitte le jeu solennellement, et le reprend dans la suite. — Mort de Monsieur de la Trappe. — Mort du pape Innocent XII, Pignatelli.

M. le cardinal de Bouillon, toujours dans Rome, attendant un consistoire pour y opter le décanat et l'évêché d'Ostie, continuoit à porter l'ordre, et en bon françois, à se moquer du Roi. Il prétendoit très-faussement que sa charge de grand aumônier étoit office de la couronne, comme force autres choses, et que conséquemment, en ne donnant point de démission, elle ne pouvoit lui être ôtée sans lui faire son procès, dont sa pourpre le mettoit à l'abri. Le Roi, enfin, excédé d'une désobéissance si poussée et si éclatante, ordonna au Parlement de lui faire son procès; mais quand on voulut y travailler, tant d'obstacles se présentèrent qu'il en fallut quitter le dessein. On y suppléa par un arrêt du conseil, rendu en présence du Roi, le dimanche 12 septembre, qui ordonna la saisie de tous les biens laïques et ecclésiastiques du cardinal de Bouillon, en partageant les derniers en trois portions, pour les réparations, les aumônes et la confiscation, et tous les biens laïques confisqués; et cet arrêt fut envoyé à tous les intendants des provinces, pour le faire exécuter sur-le-champ et à la rigueur. Le même jour, les provisions de la charge de grand aumônier furent envoyées au cardinal de Coislin, à Rome, et celles de premier aumônier expédiées à l'évêque de Metz, son neveu, qui n'en avoit que la survivance. Le Roi chargea Pontchartrain de porter cette triste nouvelle au duc de Bouillon, et de lui dire que c'étoit avec déplaisir qu'il étoit obligé d'en venir là. Le désespoir du cardinal fut extrême en apprenant cet arrêt, et sa charge donnée au cardinal de Coislin, qui n'osa la refuser. L'orgueil l'avoit toujours empêché de croire qu'on en vînt à cette extrémité avec lui. Il ne donna point sa démission, qu'on ne lui demandoit plus et dont on n'avoit plus que faire. Son embarras fut l'ordre : M. de Monaco le fit avertir que, s'il ne le quittoit, il avoit ordre de le lui aller arracher du col. S'il avoit pu espérer quelque suite embarrassante d'une démarche si forte contre un cardinal, il n'eût pas mieux demandé, mais sa fureur, un peu rassise, lui laissa voir toute sa foiblesse, et toute la folie de prétendre garder malgré le Roi l'ordre, qu'il n'en avoit reçu que comme la marque d'une charge qu'il lui avoit ôtée, et dont il avoit revêtu un autre cardinal, actuellement aussi dans Rome. Il quitta donc les marques de l'ordre, mais ce qu'il fit de pitoyable est qu'il porta un cordon bleu étroit, avec la croix d'or au bout, sous sa soutane, et qu'il tâchoit de fois à autre de laisser entrevoir un peu de ce bleu, entre le haut de sa soutane et son porte-collet.

Je ne puis m'empêcher d'admirer ici la manie d'avoir des cardinaux en France, et de mettre des sujets en état de faire compter avec eux, d'attenter tout ce que bon leur semble, et de narguer impunément les rois et les lois. Le Roi avoit senti au commencement de son règne le poids insultant de cette pourpre, jusque dans sa capitale, par le cardinal de Retz, qui, après tout ce qu'il avoit commis, força enfin à lui faire un pont d'or, et à se faire recevoir avec toutes sortes de distinctions et d'avantages. Les dernières années du même règne furent marquées au même coin par le cardinal de Bouillon. Si nos rois ne souffroient point de cardinaux en France, et s'ils donnoient leur nomination à des Italiens, ils s'attacheroient les premières maisons et les principaux sujets de Rome par cette espérance, et ceux qu'ils nommeroient, étant du pays, dans leurs familles et parmi leurs amis, au fait de jour à jour de tout ce qui se passe à Rome, y serviroient bien plus utilement qu'un cardinal françois, qui est long-temps à se mettre au fait de cette carte, qui y est toujours considéré comme en passant, et qui ne peut jamais acquérir l'amitié, la confiance, ni la facilité de manége et d'industrie d'un naturel du pays. Ce cardinal italien n'a point d'amis ni de famille en France qui le soutienne s'il vient à mécontenter; il est donc bien plus attentif à bien faire qu'un François, qui ne parvient pas là sans de bons appuis, ou qui tout au plus s'en console en retournant chez lui parmi les siens, où, quoi qu'il ait fait, il nage dans les biens, dans les plus grands honneurs, et jouit de toutes les distinctions, de toute la considération et de tous les ménagements, pour soi et pour les siens, qui en sont une suite nécessaire. On ne craint plus un Italien qui, avec la confiance de la cour qui l'a élevé, perd tout son relief à Rome et tombe dans le mépris, et dont l'exemple apprend à son successeur à éviter une disgrâce qui remplit de dégoûts tout le reste d'une vie.

Pour les conclaves, les Italiens se trouvent tout portés et tout instruits des intérêts des brigues et des menées, et à portée de serrer la mesure avant l'arrivée des étrangers, s'ils voient jour à faire leur coup, au lieu qu'il faut bien du temps à ceux qui arrivent pour se mettre au fait, dont ils ne peuvent être instruits que par les autres, qui les abusent bien souvent, et, le conclave fini, n'ont plus grande hâte que de s'en retourner. Un Italien, au contraire, qui a contribué à une exaltation, et qui n'a d'autre demeure que Rome, profite pour la couronne qu'il sert de la bienveillance qu'il s'est acquise du Pape et de sa famille, et susceptible qu'il est pour la sienne de toutes les petites grâces de la prélature de Rome, et lié et instruit comme il l'est à fond dans cette cour, ses vues sont bien plus justes et plus animées, et mieux secondées de son adresse et de ses amis pour procurer un pape qui convienne, et dont l'amitié, influant sur les siens, devienne aussi utile à la couronne. Il se contente de quelques bonnes abbayes; il ne lui faut pas quarante[1] et cinquante mille livres de rente, comme à nos cardinaux, qui se croient pauvres et maltraités à moins de trois cent mille livres de rente; et comme tout est de proportion, et que les cardinaux italiens ne sont pas riches, jusqu'à s'accommoder de deux cents écus de pension, il est en biens fort au-dessus de tous les autres pour peu qu'il ait quelques abbayes considérables, et a plus de crédit et de moyen que les nôtres à les prendre régulières à la décharge de notre clergé; et comme il n'a point de voyages à faire, il n'y en a point à lui payer, comme à nos cardinaux. Il n'a rien en France à demander pour les siens, et sa fortune de ce côté-là se borne à lui-même. Il est plus souple avec notre ambassadeur, parce qu'il est sans appui à la cour que son service, et leur concert n'est point sujet aux jalousies, parce que, bien loin d'espérer l'emporter sur lui comme nos cardinaux, c'est de son union avec lui que dépendent ses succès dans les affaires, et de son témoignage la satisfaction et la considération qu'il se propose de mériter. Par là notre clergé devient indépendant de la cour de Rome; il n'a plus de tentation de nourrir ses espérances par sa mollesse et le sacrifice des droits de l'épiscopat, de ceux du Roi et de la couronne et des libertés de notre Église. Pour un chapeau qu'un de nos prélats attrape par ses souplesses et sa dépendance de Rome, un grand nombre d'autres suivent la même route pour une espérance qui se diffère, qui les anime au lieu de les rebuter, et qui pourtant ne s'accomplit jamais.

Cette ambition, coupée par la racine, rendroit la cour de Rome bien moins entreprenante, bien plus mesurée, préviendroit ses pratiques par le confesseur, par les jésuites et par les autres réguliers dont elle dispose, et délivreroit

1. Saint-Simon a écrit 4, pour 40.

des embarras d'avoir à lui résister. Elle n'auroit plus d'espérance en celle des ministres et des favoris par leurs proches. Le cardinalat, qui est une grande illustration pour les gens nouveaux, est toujours un grand avantage pour les autres, qui trouvent des avancements et des préférences par la considération d'un cardinal leur parent qui les pousse, et dont la riche bourse supplée à leurs besoins. C'est ce qui rend les gens en places si mesurés avec Rome, qu'ils savent irréconciliable pour les moindres oppositions qu'elle rencontre. Ceux même qui n'ont encore personne en maturité pour songer au cardinalat n'en veulent pas devenir obstacles, et par tous ces ménagements Rome entreprend et réussit toujours; au lieu que si aucun François ne pouvoit jamais parvenir à la pourpre, tous n'auroient plus les yeux tournés que vers le Roi, parce qu'ils n'espéreroient rien que de lui, et que tout [1] autre avancement, grandeur, richesse leur seroit absolument interdit. Mais voilà assez inutilement raisonné, puisque nos rois sont complices contre eux-mêmes, et que rien ne les corrige de fournir des armes contre leur personne et contre leur couronne, et que leurs plus grands dons sont pour ceux qui s'affranchissent de leur dépendance et de l'autorité de toutes les lois.

Le roi d'Angleterre perdit le duc de Glocester, héritier présomptif de ses couronnes depuis que son usurpation avoit passé en lui. Il avoit onze ans, et étoit fils unique de la princesse de Danemark, sœur puînée de père et de mère de la défunte reine, femme du roi Guillaume, et n'avoit ni frères ni sœurs. Son précepteur étoit le docteur Burnet, évêque de Salisbury, qui eut le secret de l'affaire de l'invasion, et qui passa en Angleterre avec le prince d'Orange à la révolution, dont il a laissé une très-frauduleuse histoire, et beaucoup d'autres ouvrages où il n'y a pas plus de vérité ni de bonne foi. Le sous-précepteur étoit le fameux Vassor [2],

1. Le manuscrit porte ici *toute*, et à la ligne suivante *interdite*, au féminin singulier.
2. Le P. le Vassor.

auteur de l'*Histoire de Louis XIII*, qui se feroit lire avec encore plus de plaisir s'il y avoit moins de rage contre la religion catholique, et de passion contre le Roi et contre beaucoup de gens ; à cela près, elle est excellente et vraie. Il faut qu'il ait été singulièrement bien informé des anecdotes qu'il raconte, et qui échappent à presque tous les historiens : j'y ai trouvé, par exemple, la journée des Dupes précisément comme mon père me l'a racontée, qui y a fait un personnage si principal et si intime, et plusieurs autres endroits curieux qui n'ont pas moins d'exactitude.

Cet auteur a tant fait de bruit qu'il vaut bien la peine que j'en dise quelque chose. Il étoit prêtre de l'Oratoire, fort appliqué à l'étude, et fort bien dans sa congrégation ; d'ailleurs homme de bas lieu. Personne ne s'y défioit de lui, et il étoit même considéré comme un homme dont les mœurs étoient sans reproche, dont l'esprit et le savoir faisoit honneur à l'Oratoire, et qui étoit pour y occuper les premières places avec le temps. La surprise fut donc extrême lorsque, durant la tenue d'une assemblée générale, le P. de la Chaise témoigna beaucoup d'aigreur aux supérieurs principaux d'une résolution qu'ils avoient crue entièrement secrète. Le soupçon n'en put tomber que sur le P. le Vassor, qui la savoit par la confiance qu'on avoit en lui. On prit un temps qu'il n'étoit point à sa chambre pour y entrer ; les mêmes supérieurs y visitèrent ses papiers : sa table même le trahit ; il y avoit laissé des lettres de lui et à lui, des mémoires et d'autres choses qui firent la plus complète preuve de sa trahison, et que, depuis qu'il avoit pris le collet de l'Oratoire, il n'avoit cessé d'y être l'espion des jésuites. Cet honnête homme, revenu dans sa chambre, jette les yeux sur sa table, et la voit fort déchargée de papiers ; il la visite, et voit ce qui lui manque : le voilà éperdu. Il cherche partout, dans un reste de desir, plutôt que d'incertitude, de les avoir déplacés lui-même, mais la recherche n'est pas achevée que ces mêmes supérieurs viennent lui en ôter la peine. La fureur d'être découvert succéda à l'inquiétude : il fit son paquet, se retira, et allongea dès le lendemain son collet. Désespéré, il va au P. de la Chaise lui demander une abbaye, et lui exposer l'accablement de son état : un espion devenu inutile ne porte pas grand mérite avec soi ; la découverte qui le déshonoroit retomboit à plomb sur les jésuites, qui ne furent pas pressés de récompenser son imprudence. Outré de désespoir, de honte, de faim, et d'une attente de bénéfice qui devenoit un surcroît de douleur, il fut se jeter à la Trappe ; les vues qui l'y portèrent n'étoient pas droites, aussi n'eurent-elles aucune bénédiction : en peu de jours sa vocation se trouva desséchée. Il s'en alla à l'abbaye de Perseigne ; il en loua le logis abbatial, et y demeura quelques mois. Il y eut cent prises avec les moines : leur jardin n'étoit séparé du sien que par une forte haie ; les poules des moines la franchissoient ; il s'en prit aux moines, tant qu'un jour il attrapa le plus de leurs poules qu'il put, leur coupa le bec et les ergots avec un couperet, et les jeta aux moines par-dessus la haie. Cette cruauté est si marquée, que je l'ai voulu rapporter. Une retraite si hargneuse, et dont Dieu n'étoit pas l'objet, ne put durer.

Il retourna à Paris faire un dernier effort pour avoir de quoi vivre en récompense de son crime ; il n'en put venir à bout. De rage et de faim, il passa en Hollande, se fit protestant, et se mit à vivre de sa plume. Elle le fit bientôt connoître. Sa qualité de prosélyte, quoique pour l'ordinaire méprisée dans ces pays-là, et avec grande raison, se trouva appuyée d'esprit, de savoir, de talent, d'un beau génie. Un homme chassé de l'Oratoire pour y avoir été espion des jésuites fit espérer d'apprendre bien des choses de lui. Tout cela ensemble lui procura des connoissances, des amis, des protecteurs. Il fut connu de réputation en Angleterre, il y espéra plus de fortune qu'en Hollande, il y passa recommandé par ses amis. Burnet le reçut à bras ouverts. Son *Histoire de Louis XIII* délecta la haine contre la religion catholique et contre le Roi, et Burnet le fit connoître au roi d'Angleterre, et l'obtint pour sous-précepteur, sous lui, du duc de Glocester. Il étoit difficile de le faire instruire par deux autres aussi grands ennemis des catholiques et de la France, et rien ne convenoit mieux aux sentiments du roi Guillaume pour l'éducation de son successeur. Portland, entièrement dégoûté, s'étoit tout à fait retiré auprès de la Haye, et le roi d'Angleterre essuyoit tant de dégoûts du Parlement, qu'on l'appeloit publiquement roi d'Hollande et stathouder d'Angleterre.

Quelque crédit qu'il eût à Vienne, il n'y put jamais faire goûter le traité de partage, et après bien [des] délais, l'Empereur crut répondre bien modérément de déclarer à la France, à l'Angleterre et à la Hollande, et par là à toute l'Europe, qu'étant le plus proche parent du roi d'Espagne, il ne pouvoit durant sa vie entrer en aucun traité touchant sa succession, et donna ordre à une levée de trente mille hommes dans ses pays héréditaires. Bientôt après, Blécourt déclara au roi d'Espagne que s'il prenoit dans aucun de ses États des troupes de l'Empereur, sous prétexte de recrues, d'achat, ou de quelque autre que ce fût, le Roi le regarderoit et le prendroit comme une infraction à la paix. Le conseil d'Espagne répondit, au nom du roi d'Espagne, qu'il avoit assez de troupes, et en assez bon état, pour n'en pas prendre d'étrangères, dont il n'avoit aucun besoin, et qu'on pouvoit s'assurer qu'en aucun cas il n'en prendroit de l'Empereur. La même déclaration avoit été faite sur la réception de l'archiduc, dans aucun des États du roi d'Espagne où on avoit soupçonné que l'Empereur le vouloit envoyer. Sur l'assurance du conseil d'Espagne, Blécourt déclara à ce même conseil que, pourvu que cela fût bien observé, le Roi n'entreprendroit rien sur les États du roi d'Espagne pendant sa vie; la même déclaration fut faite à Vienne, et l'Empereur s'engagea à n'envoyer point de troupes dans les États d'Espagne, moyennant la même assurance du Roi. Castel dos Rios avoit souvent des audiences du Roi, et une fort longue depuis peu, où il voulut être tête à tête avec le Roi, sans Torcy, à qui même il ne voulut pas dire, ni devant ni après, le sujet de cette audience, dont il parut sortir fort content. Ce secret fut une chose tout à fait hors d'usage, ainsi que ce tête-à-tête sans le ministre des affaires étrangères. En même temps de cette levée de l'Empereur et de cette déclaration en Espagne, le Roi signa un acte avec force menus princes de l'Empire, par lequel il s'engageoit à ne point reconnoître un neuvième électeur, en conséquence des traités de Westphalie.

Le roi de Danemark le signa aussi, mais je ne sais pourquoi, puisqu'il s'étoit engagé à l'Empereur de n'employer pas la voie de fait. Il venoit enfin de faire la paix avec la maison d'Holstein, et le jeune roi de Suède, qui avoit passé en personne dans l'île de Seeland, forcé ses retranchements, pris bien des lieux, et menacé tellement Copenhague et les restes de la flotte danoise, battue par celle de Suède, que l'Empereur et le roi d'Angleterre s'entremirent fort à propos pour arrêter tant de progrès. Celle du roi de Pologne duroit toujours contre l'électeur de Brandebourg, en laquelle les Polonois ne voulurent prendre aucune part, et avec lesquels leur roi eut de fâcheuses affaires à démêler et avec les Suédois.

Le Roi alla le 23 septembre à Fontainebleau; le roi et la reine d'Angleterre y arrivèrent le 28, et y demeurèrent jusqu'au 12 octobre, avec toutes sortes d'attention du Roi et de respects de toute la cour pour eux, comme toutes les autres années. M. de Beauvillier, qu'une très-mauvaise santé avoit fait aller à Bourbon, en revint à Fontainebleau le 4 octobre, avec assez de succès.

On remarqua que le comte de Zinzendorf ayant suivi Monseigneur à la chasse du loup le 1er octobre, Monseigneur, qui au retour de ces chasses nommoit assez souvent plusieurs des plus distingués qui y avoient été pour manger avec lui dans son appartement, y retint cet envoyé de l'Empereur. Quatre jours après, le Roi donna ses ordres pour une grande augmentation de troupes.

Parmi tant de choses importantes, qui préparoient les plus grands événements, il en arriva un fort particulier, mais dont la singularité mérite le court récit. Il y avoit bien des années que la comtesse de Verue vivoit à Turin, maîtresse publique de Monsieur de Savoie. Elle étoit fille du duc de Luynes et de sa seconde femme, qui étoit aussi sa tante, sœur de père de sa mère, la fameuse duchesse de Chevreuse. Le nombre d'enfants de ce second lit du duc de Luynes, qui n'étoit pas riche, l'avoit engagé à se défaire de ses filles comme il avoit pu. La plupart étoient belles; celle-ci l'étoit fort, et fut mariée toute jeune en Piémont, en 1683, et n'avoit pas quatorze ans lorsqu'elle y alla. Sa belle-mère étoit dame d'honneur de Madame de Savoie; elle étoit veuve et fort considérée. Le comte de Verue étoit tout jeune, beau, bien fait, riche, de l'esprit, et fort honnête homme. Elle aussi avoit beaucoup d'esprit, et dans la suite, un esprit suivi, appliqué, tout tourné à gouverner. Ils s'aimèrent fort, et passèrent quelques années dans ce bonheur.

Monsieur de Savoie, jeune aussi, et qui voyoit souvent la jeune Verue par la charge de la douairière, la trouva à son gré; elle s'en aperçut et le dit à son mari et à sa belle-mère, qui se contentèrent de la louer et qui n'en firent aucun compte. Monsieur de Savoie redoubla de soins, et donna des fêtes, contre sa coutume et son goût. La jeune Verue sentit que c'étoit pour elle, et fit tout ce qu'elle put pour ne s'y pas trouver; mais la vieille s'en fâcha, la querella, lui dit qu'elle vouloit faire l'importante, et que c'étoit une imagination que lui donnoit son amour-propre. Le mari, plus doux, voulut aussi qu'elle fût de ces fêtes, et que[1], sûr d'elle, quand bien même Monsieur de Savoie en seroit amoureux, il ne convenoit ni à son honneur ni à sa fortune qu'elle manquât rien. Monsieur de Savoie lui fit parler; elle le dit à son mari et à sa belle-mère, et fit toutes les instances possibles pour aller à la campagne passer du temps : jamais ils ne le voulurent, et ils commencèrent à la rudoyer si bien, que ne sachant plus que devenir, elle fit la malade, se fit ordonner les eaux de

1. Et dit que, et pensa que.

Bourbon, et manda au duc de Luynes, à qui elle n'avoit osé écrire sa dure situation, qu'elle le conjuroit de se trouver à Bourbon, où elle avoit à l'entretenir des choses qui lui importoient le plus sensiblement, parce qu'on ne lui permettoit pas d'aller jusqu'à Paris. M. de Luynes s'y rendit en même temps qu'elle, conduite par l'abbé de Verue, frère du père de son mari, qu'on appeloit aussi l'abbé Scaglia, du nom de sa maison. Il avoit de l'âge, il avoit passé par des emplois considérables et par des ambassades, et devint enfin ministre d'État. M. de Luynes, grand homme de bien et d'honneur, frémit, au récit de sa fille, du double danger qu'elle couroit, par l'amour de Monsieur de Savoie, et par la folle conduite de la belle-mère et du mari : il pensa à faire aller sa fille à Paris, pour y passer quelque temps, jusqu'à ce que Monsieur de Savoie l'eût oubliée ou se fût pris ailleurs. Rien n'étoit plus sage ni plus convenable, et que le comte de Verue vînt chez lui voir la France et la cour, à son âge, dans un [temps] de paix en Savoie. Il crut qu'un vieillard important et rompu dans les affaires, comme étoit l'abbé de Veruc, entreroit dans cette vue et la feroit réussir; il lui en parla avec cette force, cette éloquence, et cette douceur qui lui étoit naturelle, que la sagesse et la piété dont il étoit rempli devoit rendre encore plus persuasive; mais il n'avoit garde de se douter qu'il se confessoit au renard et au loup, qui ne vouloit rien moins que dérober sa brebis : le vieil abbé étoit devenu fou d'amour pour sa nièce; il n'avoit donc garde de s'en laisser séparer. La crainte du duc de Luynes l'avoit retenu en allant à Bourbon; il avoit eu peur qu'il ne sût son désordre : il s'étoit contenté de se préparer les voies par tous les soins et les complaisances possibles; mais le duc de Luynes, éconduit et retourné à Paris, le vilain vieillard découvrit sa passion, qui, n'ayant pu devenir heureuse, se tourna en rage : il maltraita sa nièce tant qu'il put, et au retour à Turin, il n'oublia rien auprès de la belle-mère et du mari pour la rendre malheureuse. Elle souffrit encore quelque temps, mais la vertu cédant enfin à la démence et aux mauvais traitements domestiques, elle écouta enfin Monsieur de Savoie, et se livra à lui pour se délivrer de persécution. Voilà un vrai roman ; mais il s'est passé de notre temps, au vu et au su enfin de tout le monde.

L'éclat fait, voilà tous les Verues au désespoir, et qui n'avoient qu'à s'en prendre à eux-mêmes. Bientôt la nouvelle maîtresse domina impérieusement toute la cour de Savoie, dont le souverain étoit à ses pieds, avec des respects comme devant une déesse. Elle avoit part aux grâces, disposoit des faveurs de son amant, et se faisoit craindre et compter par les ministres. Sa hauteur la fit haïr ; elle fut empoisonnée : Monsieur de Savoie lui donna d'un contre-poison exquis, qui heureusement se trouva propre au poison qu'on lui avoit donné ; elle guérit, sa beauté n'en souffrit point, mais il lui en resta des incommodités fâcheuses, qui pourtant n'altérèrent pas le fond de sa santé. Son règne duroit toujours. Elle eut enfin la petite vérole ; Monsieur de Savoie la vit et la servit durant cette maladie comme auroit fait une garde, et quoique son visage en eût souffert, il ne l'en aima pas moins après ; mais il l'aimoit à sa manière : il la tenoit fort enfermée, parce qu'il aimoit lui-même à l'être, et bien qu'il travaillât souvent chez elle avec ses ministres, il la tenoit fort de court sur ses affaires. Il lui avoit beaucoup donné, en sorte qu'outre les pensions, les pierreries, belles et en grand nombre, les joyaux et les meubles, elle étoit devenue riche. En cet état, elle s'ennuya de la gêne où elle se trouvoit, et médita une retraite. Pour la faciliter, elle pressa le chevalier de Luynes, son frère, qui servoit dans la marine avec distinction, de l'aller voir. Pendant son séjour à Turin, ils concertèrent leur fuite, et l'exécutèrent, après avoir mis à couvert et en sûreté tout ce qu'elle put. Ils prirent leur temps que Monsieur de Savoie étoit allé, vers le 15 octobre, faire un tour à Chambéry, et sortirent furtivement de ses États avant qu'il en eût le moindre soupçon, et sans qu'elle lui eût même laissé une lettre : il le manda ainsi à Vernon, son ambassadeur ici, en homme extrêmement piqué. Elle arriva sur notre frontière avec son frère, puis à Paris, où elle se mit d'abord dans un couvent. La famille de son mari ni la sienne n'en surent rien que par l'événement. Après avoir été reine en Piémont pendant douze ou quinze ans, elle se trouva ici une fort petite particulière. M. et Mme de Chevreuse ne la voulurent point voir d'abord. Gagnés ensuite par tout ce qu'elle fit de démarches auprès d'eux, et par les gens de bien, qui leur firent un scrupule de ne pas tendre la main à une personne qui se retire du désordre et du scandale, ils consentirent à la voir. Peu à peu d'autres la virent, et quand elle se fut un peu ancrée, elle prit une maison, y fit bonne chère, et comme elle avoit beaucoup d'esprit de famille et d'usage du monde, elle s'en attira bientôt, et peu à peu elle reprit les airs de supériorité auxquels elle étoit si accoutumée, et à force d'esprit, de ménagements et de politesse, elle y accoutuma le monde. Son opulence dans la suite lui fit une cour de ses plus proches et de leurs amis, et de là elle saisit si bien les conjonctures, qu'elle s'en fit une presque générale, et influa beaucoup dans le gouvernement; mais ce temps passe celui de mes *Mémoires*. Elle laissa à Turin un fils fort bien fait et une fille, tous deux reconnus par Monsieur de Savoie, sur l'exemple du Roi. Le fils mourut sans alliance; Monsieur de Savoie l'aimoit fort et ne pensoit qu'à l'agrandir. La fille épousa le prince de Carignan, qui devint amoureux d'elle. C'étoit le fils unique de ce fameux muet, frère aîné du comte de Soissons, père du dernier comte de Soissons et du fameux prince Eugène; ainsi M. de Carignan étoit l'héritier des États de Monsieur de Savoie, s'il n'avoit point eu d'enfants. Monsieur de Savoie aimoit passionnément cette bâtarde, pour qui il en usa comme le Roi avoit fait pour Mme la duchesse d'Orléans. Ils vinrent grossir ici la cour de Mme de Verue, après la mort du Roi, et piller la France sans aucun ménagement.

Le Roi jugea à Fontainebleau un très-ancien procès

entre l'amirauté de France et la province de Bretagne, qui prétendoit avoir la sienne à part, indépendante en tout de celle de France, et elle en avoit joui jusqu'à présent. C'est ce qui avoit mis, par les prises, pendant les guerres, les gouverneurs de Bretagne si à leur aise, et qui avoit donné moyen à M. de Chaulnes d'y vivre si grandement et d'y répandre tant de biens. Dès que M. le comte de Toulouse eut ce gouvernement, le Roi prit la résolution de juger cette question. Les parties dès longtemps averties pour instruire l'affaire, Valincourt, secrétaire général de la marine, agit pour l'amirauté, et Bénard Rézé, évêque de Vannes, Sévigné et un du tiers état pour la Bretagne, comme députés de la province. M. le comte de Toulouse demeura neutre comme sans intérêt, parce qu'il avoit l'un et l'autre. Le Roi donna un conseil extraordinaire, un jeudi matin, dans lequel entrèrent Mgr le duc de Bourgogne, qui avoit voix depuis quelque temps, les ministres, les secrétaires d'État, le contrôleur général, et les deux conseillers au conseil royal des finances, qui étoient Pomereu et Daguesseau : ce dernier étoit chargé du rapport ; Monsieur y étoit aussi. La province gagna en plein tout ce qu'elle prétendoit, et fut heureuse de ne se trouver point de partie puissante en tête, et qu'au contraire le Roi ne fût pas fâché de la favoriser, pour y faire aimer et accréditer M. le comte de Toulouse.

En même temps M. du Maine acheta, des héritiers de M. de Seignelay, la belle et délicieuse maison de Sceaux, où M. Colbert, et beaucoup plus M. de Seignelay, avoient mis des sommes immenses. Le prix fut de neuf cent mille francs, qui allèrent bien à un million avec les droits, et si[1] les héritiers en conservent beaucoup de meubles, et pour plus de cent mille francs de statues dans les jardins. Aux dépenses prodigieuses de Mme du Maine, on peut présumer que M. du Maine n'auroit pas été en état de faire une telle acquisition sans les bontés ordinaires du Roi pour lui.

Mlle de Condé mourut à Paris, le 24 octobre, d'une longue

---

1. Et cependant.

maladie de poitrine, qui la consuma moins que les chagrins et les tourments qu'elle essuya sans cesse de Monsieur le Prince, dont les caprices continuels étoient le fléau de tous ceux sur qui il les pouvoit exercer, et qui rendirent cette princesse inconsolable de ce que deux doigts de taille avoient fait préférer sa cadette pour épouser M. du Maine et sortir de sous ce cruel joug. Tous les enfants de Monsieur le Prince étoient presque nains, excepté Mme la princesse de Conti, l'aînée de ses filles, quoique petite. Monsieur le Prince et Madame la Princesse étoient petits, mais d'une petitesse ordinaire; et Monsieur le Prince, le héros, qui étoit grand, disoit plaisamment que si sa race alloit toujours ainsi en diminuant, elle viendroit à rien. On en attribuoit la cause à un nain que Madame la Princesse avoit eu longtemps chez elle; et il étoit vrai qu'outre toute la taille et l'encolure, Monsieur le Duc et Mme de Vendôme en avoient tout le visage. Celui de Mlle de Condé étoit beau, et son âme encore plus belle : beaucoup d'esprit, de sens, de raison, de douceur, et une piété qui la soutenoit dans sa plus que très-triste vie. Aussi fut-elle vraiment regrettée de tout ce qui la connoissoit.

Monsieur le Prince envoya Lussan, chevalier de l'ordre et premier gentilhomme de sa chambre, à ma mère, pour la prier de lui faire l'honneur, en qualité de parente (ce furent ses termes), d'accompagner le corps de Mlle de Condé, que Mlle d'Enghien, qui a depuis été Mme de Vendôme, conduiroit aux Carmélites du faubourg Saint-Jacques, où elle avoit choisi sa sépulture. Ma mère, qui n'alloit guère[1], et qui, non plus que mon père jusqu'à sa mort, ni moi non plus, n'avoit aucune liaison avec l'hôtel de Condé, ne put qu'accepter, et se rendit en mante, dans son carrosse à six chevaux, à l'hôtel de Condé, chez Mlle d'Enghien. La duchesse de Châtillon, jadis Mlle de Royan, dont j'ai parlé à propos de mon mariage, étoit l'autre conviée. Comme on sortit, elle prit le devant sur ma

---

1. Qui n'allait guère à l'hôtel de Condé.

mère, qui n'avoit garde de s'y attendre : elle crut que c'étoit une faute d'attention de jeunesse ; mais comme ce fut pour monter en carrosse, la duchesse de Châtillon y entra encore la première, et se voulut placer à côté de Mlle d'Enghien. Ma mère, sans monter, témoigna sa surprise à Mlle d'Enghien, et la supplia de lui faire rendre sa place ou de trouver bon qu'elle s'en retournât. Mme de Châtillon répondit qu'elle savoit bien qu'elle étoit de beaucoup son ancienne et qu'elle la devoit précéder, mais qu'en cette occasion la parenté devoit décider, et qu'elle étoit plus proche. Ma mère, toujours froidement, mais avec un air de hauteur, lui répondit qu'elle pardonnoit cet égarement à sa jeunesse et à son ignorance, qu'il étoit là question de rang et non de proximité, qu'en tout cas elle se trouveroit embarrassée d'en prouver plus que celle de mon père. La vérité étoit qu'elles étoient fort éloignées toutes les deux, si même il y en avoit de Mme de Châtillon, dont le mari ne venoit point du connétable de Montmorency, et qui étoit bien éloignée de la grand'mère de Monsieur le Prince, le héros.

Desgranges, qui gagnoit le carrosse où il alloit entrer, averti de cette dispute, accourut, et la termina en disant qu'il n'y avoit point de difficulté pour l'ancienne duchesse, tellement que Mlle d'Enghien pria Mme de Châtillon de passer sur le devant, et ma mère monta et se mit au derrière. Comme les carrosses se mirent en marche, Desgranges, avec soupçon par ce qui venoit d'arriver, mit la tête à la portière, et vit le carrosse de Mme de Châtillon qui coupoit celui de ma mère. Il cria pour arrêter, et descendit pour aller lui-même mettre les carrosses en ordre, et fit précéder celui de ma mère. Depuis cela la duchesse de Châtillon, ni son cocher, n'osèrent plus rien entreprendre, mais elle grommeloit tout bas à côté de Mme de Lussan.

Je ne puis comprendre où elle avoit pris cette fantaisie, dont après elle fut honteuse, et fit faire des excuses à ma mère sur cette imagination de proximité, que nous sûmes après que M. de Luxembourg lui-même avoit trouvée fort ridicule, quoique nous ne nous vissions point encore en ce temps-là, ni de bien des années depuis.

Le lendemain de la cérémonie, M. de Lussan vint remercier ma mère, de la part de Monsieur le Prince, de l'honneur qu'il[1] lui avoit fait, s'informer si elle n'en étoit point incommodée, et lui témoigner son déplaisir de l'incident si peu convenable qui étoit arrivé, excusant M{{lle}} d'Enghien sur sa jeunesse, de la part de Monsieur le Prince, et sur son affliction, de n'y avoir pas mis ordre à l'instant. Il ajouta les excuses de Monsieur le Prince de n'être pas venu lui-même chez elle, sur ce qu'il avoit été obligé d'aller à Fontainebleau pour les visites, et qu'il ne manqueroit pas de s'acquitter de ce devoir-là à son retour. Si je m'étends sur tous ces compliments, et si je les ai si correctement retenus, ce n'est pas fatuité ; la vanité y seroit déplacée ; mais les façons des princes du sang ont tellement changé depuis, que je n'ai pas voulu omettre ce contraste d'un premier prince du sang, qui étoit plus éloigné qu'aucun de ses devanciers de donner à personne plus qu'il ne devoit, et qui, plus que pas un d'eux, en est demeuré en reste. Pour achever donc ceci, la déclaration du roi d'Espagne fit aller ma mère à Versailles au retour de Fontainebleau, où elle n'alloit pas souvent. Elle rencontra Monsieur le Prince, qui, dès qu'il l'aperçut, traversa tout ce grand salon qui est devant cette petite pièce qui mène à la grande salle des gardes, vint à elle, lui dit qu'il mouroit de honte de la rencontrer sans avoir encore été chez elle lui témoigner sa reconnoissance de l'honneur qu'il lui avoit fait, et de là toutes sortes de compliments. Huit ou dix jours après, il la vint voir à Paris, la trouva, et recommença les compliments. Il y demeura une demi-heure, et ne voulut jamais que ma mère passât au-delà de quelques pas hors la porte du lieu où elle l'avoit reçu. Il ne faut pas oublier que ce fut un gentilhomme ordinaire du Roi qui alla de sa part faire les compliments à l'hôtel de Condé, et que, trois mois auparavant, Souvré, maître

---

1. Ici et vingt-trois lignes plus loin, Saint-Simon a bien écrit *il*, et non *elle*.

de la garde-robe, y avoit été les faire sur la mort d'un enfant au maillot de Mme du Maine.

D'Antin, pour un homme d'autant d'esprit et aussi versé à la cour, fit en ce temps-ci une bien ridicule démarche. Mme de Montespan, comme on l'a vu plus haut, entre autres pratiques de pénitence, travailloit à lui former des biens, mais elle ne vouloit pas travailler en l'air. Il étoit de toute sa vie dans le plus gros jeu, et faisoit toutes sortes d'autres dépenses; elle vouloit donc qu'il se réglât, et qu'il quittât le jeu, parce que cela n'est pas possible à un homme qui joue. Elle lui promit une augmentation de douze mille livres par an à cette condition, mais elle voulut le lier, et lui, pour la satisfaire, ne trouva point de lien plus fort que de prier M. le comte de Toulouse de dire au Roi de sa part qu'il ne joueroit de sa vie. La réponse du Roi fut sèche : il demanda au comte de Toulouse qu'est-ce que cela lui faisoit que d'Antin jouât ou non. On le sut, et le courtisan, qui n'est pas bon, en fit beaucoup de risées. Ce fut le serment d'un joueur : il ne put renoncer pour longtemps aux jeux de commerce, puis il les grossit, enfin il se remit aux jeux de hasard, et à peine quinze ou dix-huit mois furent-ils passés, qu'il joua de plus belle, et a depuis continué. Lorsqu'il fit faire cette belle protestation au Roi, il avoua qu'il avoit gagné six ou sept cent mille livres au jeu, et tout le monde demeura persuadé qu'il avoit bien gagné davantage.

J'éprouvai à Fontainebleau une des plus grandes afflictions que je pusse recevoir, par la perte que je fis de Monsieur de la Trappe. Attendant un soir le coucher du Roi, Monsieur de Troyes me montra une lettre qui lui en annonçoit l'extrémité. J'en fus d'autant plus surpris que je n'en avois point reçu de là depuis dix ou douze jours, et qu'alors sa santé étoit à l'ordinaire. Mon premier mouvement fut d'y courir, mais les réflexions qu'on me fit faire sur cette disparate m'arrêtèrent. J'envoyai sur-le-champ à Paris prendre un médecin fort bon, nommé

Audri, que j'avois mené à Plombières, qui partit aussitôt, mais qui, en arrivant, ne trouva plus Monsieur de la Trappe en vie. Ces *Mémoires* sont trop profanes pour rapporter rien ici d'une vie aussi sublimement sainte, et d'une mort aussi grande et aussi précieuse devant Dieu. Ce que j'en pourrois dire trouvera mieux sa place parmi les pièces, p. 5[1]. Je me contenterai de rapporter ici que les louanges furent d'autant plus grandes et plus prolongées, que le Roi fit son éloge en public, qu'il voulut voir des relations de sa mort, et qu'il en parla plus d'une fois aux princes ses petits-fils, en forme d'instruction. De toutes les parties de l'Europe on parut sensible à l'envi à une si grande perte; l'Église le pleura, et le monde même lui rendit justice. Ce jour, si heureux pour lui et si triste pour ses amis, fut le 26 octobre, vers midi et demi, entre les bras de son évêque et en présence de sa communauté, à près de soixante-dix-sept ans, et de quarante ans de la plus prodigieuse pénitence. Je ne puis omettre néanmoins la plus touchante et la plus honorable marque de son amitié : étant couché par terre, sur la paille et sur la cendre, pour y mourir comme tous les religieux de la Trappe, il daigna se souvenir de moi de lui-même, et chargea l'abbé de la Trappe de me mander de sa part que, comme il étoit bien sûr de mon affection pour lui, il comptoit bien que je ne doutois pas de toute sa tendresse. Je m'arrête tout court, tout ce que je pourrois ajouter seroit ici trop déplacé.

Le Pape étoit mort le 27 septembre, après avoir longtemps menacé d'une fin prochaine. C'étoit un grand et saint pape, vrai pasteur et vrai père commun, tel qu'il ne s'en voit plus que bien rarement sur la chaire de Saint-Pierre, et qui emporta les regrets universels, comblé de bénédictions et de mérites. Il s'appeloit Antoine Pignatelli, d'une ancienne maison de Naples, dont il étoit archevêque lorsqu'il fut élu, le 12 juillet 1691, près de six

---

1. Voyez tome I, p. 420, note 1.

mois après la mort d'Alexandre VIII, Ottoboni, auquel il ressembla si peu. Il étoit né en 1615, et avoit été inquisiteur à Malte, nonce à Florence, en Pologne et à Vienne, enfin maître de chambre de Clément X, Alticri, et d'Innocent XI, Odescalchi, qui le fit cardinal en septembre 1681, en l'honneur duquel il prit le nom d'Innocent XII.

On verra bientôt pourquoi je me suis étendu sur ce pape, dont la mémoire doit être précieuse à tout François, et singulièrement chère à la maison régnante. Le cardinal de Noailles eut ordre de partir; le même ordre fut envoyé au cardinal le Camus, et il eut pour son voyage la même somme que ses confrères. Le cardinal de Bouillon entra au conclave avec les autres; il avoit quitté l'ordre, et comme il étoit là en lieu où les cardinaux d'Estrées, Janson et Coislin ne pouvoient éviter de se trouver avec lui aux scrutins et aux autres fonctions publiques de l'intérieur du conclave, il en prit le temps pour essayer de leur persuader de quitter l'ordre aussi, et prétendit qu'ils étoient tous engagés par une bulle de ne porter l'ordre d'aucun prince. C'étoit s'en aviser bien tard, après trente années qu'il l'avoit porté comme grand aumônier, après le neveu d'un pape, et qu'il l'avoit porté et vu porter à tant de cardinaux dans Rome, et à toutes les fonctions. Aussi ne fut-il pas écouté, et ce venin qu'il jetoit au dehors retomba sur lui à sa confusion.

CHAPITRE XXII.

Tallart à Fontainebleau. — Conseil d'État d'Espagne, et quelques autres seigneurs. — Réflexions et mesures de quelques-uns des principaux seigneurs sur les suites de la mort prochaine du roi d'Espagne. — Avis célèbre sur les renonciations de la reine Marie-Thérèse. — Chute de la reine d'Espagne. — Le Pape consulté secrètement.

Les nouvelles d'Espagne devenoient de jour en jour

plus intéressantes, depuis le départ du marquis d'Harcourt et son arrivée à Paris, où il rongeoit son frein de n'avoir pas eu la liberté de traiter avec la Reine par l'amirante, et de s'ouvrir ainsi le chemin d'une grande et prompte fortune, et envioit le bonheur de Tallart, qui étoit arrivé de la Haye à Paris pour aller bientôt après retrouver le roi d'Angleterre à son retour d'Hollande à Londres, et qui se donnoit l'honneur du traité de partage, qu'il avoit signé avec ce prince, comme d'un chef-d'œuvre de politique dont il étoit venu à bout, tandis que le roi d'Angleterre, qui se moquoit de lui, s'applaudissoit avec raison de l'avoir imaginé et d'être parvenu à le faire accepter à la France, et d'y avoir engagé tous ses anciens alliés, excepté l'Empereur, qu'il espéroit toujours d'y ramener. Qui auroit en effet mis ce traité en avant, et l'eût poussé jusqu'où il le fut, dans les vues d'en tirer le fruit prodigieux qu'il vint à produire, eût été en effet[1] un profond et habile politique. Mais le roi d'Angleterre, qui l'avoit imaginé, quelque grand homme d'État qu'il fût, étoit bien loin d'en attendre un succès si funeste à ce qu'il s'en étoit proposé, et Tallart, qui se faisoit honneur de l'invention d'autrui, et qui n'y avoit eu d'autre part que celle d'en avoir reçu les premières propositions en Angleterre, et sur le compte qu'il en rendit d'avoir suivi les ordres qu'il reçut d'aller en avant, et enfin de signer, étoit tout aussi éloigné de penser qu'il pourroit produire autre chose que son exécution ; et il faut avouer que ce sont de ces secrets de la Providence toute seule, qui dispose des empires comme, quand et en la manière qu'il lui plaît, par des voies si profondes et si peu possibles à attendre par ceux même qui par degrés les exécutent, qu'il ne faut pas s'étonner si toute vue et toute prudence humaine est demeurée dans les plus épaisses ténèbres jusqu'au moment de l'événement.

Harcourt, à qui on vouloit éviter de commettre son

---

1. Cette répétition de *en effet* est conforme au texte de Saint-Simon.

caractère à quelque chose peut-être de fâcheux, n'avoit pas plutôt donné avis à Blécourt de son entrée en France, que cet envoyé du Roi alla faire à l'Escurial la déclaration du traité de partage au roi d'Espagne. On a vu plus haut l'extrême colère où ce prince entra à une nouvelle pour lui si odieuse, les plaintes qu'il en fit retentir par ses ministres dans toute l'Europe, et en particulier en quels termes son ambassadeur à Londres se plaignit du roi d'Angleterre, lors en Hollande, et les suites de l'aigreur de cette plainte. Le conseil d'Espagne s'assembla souvent pour délibérer sur une déclaration si importante qu'elle réveilla ceux qui le composoient de cet assoupissement profond qui, hors Madrid et ce qui s'y passe, rend les grands seigneurs espagnols indifférents à tout le reste du monde. La première marque qu'il en donna fut de supplier le roi d'Espagne de trouver bon que, pour ménager sa santé et n'entendre pas si souvent discuter des choses qui ne pouvoient que lui faire peine, il s'assemblât hors de sa présence aussi souvent qu'il le jugeroit nécessaire, pour lui rendre un compte abrégé des résolutions qu'il estimeroit devoir être prises, et des ordres en conséquence à lui demander.

Portocarrero, Génois, de la maison Boccanegra, mais depuis longtemps établie en Espagne par le mariage d'une héritière de la maison Portocarrero, qui, suivant la coutume d'Espagne, lui avoit imposé son nom et ses armes, étoit à la tête de ce conseil, comme cardinal, archevêque de Tolède, primat et chancelier des Espagnes, et diocésain de Madrid; il étoit oncle paternel du comte de Palma, grand d'Espagne;

Don J. Thomas Enriquez, duc de Rioseco, comte de Melgar, amirante de Castille, qui avoit été gouverneur de Milan;

Don Fr. Benavidès, comte de S. Estevan del Puerto, qui avoit été vice-roi de Sardaigne, de Sicile et de Naples;

Don Joseph Fred. de Tolède, marquis de Villafranca, majordome-major du Roi, avoit été vice-roi de Sicile;

Don Pierre-Em. de Portugal Colomb, duc de Veragua, chevalier de la Toison-d'or, lors vice-roi de Sardaigne et de Sicile, où il étoit lors :

Ces quatre derniers grands d'Espagne, et le cinquième à vie : don Ant.-Sébast. de Tolède, marquis de Mancera;

Don Manuel Arias, commandeur de Castille, de Saint-Jean de Jérusalem, gouverneur du conseil de Castille;

Don Antonio Ubilla, secrétaire des dépêches universelles..

Le comte d'Oropesa, de la maison de Portugal, président des conseils de Castille et d'Italie, étoit exilé, et le duc de Medina Celi étoit vice-roi de Naples.

Outre ces conseillers d'État, comme on parle en Espagne, il faut parler ici de trois autres grands d'Espagne, et d'un seigneur de la maison de Guzman, marquis de Villagarcias, vice-roi de Valence, qui se trouva lors à Madrid. Les trois grands sont :

Le marquis de Villena, duc d'Escalona, don J. Fernandez d'Acuña Pacheco, chevalier de la Toison d'or, qui avoit été vice-roi de Navarre, d'Aragon, de Catalogne, où nous l'avons vu bien battu sur le Ter par M. de Noailles, et encore après par M. de Vendôme, pendant le siége de Barcelone, enfin de Sicile [1]; il est mort longues années depuis, majordome-major, et son fils lui a succédé dans cette grande charge, chose très-rare en Espagne : j'aurai lieu plus d'une fois de parler de lui;

Le duc de Medina Sidonia, majordome-major du Roi, don J. de Guzman;

Le comte de Benavente, sommelier du corps, don Fr.-Ant. Pimentel :

Ces deux derniers, ainsi que le cardinal Portecarrero, ont eu depuis l'ordre du Saint-Esprit. Il[2] étoit aîné de la maison de Pimentel.

Don Louis-Fernandez Boccanegra, cardinal Portocarrero, promu par Clément IX, 5 août 1669, à trente-huit

---

1. C'est-à-dire, enfin vice-roi de Sicile.
2. Benavente.

ans, et depuis archevêque de Tolède, étoit un grand homme tout blanc, assez gros, de bonne mine, avec un air vénérable, et toute sa figure noble et majestueuse; honnête, poli, franc, libre, parlant vite, avec beaucoup de probité, de grandeur, de noblesse; le sens bon et droit, avec un esprit et une capacité fort médiocres, une opiniâtreté entêtée; assez politique, excellent ami, ennemi implacable; un grand amour pour sa maison et tous ses parents, et voulant tout faire et tout gouverner; ardent en tout ce qu'il vouloit, et sur le tout dévot, haut et glorieux, et quoique grand autrichien, ennemi de la Reine et de tous les siens, et déclaré tel.

L'amirante, dévoué à la fortune, avec beaucoup d'esprit, de monde et de talents, mais décrié sur tous les chapitres, étoit l'homme d'Espagne le plus attaché à la Reine.

S. Estevan avoit beaucoup d'esprit et de capacité et assez de droiture, extrêmement rompu au monde et à la cour, et avoit souvent des propos et des reparties fort libres et fort plaisantes, d'un esprit fin, doux, liant, et sans aucune haine ni vengeance, et d'une dévotion solide et cachée, peu ou point attaché aux étiquettes d'Espagne ni à ses maximes. Il avouoit franchement sa passion extrême pour sa famille et pour ses parents les plus éloignés. En tout, c'étoit un homme d'État. Son fils a été plénipotentiaire d'Espagne à Cambray, puis gouverneur et premier ministre du roi de Naples, chevalier du Saint-Esprit, et maintenant en Espagne président des ordres et grand écuyer du Roi. Le père mourut majordome-major de la Reine-Savoie [1].

Veragua, avec infiniment d'esprit, étoit un homme capable, mais d'une avarice sordide, de peu de courage dans l'âme, et à qui personne ne se fioit, et qui lors étoit en Sicile vice-roi.

Villafranca, chef de la maison de Tolède, étoit un homme de soixante-dix ans, Espagnol jusqu'aux dents, attaché

---

1. De Louise de Savoie, première femme de Philippe V.

aux maximes, aux coutumes, aux mœurs, aux étiquettes d'Espagne jusqu'à la dernière minutie ; courageux, haut, fier, sévère, pétri d'honneur, de valeur, de probité, de vertu ; un personnage à l'antique, généralement aimé, considéré, respecté, sans aucuns ennemis, fort révéré et aimé du peuple, et, avec ce que j'en vais dire, d'un esprit médiocre.

Arias étoit monté à ce haut degré de conseiller d'État, le *non plus ultra* d'Espagne pour le personnel, par son esprit vaste, juste, net, capable, ferme, hardi. C'étoit un vrai homme d'État, fort Espagnol dans son goût et dans toutes ses manières, grand homme de bien, qui aimoit fort la justice, et en tout grand ennemi de toutes voies obliques, et austère dans ses mœurs.

Ubilla étoit homme de peu, comme tous ceux qui occupent les premières secrétaireries en Espagne. Il étoit arrivé à l'universelle[1] par s'être distingué dans divers emplois importants. Il avoit l'esprit souple, poli, délié, fin, avec cela ferme, net, et voyoit clair, avec grande capacité et pénétration, dans les affaires, intègre pour un homme élevé par ces sortes d'emplois-là, et uniquement attaché au bien, à la grandeur et à la conservation de la monarchie.

J'oubliois le vieux Mancera, de la maison de Tolède, qui avoit été ambassadeur à Venise et en Allemagne, puis vice-roi de la Nouvelle-Espagne, à son retour majordome-major de la Reine mère, enfin conseiller d'État. C'étoit encore un personnage à l'antique, en mœurs, en vertu, en désintéressement, en fidélité, en attachement à ses devoirs, avec une piété effective et soutenue sans qu'il y parût, doux, accessible, poli, bon, avec l'austérité et l'amour de toutes les étiquettes espagnoles. C'étoit un homme qui pesoit tout avec jugement et discernement, et qui, une fois déterminé par raison à un parti, y étoit d'une fidélité à toute épreuve ; savant avec beaucoup d'esprit, et le plus honnête homme qui fût en Espagne.

1. A la secrétairerie universelle.

Outre ce conseil d'État, que je n'ai pas rangé dans l'exactitude du rang, ni parlé de tous ses membres, il y avoit encore quelques seigneurs dont les grands emplois ne permettoient pas qu'il se délibérât rien d'aussi important sur la monarchie sans eux. Tels étoient le duc de Medina Sidonia, l'aîné des Guzmans, majordome-major du Roi ; le comte de Benavente, l'aîné des Pimentels, sommelier du corps ; don Ferd. de Moncade, dit d'Aragon, duc de Montalte, président des conseils d'Aragon et des Indes ; don Nicolas Pignatelli, duc de Monteleon, chevalier de la Toison, qui a été vice-roi de Sardaigne, et un des plus grands seigneurs des royaumes de Naples et de Sicile ; et le marquis de Villena ou duc d'Escalona, par son rare mérite et les grands emplois par lesquels il avoit passé.

Medina Sidonia étoit un homme très-bien fait, d'environ soixante ans, qui ne manquoit pas d'esprit, vrai courtisan, complaisant, liant, assidu, fort haut, très-glorieux ; en même temps très-poli, libéral, magnifique, ambitieux à l'excès et d'une probité peu contraignante, de ces hommes enfin à qui il ne manque rien pour cheminer et pour arriver dans les cours, et grand autrichien. Il étoit aîné de la maison de Guzman.

Benavente, fort bon homme et le meilleur des hommes, sans esprit, sans talent aucun, mais plein d'honneur, de droiture, de probité et de piété.

Montalte, homme d'esprit, de courage, de capacité, mais d'une foi suspecte, et qui en savoit plus qu'aucun, fort autrichien, profond dans ses vues et dans ses voies, que tous regardoient, mais sans se fier en lui.

Monteleone[1], italien jusque dans les moelles et autrichien de même, c'est-à-dire tout plein d'esprit, de sens, de vues, et au besoin de perfidie, avec beaucoup de capacité et des dehors fort agréables, mais trop connu pour que personne osât lui faire aucune ouverture ni qu'on pût jamais compter sur lui. Il avoit épousé la petite-fille et héritière

---

1. Saint-Simon, nous l'avons vu, francise habituellement ce nom.

[de] cette duchesse de Terranova qui fut camarera-mayor de la Reine, fille de Monsieur, à qui elle donna tant de déplaisirs, et qui à la fin se la fit ôter, chose sans exemple en Espagne, et qui l'a fait duc de Terranova.

Escalona, mais qui plus ordinairement portoit le nom de Villena, étoit la vertu, l'honneur, la probité, la foi, la loyauté, la valeur, la piété, l'ancienne chevalerie même, je dis celle de l'illustre Bayard, non pas celle des romans et des romanesques; avec cela beaucoup d'esprit, de sens, de conduite, de hauteur et de sentiment, sans gloire et sans arrogance, de la politesse, mais avec beaucoup de dignité, et par mérite et sans usurpation, le dictateur perpétuel de ses amis, de sa famille, de sa parenté, de ses alliances, qui tous et toutes se rallioient à lui; avec cela beaucoup de lecture, de savoir, de justesse et de discernement dans l'esprit, sans opiniâtreté, mais avec fermeté, fort désintéressé, toujours occupé, avec une belle bibliothèque, et commerce avec force savants dans tous les pays de l'Europe, attaché aux étiquettes et aux manières d'Espagne sans en être esclave, en un mot un homme du premier mérite, et qui par là a toujours été compté, aimé et révéré beaucoup plus que par ses grands emplois, et qui a été assez heureux pour n'avoir contracté aucune tache de ses malheurs militaires en Catalogne.

Enfin Villagarcias, qui n'étoit ni grand ni conseiller d'État, mais qui étoit Guzman, vice-roi de Valence, homme de beaucoup d'esprit et de talent, qui se trouvoit lors à Madrid, et parent proche et ami de confiance de plusieurs conseillers d'État.

Villafranca fut un des premiers qui ouvrit les yeux au seul parti qu'ils avoient à prendre pour empêcher le démembrement de la monarchie, et se conserver par là toute leur grandeur particulière à eux-mêmes, en demeurant sujets d'un aussi grand roi, qui, retenant toutes les parties de tant de vastes États, auroit à conférer les mêmes charges, les mêmes vice-royautés, les mêmes grâces : il songea donc à faire tomber l'entière succession au second fils du fils unique de la Reine, sœur du roi d'Espagne. Il s'en ouvrit comme en tâtonnant à Medina Sidonia, quoique il ne fût pas du conseil, mais, par sa charge et son esprit, en grande figure et en faveur, et avec qui il étoit en liaison particulière. Celui-ci, qui le respectoit et qui le savoit aussi autrichien que lui-même, mais qui étoit gouverné par son intérêt, et qui, par conséquent, craignoit sur toutes choses le démembrement de la monarchie, entra dans le sentiment de Villafranca, et l'y affermit même par son esprit et ses raisons. Ces dernières étoient claires : la puissance de la France étoit grande et en grande réputation en Europe, contiguë par mer et par terre de tous les côtés à l'Espagne, en situation par conséquent de l'attaquer ou de la soutenir avec succès et promptitude, tout à fait frontière des Pays-Bas, et en état d'ailleurs de soutenir le Milanois, Naples et Sicile contre l'Empereur foible, contigu à aucun de ces États, éloigné de tous, et pour qui le continent de l'Espagne se trouvoit hors de toute prise, tandis que de tous côtés il l'étoit de plein pied à la France. Ils communiquèrent leur pensée à Villagarcias et à Villena, qui y entrèrent tout d'abord. Ensuite ils jugèrent qu'il falloit gagner S. Estevan, qui étoit la meilleure tête du conseil ; Villena étoit son beau-frère, mari de sa sœur, et son ami intime ; Villagarcias aussi très-bien avec lui : ils s'en chargèrent, et ils réussirent.

Voilà donc cinq hommes très-principaux résolus à donner leur couronne à un de nos princes. Ils délibérèrent entre eux, et ils estimèrent qu'ils ne pourroient rien faire sans l'autorité du cardinal Portocarrero, qui portoit ses deux, pour le conseil, où il étoit le premier, et pour la conscience, par ses qualités ecclésiastiques. La haine ouverte et réciproque déclarée entre la Reine et lui leur en fit bien espérer. Il étoit de plus ami intime de Villafranca et de toute la maison de Tolède. Celui-ci se chargea de le sonder, puis de lui parler ; et il le fit si bien qu'il s'assura tout à fait de lui. Tout cela se pratiquoit sans que le Roi ni personne en France songeât à rien moins, et sans que

Blécourt en eût la moindre connoissance, et se pratiquoit par des Espagnols qui n'avoient aucune liaison en France, et par des Espagnols la plupart fort autrichiens, mais qui aimoient mieux l'intégrité de leur monarchie, et leur grandeur et leurs fortunes particulières à eux, que la maison d'Autriche, qui n'étoit pas à la même portée que la France de maintenir l'une et de conserver les autres. Ils sentoient néanmoins deux grandes difficultés : les renonciations si solennelles et si répétées de notre reine par la paix des Pyrénées et par son contrat de mariage avec le Roi, et l'opposition naturelle du leur à priver sa propre maison, dans l'adoration de laquelle il avoit été élevé, et dans laquelle il s'étoit lui-même nourri toute sa vie, et la priver en faveur d'une maison ennemie et rivale de la sienne dans tous les temps. Ce dernier obstacle, ils ne crurent personne en état de le lever que le cardinal Portocarrero par le for de la conscience.

A l'égard de celui des renonciations, Villafranca ouvrit un avis qui en trancha toute la difficulté. Il opina donc que les renonciations de Marie-Thérèse étoient bonnes et valables, tant qu'elles ne sortoient que l'effet qu'on avoit eu pour objet en les exigeant et en les accordant; que cet effet étoit d'empêcher, pour le repos de l'Europe, que les couronnes de France et d'Espagne ne se trouvassent réunies sur une même tête, comme il arriveroit, sans cette sage précaution au cas où [on] alloit tomber, dans la personne du Dauphin; mais que, maintenant que ce prince avoit trois fils, le second desquels pouvoit être appelé à la couronne d'Espagne, les renonciations de la reine sa grand'mère devenoient caduques, comme ne sortissant plus l'effet pour lequel uniquement elles avoient été faites, mais un autre inutile au repos de l'Europe, et injuste en soi, en privant un prince particulier, sans États et pourtant héritier légitime, pour en revêtir ceux qui ne sont ni héritiers ni en aucun titre à l'égard du fils de France, effet encore qui n'alloit à rien moins qu'à la dissipation et la destruction totale d'une monarchie pour la conservation de laquelle ces renonciations avoient été faites. Cet avis célèbre fut approuvé de tous, et Villafranca se chargea de l'ouvrir en plein conseil. Il n'y avoit donc encore que Portocarrero, Villafranca, Villena, S. Estevan, Medina Sidonia et Villagarcias dans ce secret. Ils estimèrent avec raison qu'il devoit être inviolablement gardé entre eux jusqu'à ce que le cardinal eût persuadé le Roi. Les difficultés en étoient extrêmes.

Outre cette passion démesurée et innée de la grandeur de la maison d'Autriche dans le roi d'Espagne, il avoit fait un testament en faveur de l'archiduc de la totalité de tout ce qu'il possédoit au monde. Il falloit donc lui faire détruire son propre ouvrage, le chef-d'œuvre de son cœur, la consolation de la fin prématurée de ses grandeurs temporelles, en les laissant dans sa maison, qu'il branchoit[1] de nouveau, à l'exemple de Charles V; et sur cette destruction enter pour la maison de France, l'émule et l'ennemie perpétuelle de celle d'Autriche, la même grandeur, la même mi-partition qu'il avoit faite pour la sienne, qui étoit la détruire de ses propres mains en tout ce qui lui étoit possible, pour enrichir son ennemie de ses dépouilles et de toutes les couronnes que la maison d'Autriche avoit accumulées sur la tête de son aîné. Il falloit lutter contre tout le crédit et la puissance de la Reine, si grandement établie, et de nouveau ulcérée contre la France, qui n'avoit pas voulu qu'Harcourt écoutât rien de sa part par l'amirante. Enfin c'étoit une trame qu'il falloit ourdir sous les yeux du comte d'Harrach, ambassadeur de l'Empereur, qui avoit sa brigue dès longtemps formée et les yeux bien ouverts.

Quels que fussent ces obstacles, la grandeur de leur objet les roidit contre. Ils commencèrent par attaquer la Reine par l'autorité du conseil, qui se joignit si puissamment à la voix publique contre la faveur et les rapines de la Berlips, sa favorite, que cette Allemande n'osa en sou-

1. Qu'il partageait en plusieurs branches.

tenir le choc dans l'état de dépérissement où elle voyoit le roi d'Espagne, et se trouva heureuse d'emporter en Allemagne les trésors qu'elle avoit acquis, pour ne s'exposer point aux événements d'une révolution en un pays où elle étoit si haïe, et d'emmener sa fille, à qui le dernier effort du crédit de la Reine fut de faire donner une promesse du roi d'Espagne par écrit d'un collier de la Toison d'or à quiconque elle épouseroit. Avec cela la Berlips partit à la hâte, traversa la France, et se retira de façon qu'on n'en entendit plus parler. C'étoit un coup de partie.

La Reine, bonne et peu capable, ne pouvoit rien tirer d'elle-même; il lui falloit toujours quelqu'un qui la gouvernât. La Berlips, pour régner sur elle à son aise, s'étoit bien gardée de la laisser approcher, tellement que, privée de cette favorite, elle se trouvoit sans conseil, sans secours, et sans ressource en elle-même, et le temps selon toute apparence trop court pour qu'un autre eût le loisir de l'empaumer assez pour la rendre embarrassante pendant le reste de la vie du Roi. Ce fut pour achever de se mettre en liberté à cet égard que, de concert encore avec le public, qui gémissoit sous le poids des Allemands du prince de Darmstadt, qui maîtrisoient Madrid et les environs, le conseil fit encore un tour de force en faisant remercier ce prince et licencier ce régiment. Ces deux coups, et si près à près, atterrèrent la Reine, et la mirent hors de mesure pour tout le reste de la vie du Roi. Portocarrero, Villafranca et S. Estevan, les trois conseillers d'État seuls du secret, induisirent habilement les autres à chasser la Berlips et le prince de Darmstadt, qui pour la plupart s'y portèrent de haine pour la Reine et pour ses deux bras droits; et le peu qui lui étoient attachés, comme l'amirante par cabale, et Veragua par politique, furent entraînés, et apprirent à quitter doucement la Reine par l'état où ce changement la fit tomber. Ces deux grands pas faits, S. Estevan, qui ne quitta jamais le cardinal d'un moment tant que cette grande affaire ne fut pas consommée, le poussa à porter un autre coup, sans lequel ils ne crurent pas qu'il y eût moyen de rien entreprendre avec succès ; ce fut de faire chasser le confesseur du Roi, qui lui avoit été donné par la Reine, et qui étoit un zélé autrichien.

Le cardinal prit si bien son temps et ses mesures qu'il fit coup double : le confesseur fut renvoyé, et Portocarrero en donna un autre, auquel il étoit assuré de faire dire et faire tout ce qu'il voudroit. Alors il tint le roi d'Espagne par le for de la conscience, qui eut sur lui d'autant plus de pouvoir qu'il commençoit à ne regarder plus les choses de ce monde qu'à la lueur de ce terrible flambeau qu'on allume aux mourants. Portocarrero laissa ancrer un peu le confesseur, et quand il jugea que l'état du roi d'Espagne le rendoit susceptible de pouvoir entendre mettre la maison de France en parallèle avec celle d'Autriche, le cardinal, toujours étayé et endoctriné par S. Estevan, attaqua le roi d'Espagne avec toute l'autorité qu'il recevoit de son caractère, de son concert avec le confesseur, et de l'avis de ce peu de personnages, mais si principaux, qui étoient du secret, auxquels l'importance et les conjonctures ne permettoient pas qu'on en joignît d'autres. Ce prince, exténué de maux, et dont la santé, foible toute sa vie, avoit rendu son esprit peu vigoureux, pressé par de si grandes raisons temporelles, effrayé du poids des spirituelles, tomba dans une étrange perplexité. L'amour extrême de sa maison, l'aversion de sa rivale, tant d'États et de puissance à remettre à l'une ou à l'autre, ses affections les plus chères, les plus fomentées jusqu'alors, son propre ouvrage en faveur de l'archiduc à détruire pour la grandeur d'une maison de tout temps ennemie, le salut éternel, la justice, l'intérêt pressant de sa monarchie, le vœu des seuls ministres ou principaux seigneurs qui jusqu'alors pussent être sûrement consultés ; nul Autrichien pour le soutenir dans ce combat ; le cardinal et le confesseur sans cesse à le presser ; parmi cet avis, aucun dont il pût se défier, aucun qui eût de liaison en France ni avec nul François, aucun qui ne fût Espagnol naturel, aucun qui ne l'eût bien servi, aucun en qui il eût jamais reconnu le moindre éloignement pour la maison d'Autriche; un grand attachement, au contraire, pour elle en plusieurs d'eux : il n'en fallut pas moins pour le jeter dans une incertitude assez grande pour ne savoir à quoi se résoudre. Enfin, flottant, irrésolu, déchiré en soi-même, ne pouvant plus porter cet état, et toutefois ne pouvant se déterminer, il pensa à consulter le Pape, comme un oracle avec lequel il ne pouvoit faillir : il résolut donc de déposer en son sein paternel toutes ses inquiétudes, et de suivre ce qu'il lui conseilleroit. Il le proposa au cardinal, qui y consentit, persuadé que le Pape, aussi impartial et aussi éclairé qu'il s'étoit montré depuis qu'il gouvernoit l'Église, et d'ailleurs aussi désintéressé et aussi pieux qu'il l'étoit, prononceroit en faveur du parti le plus juste.

Cette résolution prise soulagea extrêmement le roi d'Espagne; elle calma ses violentes agitations, qui avoient porté beaucoup encore sur sa santé, qui reprit quelque sorte de lueur. Il écrivit donc fort au long au Pape, et se reposa sur le cardinal du soin de faire rendre directement sa lettre, avec tout le secret qu'elle demandoit. Alors il fallut bien mettre Ubilla dans le secret. Ce ministre, tel que je l'ai dépeint d'après ceux qui l'ont fort connu, et qui ont vécu avec lui en maniement commun de toutes les affaires, n'eut pas peine à entrer dans les vues favorables à la France. Il les trouva déjà si bien concertées, si à l'abri de toute contradiction intérieure, par le reculement de la Reine, et si avancées en environs, qu'il se joignit de bonne foi aux seigneurs du secret, qui acquirent ainsi une bonne tête, et un ministère qui s'étendoit sur toute la monarchie, et duquel il leur eût été comme impossible de se passer. Le Pape reçut directement la consultation du roi d'Espagne, et ne le fit pas attendre pour la réponse et sa décision : il lui récrivit qu'étant lui-même en un état aussi proche que l'étoit Sa Majesté Catholique d'aller rendre compte au souverain pasteur du troupeau universel qu'il lui avoit confié, il avoit un intérêt aussi grand et aussi pressant qu'elle-même de lui donner un conseil dont il ne pût alors recevoir de reproche, qu'il pensât combien peu il devoit se laisser toucher aux intérêts de la maison d'Autriche en comparaison de ceux de son éternité, et de ce compte terrible qu'il étoit si peu éloigné d'aller rendre au souverain juge des rois, qui ne reçoit point d'excuses et ne fait acception de personne; qu'il voyoit bien lui-même que les enfants du Dauphin étoient les vrais, les seuls et les légitimes héritiers de sa monarchie, qui excluoient tous autres, et du vivant desquels et de leur postérité l'archiduc, la sienne et toute la maison d'Autriche n'avoient aucun droit et étoient entièrement étrangers; que plus la succession étoit immense, plus l'injustice qu'il y commettroit lui deviendroit terrible au jugement de Dieu; que c'étoit donc à lui à n'oublier aucune des précautions ni des mesures que toute sa sagesse lui pourroit inspirer pour faire justice à qui il la devoit, et pour assurer autant que lui seroit possible l'entière totalité de sa succession et de sa monarchie à un des fils de France. Le secret de la consultation et de la réponse d'Innocent XII fut si profondément enseveli qu'il n'a été su que depuis que Philippe V a été en Espagne.

CHAPITRE XXIII.

Testament du roi d'Espagne en faveur du duc d'Anjou. — Mort du roi d'Espagne. — Harcourt à Bayonne, assemblant une armée; son ambition et son adresse. — Ouverture du testament; plaisanterie cruelle du duc d'Abrantès. — Deux conseils d'État chez Mme de Maintenon en deux jours. — Avis partagés : raisons pour s'en tenir au traité de partage; raisons pour accepter le testament. — Monseigneur avec force pour accepter. — Résolution d'accepter le testament. — Surprise du Roi et de ses ministres.

Cependant le roi d'Espagne étoit veillé et suivi de près, dans l'espérance où étoit le cardinal pour le disposer à une parfaite et prompte obéissance à la décision qu'il attendoit, de manière que, lorsqu'elle arriva, il n'y eut plus à vaincre que des restes impuissants de répugnance, et à mettre la main tout de bon à l'œuvre. Ubilla, uni à ceux du secret, fit un autre testament en faveur du duc d'Anjou, et le dressa avec les motifs et les clauses qui ont paru à tous les esprits désintéressés si pleines d'équité, de prudence, de force et de sagesse, et qui est devenu si public que je n'en dirai rien ici davantage. Quand il fut achevé d'examiner par les conseillers d'État du secret, Ubilla le porta au roi d'Espagne, avec l'autre précédent, fait en faveur de l'archiduc; celui-là[1] fut brûlé par lui en présence du roi d'Espagne, du cardinal et du confesseur, et l'autre tout de suite signé par le roi d'Espagne, et un moment après authentiqué au-dessus, lorsqu'il fut fermé, par les signatures du cardinal, d'Ubilla et de quelques autres. Cela fait, Ubilla tint prêts les ordres et les expéditions nécessaires en conséquence pour les divers pays de l'obéissance d'Espagne, avec un secret égal. On prétend qu'alors ils firent pressentir le Roi, sans oser pourtant confier tout le secret à Castel dos Rios, et que ce fut la matière de cette audience, si singulière qu'elle est sans exemple, dont il exclut Torcy, auquel, ni devant ni après, il ne dit pas un mot de la matière qu'il avoit à traiter seul avec le Roi.

L'extrémité du roi d'Espagne se fit connoître plusieurs jours seulement après la signature du testament. Le cardinal, aidé des principaux du secret, qui avoient les deux grandes charges, et du comte de Benavente, qui avoit l'autre, par laquelle il étoit maître de l'appartement et de la chambre du Roi, empêcha la Reine d'en approcher les derniers jours, sous divers prétextes. Benavente n'étoit pas du secret, mais il étoit ami des principaux du peu de ceux qui en étoient, et il étoit aisément gouverné, de sorte qu'il fit tout ce qu'ils voulurent. Ils y comptoient si bien,

---

1. Il faudrait *celui-ci*.

qu'ils l'avoient fait mettre dans le testament, pour entrer comme grand d'Espagne dans la junte qu'il établit pour gouverner en attendant le successeur ; et il savoit aussi que le testament étoit fait, sans toutefois être instruit de ce qu'il contenoit. Il étoit tantôt temps de parler au conseil. Des huit qui en étoient, quatre seulement étoient du secret, Portocarrero, Villafranca, S. Estevan et Ubilla ; les autres quatre étoient l'amirante, Veragua[1], Mancera et Arias. Des deux derniers ils n'en étoient point en peine, mais l'attachement de l'amirante à la Reine, le peu de foi de Veragua, et la difficulté de leur faire garder un si important secret, avoit toujours retardé, jusque tout aux derniers jours du roi d'Espagne, d'en venir aux opinions dans le conseil sur la succession.

A la fin, le Roi prêt à manquer à tous les moments, toutes les précautions possibles prises, et n'y ayant guère à craindre que ces deux conseillers d'État seuls, et sans appui ni confiance de personne, et la Reine dans l'abandon, osassent révéler un secret si prêt à l'être, et si inutilement pour eux, le cardinal assembla le conseil, et y mit tout de suite la grande affaire de la succession en délibération. Villafranca tint parole, et opina avec grande force en la manière qu'elle se trouve ci-dessus. S. Estevan suivit avec autorité. L'amirante et Veragua, qui virent la partie faite, n'osèrent contredire : le second ne se soucioit que de sa fortune, qu'il ne vouloit pas exposer dans des moments si critiques et dans une actuelle impuissance de la cour de Vienne par son éloignement ; et la même raison retint l'amirante, malgré son attachement pour elle. Mancera, galant homme et qui ne vouloit que le bien, mais effrayé d'avoir à prendre son parti sur-le-champ en chose de telle importance, demanda vingt-quatre heures pour y penser, au bout desquelles il opina pour la France. Arias s'y rendit d'abord, à qui on avoit dit le mot à l'oreille un peu auparavant. Ubilla, après que le cardinal eut opiné et

---

1. *Veragua* est biffé au manuscrit ; l'est-il de la main de Saint-Simon ?

conclu, dressa sur la table même ce célèbre résultat : ils le signèrent, et jurèrent d'en garder un inviolable secret, jusqu'à ce qu'après la mort du Roi il fût temps d'agir en conséquence de ce qui venoit d'être résolu entre eux. En effet, ni l'amirante ni Veragua[1] n'osèrent en laisser échapper quoi que ce fût, et l'amirante même fut impénétrable là-dessus à la Reine et au comte d'Harrach, qui ignorèrent toujours si le conseil avoit pris une résolution. Très-peu après le Roi d'Espagne mourut, le jour de la Toussaint, auquel il étoit né quarante-deux ans auparavant ; il mourut, dis-je, à trois heures après midi, dans le palais de Madrid.

Sur les nouvelles de l'état mourant du roi d'Espagne, dont Blécourt avoit grand soin d'informer le Roi, il donna ordre au marquis d'Harcourt de se tenir prêt pour aller assembler une armée à Bayonne, pour laquelle on fit toutes les dispositions nécessaires ; et Harcourt partit le 23 octobre, avec le projet de prendre les places de cette frontière, comme Fontarabie et les autres, et d'entrer par là en Espagne. Le Guipuscoa étoit à la France par le traité de partage ; ainsi jusque-là il n'y avoit rien à dire. Comme tout changea subitement de face, je n'ai point su quels étoient les projets après avoir réduit cette petite province ; mais en attendant qu'Harcourt fît les affaires du Roi, il profita de la conjoncture, et fit les siennes. Beuvron, son père, avoit été plus que très-bien avec Mme de Maintenon dans ses jeunes années. C'est ce qui fit la duchesse d'Arpajon, sa sœur, dame d'honneur de Madame la Dauphine-Bavière, arrivant, pour un procès au conseil, de Languedoc, où elle étoit depuis vingt ans, et sans qu'elle, ni son frère, ni pas un des siens eût imaginé d'y songer. On a vu que Mme de Maintenon n'a jamais oublié ces sortes d'amis : c'est ce qui a fait la fortune d'Harcourt, de Villars, et de bien d'autres.

Harcourt sut en profiter, en homme d'infiniment d'esprit et de sens qu'il étoit. Il la courtisa dès qu'il put pointer,

---

1. Les mots *ni Veragua* sont biffés au manuscrit : voyez la note de la page précédente.

et la cultiva toujours sur le pied d'en tout attendre, et quoique il frappât avec jugement aux bonnes portes, il se donna toujours pour ne rien espérer que par elle. Il capitula donc par son moyen, sans que le Roi le trouvât mauvais, et il partit avec assurance de n'attendre pas longtemps à être fait duc héréditaire : la porte alors étoit entièrement fermée à la pairie. J'aurai lieu d'expliquer cette anecdote ailleurs. Arriver là étoit toute l'ambition d'Harcourt ; elle étoit telle que, longtemps avant cette conjoncture, étant à Calais pour passer avec le roi Jacques en Angleterre, il ne craignit pas de s'en expliquer tout haut : on le félicitoit de commander à une entreprise dont le succès lui acquerroit le bâton ; il ne balança point, et répondit tout haut que tout son but étoit d'être duc, et que s'il savoit sûrement devenir maréchal de France et jamais duc, il quitteroit le service tout à l'heure, et se retireroit chez lui.

Dès que le roi d'Espagne fut expiré, il fut question d'ouvrir son testament. Le conseil d'État s'assembla, et tous les grands d'Espagne qui se trouvèrent à Madrid y entrèrent. La curiosité de la grandeur d'un événement si rare, et qui intéressoit tant de millions d'hommes, attira tout Madrid au palais, en sorte qu'on s'étouffoit dans les pièces voisines de celle où les grands et le conseil ouvroient le testament. Tous les ministres étrangers en assiégeoient la porte : c'étoit à qui sauroit le premier le choix du Roi qui venoit de mourir, pour en informer sa cour le premier. Blécourt étoit là comme les autres, sans savoir rien plus qu'eux, et le comte d'Harrach, ambassadeur de l'Empereur, qui espéroit tout et qui comptoit sur le testament en faveur de l'archiduc, étoit vis-à-vis la porte et tout proche avec un air triomphant. Cela dura assez longtemps pour exciter l'impatience. Enfin la porte s'ouvrit et se referma. Le duc d'Abrantès, qui étoit un homme de beaucoup d'esprit, plaisant, mais à craindre, voulut se donner le plaisir d'annoncer le choix du successeur, sitôt qu'il eût[1] vu tous les grands et le conseil y acquiescer et prendre leurs réso-

---

1. Saint-Simon a bien écrit *eust*, au subjonctif.

lutions en conséquence. Il se trouva investi aussitôt qu'il parut. Il jeta les yeux de tous côtés en gardant gravement le silence. Blécourt s'avança; il le regarda bien fixement, puis, tournant la tête, fit semblant de chercher ce qu'il avoit presque devant lui : cette action surprit Blécourt, et fut interprétée mauvaise pour la France; puis tout à coup, faisant comme s'il n'avoit pas aperçu le comte d'Harrach et qu'il s'offrît premièrement à sa vue, il prit un air de joie, lui saute au col, et lui dit en espagnol, fort haut : « Monsieur, c'est avec beaucoup de plaisir...; » et faisant une pause pour l'embrasser mieux, ajouta : « Oui, Monsieur, c'est avec une extrême joie que pour toute ma vie..., » et redoublant d'embrassades, pour s'arrêter encore; puis acheva : « et avec le plus grand contentement que je me sépare de vous et prends congé de la très-auguste maison d'Autriche; » puis perce la foule, chacun courant après pour savoir qui étoit le successeur. L'étonnement et l'indignation du comte d'Harrach lui fermèrent entièrement la bouche, mais parurent sur son visage dans toute leur étendue. Il demeura là encore quelques moments; il laissa des gens à lui pour lui venir dire des nouvelles à la sortie du conseil, et s'alla enfermer chez lui, dans une confusion d'autant plus grande qu'il avoit été la dupe des accolades et de la cruelle tromperie du compliment du duc d'Abrantès.

Blécourt, de son côté, n'en demanda pas davantage : il courut chez lui écrire pour dépêcher son courrier. Comme il étoit après, Ubilla lui envoya un extrait du testament qu'il tenoit tout prêt, et que Blécourt n'eut qu'à mettre dans son paquet. Harcourt, qui étoit à Bayonne, avoit ordre d'ouvrir tous les paquets du Roi, afin d'agir suivant les nouvelles, sans perdre le temps à attendre les ordres de la cour, qu'il avoit d'avance pour tous les cas prévus. Le courrier de Blécourt arriva malade à Bayonne, de sorte qu'Harcourt en prit occasion d'en dépêcher un à lui, avec ordre de rendre à son ami Barbezieux les quatre mots qu'il écrivit tant au Roi qu'à lui, avant que de porter le paquet de Blécourt à Torcy. Ce fut une galanterie qu'il fit à Barbezieux, pour le faire porteur de cette grande nouvelle. Barbezieux la reçut, et sur-le-champ la porta au Roi, qui étoit lors au conseil de finance, le mardi matin 9 novembre.

Le Roi, qui devoit aller tirer, contremanda la chasse, dîna à l'ordinaire au petit couvert, sans rien montrer sur son visage, déclara la mort du roi d'Espagne, qu'il draperoit, ajouta qu'il n'y auroit de tout l'hiver ni appartement, ni comédies, ni aucuns divertissements à la cour; et quand il fut rentré dans son cabinet, il manda aux ministres de se trouver à trois heures chez Mme de Maintenon. Monseigneur étoit revenu de courre le loup; il se trouva aussi à trois heures chez Mme de Maintenon. Le conseil y dura jusqu'après sept heures, ensuite de quoi le Roi y travailla jusqu'à dix, avec Torcy et Barbezieux ensemble. Mme de Maintenon avoit toujours été présente au conseil, et la fut encore au travail qui le suivit. Le lendemain mercredi, il y eut conseil d'État le matin chez le Roi, à l'ordinaire, et au retour de la chasse il en tint un autre, comme la veille, chez Mme de Maintenon, depuis six heures du soir jusqu'à près de dix. Quelque accoutumé qu'on fût à la cour à la faveur de Mme de Maintenon, on ne l'étoit pas à la voir entrer publiquement dans les affaires, et la surprise fut extrême de voir assembler deux conseils en forme chez elle, et pour la plus grande et la plus importante délibération qui de tout ce long règne et de beaucoup d'autres eût été mise sur le tapis.

Le Roi, Monseigneur, le chancelier, le duc de Beauvillier et Torcy, et il n'y avoit lors point d'autres ministres d'État que ces trois derniers, furent les seuls qui délibérèrent sur cette grande affaire, et Mme de Maintenon avec eux, qui se taisoit par modestie, et que le Roi força de dire son avis, après que tous eurent opiné, excepté lui. Ils furent partagés : deux pour s'en tenir au traité de partage, deux pour accepter le testament.

Les premiers soutenoient que la foi y étoit engagée, qu'il n'y avoit point de comparaison entre l'accroissement de la puissance et d'États unis à la couronne, d'États contigus et aussi nécessaires que la Lorraine, aussi importants que le Guipuscoa pour être une clef de l'Espagne, aussi utiles au commerce que les places de Toscane, Naples et Sicile, et la grandeur particulière d'un fils de France, dont tout au plus loin la première postérité, devenue espagnole par son intérêt et par ne connoître autre chose que l'Espagne, se montreroit aussi jalouse de la puissance de la France que les rois d'Espagne autrichiens; qu'en acceptant le testament, il falloit compter sur une longue et sanglante guerre, par l'injure de la rupture du traité de partage, et par l'intérêt de toute l'Europe à s'opposer à un colosse tel qu'alloit devenir la France pour un temps, si on lui laissoit recueillir une succession aussi vaste; que la France, épuisée d'une longue suite de guerres, et qui n'avoit pas eu loisir de respirer depuis la paix de Ryswick, étoit hors d'état de s'y exposer; que l'Espagne l'étoit aussi de longue main; qu'en l'acceptant, tout le faix tomboit sur la France, qui, dans l'impuissance de soutenir le poids de tout ce qui s'alloit unir contre elle, auroit encore l'Espagne à supporter; que c'étoit un enchaînement dont on n'osoit prévoir les suites, mais qui en gros se montroient telles que toute la prudence humaine sembloit conseiller de ne s'y pas commettre; qu'en se tenant au traité de partage, la France se concilioit toute l'Europe, par cette foi maintenue, et par ce grand exemple de modération, elle qui n'avoit eu toute l'Europe sur les bras que par la persuasion, où sa conduite avoit donné crédit, des calomnies semées avec tant de succès qu'elle vouloit tout envahir, et monter peu à peu à la monarchie universelle, tant reprochée autrefois à la maison d'Autriche, dont l'acceptation du testament ne laisseroit plus douter, comme en étant un degré bien avancé; que, se tenant au traité de partage, elle s'attireroit la confiance de toute l'Europe, dont elle deviendroit la dictatrice, ce qu'elle ne pouvoit espérer de ses armes, et que l'intérieur du royaume, rétabli par une longue paix, augmenté aux dépens de l'Espagne, avec la clef du côté le plus jaloux et le plus nu de ce royaume et celle de tout le commerce du Levant, enfin l'arrondissement si nécessaire de la Lorraine, qui réunit les Évêchés, l'Alsace et la Franche-Comté, et délivre la Champagne, qui n'a point de frontière, formeroit un État si puissant qu'il seroit à l'avenir la terreur ou le refuge de tous les autres, et en situation assurée de faire tourner à son gré toutes les affaires générales de l'Europe. Torcy ouvrit cet avis, pour balancer et sans conclure, et le duc de Beauvillier le soutint puissamment.

Le chancelier, qui pendant toute cette déduction s'étoit uniquement appliqué à démêler l'inclination du Roi, et qui crut l'avoir enfin pénétrée, parla ensuite. Il établit d'abord qu'il étoit au choix du Roi de laisser brancher[1] une seconde fois la maison d'Autriche, à fort peu de puissance près de ce qu'elle avoit été depuis Philippe II, et dont on avoit vivement éprouvé la force et la puissance, ou de prendre le même avantage pour la sienne; que cet avantage se trouvoit fort supérieur à celui dont la maison d'Autriche avoit tiré de si grands avantages, par la différence de la séparation des États des deux branches, qui ne se pouvoient secourir que par des diversions de concert, et qui étoient coupés par des États étrangers; que l'une des deux n'avoit ni mer ni commerce, que sa puissance n'étoit qu'usurpation qui avoit toujours trouvé de la contradiction dans son propre sein, et souvent des révoltes ouvertes, et dans ce vaste pays d'Allemagne, où les diètes avoient palpité tant qu'elles avoient pu, et où on avoit pu sans messéance fomenter les mécontentements par l'ancienne alliance de la France avec le corps germanique, dont l'éloignement de l'Espagne ne recevoit de secours que difficilement, sans compter les

---

1. Voyez ci-dessus, p. 375 et note 1.

inquiétudes de la part des Turcs, dont les armes avoient souvent rendu celles des empereurs inutiles à l'Espagne; que les pays héréditaires, dont l'Empereur pouvoit disposer comme du sien, ne pouvoient entrer en comparaison avec les moindres provinces de France; que ce dernier royaume, le plus étendu, le plus abondant et le plus puissant de tous ceux de l'Europe, chaque État considéré à part, avoit l'avantage de ne dépendre de l'avis de qui que ce soit, et de se remuer tout entier à la seule volonté de son roi, ce qui en rendoit les mouvements parfaitement secrets et tout à fait rapides, et celui encore d'être contigu d'une mer à l'autre à l'Espagne, et de plus, par les deux mers, d'avoir du commerce et une marine, et d'être en état de protéger celle d'Espagne, et de profiter à l'avenir de son union avec elle pour le commerce des Indes, par conséquent de recueillir des fruits de cette union bien plus continuels, plus grands, plus certains que n'avoit pu faire la maison d'Autriche, qui, loin de pouvoir compter mutuellement sur des secours précis, s'étoit souvent trouvée embarrassée à faire passer ses simples courriers d'une branche à l'autre, au lieu que la France et l'Espagne, par leur contiguïté, ne faisoient, pour toutes ces importantes commodités, qu'une seule et même province, et pouvoit agir en tout temps à l'insu de tous ses voisins; que ces avantages ne se trouvoient balancés que par ceux de l'acquisition de la Lorraine, commode et importante à la vérité, mais dont la possession n'augmenteroit en rien le poids de la France dans les affaires générales, tandis qu'unie avec l'Espagne, il seroit toujours prépondérant et très-supérieur à la plupart des puissances unies en alliance, dont les divers intérêts ne pouvoient rendre ces unions durables comme celui des frères et de la même maison; que d'ailleurs, en se mettant, à titre de nécessité, au-dessus du scrupule de l'occupation de la Lorraine désarmée, démantelée, enclavée comme elle étoit, ne l'avoir pas étoit le plus petit inconvénient du monde, puisqu'on s'en saisiroit toujours au premier mouvement de guerre, comme on avoit fait depuis si longtemps qu'en ces occasions on ne s'apercevoit pas de différence entre elle et une province du royaume. A l'égard de Naples, Sicile, et des places de la côte de Toscane, il n'y avoit qu'à ouvrir les histoires pour voir combien souvent nos rois en avoient été les maîtres, et avec ces États, de celui de Milan, de Gênes et d'autres petits d'Italie, et avec quelle désastreuse et rapide facilité ils les avoient toujours perdus; que le traité de partage avoit été accepté faute de pouvoir espérer mieux dès qu'on ne vouloit pas se jeter dans les conquêtes, mais qu'en l'acceptant ç'auroit été se tromper de méconnoître l'inimitié de tant d'années de l'habile main qui l'avoit dressé pour nous donner des noms sans nous donner de choses, ou plutôt des choses impossibles à conserver par leur éloignement et leur épuisement, et qui ne seroient bonnes qu'à consumer notre argent, à partager nos forces, et à nous tenir dans une contrainte et une brassière perpétuelle; que pour le Guipuscoa, c'étoit un leurre de le prendre pour une clef d'Espagne; qu'il n'en falloit qu'appeler à nous-mêmes, qui avions été plus de trente ans en guerre avec l'Espagne, et toujours en état de prendre les places et les ports de cette province, puisque le Roi avoit bien conquis celles de Flandres, de la Meuse et du Rhin; mais que la stérilité affreuse d'un vaste pays et la difficulté des Pyrénées avoient toujours détourné la guerre de ce côté-là, et permis, même dans leur plus fort, une sorte de commerce entre les deux frontières, sous prétexte de tolérance, sans qu'il s'y fût jamais commis aucune hostilité; qu'enfin les places de la côte de Toscane seroient toujours en prise du souverain du Milanois, qui pouvoit faire ses préparatifs à son aise et en secret, tomber dessus subitement et de plein pied, et s'en être emparé avant l'arrivée d'un secours par mer, qui ne pouvoit partir que des ports de Provence; que pour ce qui étoit du danger d'avoir les rois d'Espagne françois pour ennemis, comme ceux de la maison d'Autriche, cette identité ne pouvoit jamais avoir lieu, puisqu'au moins, n'étant pas de cette maison, mais de celle de France, tout ce qui ne seroit pas l'intérêt même d'Espagne ne seroit jamais le leur, comme au contraire, dès qu'il y auroit identité de maison, il y auroit identité d'intérêts, dont, pour ne parler maintenant que de l'extérieur, l'abaissement de l'Empereur et la diminution du commerce et de l'accroissement des colonies des Anglois et des Hollandois aux Indes feroit toujours un tel intérêt commun qu'il domineroit tous les autres; que pour l'intérieur, il n'y avoit qu'à prendre exemple sur la maison d'Autriche, que rien n'avoit pu diviser depuis Charles V, quoique si souvent pleine de riottes[1] domestiques; que le desir de s'étendre en Flandres étoit un point que le moindre grain de sagesse et de politique feroit toujours céder à tout ce que l'union de deux si puissantes monarchies, et si contiguës partout, pouvoit opérer, qui n'alloit à rien moins pour la nôtre qu'à s'enrichir par le commerce des Indes, et pour toutes les deux à donner le branle, le poids et, avec le temps, le ton à toutes les affaires de l'Europe; que cet intérêt étoit si grand et si palpable, et les occasions de division entre les deux rois de même sang si médiocres en eux-mêmes et si anéantis[2] en comparaison de ceux-là, qu'il n'y avoit point de division raisonnable à en craindre; qu'il y avoit à espérer que le Roi vivroit assez longtemps non-seulement pour l'établir, et Monseigneur après lui, entre ses deux fils, qu'il n'y avoit pas moins lieu d'en espérer la continuation dans les deux frères, si unis et si affermis de longue main dans ces principes, qu'ils feroient passer aux cousins germains, ce qui montroit déjà une longue suite d'années; qu'enfin, si le malheur venoit assez à surmonter toute raison pour faire naître des guerres, il falloit toujours qu'il y eût un roi d'Espagne, et qu'une guerre se pousseroit moins et se termineroit toujours plus

1. De querelles.
2. *Eux-mêmes* et *anéantis*, au masculin, bien que se rapportant grammaticalement à *occasions*.

aisément et plus heureusement avec un roi de même sang, qu'avec un étranger et de la maison d'Autriche.

Après cet exposé, le chancelier vint à ce qui regardoit la rupture du traité de partage. Après en avoir remis le frauduleux, le captieux, le dangereux, il prétendit que la face des choses, entièrement changée du temps auquel il avoit été signé, mettoit de plein droit le Roi en liberté, sans pouvoir être accusé de manquer de foi; que par ce traité il ne s'étoit engagé qu'à ce qu'il portoit; qu'on n'y trouveroit point de stipulation d'aucun refus de ce qui seroit donné par la volonté du roi d'Espagne, et volonté pure, sans sollicitation, et même à l'insu du Roi, et de ce qui seroit offert par le vœu universel de tous les seigneurs et les peuples d'Espagne; que le premier étoit arrivé, que le second alloit suivre, selon toute apparence; que le refuser contre tout intérêt, comme il croyoit l'avoir démontré, attireroit moins la confiance avec qui le traité de partage avoit été signé, que leur mépris, que la persuasion d'une impuissance qui les enhardiroit à essayer de dépouiller bientôt la France de ce qui ne lui avoit été donné, en distance si éloignée et de si fâcheuse garde, que pour le lui ôter à la première occasion; et que, bien loin de devenir la dictatrice de l'Europe par une modération si étrange et que nulle équité ne prétextoit, la France acquerroit une réputation de pusillanimité, qui seroit attribuée aux dangers de la dernière guerre et à l'exténuation qui lui en seroit restée, et qu'elle deviendroit la risée de ses faux amis avec bien plus de raison que Louis XII et François Ier ne l'avoient été de Ferdinand le Catholique, de Charles V, des papes et des Vénitiens, par leur rare attachement à leur foi et à leurs paroles positives, desquelles ici il n'y a rien qui puisse être pris en la moindre parité; enfin qu'il convenoit qu'une si riche succession ne se recueilleroit pas sans guerre, mais qu'il falloit lui accorder aussi que l'Empereur ne souffriroit pas plus paisiblement l'exécution du traité de partage que celle du testament; que jamais il

n'avoit voulu y consentir, qu'il avoit tout tenté pour s'y
opposer, qu'il n'étoit occupé qu'à des levées et à des
alliances; que, guerre pour guerre, il valoit mieux la
faire à mains garnies, et ne pas se montrer à la face de
l'univers indignes de la plus haute fortune et la moins
imaginée.

Ces deux avis, dont je ne donne ici que le précis, furent
beaucoup plus étendus de part et d'autre, et fort disputés
par force répliques des deux côtés. Monseigneur, tout
noyé qu'il fût dans la graisse et dans l'apathie, parut un
autre homme dans tous ces deux conseils, à la grande
surprise du Roi et des assistants. Quand ce fut à lui à
parler, après les ripostes finies, il s'expliqua avec force
pour l'acceptation du testament, et reprit une partie des
meilleures raisons du chancelier; puis, se tournant vers
le Roi d'un air respestueux, mais ferme, il lui dit qu'après
avoir dit son avis comme les autres, il prenoit la liberté
de lui demander son héritage, puisqu'il étoit en état de
l'accepter; que la monarchie d'Espagne étoit le bien de
la Reine sa mère, par conséquent le sien, et pour la tranquillité de l'Europe celui de son second fils, à qui il le
cédoit de tout son cœur, mais qu'il n'en quitteroit pas
un seul pouce de terre à nul autre; que sa demande
étoit juste, et conforme à l'honneur du Roi et à l'intérêt et à la grandeur de sa couronne, et qu'il espéroit
bien aussi qu'elle ne lui seroit pas refusée. Cela, dit d'un
visage enflammé, surprit à l'excès. Le Roi l'écouta fort
attentivement, puis dit à Mme de Maintenon : « Et vous,
Madame, que dites-vous sur tout ceci? » Elle à faire la
modeste; mais enfin, pressée et même commandée, elle dit
deux mots d'un bienséant embarras, puis en peu de paroles
se mit sur les louanges de Monseigneur, qu'elle craignoit
et n'aimoit guère, ni lui elle, et fut enfin d'avis d'accepter
le testament.

Le Roi conclut sans s'ouvrir : il dit qu'il avoit tout bien
ouï, et compris tout ce qui avoit été dit de part et d'autre,
qu'il y avoit de grandes raisons des deux côtés, que

l'affaire méritoit bien de dormir dessus et d'attendre vingt-quatre heures ce qui pourroit venir d'Espagne, et si les Espagnols seroient du même avis que leur roi. Il congédia le conseil, à qui il ordonna de se retrouver le lendemain au soir au même lieu, et finit sa journée, comme on l'a dit, entre Mme de Maintenon, Torcy, qu'il fit rester, et Barbezieux, qu'il envoya chercher.

Le mercredi 10 novembre, il arriva plusieurs courriers d'Espagne, dont un ne fit que passer, portant des ordres à l'électeur de Bavière à Bruxelles. On eut par eux tout ce qui pouvoit achever de déterminer le Roi à l'acceptation du testament, c'est-à-dire le vœu des seigneurs et des peuples, autant que la brièveté du temps le pouvoit permettre ; de sorte que, tout ayant été lu et discuté chez Mme de Maintenon, au conseil que le Roi, au retour de la chasse, y tint comme la veille, il s'y détermina à l'acceptation. Le lendemain matin, jeudi, le Roi, entre son lever et sa messe, donna audience à l'ambassadeur d'Espagne, à laquelle Monseigneur et Torcy furent présents. L'ambassadeur présenta, de la part de la Reine et de la junte, une copie authentique du testament. On n'a pas douté depuis qu'en cette audience, le Roi, sans s'expliquer nettement, n'eût donné de grandes espérances d'acceptation à l'ambassadeur, à la sortie duquel le Roi fit entrer Mgr le duc de Bourgogne, à qui il confia le secret du parti pris. Le chancelier s'en alla à Paris l'après-dînée, et les autres ministres eurent congé jusqu'à Versailles, de manière que personne ne douta que la résolution, quelle qu'elle fût, ne fût prise et arrêtée.

La junte qui fut nommée par le testament pour gouverner en attendant le successeur fut fort courte, et seulement composée de la Reine, du cardinal Portocarrero, de don Manuel Arias, gouverneur du conseil de Castille, du grand inquisiteur, et pour grands d'Espagne, du comte de Benavente et du comte d'Aguilar. Ceux qui firent faire le testament n'osèrent pas exclure la Reine, et ne voulurent pas s'y mettre, pour éviter jalousie. Ils n'étoient pas moins sûrs de leur fait, dès que le choix du successeur seroit passé à l'ouverture du testament, ni de la gestion, par la présence du cardinal, du comte de Benavente, et d'Arias, dont ils étoient sûrs, et duquel la charge [1], que j'aurai ailleurs occasion d'expliquer, donnoit le plus grand pouvoir, appuyée surtout de l'autorité du cardinal, qui étoit comme le régent et le chef de la junte, tout le crédit et la puissance de la Reine se trouvant anéantis au point qu'elle fut réduite à faire sa cour au cardinal et à ses amis, et que, sous prétexte de sa douleur, elle n'assista à la junte que pour signer aux premières et plus importantes résolutions, toutes arrêtées sans elle, et qu'elle s'en retira dans l'ordinaire et le courant, parce qu'elle sentoit qu'elle n'y servoit que de montre. Aguilar étoit l'homme d'Espagne le plus laid, qui avoit le plus d'esprit, et peut-être encore le plus de capacité, mais le plus perfide et le plus méchant. Il étoit si bien connu pour tel qu'il en plaisantoit lui-même, et qu'il disoit qu'il seroit le plus méchant homme d'Espagne, sans son fils, qui avoit joint à la laideur de son âme celle que lui-même avoit en son corps. Mais c'étoit en même temps un homme cauteleux, et qui, voyant le parti pris, ne pensa qu'à sa fortune, à plaire aux maîtres des affaires, et à préparer le successeur à le bien traiter. Ubilla, par son emploi, étoit encore d'un grand et solide secours au cardinal et à Arias.

La suite nécessaire d'une narration si intéressante ne m'a pas permis de l'interrompre. Maintenant qu'elle est conduite à un point de repos, il faut revenir quelque peu sur ses pas. Il n'est pas croyable l'étonnement qu'eut Blécourt d'une disposition si peu attendue, et dont on s'étoit caché de lui autant que du comte d'Harrach. La rage de celui-ci fut extrême, par la surprise, par l'anéantissement du testament en faveur de l'archiduc, sur lequel il comptoit entièrement, et par l'abandon et l'impuissance où il se trouva tombé tout à coup, et lui et la Reine, à qui

---

1. De gouverneur du conseil de Castille.

il ne resta pas une créature, ni à lui un autrichien qui se l'osât montrer. Harcourt, en ouvrant les dépêches du Roi à Bayonne, demeura interdit. Il sentit bien alors que les propositions que l'amirante lui avoit faites de la part de la Reine étoient de gens clairvoyants, non pas elle, mais lui, qui craignoient que les choses ne prissent ce tour par le grand intérêt des principaux particuliers, et qui, à tout hasard du succès, vouloient faire leur marché. Il eût bien alors redoublé les regrets de son retour, et de la défense qu'il reçut d'entrer en rien avec l'amirante, s'il n'eût habilement su tirer sur le temps, et profiter de la protection de Mme de Maintenon pour emporter à Bayonne une promesse, dont il se mit à hâter l'accomplissement.

La surprise du Roi et de ses ministres fut sans pareille. Ni lui ni eux ne pouvoient croire ce qu'ils lisoient dans la dépêche de Blécourt, et il leur fallut plusieurs jours pour en revenir assez pour être en état de délibérer sur une aussi importante matière. Dès que la nouvelle devint publique, elle fit la même impression sur toute la cour, et les ministres étrangers percèrent[1] les nuits à conférer et à méditer sur le parti que le Roi prendroit, et sur les intérêts de leurs maîtres, et gardoient à l'extérieur un grand silence. Le courtisan ne s'occupoit qu'à raisonner, et presque tous alloient à l'acceptation. La manière ne laissa pas d'en être agitée dans les conseils, jusqu'à y raisonner de donner la comédie au monde, et de faire disparoître le duc d'Anjou sous la conduite du nonce Gualterio, qui l'emmèneroit en Espagne. Je le sus, et je songeai à être de la partie. Mais ce misérable biais fut aussitôt rejeté, par la honte d'accepter à la dérobée tant de couronnes offertes, et par la nécessité prompte de lever le masque, pour soutenir l'Espagne, trop foible pour être laissée à ses propres forces. Comme on ne parloit d'autre chose que du parti qu'il y avoit à prendre, le Roi se divertit un soir dans son cabinet à en demander leur avis aux princesses. Elles

---

1. Il y a bien *percèrent* au manuscrit : voyez ci-dessus, p. 313, où nous avons, à tort, imprimé *perdoit*.

répondirent que c'étoit d'envoyer promptement M. le duc d'Anjou en Espagne, et que c'étoit le sentiment général, par tout ce qu'elles en entendoient dire à tout le monde. « Je suis sûr, leur répliqua le Roi, que quelque parti que je prenne, beaucoup de gens me condamneront. »

C'étoit le samedi 13 novembre. Le lendemain matin, dimanche 14, veille du départ de Fontainebleau, le Roi entretint longtemps Torcy, qui avertit ensuite l'ambassadeur d'Espagne, qui étoit demeuré à Fontainebleau, de se trouver le lendemain au soir à Versailles. Cela se sut, et donna un grand éveil. Les gens alertes avoient su encore que le vendredi précédent le Roi avoit parlé longtemps à M. le duc d'Anjou, en présence de Monseigneur et de Mgr le duc de Bourgogne, ce qui étoit si extraordinaire qu'on commença à se douter que le testament seroit accepté. Ce même dimanche, veille du départ, un courrier espagnol du comte d'Harrach passa à Fontainebleau, allant à Vienne, vit le Roi à son souper, et dit publiquement qu'on attendoit à Madrid M. le duc d'Anjou avec beaucoup d'impatience, et ajouta qu'il y avoit quatre grands nommés pour aller au-devant de lui. Ce prince, à qui on parla du testament, ne répondit que par sa reconnoissance pour le roi d'Espagne, et se conduisit si uniment qu'il ne parût[1] jamais qu'il sût ou se doutât de rien jusqu'à l'instant de sa déclaration.

CHAPITRE XXIV.

Retour de Fontainebleau. — Déclaration du roi d'Espagne ; son traitement. — MM. de Beauvillier seul en chef, et de Noailles en supplément, accompagnent les princes au voyage. — Le nonce et l'ambassadeur de Venise félicitent les deux rois. — Harcourt duc vérifié et ambassadeur en Espagne ; rage singulière de Tallart. — L'électeur de Bavière fait proclamer Philippe V aux Pays-Bas, qui est harangué par le Parlement et tous les corps. — Plaintes des Hollandois. — Bedmar à Marly. — Philippe V proclamé à Milan. — Le

---

1. Saint-Simon a écrit *parust*, au subjonctif.

roi d'Espagne fait Castel dos Rios grand d'Espagne de la première classe, et prend la Toison ; manière de la porter. — Départ du roi d'Espagne et des princes ses frères. — Philippe V proclamé à Madrid, à Naples, en Sicile et en Sardaigne. — Affaire de Vaïni à Rome. — Albano pape, Clément XI. — Grâces pécuniaires. — Chamillart ministre. — Électeur de Brandebourg se déclare roi de Prusse ; comment entrée[1] dans sa maison ; Courlande. — Tessé à Milan et Colmenero à Versailles. — Castel dos Rios. — Harcourt retourné à Madrid ; sa place à la junte. — Troubles du Nord.

Le lundi 15 novembre, le Roi partit de Fontainebleau entre neuf et dix heures, n'ayant dans son carrosse que Mgr le duc de Bourgogne, Mme la duchesse de Bourgogne, Mme la princesse de Conti et la duchesse du Lude, mangea un morceau sans en sortir, et arriva à Versailles sur les quatre heures. Monseigneur alla dîner à Meudon, pour y demeurer quelques jours, et Monsieur et Madame à Paris. En chemin, l'ambassadeur d'Espagne reçut un courrier, avec de nouveaux ordres et de nouveaux empressements pour demander M. le duc d'Anjou. La cour se trouva fort grosse à Versailles, que la curiosité y avoit rassemblée dès le jour même de l'arrivée du Roi.

Le lendemain, mardi 16 novembre, le Roi, au sortir de son lever, fit entrer l'ambassadeur d'Espagne dans son cabinet, où M. le duc d'Anjou s'étoit rendu par les derrières. Le Roi, le lui montrant, lui dit qu'il le pouvoit saluer comme son roi. Aussitôt il se jeta à genoux à la manière espagnole, et lui fit un assez long compliment en cette langue. Le Roi lui dit qu'il ne l'entendoit pas encore, et que c'étoit à lui à répondre pour son petit-fils. Tout aussitôt après, le Roi fit, contre toute coutume, ouvrir les deux battants de la porte de son cabinet, et commanda à tout le monde, qui étoit là presque en foule, d'entrer ; puis, passant majestueusement les yeux sur la nombreuse compagnie : « Messieurs, leur dit-il en montrant le duc d'Anjou, voilà le roi d'Espagne. La naissance l'appeloit à cette couronne, le feu Roi aussi par son testament, toute la nation l'a souhaité et me l'a demandé instamment :

---

1. Comment la Prusse est entrée.

c'étoit l'ordre du Ciel ; je l'ai accordé avec plaisir ; » et se tournant à son petit-fils : « Soyez bon Espagnol, c'est présentement votre premier devoir, mais souvenez-vous que vous êtes né François, pour entretenir l'union entre les deux nations ; c'est le moyen de les rendre heureuses et de conserver la paix de l'Europe. » Montrant après du doigt son petit-fils à l'ambassadeur : « S'il suit mes conseils, lui dit-il, vous serez grand seigneur, et bientôt ; il ne sauroit mieux faire présentement que de suivre vos avis. »

Ce premier brouhaha du courtisan passé, les deux autres fils de France arrivèrent, et tous trois s'embrassèrent tendrement et les larmes aux yeux à plusieurs reprises. Zinzendorf, envoyé de l'Empereur, qui a depuis fait une grande fortune à Vienne, avoit demandé audience, dans l'ignorance de ce qui se devoit passer, et dans la même ignorance attendoit en bas, dans la salle des ambassadeurs, que l'introducteur le vînt chercher, pour donner part de la naissance de l'archiduc, petit-fils de l'Empereur, qui mourut bientôt après. Il monta donc sans rien savoir de ce qui venoit de se passer. Le Roi fit passer le nouveau monarque et l'ambassadeur d'Espagne dans ses arrière-cabinets, puis fit entrer Zinzendorf, qui n'apprit qu'en sortant le fâcheux contre-temps dans lequel il étoit tombé. Ensuite le Roi alla à la messe à la tribune, à l'ordinaire, mais le roi d'Espagne avec lui et à sa droite. A la tribune, la maison royale, c'est-à-dire jusqu'aux petits-fils de France inclusivement, et non plus, se mettoient à la rangette et de suite sur le drap de pied du Roi ; et comme là, à la différence du prié-Dieu[1], ils étoient tous appuyés comme lui sur la balustrade couverte du tapis, il n'y avoit que le Roi seul qui eût un carreau par dessus la banquette, et eux tous étoient à genoux sur la banquette couverte du même drap de pied, et tous sans carreau. Arrivant la

1. Voyez tome I, p. 30, note 1 ; nous écrivons *prie-Dieu* lorsqu'il s'agit de la chaise où l'on s'agenouille, et *prié-Dieu* lorsqu'il s'agit de la cérémonie ; Saint-Simon écrit souvent *prié-Dieu* dans l'un comme dans l'autre sens : c'était de son temps l'orthographe la plus approuvée.

tribune[1], il ne se trouva que le carreau du Roi, qui le prit et le présenta au roi d'Espagne, lequel n'ayant pas voulu l'accepter, il fut mis à côté, et tous deux entendirent la messe sans carreau ; mais après il y en eut toujours deux quand ils alloient à la même messe, ce qui arriva fort souvent.

Revenant de la messe, le Roi s'arrêta dans la pièce du lit du grand appartement, et dit au roi d'Espagne que désormais ce seroit le sien ; il y coucha dès le même soir, et il y reçut toute la cour, qui en foule alla lui rendre ses respects. Villequier, premier gentilhomme de la chambre du Roi, en survivance du duc d'Aumont, son père, eut ordre de le servir ; et le Roi lui céda deux de ses cabinets, où on entre de cette pièce, pour s'y tenir lorsqu'il seroit en particulier, et ne pas rompre la communication des deux ailes, qui n'est que par ce grand appartement.

Dès le même jour on sut que le roi d'Espagne partiroit le 1er décembre, qu'il seroit accompagné des deux princes ses frères, qui demandèrent d'aller jusqu'à la frontière, que M. de Beauvillier auroit l'autorité dans tout le voyage sur les princes et les courtisans, et le commandement seul sur les gardes, les troupes, les officiers et la suite, et qu'il régleroit et disposeroit seul de toutes choses. Le maréchal-duc de Noailles lui fut joint, non pour se mêler, ni ordonner de quoi que ce soit en sa présence, quoique maréchal de France et capitaine des gardes du corps, mais pour le suppléer en tout en cas de maladie ou d'absence du lieu où seroient les princes. Toute la jeunesse de la cour, de l'âge à peu près des princes, eut permission de faire le voyage, et beaucoup y allèrent, ou entre eux ou dans les carrosses de suite. On sut encore que de Saint-Jean de Luz, après la séparation, les deux princes iroient voir la Provence et le Languedoc, passant par un coin du Dauphiné, qu'ils reviendroient par Lyon, et que le voyage seroit de quatre mois. Cent vingt gardes, sous Vaudreuil lieutenant, et Montesson enseigne, avec des exempts, fu-

---

1. Tel est bien le texte du manuscrit.

rent commandés pour les suivre, et MM. de Beauvillier et de Noailles eurent chacun cinquante mille livres pour leur voyage.

Monseigneur, qui savoit l'heure que le Roi s'étoit réglée pour la déclaration du roi d'Espagne, l'apprit à ceux qui étoient à Meudon; et Monsieur, qui en eut le secret en partant de Fontainebleau, se mit sous sa pendule dans l'impatience de l'annoncer, et quelques minutes avant l'heure ne put s'empêcher de dire à sa cour qu'elle alloit apprendre une grande nouvelle, qu'il leur dit dès que l'aiguille arrivée sur l'heure le lui permit. Dès le vendredi précédent, Mgr le duc de Bourgogne, M. le duc d'Anjou et l'ambassadeur d'Espagne le surent, et en gardèrent si bien le secret qu'il n'en transpira rien à leur air ni à leurs manières. Mme la duchesse de Bourgogne le sut en arrivant de Fontainebleau, et M. le duc de Berry le lundi matin. Leur joie fut extrême, quoique mêlée de l'amertume de se séparer : ils étoient tendrement unis, et si la vivacité et l'enfance excitoient quelquefois de petites riottes[1] entre le premier et le troisième, c'étoit toujours le second, naturellement sage, froid et réservé, qui les raccommodoit.

Aussitôt après la déclaration, le Roi la manda par le premier écuyer au roi et à la reine d'Angleterre. L'après-dînée, le roi d'Espagne alla voir Monseigneur à Meudon, qui le reçut à la portière et le conduisit de même. Il le fit toujours passer devant lui partout, et lui donna de la *Majesté;* en public ils demeurèrent debout. Monseigneur parut hors de lui de joie; il répétoit souvent que jamais homme ne s'étoit trouvé en état de dire comme lui : « le Roi mon père, et le Roi mon fils ». S'il avoit su la prophétie qui dès sa naissance avoit dit de lui : « fils de roi, père de roi, et jamais roi », et que tout le monde avait ouï répéter mille fois, je pense que, quelque vaines que soient ces prophéties, il ne s'en seroit pas tant réjoui. Depuis cette déclaration, le roi d'Espagne fut traité comme le roi d'Angleterre :

---

1. Voyez ci-dessus, p. 390 et note 1.

il avoit à souper un fauteuil et son cadenas à la droite du Roi, Monseigneur et le reste de la famille royale des ployants au bout, et au retour de la table, à l'ordinaire, pour boire, une soucoupe et un verre couvert, et l'essai [1] comme pour le Roi. Ils ne se voyoient en public qu'à la chapelle, et pour y aller et en revenir, et à souper, au sortir duquel le Roi le conduisoit jusqu'à la porte de la galerie. Il vit le roi et la reine d'Angleterre à Versailles et à Saint-Germain, et ils se traitèrent comme le Roi et le roi d'Angleterre en tout; mais les trois rois ne se trouvèrent jamais nulle part tous trois ensemble. Dans le particulier, c'est-à-dire dans les cabinets et chez Mme de Maintenon, il vivoit en duc d'Anjou avec le Roi, qui, au premier souper, se tourna à l'ambassadeur d'Espagne et lui dit qu'il croyoit encore que tout ceci étoit un songe. Il ne vit qu'une fois Mme la duchesse de Bourgogne et Messeigneurs ses frères en cérémonie, chez lui et chez eux; la visite se passa comme la première du roi d'Angleterre, et de même avec Monsieur et Madame, qu'il alla voir à Paris. Quand il sortoit ou rentroit, la garde battoit aux champs; en un mot, toute égalité avec le Roi. Lorsqu'allant ou venant de la messe, ils passoient ensemble le grand appartement, le Roi prenoit la droite, et à la dernière pièce la quittoit au roi d'Espagne, parce qu'alors il n'étoit plus dans son appartement. Les soirs il les passoit chez Mme de Maintenon, dans des pièces séparées de celle où elle étoit avec le Roi, et là il jouoit à toutes sortes de jeux, et le plus ordinairement à courre comme des enfants avec Messeigneurs ses frères, Mme la duchesse de Bourgogne, qui s'occupoit fort de l'amuser, et ce petit nombre de dames à qui cet accès étoit permis.

Le nonce et l'ambassadeur de Venise, un moment après la déclaration, fendirent la presse et allèrent témoigner leur joie au Roi et au nouveau roi, ce qui fut extrêmement remarqué. Les autres ministres étrangers se tinrent

---

1. *Essai*, action de déguster.

sur la réserve, assez embarrassés ; mais l'état de Zinzendorf, qui demeura quelque temps dans le salon au sortir de son audience, fut une chose tout à fait singulière et curieuse : je pense qu'il eût acheté cher un mot d'avis à temps d'être demeuré à Paris. Bientôt après, l'ambassadeur de Savoie et tous les ministres des princes d'Italie vinrent saluer et féliciter le roi d'Espagne.

Le mercredi 17 novembre, Harcourt fut déclaré duc héréditaire et ambassadeur en Espagne, avec ordre d'attendre le roi d'Espagne à Bayonne et de l'accompagner à Madrid. Tallart étoit encore à Versailles, sur son départ pour retourner à Londres, où le roi d'Angleterre étoit arrivé de Hollande. C'étoit l'homme du monde le plus rongé d'ambition et de politique : il fut si outré de voir son traité de partage renversé, et Harcourt duc héréditaire, qu'il en pensa perdre l'esprit ; on le voyoit des fenêtres du château se promener tout seul dans le jardin, sur les parterres, ses bras en croix sur sa poitrine, son chapeau sur ses yeux, parlant tout seul, et gesticulant parfois comme un possédé. Il avoit voulu, comme nous l'avons vu, se donner l'honneur du traité de partage, comme Harcourt laissoit croire tant qu'il pouvoit que le testament étoit son ouvrage, dont il n'avoit jamais su un mot que par l'ouverture de la dépêche du Roi à Bayonne, comme je l'ai raconté, ni Tallart n'avoit eu d'autre part au traité de partage que la signature. Dans cet état de rage, ce dernier, arrivant pour dîner chez Torcy, trouva qu'[on] étoit à table, et perçant dans une autre pièce sans dire mot, y jeta son chapeau et sa perruque sur des sièges, et se mit à déclamer tout haut et tout seul sur l'utilité du traité de partage, les dangers de l'acceptation du testament, le bonheur d'Harcourt, qui, sans y avoir rien fait, lui enlevoit sa récompense. Tout cela fut accompagné de tant de dépit, de jalousie, mais surtout de grimaces et de postures si étranges, qu'à la fin il fut ramené à lui-même par un éclat de rire dont le grand bruit le fit soudainement retourner en tressaillant, et il vit alors sept ou huit personnes à table, environnés[1] de valets, qui mangeoient dans la même pièce, et qui s'étant prolongé le plus qu'ils avoient pu le plaisir de l'entendre, et celui de le voir par la glace, vers laquelle il étoit tourné debout à la cheminée, n'avoient pu y tenir plus longtemps, avoient tous à la fois laissé échapper ce grand éclat de rire. On peut juger de ce que devint Tallart à ce réveil, et tous les contes qui en coururent par Versailles.

Le vendredi 19 novembre, le roi d'Espagne prit le grand deuil. Villequier dans les appartements, et ailleurs un lieutenant des gardes, portèrent la queue de son manteau. Deux jours après, le Roi le prit en violet à l'ordinaire, et drapa, ainsi que ceux qui drapent avec lui. Le lundi 22, on eut des lettres de l'électeur de Bavière, de Bruxelles, pour reconnoître le roi d'Espagne. Il le fit proclamer parmi les *Te Deum*, les illuminations et les réjouissances, et nomma le marquis de Bedmar, mestre de camp général des Pays-Bas, pour venir ici de sa part. Le même jour, le Parlement, en corps et en robes rouges, mais sans fourrure ni mortiers, vint saluer le roi d'Espagne; le premier président le harangua, ensuite la chambre des comptes et les autres cours, conduits[2] par le grand maître des cérémonies. Le roi d'Espagne ne se leva point de son fauteuil pour pas un de ces corps, mais il demeura toujours découvert. Chez le prince de Galles à Saint-Germain, et chez Monsieur à Paris, il ne s'assit point, et fut reçu et conduit à sa portière comme il avoit été à Meudon. Le mercredi 24, le Roi alla à Marly jusqu'au samedi suivant; le roi d'Espagne fut du voyage. Tout s'y passa comme à Versailles, excepté qu'il fut davantage parmi tout le monde dans le salon. Il mangea toujours à la table du Roi, dans un fauteuil à sa droite.

L'ambassadeur d'Hollande, contre tout usage des ministres étrangers, alla par les derrières chez Torcy se plaindre amèrement de l'acceptation du testament, de la part

---

1. Saint-Simon met au masculin ce mot et ceux des suivants qui se rapportent à *personnes*.
2. Il y a bien *conduits*, et non *conduites*.

de ses maîtres. L'ambassadeur d'Espagne y amena le marquis de Bedmar, que le Roi vit longtemps seul dans son cabinet. Le prince de Chimay et quelques autres Espagnols et Flamands qui les accompagnoient saluèrent aussi les deux rois; le nôtre les promena dans les jardins, et leur en fit les honneurs en présence du roi d'Espagne. Ils furent surpris de ce que le Roi fit à l'ordinaire couvrir tout le monde et eux-mêmes; il s'en aperçut, et leur dit que jamais on ne se couvroit devant lui, mais qu'aux promenades il ne vouloit pas que personne s'enrhumât.

Le dimanche 28, l'ambassadeur d'Espagne apporta au Roi des lettres de M. de Vaudemont, gouverneur du Milanois, qui y avoit fait proclamer le roi d'Espagne, avec les mêmes démonstrations de joie qu'à Bruxelles, et qui donnoit les mêmes assurances de fidélité. Bedmar retourna en Flandres, après avoir encore entretenu le Roi, auquel il plut fort. Les courriers d'Espagne pleuvoient, avec des remerciements et des joies nonpareilles dans les lettres de la junte. Le 1er décembre, le chancelier, à la tête du conseil en corps, alla prendre congé du roi d'Espagne, mais sans harangue, l'usage du conseil étant de ne haranguer pas même le Roi. Le lundi 2, le roi d'Espagne fit grand d'Espagne de la première classe le marquis de Castel dos Rios, ambassadeur d'Espagne, et prit sans cérémonie la Toison d'or, conservant l'ordre du Saint-Esprit, qui par ses statuts est compatible avec cet ordre et celui de la Jarretière seulement. Il la porta avec un ruban noir cordonné, en attendant d'en recevoir le collier en Espagne par le plus ancien chevalier. La manière de porter la Toison a fort varié, et est maintenant fixée au ruban rouge ondé au col. D'abord ce fut, pour tous les jours, un petit collier léger sur le modèle de celui des jours de cérémonies; il dégénéra en chaîne ordinaire, puis se mit à la boutonnière par commodité. Un ruban succéda à la chaîne, soit au col, soit à la boutonnière, et comme il n'étoit pas de l'institution, la couleur en fut indifférente; enfin la noire prévalut, par l'exemple et le nombre des chevaliers graves et âgés, jusqu'à ce que l'électeur de Bavière, étant devenu gouverneur des Pays-Bas, préféra le rouge, comme d'un plus ancien usage et plus parant. A son exemple, tous les chevaliers de la Toison des Pays-Bas et d'Allemagne prirent le ruban rouge ondé, et le roi d'Espagne le prit de même bientôt après l'avoir porté en noir, et personne depuis ne l'a plus portée autrement, ni à la boutonnière, que pour la chasse.

La maison royale, les princes et princesses du sang, toute la cour, le nonce, les ambassadeurs de Venise et de Savoie, les ministres des princes d'Italie prirent congé du roi d'Espagne, qui ne fit aucune visite d'adieu. Le Roi donna aux princes ses petits-fils vingt et une bourses de mille louis chacune, pour leur poche et leurs menus plaisirs pendant le voyage, et beaucoup d'argent d'ailleurs pour les libéralités.

Enfin, le samedi 4 décembre, le roi d'Espagne alla chez le Roi avant aucune entrée, et y resta longtemps seul, puis descendit chez Monseigneur, avec qui il fut aussi seul longtemps. Tous entendirent la messe ensemble à la tribune; la foule de courtisans étoit incroyable. Au sortir de la messe, ils montèrent tout de suite en carrosse : Mme la duchesse de Bourgogne entre les deux rois au fond, Monseigneur au devant, entre Messeigneurs ses autres deux fils, Monsieur à une portière et Madame à l'autre, environnés en pompe de beaucoup plus de gardes que d'ordinaire, des gens d'armes et des chevau-légers; tout le chemin jusqu'à Sceaux jonché de carrosses et de peuple, et Sceaux, où ils arrivèrent un peu après midi, plein de dames et de courtisans, gardé par les deux compagnies des mousquetaires. Dès qu'ils eurent mis pied à terre, le Roi traversa tout l'appartement bas, entra seul dans la dernière pièce avec le roi d'Espagne, et fit demeurer tout le monde dans le salon. Un quart d'heure après, il appela Monseigneur, qui étoit resté aussi dans le salon, et quelque temps après l'ambassadeur d'Espagne, qui prit là congé du Roi son maître. Un moment après, il fit entrer ensemble Mgr et Mme la duchesse de Bourgogne, M. le duc de Berry, Monsieur et Madame, et après un court intervalle, les princes et les princesses du sang. La porte étoit ouverte à deux battants, et du salon on les voyoit tous pleurer avec amertume. Le Roi dit au roi d'Espagne, en lui présentant ces princes : « Voici les princes de mon sang et du vôtre ; les deux nations présentement ne doivent plus se regarder que comme une même nation : ils doivent avoir les mêmes intérêts ; ainsi je souhaite que ces princes soient attachés à vous comme à moi ; vous ne sauriez avoir d'amis plus fidèles ni plus assurés. » Tout cela dura bien une heure et demie. A la fin il fallut se séparer. Le Roi conduisit le roi d'Espagne jusqu'au bout de l'appartement, et l'embrassa à plusieurs reprises et le tenant longtemps dans ses bras, Monseigneur de même. Le spectacle fut extrêmement touchant.

Le Roi rentra quelque temps pour se remettre ; Monseigneur monta seul en calèche, et s'en alla à Meudon ; et le roi d'Espagne, avec Messeigneurs ses frères et M. de Noailles, dans son carrosse, pour aller coucher à Chastres. Le Roi se promena ensuite en calèche avec Mme la duchesse de Bourgogne, Monsieur et Madame, puis retournèrent tous à Versailles. Desgranges, maître des cérémonies, et Noblet, un des premiers commis de Torcy, pour servir de secrétaire, suivirent au voyage. Louville, de qui j'ai souvent parlé, Montviel et Valouse, pour écuyers, Hersent, premier valet de garde-robe, et la Roche, pour premier valet de chambre, suivirent pour demeurer en Espagne, avec quelques menus domestiques de chambre et de garde-robe, et quelques gens pour la bouche et de médecine.

M. de Beauvillier, qui se crevoit de quinquina pour arrêter une fièvre opiniâtre accompagnée d'un fâcheux dévoiement, mena Madame sa femme, à qui Mmes de Cheverny et de Razilly tinrent compagnie. Le Roi voulut absolument qu'il se mît en chemin et qu'il tâchât de faire le voyage. Il l'entretint longtemps le lundi matin avant que personne fût entré, ni lui sorti du lit, d'où M. de Beauvillier monta tout de suite en carrosse, pour aller coucher à Étampes, et joindre le roi d'Espagne le lendemain à Orléans. Laissons-les aller, et admirons la Providence, qui se joue des pensées des hommes et dispose des États. Qu'auroient dit Ferdinand et Isabelle, Charles V et Philippe II, qui ont voulu envahir la France à tant de différentes reprises, qui ont été si accusés d'aspirer à la monarchie universelle, et Philippe IV même, avec toutes ses précautions au mariage du Roi et à la paix des Pyrénées, de voir un fils de France devenir roi d'Espagne par le testament du dernier de leur sang en Espagne, et par le vœu universel de tous les Espagnols, sans dessein, sans intrigue, sans une amorce tirée de notre part, et à l'insu du Roi, à son extrême surprise et de tous ses ministres, et qui n'eut que l'embarras de se déterminer et la peine d'accepter? Que de grandes et sages réflexions à faire, mais qui ne seroient pas en place dans ces *Mémoires!* Reprenons ce qui s'est passé, dont je n'ai pas voulu interrompre une suite si curieuse et si intéressante.

Cependant on avoit appris que la nouvelle de l'acceptation du testament avoit causé à Madrid la plus extrême joie, aux acclamations de laquelle le nouveau roi Philippe V avoit été proclamé à Madrid, où les seigneurs, le bourgeois et le peuple donnoient tous les jours quelque marque nouvelle de sa[1] haine pour les Allemands et pour la Reine, que presque tout son service avoit abandonnée, et à qui on refusoit les choses les plus ordinaires de son entretien. On apprit par un autre courrier de Nantes, dépêché par le duc de Medina Celi, vice-roi, que le roi d'Espagne y avoit été reconnu et proclamé avec la même joie; il le fut de même en Sicile et en Sardaigne.

Quelque temps auparavant, il étoit arrivé une aventure assez désagréable à Rome pour ce beau M. Vaïni, à qui la

1. Il y a bien *sa*, et non *leur*, au manuscrit.

bassesse de donner l'*Altesse* au cardinal de Bouillon avoit valu l'ordre sans que le Roi s'en fût douté. Sa naissance étoit très-commune, son mérite ne le relevoit pas, et ses affaires délabrées étoient en prise à des créanciers de mauvaise humeur, qui lui lâchèrent des sbires aux trousses pour l'arrêter, n'osant pas trop faire exécuter ses meubles, parce que les armes du Roi étoient sur la porte de son palais, car tout est palais en Italie et il ne s'y parle point de maison. Vaïni, attaqué, se battit en retraite, et fut poursuivi jusque chez lui, où M. de Monaco, averti de ce bagarre[1], accourut lui-même, et dit au commandant des sbires de se retirer d'un palais qui n'étoit plus celui de Vaïni, mais le sien à lui ambassadeur, puisqu'il y étoit présent. Le commandant voulut se retirer; mais quelques sbires n'obéissant pas, des gentilshommes de la suite de M. de Monaco les chassèrent à coups d'épée, lui leur recommandant de n'en point blesser. Des sbires qui étoient dans la rue, voyant qu'on chassoit ainsi leurs camarades, firent une décharge, qui blessèrent[2] quelques domestiques de M. de Monaco, et qui blessa à mort le gentilhomme sur lequel il s'appuyoit, qui tomba, et l'ambassadeur sur lui. Cela fit grand bruit dans Rome et peu d'honneur à M. de Monaco, qui se commit là fort mal à propos en personne avec des canailles, et pour ce Vaïni, qu'il falloit protéger autrement, et qui n'étoit bon qu'à attirer de mauvaises affaires. Il fut là fort tiraillé, même par son cordon bleu. M. de Monaco, mécontent de la lenteur du sacré collége sur cette affaire, sortit de Rome avec éclat, sur quoi les trois chefs d'ordre qui se trouvèrent de jour, et qui étoient Acciaïoli, Colloredo et San Cesareo, écrivirent au Roi pour lui demander pardon au nom du sacré collége, et quelle justice et satisfaction il lui plaisoit prescrire. Le Roi, content de la soumission, les en laissa les maîtres, et manda au cardinal d'Estrées qu'il vouloit qu'on fît grâce si on en condamnoit quelqu'un à mort.

1. Saint-Simon fait *bagarre* du masculin.
2. Il y a bien ici *blessèrent*, et à la ligne suivante, *blessa*.

San Cesareo étoit aussi camerlingue, et de la maison Spinola, et fut fort sur les rangs pour être pape, avec un autre cardinal Spinola, Marescotti, et Albano, qui eut enfin toutes les voix, et qui eut vraiment peine, et sans feintise, à se résoudre d'accepter le pontificat. Il étoit de Pezzaro dans le duché d'Urbin, fils d'un avocat consistorial qu'Urbain VIII avoit fait sénateur. Notre pape avoit pris la route des petits gouvernements, d'où Innocent XI le tira pour le faire secrétaire des brefs, et son successeur Alexandre VIII le fit cardinal en 1690, qu'il n'avoit que quarante ans. C'étoit un homme de bien, mais qui, n'ayant jamais été au dehors, ni dans les congrégations importantes pendant sa prélature, apporta peu d'expérience et de capacité à son pontificat. Les François eurent beaucoup de part à son exaltation, et le cardinal de Bouillon entre autres, qui eut la meilleure conduite du monde dans le conclave avec nos cardinaux, et la plus françoise avec tous. Il essuya tous les dégoûts que les nôtres lui donnèrent sans se fâcher ni se détourner d'un pas de les seconder de toutes ses forces; et il fut d'autant plus aise de l'exaltation d'Albano qu'il étoit son ami, qu'il l'avoit toujours porté, qu'il eut grand'part au succès, et que ce pape, qui s'étoit fait prêtre fort peu de jours avant d'entrer au conclave, n'étoit point évêque, et devoit être sacré par ses mains, comme doyen du sacré collége, comme il le sacra en effet. Il espéra donc recueillir le fruit de sa bonne conduite et de la puissante recommandation du Pape, qui la lui accorda en effet; mais la mesure étoit comble, et la colère du Roi ne se put apaiser. Nos cardinaux eurent ordre de revenir, excepté Janson, chargé des affaires du Roi à Rome, et Estrées, qui alla à Venise, où nous le retrouverons. Je ne sais par quelle fantaisie ce pape prit le nom de Clément XI, dont il fit faire des excuses au cardinal Ottoboni, de l'oncle duquel il étoit créature. Il fut élu le [1].

Le Roi fit payer quatre cent mille francs au cardinal

1. Le 24 novembre 1700. Saint-Simon a laissé cette date en blanc.

Radziewski, qu'il prétendoit avoir avancés pour l'élection manquée de M. le prince de Conti, donna une grosse confiscation de vaisseaux de Dantzick qu'il avoit fait arrêter à l'abbé de Polignac, pour ses équipages, que ceux de cette ville lui avoient pris, et reçut après leurs soumissions et leurs pardons. Il donna aussi douze mille francs de pension à Mme de Lislebonne, sœur de M. de Vaudemont, cinq mille francs à la femme de Mansart, et quatre mille francs à Mlle de Croissy, sœur de Torcy; et le 23 novembre, il fit Chamillart ministre, et lui ordonna de venir le lendemain au conseil d'État. Il fut d'autant plus touché de cette importante grâce qu'il n'y songeoit pas encore. Le Roi, qui l'aimoit et qui s'en accommodoit de plus en plus, fut bien aise de lui hâter cette joie, et d'augmenter sa considération et son crédit parmi les financiers, dans un temps où il prévoyoit qu'il pourroit avoir besoin d'argent. Barbezieux, ami de Chamillart, mais son ancien, et supérieur à lui en tant de manières, ne lui en sut point mauvais gré, mais il prit cette préférence avec la dernière amertume; et Pontchartrain se fit moquer de soi d'en paroître fâché, et d'y avoir prétendu, et blâmer jusque par son père.

Cependant l'Empereur se préparoit à la guerre, et à avoir une armée en Italie sous le prince Eugène, et une autre sur le Rhin, que le prince Louis de Baden devoit commander; mais il venoit de se joindre de plus en plus aux opposants au neuvième électorat: l'Empereur lui en avoit écrit avec force et hauteur; il y avoit répondu de même, et mis le marché à la main sur sa charge de feld-maréchal général de ses armées et de celles de l'Empire. S'étant assuré de la maison de Brunswick par ce neuvième électorat, il s'acquit encore celle de Brandebourg en adhérant à la fantaisie de cet électeur.

Il possédoit la Prusse à un étrange titre: les chevaliers de l'ordre Teutonique, chassés de Syrie par les Sarrasins, ne savoient où se retirer, et ils étoient trente mille hommes, tous Allemands; Rome, l'Empire, la Pologne convinrent de leur donner la Prusse à conquérir sur les peuples barbares et idolâtres qui en étoient les habitants et les maîtres, et qui avoient un roi et une forme d'État; la conquête fut difficile, longue, sanglante : à la fin elle réussit, et l'ordre Teutonique devint très-puissant. Le grand maître y étoit absolu, et traité en roi, avec une cour et de grands revenus; il y avoit un maître de l'ordre sous le grand maître, qui avoit son état à part et grand nombre de commanderies. La religion y fleurit, et l'ordre avec elle, jusqu'à entreprendre des conquêtes, et d'envahir la Samogitie et la Lithuanie, ce qui causa de longues et cruelles guerres entre eux et les Polonois. Luther ayant répandu sa commode doctrine en Allemagne, ces chevaliers s'y engagèrent, et usurpèrent héréditairement leurs commanderies. Albert de Brandebourg étoit lors grand maître; il ruina tous les droits et les priviléges de l'ordre qui l'avoit élu, s'en appropria les richesses communes, se moqua du Pape et de l'Empereur, et sous prétexte de terminer la guerre de Pologne, partagea la Prusse avec elle, dont la part fut appelée Prusse royale, et la sienne ducale, et lui duc de Prusse. A son exemple, Gothard Kettler, qui étoit en même temps maître de l'ordre, s'appropria la Courlande en duché héréditaire, sous la mouvance de la Pologne, et sa postérité l'a conservée jusqu'en nos jours, que le dernier mâle étant mort, la Czarine en a su récompenser les services amoureux de Byron[1], gentilhomme tout simple du pays. Frédéric étoit petit-fils, fils et frère des trois premiers électeurs de Brandebourg de la maison d'aujourd'hui. Il eut trois fils entre autres de la fille de Casimir, roi de Pologne : Casimir, qui fit la branche de Culmbach, qui servit fort utilement Charles V et Ferdinand son frère; il laissa un fils unique, mort sans postérité; Georges, qui fit la branche d'Anspach l'ancienne, qui s'éteignit aussi dans son fils; et Albert, qui, de grand maître de l'ordre Teutonique, secoua le joug de Rome, de ses vœux, de

---

1. Ce personnage est plus connu sous le nom de Biren.

l'Empire, et se fit duc héréditaire de Prusse, dont il prit l'investiture du roi de Pologne.

Ainsi, la Prusse, qui étoit province de Pologne, fut séparée en deux, comme je viens de dire, en 1525. Ce fut cet Albert qui érigea l'Université de Kœnigsberg, capitale de sa Prusse ducale; il mourut en mars 1568; il ne laissa qu'un fils, Albert-Frédéric, duc de Prusse, mort imbécile en 1618, en qui finirent les trois branches susdites. Il avoit épousé, en 1573, M.-Éléonore, fille aînée de Guill., duc de Clèves, Juliers, Berg, etc., sœur de J.-Guillaume, mort sans enfants, 15 mars 1609, d'Anne, mariée au palatin de Neubourg, de Magd., femme d'autre palatin, duc des Deux-Ponts, de Sibylle, marquise de Baden, puis de Burgau de la maison d'Autriche, mais morte sans enfants de ses deux maris. J.-Sigismond, électeur de Brandebourg, eut donc de sa femme Anne, fille aînée d'Albert-Frideric[1] de Brandebourg, duc de Prusse, et de M.-Éléonore, fille ainée de Guill., duc de Clèves et de Juliers, et sœur de J.-Guill., dernier duc de Clèves et de Juliers, etc., eut, dis-je, la Prusse et la prétention sur la succession de Clèves, Berg, Juliers, etc., qu'il partagea enfin provisionnellement avec le palatin de Neubourg. Frid.-Guill., électeur de Brandebourg, petit-fils de ce mariage, eut quelque pensée de faire ériger sa Prusse ducale en royaume par l'Empereur, sans pousser plus loin cette idée. Frideric III, son fils et son successeur, la suivit davantage, et servit bien l'empereur Léopold en Hongrie et sur le Rhin, où il ouvrit la guerre de 1688, par les siéges de Keiserswerth et de Bonn, qu'il prit en personne. S'étant toujours depuis rendu nécessaire à l'Empereur, il s'assura de lui sur son dessein, et dans cette conjoncture favorable où l'Empereur cherchoit partout des troupes, de l'argent et des alliés pour disputer la succession d'Espagne, l'électeur donna un repas aux principaux de sa cour, dans lequel il leur porta la santé de

---

1. Ici et aux lignes suivantes, Saint-Simon donne à peu près à ce nom l'orthographe allemande; précédemment et dix-neuf lignes plus loin, il écrit *Frederic*.

Frédéric III, roi de Prusse et électeur de Brandebourg, et se déclara roi de cette manière. Il fut aussitôt traité de *Majesté* par les conviés et par tout ce qui n'osa ou ne voulut pas se brouiller avec lui, et s'alla bientôt après installer lui-même, en cette nouvelle dignité, à Kœnigsberg, par un nouvel hommage de toute la Prusse ducale. C'est le père de celui qui vient de mourir et le grand-père de celui d'aujourd'hui.

La conduite de l'Empereur, le murmure des Hollandois, le silence profond de l'Angleterre, firent songer ici à se mettre en état de soutenir le testament partout. Tessé fut envoyé à Milan concerter avec le prince de Vaudemont les choses militaires, et choisi pour commander les troupes que le Roi enverroit au Milanois aux ordres de Vaudemont. Celui-ci envoya bientôt après Colmenero, son confident et général d'artillerie, au Milanois, rendre compte au Roi de toutes choses et presser l'envoi des troupes. On se mit aussi au meilleur ordre qu'on put par mer, et on fit partir un gros corps de troupes sous des officiers généraux, pour passer au Milanois, partie par mer, partie par terre, Monsieur de Savoie ayant accordé le passage de bonne grâce.

Le duc d'Ossone, jeune grand d'Espagne, vint saluer le Roi, et ne baisa point Mme la duchesse de Bourgogne, les grands d'Espagne n'ayant jamais eu de rang en France. Sa figure ne donna pas idée à notre cour de celle d'Espagne. Il fut fort festoyé. Il trouva le roi d'Espagne à Amboise, et comme il étoit gentilhomme de la chambre, il le voulut servir à son dîner, mais M. de Beauvillier lui fit entendre que ce prince seroit fort aise qu'il fît sa charge auprès de lui dès qu'il auroit passé la Bidassoa, mais que tant qu'il seroit en France, il vouloit être servi à l'ordinaire par des François. M. de Beauvillier, comme premier gentilhomme de la chambre du Roi, et le sien particulier pour avoir été son gouverneur, le servit toujours tant que sa santé le lui permit dans le voyage. Il entendoit une messe tous les jours séparément des deux autres princes ses frères, recevoit seul, et sans qu'ils se trouvassent présents, les harangues et les honneurs qui lui étoient faits, et mangea toujours seul, et lorsqu'ils se trouvoient ensemble en public, c'étoit toujours debout, en sorte qu'ils ne se voyoient familièrement qu'en carrosse ou à porte fermée, et que tout cérémonial étoit évité entre eux. Je ne sais pourquoi cela fut imaginé : en Espagne, les infants ont un fauteuil, même en cérémonie, devant le Roi et la Reine, qui est toujours, à la vérité, d'une étoffe moins riche; il est vrai qu'en public ils ne mangent point avec eux, mais en particulier. Plusieurs grands d'Espagne écrivirent au Roi pour le remercier de l'acceptation du testament; le Roi leur répondit à tous, et leur donna à tous le *cousin*, qu'ils ont aussi des rois d'Espagne.

Le Roi, qui traita toujours le marquis de Castel dos Rios avec grande distinction et beaucoup de familiarité depuis l'acceptation du testament, lui envoya beaucoup d'argent à différentes reprises, dont il manquoit fort sans en jamais parler : il l'accepta comme du grand-père de son maître, avec grâce. C'étoit un très-bon, honnête et galant homme, à qui la tête ne tourna ni ne manqua dans cette conjoncture si extraordinaire et si brillante, poli et considéré, et qui se fit aimer et estimer de tout le monde. Le Roi lui procura, au sortir d'ici, la vice-royauté du Pérou, pour l'enrichir, où il mourut au bout de quelques années, dans un âge médiocrement avancé. Il reçut tous ses diplômes, etc., de grand d'Espagne de première classe, gratis, par un courrier, aussitôt après l'arrivée du roi d'Espagne à Madrid.

Le duc d'Harcourt étoit retourné à Madrid par ordre du Roi, où il fut reçu avec la plus grande joie. La junte, qui desira qu'il y assistât quelquefois, lui donna le choix de sa place, qu'il prit à la gauche de la Reine, le cardinal Portocarrero étant à droite, et après lui ceux qui la composent, la place de la Reine demeurant vide en son absence, et elle ne s'y trouvoit presque jamais. Cette junte supplia le Roi de donner ses ordres dans tous les

États du roi son petit-fils, et lui manda qu'elle avoit envoyé ordre à l'électeur de Bavière, au duc de Medina Celi, au prince de Vaudemont, en un mot à tous les vice-rois et gouverneurs généraux et particuliers, ambassadeurs et ministres d'Espagne, de lui obéir en tout, sans attendre d'autres ordres sur tout ce qu'il lui plairoit de commander, de même à tous les officiers de finance et autres de la monarchie.

Le Nord étoit cependant fort troublé, au grand déplaisir de l'Empereur, qui avoit moyenné la paix entre la Suède et le Danemark, à qui le jeune roi de Suède avoit fait grand mal, et encore plus de peur, par ses conquêtes en personne. Le Roi y entra aussi plus pour l'honneur que pour l'effet. De là ce jeune prince attaqua les Moscovites, qu'il battit avec une poignée de troupes contre près de cent mille hommes; il força leurs retranchements à Narva, leur fit lever des sièges, les chassa de la Livonie et des provinces voisines, et s'irrita fort contre le roi de Pologne, qui s'étoit allié avec eux pour soutenir sa guerre d'Elbing, dans laquelle la Pologne avoit refusé d'entrer, et où Oginski, à la tête d'un grand parti contre les Sapieha, ou plutôt contre le roi de Pologne, remportoit de grands avantages, ce qui empêchoit l'Empereur d'espérer du Nord les secours dont il s'étoit flatté pour augmenter ses troupes. Il cherchoit en même temps de tous côtés à en acheter, il en farcissoit le Tyrol, et se donna beaucoup de mouvements à Rome pour empêcher le Pape de donner l'investiture de Naples et de Sicile au nouveau roi d'Espagne. Il y réussit, mais d'autre côté le Pape admit les nominations des bénéfices de ce royaume faites par ce prince comme en étant roi, et fit dire dans l'un et dans l'autre qu'encore qu'il eût des raisons de retarder l'investiture, il le reconnoissoit pour seul roi de Naples et de Sicile, et vouloit qu'il y fût reconnu pour tel sans difficulté. J'avance de quelques mois ce procédé du Pape, pour n'avoir pas à y revenir.

CHAPITRE XXV.

1701. — Mesures en Italie ; Tessé. — Mort et caractère de Barbezieux. — Chamillart secrétaire d'État ; son caractère. — Torcy chancelier et Saint-Pouange grand trésorier de l'ordre. — Mort de Rose, secrétaire du cabinet. — La plume. — Caillières à la plume. — Rose et Monsieur le Prince. — Rose et M. de Duras. — Rose et les Portails. — Mort de Stoppa, colonel des gardes suisses. — Mort du prince de Monaco, ambassadeur à Rome. — Mort de Bontemps. — Bloin. — M. de Vendôme. — Bals particuliers à la cour.

Il étoit donc question de se préparer à une guerre vive en Italie, où Tessé avoit été envoyé, comme un homme agréable à Monsieur de Savoie et à ses ministres, qui avoit négocié à Turin la dernière paix et le mariage de Mme la duchesse de Bourgogne. C'étoit un homme doux, liant, insinuant, avec plus de manége que d'esprit ni de capacité, mais heureux en tout au dernier point, avec une figure fort noble, et un langage de cour qu'[il] savoit tourner et retourner. On avoit un besoin continuel de Monsieur de Savoie pour le passage et les vivres; on s'en vouloit assurer pour allié; Mantoue aussi, par sa situation, étoit un objet principal, et Tessé connoissoit fort Monsieur de Mantoue. Il étoit donc parti chargé de beaucoup d'instructions, et si Torcy y avoit beaucoup travaillé pour le politique, Barbezieux avoit eu une grande besogne à dresser pour tous les détails des troupes, des vivres et des différentes parties et plans de la guerre.

Au fort de ce travail, il eut la douleur de voir, comme je l'ai dit, Chamillart ministre dans le temps où on s'y attendoit le moins : ce fut pour lui un coup de foudre. Depuis plus de soixante ans ses pères avoient eu, dans sa même place, une très-principale part au gouvernement de l'État, et lui-même, depuis près de dix ans qu'il la remplissoit, ne s'y étoit guère moins acquis de crédit et d'autorité qu'eux. Chamillart, tout nouveau et depuis deux ans en place, en étoit encore à rechercher de lui faire sa cour, après avoir été souvent dans l'antichambre de son père et dans la sienne. Cette préférence lui fut insupportable en elle-même, et encore par le coup de caveçon qu'elle lui donnoit, et qui lui fit bien sentir qu'il n'étoit pas saison de s'en plaindre. Chamillart, qui n'avoit pas imaginé d'être appelé sitôt au conseil d'État, fit en homme modeste et en bon ami tout ce qu'il put pour le consoler.

Barbezieux ne fut point piqué contre lui, mais outré de la chose, il ne put se laisser adoucir le courage, haut, fier et présomptueux à l'excès. Sitôt qu'il eut expédié Tessé, il se livra avec ses amis à la débauche plus que de coutume, pour dissiper son chagrin. Il avoit bâti entre Versailles et Vaucresson, au bout du parc de Saint-Cloud, une maison en plein champ, qu'on appela l'Estang, qui dans la plus triste situation du monde, mais à portée de tout, lui avoit coûté des millions. Il y alloit souvent, et c'étoit là qu'il tâchoit de noyer ses déplaisirs, avec ses amis, dans la bonne chère et les autres plaisirs secrets; mais le chagrin surnageoit, qui, joint à des plaisirs au-dessus de ses forces, dans lesquelles il se fioit trop, lui donna le coup mortel. Il revint au bout de quatre jours de l'Estang à Versailles avec un grand mal de gorge et une fièvre ardente, qui dans un tempérament d'athlète comme étoit le sien, et à son âge, demandoient force saignées, que la vie qu'il venoit de mener rendoit fort dangereuses. La maladie le parut[1] dès le premier moment; elle [ne] dura que cinq jours. A peine eut-il le temps de faire son testament et de se confesser quand l'archevêque de Reims l'avertit du danger pressant, contre lequel il disputoit contre Fagon même. Il mourut tout en vie, avec fermeté, au milieu de sa famille, et sa porte ayant été continuellement assiégée de toute la cour. Elle venoit de partir pour Marly; c'étoit la veille des Rois. Il finit avant trente-trois ans, dans la même chambre où son père étoit mort.

C'étoit un homme d'une figure frappante, extrême-

1. Parut dangereuse.

ment agréable, fort mâle, avec un visage gracieux et aimable et une physionomie forte, beaucoup d'esprit, de pénétration, d'activité, de la justesse et une facilité incroyable au travail, sur laquelle il se reposoit pour prendre ses plaisirs, et en faisoit plus et mieux en deux heures qu'un autre en un jour. Toute sa personne, son langage, ses manières, et son énonciation aisée, juste, choisie, mais naturelle, avec de la force et de l'éloquence, tout en étoit gracieux. Personne n'avoit autant l'air du monde, les manières d'un grand seigneur, tel qu'il eût bien voulu être, les façons les plus polies et, quand il lui plaisoit, les plus respectueuses, la galanterie la plus naturelle et la plus fine, et des grâces répandues partout. Aussi, quand il vouloit plaire, il charmoit, et quand il obligeoit; c'étoit au triple de qui que ce fût par les manières. Nul homme ne rapportoit mieux une affaire, ni ne possédoit plus pleinement tous les détails, ni ne les manioit plus aisément que lui. Il sentoit avec délicatesse toutes les différences des personnes, et avec capacité toutes celles des affaires, de leurs gradations, de leur plus ou moins d'importance, et il épuisoit les affaires d'une manière surprenante; mais orgueilleux à l'excès, entreprenant, hardi, insolent, vindicatif au dernier point, facile à se blesser des moindres choses, et très-difficile à en revenir. Son humeur étoit terrible et fréquente : il la connoissoit, il s'en plaignoit; il ne la pouvoit vaincre : naturellement brusque et dur, il devenoit alors brutal et capable de toutes les insultes et de tous les emportements imaginables, qui lui ont ôté beaucoup d'amis. Il les choisissoit mal, et dans ses humeurs il les outrageoit, quels qu'ils fussent, et les plus proches et les plus grands, et après il en étoit au désespoir; changeant avec cela, mais le meilleur et le plus utile ami du monde tandis qu'il l'étoit, et l'ennemi le plus dangereux, le plus terrible, le plus suivi, le plus implacable, et naturellement féroce : c'étoit un homme qui ne vouloit trouver de résistance en rien, et dont l'audace étoit extrême.

Il avoit accoutumé le Roi à remettre son travail, quand il avoit trop bu ou qu'il avoit une partie qu'il ne vouloit pas manquer, et lui mandoit qu'il avoit la fièvre. Le Roi le souffroit, par l'utilité et la facilité de son travail, et le plaisir de croire tout faire et de former un ministre, mais il ne l'aimoit point, et s'apercevoit très-bien de ses absences et de ses fièvres factices; mais Mᵐᵉ de Maintenon, qui avoit perdu son père trop puissant, et par des raisons personnelles, protégeoit le fils, qui étoit en respect devant elle et hors d'état d'en sortir à son égard. C'étoit, à tout prendre, de quoi faire un grand ministre, mais étrangement dangereux. C'est même une question si ce fut une perte pour l'État, par l'excès de son ambition; mais ce n'en fut pas une pour la cour et le monde, qui gagna beaucoup à la mort d'un homme que tous ses talents n'auroient rendu que plus terrible à mesure de sa puissance, et dont la sûreté étoit très-médiocre dans le commerce et fort accusée dans les affaires de sa gestion, non par avarice, car c'étoit la libéralité, la magnificence et la prodigalité même, qui l'avoient déjà mené bien loin, mais pour servir ou pour nuire, et surtout pour aller à son but : on a vu, sur le siége de Barcelone et sur M. de Noailles, un échantillon de ce qu'il savoit faire.

Aussitôt qu'il fut mort, Saint-Pouange le vint dire au Roi à Marly, qui deux heures auparavant, partant de Versailles, s'y étoit si bien attendu qu'il avoit laissé la Vrillière pour mettre le scellé partout. Fagon, qui l'avoit condamné d'abord, et qui ne l'aimoit point, non plus que son père, fut accusé de l'avoir trop saigné exprès; du moins lui échappa-t-il des paroles de joie de ce qu'il n'en reviendroit point, une des deux dernières fois qu'il sortit de chez lui. Il désoloit souvent par ses réponses, qu'il faisoit toujours haut à ses audiences, où on lui parloit bas, et faisoit attendre les principales personnes de la cour, hommes et femmes, tandis qu'il se jouoit avec ses chiens dans son cabinet, ou avec quelque bas complaisant, et après s'être fait longtemps attendre, sortoit souvent par les derrières. Ses beaux-frères mêmes étoient toujours en brassière de ses humeurs, et ses meilleurs amis ne l'abordoient qu'en tâtant le pavé. Beaucoup de gens et force belles dames perdirent beaucoup à sa mort; aussi y en eut-il plusieurs fort éplorées dans le salon de Marly; mais quand elles se mirent à table et qu'on eut tiré le gâteau, le Roi témoigna une joie qui parut vouloir être imitée. Il ne se contenta pas de crier : *la Reine boit!* mais, comme en franc cabaret, il frappa et fit frapper chacun de sa cuiller et de sa fourchette sur son assiette, ce qui causa un charivari fort étrange, et qui à reprises dura tout le souper. Les pleureuses y firent plus de bruit que les autres, et de plus longs éclats de rire, et les plus proches et les meilleures amies en firent encore davantage. Le lendemain il n'y parut plus; on fut deux jours à raisonner de la vacance. Je me sus bon gré de ne m'y être pas trompé.

Chamillart étoit allé faire les Rois chez lui, à Montfermeil, d'où il avoit été mandé pour la place de contrôleur général; ce fut encore au même lieu où le Roi lui manda, le 7, par un valet de chambre de Mme de Maintenon, de se trouver le lendemain à son lever, à l'issue duquel il le fit entrer dans son cabinet, et lui donna la charge de Barbezieux. Chamillart, en homme sage, lui voulut remettre les finances, ne trouvant pas avec raison de comparaison entre la périlleuse place de contrôleur général et celle de secrétaire d'État de la guerre; et sur ce que le Roi ne voulut point qu'il les quittât, il lui représenta l'impossibilité de s'acquitter de deux emplois ensemble qui séparément avoient occupé tous entiers Colbert et Louvois; mais c'étoit précisément le souvenir de ces deux ministres et de leurs débats qui faisoit vouloir obstinément au Roi de réunir les deux ministères, et qui le rendit sourd à tout ce que Chamillart lui put dire.

C'étoit un bon et très-honnête homme, à mains parfaitement nettes et avec les meilleures intentions, poli, patient, obligeant, bon ami, ennemi médiocre, aimant l'État, mais le Roi sur toutes choses, et extrêmement bien avec lui et avec Mme de Maintenon; d'ailleurs très-borné et, comme tous les gens de peu d'esprit et de lumière, très-opiniâtre, très-entêté, riant jaune avec une douce compassion à qui opposoit des raisons aux siennes, et entièrement incapable de les entendre, par conséquent dupe en amis, en affaires et en tout, et gouverné par ceux dont à divers égards il s'étoit fait une grande idée, ou qui avec un très-léger poids étoient fort de ses amis. Sa capacité étoit nulle, et il croyoit tout savoir et en tout genre, et cela étoit d'autant plus pitoyable que cela lui étoit venu avec ses places, et que c'étoit moins présomption que sottise, et encore moins vanité, dont il n'avoit aucune. Le rare est que le grand ressort de la tendre affection du Roi pour lui étoit cette incapacité même. Il l'avouoit au Roi à chaque pas, et le Roi se complaisoit à le diriger et à l'instruire; en sorte qu'il étoit jaloux de ses succès comme du sien propre, et qu'il en excusoit tout. Le monde aussi et la cour l'excusoit de même, charmé de la facilité de son abord, de sa joie d'accorder ou de servir, de la douceur et de la douleur de ses refus, et de son infatigable patience à écouter. Sa mémoire lui représentoit fort nettement les gens et les choses, malgré la multitude qui en passoit par ses mains, en sorte que chacun étoit ravi de voir que son affaire lui étoit parfaitement présente, quoique entamée et délaissée depuis longtemps. Il écrivoit aussi fort bien, et ce style net, et coulant, et précis plaisoit extrêmement au Roi et à Mme de Maintenon, qui ne cessoient de le louer, de l'encourager, et de s'applaudir d'avoir mis sur de si foibles épaules deux fardeaux dont chacun eût suffi à accabler les plus fortes.

Torcy eut la charge de chancelier de l'ordre, qu'avoit Barbezieux; et la sienne de grand trésorier de l'ordre, le Roi en voulut récompenser Saint-Pouange, qui ne pouvoit plus servir de principal commis à un étranger, comme il avoit fait sous ses plus proches, dont il avoit toujours eu le plus intime secret, et souvent par là celui du Roi, sur les choses de la guerre, avec lequel même il avoit souvent eu occasion de travailler. En même temps, il vendit sa charge de secrétaire du cabinet à Charmont, des Hennequins de Paris, qui se défit de sa charge de procureur général du grand conseil, et qui fut ensuite ambassadeur à Venise, où il ne réussit pas. Saint-Pouange, qui avoit depuis longtemps la charge d'intendant de l'ordre, la vendit à la Cour des Chiens, fameux financier.

Rose, autre secrétaire du cabinet du Roi, et qui depuis cinquante ans avoit la plume, mourut en ce temps-ci, à quatre-vingt six ou sept ans, avec toute sa tête et dans une santé parfaite jusqu'au bout. Il étoit aussi président à la chambre des comptes, fort riche et fort avare, mais c'étoit un homme de beaucoup d'esprit, et qui avoit des saillies et des reparties incomparables, beaucoup de lettres, une mémoire nette et admirable, et un parfait répertoire de cour et d'affaires; gai, libre, hardi, volontiers audacieux; mais à qui ne lui marchoit point sur le pied, poli, respectueux, tout à fait en sa place, et sentant extrêmement la vieille cour. Il avoit été au cardinal Mazarin, et fort dans sa privance et sa confiance, ce qui l'y avoit mis avec la Reine mère, et qu'il se sut toujours conserver avec elle et avec le Roi jusqu'à sa mort, en sorte qu'il étoit compté et ménagé même par tous les ministres. Sa plume l'avoit entretenu dans une sorte de commerce avec le Roi, et quelquefois d'affaires qui demeuroient ignorées des ministres. Avoir la plume, c'est être faussaire public, et faire par charge ce qui coûteroit la vie à tout autre : cet exercice consiste à imiter si exactement l'écriture du Roi qu'elle ne se puisse distinguer de celle que la plume contrefait, et d'écrire en cette sorte toutes les lettres que le Roi doit ou veut écrire de sa main, et toutefois n'en pas prendre la peine. Il y en a quantité aux souverains et à d'autres étrangers de haut parage; il y en a aux sujets, comme généraux d'armées ou autres gens principaux, par secret d'affaires ou par marque de bonté ou de distinction. Il n'est pas possible de faire parler un grand roi avec plus de dignité que faisoit Rose, ni plus convenablement à chacun, ni sur chaque matière, que les lettres qu'il écrivoit ainsi, et que le Roi signoit toutes de sa main ; et pour le caractère, il étoit si semblable à celui du Roi qu'il ne s'y trouvoit pas la moindre différence. Une infinité de choses importantes avoient passé par les mains de Rose, et il y en passoit encore quelquefois : il étoit extrêmement fidèle et secret, et le Roi s'y fioit entièrement. Ainsi celui des quatre secrétaires du cabinet qui a la plume en a toutes les fonctions, et les trois autres n'en ont aucune, sinon leurs entrées.

Caillières eut la plume à la mort de Rose. Ce bonhomme[1] étoit fin, rusé, adroit et dangereux ; il y a de lui des histoires sans nombre, dont je rapporterai deux ou trois seulement, parce qu'elles le caractérisent lui et ceux dont il s'agit. Il avoit, fort près de Chantilly, une belle terre et bien bâtie, qu'il aimoit fort et où il alloit souvent; il rendoit force respects à Monsieur le Prince (c'est du dernier mort que je parle), mais il étoit attentif à ne s'en pas laisser dominer chez lui. Monsieur le Prince, fatigué d'un voisinage qui le resserroit, et peut-être plus que lui ses officiers de chasse, fit proposer à Rose de l'en accommoder; celui-ci n'y voulut jamais entendre, ni s'en défaire pour quoi que ce fût. A la fin Monsieur le Prince, hors de cette espérance, se mit à lui faire des niches pour le dégoûter et le résoudre ; et de niche en niche, il lui fit jeter trois ou quatre cents renards ou renardeaux, qu'il fit prendre et venir de tous côtés, par-dessus les murailles de son parc. On peut se représenter quel désordre y fit cette compagnie, et la surprise extrême de Rose et de ses gens d'une fourmilière inépuisable de renards venus là en une nuit.

Le bonhomme, qui étoit colère et véhément, et qui connoissoit bien Monsieur le Prince, ne se méprit pas à

1. Rose.

l'auteur du présent. Il s'en alla trouver le Roi dans son cabinet, et tout résolûment lui demanda la permission de lui faire une question peut-être un peu sauvage. Le Roi, fort accoutumé à lui et à ses goguenarderies, car il étoit plaisant et fort salé, lui demanda ce que c'étoit. « Ce que c'est, Sire, lui répondit Rose d'un visage enflammé, c'est que je vous prie de me dire si nous avons deux rois en France. — Qu'est-ce à dire? dit le Roi surpris, et rougissant à son tour. — Qu'est-ce à dire? répliqua Rose, c'est que si Monsieur le Prince est roi comme vous, il faut pleurer et baisser la tête sous ce tyran; s'il n'est que premier prince du sang, je vous en demande justice, Sire, car vous la devez à tous vos sujets, et vous ne devez pas souffrir qu'ils soient la proie de Monsieur le Prince; » et de là lui conte comme il l'a voulu obliger à lui vendre sa terre, et après l'y forcer en le persécutant, et raconte enfin l'aventure des renards. Le Roi lui promit qu'il parleroit à Monsieur le Prince de façon qu'il auroit repos désormais. En effet, il lui ordonna de faire ôter par ses gens et à ses frais jusqu'au dernier renard du parc du bonhomme, et de façon qu'il ne s'y fît aucun dommage, et qu'il réparât ceux que les renards y avoient faits; et pour l'avenir lui imposa si bien, que Monsieur le Prince, plus bas courtisan qu'homme du monde, se mit à rechercher Rose, qui se tint longtemps sur son fier, et oncques depuis n'osa le troubler en la moindre chose. Malgré tant d'avances, qu'il fallut bien enfin recevoir, il la lui gardoit toujours bonne, et lui lâchoit volontiers quelque brocard; moi et cinquante autres en fûmes un jour témoins.

Les jours de conseil, les ministres s'assembloient dans la chambre du Roi sur la fin de la messe, pour entrer dans le cabinet quand on les appeloit pour le conseil, lorsque le Roi étoit rentré par la galerie droit dans ses cabinets. Il y avoit toujours des courtisans à ces heures-là dans la chambre du Roi, ou qui avoient affaire aux ministres, à qui ils parloient là plus commodément quand ils avoient peu à leur dire, ou pour causer avec eux. Monsieur le

Prince y venoit souvent, et il étoit vrai qu'il leur parloit à tous sans avoir rien à leur dire, avec le maintien d'un client qui fait bassement sa cour. Rose, à qui rien n'échappoit, prit sa belle qu'il y avoit beaucoup du meilleur de la cour, que le hasard y avoit rassemblé ce jour-là, et que Monsieur le Prince avoit cajolé les ministres avec beaucoup de souplesse et de flatterie. Tout d'un coup le bonhomme, qui le voyoit faire, s'en va droit à lui, et clignant un œil avec un doigt dessous, qui étoit quelquefois son geste : « Monsieur, lui dit-il tout haut, je vous vois faire ici un manége avec tous ces Messieurs, et depuis plusieurs jours, et ce n'est pas pour rien ; je connois ma cour et mes gens depuis longues années, on ne m'en fera pas accroire : je vois bien où cela va ; » et avec des bonds et des inflexions de voix qui embarrassoient tout à fait Monsieur le Prince, qui se défendoit comme il pouvoit. Ce dialogue amassa les ministres et ce qu'il y avoit là de principal autour d'eux. Comme Rose se vit bien environné et le conseil sur le point d'être appelé, il prend respectueusement Monsieur le Prince par le bout du bras, avec un souris fin et malin : « Seroit-ce point, Monsieur, lui dit-il, que vous voudriez vous faire premier prince du sang ? » et à l'instant fait la pirouette, et s'écoule. Qui demeura stupéfait ? ce fut Monsieur le Prince, et toute l'assistance à rire sans pouvoir s'en empêcher. C'étoit là de ces tours hardis de Rose ; celui-là fit plusieurs jours l'amusement et l'entretien de la cour. Monsieur le Prince fut enragé, mais il ne put et n'osa que dire. Il n'y avoit guère plus d'un an de cette aventure lorsque ce bonhomme mourut.

Il n'avoit jamais pardonné à M. de Duras un trait, qui en effet fut une cruauté. C'étoit à un voyage de la cour ; la voiture de Rose avoit été, je ne sais comment, déconfite : d'impatience, il avoit pris un cheval. Il n'étoit pas bon cavalier ; lui et le cheval se brouillèrent, et le cheval s'en défit dans un bourbier. Passa M. de Duras, à qui Rose cria à l'aide de dessous son cheval au milieu du bourbier. M. de Duras, dont le carrosse alloit doucement dans cette fange, mit a tête à la portière, et pour tout secours se mit à rire, et à crier que c'étoit là un cheval bien délicieux, de se rouler ainsi sur les *roses*, et continua son chemin et le laissa là. Vint après le duc de Coislin, qui fut plus charitable et qui le ramassa, mais si furieux et si hors de soi de colère, que la carrossée fut quelque temps sans pouvoir apprendre à qui il en avoit. Mais le pis fut à la couchée : M. de Duras, qui ne craignoit personne, et qui avoit le bec aussi bon que Rose, en avoit fait le conte au Roi et à toute la cour, qui en rit fort; cela outra Rose à un point qu'il n'a jamais depuis approché de M. de Duras, et n'en a parlé qu'en furie, et quand quelquefois il hasardoit devant le Roi quelque lardon sur lui, le Roi se mettoit à rire et lui parloit du bourbier.

Sur la fin de sa vie, il avoit marié sa petite-fille, fort riche, et qui attendoit encore de plus de grands biens de lui, à Portail, qui longtemps depuis est mort premier président du parlement de Paris. Le mariage ne fut point concordant : la jeune épouse, qui se sentoit riche parti, méprisoit son mari, et disoit qu'au lieu d'entrer en quelque bonne maison, elle étoit demeurée au *portail*. A la fin, le père, vieux conseiller de grand'chambre, et le fils firent leurs plaintes au bonhomme; d'abord il n'en tint pas grand compte, et comme elles recommencèrent, il leur promit de parler à sa petite-fille, et n'en fit rien. A la fin, lassé de ces plaintes : « Vous avez toute raison, leur répondit-il en colère, c'est une impertinente, une coquine dont on ne peut venir à bout, et si j'entends encore parler d'elle, je l'ai résolu, je la déshériterai. » Ce fut la fin des plaintes.

Rose étoit un petit homme ni gras ni maigre, avec un assez beau visage, une physionomie fine, des yeux perçants et pétillants d'esprit, un petit manteau, une calotte de satin sur ses cheveux presque blancs, un petit rabat uni, presque d'abbé, et toujours son mouchoir entre son habit et sa veste : il disoit qu'il étoit là plus près de son nez. Il m'avoit pris en amitié; se moquoit très-librement des princes étrangers, de leurs rangs, de leurs prétentions, et appeloit toujours les ducs, avec qui il étoit familier, *Votre Altesse Ducale* : c'étoit pour rire de ces autres prétendues *Altesses*. Il étoit extrêmement propre et gaillard, et plein de sens jusqu'à la fin. C'étoit une sorte de personnage.

Stoppa, colonel des gardes suisses et d'un autre régiment suisse de son nom, mourut en même temps. Il avoit amassé un bien immense pour un homme de son état, avec une grosse maison pourtant, et toujours grande chère. Il avoit toute la confiance du Roi sur ce qui regardoit les troupes suisses et les cantons, au point que tant qu'il vécut, M. du Maine n'y put et n'y fit aucune chose. Le Roi s'étoit servi de lui en beaucoup de choses secrètes, et de sa femme encore plus, qui, sans paroître, avoit toute la confiance de Mme de Maintenon, et étoit extrêmement crainte et comptée, plus encore que son mari, quoique il le fût beaucoup. Il avoit plus de quatre-vingts ans, avec le même sens, la même privance du Roi, la même pleine autorité sur sa nation en France, et grand crédit en Suisse. Sa mort rendit M. du Maine effectivement colonel général des Suisses, avec pleine autorité, qu'il sut étendre en même temps sur ce qu'il n'avoit pu encore atteindre dans l'artillerie avec M. de Barbezieux.

La mort d'un plus grand seigneur fit moins de bruit et de vide; ce fut celle de M. de Monaco, ambassadeur à Rome, qui y fut peu regretté, comme il y avoit été peu considéré, très-médiocrement soutenu les affaires du Roi, et très-peu soutenu de la cour. On en a vu les raisons. C'étoit un Italien glorieux, fantasque, avare, fort bon homme, mais qui n'étoit pas fait pour les affaires, avec cela gros comme un muid, et ne voyoit pas jusqu'à la pointe de son ventre. Il avoit passé sa vie en chagrins domestiques, d'abord de la belle Mme de Monaco, sa femme, si amie de la première femme de Monsieur, et si mêlée dans ses galanteries, et elle-même si galante, et qui, pour se tirer d'avec son mari, se fit surintendante de la maison de Madame, la seule fille de France qui en ait jamais eu. Elle étoit sœur de ce galant comte de Guiche et du duc de Gramont. Sa belle-fille ne lui avoit pas donné moins de peine, comme on a vu ici en son temps, et le rang qu'elle lui avoit valu le jeta dans des prétentions dont pas une ne réussit, et qui l'accablèrent d'ennuis et de dégoûts, qui portèrent à plomb sur les affaires de son ambassade.

Bontemps, le premier des quatre premiers valets de chambre du Roi, et gouverneur de Versailles et de Marly, dont il avoit l'entière administration des maisons, des chasses et de quantité de sortes de dépenses, mourut aussi en ce temps-là. C'étoit de tous les valets intérieurs celui qui avoit la plus ancienne et la plus entière confiance du Roi pour toutes les choses intimes et personnelles. C'étoit un grand homme fort bien fait, qui étoit devenu fort gros et fort pesant, qui avoit près de quatre-vingts ans, et qui périt en quatre jours, le 17 janvier, d'une apoplexie. C'étoit l'homme le plus profondément secret, le plus fidèle et le plus attaché au Roi qu'il eût su trouver, et pour tout dire en un mot, qui avoit disposé la messe nocturne dans les cabinets du Roi, que dit le P. de la Chaise à Versailles, l'hiver de 1683 à 1684, que Bontemps servit, et où le Roi épousa Mme de Maintenon, en présence de l'archevêque de Paris, Harlay, Montchevreuil et Louvois.

On peut dire de Bontemps et du Roi en ce genre : tel maître, tel valet ; car il étoit veuf, et avoit chez lui à Versailles une Mlle de la Roche, mère de la Roche qui suivit le roi d'Espagne et fut son premier valet de chambre et eut son estampille vingt-cinq ans jusqu'à sa mort. Cette Mlle de la Roche ne paroissoit nulle part, et assez peu même chez lui, dont elle ne sortoit point, et le gouvernoit parfaitement sans presque le paroître. Personne ne doutoit que ce ne fût sa Maintenon et qu'il ne l'eût épousée. Pourquoi ne le point déclarer? c'est ce qu'on n'a jamais su. Bontemps étoit rustre et brusque, avec cela respectueux et tout à fait à sa place, qui n'étoit jamais que chez lui ou chez le Roi, où il entroit partout à toutes heures, et toujours par les derrières, et qui n'avoit d'esprit que pour bien servir son maître, à quoi il étoit tout entier, sans jamais sortir de sa sphère. Outre les fonctions si intimes de ses deux emplois, c'étoit par lui que passoient tous les ordres et les messages secrets, les audiences ignorées, qu'il introduisoit chez le Roi, les lettres cachées au Roi et du Roi, et tout ce qui étoit mystère. C'étoit bien de quoi gâter un homme qui étoit connu pour être depuis cinquante ans dans cette intimité, et qui avoit la cour à ses pieds, à commencer par les enfants du Roi et les ministres les plus accrédités, et à continuer par les plus grands seigneurs. Jamais il ne sortit de son état, et, sans comparaison, moins que les plus petits garçons bleus, qui tous étoient sous ses ordres. Il ne fit jamais mal à qui que ce soit, et se servit toujours de son crédit pour obliger. Grand nombre de gens, même de personnages, lui durent leur fortune, sur quoi il étoit d'une modestie à se brouiller avec eux, s'ils en avoient parlé jusqu'à lui-même. Il aimoit, vouloit et procuroit les grâces pour le seul plaisir de bien faire, et il se peut dire de lui qu'il fut toute sa vie le père des pauvres, la ressource des affligés et des disgraciés qu'il connoissoit le moins, et peut-être le meilleur des humains, avec des mains non-seulement parfaitement nettes, mais un désintéressement entier et une application extrême à tout ce qui étoit sous sa charge. Aussi, quoique fort diminué de crédit pour les autres par son âge et sa pesanteur, sa perte causa un deuil public et à la cour, et à Paris, et dans les provinces : chacun en fut affligé comme d'une perte particulière, et il est également innombrable et inouï tout ce qui fut volontairement rendu à sa mémoire, et de services solennels célébrés partout pour lui. J'y perdis un ami sûr, plein de respect et de reconnoissance pour mon père, comme je l'ai dit ailleurs. Il laissa deux fils, qui ne lui ressemblèrent en rien : l'aîné ayant sa survivance de premier valet de chambre, l'autre premier valet de garde-robe.

Bloin, autre premier valet de chambre, eut l'intendance de Versailles et de Marly, au père de qui, pour cet emploi, Bontemps avoit succédé. Bloin eut aussi la confiance des paquets secrets et des audiences inconnues. C'étoit un homme de beaucoup d'esprit, qui étoit galant et particulier, qui choisissoit sa compagnie dans le meilleur de la cour, qui régnoit chez lui dans l'exquise chère, parmi un petit nombre de commensaux grands seigneurs, ou de gens qui suppléoient d'ailleurs aux titres, qui étoit froid, indifférent, inabordable, glorieux, suffisant et volontiers impertinent, toutefois peu méchant, mais à qui pourtant il ne falloit pas déplaire. Ce fut un vrai personnage, et qui se fit valoir et courtiser par les plus grands et par les ministres, qui savoit bien servir ses amis, mais rarement, et n'en servoit point d'autres, et ne laissoit pas d'être en tout fort dangereux, et de prendre en aversion sans cause, et alors de nuire infiniment.

M. de Vendôme revint d'Anet, après avoir passé encore une fois par le grand remède ; il se comptoit guéri, et ne le fut jamais. Il demeura plus défiguré qu'il ne l'étoit auparavant cette seconde dose, et assez pour n'oser se montrer aux dames et aller à Marly. Bientôt il s'y accoutuma, et tâcha d'y accoutumer les autres. Ce ne fut pas sans dégoût, et sans chercher sa physionomie et ses principaux traits, qui ne se retrouvèrent plus. Il paya d'audace, en homme qui se sent tout permis et qui se veut tout permettre ; il avoit de bons appuis. C'étoit en janvier, et il y avoit des bals à Marly : le Roi s'en amusa tous les voyages jusqu'au carême ; et la maréchale de Noailles en donna souvent à Mme la duchesse de Bourgogne, chez elle à Versailles, qui avoient l'air d'être en particulier.

CHAPITRE XXVI.

Plusieurs bonnes nouvelles. — Avaux ambassadeur en Hollande, au lieu de Briord fort malade. — Les troupes françoises, introduites au même instant dans les places espagnoles des Pays-Bas, y arrêtent et désarment les garnisons hollandoises, que le Roi fait relâcher. — Flottille arrivée; chocolat des jésuites. — Philippe V reconnu par le Danemark. — Connétable de Castille ambassadeur extraordinaire à Paris. — Philippe V à Bayonne, à Saint-Jean de Luz; séparation des princes. — Comte d'Ayen passe en Espagne. — Duc de Beauvillier revient malade. — Lettres patentes de conservation des droits à la couronne de Philippe V, etc. — La reine d'Espagne abandonnée et reléguée à Tolède. — Philippe V reconnu par les Provinces-Unies. — Ouragan à Paris et par la France. — Mort de l'évêque-comte de Noyon. — Abbé Bignon conseiller d'État d'Église. — Aubigny évêque-comte de Noyon. — Mlle Rose, béate extraordinaire. — M. du Guet. — M. de Saint-Louis retiré à la Trappe. — *Institution d'un prince* par M. du Guet. — Helvétius à Saint-Aignan; retour du duc de Beauvillier. — Cardinal de Bouillon à Cluni, restitué en ses revenus. — Exil du comte de Melford. — Roi Jacques à Bourbon.

Plusieurs nouvelles agréables arrivèrent fort près à près : le Roi reçut de Milan un acte qu'on n'avoit pas, quoique connu ; c'étoit l'investiture de Charles V du duché de Milan et du comté de Pavie pour tous les successeurs tant mâles que femelles ; la certitude du passage de ses troupes en Italie accordé par Monsieur de Savoie en la forme qu'on desiroit, et un succès en Flandres qui tenoit de la merveille, et très-semblable à un changement de théâtre d'opéra. Briord, ambassadeur en Hollande, étoit tombé dangereusement malade ; les affaires y étoient en grand mouvement : il demanda par plusieurs courriers un successeur, et d'Avaux y fut envoyé. Les états, qui de concert avec l'Angleterre ne cherchoient qu'à nous amuser en attendant que leur partie fût prête, ne se lassoient point de négocier : ils demandoient des conférences avec d'autant plus d'empressement que Briord étoit hors d'état d'ouïr parler d'affaires ; le roi d'Angleterre faisoit presser le Roi de les accorder. Quelque desir qu'eût le Roi d'entretenir la paix, il ne pouvoit se dissimuler les mouvements découverts de l'Empereur ni la mauvaise foi de ses anciens alliés.

Les Hollandois avoient vingt-deux bataillons dans les places espagnoles des Pays-Bas, sous des gouverneurs espagnols, qui y avoient aussi quelques troupes espagnoles en moindre nombre. Puységur travailla à un projet là-dessus, par ordre du Roi, qu'il approuva. Il fut communiqué au maréchal de Boufflers, gouverneur de la Flandre françoise, et Puységur alla à Bruxelles pour le concerter avec l'électeur de Bavière, gouverneur général des Pays-Bas pour l'Espagne. Les mesures furent si secrètes et si justes, et leur exécution si profonde, si exacte et si à point nommé, que le dimanche matin, 6 février, les troupes françoises entrèrent toutes au même instant dans toutes les places espagnoles des Pays-Bas, à portes ouvrantes, s'en saisirent, prirent les troupes hollandoises entièrement au dépourvu, les surprirent, les dépostèrent, les désarmèrent, sans que dans pas une il fût tiré une seule amorce. Les gouverneurs espagnols et les chefs de nos troupes leur déclarèrent qu'ils n'avoient rien à craindre, mais que le roi d'Espagne vouloit de nos troupes au lieu des leurs, et qu'ils demeureroient ainsi arrêtés jusqu'à ce qu'on eût reçu les ordres du Roi. Ils furent très-différents de ce qu'ils attendoient et de ce qu'on devoit faire : l'ardeur de la paix fit croire au Roi qu'en renvoyant ces troupes libres avec leurs armes et toutes sortes de bons traitements, un procédé si pacifique toucheroit et rassureroit les Hollandois, qui avoient jeté les hauts cris à la nouvelle de l'introduction de nos troupes, et leur persuaderoit d'entretenir la paix avec des voisins des bonnes intentions desquels ils ne pouvoient plus douter après un si grand effet; il se trompa.

Ce fut vingt-deux très-bons bataillons tous armés et tout[1] équipés qu'il leur renvoya, qui leur auroient fait

1. Saint-Simon a écrit *tous* devant *armés*, et *tout* devant *équipés*.

grand'faute, qui les auroient mis hors d'état de faire la guerre, et par conséquent fort déconcerté l'Angleterre, l'Empereur et toute cette grande alliance qui se bâtissoit et s'organisoit contre les deux couronnes. Le vendredi 11 février, c'est-à-dire six jours après l'occupation des places et la détention des vingt-deux bataillons hollandois, l'ordre du Roi partit, portant liberté de s'en aller chez eux avec armes et bagages, dès qu'ils seroient rappelés par les états. Ceux-ci, qui n'espéroient rien moins, reçurent cette nouvelle avec une joie inespérée et des marques de reconnoissance qui servirent de couverture nouvelle encore plus spécieuse de leurs mauvais desseins, et frémissants cependant du danger qu'ils avoient couru, n'en devinrent que plus ardents à la guerre, gouvernés par le roi d'Angleterre, ennemi personnel du Roi, qui avec eux se moqua d'une simplicité si ingénue, et qui retraça à l'Europe celles de Louis XII et de François Ier, qui furent si funestes à la France : celle-ci ne la fut aussi guère moins.

Enfin, l'arrivée de la flottille couronna ce succès : elle étoit riche de plus de soixante millions en or ou argent, et de douze millions de marchandises sans les fraudes et les pacotilles. J'avancerai à cette occasion le récit d'une aventure qui n'arriva que depuis que le roi d'Espagne fut à Madrid. En déchargeant les vaisseaux, il se trouva huit grandes caisses de chocolat dont le dessus étoit : *Chocolat pour le Très-Révérend Père général de la Compagnie de Jésus.* Ces caisses pensèrent rompre les reins aux gens qui les déchargèrent, et qui s'y mirent au double de ce qu'il falloit à les transporter à proportion de leur grandeur. L'extrême peine qu'ils y eurent encore avec ce renfort donna curiosité de savoir quelle en pouvoit être la cause. Toutes les caisses arrivées dans les magasins de Cadix, ceux qui les régissoient en ouvrirent une entre eux, et n'y trouvèrent que de grandes et grosses billes de chocolat, arrangées les unes sur les autres. Ils en prirent une dont la pesanteur les surprit, puis une seconde et une troisième, toujours également pesantes. Ils en rompirent une, qui résista; mais le chocolat s'éclata, et ayant redoublé, ils trouvèrent que c'étoient toutes billes d'or, revêtues d'un doigt d'épais de chocolat tout alentour; car, après cet essai, ils visitèrent au hasard le reste de la caisse, et après toutes les autres. Ils en donnèrent avis à Madrid, où, malgré le crédit de la Société, on s'en voulut donner le plaisir. On fit avertir les jésuites, mais en vain : ces fins politiques se gardèrent bien de réclamer un chocolat si précieux, et ils aimèrent mieux le perdre que de l'avouer. Ils protestèrent donc d'injure qu'ils ne savoient ce que c'étoit, et ils y persévérèrent avec tant de fermeté et d'unanimité que l'or demeura au profit du Roi, qui ne fut pas médiocre, et on en peut juger par le volume de huit grandes caisses de grandes et grosses billes solides d'or; et le chocolat qui les revêtissoit[1] demeura à ceux qui avoient découvert la galanterie.

Le Danemark reconnut le Roi d'Espagne. Ce prince fut rencontré à Bordeaux par le connétable de Castille, venant ambassadeur extraordinaire pour remercier le Roi de l'acceptation du testament. Il s'appeloit don Joseph-Fernandez de Velasco, duc de Frias. Il fut reçu au Bourg-la-Reine par le baron de Breteuil, introducteur des ambassadeurs, qui est un honneur qui de ce règne n'avoit été fait à aucun autre qu'au marquis de la Fuente, qui après l'affaire du maréchal d'Estrades et du baron de Vatteville à Londres pour la préséance, vint ambassadeur extraordinaire pour en faire excuse et déclarer en présence de tous les autres ambassadeurs, en audience publique, que l'Espagne ni ses ambassadeurs ne disputeroient jamais la préséance au Roi ni à ses ambassadeurs et la lui céderoient partout. Le connétable de Castille parut avec une grande splendeur, et fut extrêmement accueilli et festoyé. Le Roi le distingua extrêmement, et lui fit un présent très-considérable à son départ. Il ne fut pas longtemps en France, et il y parut fort magnifique, fort galant et fort poli.

1. On dirait aujourd'hui *revêlait*.

A Bayonne le Roi trouva le marquis de Castanaga, dix ou douze autres personnes de considération, et plus de quatre mille Espagnols accourus pour le voir. Harcourt y étoit arrivé deux jours auparavant, de Madrid, au-devant de lui. Le Roi se mit dans un fauteuil à la porte de son cabinet, ayant derrière lui M. de Beauvillier, entre MM. de Noailles et d'Harcourt ; le duc d'Ossone étoit plus en avant, pour marquer au Roi ceux qui, étant gentilshommes, pouvoient avoir l'honneur de lui baiser la main. Tous, à l'espagnole, se mirent à genoux en se présentant devant lui. Il vit toute cette foule les uns après les autres, et les satisfit tous ainsi au dernier point fort aisément. M. de Beauvillier avoit souvent entretenu le roi d'Espagne tête à tête pendant le voyage. Il y eut, pendant le séjour de Bayonne, des conférences où le duc d'Harcourt fut presque toujours en tiers, et quelquefois le duc de Noailles avec eux. Ils allèrent à Saint-Jean de Luz, et le 22 janvier se fit la séparation des princes, avec des larmes qui allèrent jusqu'aux cris.

Après quantité d'embrassades réitérées aux bords de la Bidassoa, au même endroit des fameuses conférences de la paix des Pyrénées, le duc de Noailles emmena le roi d'Espagne d'un côté, et le duc de Beauvillier les deux autres princes de l'autre, avec lesquels il remonta en carrosse, et retournèrent à Saint-Jean de Luz. Il y avoit un pont et de très-jolies barques galamment ajustées par ceux du pays. Le roi d'Espagne passa dans une avec le duc d'Harcourt, le marquis de Quintana, gentilhomme de la chambre, et le comte d'Ayen. La petite rivière qui sépare les deux royaumes étoit bordée d'un peuple innombrable à perte de vue des deux côtés ; les acclamations ne finissoient point, et redoubloient à tous moments. Au sortir de la barque, le roi d'Espagne marcha un peu à pied, pour contenter la curiosité de ces peuples, et alla coucher à Irun. Il fut d'abord à l'église, où le *Te Deum* fut chanté ; et dès le même soir, il commença à être servi et à vivre à l'espagnole. Il fut visiter le lendemain Fontarabie, puis S. Sébastien, et continua son voyage à Madrid, ayant toujours le duc d'Harcourt dans son carrosse, un ou deux de ses officiers principaux espagnols et le comte d'Ayen. Ce dernier fut trouvé là fort mauvais, l'entrée du carrosse du Roi n'étant que pour ses officiers les plus principaux. Ce neveu de Mme de Maintenon, à qui Harcourt faisoit sa cour, avoit une nombreuse suite et une musique complète, dont il tâchoit les soirs d'amuser le roi d'Espagne. Son âge, sa faveur en France, l'imitation des airs libres et familiers et des grands rires de sa mère, montrèrent à l'Espagne un fort jeune homme, bien gâté, et qui les scandalisa infiniment par toutes ses manières avec les seigneurs de cette cour, et par la familiarité surtout qu'il affecta avec le roi d'Espagne. Il fut le seul jeune seigneur françois qui passa avec lui. Noblet fit deux journées en Espagne, puis vint rendre compte au Roi de ce qui s'étoit passé durant le voyage.

De Saint-Jean de Luz, les princes allèrent à Acqs, où ils demeurèrent huit ou dix jours assiégés par les eaux. Là ils commencèrent à vivre avec plus de liberté, à manger quelquefois avec les jeunes seigneurs de leur cour, et à se trouver affranchis de toutes les mesures qu'imposoit la présence du roi d'Espagne. Le duc de Noailles demeura leur conducteur, comme l'avoit été jusque-là M. de Beauvillier, qui, se trouvant toujours plus mal, avoit eu besoin de tout son courage pour venir jusqu'à la frontière, d'où il revint droit par le plus court, autant que sa santé le lui permit. Le roi d'Espagne emporta des lettres patentes enregistrées, pour lui conserver et à sa postérité leurs droits à la couronne, pareilles à celles qu'Henri III avoit emportées en Pologne, et qu'on en avoit dressé de toutes prêtes pour y envoyer à M. le prince de Conti.

La reine d'Espagne avoit écrit au Roi les lettres les plus fortes par le connétable de Castille, par lesquelles elle demandoit aux deux rois leur protection et la punition du comte de S. Estevan et de ses dames, qui l'avoient quittée et outragée. Le style en étoit fort romanesque. Il y en eut aussi pour Madame, dont elle réclamoit les bons offices par leur parenté. Je ne sais qui put lui donner ce conseil : sa partialité déclarée, et sa liaison avec tout ce peu qui ne voyoit qu'à regret succéder la maison de France à celle d'Autriche en Espagne, ne lui devoit pas laisser espérer de succès. Aussi, le roi d'Espagne n'eut pas beaucoup fait de journées en Espagne, qu'elle eut ordre de quitter Madrid et de se retirer à Tolède, où elle demeura reléguée avec peu de suite et encore moins de considération. La junte avoit été de cet avis, et en avoit chargé le duc d'Harcourt, pour en faire envoyer l'ordre par le roi d'Espagne : ce fut un trait de vengeance de Portocarrero.

Ce prince n'étoit pas encore à Madrid qu'il fut reconnu par les Hollandois. Ils n'en avoient pas moins résolu la guerre; mais toutes les machines de l'alliance n'étoient pas prêtes, et ne s'expliquer point eût été s'expliquer, et découvrir des desseins qu'ils prenoient de si grands soins de cacher.

Il y eut, le jour de la Chandeleur, un ouragan si furieux que personne ne se souvint de rien qui eût approché d'une telle violence, dont les désordres furent infinis par tout le royaume. Le haut de l'église de Saint-Louis dans l'île, à Paris, tomba; beaucoup de gens qui y entendoient la messe furent tués ou blessés; entre autres Verderonne, qui étoit dans la gendarmerie, en mourut le lendemain; il s'appeloit l'Aubespine comme ma mère. Cet ouragan a été l'époque du dérangement des saisons et de la fréquence des grands vents en toutes; le froid en tout temps, la pluie, etc., ont été bien plus ordinaires depuis, et ces mauvais temps n'ont fait qu'augmenter jusqu'à présent, en sorte qu'il y a longtemps qu'il n'y a plus du tout de printemps, peu d'automnes, et pour l'été, quelques jours par-ci par-là : c'est de quoi exercer les astronomes.

Monsieur de Noyon mourut en ce temps-ci à Paris, à soixante-quatorze ans. Il avoit l'ordre, et s'étoit, à l'exemple de Monsieur de Reims, laissé faire conseiller d'État d'Église. J'ai tant parlé de ce prélat, que je me contenterai de dire qu'il mourut fort pieusement, après avoir très-soigneusement gouverné son diocèse. On trouva dans ses papiers des brouillons de sa main pour servir à son oraison funèbre, tant la folie de la vanité avoit séduit ce prélat, d'ailleurs docte, fort honnête homme, très-homme de bien, bon évêque et de beaucoup d'esprit. Il ne laissa pas d'être regretté, et beaucoup dans son diocèse. Sa vanité eût été étrangement mortifiée s'il eût prévu ses successeurs.

Le chancelier, qui avoit extrêmement aimé sa sœur, femme de Bignon, conseiller d'État, et qui en avoit comme adopté les enfants, étoit fort embarrassé de l'abbé Bignon. C'étoit ce qui véritablement, et en bonne part, se pouvoit appeler un bel esprit, très-savant, et qui avoit prêché avec beaucoup d'applaudissements; mais sa vie avoit si peu répondu à sa doctrine qu'il n'osoit plus se montrer en chaire, et que le Roi se repentoit des bénéfices qu'il lui avoit donnés. Que faire donc d'un prêtre à qui ses mœurs ont ôté toute espérance de l'épiscopat? Cette place de conseiller d'État d'Église parut à son oncle toute propre à l'en consoler et à le réhabiliter dans le monde, en lui donnant un état. L'embarras étoit que ces places étoient destinées aux évêques les plus distingués, et qu'il étoit bien baroque de faire succéder l'abbé Bignon à M. de Tonnerre, évêque-comte de Noyon, pour le mettre en troisième avec Monsieur de Reims et Monsieur de Meaux; c'est pourtant ce que le chancelier obtint, et ce fut tout l'effort de son crédit. Il fit par là un tort à l'épiscopat et une plaie au conseil, où pas un évêque n'a voulu entrer depuis, par l'indécence d'y seoir après un homme du second ordre, ce qui ne peut s'éviter que par des évêques pairs, qui précèdent le doyen des conseillers d'État, comme faisoient Messieurs de Reims et de Noyon. L'abbé Bignon fut transporté de joie d'une distinction jusqu'à lui inouïe. Son oncle le mit dans des bureaux en attendant qu'il lui en pût donner, et à la tête de toutes les académies; ce dernier emploi étoit fait exprès pour lui : il étoit un des premiers hommes de lettres de l'Europe, et il y brilla, et solidement. Il amassa plus de cinquante mille volumes, que nombre d'années après il vendit au fameux Law, qui cherchoit à placer de l'argent à tout. L'abbé Bignon n'en avoit plus que faire : il étoit devenu doyen du conseil, à la tête de quantité de bureaux et d'affaires, et bibliothécaire du Roi. Il se fit une île enchantée auprès de Meulan, qui se put comparer en son genre à celle de Caprée; l'âge ni les places ne l'ayant pas changé, et n'y ayant gagné qu'à faire estimer son savoir et son esprit aux dépens de son cœur et de son âme. Noyon ne fut pas mieux rempli, mais à la renverse de la place de conseiller d'État, par un homme de condition et de très-saintes mœurs et vie, mais d'ailleurs un butor.

Monsieur de Chartres avoit trouvé à Saint-Sulpice un grand et gros pied plat, lourd, bête, ignorant, esprit de travers, mais très-homme de bien, saint prêtre, pour desservir, non pas une cure, mais une chapelle, surtout sulpicien excellent en toutes les minuties et les inutiles puérilités qui y font loi, et qu'il mit toute sa vie à côté ou même au-dessus des plus éminentes vertus. Ce garçon n'en savoit pas davantage, et n'étoit pas capable de rien apprendre de mieux; d'ailleurs pauvre, crasseux et huileux à merveilles. Ces dehors trop puissants sur Monsieur de Chartres, et qui par ses mauvais choix ont perdu notre épiscopat, l'engagèrent à s'informer de lui. C'étoit un homme de bonne et ancienne noblesse d'Anjou, qui s'appeloit d'Aubigny : ce nom le frappa encore plus; il le prit ou le voulut prendre pour parent de Mme de Maintenon, qui étoit d'Aunis, et s'appeloit d'Aubigné. Il lui en parla, et à ce pied plat aussi, qui, tout bête qu'il fût, ne l'étoit pas assez pour ne sentir pas les avantages d'une telle parenté, dont on lui faisoit toutes les avances. Mme de Maintenon se trouva ravie de s'enter sur ces gens-là. Les armes, le nom, et peu après, pour tout unir, la livrée, furent bientôt les mêmes. Le rustre noble fut présenté à Saint-Cyr à sa prétendue cousine, qui ne l'étoit pas tant, mais qui pouvoit tout. Teligny, frère de l'abbé, qui languissoit de misère dans sa chaumine, accourut par le messager, et fit aussi connoissance avec le prélat et sa royale pénitente. Celui-ci se trouva un compère délié, entendu et fin, qui gouverna son frère et suppléa tant qu'il put à ses bêtises. Monsieur de Chartres, qui voulut décrasser son disciple, le prit avec lui, le fit son grand vicaire, et ce bon gros garçon, sans avoir pu rien apprendre en si bonne école que des choses extérieures, fut nommé évêque de Noyon, où sa piété et sa bonté se firent estimer, et ses travers et ses bêtises détester, quoique parées par son frère, qui ne le quittoit point, et qui étoit son tuteur.

M. le cardinal de Noailles, depuis peu revenu de Rome, chassa de son diocèse Mlle Rose, célèbre béate à extases, à visions, à conduite fort extraordinaire, qui dirigeoit ses directeurs, et qui fut une vraie énigme. C'étoit une vieille Gasconne, ou plutôt du Languedoc, qui en avoit le parler à l'excès, carrée, entre deux tailles, fort maigre, le visage jaune, extrêmement laid, des yeux très-vifs, une physionomie ardente, mais qu'elle savoit adoucir, vive, éloquente, savante, avec un air prophétique qui imposoit. Elle dormoit peu et sur la dure, ne mangeoit presque rien, assez mal vêtue, pauvre, et qui ne se laissoit voir qu'avec mystère. Cette créature a toujours été une énigme, car il est vrai qu'elle étoit désintéressée, qu'elle a fait de grandes et de surprenantes conversions, qui ont tenu, qu'elle a dit des choses fort extraordinaires, les unes très-cachées, qui étoient, d'autres à venir, qui sont arrivées, qu'elle a opéré des guérisons surprenantes sans remèdes, et qu'elle a eu pour elle des gens très-sages, très-précautionnés, très-savants, très-pieux, d'un génie sublime, qui n'avoient ni ne pouvoient rien gagner à cet attachement, et qui l'ont conservé toute leur vie. Tel a été M. du Guet, si célèbre par ses ouvrages, par la vaste étendue de son esprit et de son érudition, qui se peut dire universelle, par l'humilité sincère et la sainteté de sa vie, et par les charmes et la solidité de sa conversation.

Mlle Rose, ayant longtemps vécu dans son pays, où elle pansoit les pauvres et où sa piété lui avoit attaché des prosélytes, vint à Paris, je ne sais à quelle occasion. De doctrine particulière elle n'en avoit point, seulement fort opposée à celle de Mme Guyon, et tout à fait du côté janséniste. Je ne sais encore comment elle fit connoissance avec ce M. Boileau qui avoit été congédié de l'archevêché pour le *Problème*, dont j'ai fait l'histoire en son temps, et qui vivoit claquemuré et le plus sauvagement du monde dans son cloître Saint-Honoré. De là elle vit M. du Charmel et d'autres, et enfin M. du Guet, qui, pour en dire la vérité, ne s'en éprirent guère moins tous trois que Monsieur de Cambray de Mme Guyon. Après avoir mené assez longtemps une vie assez cachée à Paris, M. du Guet et M. du Charmel eurent aussi bien qu'elle un extrême désir de la faire voir à Monsieur de la Trappe, soit pour s'éclairer d'un si grand maître sur une personne si extraordinaire, soit dans l'espérance d'en obtenir l'approbation, et de relever leur sainte par un si grand témoignage. Ils partirent tous trois sans dire mot, et s'en allèrent à la Trappe, où on ne savoit rien de leur projet.

M. du Charmel se mit aux hôtes à l'ordinaire dans la maison, et M. de Saint-Louis, qui occupoit la maison abbatiale au dehors, ne put refuser une chambre à M. du Guet, et une autre à sa béate, et de manger avec lui. C'étoit un gentilhomme peu éloigné de la Trappe, qui avoit servi toute sa vie avec grande réputation, qui avoit eu longtemps un régiment de cavalerie et étoit devenu brigadier. M. de Turenne, le maréchal de Crequy, et les généraux sous qui il avoit servi, le Roi même, sous qui il avoit fait la guerre de Hollande et d'autres campagnes, l'estimoient fort et l'avoient toujours distingué. Le Roi lui donnoit une assez forte pension, et avoit conservé beaucoup de bonté pour lui. Il se trouva presque aveugle lorsqu'en

168[4][1] la trève de vingt ans fut conclue; cela le fit retirer du service. Peu de mois après, Dieu le toucha. Il connoissoit Monsieur de la Trappe par le voisinage, et avoit même été lui offrir ses services au commencement de sa réforme, sur ce qu'il apprit que les anciens religieux, qui étoient de vrais bandits, et qui demeuroient encore à la Trappe, avoient résolu de le noyer dans leurs étangs. Il avoit conservé quelque commerce depuis avec Monsieur de la Trappe; ce fut donc là où il se retira, et où il a mené plus de trente ans la vie la plus retirée, la plus pénitente et la plus sainte. C'étoit un vrai guerrier, sans lettres aucunes, avec peu d'esprit, mais un sens le plus droit et le plus juste que j'aie vu à personne, un excellent cœur, et une droiture, une franchise, une vérité, une fidélité admirables.

Le hasard fit que j'allai aussi à la Trappe tandis qu'ils y étoient. Je n'avois jamais vu M. du Guet ni sa dévote. Elle ne voyoit personne à la Trappe, et n'y sortoit presque point de sa chambre, que pour la messe à la chapelle, où les femmes pouvoient l'entendre, joignant ce logis abbatial au dehors. Du vivant de Monsieur de la Trappe, j'y passois d'ordinaire six jours, huit, et quelquefois dix. J'eus donc loisir de voir Mlle Rose à plusieurs reprises et M. du Guet, qui ne fut pas une petite faveur. J'avoue que je trouvai plus d'extraordinaire que d'autre chose en Mlle Rose; pour M. du Guet, j'en fus charmé. Nous nous promenions tous les jours dans le jardin de l'abbatial; les matières de dévotion, où il excelloit, n'étoient pas les seules sur lesquelles nous y en avions : une fleur, une herbe, une plante, la première chose venue, des arts, des métiers, des étoffes, tout lui fournissoit de quoi dire et instruire, mais si naturellement, si aisément, si coulamment, et avec une simplicité si éloquente, et des termes si justes, si exacts, si propres, qu'on étoit également enlevé des grâces de ses conversations, et en même temps épouvanté de l'étendue de ses connoissances, qui lui faisoient expli-

---

1. Saint-Simon a laissé en blanc le dernier chiffre de cette date.

quer toutes ces choses comme auroient pu faire les botanistes, les droguistes, les artisans et les marchands les plus consommés dans tous ces métiers. Son attention, sa vénération pour Mlle Rose, sa complaisance, son épanouissement à tout ce peu qu'elle disoit, ne laissoient pas de me surprendre. M. de Saint-Louis, tout rond et tout franc, ne la put jamais goûter, et le disoit très-librement à M. du Charmel, et le laissoit sentir à M. du Guet, qui en étoient affligés.

Mais ce qui les toucha bien autrement fut la douce et polie fermeté avec laquelle, six semaines durant qu'ils furent là, Monsieur de la Trappe se défendit de voir Mlle Rose, quoique en état encore de pouvoir sortir et la voir au dehors. Aussi s'en excusa-t-il moins sur la possibilité que sur son éloignement de ces voies extraordinaires, sur ce qu'il n'avoit ni mission ni caractère pour ces sortes d'examens, sur son état de mort à toutes choses et de vie pénitente et cachée, qui l'occupoit assez pour ne se point distraire à des curiosités inutiles, et qu'il valoit mieux pour lui suspendre son jugement et prier Dieu pour elle, que de la voir et d'entrer dans une dissipation qui n'étoit point de son état. Ils partirent donc comme ils étoient venus, très-mortifiés de n'avoir pu réussir au but qu'ils s'étoient proposé de ce voyage. Mlle Rose se tint depuis assez cachée à Paris, et chez des prosélytes dans le voisinage, jusqu'à ce que, le nombre s'en étant fort augmenté, elle se produisit beaucoup davantage, et devint une directrice qui fit du bruit. Le cardinal de Noailles la fit examiner ; je pense même que Monsieur de Meaux la vit. Le beau fut qu'on la chassa. Elle avoit converti un grand jeune homme fort bien fait, dont le père, bien gentilhomme, avoit été autrefois major de Blaye, et qui avoit du bien. Ce jeune homme quitta le service, et s'attacha à elle qu'il ne la quitta plus depuis[1] ; il s'appeloit Gondé, et il s'en alla avec elle à Annecy lorsqu'elle fut chassée de

---

1. Tellement qu'il ne la quitta plus depuis.

Paris; on n'en a guère ouï parler depuis, quoique elle y ait vécu fort longtemps. J'avancerai ici le court récit d'une anecdote qui le mérite. Le prétexte de ce voyage de la Trappe de Mlle Rose fut la conversion, qu'elle avoit faite auprès de Toulouse, d'un curé fort bien fait, et qui ne vivoit pas trop en prêtre. Il étoit frère d'un M. Parazar, conseiller au parlement de Toulouse. Elle persuada à ce curé de quitter son bénéfice, de venir à Paris et de se faire religieux de la Trappe. Ce dernier point, elle eut une peine extrême à le gagner sur lui, et il a souvent dit, avant et depuis, qu'il s'étoit fait moine de la Trappe malgré lui. Il le fut bon pourtant, et si bon, que Monsieur de Savoie ayant longtemps depuis demandé à Monsieur de la Trappe un de ses religieux par qui il pût faire réformer l'abbaye de Tamiers, celui-ci y fut envoyé pour exécuter ce projet, et en fut abbé. Il y réussit si bien, que Monsieur de Savoie, atteint alors d'un assez long accès de dévotion, le goûta fort, fit plusieurs retraites à Tamiers, et lui donna toute sa confiance.

De là est, pour ainsi dire, né cet admirable ouvrage de l'*Institution d'un prince* de M. du Guet, dont on voit le comment dans le court avertissement qui se lit au-devant de ce livre. Il faut ajouter que M. du Guet, réduit depuis à chercher sa liberté hors du royaume, se retira un temps à Tamiers, et y vit Monsieur de Savoie, sans que ce prince se soit jamais douté qu'il fût l'auteur de cet ouvrage, ni qu'il lui en ait jamais parlé; en quoi l'humilité de l'auteur est peut-être plus admirable que le prodige de l'érudition, de l'étendue et de la justesse de cette *Institution*. Elle fut faite entre la mort du prince électoral de Bavière, petit-fils de l'empereur Léopold, et la mort du roi d'Espagne, Charles II, dans le temps que Monsieur de Savoie se flatta que cette immense succession regarderoit le prince de Piémont, qui est mort avant lui; et toutefois, à la lire, qui ne soupçonneroit qu'elle est faite d'aujourd'hui ? c'est-à-dire vingt-cinq ans après la mort de Louis XIV, qu'elle a commencé à paroître, quelques années depuis la mort de l'auteur, et à l'instant défendue, pourchassée, et traitée comme les ouvrages les plus pernicieux, qui toutefois n'en a été que plus recherchée et plus universellement goûtée et admirée.

M. de Beauvillier, dont le mal étoit un dévoiement qui le consumoit depuis longtemps et auquel la fièvre s'étoit jointe, eut bien de la peine à gagner sa maison de Saint-Aignan, près de Loches, où il fut à l'extrémité. J'avois su, depuis son départ, que Fagon l'avoit condamné, et ne l'avoit envoyé à Bourbon, peu avant ce voyage, que par se trouver à bout, sans espérance de succès, et pour se délivrer du spectacle en l'envoyant finir au loin. A cette nouvelle de Saint-Aignan, je courus chez le duc de Chevreuse, pour l'exhorter de mettre toute politique à part et d'y envoyer diligemment Helvétius, et j'eus une grande joie d'apprendre de lui qu'il en avoit pris le parti, et qu'il partoit lui-même le lendemain avec Helvétius.

C'étoit un gros Hollandois, qui pour n'avoir pas pris les degrés de médecine, étoit l'aversion des médecins, et en particulier l'horreur de Fagon, dont le crédit étoit extrême auprès du Roi, et la tyrannie pareille sur la médecine et sur ceux qui avoient le malheur d'en avoir besoin. Cela s'appeloit donc un empirique dans leur langage, qui ne méritoit que mépris et persécution, et qui attiroit la disgrâce, la colère et les mauvais offices de Fagon sur qui s'en servoit. Il y avoit pourtant longtemps qu'Helvétius étoit à Paris, guérissant beaucoup de gens rebutés ou abandonnés des médecins, et surtout les pauvres, qu'il traitoit avec une grande charité. Il en recevoit tous les jours chez lui, à heure fixée, tant qu'il y en vouloit venir, à qui il fournissoit les remèdes, et souvent la nourriture. Il excelloit particulièrement aux dévoiements invétérés et aux dyssenteries. C'est à lui qu'on est redevable de l'usage et de la préparation diverse de l'ipécacuanha[1] pour les divers genres de ces maladies, et le discernement encore

---

1. Saint-Simon écrit *epiquequana*.

de celles où ce spécifique n'est pas à temps ou même n'est point propre. C'est ce qui donna la vogue à Helvétius, qui d'ailleurs étoit un bon et honnête homme, homme de bien, droit et de bonne foi. Il étoit excellent encore pour les petites véroles et les autres maladies de venin ; d'ailleurs médiocre médecin.

M. de Chevreuse dit au Roi la résolution qu'il prenoit ; il l'approuva, et le rare est que Fagon même en fut bien aise, qui, dans une autre occasion, en seroit entré en furie ; mais comme il étoit bien persuadé que M. de Beauvillier ne pouvoit échapper, et qu'il mourroit à Saint-Aignan, il fut ravi que ce fût entre les mains d'Helvétius, pour en triompher. Dieu merci, le contraire arriva : Helvétius le trouva au plus mal ; en sept ou huit jours il le mit en état de guérison certaine et de pouvoir s'en revenir. Il arriva de fort bonne heure à Versailles, le 8 mars. Je courus l'embrasser avec toute la joie la plus vive. Revenant de chez lui, et traversant l'antichambre du Roi, je vis un gros de monde qui se pressoit à un coin de la cheminée : j'allai voir ce que c'étoit. Ce groupe de monde se fendit ; je vis Fagon tout débraillé, assis, la bouche ouverte, dans l'état d'un homme qui se meurt : c'étoit une attaque d'épilepsie. Il en avoit quelquefois, et c'est ce qui le tenoit si barricadé chez lui, et si court en visites chez le peu de malades de la cour qu'il voyoit, et chez lui jamais personne. Aussitôt que j'eus aperçu ce qui assembloit ce monde, je continuai mon chemin chez M. le maréchal de Lorges, où entrant avec l'air épanoui de joie, la compagnie, qui y étoit toujours très-nombreuse, me demanda d'où je venois avec l'air satisfait. « D'où je viens ? répondis-je, d'embrasser un malade condamné qui se porte bien, et de voir le médecin condamnant qui se meurt. » J'étois ravi de M. de Beauvillier, et piqué sur lui contre Fagon. On me demanda ce que c'étoit que cette énigme ; je l'expliquai ; et voilà chacun en rumeur sur l'état de Fagon, qui étoit à la cour un personnage très-considérable et des plus comptés, jusque par les ministres et par tout l'intérieur du Roi. M. et Mme la maréchale de Lorges me firent signe, de peur que je n'en disse davantage, et me grondèrent après avec raison de mon imprudence. Apparemment qu'elle ne fut pas jusqu'à Fagon, avec qui je fus toujours fort bien.

On sut en même temps que le cardinal de Bouillon, à bout d'espérances sur ses manéges et sur les démarches réitérées du Pape en sa faveur, étoit enfin parti de Rome, et s'étoit rendu à son exil de Cluni, où bientôt après il eût mainlevée de la saisie de ses biens et de ses bénéfices. Il n'avoit pu se tenir, après avoir ouvert la porte sainte du grand jubilé, d'en faire frapper des médailles, où cette cérémonie étoit d'un côté, lui de l'autre, avec son nom autour et la qualité de grand aumônier de France, qu'il n'étoit plus alors. Cela avoit irrité le Roi de nouveau contre lui, et eut peut-être part à la fermeté avec laquelle il résista au Pape sur le retour et l'exil du cardinal de Bouillon, et à tout ce qu'il employa pour s'en délivrer.

Milord Melford, chevalier de la Jarretière, qu'on a vu ci-devant exilé de Saint-Germain, et revenu seulement à Paris, écrivit une lettre à Milord Perth, son frère, gouverneur du prince de Galles, par laquelle il paroissoit qu'il y avoit un parti considérable en Écosse en faveur du roi Jacques, et qu'on songeoit toujours ici à le rétablir et la religion catholique en Angleterre. Je ne sais ni personne n'a su comment il arriva que cette lettre, au lieu d'aller à Saint-Germain, fut à Londres. Le roi Guillaume la fit communiquer au Parlement, et en fit un grand usage contre la France, qui ne pensoit à rien moins, et qui avoit bien d'autres affaires pour soutenir la succession d'Espagne, et d'ailleurs ce n'eût pas été au comte de Melford qu'on se fût fié d'un dessein de cette importance, dans la situation où il étoit avec sa propre cour et la nôtre ; mais il n'en falloit pas tant au roi Guillaume pour faire bien du bruit, ni aux Anglois pour les animer contre nous dans la conjoncture des affaires présentes. Melford fut pour sa peine envoyé à Angers, et fut fort soupçonné. Je ne sais si ce fut à tort ou non.

Peu de jours après, le roi Jacques se trouva fort mal, et tomba en paralysie d'une partie du corps, sans que la tête fût attaquée. Le Roi, et toute la cour à son exemple, lui rendit de grands devoirs. Fagon l'envoya à Bourbon ; la reine d'Angleterre l'y accompagna. Le Roi fournit magnifiquement à tout, chargea d'Urfé d'aller avec eux de sa part, et de leur faire rendre partout les mêmes honneurs qu'à lui-même, quoique ils voulussent être sans cérémonies.

CHAPITRE XXVII.

Philippe V à Madrid. — Exil de Mendoze, grand inquisiteur. — Exil confirmé du comte d'Oropesa, président du conseil de Castille. — Disgression sur l'Espagne. — Branches de la maison de Portugal établies en Espagne : Oropesa ; Lémos ; Veragua, cadette[1] de Ferreira ou Cadaval ; Cadaval, restée en Portugal ; Alencastro, ducs d'Aveiro ; duchesse d'Arcos héritière d'Aveiro ; Abrantès et Liñarez, cadets d'Aveiro. — Justice et conseil d'Aragon. — Conseil de Castille ; son président ou gouverneur. — Corrégidors. — Conseillers d'État. — Secrétaire des dépêches universelles. — Secrétaires d'État. — Les trois charges : majordôme-major du Roi et les majordomes ; sommelier du corps et gentilshommes de la chambre ; grand écuyer et premier écuyer. — Capitaine des hallebardiers. — Patriarche des Indes. — Majordome-major et majordomes de la Reine. — Grand écuyer et premier écuyer de la Reine. — Camarera-mayor — Dames du palais et dames d'honneur. — Azafata et femmes de chambre. — Marche en carrosse de cérémonie. — Gentilshommes de la chambre avec et sans exercice. — Estampilla ; la Roche.

Le roi d'Espagne arriva enfin, le 19 février, à Madrid, ayant eu partout sur sa route une foule et des acclamations continuelles, et, dans les villes, des fêtes, des combats de taureaux, et quantité de dames et de noblesse des pays par où il passa. Il y eut une telle presse à son arrivée à Madrid, qu'on y compta soixante personnes étouffées. Il trouva hors la ville et dans les rues une infinité de carrosses qui bordoient sa route, remplis de dames fort

---

1. Branche cadette.

parées, et toute la cour et la noblesse qui remplissoient le Buen-Retiro, où il fut descendre et loger. La junte et beaucoup de grands le reçurent à la portière, où le cardinal Portocarrero se voulut jeter à ses pieds pour lui baiser la main ; le Roi ne le voulut pas permettre : il le releva et l'embrassa, et le traita comme son père ; le cardinal pleuroit de joie, et ne cessa de tout le soir de le regarder ; enfin tous les conseils, tout ce qu'il y avoit d'illustre, une foule de gens de qualité, une noblesse infinie et toute la maison espagnole du feu roi Charles II[1]. Les rues de son passage avoient été tapissées, et à la mode d'Espagne chargées de gradins remplis de beaux tableaux et d'une infinité d'argenterie, avec des arcs de triomphe magnifiques d'espace en espace. Il n'est pas possible d'une plus grande ni plus générale démonstration de joie.

Le Roi étoit bien fait, dans la fleur de la première jeunesse, blond comme le feu roi Charles et la reine sa grand'mère, grave, silencieux, mesuré, retenu, tout fait pour être parmi les Espagnols ; avec cela fort attentif à chacun, et connoissant déjà les distinctions des personnes, par l'instruction qu'il avoit eu loisir de prendre d'Harcourt, le long du voyage. Il ôtoit le chapeau ou le soulevoit presque à tout le monde, jusque-là que les Espagnols s'en formalisèrent et en parlèrent au duc d'Harcourt, qui [leur[2]] répondit que, pour toutes les choses essentielles, le Roi se conformeroit à tous les usages, mais que dans les autres il falloit lui laisser la civilité françoise. On ne sauroit croire combien ces bagatelles d'attention extérieures attachèrent les cœurs à ce prince.

Le cardinal Portocarrero étoit transporté de contentement : il regardoit cet événement comme son ouvrage et le fondement durable de sa grandeur et de sa puissance ; il en jouissoit en plein. Harcourt et lui, sentant en habiles gens le besoin réciproque qu'ils auroient l'un de l'autre, s'étoient intimement liés, et leur union s'étoit encore ci-

---

1. Sous-entendu : le reçurent à la portière.
2. Le manuscrit porte *lui*, pour *leur*.

mentée pendant le voyage par l'exil de la reine à Tolède, que le cardinal avoit obtenu, et par celui de Mendoze, évêque de Ségovie, grand inquisiteur, charge qui balance et qui a quelquefois embarrassé l'autorité royale, et que le Pape confère sur la présentation du Roi. Mendoze étoit un homme de qualité distinguée, mais un assez pauvre homme, qui n'avoit rien commis de répréhensible ni qui pût même donner du soupçon. Il ne méritoit pas une si grande place, mais il méritoit encore moins d'être chassé. Son crime étoit d'être parvenu à ce grand poste par le crédit de la Reine, qui avoit fort maltraité le cardinal durant son autorité, et après la chute de sa puissance et la mort de Charles II, le grand inquisiteur avoit tenu sa morgue avec le cardinal, qu'il n'avoit pas salué assez bas dans l'éclat où il venoit de monter. Ce *punto*[1] espagnol, qui pouvoit être loué de grandeur de courage, acheva d'allumer la colère du cardinal, ennemi de toutes les créatures de la Reine, et passionné de le leur faire sentir. D'ailleurs, comme assuré de toute l'autorité séculière, et pour bien longtemps, sous un prince aussi jeune, et étranger, qui lui devoit tant, il ne pouvoit souffrir la puissance ecclésiastique dans un autre, et avoit un desir extrême de les réunir toutes deux en sa personne par la charge de grand inquisiteur; tellement qu'encouragé par l'exil de la Reine, qu'il venoit d'emporter, il s'aventura d'exposer l'autorité naissante du Roi en lui demandant l'exil du grand inquisiteur. M. d'Harcourt, son ami, et qui le connoissoit bien, n'eut garde de s'opposer à un desir si ardent et si causé; et quoique le Roi eût déclaré qu'il ne disposeroit d'aucune chose, ni petite ni considérable, qu'après son arrivée à Madrid, de l'avis de M. d'Harcourt, il envoya au cardinal l'ordre qu'il demandoit par son même courrier. Mendoze, qui sentit bien d'où le coup lui venoit, balança tout un jour entre demeurer et obéir : en demeurant, il eût fort embarrassé par l'autorité et les res-

---

1. Ce mot signifie probablement ici *point d'honneur*.

sorts de sa place, et le nombre de gens considérables attachés à la Reine; mais il prit enfin le parti d'obéir, et combla de joie la vanité et la vengeance du cardinal, qui, enhardi par ces deux grands coups, en fit un[1] troisième : ce fut un ordre qu'il obtint du Roi, qui approchoit déjà de Madrid, au comte d'Oropesa de demeurer dans son exil. Il étoit premier ministre et président du conseil de Castille. Il y avoit deux ans que Charles II l'y avoit envoyé, sur une furieuse sédition que le manque de pain et de vivres avoit causée à Madrid, qui fit grand'peur à ce prince, et dont la faute fut imputée au premier ministre.

Puisque je me trouve ici en pleine Espagne, et qu'il est curieux de la connoître un peu à cet avénement de la branche de France, et qu'il sera souvent mention de ce pays dans la suite, je m'y espacerai un peu à droite et à gauche, en parlant de ce qu'il s'y passa à l'arrivée du nouveau roi.

Oropesa étoit de la maison de Bragance, et l'aîné des trois branches de cette maison établies et restées en Espagne. Le grand-père du comte d'Oropesa étoit cousin germain de J. duc de Bragance, que la fameuse révolution de Portugal mit sur le trône en 1640, dont la quatrième génération y est aujourd'hui. Ce même grand-père de notre comte d'Oropesa étoit petit-fils puîné de J. 1er duc de Bragance, et eut Oropesa par sa mère, Béatrix de Tolède. Le père de notre comte passa par les vice-royautés de Navarre et de Valence, eut la présidence du conseil d'Italie, fut fait grand d'Espagne, et mourut en 1671. Cette branche d'Oropesa, quoique si proche et si fraîchement sortie de celle de Bragance, en étoit mortellement ennemie. Lorsque l'Espagne eut enfin reconnu le roi de Portugal, il vint un ambassadeur de Portugal à Madrid. Le jour de sa première audience, Oropesa fit lever son fils malade de la fièvre, qui étoit dans les gardes espagnoles, et lui fit prendre la

---

1. Saint-Simon a écrit *une*.

pique devant le palais, afin, dit-il, que le roi de Portugal sût quelle étoit la grandeur du roi d'Espagne, qui étoit gardé par ses plus proches parents. Ce fils est notre comte d'Oropesa, qui fut capitaine général de la Nouvelle-Castille, conseiller d'État, président du conseil d'Italie comme son père, très-bien avec Charles II, qui le fit président du conseil de Castille et premier ministre, et qui deux ans avant sa mort l'exila, comme je l'ai raconté.

Tout d'un temps achevons la fortune de ce seigneur et de cette branche : lassé de son exil, auquel il ne voyoit point de fin, il passa du côté de l'archiduc en 1706, et mourut à Barcelone, en décembre de l'année suivante, à soixante-cinq ans. Il avoit mené ses deux fils avec lui : le marquis d'Alcaudete eut douze mille livres de pension de l'Empereur sur Naples, et ne fit ni fortune ni alliance; l'aîné passa à Vienne, fut chambellan de l'Empereur, chevalier de la Toison d'or en 1712[1], puis garde-sceau de Flandres. Il étoit gendre et beau-frère des ducs de Frias, connétables de Castille. La paix étant faite en 1725, en avril, entre l'Empereur et Philippe V, le comte d'Oropesa revint avec sa femme en Espagne, où il mourut bientôt après. Son fils unique y épousa fort jeune la fille du comte de S. Estevan de Gormaz, premier capitaine des gardes du corps, et qui devint peu après marquis de Villena et majordome-major du Roi à la mort de son père. Le comte d'Oropesa, son gendre, fut fait chevalier de la Toison d'or, et mourut peu après sans postérité masculine. Ainsi cette branche d'Oropesa est finie.

Celle de Lémos sort de Denis, fils puîné de Ferd. II duc de Bragance, petit-fils d'Alph., bâtard du roi de Portugal Jean Ier. Ce Denis, par conséquent, étoit frère puîné de Jacq. duc de Bragance, grand-père de Jean Ier duc de Bragance, duquel est sortie la branche d'Oropesa. Denis devint comte de Lémos en Castille, avec une fille héritière de Roderic, bâtard d'Alphonse, mort sans enfants avant

---

1. Il y a, par erreur, 1612 au manuscrit.

son père Pierre Alvarez de Castro Ossorio, seigneur de Cabrera et Ribera, en faveur duquel Henri IV, roi de Castille, avoit érigé Lémos en comté. C'est de là que cette branche de Lémos a toujours ajouté le nom de Castro à celui de Portugal, comme celle d'Oropesa y ajouta toujours celui de Tolède. Par ce mariage, les enfants de Denis s'attachèrent plus à l'Espagne qu'au Portugal. Ferdinand, l'aîné, fut fait grand d'Espagne, et fut ambassadeur de Charles V et de Philippe II à Rome, et son fils, Pierre-Ferdinand, servit Philippe II à la conquête de Portugal.

Les quatre générations suivantes ont eu les plus grands emplois d'Espagne, et les premières vice-royautés. La quatrième, qui est le père du comte de Lémos vivant à l'avénement de Philippe V, étoit gendre du duc de Gandie et vice-roi du Pérou[1]. Son fils, qui a épousé la sœur du duc del Infantado, de la maison de Silva, n'en a point eu d'enfants. Il vit encore et n'a jamais eu d'emploi pour le premier de cette branche, en qui elle va finir. C'est un bon homme, mais un très-pauvre homme, qui est bien connu pour tel et qui passe sa vie à fumer. Sa femme et son beau-frère l'entraînèrent du côté de l'archiduc pendant la guerre. Ils furent arrêtés comme ils y passoient, et prisonniers quelque temps. Le duc del Infantado a toujours été mal à la cour depuis. Sa sœur, qui a de l'esprit et du manége, s'y sut raccommoder, et à la fin fut camarera-mayor de Mlle de Beaujolois, lorsqu'elle fut envoyée en Espagne pour épouser don Carlos, et c'étoit une des dames d'Espagne des plus capables de cet emploi, mais qu'on fut surpris qu'elle voulût bien accepter.

La troisième branche de la maison de Bragance ou de Portugal établie en Espagne est celle de Veragua. Mais, pour l'expliquer, il faut remonter à celle de Cadaval ou de Ferreira, dont elle est sortie, laquelle est demeurée en Portugal. Alvare marquis de Ferreira étoit fils puîné de Ferd. Ier duc de Bragance, lequel étoit fils d'Alph., bâtard

---

1. La phrase est reproduite textuellement d'après le manuscrit.

du roi de Portugal Jean Ier. Ainsi ce premier marquis de Ferreira étoit frère puîné de Ferd. II duc de Bragance, duquel est sortie la branche de Lémos, et qui étoit aussi quatrième aïeul du duc de Bragance que la révolution de Portugal remit sur le trône, bisaïeul du roi de Portugal d'aujourd'hui, par où on voit l'extrême éloignement de sa parenté avec les ducs de Cadaval et de Veragua, et combien leur branche est cadette et éloignée de celle de Lémos, et encore plus de celle d'Oropesa.

Alvare Ier marquis de Ferreira eut deux fils : Roderic marquis de Ferreira, duquel les ducs de Cadaval sont sortis, et Georges comte de Gelves, de qui les ducs de Veragua sont venus. Georges comte de Gelves épousa la fille héritière du fils de ce fameux Christophle [1] Colomb, qui étoit duc de Veragua, marquis de la Jamaïque, que les Anglois ont usurpée, et amiral héréditaire et vice-roi des Indes après son célèbre père. De ce mariage, un fils qui en laissa deux, et qui mourut de bonne heure, et sa branche ne dura pas. Le second, Nuño de Portugal-Colomb, dont cette branche ajouta toujours le nom au sien, disputa les droits de son aïeule, héritière des Colomb, et gagna son procès. Il devint ainsi duc de Veregua, grand d'Espagne et amiral héréditaire des Indes. Son fils n'eut point d'emplois; mais son petit-fils mourut gouverneur de la Nouvelle-Espagne, ayant la Toison d'or. Lui et le comte de Lémos d'alors avoient été des seigneurs témoins à l'acte fait à Fontarabie par l'infante Marie-Thérèse allant épouser le Roi. Celui-ci mourut en 1674. Pierre-Em. Nuño duc de Veragua, son fils, fut vice-roi de Galice, de Valence et de Sicile, général des galères d'Espagne, chevalier de la Toison d'or, enfin conseiller d'État et président du conseil d'Italie. C'est le père de celui qui existoit lors de l'avénement de Philippe V. Cette branche est encore finie dans le fils de ce dernier, dont sa sœur, la duchesse de Liria, a recueilli toute la riche succession. J'aurai lieu ailleurs de

---

1. *Christophle* est bien l'orthographe de Saint-Simon.

parler d'elle et de son frère, dernier duc de Veragua de la branche de Portugal, cadette de celle de Cadaval, dont je dirai un mot par curiosité, à cause des alliances lorraines qu'elle a nouvellement prises en France.

On a vu que Georges comte de Gelves, de qui descendent les ducs de Veragua, étoit frère puîné de Roderic marquis de Ferreira, d'où sont sortis les ducs de Cadaval, tous deux fils d'Alvare, fils et frère puîné de Ferd. Ier et de Ferd. II ducs de Bragance. Alvare épousa Philippe, fille héritière de Roderic de Mello, comte d'Olivença ; ce qui a fait ajouter le nom de Mello à celui de Portugal à toute cette branche jusqu'à aujourd'hui. Roderic, chef de cette branche, Fr. et Nuño Alvarez, fils et petit-fils de Roderic, portèrent le nom de marquis de Ferreira, et tous demeurèrent en Portugal.

François, fils de Nuño Alvarez, aidé de Roderic son frère, administrateur de l'évêché d'Evora, et de sa charge de général de la cavalerie de Portugal, eut une part principale à la révolution de Portugal, qui remit le duc de Bragance sur le trône. Il commandoit la cavalerie pour ce prince à la bataille de Badajoz, que les Espagnols perdirent en 1644, après avoir été ambassadeur en France en 1641, et mourut en 1645 à Lisbonne. Ses frères, qui n'eurent point d'enfants, eurent de grands emplois en Espagne et en Portugal.

Le roi de Portugal étant mort en 1656, après quinze ans depuis que la révolution l'avoit porté sur le trône, Louise de Guzman, sa femme, fille et sœur des ducs de Medina Sidonia, dont l'esprit et le grand courage l'avoient porté dans cette élévation, fut régente de ses fils en bas âge et du royaume. Nuño Alvarez, marquis de Ferreira, fils de François dont je viens de parler, fut dans le premier crédit auprès d'elle. Il avoit eu la charge de son père de général de la cavalerie, et il fut fait duc de Cadaval, n'y ayant plus aucun autre duc dans le royaume, et n'y [en] ayant point eu depuis. A ce titre furent attachés de grands honneurs et la charge héréditaire de grand maître de la maison du Roi. Mais, en 1662, le roi don Alphonse, gouverné par Louis Vasconcellos Sousa, comte de Castelmelhor, se retira à Alcantara au mois d'avril, d'où il manda à la reine sa mère qu'il vouloit gouverner par lui-même, et relégua en même temps le duc de Cadaval. La Reine se retira dans un couvent près de Lisbonne, et y mourut en février 1666. En juin suivant, ce roi épousa la sœur de la mère du premier roi de Sardaigne, fille du duc de Nemours et d'une fille de César duc de Vendôme, qui, lasse de ses folies et de la cruauté qu'il faisoit paroître, forma un parti, l'accusa de foiblesse d'esprit et d'impuissance, se fit juridiquement démarier, 24 mars 1668, l'y fit consentir et abdiquer, et la même année, le 2 avril, c'est-à-dire dix jours après la cassation de son mariage, elle épousa, dans le palais de Lisbonne, don Pierre, frère du roi son mari, elle conservant le nom de reine, et lui se contenta de celui de régent. L'année suivante, le précédent roi, don Alphonse, fut envoyé aux îles Terceires, avec deux cent soixante-dix mille livres de rente, où [il] passa presque toute sa vie, sur la fin de laquelle il fut ramené au château de Cintra, à sept lieues de Lisbonne, où il mourut en septembre 1683 ; et alors don Pierre prit le nom de roi. La reine sa femme ne survécut son premier mari que jusqu'au 27 décembre de la même année, n'ayant que trente-huit ans. Dès qu'elle fut la maîtresse, dès avant son démariage, elle rappela le duc de Cadaval, qui fut premier plénipotentiaire pour la paix avec l'Espagne, en 1667 et 1668, et ayant pratiqué avec la duchesse de Savoie, sa sœur, le mariage de sa fille unique avec le duc de Savoie, son fils, depuis premier roi de Sardaigne, pour être roi de Portugal après don Pierre, ce fut le duc de Cadaval qui l'alla chercher à Nice, avec la flotte qu'il commandoit, pour l'amener en Portugal, où ce prince ne voulut jamais se laisser conduire ni achever ce mariage. C'étoit en 1680.

M. de Cadaval se retira de la cour bientôt après la mort de la Reine, et céda son titre et ses emplois à son fils aîné, qui mourut jeune, en 1700, sans enfants d'une bâtarde du roi don Pierre. Son frère lui succéda. Le père, qui survécut son aîné, avoit été marié trois fois : la première sans enfants, la seconde à une Lorraine, fille et sœur des princes d'Harcourt, la troisième à une fille de Monsieur le Grand. De la seconde il n'eut qu'une fille, et de la troisième, ses autres enfants : Nuño Alvarez, duc de Cadaval par la mort de son aîné, né en décembre 1679, a joint à ses autres emplois héréditaires ceux de conseiller d'État, de majordome-major de la Reine, de président du *desembargo*[1] du palais, et de mestre de camp du palais et de l'Estrémadure. Il épousa la veuve de son frère, et l'ayant perdue, s'est remarié, en 1738, à une fille du prince de Lambesc, c'est-à-dire du fils du frère de sa mère. Il y a en Portugal plusieurs branches masculinement et légitimement sorties des ducs de Bragance, qui n'ont aucune distinction particulière.

Achevons tout d'un temps les branches de Portugal établies en Espagne.

Jean II, roi de Portugal, étoit arrière-petit-fils du roi Jean Ier, qui, comme on l'a vu, étoit bâtard du roi Pierre Ier, qui ne laissa point d'enfants mâles ni légitimes, et ce bâtard fut élu roi par les états généraux de Portugal assemblés à Coïmbre. Jean II étoit donc petit-fils du roi Édouard, duquel Alph., tige de la maison de Bragance, étoit bâtard, tellement que ce roi Jean II étoit cousin issu de germain par bâtardise de Ferd. II duc de Bragance, frère de don Alvare, duquel sont sorties les branches de Cadaval et de Veragua, et père de Denis comte de Lémos, son puîné, de qui la branche de Lémos est sortie, et ce même Ferd. II duc de Bragance étoit bisaïeul de Jean Ier duc de Bragance, duquel, par Édouard son puîné, la branche d'Oropesa est venue, lequel Jean Ier duc de Bragance fut grand-père d'autre[2]

---

1. Conseil de finances qui accordait provisoirement la jouissance de certains revenus, en attendant le brevet signé de la main du Roi.
2. Le texte est bien *d'autre*, sans article.

Jean duc de Bragance, que la révolution de Portugal mit sur le trône à la fin de 1640.

Ce Jean II, roi de Portugal, ne laissa qu'un bâtard, nommé Georges. La couronne passa à Emmanuel, frère du cardinal Henri, qui succéda au roi don Sébastien, tué, sans enfants, en Afrique, duquel Emmanuel étoit bisaïeul; après la mort duquel, Philippe II, roi d'Espagne, s'empara du Portugal. Emmanuel et ce cardinal étoient fils du duc de Viseu, frère d'Alphonse V, roi de Portugal, père du roi Jean II.

Georges, bâtard de ce roi Jean II, fut fait duc de Coïmbre par le roi Emmanuel pour sa vie, et pour sa postérité seigneur d'Aveiro, Torres-Nuevas et Montemor, en 1500. Il épousa une fille d'Alvare, tige des branches de Cadaval et de Veragua, et prit pour sa postérité le nom d'Alencastro, c'est-à-dire de Lancastre, en mémoire de la reine Ph. de Lancastre, femme du roi Jean Ier de Portugal, grand-père et grand'mère du roi Jean II, dont il étoit bâtard.

Jean d'Alencastro, fils du bâtard Georges, fut fait duc d'Aveiro par le même roi don Emmanuel, en 1530. Son fils ne laissa qu'une fille, qui épousa Alvare, son cousin germain, fils du frère de son père. De ce mariage plusieurs enfants, de l'aîné desquels continua la suite des ducs d'Aveiro, et du puîné vinrent les ducs d'Abrantès. L'aîné des deux ne laissa qu'un fils et une fille. Le fils mourut sans enfants en 1665, à trente-huit ans, s'étant jeté tout jeune dans le parti d'Espagne, et y passa en 1661, sous prétexte d'y demander le duché de Maqueda de l'héritage de sa mère. Il fut fait général de la flotte et grand d'Espagne. Sa sœur unique hérita de sa grandesse, et des duchés d'Aveiro (confisqué en Portugal avec les autres biens qui y étoient) et de Maqueda, et des biens situés en Espagne. Elle eut après ordre de sortir de Portugal, et vint en Espagne, où elle épousa Em^l Ponce de Léon, duc d'Arcos, grand d'Espagne. Elle plaida contre le prince Pierre, régent et depuis roi de Portugal, et contre le duc d'Abrantès, pour les biens de sa maison, qui lui furent adjugés en 1679, à condition qu'elle iroit demeurer en Portugal. Elle n'en tint pas grand compte, et demeura veuve en 1693. C'étoit une personne très-vertueuse, mais très-haute, et fort rare pour son esprit et son érudition. Elle savoit parfaitement l'histoire sacrée et profane, le latin, le grec, l'hébreu, et presque toutes les langues vivantes. Sa maison à Madrid étoit le rendez-vous journalier de tout ce qu'il y avoit de plus considérable en esprit, en savoir et en naissance, et c'étoit un tribunal qui usurpoit une grande autorité, et avec lequel la cour, les ministres, et les ministres étrangers même, qui s'y rendoient assidus, se ménageoient soigneusement. M. d'Harcourt eut grande attention à être bien avec elle, et le roi d'Espagne la distingua fort en arrivant. Elle étoit mère des ducs d'Arcos et de Baños, tous deux grands d'Espagne, dont j'aurai cette année même occasion de parler, et du voyage qu'ils firent en France. Ainsi la branche aînée d'Alencastro des ducs d'Aveiro s'éteignit dans les Ponce de Léon, ducs d'Arcos.

Alphonse, puîné d'Alvare, duc d'Aveiro, fils du bâtard Georges, eut de grands emplois, et fut fait duc d'Abrantès et grand d'Espagne par Philippe IV. Il se fit prêtre après la mort de sa femme, et il mourut en 1654. C'est le père du duc d'Abrantès qu'on a vu ci-devant, qui apprit si cruellement et si plaisamment à l'ambassadeur de l'Empereur la disposition du testament de Charles II, qu'on venoit d'ouvrir. C'est lui aussi qui perdit contre la duchesse d'Arcos, dont je viens de parler, ses prétentions sur les duchés d'Aveiro et de Torres-Nuevas. Il vécut jusqu'en 1720, fort considéré et ménagé par les ministres. Il avoit infiniment d'esprit, des saillies plaisantes, d'adresse et surtout de hardiesse et de hauteur, et se sut maintenir jusqu'à la fin dans la privance et dans l'amitié du Roi. Il mourut à quatre-vingt-trois ans, et avoit épousé Jeanne de Noroña, fille du premier duc de Liñarez, grand d'Espagne, dont elle eut la succession et la grandesse. Il en eut deux fils et plusieurs filles, et laissa un bâtard. Le fils[1] fut duc de Liñarez et grand d'Espagne par la mort de sa mère, et mourut vice-roi de Mexique du vivant de son père. Il fit un tour en France, où je le vis à la cour, avant d'aller au Mexique. Il ne laissa point d'enfants de Léonore de Silva, que j'ai vue à Bayonne camarera-mayor de la reine veuve de Charles II. Le frère cadet de ce duc de Liñarez étoit évêque lorsqu'il mourut. Il recueillit sa grandesse, et après la mort de son père, prit le nom de duc d'Abrantès, et plus du tout celui d'évêque de Cuença, quoique il le fût. J'aurai dans les suites occasion de parler de lui. Quelques années après la mort du père, son bâtard, par le crédit de sa famille, fut duc de Liñarez et grand d'Espagne. Par ce détail on voit que ces branches de Bragance ont toutes grandement figuré en Espagne, mais qu'elles y sont maintenant toutes éteintes.

Après avoir parlé du comte d'Oropesa, président du conseil de Castille, de son exil, et à son occasion des quatre branches de la maison de Portugal établies et finies en Espagne, et de celle de Cadaval, qui a pullulé en Portugal, il faut dire un mot du conseil de Castille et de celui qui en est chef.

L'Espagne est partagée toute entière entre ce conseil, de qui dépend tout ce qui est joint à la couronne de Castille, et le conseil d'Aragon, de qui dépend tout ce qui est joint à la couronne d'Aragon. Ce dernier avoit un bien plus grand pouvoir que celui de Castille, et son chef, qui portoit le titre de grand justicier, et par corruption celui simplement de justice, avoit une morgue et une autorité qui balançoit celle du Roi. Il se tenoit à Saragosse, où le Roi fut, peu après son arrivée à Madrid, recevoir les hommages de l'Aragon et prêter le serment accoutumé d'en maintenir les immenses priviléges, après quoi le justicier lui prête serment au nom du royaume. En le prêtant il débute par ces mots : « Nous qui valons autant

---

1. Le fils aîné.

que vous, » puis le serment fondé sur celui que le Roi vient de prêter, et qu'il y sera fidèle, et finit par ceux-ci : *sinon, non.* Tellement qu'il ne laisse pas ignorer par les paroles mêmes du serment qu'il n'est que conditionnel. Je n'en dirai pas davantage, parce que la révolte de l'Aragon et de la Catalogne en faveur de l'archiduc engagea Philippe V, à la fin de la guerre, d'abroger pour jamais tous les priviléges de l'Aragon et de la Catalogne, qu'il a presque réduits à la condition de provinces de Castille.

Le conseil de Castille se tient à Madrid. Il est composé d'une vingtaine au plus de conseillers et d'un assez grand nombre de subalternes. Il n'y a qu'un seul président, qui y doit être fort assidu et qui, pour le courant, lorsqu'il manque par maladie ou par quelque autre événement, est suppléé par le doyen, mais uniquement pour l'intérieur du conseil. Je n'en puis donner une idée plus approchante de ce qu'il est, suivant les nôtres, que d'un tribunal qui rassemble en lui seul le ressort, la connoissance et la juridiction, qui sont ici partagées entre tous les parlements et les chambres des comptes du royaume, ces derniers, pour les mouvances, le grand conseil et le conseil privé, c'est-à-dire celui où le chancelier de France préside aux conseillers d'État et aux maîtres des requêtes. C'est là où toutes les affaires domaniales et particulières sont portées en dernier ressort, où les érections et les grandesses sont enregistrées, et où les édits et les déclarations sont publiées,[1] les traités de paix, les dons, les grâces, en un mot où passe tout ce qui est public et on juge tout ce qui est litigieux. Tout s'y rapporte, rien ne s'y plaide ; avec tout ce pouvoir, ce conseil ne rend que des sentences. Il vient une fois la semaine dans une pièce tout au bout en entrant dans l'appartement du Roi, à jour et heure fixée le matin. Il est en corps, et il est reçu et conduit au bas de l'escalier du palais par le major-

---

1. Saint-Simon a écrit ainsi *publiées*, et huit lignes plus haut, *partagées*, au féminin pluriel.

dome de semaine; dans cette pièce, le fauteuil du Roi est sous un dais, sur une estrade et un tapis; vis-à-vis et aux deux côtés, trois bancs de bois nu, où se place le conseil. Le président a la première place à droite le plus près du Roi, et à côté du président celui qui ce jour-là est chargé de rapporter les sentences de la semaine, quoique rendues au conseil au rapport de différents conseillers. Ce rapporteur est nommé pour chaque affaire par le président, comme ici dans nos tribunaux, qui nomme aussi, tantôt l'un, tantôt l'autre, pour rapporter les sentences de la semaine au Roi.

Le conseil placé, le Roi arrive; sa cour et son capitaine des gardes même s'arrêtent à la porte en dehors de cette pièce. Dès que le Roi y entre, tout le conseil se met à genoux, chacun devant sa place. Le Roi s'assit[1] dans son fauteuil et se couvre, et tout de suite ordonne au conseil de se lever, de s'asseoir et de se couvrir. Alors la porte se ferme, et le Roi demeure seul avec ce conseil, dont le président n'est distingué en rien pour cette cérémonie. Les sentences de la semaine sont là rapportées : le nom des parties, leurs prétentions, leurs raisons respectives et principales, et les motifs du jugement; tout cela le plus courtement qu'il se peut, mais sans rien oublier d'important. Tout se rapporte de suite, après quoi le président et le rapporteur présentent au Roi chaque sentence l'une après l'autre, qui la signe avec un paraphe pour avoir plus tôt fait, et de ce moment ces sentences deviennent des arrêts. Si le Roi trouve quelque chose à dire à quelque sentence, et que l'explication qu'on lui en donne ne le satisfasse pas, il la laisse à un nouvel examen où il la garde par-devers lui. Tout étant fini, et cela dure une heure et souvent davantage, le Roi se lève, le conseil se met à genoux jusqu'à ce qu'il ait passé la porte, et s'en va comme il est venu, excepté le président seul, qui, au lieu de se mettre à genoux, suit le Roi, qui trouve sa

---

1. S'assied.

cour dans une pièce voisine, y en ayant une vide entre-deux, et avec ce cortége passe une partie de son appartement; dans une des pièces vers la moitié, il trouve un fauteuil, une table à côté, et vis-à-vis du fauteuil un tabouret. Là le Roi s'arrête, sa cour continue de passer, puis les portes d'entrée et de sortie se ferment, et le Roi dans son fauteuil reste seul avec le président assis sur ce tabouret. Là il revoit les sentences qu'il a retenues, et les signe si bon lui semble, ou il les garde pour les faire examiner par qui il lui plaît, et le président lui rend un compte sommaire du grand détail public et particulier dont il est chargé. Cela dure moins d'une heure. Le Roi ouvre lui-même la porte, pour retrouver sa cour, qui l'attend, et s'en aller chez lui, et le président retourne par l'autre, par où il est entré, trouve un majordome qui l accompagne à son carrosse, et s'en va chez lui. Ces sentences retenues, ceux à qui le Roi les renvoie lui en rendent compte avec leur avis; il les envoie au président de Castille, et finalement l'arrêt se rend comme le Roi le veut. On voit par là qu'il est parfaitement absolu en toute affaire publique et particulière, et que les rois d'Espagne ont retenu l'effet, comme nos rois le droit, d'être les seuls juges de leurs sujets et de leur royaume. Ce n'est pas qu'il n'arrive bien aussi que le conseil de Castille, ou en corps ou le président seul, ne fasse des remontrances au Roi, sur des affaires ou publiques ou particulières, auxquelles il se rend, mais s'il persiste, tout passe à l'instant sans passions ni toutes les difficultés qu'on voit souvent en France.

Le corrégidor de Madrid et de toutes les villes [1] rendent un compte immédiat de toute leur administration au président de Castille, et reçoivent et exécutent ses ordres sur tout ce qui la regarde, comme eux-mêmes font à l'égard des régidors et des alcades des moindres villes et autres lieux de leur ressort. L'idée d'un corrégidor de

---

1. Et ceux de toutes les villes.

Madrid suivant les nôtres, et à proportion de ceux des autres grandes villes non fortifiées, c'est tout à la fois l'intendant, le commandant, le lieutenant civil, criminel et de police, et le maire ou prévôt des marchands. Les gouverneurs des provinces d'Espagne n'ont guère que l'autorité des armes, et s'ils se mêlent d'autre chose, ce n'est pas sans démêlé ni sans subordination du président et du conseil de Castille.

On voit par ce court détail quel personnage c'est dans la monarchie. Aussi en est-il le premier, le plus accrédité et le plus puissant tandis qu'il exerce cette grande charge, et dès que la personne du Roi n'est pas dans Madrid, il y a seul la même autorité que lui, sans exception aucune. Son rang aussi répond à un si vaste pouvoir. Il ne rend jamais aucune visite à qui que ce soit, et ne donne chez lui la main à personne. Les grands d'Espagne, qui ont affaire à lui tous les jours, essuient cette hauteur, et ne sont ni reçus ni conduits : la vérité est qu'ils le font avertir, et qu'ils entrent et sortent par un degré dérobé. Les cardinaux et les ambassadeurs de tête couronnée n'ont pas plus de privilége; tout ce qu'ils ont, c'est qu'ils envoient lui demander audience : il répond toujours qu'il est indisposé, mais que cela ne l'empêchera pas de les recevoir tel jour et à telle heure. Ils s'y rendent, sont reçus et conduits par ses domestiques et ses gentilshommes, et le trouvent au lit, quelque bien qu'il se porte. Quand il sort (et ce ne peut être que pour aller chez le Roi, à quelque dévotion, mais dans une tribune séparée, ou prendre l'air), cardinaux, ambassadeurs, grands d'Espagne, dames, en un mot tout ce qui le rencontre par les rues, arrête tout court, précisément comme on fait ici pour le Roi et pour les enfants de France ; mais assez souvent il a la politesse de tirer à demi ses rideaux, et alors cela veut dire que, quoique en livrées et ses armes à son carrosse, il veut bien n'être pas connu. On n'arrête point et on passe son chemin. S'il va chez le Roi, comme il arrive assez souvent, hors du jour ordinaire du conseil de Castille, ce n'est jamais que par audience. Le majordome de semaine le reçoit et le conduit au carrosse. Dès qu'il paroît, on lui présente auprès de la porte du cabinet, où toute la cour attend, un des trois tabourets qui sont les trois seuls siéges de tout ce vaste appartement, par grandeur, qui d'ailleurs est superbement meublé. Le sien, qui est pareil aux deux autres, est toujours caché et ne se tire que pour lui; les deux autres sont toujours en évidence, l'un pour le majordome-major, l'autre pour le sommelier du corps ou grand chambellan. En leur absence, le gentilhomme de la chambre de jour s'assoit sur l'un, et quelque vieux grand d'Espagne sur l'autre, mais il faut que ce soit un homme incommodé et qui ait passé par les premiers emplois. Nul autre, ni grand d'Espagne ni vieux, n'oseroit le faire. J'ai pourtant vu les trois siéges remplis et en apporter un quatrième au prince de Santo-Burno Caraccioli, et une autre fois au marquis de Bedmar, tous deux alors grands d'Espagne, tous deux conseillers d'État, et tous deux ayant été dans les premiers emplois, et le dernier y étant encore : c'étoit pendant mon ambassade en Espagne; mais je ne l'ai vu faire que pour ces deux-là, dont le premier ne se pouvoit soutenir sur ses jambes percluses de goutte, et l'autre fort goutteux aussi.

Le président du conseil de Castille ne peut être qu'un grand d'Espagne, et ne peut être destitué que pour crime qui emporte peine de mort. Mais contre une telle puissance on a le même remède dont on se sert en France contre le chancelier : on exile le président de Castille à volonté et sans être obligé de dire pourquoi, et on crée un gouverneur du conseil de Castille, qui on veut, pourvu qu'il ne soit pas grand d'Espagne. Ce gouverneur a toutes les fonctions, l'autorité et le rang entier du président, et le supplée en tout et partout. Mais cette grande place, bien supérieure à notre garde des sceaux, a le même revers à craindre et pis encore que lui; car il peut être destitué à volonté et sans dire pourquoi, même sans l'exiler : il perd tout son crédit et toute sa puissance, il n'est et ne peut plus rien, et toutefois il conserve son rang en entier pendant sa vie, qui n'est bon qu'à l'emprisonner, puisqu'il ne peut faire aucune visite, et à le réduire en solitude, parce que personne n'a plus d'affaire à lui, et ne prend la peine de l'aller voir, pour n'en recevoir ni réception, ni la main, ni conduite. Plusieurs en sont morts d'ennui. Lorsque le président de Castille vient à mourir, il est au choix du Roi de faire un autre président ou un gouverneur; depuis la mort du comte d'Oropesa, le Roi d'Espagne n'a mis que des gouverneurs. Il en est de même des autres conseils, dont le président ne peut être ôté, et doit toujours être grand, au lieu duquel on peut mettre un gouverneur; mais comme ces présidents n'ont de rang que celui de grands, parce qu'ils le sont, et que leur autorité n'est rien, quoique les places en soient fort belles, très-rarement y met-on des gouverneurs.

On appelle en Espagne conseillers d'État précisément ce que nous connoissons ici sous le nom de ministres d'État, et c'est là le but auquel les plus grands seigneurs, les plus distingués, et qui ont passé par les plus grands emplois, tendent de toutes leurs brigues. Ils ont l'*Excellence*, et passent immédiatement après les grands quand ils ne le sont point. Il y en a fort peu. Ils ont une seule distinction que les grands n'ont pas, qui est de pouvoir, comme les grandes dames, aller par la ville en chaise à porteurs, entourés de leur livrée à pied, suivis de leur carrosse avec leurs gentilshommes dedans, et de monter en chaise le degré du palais jusqu'à la porte de la première pièce extérieurement. Je ne m'étends point sur le conseil d'État, parce qu'il tomba fort peu après l'arrivée du Roi, et qu'il est demeuré depuis en désuétude. Il a fait rarement des conseillers d'État, mais toujours sans fonction.

Je parlerai avec la même sobriété du secrétaire des dépêches universelles, par la même raison. Ubilla a été le dernier, et ne le demeura pas longtemps. C'étoit presque nos quatre secrétaires d'État ensemble pour le crédit et les fonctions, mais non pas pour le reste. Il étoit demeuré, pour l'extérieur, comme nos secrétaires d'État d'autrefois, et comme eux venu par les emplois de commis dans les bureaux, ce qui peut faire juger de leur naissance et de leur état. Au conseil d'État, ils étoient au bas bout de la table auprès de leur écritoire, rapportant les affaires, lisant les dépêches, écrivant ce qui leur étoit dicté, sans opiner, et toujours à genoux sur un petit carreau, qui leur fut accordé à la fin à cause de la longueur des conseils, et tête à tête avec le Roi de même. Ils étoient fort craints et considérés, mais ils n'alloient point avec la noblesse, même ordinaire. De six qu'ils sont des débris de celui des dépêches universelles, j'en ai vu deux, celui qui travailloit toujours avec le Roi, et celui de la guerre, qui n'y travailloit guère, et jamais ne le suivoit en aucun voyage hors Madrid, qui tâchoient de se mettre sur le pied de nos secrétaires d'État d'aujourd'hui, surtout le premier, qui étoit Grimaldo, quoique venu des bureaux comme les autres, et Castellar, qui est mort ici depuis ambassadeur, frère de Patiño, alors premier ministre.

Passons maintenant à la cour, et voyons-en les principaux emplois, et même quelques médiocres, pour l'intelligence de ce qui suivra et pour ne plus interrompre un récit plus intéressant. Il y en a trois, qui répondent ici au grand maître, au grand chambellan et au grand écuyer, qu'on appelle tout court les trois charges, parce qu'elles sont à peu près égales entre elles, et sans proportion avec toutes les autres. Ce sont toujours trois grands, à qui elles donnent une grande distinction sur tous les autres et une considération principale par toute l'Espagne. Il est pourtant arrivé, quoique extrêmement rarement, que quelqu'une de ces charges, tantôt l'une, tantôt l'autre, ont été possédées par de très-grands seigneurs qui n'étoient pas grands, mais favoris ou fort distingués, et qui sont bientôt devenus grands d'Espagne. Expliquons-les pour les faire connoître.

Le majordome-major du Roi est notre grand maître de France dans toute l'étendue qu'il avoit autrefois. Tous les palais du Roi, tous les meubles, toutes les provisions, de quelque espèce qu'elles soient, la bouche [1] et toutes les tables, la réception, la conduite et le traitement des ambassadeurs et des autres personnes distinguées à qui le Roi en fait, l'ordre, l'ordonnance, la disposition de toutes les fêtes que le Roi donne, de tous les spectacles, de tous les festins et rafraîchissements, la distribution des places, l'autorité sur les acteurs de récit, de machines, de musique, les mascarades publiques et particulières du palais, l'autorité, la disposition, les places de toutes les cérémonies, la disposition de tous les logements pendant les voyages et de toutes les voitures de la cour, l'autorité sur les médecins, chirurgiens et apothicaires du Roi, qui ne peuvent consulter ni donner aucun remède au Roi que de son approbation et en sa présence, tout cela est de la charge du majordome-major, qui a sous lui quatre majordomes, tous quatre de la première qualité, et qui de là passent souvent aux premières charges et arrivent à la grandesse, mais ne peuvent être grands tandis qu'ils sont majordomes. Ils font le détail, chacun par semaine, de tout ce que je viens de remarquer, sous les ordres du majordome-major, qui fait et arrête les comptes des fournitures avec tous quatre, et les gens qui ont fourni, qui sont payés sur ses ordonnances. Le majordome de semaine ne sort presque point du palais, et tous quatre rendent compte de tout au majordome-major, et ne peuvent s'absenter qu'avec sa permission. Ils ont des maîtres d'hôtel et toutes sortes d'autres officiers sous eux.

Le majordome-major a toutes les entrées chez le Roi à toutes heures. Grand d'Espagne ou non, comme il est quelquefois arrivé, quoique fort rarement, il est grand par sa charge, et le premier d'entre les grands partout où ils se trouvent. A la chapelle il a un siège ployant à la tête de leur banc, qui demeure vide quand il n'y vient pas; et je l'ai vu arriver. Si les grands ont, pour leur dignité,

1. On appelait *la bouche* l'ensemble des officiers chargés du service de la table du Roi.

quelque assemblée à faire, c'est chez lui, et quelque représentation à porter au Roi, c'est par lui. Au bal et à la comédie, nul homme ne s'assit[1], non pas même les danseurs, excepté le majordome-major, qui est assis sur un ployant à la droite du fauteuil du Roi, un demi-pied au plus en arrière, mais joignant sa chaise. Je l'ai vu ainsi à l'un et à l'autre, et couvert si le Roi se couvre. Aux audiences qui se donnent sur le trône aux ambassadeurs des princes hors l'Europe, le Roi est assis dans un fauteuil, sur une estrade de plusieurs degrés, couverte d'un tapis, avec un dais par-dessus. On met un ployant à la droite du fauteuil du Roi, en même plein pied sur l'estrade et en même ligne, mais hors du dais. Le Roi monte sur l'estrade seul avec le majordome-major, qui s'assoit sur ce ployant en même temps que le Roi se place dans son fauteuil, et il se couvre en même temps que lui. Tous les grands couverts et tous autres découverts sont au bas des marches et debout, et l'ambassadeur aussi, et en tous actes de cérémonie, il est joignant le Roi à sa droite. Il ne va pourtant jamais dans les carrosses du Roi, parce que c'est au grand écuyer à y prendre la première place, ni dans ceux de la Reine pour même raison, ni aux audiences chez la Reine, où son majordome-major prendroit aussi la première place. Comme celui du Roi l'a sans difficulté partout ailleurs, il s'abstient toujours des trois seuls endroits où il ne l'auroit pas.

Il ne prête serment entre les mains de personne. Les quatre majordomes, l'introducteur des ambassadeurs, tous les officiers qui sont sous eux (et il y en a un grand nombre), et toute la médecine, chirurgie et apothicairerie du Roi, prêtent serment entre ses mains. Outre ceux-là, qui sont sous sa charge, il reçoit de même le serment du grand chambellan ou sommelier de corps, du grand écuyer et du patriarche des Indes. Les chefs et les membres des conseils et des tribunaux, et les secrétaires d'État, le prêtent entre les mains du président

---

1. Ne s'assied.

ou du gouverneur du conseil de Castille, et le Roi n'en reçoit aucun lui-même, ce qui fait que le majordome-major n'en prête point. Pour en revenir à nos idées, on voit que cette charge est en beaucoup plus grand ce qu'étoit autrefois le grand maître de la maison du Roi, qui depuis les Guises n'ont plus rien à la bouche [1], dont le premier maître d'hôtel est maître indépendant, et qu'il n'a plus que le serment de cette charge, de celle de grand maréchal des logis, de grand maître des cérémonies et d'introducteur des ambassadeurs, sans avoir conservé rien du tout dans l'exercice de ces charges, qui avec tout leur détail sont entièrement subordonnées, et en tout dépendantes en Espagne du majordome-major, et toutes exercées sous lui par le majordome de semaine. Le majordome-major les réprimande très-bien, et change ce qu'ils ont fait quand il le juge à propos.

Le grand chambellan ou sommelier du corps est en tout et partout à la fois ce que sont ici le grand chambellan, les quatre premiers gentilshommes de la chambre, le grand maître et les deux maîtres de la garde-robe réunis en une seule charge : les mêmes fonctions, le même commandement, le même détail, et ordonnateur des mêmes dépenses. Il a sous lui un nombre indéfini de gentilshommes de la chambre, tant qu'il plaît au Roi d'en faire, qui ont son service en son absence, et qui sont grands d'Espagne presque tous, et la plupart aussi ou plus grands seigneurs que lui, car c'est le but de tous les seigneurs de la cour. La différence est que le sommelier couche au palais, et qu'il entre chez le Roi comme le majordome-major à toutes heures, au lieu que le gentilhomme de la chambre de jour, qui a tout son service et tout son commandement dans l'appartement du Roi et sur tous les officiers de sa chambre et de sa garde-robe, ne peut entrer qu'aux temps des fonctions et se retire dès que le service est fait. Ces gentilshommes de la chambre prêtent serment entre les mains du sommelier, et lui sont telle-

1. Voyez ci-dessus, p. 468 et note 1.

ment subordonnés qu'ils ne peuvent s'absenter sans sa permission ni rien faire dans leurs charges sans ses ordres. Ils sont obligés de lui rendre compte de tout en son absence, et de l'envoyer avertir quand il le leur a dit, ou sans cela dès qu'il arrive quelque chose d'extraordinaire. S'il trouve quelque chose qu'ils aient fait mal ou mauvais, il le change ou les réprimande très-bien, sans qu'ils aient un mot à dire que se taire avec respect, quels qu'ils soient, et lui obéir. Il a sous lui, pour le détail des habits, un officier qui tient plus du valet que du noble, mais qui est pourtant considéré plus que les premiers valets de garde-robe d'ici.

Le grand écuyer est là comme ici le même, avec deux grandes différences : l'une, que dès que le Roi est dehors, il a toutes les fonctions du sommelier, même en sa présence. Il le sert s'il mange dans son carrosse ou sur l'herbe, et s'il a besoin d'un surtout ou de quelque autre chose, il le lui présente ; et si à la chasse, à la promenade, en chemin, quelque seigneur ait à être présenté au Roi, c'est le grand écuyer et non le sommelier qui le présente. La seconde est qu'il y a un premier écuyer et point de petite écurie ; le premier écuyer fait, sous lui et dans une dépendance entière et journalière, le détail de l'écurie, et s'il se trouve présent quand le grand écuyer monte à cheval, c'est lui qui l'y met, et toujours un écuyer du Roi qui lui tient l'étrier à monter et à descendre. Le premier écuyer le conduit à pied, la main au mors du cheval sur lequel il est monté, depuis l'écurie jusqu'au palais tout du long de la place, et lorsqu'en suivant le Roi, il monte dans le carrosse qui le précède ou qu'il en descend, c'est au premier écuyer à ouvrir et à fermer la portière, comme le grand écuyer ouvre et ferme celle du Roi. Dans ce carrosse du grand écuyer il n'y entre que les trois charges principales du Roi, les deux de la Reine, et le capitaine des gardes en quartier. Quelquefois, par un hasard extrêmement rare, il y entrera quelque vieux grand d'Espagne, mais fort distingué et fort considérable.

Excepté la charge de premier écuyer, le grand écuyer dispose de toute l'écurie du Roi, chevaux, mules, voitures de toute espèce, valets, officiers, écuyers, livrées, fournitures, et est seul ordonnateur de toutes ces dépenses. Il est en même temps le chef de toutes les chasses, avec la même autorité et dispensation que de l'écurie. Les meutes et les chasses à courre sont inconnues en Espagne, par la chaleur, l'aridité et la rudesse du pays ; mais tirer, voler, et des battues aux grandes bêtes, de mille et quinze cents paysans, dont le grand écuyer ordonne, sont les chasses ordinaires, et la dernière, celle du roi Philippe V, de presque tous les jours. Avec cela il y a quatre ou cinq petites maisons de chasse, la vaste capitainerie de l'Escurial, et quelques autres moindres, attachées à la charge du grand écuyer. C'est le seul seigneur sans exception qui aille dans Madrid à six mules ou à six chevaux, et à huit s'il veut, avec un postillon, parce que c'est un carrosse et un attelage du Roi. S'il mène quelqu'un avec lui, qui que ce pût être, il n'est pas permis au grand écuyer de le faire monter devant lui ni de lui donner la droite, et cela n'en retient personne ni ne fait aucune difficulté pour aller avec lui faire des visites ou à la promenade. Le duc del Arco, dont j'aurai lieu de parler, qui l'étoit pendant mon ambassade, fut le parrain de mon second fils pour sa couverture de grand d'Espagne. Il vint donc le prendre en grande cérémonie pour le mener au palais, mais par politesse, et pour lui pouvoir donner la place et la main, il vint avec son carrosse et ses livrées à lui, et rien de l'écurie. Il tient une table où, comme partout ailleurs, il est servi par les pages du Roi, qui font à son égard et toujours tout ce que feroient les siens. Chez lui encore ils servent tous ceux qui mangent à sa table comme s'ils étoient à eux, mais aussi ceux qui servirent hier se mettent aujourd'hui à table, et mangent de droit avec le grand écuyer et avec tous ceux qui mangent chez lui, et ainsi de suite tous les jours. Le premier écuyer tient la petite table quand il y en a une, et fait les honneurs chez le grand écuyer. En son absence, il a toutes ses fonctions, mais il n'ôte en dehors le service qu'aux gentilshommes de la chambre, et non au sommelier; il ne va point à six chevaux ou mules par Madrid, ne monte point à la suite du Roi dans le carrosse marqué pour le grand écuyer, et n'est point servi par les pages du Roi, qu'à table seulement chez le grand écuyer, comme tous ceux qui y mangent; il suit le Roi dans une voiture à part ou à cheval.

Le capitaine des hallebardiers ne peut être mieux comparé, lui et sa compagnie, en tout et pour tout, qu'aux Cent-Suisses de la garde du Roi et à leur capitaine; c'est une ancienne garde des rois d'Espagne.

Je parlerai en son temps des capitaines des gardes du corps que Philippe V a établis, et qui avec leurs compagnies étoient avant lui inconnus en Espagne, ainsi que des deux colonels de ses régiments des gardes, qui sont aussi de son établissement.

Le patriarche des Indes n'a pas seulement la plus légère idée qui ait la moindre conformité à ce grand titre : il ne peut rien aux Indes, il n'en touche rien, il n'en prétend même rien, il y est inconnu. C'est un évêque sacré *in partibus*, dont la fonction est d'être toujours à la cour, pour y suppléer à l'absence de l'archevêque de Saint-Jacques de Compostelle, qui n'y paroît jamais, non plus que tous les autres évêques d'Espagne, qui résident continuellement. Celui-là est grand aumônier né par son siége, et cette place de grand aumônier enferme tout ce que nous connoissons ici sous les noms de grand aumônier, premier aumônier, maître de la chapelle, et maître de l'oratoire. Ce prélat devient presque toujours cardinal, s'il ne l'est déjà quand on lui donne la charge. Si, par un hasard qui est arrivé quelquefois, l'archevêque de Compostelle venoit à la cour, il effaceroit le patriarche des Indes, qui, même cardinal, ne seroit plus rien en sa présence.

Comme il n'y vient jamais, le patriarche dispose de tout ce qui est de la chapelle, et les sommeliers de cortine, qui sont les aumôniers du Roi, et fort souvent gens de la première qualité, sont sous lui et dans son absolue dépendance. Il y a en Espagne la même dispute qu'ici sur l'indépendance de la chapelle du Roi du diocésain, qui empêche l'archevêque de Tolède de se trouver à la chapelle, où il ne veut pas aller sans y faire porter sa croix, que le patriarche des Indes n'y veut pas souffrir; et sur les autres prétentions d'exemption, ils se chamaillent toujours, et chacun en tire à soi quelque chose.

La Reine d'Espagne, outre ses dames, a aussi deux grands officiers, son majordome-major et son grand écuyer; mais elle n'a point de chapelle, de chancelier, ni les autres officiers qu'ont ici nos reines. Son majordome-major a dans la maison de la Reine toutes les mêmes choses que celui du Roi a chez lui, et trois majordomes sous ses ordres, mais ceux-là sont d'une condition et d'une considération fort inférieure à ceux du Roi, qui ont les détails des fêtes, des spectacles, des cérémonies de toutes les sortes, et des logements, tandis que ceux de la Reine sont bornés aux détails intérieurs de sa maison sous son majordome-major. Celui-ci reçoit leur serment, ceux des autres officiers inférieurs qui sont sous sa charge, et ceux encore du grand écuyer de la Reine et de la camarera-mayor, et, comme celui du Roi, n'en prête point. Il partage en premier avec la camarera-mayor le commandement chez la Reine, même aux officiers extérieurs de sa chambre. Les meubles se font et se tendent par ses ordres, et hors les habits et l'écurie, il est ordonnateur de toutes les dépenses qui se font chez elle. Il est placé derrière elle partout, à la droite de la camarera-mayor, et a certains services, comme de présenter à la Reine ses gants, son éventail, son manchon, sa mantille, quand la camarera-mayor n'y est pas, et lui met même sa mantille en présence de ses autres dames. Il ne laisse pas d'être fort considéré, quoique il n'ait rien hors de chez la Reine, et n'ait aucune distinction parmi les grands, comme à celui du Roi. Seulement il prend aux audiences de la Reine la première place au-dessus d'eux, comme fait celui du Roi chez le Roi, à qui il ne la cède pas chez la Reine, et ne se trouve jamais aux audiences chez le Roi, comme celui du Roi ne va jamais à celles de la Reine; mais il va parmi les grands à la chapelle, et partout ailleurs avec eux. Il est au-dessus de la camarera-mayor, même dans l'appartement de la Reine, y a plus d'autorité qu'elle, et entre chez la Reine à toutes heures, même quand elle est au lit ou qu'elle se lève ou se couche. Cet emploi n'est que pour les grands, ainsi que celui de grand écuyer de la Reine, qui a sous lui un premier écuyer, dont il reçoit le serment, et il est chez elle entièrement comme est le grand écuyer du Roi chez lui, mais il n'ôte le service à personne au dehors, comme fait celui du Roi, et ne va point à six chevaux ou à six mules dans Madrid, quoique il se serve des équipages de la Reine. Il y a un carrosse de la Reine, où il n'entre que lui et son majordome-major à sa suite, et très-rarement quelquefois quelque grand d'Espagne très-distingué à qui le grand écuyer en fera l'honnêteté. Il y prend, comme celui du Roi, la première place.

La camarera-mayor rassemble les fonctions de notre surintendante, de notre dame d'honneur et de notre dame d'atour. C'est toujours une grande d'Espagne, veuve, ordinairement vieille, et presque toujours de la première distinction. Elle loge au palais, elle présente les personnes de qualité à la Reine, elle entre chez elle à toute heure, et elle partage le commandement de la chambre avec le majordome-major. Sa charge répond en tout à celle du sommelier du corps. Elle ordonne des habits et des dépenses personnelles de la Reine, qu'elle ne doit jamais quitter, mais la suivre partout où elle va.

Elle entre presque toujours seule, mais de droit et la première, dans le carrosse où est la Reine quand le Roi n'y est pas, et ce n'est que par grande faveur et distinction si, très-rarement, quelque autre grande d'Espagne y est appelée. Les bas officiers de la chambre la servent en beaucoup de choses, même chez elle, et elle use de beaucoup de provisions de sa maison. Son appartement au palais est aussi meublé de la Reine. Le concert doit être entier entre elle et le majordome-major, et y est presque toujours, sans quoi il y auroit lieu à beaucoup de disputes et de prétentions l'un sur l'autre.

La Reine, après la camarera-mayor, a de deux sortes de dames, au nom desquelles il seroit aisé de se méprendre lourdement selon nos idées. Les premières sont précisément nos dames du palais, mais qui ont un service; les autres sont appelées *señoras de honor*, dames d'honneur. Les dames du palais, et qui en ont le nom comme les nôtres, sont des femmes de grands d'Espagne, ou leurs belles-filles aînées, ou des héritières de grands, et mariées qui feront leurs maris grands, et de plus choisies parmi tout ce qu'il y a de plus considérable. Les dames d'honneur sont des dames d'un étage très-inférieur, et cette place ne convient pas aux personnes d'une qualité un peu distinguée. Les unes et les autres servent par semaine, suivent la Reine partout, sont de garde à certains temps dans son appartement, et toutes également dans la même dépendance de la camarera-mayor, pour ne rien répéter, que les gentilshommes de la chambre sont du sommelier. En l'absence de la camarera-mayor, la plus ancienne dame du palais en semaine la supplée en tout. La camarera-mayor sert le Roi et la Reine quand ils mangent ensemble chez elle, ou la Reine seule quand le Roi n'y vient point, et met un genou en terre pour leur donner à laver et à boire. Derrière elle sont les dames du palais de semaine, et derrière celles-ci les *señoras* d'honneur de semaine. Tout le service se fait par la camarera-mayor, et lui est présenté par les dames du palais, qui le reçoivent des *señoras* d'*honor*[1]; celles-ci le vont prendre, à la porte, des femmes de chambre, à qui les officiers de la bouche le présentent, et cela tous les jours. La camarera-mayor est ordonnatrice de toute la dépense de la garde-robe de la Reine.

1. On voit que Saint-Simon varie sur l'orthographe de ce nom.

Les femmes de chambre sont toutes personnes de condition, et au moins de bonne noblesse. Filles toutes, elles deviennent quelquefois *señoras* d'*honor* en se mariant. Toutes logent au palais, ainsi que la première femme de chambre, qu'on appelle l'*azafata*, laquelle est d'ordinaire la nourrice du Roi ou de la Reine, et par conséquent ordinairement très-inférieure aux femmes de chambre, sur lesquelles elle a pourtant les mêmes distinctions de services et d'honneurs, et le même commandement que la camarera-mayor a sur les autres dames, à laquelle l'azafata et les femmes de chambre sont totalement subordonnées, et sous son autorité et commandement.

Quand le Roi et la Reine vont en cérémonie à Notre-Dame d'Atocha, qui est une dévotion célèbre à une extrémité de Madrid, ou quelque autre part, marche[1] d'abord un ou deux carrosses remplis de gentilshommes de la chambre, celui du grand écuyer du Roi, celui où le Roi et la Reine sont seuls, celui du Roi vide, celui du grand écuyer de la Reine, la camarera-mayor seule dans le sien à elle, environné de sa livrée à pied, et un écuyer à elle à cheval à sa portière droite, un ou deux carrosses de la Reine remplis de dames du palais, magnifiques comme pour servir à la Reine, un ou deux autres bien inférieurs, mais aussi de la Reine, remplis des *señoras de honor*, un autre inférieur encore, où est l'azafata seule, et deux autres pareils pour les femmes de chambre. Ce crayon suffira pour donner une idée des charges et du service de la cour d'Espagne, jusqu'à ce qu'il y ait lieu de parler du changement que Philippe V y a fait, et des grands et des cérémonies. J'ajouterai seulement qu'aucune charge n'est vénale dans toute l'Espagne, et que tous les appointements en sont fort petits, comme ils étoient anciennement en France : le majordome-major du Roi, qui a plus du double de toutes les autres charges, n'a guère que vingt-cinq mille livres; il y en a très-peu à mille pistoles, et beaucoup

---

1. Le manuscrit porte bien *marche*, au singulier.

fort au-dessous. Les deux majordomes-majors, les majordomes et la camarera-mayor tirent, outre leurs appointements, force commodités de leurs charges, ainsi que les deux grands écuyers et les deux premiers écuyers; le capitaine des hallebardiers tire aussi quelque chose de la sienne au delà de ses appointements.

Il faut remarquer que le sommelier et les gentilshommes de la chambre portent tous une grande clef, qui sort, par le manche, de la couture de la patte de leur poche droite; le cercle de cette clef est ridiculement large et oblong; il est doré, et est encore rattaché à la boutonnière du coin de la poche, avec un ruban qui voltige, de couleur indifférente. Les valets intérieurs, qui sont en très-petit nombre, la portent de même, à la différence que ce qui paroît de leur clef n'est point doré. Cette clef ouvre toutes les portes des appartements du Roi de tous ses palais en Espagne. Si un d'eux vient à perdre sa clef, il est obligé d'en avertir le sommelier, qui sur-le-champ fait changer toutes les serrures et toutes les clefs aux dépens de celui qui a perdu la sienne, à qui il en coûte plus de dix mille écus. Cette clef se porte partout, comme je viens de l'expliquer, et tous les jours, même hors d'Espagne; mais parmi les gentilshommes de la chambre, il y en a de deux sortes : de véritables clefs qui ouvrent, et qui sont pour les gentilshommes de la chambre en exercice; et des clefs qui n'en ont que la figure, qui n'ouvrent rien, et qui s'appellent des clefs caponnes, pour les gentilshommes sans exercice et qui n'ont que le titre et l'extérieur de cette distinction. Les plus grands seigneurs sont gentilshommes de la chambre de ces deux sortes, et s'il en vaque une place en exercice, elle est souvent donnée à un des gentilshommes de la chambre qui n'en a point, quelquefois aussi à un seigneur qui n'est pas gentilhomme de la chambre. Tous sont égaux, sans aucun premier entre eux, et ceux d'exercice y entrent tour à tour, suivant leur ancienneté d'exercice entre eux.

J'ai oublié un emploi assez subalterne par la qualité de

celui qui l'a toujours successivement exercé, non pas héréditairement, mais qui est de la plus grande confiance et importance. L'emploi, l'employé, et l'instrument de son emploi, ont le même nom, qui ne se peut rendre en françois; il s'appelle *estampille*[1] : c'est un sceau d'acier, sur lequel est gravée la signature du Roi, mais semblable à ne la pouvoir distinguer de la sienne. Avec une espèce d'encre d'imprimerie, ce sceau imprime la signature du Roi, et c'est l'*estampilla* lui-même qui y met l'encre et qui imprime. Je l'ai vu faire à la Roche, qui l'a eue en arrivant avec le Roi en Espagne, et cela se fait en un instant. Cette invention a été trouvée pour soulager les rois d'Espagne, qui signent une infinité de choses, et qui passeroient sans cela un quart de leurs journées à signer. Les émoluments sont continuels, mais petits; et la Roche, qui étoit un homme de bien, d'honneur, doux, modeste, bienfaisant et désintéressé, l'a faite jusqu'à sa mort avec une grande fidélité et une grande exactitude. Il étoit fort bien avec le Roi, et généralement aimé, estimé et considéré, et voyoit chez lui les plus grands seigneurs. Cet *estampilla* ne peut jamais s'absenter du lieu où est le Roi, et les ministres le ménagent.

J'attendrai à parler des infants, infantes et de leur maison quand l'occasion s'en présentera, parce qu'il y en a eu peu, et encore moins de maisons pour eux en Espagne, jusqu'aux enfants de Philippe V.

CHAPITRE XXVIII.

Changements à la cour d'Espagne à l'arrivée du Roi. — Singularité de suzeraineté et de signatures de quelques grands d'Espagne. — Autres conseillers d'État: Mancera et son étrange régime; amirante de Castille; Frigilliane; Monterey; Fresno; Fuensalida; Montijo; patriarche des Indes. — Vie du roi d'Espagne en arrivant; Louville en premier crédit. — Duc de Monteleon. — Coutume en Espagne, dite

---

1. Saint-Simon écrit tantôt *estampille*, tantôt *estampilla*.

la *saccade du vicaire*. — P. d'Aubanton, jésuite, confesseur du roi d'Espagne. — Aversberg, ambassadeur de l'Empereur après Harrach, renvoyé avant l'arrivée du Roi à Madrid. — Continuation du voyage des princes; folie du cardinal le Camus sur sa dignité.

Aussitôt après que le roi d'Espagne fut arrivé à Madrid, il prit l'habit espagnol et la golille [1], et fit quelques changements et réformes. D'une trentaine de gentilshommes de la chambre en exercice il les réduisit à six, et ôta les appointements à ceux qui n'avoient jamais eu d'exercice.

Le comte de Palma, grand d'Espagne et neveu du cardinal Portocarrero, eut la vice-royauté de Catalogne en la place du prince de Darmstadt, qui sortit d'Espagne sans revenir à Madrid. Le duc d'Escalona, qu'on appeloit plus ordinairement le marquis de Villena, alla relever en Sicile le duc de Veragua; il le fut bientôt lui-même par le cardinal del Giudice, qui vint exercer la vice-royauté par intérim, de Rome où il étoit, et Villena s'en alla vice-roi à Naples, d'où le duc de Medina Celi revint à Madrid, où il fut fait président du conseil des Indes, qu'il desiroit extrêmement, et qui est une place fort lucrative. Il l'étoit du conseil des ordres, qui fut donnée [2], au duc d'Uzeda, quoique absent, et qui remplissoit l'ambassade de Rome depuis que Medina Celi l'avoit quittée pour aller à Naples.

Le plus grand changement fut la disgrâce du connétable de Castille. Hors les présidences des conseils et la plupart des places dans les conseils, rien n'est à vie en Espagne, et à la mort du Roi, toutes les charges se perdent, et le successeur confirme ou change comme il lui plaît ceux qui les ont. Le connétable étoit grand écuyer et gentilhomme de la chambre en exercice; l'exercice lui fut ôté, et sa charge de grand écuyer, que le duc de Medina Sidonia préféra à la sienne de majordome-major, je ne sais par quelle fantaisie, sinon qu'ayant désormais affaire à un jeune roi, il la trouva plus brillante, et crut qu'il seroit

---

1. Espèce de collet.
2. Place qui fut donnée.

souvent dehors, en voyage, à la chasse, à la guerre, où le grand écuyer a plus beau jeu que le majordome-major. Le marquis de Villafranca le fut en sa place; et par ce qu'il avoit fait sur le testament, et par son *voto*[1] fameux, il avoit bien mérité cette grande récompense. La duchesse d'Ossone, dont j'aurai lieu de parler, disoit de lui et de don Martin de Tolède, depuis duc d'Albe et mort ambassadeur en France, qu'ils étoient tous deux Espagnols en chausses et en pourpoint, l'un en vieux, l'autre en jeune. Villafranca ainsi que Villena avoient beaucoup du caractère du duc de Montausier; mais ce dernier n'étoit point espagnol pour l'habit : de sa vie il n'avoit porté golille ni l'habit espagnol; il le disoit insupportable, et partout fut toute sa vie vêtu à la françoise : cela s'appeloit en Espagne à la flamande ou à la guerrière, et presque personne ne s'habilloit ainsi. Le comte de Benavente fut conservé sommelier du corps; il se prit d'une telle affection pour le Roi, qu'il pleuroit souvent de tendresse en le regardant.

Puisque j'y suis, je ne veux pas oublier une singularité de ces deux seigneurs et de quelques autres d'Espagne. Le duché de Bragance en Portugal relève du comte de Benavente, duquel les armes sont sur la porte du château de Bragance, à la droite de celles du roi de Portugal; toutes deux sont saluées une fois l'an en cérémonie : le premier salut est aux armes du comte, et le second à celles du Roi. Le duc de Medina Celi, qui lors étoit sept fois grand d'Espagne, et dont les grandesses se sont depuis plus que doublées, mais qui n'en a pas plus de rang ni de préférence parmi les autres grands que s'il n'en avoit qu'une, ne signe jamais que *el Duque Duque*, pour faire entendre sa grandeur par ce redoublement de titre, sans ajouter de nom. Le marquis de Villena, qui est aussi duc d'Escalona, signe *el Marquez*, sans y rien ajouter; mais le marquis d'Astorga, qui est Guzman et grand d'Espagne aussi, signe de même, de manière qu'il faut connoître leur écriture

---

1. Saint-Simon a employé le mot espagnol.

pour savoir lequel c'est. Il est pourtant vrai que le droit passe en Espagne pour être du côté de Villena, et qu'il est cru le premier marquis d'Espagne. Le duc de Veragua signe tout court *el Admirante Duque*, à cause de son titre héréditaire d'amiral des Indes, donné aux Colomb.

Il faut maintenant achever les conseillers d'État; je n'ai fait connoitre que ceux qui ont eu part au testament d'une manière ou d'une autre. Ce caractère est le bout de l'ambition; il ne faut donc pas oublier ceux qui en étoient revêtus à l'avénement de Philippe V. J'ai déjà parlé du cardinal Portocarrero, du comte d'Oropesa, de don Manuel Arias, l'un président exilé, l'autre gouverneur du conseil de Castille, de Mendoze, évêque de Ségovie, exilé et grand inquisiteur, du duc de Medina Sidonia, du marquis de Villafranca, du comte de S. Estevan del Puerto, et d'Ubilla, secrétaire des dépêches universelles; j'ai parlé aussi du comte de Benavente, qui devint conseiller d'État pour avoir été mis comme grand dans la junte par le testament. Reste à dire un mot de Mancera, de l'amirante, Aguilar, Monterey, del Fresno, Fuensalida, et Montijo, sur lesquels je ne me suis pas étendu, quoique j'aie déjà dit quelque chose de quelques-uns de ces sept derniers.

Pour retoucher le marquis de Mancera, de la maison de Tolède, grand de la première classe et fort riche, président du conseil d'Italie, à quatre-vingt-six ans qu'il avoit lors de l'arrivée du Roi, [il] avoit l'esprit aussi sain et aussi net qu'à quarante ans, et la conversation charmante, doux, sage, un peu timide, parlant cinq ou six sortes de langues, bien et sans confusion, et la politesse et la galanterie d'un jeune homme sensé. De ses emplois et de ses vertus j'en ai parlé ci-devant; mais voici une singularité bien étrange à notre genre de vie, et qui n'est pas sans exemples en Espagne : il y avoit cinquante ans qu'il n'avoit mangé de pain, à l'arrivée du roi d'Espagne; sa nourriture étoit un verre d'eau à la glace en se levant, avec un peu de conserve de roses, et quelque temps après du chocolat; à dîner, trois onces de viande seule, et de l'eau rougie pour boisson; l'après-dînée, du chocolat; à souper, des cerises ou d'autres fruits, ou une salade, et encore de l'eau rougie; et sans sentir mauvais ni être incommodé d'un si étonnant régime; et sa femme, fille du duc de Caminha, dont une seule fille, vivoit à peu près de même à quatre-vingts ans.

L'amirante de Castille, qui s'appeloit J. Thomas Enriquez de Cabrera, duc de Rioseco et comte de Melgar, étoit grand de la première classe, un des plus riches et des plus grands seigneurs, et le premier d'Espagne pour la naissance, quoique bâtarde. Alphonse XI, roi de Castille et de Léon, eut de Marie, fille d'Alphonse V, roi de Portugal, un fils unique, qui lui succéda, qui fut don Pierre le Cruel, si fameux par ses crimes, qui révoltèrent enfin tout contre lui, qui n'eut point de fils de la sœur du duc de Bourbon, qu'il tua, et qui fut tué lui-même en [1] par H. comte de Transtamare, son frère bâtard, qui lui succéda, et dont la couronne passa à sa postérité, Henri II, Henri III, Jean II, père d'Isabelle, reine de Castille, qui épousa Ferdinand le Catholique, roi d'Aragon, son cousin issu de germain paternel. Il étoit petit-fils de Ferdinand le Juste, second fils d'H. comte de Transtamare, qui fut roi après avoir tué Pierre le Cruel, dont il étoit frère bâtard, comme je viens de le dire.

Ce Ferdinand, père du Catholique, fut appelé le Juste, pour avoir opiniâtrement refusé la couronne de Castille, qui lui fut plus qu'offerte à la mort du roi Henri III, son frère, qui ne laissa qu'un fils en très-bas âge, dont son oncle fut le défenseur et le tuteur, et qui fut père de la reine Isabelle. Il fut dès ce monde récompensé de sa vertu, par l'élection qui fut faite de lui, en 1390, par Martin, roi d'Aragon et de Valence et prince de Catalogne, frère de sa mère, mourant sans enfants, confirmée par les états de tous ces pays, pour lui succéder. Alphonse et Jean II, ses deux fils, l'aîné sans enfants, régnèrent l'un après l'autre, et Ferdinand le Catholique, fils de Jean II, lui

---

1. En 1368. Saint-Simon a laissé cette date en blanc.

succéda, et réunit toutes les Espagnes, excepté le Portugal, par son mariage avec Isabelle, reine de Castille, si connus sous le nom de rois catholiques, dont la fille, héritière de leurs couronnes, fut mère de l'empereur Charles V et de l'empereur Ferdinand Ier, desquels sont sorties les branches d'Espagne et impériale de la maison d'Autriche.

Alphonse II, roi de Castille, père de Pierre le Cruel, eut d'Éléonore de Guzman, sa maîtresse, deux bâtards jumeaux. L'un fut ce comte de Transtamare qui vainquit, tua et succéda à Pierre le Cruel, et fut de père en fils bisaïeul de Isabelle, reine de Castille, et de Ferdinand le Catholique, roi d'Aragon, son mari; l'autre jumeau fut la tige d'où est sortie légitimement et masculinement cette suite d'amirantes de Castille. Il s'appeloit Frideric[1]. Son fils Pierre, comte de Transtamare comme lui, fut connétable de Castille, dont les enfants n'en eurent point. Mais Alph.; son frère, leur succéda; il fut le premier amirante de Castille de sa maison, à laquelle il donna pour lui et pour sa postérité le nom de Enriquez, en mémoire du roi de Castille Henri II, frère de son père, laquelle en directe[2], dont l'amirante qui fait le sujet de cette dissertation est la dixième génération, n'a presque été connue que par le nom d'amirante, parce qu'ils l'ont tous été et que cette charge, dont je parlerai ailleurs, leur étoit devenue héréditaire. Le second amirante fut premier comte de Melgar. Il maria sa fille à Jean, roi d'Aragon, fils du Juste, et elle fut mère du roi Ferdinand le Catholique, mari d'Isabelle, reine de Castille. Le quatrième amirante [étoit] fils du frère de cette reine d'Aragon et cousin germain de Ferdinand le Catholique, outre qu'ils étoient de même maison et issus de germain, de mâle en mâle, des rois de Castille, père d'Isabelle, et d'Aragon, père de Ferdinand le Catholique, lesquels deux rois étoient fils des deux frères, cousins germains de son père; et cette parenté ainsi rappro-

1. Voyez ci-dessus, p. 412 et note 1.
2. En ligne directe.

chée étoit d'autant plus illustre que les Enriquez n'avoient que la même bâtardise du comte de Transtamare devenu roi de Castille, père de ces rois, et frère jumeau de Frideric, tige des Enriquez.

Le cinquième amirante, cousin issu de germain de Charles V, fut fait par lui duc de Rioseco et grand d'Espagne : celui-ci, que je compte le cinquième, parce qu'il eut un frère aîné amirante, qui n'eut point d'enfants et fut chevalier de la Toison d'or. Le sixième épousa A. de Cabrera, et la postérité de ce mariage joignit depuis le nom de Cabrera à celui d'Enriquez. Le septième et le huitième eurent la Toison d'or. Le neuvième fut vice-roi de Sicile, et le dixième eut d'une Ponce de Léon l'amirante dont je vais parler, qui est l'onzième amirante, le sixième duc de Rioseco, grand d'Espagne de la première classe, et la dixième génération de Frédéric[1], frère jumeau du comte de Transtamare qui détrôna et tua Pierre le Cruel, dont il étoit frère bâtard, fut roi de Castille en sa place, et en transmit la couronne à sa postérité. Le père de notre amirante mourut en 1680.

Notre amirante de Castille avoit, en premières noces, épousé la sœur, et en secondes noces, la fille du duc de Medina Celi, ambassadeur à Rome, puis vice-roi de Naples, où nous avons dit qu'il fut relevé par le marquis de Villena, pour revenir à Madrid, où Philippe V le fit président du conseil des Indes. Il n'eut point d'enfants d'aucune; mais le marquis d'Alcanizès, son frère, eut un fils.

Cet amirante, homme de cinquante-cinq ans à l'avénement du roi d'Espagne, étoit un composé fort extraordinaire : de l'esprit infiniment, de la politesse, l'air et les manières aimables, obligeant, insinuant, caressant, curieux, prenant toutes sortes de forme pour plaire, haut, libre, ambitieux à l'excès, et très-dangereux sans son extrême paresse de corps, qui n'influoit point sur l'esprit. Pour donner un trait de sa hauteur, le cardinal Portocar-

---

1. Ici Saint-Simon a écrit *Frederic*.

rero, qui le haïssoit fort, eut le crédit de le faire exiler à Grenade, quoique intimement attaché à la Reine, qui dominoit alors, et que lui-même fût en grande autorité auprès de Charles II pendant beaucoup d'années. Il avoit eu une affaire avec le comte de Cifuentès, dont il s'étoit mal tiré, et s'étoit perdu d'honneur, ce qui fut l'occasion de son exil. En y allant, il s'arrêta à Tolède, d'où le cardinal étoit archevêque, et y donna une superbe fête de taureaux. A Grenade, il se logea dans l'Alhambra, qui est le palais des rois, où, après avoir demeuré assez longtemps, il se mit dans la ville pour être plus commodément. Déshonoré sur le courage, il ne l'étoit pas moins sur la probité : personne ne se fioit à lui, et il en rioit le premier; et avec cela fort haï du peuple. Il ne se soucioit ni de sa maison ni d'avoir des enfants, mais avoit la rage de gouverner, et une haine mortelle contre tous les gens qui gouvernoient, et par cette seule raison; ami intime du prince de Vaudemont, extrêmement faits l'un pour l'autre, ennemi déclaré du duc de Medina Sidonia et de tous les Guzmans, et passionné pour les jésuites, dont il avoit toujours quatre chez lui, sans lesquels il ne mangeoit point ni ne faisoit aucune chose. Il avoit dans Madrid quatre palais, tous quatre superbes et superbement meublés, d'une étendue très-vaste, que par grandeur il ne louoit point, et logeoit dans chacun, par saisons, trois mois de l'année. Ce sont presque les seuls de Madrid où j'aie vu cour et jardin, et les plus grands qu'il y ait. C'étoit un personnage, malgré de tels défauts, très-considérable, le plus grand seigneur d'Espagne, et quoique fort laid, avoit le plus grand air. Il fut pourtant la dupe du testament, et avec tout son attachement à la Reine et à la maison d'Autriche, il n'osa proférer un seul mot. Nous le reverrons bientôt sur la scène.

Le comte de Frigilliana[1], don Roderic Manrique de Lara, devenu grand d'Espagne par son mariage avec M. d'Avel-

---

1. Le texte porte tantôt *Frigilliane*, tantôt *Frigilliana*.

lano, comtesse d'Aguilar héritière, s'appeloit le comte d'Aguilar, et quoique veuf et que le comte d'Aguilar son fils fût grand d'Espagne, il continuoit d'en avoir le rang et les honneurs, qui ne se perdent point en Espagne quand on les a eus, et de porter, ainsi que son fils, le nom de comte d'Aguilar, quoique le plus souvent on l'appelât Frigilliane. C'étoit un grand seigneur, haut, fier, ardent, libre, à mots cruels, dangereux, extrêmement méchant, avec infiniment d'esprit et de capacité. Il étoit accusé d'avoir empoisonné dans une tabatière le père du duc d'Ossone. Il étoit fort autrichien et fort attaché à la Reine. Le cardinal Portocarrero et lui se haïssoient à mort. Aussi le testament fut-il pour lui un mystère impénétrable. Il plaisantoit le premier de sa laideur, qui étoit extrême, et de sa méchanceté, et disoit que son fils avoit dans l'âme ce que lui portoit sur le visage, et avouoit que sans son fils il seroit le plus méchant homme d'Espagne, et je pense qu'il avoit raison.

Le comte de Monterey, grand d'Espagne par sa mère, second fils du célèbre don Louis d'Haro, avec lequel le cardinal Mazarin conclut la paix des Pyrénées et le mariage du Roi, en 1660, dans l'île des Faisans de la petite rivière de Bidassoa. Il avoit été gouverneur des Pays-Bas, et étoit lors président du conseil de Flandres. C'étoit un génie supérieur en tout, mais haut, méchant et dangereux. Quoique on lui eût caché le testament, il parut s'attacher au Roi, quoique grand ennemi du cardinal Portocarrero. Qu'eût dit son père s'il eût vu ce qu'il voyoit, avec toutes ses précautions pour les renonciations de notre reine Marie-Thérèse? Monterey n'avoit point d'enfants.

Le marquis del Fresno, grand d'Espagne, de la maison de Velasco comme le connétable de Castille, étoit homme de beaucoup de probité et de capacité.

Le comte de Fuensalida et le comte de Montijo, aussi grands d'Espagne et conseillers d'État. Ce dernier n'a eu qu'une fille, qui a épousé un Acuña Pacheco, qui a joint le nom de Portocarrero de sa mère, dont il a eu la grandesse. Il a fait fortune par l'ambassade d'Angleterre et les grands emplois. Le conseiller d'État, qui étoit, comme le cardinal Portocarrero, Boccanegra, étoit frère du patriarche des Indes, qui ne mangeoit pas plus de pain que le marquis de Mancera, mais qui étoit méchant, hargneux, haineux, malintentionné, et pestant toujours contre le gouvernement. Il ne savoit mot de latin, quoique il ne manquât ni d'esprit ni de lecture. Sa parenté et l'amour du cardinal Portocarrero pour ses parents le firent, malgré tout cela, confirmer dans sa charge de patriarche des Indes. Voilà la plupart des personnages qui figuroient en Espagne lorsque le Roi y arriva.

Comme il n'y connoissoit personne, il se laissa conduire au duc d'Harcourt et à ceux qui avoient eu la principale part au testament, qui étoient fort liés entre eux, et avec les principaux desquels il passoit sa vie, par les fonctions intimes de leurs emplois, comme le cardinal Portocarrero, qui étoit l'âme de tout, et les marquis de Villafranca, duc de Medina Sidonia, et comte de Benavente, qui avoient les trois charges. Mais comme tous ceux-là même lui étoient étrangers, et M. d'Harcourt lui-même, il se déroboit volontiers pour être seul avec le peu de François qui l'avoient suivi, entre lesquels il n'étoit bien accoutumé qu'avec Valouse, son écuyer en France, et Louville, qui depuis l'âge de sept ans étoit gentilhomme de sa manche. C'étoit celui-là beaucoup plus qu'aucun qui étoit le dépositaire de son âme. M. de Beauvillier, qui l'éprouvoit depuis tout le temps de cette éducation, le lui avoit recommandé comme un homme sage, instruit, plein de sens, d'esprit et de ressource, uniquement attaché à lui, et digne de toute sa confiance. Louville avoit en effet tout cela, et une gaieté et des plaisanteries salées, mais avec jugement, dont les saillies réveilloient le froid et le sérieux naturel du Roi, et lui étoient d'une grande ressource dans les premiers temps d'arrivée en cette terre étrangère. Louville étoit intimement attaché à M. de Beauvillier, et extrêmement bien avec Torcy. Il étoit leur intime et unique correspondant, et sûr de ses lettres et de ses chiffres, parce que Torcy avoit les postes. Il connoissoit à fond le roi d'Espagne; il agissoit de concert avec Harcourt, Portocarrero, Ubilla, Arias et les trois charges, et ménageoit les autres seigneurs, dont il eut bientôt une cour : on voyoit bien la prédilection et la confiance du Roi pour lui. Mais Harcourt étant, peu de jours après l'arrivée, tombé dans une grièvre et longue maladie, tout le poids des affaires tomba sur Louville à découvert, et pour en parler au vrai, il gouverna le Roi et l'Espagne. C'étoit lui qui voyoit et faisoit toutes ses lettres particulières à notre cour, et par qui tout passoit directement. Il commençoit à peine à connoître à demi son monde, qu'il lui tomba sur les bras la plus cruelle affaire du monde; pour l'entendre, il faut reprendre les intéressés de plus haut.

Le comte de S. Estevan del Puerto, grand écuyer de la Reine, et qui, malgré cet attachement de charge, avoit tant eu de part au testament, ne devoit pas être surpris qu'elle eût préféré le connétable de Castille, de temps attaché à elle et à la maison d'Autriche, et qu'elle avoit détaché à Harcourt pour négocier avec lui, ni que la junte, qui d'ailleurs la comptoit si peu, n'eût pu lui refuser l'ambassade passagère de France pour un seigneur si distingué. Néanmoins le dépit qu'il en conçut fut tel qu'il la quitta, et lui fit en partie déserter sa maison, dont le connétable porta en France ces lettres de plaintes si romanesques et si inutiles. Le duc de Monteleon, de la maison Pignatelli comme Innocent XII, dont tous les biens étoient en Italie, fin et adroit Napolitain, et qui vouloit se tenir en panne en attendant qu'il vît d'où viendroit le vent, saisit l'occasion, se donna à la Reine, qui fut trop heureuse d'avoir un seigneur si marqué. Il fut donc son grand écuyer, et faute d'autres, en même temps son majordome-major, son conseil et son tout, et sa femme sa camarera-mayor. Ce fut ce duc que la Reine envoya de Tolède complimenter le Roi d'Espagne. Le cardinal voyoit avec dépit un homme si considérable chez la Reine, toute exilée qu'elle étoit, et n'oublia rien de direct ni d'indirect pour engager Monteleon de la quitter; mais il avoit affaire à un homme plus délié que lui, et qui répondit toujours qu'il ne quitteroit pas pour rien des emplois aussi bons à user que ceux qui le retenoient à Tolède, mais qu'il étoit prêt à revenir si on lui donnoit une récompense raisonnable. Ce n'étoit pas le compte du cardinal: il vouloit isoler entièrement la Reine, et qu'elle ne trouvât au plus que des valets; et c'étoit lui procurer quelque autre seigneur en la place de Monteleon, si on achetoit l'abandon de celui-ci, qui seroit une espérance et un exemple pour le successeur. Quelques mois se passèrent de la sorte, qui allumèrent de plus en plus le dépit du cardinal, qui, outré de colère, résolut enfin de se porter aux dernières extrémités contre le duc de Monteleon, et de faire en même temps le plus sanglant outrage à la Reine.

Pour entendre l'occasion qu'il en saisit, il faut savoir une coutume d'Espagne, que l'usage a tournée en loi, et qui est également folle et terrible pour toutes les familles. Lorsqu'une fille, par caprice, par amour, ou par quelque raison que ce soit, s'est mis en tête d'épouser un homme, quelque disproportionné qu'il soit d'elle, fût-ce le palefrenier de son père, elle et le galant le font savoir au vicaire de la paroisse de la fille, pourvu qu'elle ait seize ans accomplis. Le vicaire se rend chez elle, fait venir son père, et en sa présence et de la mère, demande à leur fille si elle persiste à vouloir épouser un tel. Si elle répond que oui, à l'instant il l'emmène chez lui, et il y fait venir le galant; là il réitère la même question à la fille, devant cet homme qu'elle veut épouser, et si elle persiste dans la même volonté, et que lui aussi déclare la vouloir épouser, le vicaire les marie sur-le-champ, sans autre formalité, et de plus sans que la fille puisse être déshéritée. C'est ce qui se peut traduire du terme espagnol la *saccade du vicaire*, qui, pour dire la vérité, n'arrive comme jamais.

Monteleon avoit sa fille, dame du palais de la Reine, qui vouloit épouser le marquis de Mortare, homme d'une grande naissance, mais fort pauvre, à qui le duc de Monteleon ne la voulut point donner. Mortare l'enleva, et en fut exilé. Là-dessus arriva la mort de Charles II. Cette aventure parut au cardinal Portocarrero toute propre à satisfaire sa haine. Il se mit donc à presser Monteleon de faire le mariage de Mortare avec sa fille, ou de lui laisser souffrir la saccade du vicaire. Le duc tira de longue, mais enfin, serré de près avec une autorité aiguisée de vengeance, appuyée de la force de l'usage tourné en loi, et du pouvoir alors tout-puissant du cardinal, il eut recours à Montviel, puis à Louville, à qui il exposa son embarras et sa douleur. Ce dernier n'y trouva de remède que de lui obtenir une permission tacite de faire enlever sa fille par d'Urse, gentilhomme des Pays-Bas, qui s'attachoit fort à Louville, et qui en eut depuis la compagnie des mousquetaires flamands, formés sur le modèle de nos deux compagnies de mousquetaires. Monteleon avoit arrêté le mariage avec le marquis de Westerloo, riche seigneur flamand de la maison de Mérode et chevalier de la Toison d'or, qui s'étoit avancé à Bayonne, et qui sur l'incident fait par le cardinal Portocarrero, n'avoit osé aller plus loin. D'Urse y conduisit la fille du duc de Monteleon, qui, en arrivant à Bayonne, y épousa le marquis de Westerloo, et s'en alla tout de suite avec lui à Bruxelles, et le comte d'Urse s'en revint à Madrid. Le cardinal, qui de plus en plus serroit la mesure tant que la fuite fut concertée et exécutée, la sut quand le secret en fut devenu inutile, et que Monteleon compta n'avoir plus rien à craindre depuis que sa fille étoit mariée, en France, et avec son mari en chemin des Pays-Bas.

Mais il ignoroit encore jusqu'à quel excès se peut porter la passion d'un prêtre tout-puissant, qui se voit échapper d'entre les mains une proie qu'il s'étoit dès longtemps ménagée. Portocarrero en furie ne se ménagea plus, alla trouver le Roi, lui rendit compte de cette affaire, et lui demanda la permission de la poursuivre. Le Roi, tout jeune et arrivant presque, et tout neuf encore aux coutumes d'Espagne, ne pensa jamais que cette poursuite fût autre qu'ecclésiastique, comme diocésain de Madrid, et sans s'en informer n'en put refuser le cardinal, qui au partir de là, sans perdre un instant, fait assembler le conseil de Castille, de concert avec Arias, gouverneur de ce conseil et son ami, et avec Monterey, qui s'y livra par je ne sais quel motif; et là, dans la même séance, en trois heures de temps, un arrêt par lequel Monteleon fut condamné à perdre six cent mille livres de rente en Sicile, applicables aux dépenses de la guerre, à être lui appréhendé au corps jusque dans le palais de la Reine à Tolède, mis et lié sur un cheval, conduit ainsi dans les prisons de l'Alhambra à Grenade, où il y avoit plus de cent lieues, et par les plus grandes chaleurs, d'y demeurer prisonnier et gardé à vue le reste de sa vie, et de plus, de représenter sa fille, et la marier au marquis de Mortare, à faute de quoi à avoir la tête coupée et à perdre le reste de ses biens.

D'Urse fut le premier qui eut avis de cet arrêt épouvantable. La peur qu'il eut pour lui-même le fit courir à l'instant chez Louville. Lui, qui ne s'écartoit jamais, s'étoit ce jour-là avisé d'aller à la promenade, et ce contre-temps pensa tout perdre, parce qu'on ne le trouva que fort tard. Louville, instruit de cet énorme arrêt, alla d'abord au Roi, qui entendoit une musique, et ce fut un autre contre-temps où les moments étoient chers. Dès qu'elle fut finie, il passa avec le Roi dans son cabinet, où avec émotion il lui demanda ce qu'il venoit de faire. Le Roi répondit qu'il voyoit bien ce qu'il lui vouloit dire, mais qu'il ne voyoit pas quel mal pouvoit faire la permission qu'il avoit donnée au cardinal. Là-dessus, Louville lui apprit tout ce de quoi cette permission venoit d'être suivie, et lui représenta, avec la liberté d'un véritable serviteur, combien sa jeunesse avoit été surprise, et combien cette affaire le déshonoroit après la permission qu'il avoit donnée de l'enlèvement et du mariage de la fille; que sa bouche avoit, sans le savoir, soufflé le froid et le chaud, et qu'elle étoit cause du plus grand des malheurs, dont il lui fit aisément sentir toutes les suites. Le Roi, ému et touché, lui demanda quel remède à un si grand mal, et qu'il avoit si peu prévu; et Louville, ayant fait à l'instant apporter une écritoire, dicta au Roi deux ordres bien précis : l'un à un officier, de partir au moment même, de courir en diligence à Tolède, pour empêcher l'enlèvement du duc de Monteleon, et en cas qu'il fût déjà fait, de pousser après jusqu'à ce qu'il l'eût joint, le tirer des mains de ses satellites, et de le ramener à Tolède chez lui; l'autre au cardinal, d'aller lui-même à l'instant au lieu où se tient le conseil de Castille, d'arracher de ses registres la feuille de cet arrêt et de la jeter au feu, en sorte que la mémoire en fût à jamais éteinte et abolie.

L'officier courut si bien, qu'il arriva à la porte de Tolède au moment même que l'exécuteur de l'arrêt y entroit. Il lui montra l'ordre de la main du Roi, et le renvoya de la sorte sans passer outre. Celui qui fut porter l'autre ordre du Roi au cardinal le trouva déjà couché, et quoique personne n'entrât jamais chez lui dès qu'il étoit retiré, au nom du Roi toutes les portes tombèrent. Le cardinal lut l'ordre de la main du Roi, se leva et s'habilla, et fut tout de suite l'exécuter, sans jamais proférer une parole. Il n'y [a] au monde qu'un Espagnol capable de ce flegme apparent, dans l'extrême fureur où ce contre-coup le devoit faire entrer. Avec la même gravité et la même tranquillité, il parut le lendemain matin à son ordinaire chez le Roi, qui, dès qu'il l'aperçut, lui demanda s'il avoit exécuté son ordre : *Si, Señor*, répondit le cardinal; et ce monosyllabe fut le seul qu'on ait ouï sortir de sa bouche, sur une affaire [qui] pour lui fut si mortellement piquante, et qui lui déroboit sa vengeance et la montre de son pouvoir. Arias et lui en boudèrent huit jours Louville, mais [ne] s'en sont jamais parlé en sorte du monde; lui avec eux, quoique un peu retenu, ne fit pas semblant de rien; puis se rapprochèrent à l'ordinaire : ces deux puissants Espagnols ne vouloient pas demeurer brouillés avec lui, ni lui aussi sortir avec eux du respect, de la modestie, et de la privance qui étoit nécessaire qu'il se conservât avec eux, et qu'ils avoient pour le moins autant de desir de ne pas altérer.

Harcourt, qui avoit été à l'extrémité à plusieurs reprises, étoit lors encore fort mal à la Sarzuela, petite maison de plaisance des rois d'Espagne dans le voisinage de Madrid, et entièrement hors d'état d'ouïr parler d'aucune affaire. Celle-ci néanmoins parut à Louville si importante, qu'il alla dès le lendemain lui en rendre compte. Harcourt approuva non-seulement la conduite de Louville, mais il trouva qu'il avoit rendu au Roi le plus important service. Il dépêcha là-dessus un courrier, qui rapporta les mêmes louanges à Louville. Monteleon cependant accourut se jeter aux pieds du Roi, et remercier son libérateur de lui avoir sauvé l'honneur, les biens et la vie; mais Louville se défendit toujours prudemment d'une chose dont il vouloit que le Roi eût tout l'honneur, et dont l'aveu l'eût trop exposé au cardinal; mais toute la cour, et bientôt toute l'Espagne, ne s'y méprit pas, et ne l'en aima et estima que davantage.

Avant de sortir d'Espagne, il faut dire un mot du P. d'Aubanton, jésuite françois, qui y suivit le Roi pour être son confesseur. Ce fut au grand regret des dominicains, en possession de tout temps du confessionnal des rois d'Espagne, appuyés de l'Inquisition, chez lesquels, comme partout ailleurs où elle est établie, et où ils tenoient le haut bout, et soutenus de toute la maison de Guzman, une des plus grandes d'Espagne, de laquelle étoient plusieurs grands et plusieurs grands seigneurs, qui tous se faisoient un grand honneur de porter le même nom que saint Dominique[1]. Le crédit des jésuites fit que le Roi ne balança pas d'en donner un pour confesseur au roi son petit-fils, bien que persuadé que ce choix n'étoit pas politique. On se figuroit l'autorité des dominicains toute autre qu'elle étoit en Espagne. Il se trouva qu'avec tout ce qui la leur devoit donner principale, ils y avoient moins de crédit, de considération et d'amis puissants et nombreux que les jé-

1. Cette phrase est inachevée.

suites, qui avoient su les miner et s'établir à leurs dépens. L'Espagne fourmilloit de leurs colléges, de leurs noviciats, de leurs maisons professes; et comme ils héritent en ce pays-là comme s'ils n'étoient pas religieux, toutes ces maisons, vastes, nombreuses, magnifiques en tout, sont extrêmement riches. Ce changement d'ordre du confesseur ne fit donc pas la moindre peine, sinon à des intéressés tout à fait hors de moyens de s'en ressentir.

Ce P. d'Aubanton fut admirablement bien choisi. C'étoit un petit homme grasset, d'un visage ouvert et avenant, poli, respectueux avec tous ceux dont il démêla qu'il y avoit à craindre ou à espérer, attentif à tout, de beaucoup d'esprit, et encore plus de sens, de jugement et de conduite, appliqué surtout à bien connoître l'intrinsèque de chacun et à mettre tout à profit, et cachant sous des dehors retirés, désintéressés, éloignés d'affaires et du monde, et surtout simples et même ignorants, une finesse la plus déliée, un esprit le plus dangereux en intrigues, une fausseté la plus innée, et une ambition démesurée d'attirer tout à soi et de tout gouverner. Il débuta par faire semblant de ne vouloir se mêler de rien, de se soumettre comme sous un joug pénible à entrer dans les sortes d'affaires qui en Espagne se renvoient au confesseur, de ne faire que s'y prêter avec modestie et avec dégoût, d'écarter d'abord beaucoup de choses qu'il sut bien par où reprendre, de ne recommander ni choses ni personnes, et de refuser même son général là-dessus. Avec cette conduite, qui se pourroit mieux appeler manége, et une ouverture et un liant jusqu'avec les moindres, qui le faisoit passer pour aimer à obliger, et qui faisoit regretter qu'il ne se voulût pas mêler, il fit une foule de dupes, il gagna beaucoup d'amis, et quoique ses progrès fussent bientôt aperçus auprès du roi d'Espagne et dans la part aux affaires, il eut l'art de se maintenir longtemps dans cette première réputation qu'il avoit su s'établir. C'est un personnage avec qui il fallut compter, et en France à la fin comme en Espagne. Nous le retrouverons plus d'une fois.

Des autres François, Valouse ne se mêla que de faire sa fortune, qu'il fixa en Espagne; Montviel de rien, et qui revint comme il étoit allé; la Roche de presque rien au delà de son estampille; Hersent de peu de choses, et encore de cour; ceux de la Faculté de rien, ni quelques valets intérieurs ou gens de la bouche françoise que d'amasser; et Louville de tout et fort à découvert. Mais son règne, très-utile aux deux rois et à l'Espagne, fut trop brillant et trop court pour leur bien.

Le comte d'Harrach, ambassadeur de l'Empereur, étoit sur le point d'être relevé lorsque Charles II mourut. Il partit bientôt après d'un pays qui ne pouvoit plus que lui être très-désagréable, et le comte d'Aversberg lui succéda. Mais la junte, qui dans ces circonstances le prit moins pour un ambassadeur que pour un espion, lui conseilla doucement de se retirer, jusqu'à ce qu'on sût à quoi l'Empereur s'en tiendroit. Il résista jusqu'à proposer de demeurer, en attendant, comme particulier sans caractère; à la fin, il fut prié de ne pas attendre l'arrivée du roi d'Espagne, et il partit; mais il passa par Paris, où il s'arrêta en voyageur, pour y voir les choses de plus près, et en rendre compte de bouche plus commodément encore que Zinzendorf, envoyé ici de l'Empereur, ne pouvoit faire par ses amples dépêches.

Cependant les deux princes frères du roi d'Espagne continuoient leur voyage par la France, où, malgré la fâcheuse saison de l'hiver, les provinces qu'ils parcoururent n'oublièrent rien pour les recevoir avec les plus grands honneurs et les fêtes les plus galantes. Le Languedoc s'y distingua, le Dauphiné fit de son mieux. Ils logèrent à Grenoble dans l'évêché, et ils y séjournèrent quelques jours, dans l'espérance de pouvoir aller de là voir la Grande-Chartreuse; mais les neiges furent impitoyables, et quoi qu'on pût faire, elles leur en fermèrent tous les chemins. Le cardinal le Camus, avec tout son esprit, et cette connoissance du monde que tant d'années de résidence, sans sortir de son diocèse que pour un conclave, n'avoit[1] pu effacer, se surpassa dans la réception qu'il leur fit, sans toutefois sortir de ce caractère d'évêque pénitent et tout appliqué à ses devoirs qu'il soutenoit depuis si longtemps. Mais sa pourpre l'avoit enivré au point de lui faire perdre la tête dans tout ce qui la regardoit, jusque-là qu'un homme qui avoit passé ses premières années à la cour aumônier du Roi, et dans les meilleures compagnies, avoit oublié comment les cardinaux y vivoient, si bien qu'il fut longtemps en peine, sur le point de l'arrivée des princes chez lui, si dans sa maison même il devoit leur donner la main. Ils passèrent en Provence, où Aix, Arles, et surtout Marseille et Toulon, leur donnèrent des spectacles, dont la nouveauté releva pour eux la magnificence et la galanterie par tout ce que la marine exécuta. Avignon se piqua de surpasser les villes du royaume par la réception qu'elle leur fit, et Lyon couronna tous ces superbes plaisirs, par où ils finirent avec leur voyage. C'est où je les laisserai, pour reprendre ce que la disgression d'Espagne m'a fait interrompre.

1. Saint-Simon a bien écrit *n'avoit*, au singulier.

FIN DU SECOND VOLUME.

TABLE

DES CHAPITRES DU SECOND VOLUME.

Chapitre premier. — 1698. — Éclat et accommodement de l'archevêque de Reims et des jésuites. — Deux lourdes sottises de Sainctot, introducteur des ambassadeurs. — Mensonge d'une tapisserie du Roi, etc., réformé. — Dispute de rang entre Mmes d'Elbœuf et de Lislebonne. — Mort du P. de Chevigny. — Mort de la duchesse de Berwick. — Mariage du marquis de Lévy et de Mlle de Chevreuse. — Mariage du comte d'Estrées et d'une fille du duc de Noailles, faite dame du palais avec la marquise de Lévy. — Mariage de Mortagne et de Mme de Quintin. — Bissy, évêque de Toul, depuis cardinal, refuse l'archevêché de Bordeaux. — Vaïni chevalier de l'ordre. — Chevaliers du Saint-Esprit romains en 1675. — L'ordre renvoyé en 1688 par le duc de Bracciano. — Électeur de Saxe pleinement roi de Pologne. — Mort de Monsieur d'Hanovre. — Obrecht va à Ratisbonne pour les affaires de Madame avec l'électeur palatin. 1

Chapitre II. — Le Czar et ses voyages. — Saint-Albans envoyé, et Portland ambassadeur d'Angleterre à Paris. — Princes de Parme et de Toscane incognito en France; le dernier distingué. — Distraction du cardinal d'Estrées. — Mlles de Soissons enlevées, et à Bruxelles; le comte de Soissons errant. — Abbé de Caudelet fait et défait évêque de Poitiers. — Mort du président Talon et sa dépouille. — Mort de Mme de Sillery. — Mort de Villars, chevalier de l'ordre; pourquoi dit Orondat. — Castries chevalier d'honneur de Mme la duchesse de Chartres. — Mort de Brienne. 15

Chapitre III. — Mort du duc de Bracciano. — Duchesse de Bracciano; ses premières aventures; prend le nom de princesse des Ursins. — Étrange et hardie tentative du cardinal de Bouillon de faire l'abbé d'Auvergne cardinal. — Mariage de Souvré avec Mlle de Rebénac; du vieux Seissac avec une sœur du duc de Chevreuse. — Mariage du comte d'Ayen avec Mlle d'Aubigné. — Le Roi paye les dettes de M. de la Rochefoucauld. — Mort de l'abbé de Marsillac. — Le Roi prend le deuil d'un enfant de M. le prince de Conti, et pourquoi. — Mort de Fervaques ; sa dépouille et son testament. — Duc de Lesdiguières accommodé, par ordre du Roi, par le maréchal-duc de Duras seul, son beau-père, avec Lambert. — Monsieur de Lorraine en Lorraine, d'où le duc d'Elbœuf revient mal avec lui. — Camp de Compiègne résolu et déclaré. 30

CHAPITRE IV. — P. la Combe à la Bastille. — Orage contre les ducs de Chevreuse et de Beauvillier et les attachés à Monsieur de Cambray. — Sainte magnanimité du duc de Beauvillier. — Grande et prodigieuse action de l'archevêque de Paris. — Quatre domestiques principaux des enfants de France chassés et remplacés, et le frère de Monsieur de Cambray cassé. — Monsieur de Meaux consulte Monsieur de la Trappe sur Monsieur de Cambray, la publie[1] à son insu, et le brouille pour toujours avec cet archevêque et avec ses amis. — Duchesse de Béthune principale amie de Mme Guyon. — Complaisance des ducs de Chevreuse et de Beauvillier pour moi sur Monsieur de la Trappe. — Plaisante et fort singulière aventure entre le duc de Charost et moi sur Monsieur de Cambray et Monsieur de la Trappe. — Caretti, empirique, devient grand seigneur. 44

CHAPITRE V. — Curiosités sur la maison de Rohan ; ses grandes alliances. — Juveigneurs ou cadets de Rohan décidés n'avoir rien que de commun en tout et partout avec tous autres juveigneurs nobles et libres de Bretagne. — Vicomtes de Rohan décidés alterner avec les comtes de Laval Montfort jusqu'à ce que ces derniers eussent la propriété du lieu de Vitré. — Le Parlement, par égards, non par rang, aux obsèques de l'archevêque de Lyon, fils du maréchal de Gyé. — Mlle de la Garnache ; son aventure ; duchesse de Loudun à vie seulement. — H. de Rohan fait duc et pair ; son mariage et celui de son unique héritière ; enfants de celle-ci. — Benj. de Rohan, sieur de Soubise, duc à brevet ou non vérifié. — M. de Sully obtient un tabouret de grâce aux deux sœurs du duc de Rohan, son gendre, non mariées. — Dispute de préséance au premier mariage de Monsieur Gaston, entre les duchesses d'Halluyn et de Rohan, décidée en faveur de la première. — Louis, puis Hercule, de Rohan, faits l'un après l'autre ducs et pairs de Montbazon ; famille de ce dernier. 61

CHAPITRE VI. — M. de Luynes fait asseoir, pour une fois seulement, Mlle de Montbazon, la veille de leurs noces, depuis duchesse de Chevreuse ; obtient dispense d'âge et la première place après les ducs pour le prince de Guémené, son beau-frère, en la promotion de 1619.

1. Publie sa lettre.

— Marquis de Marigny, frère du duc de Montbazon, le cinquante-cinquième parmi les gentilshommes en la promotion de 1619. — Art et degrés qui procurent le tabouret à la princesse de Guémené.—Autres tabourets de grâce en même temps. — Tous ôtés, puis rendus. — M. de Soubise et ses deux femmes : la première debout; la seconde assise, belle, le fait prince, etc. — Mmes de Guémené assises (1678 et 1679), puis Mme de Montauban (1682). — MM. de Soubise et comte d'Auvergne s'excluent de l'ordre à la promotion de 1688; colère du Roi; fausseté insigne sur les registres de l'ordre. — Distinctions de ceux qui ont rang de prince étranger étant en licence. — Abbé de Bouillon, devenu cardinal par le hasard des coadjutoreries de Langres, puis de Reims, tombées sur l'abbé le Tellier, est le premier qui ait eu ces distinctions en Sorbonne. — Abbé de Soubise, depuis cardinal de Rohan, obtient par ordre du Roi les mêmes distinctions en Sorbonne. — Fiançailles du prince de Montbazon et de la fille du duc de Bouillon dans le cabinet du Roi................. 73

CHAPITRE VII. — Mariage du fils du duc de la Force et de Mlle de Bosmelet; de la Vallière et d'une fille du duc de Noailles; de la Carte et d'une fille du duc de la Ferté. — Mariage de Sassenage avec une fille du duc de Chevreuse, veuve de Morstein.—Cent vingt mille livres à Monsieur le Grand, et soixante mille livres au chevalier de Lorraine. — Charnacé arrêté pour fausse monnoie, etc.; il déplace plaisamment une maison de paysan qui l'offusquoit. — Carrosse de la duchesse de Verneuil exclu des entrées des ambassadeurs. — Querelle de M. le prince de Conti et du grand prieur, qui est mis à la Bastille, et n'en sort qu'en allant demander pardon en propres termes à M. le prince de Conti.—L'électeur de Saxe reconnu roi de Pologne par le Roi. — Naissance de mon fils aîné. — Éclat entre le duc de Bouillon et le duc d'Albret, son fils. — Curé de Seurre, ami de Mme Guyon, brûlé à Dijon; réponse de Monsieur de Cambray à Monsieur de Meaux. — Mort de la duchesse de Richelieu; de la princesse d'Espinoy, douairière; ses enfants; ses progrès. — Entreprise de Mlle de Melun, qui frise de près l'affront.— Mort du duc d'Estrées, et sa dépouille. — Mort du duc de Chaulnes. — Mort de la duchesse de Choiseul... 90

CHAPITRE VIII. — Camp de Compiègne superbe; magnificence inouïe du maréchal de Boufflers. — Dames s'entassent pour Compiègne. — Ducs couplés à Compiègne. — Ambassadeurs prétendent le *pour*. — Distinction du *pour* ; logements à la suite du Roi. —Voyage et camp de Compiègne. — Plaisante malice du duc de Lauzun au comte de Tessé. — Spectacle singulier. — Retour de Compiègne..... 105

CHAPITRE IX. — La belle-fille de Pontchartrain et son intime liaison avec Mme de Saint-Simon.—Amitié intime entre Pontchartrain et moi. — Amitié intime entre l'évêque de Chartres et moi. — Le Charmel; ma liaison avec lui. — Méprise de Monsieur de la Trappe au choix

d'un abbé, et son insigne vertu. — Changement d'abbé à la
Trappe. 117

Chapitre X. — Dot de Mademoiselle pour épouser le duc de Lorraine. — Voyage de Fontainebleau. — Douleur et deuil du Roi d'un enfant de Monsieur du Maine, qui cause un dégoût aux princesses.— Tentatives de préséance de Monsieur de Lorraine sur M. le duc de Chartres. — Mariage de Mademoiselle. — Division de préséance entre les Lorraines. — Départ de la duchesse de Lorraine et son voyage.— Tracasseries de rangs à Bar. — Couronne bizarrement fermée et *Altesse Royale* usurpées par ce duc de Lorraine. — Venise obtient du Roi le traitement entier de tête couronnée pour ses ambassadeurs. — Grande opération au maréchal de Villeroy. — Mort de Boisselot. — Mort de la comtesse d'Auvergne. — Mort de l'abbé d'Effiat. — Mort de la duchesse Lanti. — Mort de la chancelière le Tellier. — Mort de l'abbé Arnauld. — Le Roi refuse de porter le deuil d'un fils du prince royal de Danemark. — Baron de Breteuil est fait introducteur des ambassadeurs; sa rare ignorance, et du marquis de Gesvres. — Abbé Fleury; ses commencements; ses premiers progrès; comment fait évêque de Fréjus. — Prince de Conti gagne définitivement son procès contre Mme de Nemours. — Mme de Blansac rappelée. — Éclat et séparation de Barbezieux et de sa femme. 133

Chapitre XI. — 1699. — M. le duc de Berry chevalier de l'ordre. — Mort du duc de Brissac. — Difficultés à succéder à la dignité de duc et pair de Brissac. — Entreprises lorraines. — Étrange hardiesse de la princesse d'Harcourt, le jour de la première audience de Milord Jersey chez Mme la duchesse de Bourgogne. — Noir artifice des Lorrains, que je mis au net avec le Roi le soir même. — Plainte du duc de Rohan au Roi, qui ordonne à la princesse d'Harcourt de demander pardon à la duchesse de Rohan, et qui l'exécute en public chez Mme de Pontchartrain. — Places des princesses du sang au cercle et lieux arrangés. 152

Chapitre XII. — Mort de la duchesse de Chaulnes. — Mort de Chamarande père. — *Problème* brûlé par arrêt du Parlement. — Voyage de Mme de Nemours, du prince de Conti et des autres prétendants à Neuchâtel. — Paix de Carlowitz. — Prince électoral de Bavière héritier et nommé tel de la monarchie d'Espagne et sa mort. — Neuvième électorat reconnu. — Mort du célèbre chevalier Temple. — Trésor inutilement cherché pour le Roi chez l'archevêque de Reims. — Mort du chevalier de Coislin. — Mort de la Feuillée. — M. de Monaco ambassadeur à Rome; ses prétentions sans succès. — *Monseigneur* des secrétaires d'État et aux secrétaires d'État. — Fauteuil de l'abbé de Citeaux aux états de Bourgogne. — Mme de Saint-Geran rappelée. — Mariage du comte d'Auvergne avec Mlle de Wassenaer. — Ambassade de Maroc. — Torcy ministre; bizarrerie de serments. — Rei-

neville, lieutenant des gardes du corps, disparu; Permillac se
tue. 169

Chapitre XIII. — Condamnation à Rome du livre de l'archevêque de
Cambray. — Conduite du cardinal de Bouillon. — Belle réponse du
duc de Beauvillier au Roi. — Soumission illustre de l'archevêque de
Cambray. —Acceptation du jugement du Pape par les assemblées
d'évêques par métropoles en jugeant; enregistrement au Parlement.
— Procédé de l'archevêque de Cambray et de l'évêque de Saint-Omer
en l'assemblée provinciale. — Mort du comte de Mailly, de Thury,
de Frontenac, de Racine; sa funeste distraction. — Mort du duc de
la Force. — Valincour mis à l'histoire du Roi en la place de Racine.
— Mort de l'évêque de Luçon, Barillon. — Mariage du duc de Choiseul avec Mme Brûlart. — Mariage du roi des Romains; pourquoi la
part différée. — Style de s'écrire entre l'Empereur et le Roi. —
Traitement d'ambassadeurs de tête couronnée à l'ambassadeur du
grand-duc à Vienne, nulle part ailleurs. — Naissance du prince de
Piémont. — Le Roi paye les dettes de Madame la Duchesse et de
Monseigneur, et lui double ses mois. — Augmentation de quarante-
deux mille livres d'appointements à M. de la Rochefoucauld. — Pension secrète de vingt mille livres à l'évêque de Chartres. — M. de
Vendôme change l'administration de ses affaires et va publiquement
suer la vérole. — Mort de Savary, assassiné. — Mort de l'abbé de la
Châtre. — Le Roi fait revenir tous les prétendants de Neuchâtel. —
Deux vols au Roi fort étranges. —Vaïni à la cour. — Feriol ambassadeur à Constantinople. — Situation du comte de Portland. — Courte
disgrâce de la comtesse de Gramont. 185

Chapitre XIV. — Pensées et desseins des amis de Monsieur de Cambray. — Duc de Beauvillier prend à la grande direction la place du
chancelier absent. — Naissance de mon second fils. — Voyage très-
singulier d'un maréchal de Salon, en Provence, à la cour. — Le Roi
partial pour M. de Bouillon contre M. d'Albret.—Mort de Saint-Vallier,
du duc de Montbazon, de Mirepoix. — Mort de la duchesse Mazarin,
de Mme de Nevet, de la reine de Portugal. —. Séance distinguée de
M. du Maine en la chambre des comptes. — Filles d'honneur de la
princesse de Conti douairière mangent avec Mme la duchesse de Bourgogne. — Dédicace de la statue du Roi à la place de Vendôme. —
Cause du retardement de l'audience de Zinzendorf. — Le Roi ne traite
le roi de Danemark que de *Sérénité*, et en reçoit la *Majesté*. — Mort
de la duchesse douairière de Modène.—Fortune et mort du chancelier
Boucherat. — Candidats pour les sceaux : Harlay, premier président;
Courtin, doyen du conseil; Daguesseau, Pomereu, la Reynie, Caumartin, Voysin, Pelletier Sousy. — Fortune de Pontchartrain, fait chancelier. 206

Chapitre XV. — Fortune de Chamillart, fait contrôleur général des
finances. — Mariage de Dreux avec la fille aînée de Chamillart. —

Belle action de Chamillart. — Logement de Monseigneur à Fontainebleau. — Princesse de Montbéliard à Fontainebleau.—Tabouret de la chancelière. — Femmes des gardes des sceaux. — Cour du chancelier. —Trois cent mille [livres] au maréchal de Villeroy, maître à Lyon, et pension de cent mille au duc d'Enghien. — Mort de l'abbé de Charost. — Mort de Villacerf; sa familiarité avec le Roi. — Mort de la comtesse de Fiesque. — Famille, fortune et mort de M. de Pompone. — Changements d'ambassadeurs ; retour de Fontainebleau. . .   230

Chapitre XVI. —Mgr et Mme la duchesse de Bourgogne mis ensemble.— Menins de Mgr le duc de Bourgogne : Gamaches, d'O, Cheverny, Saumery. —Mme de Saumery. — Emplois de Cheverny, et son aventure à Vienne. — Mort de Mme de Montchevreuil. — Mgr le duc de Bourgogne entre au conseil des dépêches. — Castel dos Rios ambassadeur d'Espagne en France. — Mort d'Arrouy dans la Bastille. — Voyage à Paris du duc et de Mme la duchesse de Lorraine, pour l'hommage lige de Bar.—Ducs de Lorraine, l'un connétable, l'autre grand chambellan. — Princes du sang précèdent les souverains non rois partout. — Monsieur de Lorraine étrangement incognito. — Madame et Monsieur de Lorraine à Paris, qui va saluer le Roi. — Adresse continuelle à l'égard de M. et de Mme la duchesse de Chartres. — Madame de Lorraine malade de la petite vérole.—Hommage lige au Roi par le duc de Lorraine pour le duché de Bar.— Monsieur de Lorraine à Meudon et à Marly, où il prend congé. —Monsieur de Lorraine prend congé de Monseigneur à l'Opéra, et de Mgr et de Mme la duchesse de Bourgogne sans les avoir vus auparavant, et part en poste payée par le Roi. — Madame de Lorraine à Versailles, puis à Marly prendre congé, et part.   251

Chapitre XVII. — Bassesse et noirceur étrange du duc de Gesvres à mon égard. — Duc de Gesvres méchant dans sa famille ; fait un trait cruel au maréchal de Villeroy. —Origine de la conduite des ambassadeurs, à leur première audience, par ceux des maisons de Lorraine, Savoie et Longueville, et à leur entrée par des maréchaux de France. — Origine du chapeau aux audiences de cérémonie des ambassadeurs, qui ne s'étend nulle part ailleurs.—Mort de Mme de Marsan.—Le nonce Delphini fait cardinal; son mot sur l'Opéra. — Mariage de Coigny et de Mlle du Bordage. — Silence imposé par le Roi aux bénédictins et aux jésuites sur une nouvelle édition des premiers, de saint Augustin. — Exécution de Mme Ticquet, pour avoir fait assassiner son mari, conseiller au Parlement. — Mort du fils unique de Guiscard. — Mort de Barin.   267

Chapitre XVIII. — 1700. — Le Roi ne paye plus les dépenses que les courtisans font à leurs logements. — Exil de Mme de Nemours. —Porte sainte du grand jubilé ouverte par le cardinal de Bouillon.— Dispute de Torcy et des ambassadeurs pour leurs carrosses aux entrées.

— Delphini, nonce et cardinal, s'en va sans présent et sans audience, pour n'avoir pas voulu visiter les bâtards.. — Archevêque de Paris officie à la chapelle avec sa croix.— *Altesse* refusée à M. de Monaco avec éclat. —Cardinaux françois à Rome. —Gualterio nonce en France; grandes couronnes ont le choix de leurs nonces.— Mort de Mme Tambonneau la mère. — Mort, fortune et famille de Mme de Navailles. — Mort de l'Avocat. — Mort de Mme de Maulevrier.— Mort de Biron père. — Mort du chevalier de Villeroy. — Raccommodement de M. et de Mme d'Armagnac avec le maréchal et la maréchale de Villeroy. — Mort d'Hauterive. — Cossé duc de Brissac. — Mort du cardinal Casanata. — Quatre-vingt mille livres à M. d'Elbœuf. — Cent mille livres à Mme de Montespan, qui achète Oiron.. 284

Chapitre XIX. — Force bals à la cour. — Bal de Monsieur le Prince; quatre visages.—Malice cruelle de Monsieur le Prince à un bal à Marly. — Ordres des bals chez le Roi. — Bal de la chancellerie. — M. de Noirmonstiers; ses mariages. — La Bourlie hors du royaume. — Dettes du jeu de Madame la Duchesse payées par le Roi.— Langléc.— Acquisition de l'hôtel de Guise; abbé de Soubise passe adroitement chanoine de Strasbourg; ses progrès. — Cardinal de Furstemberg; sa famille.— Comtesse de Furstemberg.— Coadjutorerie de Strasbourg.— Conduite et disgrâce du cardinal de Bouillon; sa désobéissance. — Mariage d'une fille du duc de Rohan avec le comte de la Marck; sa naissance et sa fortune. — Mariage du prince d'Isenghien avec Mlle de Furstemberg. — Mariage du duc de Berwick avec Mlle Bockley.. 297

Chapitre XX. — Traité de partage de la monarchie d'Espagne. — Harcourt revient d'Espagne, et y laisse Blécourt. — Recherche et gain des gens d'affaires.— Desmarets; ma liaison avec lui.—Loteries. —Mort de Châteauneuf; ses charges de secrétaire d'État et de greffier de l'ordre données à son fils, en épousant Mlle de Mailly, et le râpé de l'ordre au chancelier. — Cauvisson lieutenant général de Languedoc par M. du Maine.—Noailles, archevêque de Paris, fait cardinal.—Abbé de Vaubrun exilé. — Ruses et opiniâtre désobéissance du cardinal de Bouillon, qui devient doyen, et que le Roi dépouille. — Argent à Mgr le duc de Bourgogne.— Cent mille livres à Mansart.— Détails de l'assemblée du clergé. — Jésuites condamnés par la Sorbonne sur la Chine; P. de la Rue confesseur de Mme la duchesse de Bourgogne, au lieu du P. le Comte renvoyé; rage du P. Tellier; jésuites affranchis pour toujours des impositions du clergé. — Pelletier va visiter les places et ports de l'Océan.— M. de Vendôme retourne publiquement suer la vérole. — Mort de la duchesse d'Uzès. — Mariage du duc d'Albemarle avec Mlle de Lussan. — Mme Chamillart, pour la première femme de contrôleur général, admise dans les carrosses et à manger avec Mme la duchesse de Bourgogne.—L'évêque de Chartres gagne son procès contre son chapitre de la voix du Roi unique. — Monsieur de Reims cède la présidence de l'assemblée du clergé au cardinal de

Noailles. — Dévoilement du cardinal de Noailles. — Comte d'Albert cassé; étrange embarras de M. le prince de Conti avec M. de Luxembourg. — Mme de Villacerf admise dans les carrosses et à manger avec Mme la duchesse de Bourgogne.—Dons pécuniaires à M. le prince de Conti, à M. de Duras et à Sainte-Maure. — Fiançailles de la Vrillière et de Mlle de Mailly, et leur mariage.— P. Martineau confesseur de Mgr le duc de Bourgogne, à la place du feu P. Valois. — Mort de le Nôtre.— Mort de la Briffe, procureur général; Daguesseau, avocat général, fait procureur général en sa place. 319

CHAPITRE XXI. — Arrêt du conseil, à faute de mieux, qui dépouille le cardinal de Bouillon. — Cardinal de Coislin fait grand aumônier; évêque de Metz premier aumônier en titre; conduite du cardinal de Bouillon. — Réflexion sur les cardinaux françois. — Mort du duc de Glocester. — Le Vassor. — Mesures sur l'Espagne. — Paix du Nord en partie. — Voyage de Fontainebleau. — Zinzendorf, envoyé de l'Empereur, mange avec Monseigneur. — Mme de Verue; ses malheurs; sa fuite de Turin en France. — Jugement en faveur de la Bretagne, de sa propre amirauté contre l'amirauté de France. — Acquisition de Sceaux par M. du Maine.— Mort de Mlle de Condé. — D'Antin quitte le jeu solennellement, et le reprend dans la suite. — Mort de Monsieur de la Trappe. — Mort du pape Innocent XII, Pignatelli. 346

CHAPITRE XXII. — Tallart à Fontainebleau. — Conseil d'État d'Espagne, et quelques autres seigneurs. —Réflexions et mesures de quelques-uns des principaux seigneurs sur les suites de la mort prochaine du roi d'Espagne. — Avis célèbre sur les renonciations de la reine Marie-Thérèse. — Chute de la reine d'Espagne. — Le Pape consulté secrètement. 365

CHAPITRE XXIII. — Testament du roi d'Espagne en faveur du duc d'Anjou. — Mort du roi d'Espagne. — Harcourt à Bayonne, assemblant une armée; son ambition et son adresse. — Ouverture du testament; plaisanterie cruelle du duc d'Abrantès. — Deux conseils d'État chez Mme de Maintenon en deux jours. — Avis partagés : raisons pour s'en tenir au traité de partage; raisons pour accepter le testament. — Monseigneur avec force pour accepter. — Résolution d'accepter le testament. — Surprise du Roi et de ses ministres. 379

CHAPITRE XXIV. —Retour de Fontainebleau. — Déclaration du roi d'Espagne; son traitement. — MM. de Beauvillier seul en chef, et de Noailles en supplément, accompagnent les princes au voyage. — Le nonce et l'ambassadeur de Venise félicitent les deux rois. — Harcourt duc vérifié et ambassadeur en Espagne; rage singulière de Tallart. — L'électeur de Bavière fait proclamer Philippe V aux Pays-Bas, qui est harangué par le Parlement et tous les corps. — Plaintes des Hollandois. — Bedmar à Marly. — Philippe V proclamé à Milan. — Le roi d'Espagne fait Castel dos Rios grand d'Espagne de la première classe, et prend la Toison ; manière de la porter. — Départ du roi d'Espagne et des princes ses frères. — Philippe V proclamé à Madrid, à Naples, en Sicile et en Sardaigne. — Affaire de Vaïni à Rome. — Albano pape, Clément XI. — Grâces pécuniaires. — Chamillart ministre. — Électeur de Brandebourg se déclare roi de Prusse ; comment entrée[1] dans sa maison ; Courlande. — Tessé à Milan et Colmenero à Versailles. — Castel dos Rios. — Harcourt retourné à Madrid ; sa place à la junte. — Troubles du Nord. 396

Chapitre XXV. —1701. —Mesures en Italie ; Tessé.— Mort et caractère de Barbezieux. — Chamillart secrétaire d'État ; son caractère. —Torcy chancelier et Saint-Pouange grand trésorier de l'ordre. — Mort de Rose, secrétaire du cabinet. — La plume. — Caillières à la plume. — Rose et Monsieur le Prince. — Rose et M. de Duras. — Rose et les Portails. — Mort de Stoppa, colonel des gardes suisses. — Mort du prince de Monaco, ambassadeur à Rome. — Mort de Bontemps.— Bloin. — M. de Vendôme.—Bals particuliers à la cour. 416

Chapitre XXVI. — Plusieurs bonnes nouvelles. — Avaux ambassadeur en Hollande, au lieu de Briord fort malade.— Les troupes françoises, introduites au même instant dans les places espagnoles des Pays-Bas, y arrêtent et désarment les garnisons hollandoises, que le Roi fait relâcher.—Flottille arrivée ; chocolat des jésuites.—Philippe V reconnu par le Danemark.—Connétable de Castille ambassadeur extraordinaire à Paris. —Philippe V à Bayonne, à Saint-Jean de Luz ; séparation des princes. — Comte d'Ayen passe en Espagne. — Duc de Beauvillier revient malade. — Lettres patentes de conservation des droits à la couronne de Philippe V, etc. — La reine d'Espagne abandonnée et reléguée à Tolède. — Philippe V reconnu par les Provinces-Unies. — Ouragan à Paris et par la France.—Mort de l'évêque-comte de Noyon. — Abbé Bignon conseiller d'État d'Église. — Aubigny évêque-comte de Noyon. — Mlle Rose, béate extraordinaire. — M. du Guet. — M. de Saint-Louis retiré à la Trappe. — *Institution d'un prince* par M. du Guet. — Helvétius à Saint-Aignan ; retour du duc de Beauvillier. — Cardinal de Bouillon à Cluni, restitué en ses revenus. — Exil du comte de Melford.— Roi Jacques à Bourbon. 431

Chapitre XXVII. — Philippe V à Madrid. — Exil de Mendoze, grand inquisiteur. — Exil confirmé du comte d'Oropesa, président du conseil de Castille. — Disgression sur l'Espagne. — Branches de la maison de Portugal établies en Espagne : Oropesa ; Lémos ; Veragua, cadette[2] de Ferreira ou Cadaval ; Cadaval, restée en Portugal ; Alencastro, ducs d'Aveiro ; duchesse d'Arcos héritière d'Aveiro ; Abrantès et Liñarez,

1. Comment la Prusse est entrée.
2. Branche cadette.

cadets d'Aveiro. — Justice et conseil d'Aragon. — Conseil de Castille; son président ou gouverneur. — Corrégidors. — Conseillers d'État. — Secrétaire des dépêches universelles. — Secrétaires d'État. — Les trois charges : majordome-major du Roi et les majordomes ; sommelier du corps et gentilshommes de la chambre ; grand écuyer et premier écuyer. — Capitaine des hallebardiers. — Patriarche des Indes. — Majordome-major et majordomes de la Reine. — Grand écuyer et premier écuyer de la Reine. — Camarera-mayor. — Dames du palais et dames d'honneur. — Azafata et femmes de chambre. — Marche en carrosse de cérémonie. — Gentilshommes de la chambre avec et sans exercice. — Estampilla ; la Roche. 448

Chapitre XXVIII. — Changements à la cour d'Espagne à l'arrivée du Roi. — Singularité de suzeraineté et de signatures de quelques grands d'Espagne.—Autres conseillers d'État : Mancera et son étrange régime ; amirante de Castille ; Frigilliane ; Monterey ; Fresno ; Fuensalida ; Montijo ; patriarche des Indes. — Vie du roi d'Espagne en arrivant. — Louville en premier crédit. — Duc de Monteleon. — Coutume en Espagne, dite la *saccade du vicaire*. — P. d'Aubanton, jésuite, confesseur du roi d'Espagne. — Aversberg, ambassadeur de l'Empereur après Harrach, renvoyé avant l'arrivée du Roi à Madrid. — Continuation du voyage des princes ; folie du cardinal le Camus sur sa dignité. 479

FIN DE LA TABLE DES CHAPITRES DU SECOND VOLUME.

1648 Paris. — Imprimerie ARNOUS DE RIVIÈRE et Cie, rue Racine, 26.

www.ingramcontent.com/pod-product-compliance
Lightning Source LLC
Chambersburg PA
CBHW071715230426
43670CB00008B/1016